हिन्दुत्व का मधु

हिन्दुत्व का मधु

हृदयनारायण दीक्षित

वाणी प्रकाशन

प्रकाशन के उत्कृष्टतम 61 वर्ष

vaniprakashan.com

पेपरबैक पहला संस्करण : 2024

वाणी प्रकाशन

4695, 21-ए, दरियागंज, नयी दिल्ली-110 002

फ़ोन : +91 11 23273167, 23275710

शाखाएँ

अशोक राजपथ, पटना-800 004, बिहार

कॉफ़ी हाउस कैम्पस, महात्मा गांधी मार्ग, प्रयागराज-211 001, उत्तर प्रदेश

महात्मा गांधी अन्तरराष्ट्रीय हिन्दी विश्वविद्यालय, वर्धा-442 001, महाराष्ट्र

36/ए, शेक्सपियर सरणी, रानी बिरला गर्ल्स कॉलेज के पास, कोलकाता-700 017, प. बंगाल

sales@vaniprakashan.in

vaniprakashan@gmail.com

Hindutva Ka Madhu
by Hridaynarayan Dixit

ISBN : 978-93-5775-556-6
Religion/Culture

मूल्य : ₹ 495

जी.एस. ऑफ़सेट, दिल्ली-110 095 में मुद्रित

वाणी प्रकाशन का लोगो मक़बूल फ़िदा हुसेन की कूची से

अनुक्रम

हृदयनारायण दीक्षित का हिन्दुत्व

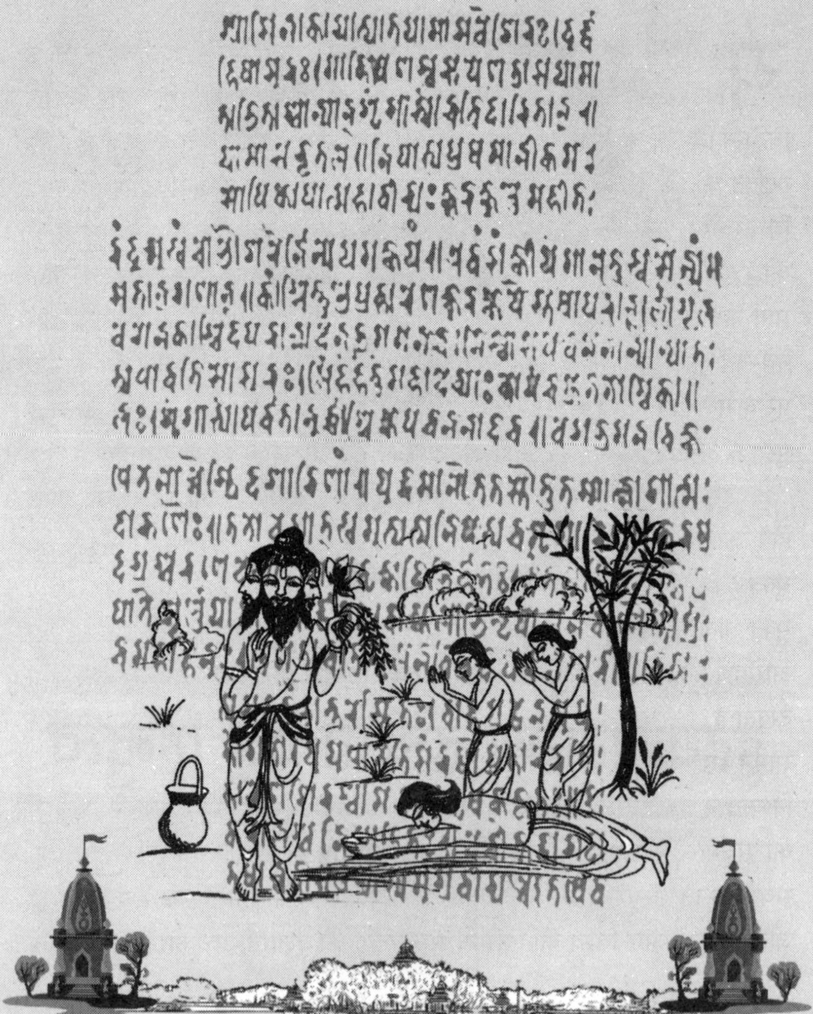

अतएव

यह पहली ऐसी पुस्तक है जो 'हिन्दुत्व' की इतनी सरल व्याख्या करती है कि सदियों से जो विषय तरह-तरह की बहसों में उलझा रहा, और जिसके विभिन्न विमर्शों ने अनेक नए मत-पन्थों को जन्म दिया, वह 'हिन्दुत्व' कमपढ़े आम व्यक्ति को भी 'ठीक-ठीक' समझ में आ जाता है। हालाँकि इस विषय पर असंख्य विचारकों व धर्म-वेत्ताओं ने बड़े-बड़े व्याख्यान दिए और विशाल-विशाल ग्रन्थों की रचना भी की; लेकिन समग्रता में 'हिन्दुत्व' का मूल तत्व समझाने में वे सरल मार्ग नहीं दे पाये, जिसके कारण यह विषय एक पहेली की तरह बना रह गया और नये-नये दृष्टिकोण पनपते रहे। आज के समय में, जब तर्क और विज्ञान की कसौटी पर कसकर ही किसी सर्वमान्य निष्कर्ष पर पहुँचा जा सकता है, 'हिन्दुत्व का मधु' पुस्तक अपने निहित विषय को समग्रता की दृष्टि से सहज सर्वग्राह्य बनाती है।

इस पुस्तक की भाषा बोझिल नहीं करती, बल्कि आमलोगों को उनकी बोली होने का आभास कराती है। वाक्य छोटे और 'समझाने के अद्‌भुत सामर्थ्य' से युक्त हैं। पाठक किसी प्रकार के लालित्य-जाल और वाक्पटुता से स्वयं को सर्वथा मुक्त पाता है। इस पुस्तक में लेखक कहीं भी स्वयं की भावनाओं या आग्रहों का आरोपण नहीं करता है; बल्कि एक सामान्य और ऐसे मनुष्य की तरह 'हिन्दुत्व' को देखता है, जिसका कोई धर्म ही नहीं हो। लेखक अपने विशाल अध्ययन का दर्पण सामने रखकर 'हिन्दुत्व' के मूल तत्व का मूल्यांकन कर रहा है। अपना कोई स्पष्ट निष्कर्ष न देते हुए भी लेखक ने जिस 'निष्कर्ष की तलाश' की है, वह 'हिन्दुत्व' का सर्वमान्य विशेषण है। यह पुस्तक बताती है कि किस प्रकार 'दुनिया की एक सबसे उन्नत संस्कृति' प्रकृति व विज्ञान का पोषण करती रही है; किस प्रकार सभी जीव-जन्तुओं और विश्व की विभिन्न संस्कृतियों को दुलारती-पुचकारती व अपनाती

चलती रही है; किस प्रकार मानव-जीवन को सरल व सार्थक बनाने के लिए विधि-निर्माण करती रही है; किस प्रकार पूरे ब्रह्माण्ड व सृष्टि को समझने-समझाने का उपक्रम करती रही है; किस प्रकार सच्चे अर्थों में 'मानवता का सृजन' करती रही है और अपने मीठेपन की अस्मिता बचाकर रखी है।

'हिन्दुत्व का मधु' पुस्तक पढ़ते समय आप दुनिया की सबसे महान संस्कृति से सहज जुड़ते जाते हैं। इस पुस्तक को पढ़ते समय आपका 'आत्मगौरव' उफ़ान पर होता है, क्योंकि आप उसी 'महान संस्कृति का हिस्सा' हैं। यह पुस्तक सिद्ध करती है कि 'हिन्दुत्व' का प्राकृतिक, धार्मिक, दार्शनिक, वैज्ञानिक, सामाजिक, भौगोलिक, राजनीतिक और आर्थिक पक्ष 'मानवता सर्वोपरि' के सिद्धान्त का प्रतिपादक रहा है। लेखक ने जिस शैली और जिस प्रतिबद्धता के साथ इस पुस्तक को लिखा है, कहीं से भी इसे पीत-लेखन नहीं कहा जा सकता। सभी मत-मज़हबों की भावनाओं का सम्मान करते हुए मूल विषय पर अध्ययन प्रस्तुत है।

इस ग्रन्थ के लेखक हृदयनारायण दीक्षित पूर्णकालिक सामाजिक व राजनीतिक कार्यकर्ता हैं। उनका जन्म साहित्यिक दृष्टि से उत्तर प्रदेश के सबसे उर्वर जनपद उन्नाव के ग्राम 'लउवा' में हुआ। औपचारिक शिक्षा उन्नाव से ही 'एम॰ए॰' (अर्थशास्त्र) तक हुई। बचपन से ही तार्किक और जिज्ञासु प्रवृत्ति के दीक्षित जी छात्र-जीवन में सामाजिक अव्यवस्थाओं के खिलाफ़ आवाज़ उठाने लगे थे। आम आदमी की समस्याओं, प्रशासनिक उपेक्षाओं व पुलिस-प्रताड़ना के विरुद्ध सड़कों पर आन्दोलन करने के कारण पूरे उन्नाव जनपद में काफी लोकप्रिय हो गये थे। इसी लोकप्रियता व शुभेच्छुओं की इच्छा के अनुसार 1972 में उन्नाव जिला परिषद के सदस्य बने। आपातकाल (1975-1977) में 19 माह तक जेल में रहे। इसके बाद उन्नाव जनपद में पुलिस व प्रशासनिक अत्याचार, स्थानीय व प्रादेशिक समस्याओं को लेकर लगातार आन्दोलन, पदयात्राएँ व जन-अभियान चलाने लगे। इसी बीच उन्नाव के 'पुरवा' क्षेत्र में 1981 में 'भारतीय आदर्श ऐंग्लो संस्कृत इण्टर कॉलेज' के प्रबन्धक बने, जो अभी तक इनके कुशल प्रबन्धन में चल रहा है। उन्नाव के ही 'मवई' में 'पण्डित दीनदयाल उपाध्याय कन्या इण्टर कॉलेज' स्थापित किए, जो अभी भी चल रहा है। हृदयनारायण दीक्षित की ख्याति और प्रतिष्ठा उन्नाव जनपद से बाहर भी बढ़ने लगी थी। उत्तर प्रदेश की नौवीं, दसवीं, ग्यारहवीं, बारहवीं तथा सत्रहवीं 'विधानसभा' के पाँच बार 'सदस्य' बने। 2010 से 2016 तक उत्तर प्रदेश

'विधान परिषद' के 'सदस्य' व सदन में 'भाजपा विधायक दल के नेता' रहे। उत्तर प्रदेश विधानमण्डल की 'प्राक्कलन समिति' के 'सभापति' रहे। उत्तर प्रदेश विधानमण्डल की 'सार्वजनिक उपक्रम समिति' के भी 'सभापति' रहे। उत्तर प्रदेश सरकार में 'पंचायतीराज मन्त्री' और 'संसदीयकार्य मन्त्री' भी रहे। उत्तर प्रदेश की सत्रहवीं 'विधानसभा' के 'अध्यक्ष' रहे। इसके अतिरिक्त उन्होंने अपने राजनीतिक दल 'भारतीय जनता पार्टी' के विभिन्न दायित्वों का निर्वहन किया। प्रारम्भिक दिनों में 'जनसंघ' के उन्नाव जनपद के पूर्णकालिक जिला-मन्त्री बने। 'भारतीय जनता पार्टी' के 'उन्नाव जिलाध्यक्ष' रहे। 'उत्तर प्रदेश भाजपा' के कई मोर्चों व प्रकोष्ठों के संयोजक व अध्यक्ष रहे। 'उत्तर प्रदेश भाजपा' के मुख्य प्रवक्ता रहे। 'उत्तर प्रदेश भाजपा' के उपाध्यक्ष रहे। 'भारतीय जनता पार्टी' की 'राष्ट्रीय कार्यसमिति' के 'सदस्य' रहे।

हृदयनारायण दीक्षित की ख्याति राजनीति से अधिक बौद्धिक क्षेत्र में है। भारत सहित पूरे विश्व के सांस्कृतिक अध्येताओं में वे लोकप्रिय हैं। इनके पाठकों की संख्या करोड़ों में है। छात्र-जीवन में ही इनका झुकाव स्वाध्याय और पत्रकारिता की तरफ हुआ। उन्नाव में वे अपने सम्पादकत्व में 1978 से 2004 तक 'काल-चिन्तन' नामक एक पत्रिका निकालते रहे, जिसकी चर्चा जिले से बाहर भी होती थी। उसी दौरान अनेक समाचार-पत्रों व पत्रिकाओं में लेख प्रकाशित होने लगे थे। प्रारम्भ में 'राष्ट्रधर्म', 'पाँचजन्य' व राष्ट्रवादी विचार की विभिन्न पत्रिकाओं से शुरू यह लेखकीय सफ़र 'राष्ट्रीय पुनर्जागरण', 'यथार्थ जीवन', 'गांडीव', 'स्वतन्त्र भारत', 'राष्ट्रीय स्वरूप', 'अमृत विचार', 'डेली न्यूज एक्टिविस्ट', 'स्वदेश', 'नई दुनिया', 'सामना' (मुम्बई) और 'जनसन्देश' सहित दर्जनों प्रतिष्ठित समाचार-पत्रों के नियमित साप्ताहिक स्तम्भों सहित सैकड़ों पत्र-पत्रिकाओं में प्रकाशित होने तक चल रहा है। विश्व के सबसे ज्यादा पढ़े जाने वाले समाचार-पत्रों में अग्रणी 'दैनिक जागरण' में 25 वर्षों से नियमित स्तम्भ लिखते रहे हैं। हृदयनारायण दीक्षित के अब तक छह हजार से अधिक लेख प्रकाशित हो चुके हैं।

हृदयनारायण दीक्षित ने अपने व्यस्ततम सामाजिक व राजनीतिक जीवन के मध्य अध्ययन व लेखन के लिए जो समय निकाला और ज्ञानोत्सर्जन किया वह सभी को चकित करने वाला है। हजारों पुस्तकों को सोख लिया है इन्होंने। अखबारों व पत्रिकाओं के लिए जितना लिखा, उतना ही ग्रन्थों के रूप में भी ज्ञान

बाँटा। 2020 तक के प्रमुख लेखन का संकलन 'हृदयनारायण दीक्षित रचनावली' के अनेक खण्डों में संकलित है। इसके अतिरिक्त 'रामसेतु-आन्दोलन' के समय सत्तासीन राजनीतिक दल द्वारा श्रीराम और रामसेतु को 'काल्पनिक' कहने पर उत्तर प्रदेश भाजपा द्वारा प्रकाशित 'श्रीराम : आस्था और इतिहास' नामक पुस्तक लिखे। ऋग्वैदिक समाज के सामाजिक व दार्शनिक तत्वों का विवेचन-विश्लेषण 'ऋग्वेद का परिचय' नामक इनके ग्रन्थ में है। अथर्ववेद के रचनाकाल के समय राष्ट्र-जीवन के सभी पहलुओं पर वैदिक दृष्टि से अध्ययन 'अथर्ववेद का मधु' नामक ग्रन्थ में प्रस्तुत है। ज्ञान-मीमांसा और चार प्रमुख उपनिषदों का भाष्य है 'ज्ञान का ज्ञान'। 'नाचता अध्यात्म' में भारतीय अध्यात्म का आनन्दपूर्ण विवेचन है। 'मधु अभिलाषा' में वैदिक समाज की मधुमय अभिलाषा का वर्णन है। 'हम भारत के लोग', 'हम भारतवासी', 'संविधान के सामन्त', 'राष्ट्र सर्वोपरि', 'राष्ट्राय स्वाहा', 'भारत की राजनीति का चारित्रिक संकट', 'भारतीय समाज राजनैतिक संक्रमण' और 'सांस्कृतिक अनुभूति राजनीतिक प्रतीति' इत्यादि ग्रन्थों में प्रतिष्ठित समाचार-पत्रों में प्रकाशित संस्कृतिविहीन आधुनिक राजनीति और समाज पर उसके प्रभाव से जुड़े विश्लेषण-परक आलेखों का संकलन है। 'हिन्द स्वराज का पुनर्पाठ' में महात्मा गाँधी द्वारा लिखी गयी पुस्तक हिन्द स्वराज का आधुनिक सन्दर्भ में विवेचन-विश्लेषण है। 'ऋग्वेद और डॉ. रामविलास शर्मा' नामक पुस्तक में ऋग्वेदकालीन समाज, संस्कृति, सभ्यता, अर्थव्यवस्था आदि विषयों पर हृदयनारायण दीक्षित ने हिन्दी के मूर्धन्य आलोचक डॉ. रामविलास शर्मा की दृष्टि का आलोचनात्मक अध्ययन प्रस्तुत किया है। 'मधुविद्या' पुस्तक में वैदिक समाज और दर्शन की अनुभूतियों पर आधारित निबन्ध संकलित हैं। 'मधुरसा' में वैदिक संस्कृति-विषयक ललित निबन्ध हैं। 'सांस्कृतिक राष्ट्रदर्शन' में भारतीय राष्ट्रभाव के मूलस्रोत, राष्ट्रभाव का विकास, राष्ट्रभाव और राष्ट्रीय एकता के बाधक तत्वों का विवेचन है। दीक्षित जी की बहुचर्चित पुस्तक 'भारतीय संस्कृति की भूमिका' में भारतीय संस्कृति-दर्शन का परिचय, भारतीय संस्कृति के मूलस्रोत ऋग्वेद और उसके पहले के समाज का अध्ययन, ऋग्वेद के परवर्ती वाङ्मय अथर्ववेद, ब्राह्मण उपनिषद्, महाभारत-गीता आदि के संस्कृति-तत्वों का विवेचन और भारतीय संस्कृति के प्रवाह से जुड़ी संस्थाओं का अध्ययन है। 'भगवद्गीता' नामक

ग्रन्थ में दीक्षित जी ने गीता के प्रत्येक श्लोक को ऋग्वेद से लेकर उत्तरवैदिक काल होते हुए आधुनिक सन्दर्भों तक समझने का प्रयास किया है। 'जम्बूद्वीपे भरतखण्डे' नामक पुस्तक में राष्ट्रवाद, अल्पसंख्यकवाद और दुनिया के मूलभूत प्रश्नों से जुड़े लेखों का संकलन है। 'पं॰ दीनदयाल उपाध्याय : दर्शन, अर्थनीति व राजनीति' पुस्तक में ऋग्वेद से लेकर शंकराचार्य तक के दर्शन व उपाध्याय जी के एकात्म मानव दर्शन का अध्ययन है। 'तत्वदर्शी पं॰ दीनदयाल उपाध्याय' ग्रन्थ में दीनदयाल उपाध्याय का जीवन, राजनीति और अर्थदर्शन है। 'भारत के वैभव का दीनदयाल मार्ग' और 'पं॰ दीनदयाल उपाध्याय : द्रष्टा, दृष्टि, दर्शन' नामक कृति में दीनदयाल उपाध्याय का जीवनवृत्त और भारत के समग्र वैभव से जुड़े प्रश्नों का उत्तर समाहित है। 'अम्बेडकर का मतलब' में अम्बेडकर के जीवन से जुड़े तमाम सामाजिक, राजनैतिक सरोकारों पर लिखे गये निबन्धों का संकलन है। 'भारतीय अनुभूति का विवेकानन्द' पुस्तक में स्वामी विवेकानन्द के दर्शन और अनुभूति पर भाष्य है। हृदयनारायण दीक्षित की पुस्तक 'सोचने की भारतीय दृष्टि' का अंग्रेजी अनुवाद 'द वे भारत थिंक्स' नाम से 'एक्युमेन पब्लिशर्स, नीदरलैंड द्वारा प्रकाशित है। इनकी 'गीता रीविजिटेड' नामक अंग्रेजी पुस्तक भी काफी प्रसिद्ध है। इन्होंने अटल बिहारी वाजपेयी के संसदीय भाषणों का संकलन व सम्पादन 'सुवासित पुष्प' नाम से किया है। इसके अतिरिक्त हृदयनारायण दीक्षित ने दर्जनों लेखकों की पुस्तकों में अग्रलेख लिखा है।

हृदयनारायण दीक्षित के व्यक्तित्व और उनके कृतित्व पर अनेक संस्थाओं व विद्यार्थियों ने शोध किया है। 'हृदयनारायण दीक्षित और उनकी पत्रकारिता' नामक ग्रन्थ पर वरिष्ठ पत्रकार अभिनव अवस्थी ने पीएच॰डी॰ किया है। हृदयनारायण दीक्षित को मध्य प्रदेश सरकार ने 'गणेश शंकर विद्यार्थी पुरस्कार' से सम्मानित किया। कुमारसभा पुस्तकालय, कोलकाता द्वारा 'डॉ॰ हेडगेवार प्रज्ञा सम्मान'; 'मध्य भारतीय हिन्दी साहित्य सभा', मध्य प्रदेश द्वारा 'राष्ट्रीय साहित्य-सर्जक सम्मान'; 'राष्ट्रधर्म' पत्रिका द्वारा 'भानुप्रताप शुक्ल पत्रकारिता सम्मान'; राजस्थान के 'छोटी खाटू पुस्तकालय' द्वारा 'दीनदयाल उपाध्याय सम्मान' और 'उत्तर प्रदेश हिन्दी संस्थान' द्वारा 'अटल बिहारी वाजपेयी साहित्य सम्मान' से विभूषित किया जा चुका है।

हृदयनारायण दीक्षित का व्यक्तित्व अनोखा और अनुकरणीय है। वे जितने लोकप्रिय लोकसेवक हैं, उतने ही चाव से पढ़े जाने वाले ख्यातिप्राप्त लेखक व विचारक हैं। वे जितने आकर्षक वक्ता हैं, उतने ही उत्कृष्ट विधिवेत्ता व नेतृत्वकर्ता भी हैं। उनका संस्कृतिचिन्तन वामपन्थी प्रयोगशाला में पकता है और उसी केमिकल व औजारों से उस चिन्तन को धारदार व प्रभावी गुणों से युक्त किया जाता है जिसपर बुद्धिवादियों ने अपना आधिपत्य जमा रखा था। सच्चे अर्थों में हृदयनारायण दीक्षित अपने समय के प्रतिनिधि हैं।

—एल॰ उमाशंकर सिंह

प्रधान सम्पादक

वाणी प्रकाशन समूह

नई दिल्ली

अथातो हिन्दुत्व जिज्ञासा

प्रेरणा व प्रयोजन

अथातो हिन्दुत्व जिज्ञासा

भारतीय दर्शन के दो महत्वपूर्ण स्तम्भ 'जिज्ञासा' से प्रारम्भ होते हैं। 'पूर्व मीमांसा दर्शन' की शुरुआत 'अथातो धर्म-जिज्ञासा' से होती है। इसी तरह 'वेदान्त दर्शन' की शुरुआत 'अथातो ब्रह्म-जिज्ञासा' से होती है।

'अथ' का अर्थ 'अब' होता है। इस तरह मीमांसा-दर्शन की शुरुआत 'अब धर्म की जिज्ञासा' से होती है। 'धर्म' असाधारण सनातनता है। वेदान्त की शुरुआत भी 'अथ' से होती है कि 'अब हम ब्रह्म की जिज्ञासा करते हैं।'

'धर्म' और 'ब्रह्म' प्राचीन भारत के आकर्षक विषय रहे हैं। विषय-सम्बन्धी जिज्ञासा अध्ययन और श्रवण से समझी जा सकती है, लेकिन 'धर्म और ब्रह्म' अध्ययन और श्रवण जैसे उपकरणों से ही नहीं प्राप्त होते। कठोपनिषद के ऋषि ने यही बात कही है— "नायमात्मा प्रवचनेन लभ्यो न मेधया न बहुना श्रुतेन–आत्मतत्व का ज्ञान प्रवचन से नहीं मिलता और न सुनकर ही प्राप्त किया जा सकता है।"

'जिज्ञासा' और 'प्रश्नाकुलता' भारतीय चिन्तन के प्रमुख अंग हैं। 'दर्शन' और 'ज्ञान' का विकास जिज्ञासा से ही होता है। 'हिन्दू तत्वज्ञान' असीम है। 'हिन्दुत्व' को लेकर सारी दुनिया में जिज्ञासाएँ हैं। कुछ विद्वान हिन्दुत्व को रिलीजन या मज़हब मानते हैं, तो कुछ विद्वान इसे विचार या वाद मानते हैं। सम्प्रति पीछे दीर्घकाल से हिन्दुइज़्म, हिन्दुत्व और हिन्दुनेस आदि शब्द प्रचलन में हैं। राजनीतिक कारणों से कुछ लोग हिन्दुत्व को साम्प्रदायिक भी कहते हैं।

हिन्दुत्व पर तमाम वाद-विवाद चल रहे हैं। इस वाद-विवाद में संवाद का अभाव है। 'हिन्दुत्व' समग्र अनुभूति है। इस अनुभूति का आच्छादन भारत के धरती-आकाश तक विस्तृत है और इसके परे सम्पूर्ण विश्व में भी हिन्दुत्व के प्रति गहरी उत्सुकता है। किसी एक आस्था-विश्वास और प्रत्यय के आधार पर हिन्दुत्व का साक्षात्कार सम्भव नहीं है।

हिन्दुत्व में अस्तित्व के सभी आयामों का दर्शन-दिग्दर्शन है। इसमें सप्तआयामी प्रकृति के सात रंग हैं। सात स्वर हैं। इसमें सप्तऋषियों का कृपा-प्रसाद है। यह आनन्दगोत्री प्रवाह है। तेज़ रफ़्तार शब्द-प्रवाह की आधुनिक तकनीक ने 'हिन्दू तत्व' के विषय में तमाम जानकारियाँ उपलब्ध कराई हैं। इससे तमाम नई जिज्ञासाओं का भी जन्म हुआ है। धर्म और प्रकृति के अन्य नियमों के प्रति भी प्रश्नाकुलता बढ़ी है। हिन्दुत्व के प्रति सार्वभौम उत्सुकता है, इसलिए मीमांसा की 'अथातो धर्म-जिज्ञासा' और वेदान्त की 'अथातो ब्रह्म-जिज्ञासा' की तरह 'अथातो हिन्दुत्व-जिज्ञासा' विचारणीय है।' अब हम हिन्दुत्व की जिज्ञासा करते हैं।'

भारत प्राचीन राष्ट्र है। भारत केवल डेढ़ अरब लोगों का जोड़ नहीं। यह इतिहास और भूगोल का अंग ही नहीं है। मात्र एक देश भी नहीं है। यह एक 'वृहत्तर सांस्कृतिक अनुभूति' है। एक संवेदनशील काव्य है। भारतीय संस्कृति हज़ारों वर्ष प्राचीन है। वैदिक काल और उसके पहले से ही यहाँ एक सांस्कृतिक परम्परा का प्रवाह है। जानना, सुनना, सुने गए को स्मृति में संरक्षित करना और सुनाना, उपनिषदों में व्रत कहा गया है। 'श्रुति' और 'वेद' पर्यायवाची हैं। शब्द और रूप-ज्ञान का संरक्षण 'स्मृति' है। सत्य और सुन्दर को पुनर्सृजित करना 'संस्कृति' है। भारतीय संस्कृति में निरन्तरता है। इस निरन्तरता का मूल हिन्दुत्व है। हिन्दुत्व की प्रश्नाकुलता और उदात्त भाव इस पुस्तक की प्रेरणा है। हिन्दुत्व को ठीक से समझने का प्रयास इस पुस्तक की रचना का प्रयोजन है।

विचार-विमर्श में संशय का महत्व है। 'संशयी' प्रत्यक्ष पर भी पूरा विश्वास नहीं करता। वह तर्क करता है। विश्वासी से 'संशयी' बड़ा है। 'विश्वासी' तृप्त है और 'संशयी' बेचैन, अतृप्त। हिन्दू-जीवनशैली में अन्धविश्वास को कोई जगह नहीं मिली। यहाँ विश्वासी और संशयी से भी बड़ा जीवन मूल्य है 'श्रद्धा'। श्रद्धा और विश्वास में अन्तर है। अस्तित्व के प्रति प्रेम का नाम है श्रद्धा। 'श्रद्धा' साधारण प्रीति है। वैज्ञानिक ब्रह्माण्ड की सम्पूर्ण जानकारी के लिए प्रयासरत हैं। गैर जाने भाग के बारे में जानकारियाँ परिपूर्ण नहीं हैं। हमारी जानकारी इतनी ही है कि हम इसे नहीं जानते, लेकिन यह जानकारी भी पर्याप्त है। इससे शोध के प्रयास की तीव्रता बढ़ती है। अस्तित्व का इससे भी बड़ा भाग अज्ञेय है। जाने हुए, जानने की सूची में आए हुए और बिना जाने भाग सहित सम्पूर्ण अस्तित्व के प्रति प्रीति का नाम है श्रद्धा। 'श्रद्धा' पन्थ, मत, मज़हब या रिलीजन के उपदेशों वाला विश्वास नहीं।

'श्रद्धा' अनुभूति है। बूँद के हृदय में सागर का साक्षात्। क्षर में अक्षर का प्रत्यक्ष। 'सोचना' एक साधारण मानसिक कार्रवाई है। हरेक मानसिक या बौद्धिक कार्रवाई का अन्त 'ज्ञान' है। ज्ञान का अवसान कर्म में होना चाहिए। कोरे शब्द-ज्ञान का कोई मतलब नहीं। वैसे कर्म का अवसान भी ज्ञान में होता है। कर्म करते-करते सप्रयास या अनायास अन्तःकरण से ज्ञान की उठती है। हम सब पर गन्ध-आच्छादन होता है। अनायास कोई गीत उगता है। संगीत आता है। मेघ आते हैं, सबकुछ रसमय, गन्धमादक और गीत-संगीत से भर जाता है। यह हुई श्रद्धा। सम्भव है कि अब तक ऐसा नहीं हुआ हो लेकिन श्रद्धा है कि ऐसा हो सकता है किसी भी क्षण। होनी की धैर्यपूर्ण प्रतीक्षा भी श्रद्धा है। मेघ आएँगे ही, बादलों को क्यों कोसना? सूर्य उगेंगे ही, अन्धेरे से क्या उलाहना। ऊषा आएगी ही, अन्धकार से क्यों उलझना? सूर्य अरुण-तरुण होकर हमें प्रकाश किरणों से नहलाएँगे ही, अधीर क्यों होना? ऐसी आश्वस्त प्रतीक्षा 'श्रद्धा' है। हिन्दू-जीवन-शैली में 'श्रद्धा' आनन्द-आश्वस्ति है।

भारतीय इतिहास का उत्तर वैदिककाल अग्निधर्मा था। ज्ञान-ताप से तपे उपनिषदों के मन्त्र इसी समय उगे। इसी साहित्य के एक आनन्दवर्द्धक मन्त्र में 'श्रद्धा' को पत्नी और 'सत्य' को यजमान कहा गया है-श्रद्धा पत्नी सत्यं यजमानः। यज्ञ में पति-पत्नी साथ बैठते थे। यज्ञ के आयोजक 'यजमान' कहे जाते थे। पत्नी के बिना पारम्परिक कर्मकाण्ड पूरे नहीं होते। इस मन्त्र में 'सत्य' यजमान है। वैदिक अनुभूति में अस्तित्व की पूरी गतिविधि भी यज्ञ है। विज्ञान, दर्शन, योग या शोध का उद्देश्य 'सत्य-प्राप्ति' है। यहाँ सत्य ही 'आनन्द' है। मन्त्र का दूसरा भाग बड़ा रोमांचकारी है—"श्रद्धा सत्यं तत् अत्युत्तमं मिथुनं।" पत्नी 'श्रद्धा' और यजमान 'सत्य' का मिथुन (प्रेमपूर्ण मिलन) अतिउत्तम है। इसी मिलन से 'आनन्द-लोक' मिलते हैं।

श्रद्धा और सत्य की प्रीति अजर-अमर है। सत्य मिला तो श्रद्धा भी मिली। श्रद्धा आई, प्रगाढ़ हुई, सम्पूर्ण हुई तो सत्य की लब्धि हुई। सत्य 'श्रद्धाहीन' नहीं हो सकता। श्रद्धा 'सत्यविहीन' नहीं हो सकती। सत्यहीन 'श्रद्धा' अन्धविश्वास है। बिना जाने, देखे, समझे और अनुभव-रस के अभाव के बावजूद 'मान लेना' श्रद्धा नहीं है। लोकजीवन में वरिष्ठों के प्रति सम्मान व्यक्त करने के लिए अनेक शब्द हैं। 'श्रीमान' कहने का अपना सुख है। 'मान्यवर' या 'माननीय' में मानने की ध्वनि है। इसमें बिना जाने ही मान लेने की चूक जान पड़ती है। जनप्रतिनिधियों को

'माननीय' कहते हैं। कर्मकाण्ड की तरह यों ही। बड़ों के प्रति आदर की सबसे गहरी अभिव्यक्ति है 'श्रद्धेय'।

'श्रद्धेय' बड़ा श्रद्धेय शब्द है। यह सुनने वाले 'श्रद्धेय' को संकोची बनाता है और कहने वाले को विनयी। 'भौतिकवादी' श्रद्धा को अन्धविश्वास बताते हैं। कुछेक इसे भाववाद तक ले जाते हैं। 'श्रद्धा' मनोभाव नहीं है। ऋग्वेद में श्रद्धा भी एक देवता हैं। कहते हैं "श्रद्धा से ही अग्नि-प्रज्ज्वलन होता है। श्रद्धा से ही आहुति-समर्पण होता है। "यहाँ श्रद्धा विभूतियों के शिखर हैं–श्रद्धां भगस्य मूर्धनि। ऋषि उनका अनेकशः आवाहन करते हैं–"हम प्रातः, मध्यान्ह और संध्या 'श्रद्धा' का आवाहन करते हैं। वे श्रद्धा हमें परिपूर्ण 'श्रद्धा' दें। श्रद्धे श्रद्धाययेह नः।'' श्रद्धा में ज्ञान और प्रेम दोनो हैं। बुद्धि और हृदय की युति है। विश्वास के साथ सत्य भी है। यह हिन्दू अनुभूति है।

'श्रद्धा' प्रतीक्षा है। असंशयी प्रतीक्षा। तैत्तिरीय ब्राह्मण में उन्हें प्राकृतिक शक्ति की पुत्री बताया गया है। उन्हें 'सूर्यदुहिता' भी कहा गया है। 'संशय' ज्ञान-यात्रा में सहायक है। संशय को दूर करने के लिए तर्क, प्रतितर्क, आचार्य और विज्ञान के उपकरण हैं। ज्ञान या अनुभूति की कोई भी यात्रा शून्य से नहीं शुरू होती। प्रकृति भी शून्य से नहीं उगी। हम इन्द्रियबोध के माध्यम से संसार से जुड़ते हैं। क्या आँख पर संशय कर सकते हैं? क्या कान, नाक, स्वाद या स्पर्श पर भी? तब प्रारम्भ कहाँ से करें? स्वयं की बुद्धि भी इन्द्रियबोध का ही परिणाम है। स्वयं की बुद्धि पर भी संशय हो तो क्या करेंगे?तीन उपकरण बताए गए हैं—प्रमाण, अनुमान और अनुभूत शब्द। प्रमाण-अनुमान इन्द्रियबोध से जुड़े हैं। विद्वानों के शब्द 'श्रद्धा' से जुड़े हैं। श्रद्धा हिन्दू-जीवन-सारिणी में श्रेय है।

'श्रद्धा' गहन आत्मविश्वास का पर्याय है। अन्धकार स्थायी नहीं है। सूर्य स्थायी हैं। वे कोहरे में भी होते हैं। समाजचेता का उत्तरदायित्व अन्धकार का अस्थायित्व बताना और सूर्य-तेजस् के सतत् प्रवाह का विवरण देना है। निराशा, हताशा नहीं, आशा और उत्साह का वातावरण बनाना है। पराजय नहीं, उल्लास का भाव। जीवन के कृष्णपक्ष ही नहीं, शुभ्र पक्ष की चर्चा भी होनी चाहिए। प्रकृति-सृष्टि के प्रति 'श्रद्धा' भाव को पुष्ट करना जरूरी है। यही हिन्दुत्व में कर्तव्य है।

हिन्दुत्व का स्वभाव सरल और सहज है। बेशक इसपर अन्य विचारों का प्रभाव पड़ता है, लेकिन हिन्दुत्व की प्रकृति में मूलभूत परिवर्तन नहीं होते। रामधारी सिंह दिनकर ने 'संस्कृति के चार अध्याय' (पृष्ठ 115) में सही लिखा है, "हिन्दुत्व का

स्वभाव है कि वह जितना भी परिवर्तित होता है उतना ही अपने मूल स्वरूप के निकट पहुँच जाता है। 3000 वर्ष पूर्व भारतीय संस्कृति का जो रूप था आज भी मूलतः वैसा ही है।" हिन्दुत्व विचारधारा नहीं है। यह समग्र अनुभूति है। यह दिक्काल में होता है और दिक्काल के परे भी। मिस्र, बेबीलोन और यूनान की प्राचीन सभ्यताएं अध्ययन-योग्य हैं। ये बहुत प्रतिष्ठित थीं, किन्तु काल ने उन्हें ध्वस्त कर दिया। अपवाद 'भारत' है इसका अतीत नष्ट नहीं हुआ।

हिन्दुत्व का अतीत और वर्तमान अलग-अलग नहीं है। यह अविच्छिन्न परम्परा है। इसका मूल कारण हिन्दुत्व का शाश्वत प्रवाह है। हिन्दुत्व किसी एक पन्थ, ग्रन्थ या एक देवदूत का विनिश्चय नहीं है।

भारत में हिन्दुओं ने बाहर से आए अनेक समूहों का स्वागत किया है। दर्शन और परम्परा के कारण हिन्दू 'उदात्त' थे। दिनकर ने याद दिलाया है, "भारत में इस्लाम का आरम्भिक इतिहास मार-काट, खूरेजी, धर्म-परिवर्तन, अभद्रता और अन्याय का इतिहास है। मुसलमान संगठित समाज थे। इससे उन्हें अपार नैतिक बल मिलता था। इसके विपरीत हिन्दुत्व 'ढीला' हो चुका था। हिन्दुओं के धर्म, आदर्श और सिद्धान्त के अनेक रूप थे। उनमें एकता का बल नहीं था। फिर भी भारत में इस्लाम की धार उस आसानी से नहीं जमी जिस आसानी से यूरोप में जमी थी।" इस्लामी हमलावरों ने भारत को अनेक बार रौंदा। इस्लामी शासकों ने हिन्दू जीवन-रचना पर भी अनेक बार प्रहार किये। मन्दिर गिराये गये। धर्मांतरण हुए। जय-पराजय होती रही, लेकिन 'हिन्दू-विचार-प्रवाह' को बाधित नहीं किया जा सका।

हिन्दू सभ्यता व संस्कृति पर अंग्रेजी सत्ता का भी प्रभाव पड़ा। आधुनिकता की परिभाषा बदल गयी। सामान्यतया किसी कालखण्ड विशेष को आधुनिकता कहते हैं। 'आधुनिकता' प्राचीनता का ही विकास होती है, लेकिन अंग्रेजी सत्ता के प्रभाव में ब्रिटिश सभ्यता और रहन-सहन को आधुनिकता कहा जाने लगा। भारत की आधुनिकता 'प्राचीनता' का विकास है। यहाँ लोकतन्त्र और लोकतन्त्री संस्थाओं का विकास वैदिककाल से ही हो रहा था। यूरोपीय विद्वानों ने ब्रिटिश संसद को संसदीय व्यवस्था की जननी बताया। 'सभा' और 'समिति' जैसी संस्थाएँ यहाँ वैदिक काल में भी थीं।

'परिवार' जैसी संस्थाएँ भारत में विकसित हुईं। यूरोपीय विद्वानों ने इस तथ्य को भी नहीं स्वीकार किया। यूरोपीय विद्वानों और उनके लग्गू-भग्गू भारतीय विद्वानों ने भारत को राष्ट्र बनाने का श्रेय अंग्रेजी राज़ को दिया। गांधी जी ने 'हिन्द स्वराज'

में अंग्रेजों द्वारा भारत को राष्ट्र बनाने का श्रेय नहीं दिया। उन्होंने लिखा है कि, "अंग्रेजों के आने के पहले भी भारत एक राष्ट्र था।" ब्रिटिश विद्वानों ने कुछ महिलाओं द्वारा अपने पति के साथ 'सती' हो जाने की घटनाओं को भी हिन्दुओं की प्रथा बताया। यह तथ्य गलत था। 'सती' होना प्रथा नहीं थी। ऐसी घटनाएँ अपवाद रूप में होती थीं। प्रशंसनीय है कि राजा राममोहन राय ने ऐसी घटनाओं का विरोध किया। 200 वर्ष के अंग्रेजी शासन के बावजूद हिन्दू चेतना का मूल प्रवाह परिवर्तित नहीं हुआ। मैक्समूलर जैसे विद्वानों ने भारत की वैदिक परम्परा को प्रतिष्ठा दी। 'अंकगणित' हिन्दू मेधा का चमत्कार है। यह तथ्य एन्साइक्लोपीडिया ब्रिटैनिका में वर्णित है। हिन्दुओं को इस पर गर्व है।

जिज्ञासा और प्रश्नाकुलता हिन्दू-चिन्तन की मूल धारा है। ऋग्वेद से लेकर महाकाव्य और आज तक हिन्दू-चिन्तन में प्रश्न-बेचैनी छाई हुई है। विज्ञान और दर्शन प्रश्नाकुलता से ही विकसित होते हैं। हिन्दू-चिन्तन में आधुनिक काल में भी जिज्ञासा है। इस पुस्तक में ऐसे सारे गम्भीर विषयों को समझने का प्रयास किया गया है।

'मधु' वैदिक काल के समाज का सर्वाधिक प्रतिष्ठित आलम्बन है। वैदिक ऋषि सम्पूर्ण विश्व को मधुमय देखना चाहते थे। वे वायु, जल और परस्पर सम्मिलन में भी मधुमयता चाहते थे। वैसे 'मधु' एक पदार्थ है। प्राचीन पूर्वजों के लिए 'मधु' प्रकृति का सर्वोत्तम रस है। हिन्दुत्व का सार 'मधु' से भरा-पूरा है। जयशंकर प्रसाद ने लिखा है कि "अरुण यह मधुमय देश हमारा!" हिन्दू-चिन्तन की मधुमय प्यास को समझने का विनम्र प्रयास भी इस पुस्तक में किया गया है, इसलिए इस पुस्तक का नाम 'हिन्दुत्व का मधु' है।

हिन्दू-समाज में विकसित दर्शन और दिग्दर्शन की अनेक धाराएँ हैं। उपनिषद् दर्शन का अपना आकाश है और अपनी मूल भूमि। छह प्राचीन दर्शन हैं। बुद्ध व जैन प्राचीन हैं। 'लोकायत दर्शन' का विकास भी हिन्दुओं में हुआ। प्राचीन यूनानी दर्शन की अनेक मान्यताएँ भारतीय दर्शन से मिलती-जुलती हैं। हिन्दू-समाज ने अपने दार्शनिक चिन्तन में सबका स्वागत किया है। इस पुस्तक का दार्शनिक अंश अन्धविश्वास को चुनौती देने वाला है। वैसे भी दर्शन और विज्ञान अन्धविश्वास काटते हैं। हिन्दू-जीवन-रचना में दर्शन की महत्ता है। हिन्दू इसीलिए 'विश्वासी' अथवा 'बिलीवर' नहीं हैं। वे सत्य के अन्वेषक हैं।

'गीता' कर्मयोग का दर्शन है। 'निष्काम कर्म' गीता का मुख्य तत्व है। पुस्तक में गीता पर भी अलग अध्याय है। सभी प्राचीन समाजों और सभ्यताओं में देवताओं की उपस्थिति रही है, लेकिन वैदिक देवता भिन्न हैं। वे यों ही प्रसन्न नहीं होते। ऋग्वेद के एक मन्त्र में कहा गया है कि "जो परिश्रम नहीं करते, देवता उनपर कृपा नहीं करते।" ऊषा देवी से प्रार्थना है कि वे आलसी को न जगाएं। अथर्ववेद में प्रार्थना है कि, "ज्वर अकर्मण्य लोगों के पास चला जाए।" हिन्दू-चिन्तन कर्म-प्रधान है। इसका देव-तन्त्र निराला है। कुछ विद्वानों ने इसी आधार पर हिन्दुओं को बहुदेववादी बताया है। हिन्दू बहुदेववादी नहीं हैं। वे बहुदेव उपासक हैं। ऋग्वेद में, "एकं सद् विप्रा बहुधा वदन्ति" का सूत्र यही सिद्ध करता है–"सत्य एक है, विद्वान उसे अनेक रूपों-नामों से पुकारते हैं।" इस पुस्तक में भारतीय देवतन्त्र के विकास को समझने का विनम्र प्रयास किया गया है।

केन्द्रीय सत्ता सहित 'भूमि' और 'जन' से गठित 'नेशन' का जन्म यूरोप में 10वीं 12वीं शताब्दी के आस-पास हुआ है। 'नेशन' और 'राष्ट्र' पर्यायवाची नहीं हैं। सांस्कृतिक दृष्टि से भारत दुनिया का सर्वाधिक प्राचीन राष्ट्र है। इस राष्ट्र को ऋषियों ने बनाया है। राष्ट्र, उसके घटक और उसके प्रति आदर का विकास सबसे पहले भारत में ही हुआ था। इस पुस्तक में राष्ट्रबोध को समझने का प्रयास भी किया गया है। जातियाँ भारत में हैं, पर उनका अस्तित्व क्षीण हो रहा है। जातियाँ मिस्र में भी थीं। जाति-तत्व से भारतीय समाज को नुकसान हुआ है। ऋग्वेद में जातियाँ नहीं हैं। वर्ण भी नहीं हैं। डॉ. अम्बेडकर ने जाति के जन्म पर गहन शोध किया था। इस पुस्तक में भी जाति-तत्व को समझने का प्रयास किया गया है। श्रीराम, श्रीकृष्ण व शिव भारतीय लोकमानस के त्रिदेव हैं। पुस्तक में इस दर्शन का दिग्दर्शन है। पुस्तक सांस्कृतिक इतिहास नहीं है। पुस्तक के किसी भी अंश में अन्तिम निष्कर्ष का विनिश्चय नहीं है।

मैंने पुस्तक के लेखन में अनेक विद्वानों के विचार उद्धृत किए हैं। उन पुस्तकों की सूची अन्त में दी गयी है। मेरी आदरणीय पत्नी श्रीमती माधुरी दीक्षित, पुत्र अरुण कुमार दीक्षित, दिलीप कुमार दीक्षित व सुशील कुमार दीक्षित, पौत्र कुमार नमामि दीक्षित, विराट सात्विक आनन्द दीक्षित, यशवर्धन दीक्षित, अथर्व दीक्षित व प्रीतिवर्धन दीक्षित, पौत्री पूर्वी दीक्षित और तीनों बहुओं के प्रति आदरभाव!

वरिष्ठ पत्रकार एल. उमाशंकर सिंह ने इसकी पाण्डुलिपि को बार-बार पढ़ा-

जाँचा है। उनके प्रति आभार! मित्र त्रिवेणी मिश्रा और दर्शन के विद्वान डॉ. विपिन पाण्डेय ने पुस्तक की तैयारी में अतिरिक्त श्रम किया है। हमारे अनन्य सहयोगी अजय प्रताप सिंह ने पुस्तक की तैयारी में पूर्णकालिक सहयोगी की भूमिका का निर्वहन किया है। वे आदर के पात्र हैं! हमारे सहयोगी जितेन्द्र सैनी ने पुस्तक को कम्प्यूटर पर तैयार किया। मैंने बारम्बार संशोधन किए। वे बहुधा देर रात एक-दो बजे तक भी परिश्रमरत रहे। उनके उज्ज्वल भविष्य की शुभकामना। उनका आभार! वाणी प्रकाशन के स्वामी अरुण माहेश्वरी का आभार। वे भारत के प्रतिष्ठित प्रकाशक हैं। उन्होंने इस पुस्तक को प्रकाशित किया। अनुग्रह! पुस्तक का शिव-सौन्दर्य 'हिन्दुत्व का मधु' है। सारी गलतियाँ हमारी।

सभी पूर्वजों, अग्रजों को प्रणाम। धर्म, अर्थ व काम को नमस्कार!

14 जनवरी, 2024, मकर संक्रान्ति
लखनऊ

–हृदयनारायण दीक्षित
(पूर्व अध्यक्ष, विधानसभा) उत्तर प्रदेश

हिन्दुत्व का मधु

01

हिन्दुत्व का मधु

'हिन्दू' मधुप्रिय हैं। 'मधु' प्रकृति का प्रसाद है। तमाम फूलों का रस। मधुप्रेमी मक्खियाँ फूलों से रस लेती हैं। वे मधुरस के लिए छत्ता बनाती हैं। मधुरस एकत्रित करती हैं। इसीलिए उन्हें मधुमक्खी कहा जाता है। मधु का आस्वाद मधुमय है। मधु और मीठा पर्यायवाची हैं। वैदिक पूर्वजों के चित्त में समूचे विश्व को मधुमय बनाने की अभिलाषा थी। उनकी जीवनचर्या मधुप्रिय थी। बृहदारण्यक उपनिषद में धर्म को भी मधु बताया गया है। सर्वभूत-हित के सभी कर्म 'धर्म' हैं और धर्म मधुमयता है। विश्व की मधुमयता का सार हिन्दुत्व है।

आनन्द-प्राप्ति सम्पूर्ण मानव जाति की अभीप्सा है। हिन्दू-चिन्तन आनन्दप्रेमी है और मधु-आपूरित है। ऋग्वेद (1.119.9) के ऋषि का

ध्यान मधुमक्खियों के गायन पर भी है। वे देवों से कहते हैं, "मधुमक्खियाँ आपके लिए मधुर स्वरों में गाती हैं।" अश्विनी देवों की वाणी मधुर है। इन देवों के मुख को मधुप कहा गया है। उनसे स्तुति है, "मधुरस पीने वाले मधुमुख से मधु पीयो।" इसी मन्त्र में कहते हैं, "मधु प्राप्ति के लिए घोड़े जीतो। आप मार्ग को पूरी तरह मधु से भर देते हैं।" (4.45.3) यहाँ मार्ग को मधु से भरने का अर्थ शहद से आपूरित करना नहीं है। हिन्दू पूर्वजों ने मधु को सामूहिक आनन्द का प्रतीक बताया था। मधुरस, मधुर मिलन, मधु प्रीति, मधुरीति, मधुवाणी, मधुयात्रा, मधुज्ञान, मधुमय समाज पूर्वजों की सर्वोपरि आकांक्षा है। एक चर्चित मन्त्र (1.190.6-8) में स्तुति है, "वायु मधुर हों। नदी-प्रवाह मधुर हों। औषधियों में मधुरस हों। दिव्यलोक मधुर हों। पृथ्वी के रजकण मधुर हों। रात्रि और दिवस मधुर हों। सूर्य-किरणें मधुर हों।

वनस्पतियाँ मधुर हों। गोदुग्ध मधुर हों।" मधुरस, मधुछन्द, मधुव्रत, मधुव्यवहार, मधुवार्ता और मधुविद्या हिन्दू-मानस की प्रबल अभिलाषा रही है।

हिन्दुत्व भारत की प्रकृति है और संस्कृति भी। यह भारत के लोगों की जीवनशैली है। इस जीवनशैली में सभी विश्वासों के प्रति आदरभाव है, लेकिन भारतीय राजनीति के आख्यान में हिन्दुत्व के अनेक चेहरे हैं। उग्र हिन्दुत्व, मुलायम (सॉफ्ट) हिन्दुत्व, साम्प्रदायिक हिन्दुत्व आदि अनेक विशेषण मूल हिन्दुत्व पर आक्रामक हैं। अंग्रेजी भाषान्तर में हिन्दुत्व को हिन्दुइज़्म कहा जाता है। 'इज़्म' विचार होता है। विचार 'वाद' होता है। वाद का प्रतिवाद भी एक विचार होता है। पूँजीवाद 'कैप्टलिज़्म' है। समाजवाद 'सोशलिज़्म' है। इसी तरह वैज्ञानिक समाजवाद 'कम्युनिज़्म' है। अंग्रेजी का 'हिन्दुइज़्म' भी हिन्दूवाद का अर्थ देता है, लेकिन हिन्दुत्व 'हिन्दूवाद' नहीं है। हिन्दुत्व समग्र मानवीय अनुभूति है। वीर होना 'वीरवाद' नहीं होता, वीर होने का भाव वीरता है। दयावान होना 'दयावाद' नहीं दयालुता है। हिन्दू होना हिन्दुता या हिन्दुत्व है। कुछ विद्वान हिन्दू को मुसलमानों द्वारा दिया गया शब्द मानते रहे हैं, लेकिन यह सही नहीं हैं। 'हिन्दू' शब्द का प्राचीनतम उल्लेख 'अवेस्ता' में है और अवेस्ता इस्लाम से सैकड़ों वर्ष पुराना है। डेरियस (522-486 ई.पू.) के शिलालेख में भी 'हिन्दू' शब्द का उल्लेख है। 'हिन्दू' शब्द विशेष संस्कृति वाले जनसमूह का द्योतक है।

डॉ. राधाकृष्णन ने वाराणसी हिन्दू विश्वविद्यालय व कलकत्ता (कोलकाता) विश्वविद्यालय में 'हिन्दू-तत्व' पर 1942 में भाषण दिए थे। उन्होंने 'धार्मिक आदर्शों की दृष्टि से समाज के पुनर्गठन' पर कलकत्ता (कोलकाता) विश्वविद्यालय में कहा कि "भारतीय जीवन और विचार के किसी पहलू पर तुलनात्मक दृष्टि से विवेचन एक विस्तृत विषय है।" जीवन-मूल्यों से समाज के आदर्श व सांस्कृतिक व्यवहार प्रभावित होते हैं और सभ्यता की उम्र भी। भारतीय राष्ट्रजीवन की सांस्कृतिक निरन्तरता स्वयं सिद्ध है और प्राचीनता का मूल कारण विचारणीय है। डॉ. राधाकृष्णन ने औरंगजेब द्वारा अपने अध्यापक मुल्ला साहब को लिखे पत्र का सुन्दर उदाहरण दिया है कि "तुमने मेरे पिता शाहजहाँ से कहा था कि तुम मुझे दर्शन पढ़ाओगे। यह ठीक है, मुझे भलीभाँति याद है, कि तुमने अनेक वर्षों तक मुझे वस्तुओं के सम्बन्ध में ऐसे अनेक अव्यक्त प्रश्न समझाए, जिनसे मन को कोई सन्तोष नहीं होता और जिनका मानव-समाज के लिए कोई उपयोग नहीं है। ऐसी थोथी धारणाएँ और खाली कल्पनाएँ, जिनकी केवल यह विशेषता थी कि उन्हें समझ पाना बहुत कठिन था

और भूल पाना बहुत सरल था। क्या तुमने कभी मुझे यह सिखाने की चेष्टा की कि शहर पर घेरा कैसे डाला जाता है या सेना को किस प्रकार व्यवस्थित किया जाता है?" औरंगजेब के जीवन का आदर्श युद्ध है। युद्ध मानवीय मूल्य-रहित हिंसा है।

डॉ. राधाकृष्णन के अनुसार "तत्कालीन विश्व का संकट यही है कि वह सैनिक-व्यवस्था के विषय में सब कुछ जानता है और जीवन-मूल्यों के दर्शन व धर्म के केन्द्रीयभूत प्रश्नों के सम्बन्ध में बहुत कम जानता है।" भारतीय संस्कृति में मनुष्य की महिमा है। आनन्दमय जीवन की अभिलाषा है। इस अभिलाषा को पूरा करने की आचार-संहिता है। यह संहिता हिन्दू धर्म है। इस आचार संहिता में हिंसा का कोई स्थान नहीं है। गांधी जी अहिंसा को उत्कृष्ट जीवन-मूल्य बताते थे। इस आदर्श का प्रेरणा-केन्द्र हिन्दुत्व है। संप्रति दुनिया में वैज्ञानिक दृष्टिकोण अपनाने की आँधी है। भारत में यह सेकुलरवाद के रास्ते हिन्दू धर्म को भी कालबाह्य घोषित करने पर आमादा है। अन्य पन्थ-रिलीजन अपनी कट्टरता के चलते वैज्ञानिक दृष्टिकोण को श्रेष्ठ नहीं मानते। वैज्ञानिक दृष्टिकोण अनुचित नहीं है। वैज्ञानिकों ने प्रकृति के तमाम रहस्यों को उघाड़ने का काम किया है। अन्धविश्वासी मतों, पन्थों को भी चुनौती मिली है।

विज्ञान सत्य की खोज करता है। समाज ऐसी खोजों का उपयोग करता है। समाज इनका दुरुपयोग भी करता है। विश्व में पन्थिक-मज़हबी मान्यताओं को लेकर तमाम युद्ध हुए हैं। हिन्दू दर्शन भी सत्य का शोध करता है। दर्शन का उद्‌देश्य केवल सत्य का निर्वचन करना ही नहीं है। इसका ध्येय मनुष्य का दुःख दूर करना है। हिन्दू धर्म का उद्‌देश्य दुःख का निवारण और आनन्द की प्राप्ति है। समाज में आनन्द का आपूरण विज्ञान का लक्ष्य नहीं है। विज्ञान के गले में लोकमंगल की घण्टी डालने की आवश्यकता है। यह कार्य हिन्दुत्व के रास्ते ही सम्भव है। हिन्दुत्व लोकमंगल का पर्याय है।

वैज्ञानिक खोजों ने मानव-संहार के अनेक उपकरण भी बनाए हैं। मानवता को बारूद के ढेर पर भी लाकर खड़ा कर दिया है। विज्ञान निर्मम और प्रायोगिक है। तथ्यात्मक पक्षधरता के कारण उसका लोकमंगल से सीधा सरोकार नहीं है। निरा वैज्ञानिक दृष्टिकोण वाले धर्महीन समाज विश्व के अस्तित्व के लिए खतरा हो सकते हैं। हिन्दू धर्म की दृष्टि में पूरी पृथ्वी एक परिवार है। इस परिवार में केवल मानव-समाज का हित-चिन्तन ही नहीं है। वैदिक चिन्तन में सभी जीव पशु-पक्षी, कीट-पतिंग भी हमारे परिजन हैं। वनस्पतियाँ-औषधियाँ भी उपास्य हैं। विज्ञान में

ऐसी प्रीतिपूर्ण दृष्टि नहीं है। विज्ञान सिर्फ़ सत्य-तथ्य देता है। सत्य-तथ्य शिरोधार्य है, लेकिन सत्य का शिव और सुन्दर होना भी जरूरी है। वैदिक दर्शन में वैज्ञानिक दृष्टिकोण है। लोकमंगल का उद्‌देश्य है और विश्व को सुन्दर बनाने की अभिलाषा है। इन सबका सार हिन्दुत्व है। कोई अन्धविश्वास नहीं। कोई जबरदस्ती नहीं। असहमत के प्रति भी आदर-भाव है। हिन्दुत्व में प्रेय-श्रेय साथ-साथ हैं। विज्ञान और लोकमंगल भी परस्पर प्रीति में हैं।

डॉ. राधाकृष्णन ने कहा है "वैज्ञानिक हमें ऐसे विभिन्न ढंग बताते हैं जिनसे पृथ्वी नष्ट हो सकती है। यह कभी सुदूर भविष्य में चन्द्रमा के बहुत निकट आ पहुँचने से या सूर्य के ठण्डा पड़ जाने से नष्ट हो सकती है। कोई पुच्छल तारा पृथ्वी से टकरा सकता है। धरती से ही कोई जहरीली गैस निकल सकती है। परन्तु यह सब बहुत दूर की सम्भावनाएँ हैं; जबकि अधिक सम्भावना इस बात की है कि मानव-जाति स्वयं जान-बूझकर किए गए कार्यों से और अपनी मूर्खता और स्वार्थ के कारण, जो मानव-स्वभाव में मजबूती से जमे हुए हैं, नष्ट हो सकती है। यह बड़ी करुणा जनक बात है कि ऐसे संसार में जो हम सब के आनन्द लेने के लिए है और जो हम यदि आजकल युद्ध-यन्त्रजाल को पूर्णता तक पहुँचने में लगाई जा रही ऊर्जाओं के केवल थोड़े-से हिस्से का ही इसके लिए उपयोग करें तो सबको आनन्दमय बनाया जा सकता है।"

भारत का जीवन-ध्येय 'आनन्द' है। केवल वैयक्तिक आनन्द नहीं; सामाजिक-सामूहिक आनन्द भी। विवेकानन्द ने कहा है, "सभी देशों के निचले स्तर के मनुष्य इन्द्रियों के आनन्द में उत्साह दिखाते हैं। किन्तु जो सच्चे अर्थों में शिक्षित और सुसंस्कृत हैं, उनके आनन्द का आधार विचार और कला होती है। दर्शन और विज्ञान होता है"। सुख और आनन्द के अनेक मानसिक व बौद्धिक तल होते हैं। इन्द्रिय-भोग का सुख निम्न तल है। ज्ञान का सुख-आनन्द उच्च तल पर है। कला का आनन्द गहरा है, लेकिन अनुभूति-दर्शन का आनन्द बहुत गहरा है। उपनिषद् दर्शन में आनन्द की गहन अनुभूति है। तैत्तिरीय उपनिषद् में आनन्द की व्याख्या है। शुरुआत में कहते हैं, "सैषा आनन्दस्य मीमांसा भवति-अब उस आनन्द की मीमांसा करते हैं।" बताते हैं, "मनुष्य युवा हो, श्रेष्ठ आचरण वाला हो। अध्ययनशील हो। सम्पूर्ण अंग बलयुक्त हों। स्वस्थ हों। धन-सम्पदा से युक्त हो तो इस लोक में आनन्द है।" यहाँ आनन्द के सभी उपकरण प्रत्यक्ष हैं। भौतिक हैं। संसारी हैं। कोई अन्ध-आस्था नहीं। भाववाद नहीं। आनन्द की प्राप्ति का स्थान भी यही लोक है। आनन्द का आनन्द इसी संसार में है।

आनन्द के अनेक तल हैं। प्रथम तल के आनन्द की सूची बताने के बाद कहते हैं कि "इस तरह के सौ आनन्दों से बड़ा आनन्द मनुष्य गन्धर्वाण आनन्द है।" 'गन्धर्व आनन्द' काव्य, संगीत, कला और संस्कृति का आनन्द है। सांस्कृतिक प्रीति से भरे-पूरे लोग साधारण आनन्द से सौ गुना अधिक आनन्द पाते हैं लेकिन यह आनन्द 'अकामहत वेदवेत्ता' को सहज प्राप्त है। 'मनुष्य गन्धर्वाण आनन्द' से सौ गुना अधिक 'देव गन्धर्वाण आनन्द' है। गीत-संगीत आदि कलाएँ आनन्ददाता हैं। हिन्दू जीवन-दृष्टि व संस्कृति इसे दिव्य बनाती है, सो यह 'देव गन्धर्व आनन्द' है। फिर कहते हैं कि "यह आनन्द अकामहत वेदवेत्ता को सहज प्राप्त है।" आगे बताते हैं कि इससे भी सौ गुना अधिक आनन्द 'पितरों का चिरलोक आनन्द' है। पितरों-पूर्वजों का स्मरण आनन्द देता है। हम सब पितरों की सन्तान हैं। वे न होते तो हम न होते। यहाँ पितरों के प्रति श्रद्धा का आनन्द है। यह आनन्द भी कामनारहित वेदवेत्ता को सहज प्राप्त है। इसके बाद 'आजानज देव आनन्द' है। आजानज मनुष्य की विशेष चित्तदशा है। इसकी तुलना में सौ गुना ज़्यादा 'कर्म देवानां आनन्द' है। 'कर्म देवानां आनन्द' लोकमंगल के लिए कर्म से मिलता है। सही बात है। श्रेष्ठ कर्म करते रहने का विशेष आनन्द होता है। इसी तरह देवों का आनन्द है। इन्द्र देवता का आनन्द इससे सौ गुना ज़्यादा है, फिर बृहस्पति का आनन्द इससे भी सौ गुना अधिक है। क्या अपनी तरफ से हिन्दुत्व के आनन्द को इसी सूची में नहीं जोड़ सकते?

'आनन्द की मीमांसा' के सभी सूत्रों में हिन्दू-तत्व का प्रवाह है। युद्ध और हिंसा को धार्मिक तत्व बताने वाले निराश होंगे। इस सूची में जेहाद जैसे तत्व नहीं हैं। धर्मांतरण से पन्थिक-मज़हबी तत्वों को आनन्द मिलता है। इस आनन्द-मीमांसा में धर्मांतरण कराने का आनन्द भी नहीं है। इन सूत्रों में सभी तरह के आनन्दों का विवेचन है लेकिन ज़ोर 'कामना-रहित वेदवेत्ता' पर है। प्रत्येक सूत्र के अन्त में कहा गया है कि "लेकिन यह आनन्द 'अकामहत वेदवेत्ता' को सहज प्राप्त है।" वेदवेत्ता स्वाभाविक रूप से आनन्दित रहते हैं। वैदिक ज्ञान का ध्येय समूचे अस्तित्व को आनन्दित करना है। हिन्दुत्व वैदिक चिन्तन का सर्वसार है। अनेक हिन्दू वेदों को भगवान की वाणी कहते हैं। श्रद्धा व्यक्त करने का उनका अपना विशेष तरीका है। वेदवेत्ताओं और वैदिक ऋषियों का दर्शन आनन्दगोत्री है। 'लोकमंगल' इन निष्कर्षों की जाति है और 'आनन्द' उनका गोत्र। प्रकृति में आनन्द के तमाम स्रोत हैं। हिन्दुत्व में सबका समावेश है। हिन्दू समूची दुनिया के प्रति आत्मीय हैं।

'धर्म' जगत की व्यवस्था है। 'मज़हब-रिलीजन' एक देवदूत या पैगम्बर द्वारा की गयी घोषणा है। भारतीय चिन्तन-दर्शन में तर्क, विचार-विमर्श व विवेक की महत्ता है, इसलिए हिन्दुत्व में अन्धविश्वास की जगह नहीं। इसमें प्रश्न और जिज्ञासा का महत्व है। अनेक विद्वानों ने हिन्दू धर्म द्वारा सबको मिला लेने की क्षमता को अद्‌भुत बताया है। हिन्दू धर्म में बाहर से आए ईरानी, यूनानी, पार्थियन, बैक्ट्रियन, हूण, तुर्क, यहूदी और पारसी भी घुलमिल गए। मुसलमान सातवीं शताब्दी में आये। उनका आना जारी रहा। उन पर भी हिन्दू धर्म का प्रभाव पड़ा। प्रसिद्ध इतिहासकार विन्सेंट स्मिथ ने कहा है, "विदेशी (मुसलमान तुर्क) अपने पूर्वजों शकों आदि की तरह हिन्दू धर्म की पचा लेने की अद्‌भुत शक्ति के वश में हुए और उनमें तेजी के साथ हिन्दूपन आ गया।" पं. जवाहरलाल नेहरू स्मिथ द्वारा प्रयोग किए गए 'हिन्दूपन' शब्द से असहमत थे। 'हिन्दुस्तान की कहानी' पं. नेहरू की लिखी 'डिस्कवरी ऑफ इण्डिया' का प्रामाणिक अनुवाद है। 'हिन्दुस्तान की कहानी' में 'हिन्दुस्तान की खोज' शीर्षक से एक अध्याय है। इस अध्याय के तीसरे उपखण्ड का शीर्षक है 'हिन्दू धर्म क्या है?'

नेहरू ने स्मिथ द्वारा प्रयुक्त किए गए 'हिन्दू धर्म' और 'हिन्दूपन' शब्द-प्रयोग पर आपत्ति की है, "मेरी समझ में इन शब्दों का इस तरह इस्तेमाल करना ठीक नहीं है। अगर इनका इस्तेमाल हिन्दुस्तानी तहजीब के विस्तृत अर्थ में लिया जाए तो दूसरी बात है। आज इन शब्दों का इस्तेमाल बहुत संकुचित अर्थ में किया जाता है और इनसे एक ख़ास मज़हब का ख़याल होता है।" पं. नेहरू की दृष्टि में 'हिन्दू' मज़हब है। हिन्दू धर्म व्यापक नहीं है। उनके अनुसार इन शब्दों का अर्थ ख़ास मज़हब की याद दिलाता है। नेहरू की मानें तो हिन्दू धर्म भी इस्लाम की तरह एक मज़हब है।

हिन्दू धर्म के सम्बन्ध में गाँधी जी का मत सुस्पष्ट है लेकिन नेहरू की समझ सुस्पष्ट नहीं है। वे लिखते हैं, "हमारे पुराने साहित्य में हिन्दू शब्द कहीं नहीं आता। आठवीं सदी ईसवी के एक तान्त्रिक ग्रन्थ में यह शब्द मिलता है। इसमें हिन्दू का मतलब किसी ख़ास धर्म से नहीं बल्कि ख़ास लोगों से है। ज़ाहिर है कि यह शब्द बहुत पुराना है।" पं. नेहरू के विवेचन में अन्तर्विरोध है। वे पहले कहते हैं कि "यह शब्द पुराने साहित्य में नहीं मिलता और इसी वक्तव्य में कहते हैं कि यह शब्द बहुत पुराना है।" मज़हब और धर्म अलग-अलग हैं। दोनों में मूलभूत अन्तर है।

हिन्दू धर्म 'मज़हब' नहीं है। पं. नेहरू ने लिखा है कि "यह शब्द 'अवेस्ता' में और पुरानी फ़ारसी में आता है।" वे स्वयं लिखते हैं, "दरअसल धर्म का अर्थ

मज़हब या रिलिजन से ज़्यादा व्यापक है। यह किसी वस्तु की भीतरी आकृति, आन्तरिक जीवन के विधान के अर्थ में आता है। इसके अन्दर नैतिक विधान, सदाचार और मनुष्य की सारी जिम्मेदारियाँ और कर्तव्य आ जाते हैं।" उन्होंने संकोचपूर्वक धर्म को मज़हब से पृथक बताया है। आगे लिखते हैं, "हिन्दू धर्म जहाँ तक एक मत है अस्पष्ट है। इसकी कोई निश्चित रूपरेखा नहीं है। इसके कई पहलू हैं। इसकी परिभाषा दे सकना या निश्चित रूप में कह सकना कि साधारण रूप में यह एक मत है, कठिन है। अपने मौजूदा रूप में, बल्कि बीते हुए जमाने में भी इसके भीतर बहुत से विश्वास और कर्मकाण्ड आ मिले हैं। ऊँचे से ऊँचे और गिरे से गिरे।" नेहरू ने यह नहीं बताया कि ऊँचे से ऊँचे और गिरे से गिरे कर्म का उनका तात्पर्य क्या है। वे 'हिन्दू' और 'हिन्दू धर्म' शब्दों के प्रयोग को गलत बताते हैं, "हिन्दू और 'हिन्दू धर्म' शब्दों का हिन्दुस्तानी संस्कृति के लिए इस्तेमाल किया जाना न तो शुद्ध है न तो मुनासिब है। चाहे इन्हें बहुत पुराने जमाने के हवाले में ही क्यों न इस्तेमाल किया जाए।"

धर्म का अर्थ व्यापक है। इसमें प्रकृति का मूलभूत संविधान भी है। प्रकृति अपनी गतिशीलता में ऋतबद्ध और नियमबद्ध रहती है। आकाश में मेघ आते हैं। बिना नियम नहीं आते। वर्षा होती है। इसके कार्यकारण सिद्धान्त हैं। लोग जन्म लेते हैं। शिशु होते हैं। तरुण होते हैं। एक दिन देहावसान हो जाता है। यह सब प्रकृति के आन्तरिक नियमों के अनुसार होता है। जल ऊपर से नीचे को बहता है। अग्नि की लपटें नीचे से ऊपर को जाती हैं। प्राकृतिक नियमों के अन्तर्गत ही बसन्त, हेमन्त और शरद आते हैं। चन्द्रमा भी प्रकृति की व्यवस्था में पूर्णमासी के रूप में खिलता है और धीरे-धीरे घटते हुए अमावस्या की गहन रात में प्रकट होता है। प्रकृति अराजक नहीं है। पूर्वजों ने प्रकृति की व्यवस्था को ध्यान से देखा था। उन्होंने देखा कि प्रकृति सुसंगत नियमों में है। विराट ब्रह्माण्ड नियमहीन नहीं है। यह ज्ञानपूर्ण संरचना है। इसे इन्टेलीजेन्ट डिज़ाइन भी कहा जाता है। यह प्रतिपल सृजनशील है। नया आता है। विहँसता है। पुराना विदा होता है। नदियाँ नित्य नई जलराशि लेकर प्रवाहमान रहती हैं। ग्रह-नक्षत्र सुनिश्चित नियम में गतिशील रहते हैं।

'सगन्धा' होना पृथ्वी का धर्म है। 'रस' जल का धर्म है। 'ताप' अग्नि का धर्म है। प्रकृति के सम्पूर्ण गोचर प्रपंच नियमों में गति करते हैं। सूर्य का उगना और ऊषा का मुदित मन खिलना नियमों में है। वनस्पतियाँ भी नियमानुसार उगती हैं। इनका उगना, पौध बनना, इनसे कली खिलना, फूल होना, फल होना और बीज होना भी

सुसंगत नियमों में है। बीज के भीतर नए वृक्ष की पूरी सम्भावना लघु रूप में बन्द रहती है। यह आश्चर्यजनक है, विस्मय-बोधक है। लेकिन नियम-आबद्ध है। हम सब प्रकृति के अंग हैं। हमें भी नियमबद्ध रहना चाहिए। पूर्वजों ने प्राकृतिक नियमों से प्रेरित होकर अपने लिए भी आचार-संहिता का विकास किया। हिन्दुत्व में सब तत्व समाहित हैं। मनुष्य का मनुष्य के प्रति व्यवहार। मनुष्य का प्रकृति के प्रति व्यवहार। मनुष्य का कीट-पतिंगों के प्रति व्यवहार। मनुष्य का समष्टि के प्रति व्यवहार धर्म की आचार-संहिता का भाग है।

भारतीय धर्म का अधिष्ठान 'लोकमंगल' है। इस अधिष्ठान पर हज़ारों वर्ष से प्रश्न-जिज्ञासा और तर्क भी चलते रहे हैं। मत, मज़हब, पन्थ, रिलीजन में तर्क और जिज्ञासा की गुंजाइश नहीं है। हिन्दू धर्म में है। हिन्दू धर्म सतत् विकासशील है। सारी दुनिया को परिवार जानना हिन्दू धर्म की अनुभूति है। यहाँ दर्शन है, बहस है। आध्यात्मिक लोकतन्त्र भी है। हिन्दू धर्म का मूल आधार वेद हैं। वैदिक दर्शन हैं। वैदिक दर्शन का विकास उपनिषदों में प्रकट हुआ है। वैदिक साहित्य के प्रति हिन्दुओं की आस्था और जिज्ञासा सारी दुनिया के लिए विचारणीय है। 'हिन्दू' वेदों को श्रुतिग्रन्थ मानते हैं। लेकिन पं. नेहरू इससे सहमत नहीं थे। उन्होंने लिखा है कि, "वेदों को श्रुतिग्रन्थ मानने में मुझे ख़ास तौर पर दुर्भाग्य की बात मालूम पड़ती है। इस तरह हम उनके सच्चे महत्व को खो देते हैं। विचार की प्रारंभिक अवस्था में मनुष्य-मस्तिष्क ने स्वयं को किस रूप में प्रकट किया था? वह कैसा अद्‌भुत दिमाग था?"

नेहरू जी ऋग्वेद को मनुष्य की पहली पुस्तक बताते हैं। लेकिन अपने मत को प्रकट करते समय वे 'शायद' लगाते हैं, "ऋग्वेद शायद मनुष्य की पहली पुस्तक है।" फिर प्रशंसा करते हैं, "इसमें हमें मानव-मस्तिष्क के सबसे पहले उद्‌गार मिलते हैं। काव्य की छटा मिलती है। प्रकृति की सौंदर्यता और रहस्य पर आनन्द की भावना भी मिलती है।" ऋग्वेद जैसा दर्शन सौ-पचास साल के सामाजिक विकास का परिणाम नहीं है। ऋग्वेद की रचना अचानक नहीं हुई। इसके पीछे सैकड़ों वर्षों का सांस्कृतिक इतिहास है। ऋग्वेद के पहले भी ज्ञान-दर्शन और संस्कृति का एक दीर्घकालिक कालखण्ड होना चाहिए। अनेक स्थलों पर ऋग्वेद के ऋषि अपने पूर्वज ऋषियों का स्मरण करते हैं। एक ऋषि इन्द्र से कहते हैं कि मैं तुम्हारे लिए नए स्तोत्र रचता हूँ। वे अपने पूर्वजों को बार-बार नमस्कार करते हैं— इदं नमः ऋषिभ्यः पूर्वेभ्यः पूर्वजेभ्यः पाथिक्रभ्यः। इस मन्त्र में पूर्वजों को नमस्कार है। पहले

के ऋषियों को नमस्कार है। समष्टि का सम्मान, दिव्यता के प्रति समर्पण और लोकमंगल की प्रतिबद्धता हिन्दू धर्म की विशेषता है।

हिन्दुत्व के भाव और समृद्धि के मूल में वेद हैं। वेदों के रचनाकाल का निर्णय कठिन रहा है। पं. नेहरू ने लिखा है, "यूरोपीय विद्वान इसे इधर खींचते रहे हैं और हिन्दुस्तानी विद्वान और पीछे ले जाते रहे हैं। यह विचित्र बात है कि अपनी पुरानी संस्कृति को महत्व देने के लिए हिन्दुस्तानी उसे ज़्यादा से ज़्यादा पुरानी साबित करने की कोशिश में रहे हों।" सम्प्रति दुनिया के विद्वानों का अधिकांश भाग वैदिक साहित्य का रचनाकाल पाँच से छह हज़ार वर्ष ईसापूर्व मानता है। लोकमान्य तिलक ऋग्वेद के कई मन्त्रों के आधार पर ऋग्वेद को 40-50 हज़ार वर्ष पुराना मानते हैं। पं. नेहरू ने भी स्वीकार किया है, "इस साहित्य की ठीक तिथि जो भी हो यह यूनान या इजराइल के इतिहास से पुराना है। सच बात तो यह है कि यह मनुष्यमात्र के दिमाग की सबसे पुरानी कृतियों में है।" पं. नेहरू के साथ दिक़्क़त थी कि वे भारत के मूल निवासी आर्यों को भारत के बाहर से आया हुआ मानते थे। उन्होंने लिखा है, "वेद आर्यों के उस समय के भावोद्गार हैं जब कि वह हिन्दुस्तान की हरी-भरी भूमि पर आये। वह अपने कुल के विचारों को अपने साथ लाये। उस कुल के जिसने ईरान में अवेस्ता की रचना की और हिन्दुस्तान की ज़मीन पर उन्होंने अपने विचारों को विस्तार दिया। वेदों की भाषा भी अवेस्ता की भाषा से अद्भुत रूप में मिलती-जुलती है।"

दुनिया एकमत है कि 'ऋग्वेद' प्राचीनतम शब्द-साक्ष्य है। अवेस्ता उसके बाद का है। मूलभूत प्रश्न है कि आर्य अगर उसी क्षेत्र से आए जहाँ अवेस्ता की रचना हुई थी तो क्या आर्य वहीं से ऋग्वेद लेकर आए?अगर वे ऋग्वेद लेकर आए तो ऋग्वेद में ईरान के किसी क्षेत्र की नदियों, महत्वपूर्ण स्थानों का उल्लेख क्यों नहीं है? सच बात यह है कि आर्य भारत के ही मूल निवासी थे। पं. नेहरू बिना तथ्य-साक्ष्य ही उन्हें बाहर से आया हुआ मानते थे। पं. नेहरू मज़हबी किताबों को लेकर चिन्तित भी थे, "हम मज़हबी किताबों को किस नज़र से देखें? इन मज़हब वालों का ख़याल है कि इनका ज़्यादातर हिस्सा दैवीय प्रेरणा से प्राप्त हुआ है या नाजिल हुआ है। अगर हम उनकी जाँच-पड़ताल या नुक़्ताचीनी करते हैं और उन्हें आदमियों की रची हुई चीज़ें बताते हैं तो कट्टर मज़हबी लोग अक़्सर इसका बुरा मानते हैं।"

'पुराण' विशेष प्रकार का इतिहास है। कुछ विद्वान पुराणों में समय को विवेकपूर्ण नहीं देखते। पुराणों में समय को ब्योरेवार रखने की चिन्ता नहीं थी।

पुराणों के लेखन की अपनी शैली है। उन्होंने सांस्कृतिक महत्व वाले विवरणों को सँजोया है। पुराणों ने भारत के मन पर हिन्दुत्व की समृद्धि का गहरा असर डाला है। नेहरू ने लिखा है, "लोग इन कहानियों को घटना के रूप में सही मानते हैं तो यह बिल्कुल बेतुकी और हँसी की बात है, लेकिन ऐसा विश्वास करना छोड़ दिया जाए तो वह एक नई ही रोशनी में दिखाई पड़ने लगती है। उनमें एक नया सौन्दर्य जान पड़ता है।"

भारत के प्राचीनकाल में भी सौंदर्य और दर्शन के विद्वानों का सम्पर्क दुनिया के कई देशों में रहा है। यूनानी दर्शन की भी कई स्थापनाएँ भारतीय दर्शन से मिलती-जुलती हैं। पं. नेहरू ने लिखा है कि "हिन्दुस्तान का निरन्तर जीता-जागता सम्पर्क ईरानियों, यूनानियों, चीनियों, मध्य एशियाइयों आदि से रहा है। हिन्दुस्तान की मूल संस्कृति इन संपर्कों के बाद भी कायम रही है, तो जरूर इस संस्कृति में कोई बात, कोई भीतरी ताकत और जिन्दगी की समझ-बूझ रही है जिसने इसे इस तरह जिन्दा रखा है। तीन से चार हज़ार वर्षों तक का सांस्कृतिक विकास और अटूट सिलसिला एक अद्‌भुत बात है।"

हिन्दू धर्म-दर्शन और संस्कृति का सतत् विकास हुआ है। हिन्दू दर्शन और संस्कृति अन्य देशों की सभ्यताओं, संस्कृति और मान्यताओं से भिन्न रही है। हज़ारों वर्ष के रचनाकाल के बावजूद वैदिक साहित्य कालबाह्य नहीं हुआ। संस्कृति और सभ्यता पर मध्यकाल में प्रत्यक्ष आक्रमण भी हुए। ज़ोर-ज़बरदस्ती के मतांतरण भी हुए। ब्रिटिश सत्ता के दौरान अनेक यूरोपीय विद्वानों ने भारतीय दर्शन को भाववादी बताकर ख़ारिज किया है। ऐसे हमलों का हल्का-फुल्का असर भी हुआ। लेकिन तर्क सिद्ध दार्शनिक अनुभूतियों के कारण हिन्दुत्व के अमृत्व-गुण को कोई चोट नहीं पहुँचाई जा सकती।

आनन्द अदृश्य है। आनन्द दिखाई नहीं पड़ता। आनन्दित दिखाई पड़ते हैं। 'आनन्द' प्रकृति-सृष्टि का नियन्ता है। सृष्टि-सृजन का मूल स्रोत। आनन्द की अभिव्यक्ति सृजन में होती है। आनन्दित व्यक्ति में गीत-काव्य और तमाम कलाएँ प्रकट होती हैं। 'आनन्द' हिन्दुओं की मधु अभिलाषा है। प्रत्येक सामाजिक व्यवस्था का एक दर्शन होता है। 'आनन्द' हिन्दुत्व का प्रेय और श्रेय है। आनन्द का भी एक दर्शन है। हिन्दू इसके द्रष्टा हैं, हिन्दुत्व इसकी जीवन-दृष्टि है। तैत्तिरीय उपनिषद् में आनन्द का दर्शन भी है। ऋषि सृष्टि से इस दर्शन की शुरुआत करते हैं "चेतन से आकाश का जन्म हुआ। आकाश से वायु, वायु से अग्नि, अग्नि से जल, जल से

पृथ्वी, पृथ्वी से वनस्पतियाँ-औषधियाँ पैदा हुईं। इनसे अन्न और अन्न से पुरुष पैदा हुआ। यह पुरुष अन्नमय है।" यहाँ आकाश, वायु, अग्नि, जल और पृथ्वी प्रकृति के पाँच महाभूत हैं। चेतन इनसे पृथक पहला है। इसी तरह अन्न आदि बाद में हैं। बताते हैं कि "अन्न प्राणियों का ज्येष्ठ है—अन्नं हि भूतानां ज्येष्ठम। अन्नमय शरीर के भीतर प्राणमय शरीर है। प्राण ही वायु है।" प्राणमय शरीर के भीतर मनोमय कोष है। इसके भीतर विज्ञानमय कोष है। विज्ञानमय के सम्बन्ध में कहते हैं, "विज्ञानमय कर्म-क्षेत्र का विस्तारक है। सभी देवता विज्ञान की ज्येष्ठ ब्रह्म की तरह उपासना करते हैं।" इसके भीतर आनन्दमय कोष बताते हैं "प्रिय उस आनन्द का सिर है। मोद दक्षिण भाग है, प्रमोद उत्तरी भाग है।" आनन्द वैदिक धर्म-मीमांसा की प्रिय अनुभूति रहा है।

'हिन्दू धर्म' वैदिक धर्म का विकास है। 'हिन्दू' भारतीय जीवन-शैली की भी प्रतिष्ठित संज्ञा है। इस्लाम और ईसाइयत भारत के बाहर विकसित हुए। ईसा ने ईसाइयत व हजरत मोहम्मद ने इस्लाम का जन्म व विकास किया। भारत में उनका परिचय हिन्दू धर्म से हुआ। हिन्दुओं के लिए भी इस्लाम व ईसाइयत सर्वथा नए विश्वास थे। भारतीया जनता के एक बड़े हिस्से ने इस्लाम व ईसाइयत को भी धर्म कहा, लेकिन 'हिन्दू धर्म' ईसाइयत या इस्लामी पन्थिक विश्वास की तरह नहीं है। ईसाइयत और इस्लाम में एक ईश्वर, एक देवदूत या पैगम्बर और एक पवित्र पुस्तक के प्रति विश्वास की धारणा है। हिन्दू धर्म किसी एक पवित्र पुस्तक या देवदूत से बँधा नहीं है। हिन्दुओं का कोई एक धर्मग्रन्थ नहीं है। कोई एक पैगम्बर नहीं। कुछ विद्वान भारत में सभी धर्मों में समन्वय की बातें करते हैं। वे इस्लाम और ईसाइयत को भी धर्म कहते हैं। सच यह नहीं है। धर्म एक है। इसे सनातन धर्म भी कहते हैं। सनातन का अर्थ है कि यह सदा से है। इसे वैदिक धर्म भी कहते हैं। यह ऋग्वेद और सम्पूर्ण वैदिक साहित्य का विकास है।

हिन्दुत्व भारतीय जीवन-शैली का मधु है। इस मधु में विशेष प्रकार का माधुर्य है। यह किसी एक वृक्ष का मधु-प्रसाद या रस नहीं है। मधुमक्खियाँ अनेक पौधों के फूलों तक गीत गाते जाती हैं। पुष्प-रस-संग्रह करते समय पुष्प पर बैठती नहीं हैं। वे फूल को चोट नहीं पहुँचाती हैं। प्रायः उड़ते-उड़ते रस लेती हैं। वे हर एक पुष्प से रस लेती हैं। मधु अनेक वृक्षों, पौधों के फूलों का रस होता है। सर्वसार रस 'हिन्दुत्व' भी ऐसा ही मधुसार है। तमाम विचार, अनेक उत्सव, अनेक परम्पराएँ, अनेक देवों व उनकी उपासनाओं, सबका रस है हिन्दुत्व। हिन्दू संस्कृति एक है।

अनेक रूपों वाली यह संस्कृति अपनी मूल आत्मा में एक है। भारत-भूमि हज़ारों वर्ष से जिज्ञासा की तपस्थली रही है। सतत् शोध और बोध की धरती। 'ऋग्वेद' दुनिया का प्राचीनतम बोध-संकलन है। ऋग्वेद से लेकर आधुनिक भारत तक यहाँ की मेधा ने अनुभूति और वैज्ञानिक विवेक का सारभूत ज्ञान-रस संग्रहीत किया है। यहाँ अनेक दार्शनिक विचारधाराएँ उगीं। पूर्व मीमांसा, वैशेषिक, न्याय, सांख्य, योग, व वेदान्त प्राचीन षट्दर्शन हैं। बुद्ध और जैन को मिलाकर आठ दार्शनिक धाराएँ हैं।

उपनिषदों के दर्शन में विद्या-अविद्या के साथ प्रेय और श्रेय की महत्वपूर्ण उपस्थिति है। गीता, उपनिषद् व ब्रह्मसूत्र की प्रस्थानत्रयी है। रामायण और महाभारत महाकाव्य हैं। यह सामगान की धरती है। 'विश्व-मानवता' की हितैषी है यह। प्रकृति ने हिन्दुस्थान को बड़े प्यार से गढ़ा है। हिन्दू संस्कृति सारी दुनिया में श्रेय है। इन सबका सार और रस हिन्दुत्व है। हिन्दुत्व एक विराट संवेदनशीलता है। यह संवेदना विश्व के प्रत्येक मनुष्य को आच्छादित करती है। हिन्दू कीट-पतिंग के प्रति भी संवेदनशील हैं। हिन्दुओं का सभी विचारधाराओं के प्रति आदर-भाव है। सर्व पन्थ-समभाव हिन्दू जीवन-रचना से ही विकसित हुआ है। हिन्दुत्व विचार या वाद नहीं है। हिन्दू वैदिक दर्शन के उत्तराधिकारी हैं। ऋग्वेद में धर्म की चर्चा कम है। प्राकृतिक नियमों की चर्चा ज़्यादा है। उपनिषदों के रचनाकाल तक दर्शन-आधारित धर्म का विकास हो चुका था। हिन्दू धर्म की व्यापकता ध्यान देने योग्य है। बृहदारण्यक उपनिषद् के ऋषि कहते हैं, "जिससे सूर्य उदय और अस्त होते हैं, वे प्राण से उदित होते हैं, प्राण से ही अस्त होते हैं। इस धर्म को देवों ने बनाया है"। इस मन्त्र में भी धर्म का अर्थ नियम है।

भारत में धर्म का सतत् विकास हुआ है। यहाँ धार्मिक विकास की यात्रा मज़ेदार है। यहाँ दर्शन और वैज्ञानिक विवेक का जन्म पहले हुआ। धर्म का बाद में। दार्शनिक और वैज्ञानिक विवेक से युक्त समाज ज्ञान-यात्रा में जिज्ञासा और प्रश्नों को महत्व देते हैं। जिज्ञासा और प्रश्नाकुलता हिन्दू धर्म व दर्शन की विशेषता है। इसका प्रभाव आधुनिक समाज में भी दिखाई पड़ता है। यहाँ साधारण हिन्दू भी आस्था पर प्रश्न करते हैं और संवाद भी। प्रश्नाकुलता हिन्दू समाज की बड़ी पूँजी है। वैदिक पूर्वजों ने प्रकृति का गहन अध्ययन किया था। प्राकृतिक नियम शाश्वत होते हैं। पूर्वज प्रकृति की नियमबद्धता से प्रेरित हुए। प्रकृति सुन्दर है। सत्य है। शिव है। कल्याणकारी है। इसमें शिव और सुन्दर की स्थापना हम सबका कर्तव्य है।

डॉ. पी. वी. काणे ने 'धर्म शास्त्र का इतिहास' लिखा है। पहले भाग में लिखा है

"धर्म किसी सम्प्रदाय या मत का घोतक नहीं है। यह जीवन का ढंग या आचार-संहिता है। यह समाज या व्यक्ति के रूप में मनुष्य के कर्म और कृति को व्यवस्थित करता है"। यहाँ धर्म का आशय हिन्दू-जीवन-रचना से है। धर्म व्यवस्था है। यह बिना जाँचा परखा अन्धविश्वास नहीं है। ऐसे विश्वास के लिए अंग्रेजी में 'बिलीवर' शब्द प्रयुक्त होता है। बिलीवर या विश्वासी तर्क नहीं करते। तर्क नहीं सुनते। वे अपने विश्वास दूसरों पर थोपने के लिए हिंसा को भी उचित ठहराते हैं। हिन्दू अपनी धारणा किसी अन्य 'विश्वास' पर नहीं लादते। वे सभी पन्थिक विश्वासों का सम्मान करते हैं। 'हिन्दुत्व' मुक्त विचार का सार है। सत्य सार्वभौम सत्ता है और प्रकृति का संविधान-ऋत भी। ऋत और सत्य प्राय: समानार्थी हैं। तैत्तिरीय उपनिषद् में संकल्प है "ऋतं वदिष्यामि-ऋत बोलूँगा। सत्यं वदिष्यामि-सत्य बोलूँगा।" बोलना दैनिक जीवन की सामान्य कार्रवाई है। सत्य बोलना और धर्म का आचरण लोकमंगल की साधना है–सत्यंवद, धर्मं चर। धर्म की नींव का आधार प्रकृति के शाश्वत नियम हैं। धर्म को तार्किक परिणति तक विस्तृत करने वाले पूर्वज श्रद्धेय हैं। वे धर्म की व्यावहारिक आचार-संहिता गढ़ते हैं लेकिन पन्थिक-मज़हबी विश्वास की तरह धर्माचरण के लिए बाध्य नहीं करते।

हिन्दू धर्म में तर्क, वाद-विवाद-संवाद पर रोक नहीं है। प्राचीन काल में धर्म-तत्वों पर खुली बहस थी। इसके लिए विद्वानों की गोष्ठियाँ होती थीं। शास्त्रार्थ थे। उपनिषद् काल में धर्म के मूल तत्व पर भी संवाद थे। महाभारत के रचनाकाल में धर्म की तेजस्विता घटी थी। धर्म के निर्वचन में कठिनाई थी। महाभारत के यक्ष प्रश्न आधुनिक काल में भी लोकप्रिय हैं। यक्ष प्रश्नकर्ता था और पाँचो पाण्डव उत्तरदाता। चार पाण्डव उत्तर नहीं दे सके। युधिष्ठिर ने उत्तर दिये। महत्वपूर्ण प्रश्न था, "का पन्था :–जीवन-मार्ग क्या है?युधिष्ठिर ने उत्तर दिया, "तर्को अप्रतिष्ठा, श्रुतियो विभिन्न:, नैको ऋषिर्यस्य मतं प्रमाणं/धर्मस्य तत्व निहितं गुहायां, महाजनो येन गत: स पन्था :–तर्क की प्रतिष्ठा नहीं। वेद-वचन भिन्न-भिन्न। अनेक ऋषि, अनेक मत-प्रमाण। धर्मतत्व अन्तर्गुहा में है। जिस मार्ग से महापुरुष-महाजन गए हैं वही उचित पन्थ है।" (महाभारत वन पर्व) इस श्लोक में विचारों की मत-भिन्नता है। वैदिककाल का धर्म स्वाभाविक प्राकृतिक है।

वैदिक ऋषियों ने प्रकृति के संविधान को 'ऋत' कहा है। 'ऋत' वैज्ञानिक अनुभूति व उपलब्धि है। उन्होंने प्रकृति की शक्तियों को अनेक देवनाम दिये हैं। इन्द्र, अग्नि, पृथ्वी, पर्जन्य, मरुत, रुद्र आदि अनेक वैदिक देवता हैं। वरुण सबसे प्रभावी जान पड़ते हैं। वे ऋत-नियमों के संरक्षक-ऋताव हैं। 'ऋत' प्रकृति के सभी

प्रपंचों की नियम-संहिता है। देवता भी नियम-पालन करते हैं। 'मरुत' वायु-देव हैं। वे भी नियमानुसार गतिशील ऋतजाता हैं। (ऋ. 3-15-11) अग्नि ऋतस्यक्षत्ता हैं। (ऋ. 6-13-2) हिन्दू देवतन्त्र में किसी भी देवता को ऋत-नियम-पालन की छूट नहीं है। ऋत के संरक्षक वरुण को भी नहीं। वैसे वरुण इसी अनुशासन के देवता हैं। ऋग्वेद के अनुसार धरती और आकाश वरुण के नियम से धारण किए गए हैं—वरुणस्य धर्मणा। (6-70-1) यहाँ ऋत-नियम का धारण करना धर्म है। बताते हैं कि शक्तिशाली वरुण ने सूर्य का मार्ग निर्धारित किया है। यह है ऋत-नियम। सूर्य ने यह नियम-पालन किया। यह हुआ सूर्य का धर्म। वैदिक काल के बाद ऋत और धर्म एक ही अर्थ में कहे जाने लगे।

'ऋत' मार्गदर्शी सत्य-नियम हैं। इसके अनुसार कर्म 'धर्म' है। विष्णु बड़े देवता हैं। उन्होंने तीन पग चलकर पूरी धरती नाप ली। कैसे नापी? ऋग्वेद में बताते हैं कि वे धर्म-धारण करते हुए तीन पग चले। सूर्य प्रकाशदाता हैं लेकिन धर्मणा हैं। (1-60-1) सविता द्युलोक, अन्तरिक्ष और पृथ्वी को धर्मानुसार प्रकाश से भरते हैं। (4-53-3) ऋत सत्य है। ऋत और सत्य का अनुसरण धर्म है। ऋत और सत्य एक हैं। प्रजापति सत्यधर्मा हैं। (10-121-9) सूर्य भी सत्यधर्मा हैं। प्रकृति की सभी शक्तियाँ ऋतबद्ध धर्म का आचरण करती हैं, इसलिए मनुष्य का आचरण भी ऋतबद्ध होना चाहिए। सामान्य जीवन में मनुष्य के सुख-आनन्द का आधार सत्य है, सो सत्य बोलना धर्म है। ऋत है। वैदिक काल से ही झूठ के लिए 'अनृत' शब्द प्रयुक्त होता रहा है। ऋत सत्य है। अनृत झूठ है। उन्होंने मानव-समाज के लिए भी नियमों का विकास किया। इसी आचार-संहिता का नाम धर्म पड़ा। हिन्दू धर्म सतत् विकासशील है। यह गतिशील आचार-संहिता है। इसे न मानना दण्डनीय नहीं है। प्रत्येक हिन्दू ईश्वर को भी मानने या न मानने के लिए स्वतन्त्र है। धर्म सम्पूर्णता है। धर्म अनेक नहीं एक है। बृहदारण्यक उपनिषद् (2-5-11) में कहते हैं, "धर्म सभी भूतों का मधु है। समस्त भूत इस धर्म के मधु हैं।" इसी मधु का नाम हिन्दुत्व है।

महाभारत में सम्पदा श्रेष्ठ मूल्य बन गयी। सत्ता और सम्पदा को लेकर ही महाभारत युद्ध हुआ था। गीता-दर्शन में भी धर्म की ग्लानि का उल्लेख है। इसके चौथे अध्याय (श्लोक-1) में श्री कृष्ण ने अर्जुन को बताया कि "पहले यह ज्ञान सूर्य को मिला। सूर्य विवस्वान ने मनु को दिया। मनु ने इक्ष्वाकु को दिया। परम्परा से यह प्रवाहमान रहा। लेकिन काल-प्रभाव में यह नष्ट हो गया—स कालेनेहमहता योगो नष्टः परन्तप। (वही श्लोक-2) वही ज्ञान मैं तुम्हें दे रहा हूँ।" यहाँ नया ज्ञान देने की बात नहीं है। ज्ञान सनातन है। श्री कृष्ण ने वही ज्ञान अर्जुन को दिया। ज्ञान

सदा से है। यह व्यक्तिगत उपलब्धि है और सामाजिक भी। काल के प्रभाव में ज्ञान की उपलब्धि घटती-बढ़ती रहती है। समय के प्रभाव में सुधीजन काल-संगत का संवर्द्धन करते हैं। कालबाह्य को छोड़ते रहते हैं। धर्म पुनर्नवा होता रहता है। सतत् कर्म हम सब के कर्तव्य हैं। सबलोग अपनी परिस्थिति के अनुसार कर्म करते हैं, लेकिन देश-काल के प्रभाव में उन्हें तद्नुसार परिणाम नहीं मिलते।

भारतीय समाज वर्गों-जातियों में विभाजित रहा है। कुछ वर्ग-जाति-समूह ऐसी समाज-व्यवस्था के कारण उच्च या निम्न भी रहे हैं। आर्थिक आधार पर भी गरीब-वंचित या समृद्ध हैं। सभी तरह के वंचित वर्गों में स्वाभाविक ही निराशा रहती है। इसी तरह समृद्ध वर्गों में आशा होती है। भविष्य में सफलता की उम्मीद आशा है। निराशा भविष्य की असफलता का भय है। आशा और निराशा वर्तमान काल की चित्त-दशाएँ हैं। आशा में भविष्य के प्रति उत्साह व बल होता है और निराशा में सुन्दर भविष्य के प्रति आशंका। छान्दोग्य उपनिषद् (7-141-2) में सनत् कुमार नारद से कहते हैं "आशा ही स्मरण से बढ़कर है। अप्राप्त वस्तु की इच्छा का नाम आशा है। आशा से दीप्त **स्मरण-कर्म** करता है। इस लोक-परलोक की कामना करता है। तुम आशा की उपासना करो—मुपास्स्वेति"।

दर्शन और वैज्ञानिक विवेक से यहाँ विश्ववरेण्य संस्कृति का विकास हुआ। इसका ध्येय विश्व के प्रत्येक मनुष्य का लोकमंगल रहा है। जगत एक सुसंगत व्यवस्था है। धर्म इसी व्यवस्था को बनाए रखने की आचार-संहिता है। कभी-कभी इस व्यवस्था में गड़बड़ी आती है। गीताकार ने इसे 'धर्म की ग्लानि' कहा है, "यदायदाहि धर्मस्य ग्लानिर्भवति भारत"। धर्म के पराभव से अराजकता आती है। धर्म को फिर से व्यवस्थित करना प्रत्येक भारतवासी का कर्तव्य है। हिन्दू मन पूरे विश्व को परिवार मानता है। प्रकृति के अंश हैं हम सब। प्रकृति में रहते हैं। इसी के अंगभूत घटक हैं। प्रकृति से हमारे व्यवहार की आत्मीयता हिन्दुत्व है। हिन्दू धर्म सम्पूर्णता के प्रति हमारा सत्यनिष्ठ आचरण और व्यवहार है। कठोपनिषद् में नचिकेता और यम के बीच प्रश्नोत्तर हैं। यम ने उसे सत्यधृति कहा है। नचिकेता ने यम से पूछा, "जो धर्म से पृथक है, अधर्म से पृथक है, भूत-भविष्य से भी पृथक है, कृपा करके आप मुझे वही बताइए।" यहाँ धर्म राष्ट्र-जीवन की आचार-संहिता है। धर्म की साधना देशकाल के भीतर है। नचिकेता धर्म-अधर्म, देशकाल और भूत-भविष्य से परे सम्पूर्ण सत्य का जिज्ञासु है। ऐसी जिज्ञासा हिन्दुत्व का ही भाग है।

उत्तर वैदिक काल में ऋत-व्रत के विषयों की सूची बढ़ती रही। तैत्तिरीय उपनिषद् में अन्न पैदा करना व्रत है—अन्नं बहु कुर्वीत। अन्न का त्याग न करना व्रत है। लेकिन आधुनिक काल में देवोपासना आदि अनुष्ठानों में भोजन न करना

व्रत कहा जाता है। व्रत की प्राचीन सूची ध्यान देने योग्य है—"अतिथि सत्कार व्रत है। वृक्षों की सेवा व्रत है। नदियों का प्रवाह बनाए रखना व्रत है। धर्मानुसार चलना व्रत है।" इस सूची में मानव-कल्याण और लोक-जीवन के स्वर्ण-सूत्र हैं। यहाँ कोई अन्धविश्वास नहीं। ये सूत्र सर्वप्रिय हैं। इनपर तर्क सम्भव है। तर्क पर कोई रोक नहीं है। काल के अनुसार इस सूची में संशोधन परिवर्द्धन किए जा सकते हैं। इनका प्रेरक हिन्दू धर्म है। गांधी जी विश्व के सर्वाधिक लोकप्रिय नेता थे। सभी संप्रदायों में लोकप्रिय थे। उन्होंने पं. जवाहरलाल नेहरू को यरवदा जेल से पत्र (2-5-1933) लिखा था "मैं धर्म नहीं छोड़ सकता। इसलिए हिन्दुत्व छोड़ना असम्भव है। हिन्दुत्व के कारण ही मैं ईसाइयत, इस्लाम व अन्य पन्थों से प्रेम करता हूँ। इसे मुझसे दूर कर दो तो मेरे पास कुछ नहीं बचेगा।" गांधी जी का कथन ध्यान देने योग्य है—हिन्दुत्व को मुझसे दूर कर दो तो मेरे पास कुछ नहीं बचेगा। हिन्दुत्व के कारण ही वे सभी पन्थों और विश्वासों को प्यार करते थे। हिन्दुत्व में भिन्न विचार के प्रति आदर की प्रतिभूति है।

ऋग्वेद के साढ़े दस हज़ार मन्त्रों में एक भी मन्त्र धर्म-पालन की ज़ोर-ज़बरदस्ती का निर्देश नहीं देता। वे इस आचार-संहिता को स्वयं स्वीकृत करते हैं। वैदिक परम्परा का एक सुन्दर शब्द है—व्रत। व्रत अर्थात संकल्प। लोकमंगल के कार्य करने का संकल्प व्रत है। वैदिक देवता भी व्रती हैं। वे प्रकृति के संविधान ऋत से ऊपर नहीं हैं। ऋत के अनुसरणकर्त्ता व्रती हैं। (ऋ. 3-7-8) व्रत की सुन्दर परिभाषा है, "ऋत के अनुसार चलना व्रत है।" (ऋ. 3-4-7) अग्नि देव भी ऋत-व्रती है। (ऋ. 3-7-8) सूर्योदय के पूर्व ऊषा आती हैं। ऊषा भी ऋत का अनुसरण करती हैं। (ऋ. 3-61-1) ऋत का पालन धर्म है। देवता मनुष्यों के आराध्य हैं। लेकिन धर्म के नियमों से उन्हें कोई छूट नहीं है। सब धर्म-व्रती हैं। उपनिषद् दर्शन-ग्रन्थ हैं। ऋग्वेद के परवर्ती हैं। व्रत-संकल्प की धारणा उपनिषदों में भी है।

हिन्दुत्व का दर्शन परिपूर्ण लोकतन्त्री है। ईश्वर भी विमर्श के दायरे में हैं। लोकायत दर्शन अनीश्वरवादी रहा है। हिन्दुत्व में इसकी भी प्रतिष्ठा है। ईश्वर-विश्वासी भी कई तरह के हैं। कुछ ईश्वर को सर्वोच्च शासक मानते हैं। अनेक विद्वान ईश्वर को कर्ता, भर्ता, दाता व विधाता मानते हैं। कुछ उसे सर्वव्यापी मानते हैं। हिन्दुत्व में सबका स्वीकार है। यास्क ने ठीक ही तर्क को देवता बताया था। हिन्दू होने का अपना आनन्द है।

हिन्दू होने का रस–आनन्द

02

हिन्दू होने का रस-आनन्द

काय विज्ञान में दुनिया के सभी मनुष्य एक जैसे हैं। देश-काल के कारण रूप-रंग भिन्न-भिन्न हैं। कहीं ज़्यादा गोरे, कहीं श्यामल तो कहीं श्याम रंग। सभ्यता-संस्कृति की भी भिन्नता है। सभ्यता का क्षेत्र भौगोलिक होता है। सभ्यता में क्षेत्रीयता होती है। सांस्कृतिक तत्वों की आवाजाही दूर-दूर तक सम्भव है। आस्था और विश्वास भी एक मनुष्य-समूह से दूसरे को अलग करते हैं लेकिन 'विज्ञान और दर्शन' सार्वभौम होते हैं। उनकी मान्यताएँ भौगोलिक क्षेत्र के बंधन में नहीं होतीं। भारत में तर्क, जिज्ञासा और दर्शन की शुरुआत का इतिहास ऋग्वैदिक काल से भी प्राचीन है। यहाँ धर्म-विकास के पहले से ही तर्क और जिज्ञासा का दार्शनिक वातावरण रहा है। अन्य पन्थिक विश्वासों की तुलना में यहाँ स्वतन्त्र विचार और निर्बंध विवेक का प्रभाव बहुत पहले से है। 'हिन्दू' भूसांस्कृतिक संज्ञा है। इस भूक्षेत्र के निवासियों की एक विशेष तार्किक और दार्शनिक जीवनशैली है।

हिन्दू-जीवन-रचना में तर्क और जिज्ञासा की महत्ता है। यहाँ ईश्वरीय सत्ता पर भी प्रश्न करने की परम्परा है। हिन्दू तार्किक रहे हैं। यहाँ वैदिककाल से ही जिज्ञासा और प्रश्नों की महत्ता है। इसीलिए हिन्दुओं का कोई सर्वमान्य आस्था-ग्रन्थ नहीं और न ही सर्वमान्य देवता। हरेक हिन्दू का अपना विवेक और अपनी इच्छा। कोई अग्नि-उपासक तो कोई जल का उपासक। यहाँ ब्रह्मा, विष्णु और महेश की त्रयी है तो श्रीराम और श्रीकृष्ण के भी विकल्प हैं। देवी-उपासना अतिप्राचीन है ही। हनुमान मन्दिर भी लाखों की संख्या में हैं। अनेक हिन्दू 'मूर्तिपूजक' नहीं हैं। अनेक मूर्तिपूजक भी हैं। अभिव्यक्ति-विवेक का ऐसा मौलिक अधिकार दुनिया की किसी

आस्था-प्रणाली में नहीं है। यहाँ चार पुरुषार्थ बताये गए हैं—धर्म, अर्थ, काम और मोक्ष। कुछ हिन्दू केवल अर्थ-धन को ही वास्तविक पुरुषार्थ मानते हैं। 'सर्वेगुणाः कांचनमा श्रयंते' की उक्ति इसी का साक्ष्य है। काम या कामनापूर्ति एक पुरुषार्थ है लेकिन गीता में निष्काम हो जाने का दर्शन है। धर्म-प्रवाहमान आचार-संहिता है। यह दिक्-काल के अनुसार परिवर्तनीय है। तीनो पुरुषार्थ भौतिक हैं। संसारी हैं। चौथा मोक्ष है, लेकिन प्रत्यक्ष नहीं है।

'मोक्ष-प्राप्ति' वस्तुतः साँस ारिक राग से मुक्ति है। हिन्दू को सुविधा है कि मोक्ष माने या न माने। हिन्दू-जीवन में अपने छन्द में जीने की परिपूर्ण स्वतन्त्रता है। तार्किक और प्रश्नाकुल जीवनशैली के अपने सुख-दुःख हैं। भारत-विभाजन के समय तमाम हिन्दू पाकिस्तान में थे लेकिन पाकिस्तान में हिन्दुओं की संख्या लगातार घटी है। बांग्लादेश की भी यही त्रासदी है। कट्टरपन्थी तत्वों की दृष्टि में हिन्दू इनकार करने वाले 'काफ़िर' हैं और काफ़िर को जीने का अधिकार नहीं। लेकिन हिन्दू होने का आनन्द अकथनीय है। हिन्दू होने के स्वतन्त्र विवेक का आनन्द असीम है।

हमारा गाँव सई नदी के तट पर जंगलों के बीच था। सुना था कि नदी के किनारे रात में प्रेत नाचते हैं। प्रेत देखने की जिज्ञासा बढ़ी। एक रात मैं नदी-तट पर पहुँचा। चन्द्रमा की चाँदनी लहरों को स्वर्णिम बना रही थी। कुछ अधजले शव पड़े थे। वनबबूल के पेड़ों पर घोंसले थे। नन्हें बया पक्षी झाँक रहे थे कि कौन आया रात्रि-निवास का एकान्त भंग करने। मैं वहाँ से एक मानव खोपड़ी ले आया। घर के सामने रखा। पिता शंका में थे। यह जादू-टोना किसने किया? मैंने बताया कि मैं लाया हूँ। इसका अध्ययन करूँगा। माँ रोती रही। इस बच्चे का इलाज कराओ। यह देवताओं को नहीं मानता। यह प्रेतों के होने को भी नहीं मानता। अनिष्ट संभावी है। देवों पर भी संशय करने की पृष्ठभूमि मुझे हिन्दू होने के कारण ही मिली थी।

इस्लामी विषयों के जानकार भौतिक विज्ञान के एक अध्यापक से मेरी मित्रता बढ़ी। हम लोग धर्म-मज़हब के रूढ़िगत हिस्सों पर बहस करते थे। यारी गहरी थी। एकदिन वे हरेक घटना का श्रेय अल्लाह-ईश्वर को देने लगे। मैंने तर्क दिये। पूरी जानकारी के बाद ही हमें ईश्वर के अस्तित्व पर हाँ या ना करना चाहिए। उनका तर्क था कि अल्लाह के अलावा सभी विषयों पर बहस की जा सकती है। मैंने कहा बहस का आधार दर्शन-विज्ञान ही रहने चाहिए। वे बोले "आप हिन्दू हैं आपके यहाँ सुविधा है, ईश्वर को न मानो तो भी फ़र्क़ नहीं पड़ता, लेकिन हम ऐसा नहीं कर सकते।"

हम सौभाग्यशाली हैं कि हिन्दू हैं। हिन्दू होना सरल-तरल है लेकिन विरल भी है। हम हिन्दू होकर ही ईश्वर को अध्ययन का विषय बना सकते हैं। हिन्दू के लिए ईश्वर की जिज्ञासा या खोज धर्मविरोधी नहीं है। सामान्यतया ईश्वर-विश्वासी को आस्तिक कहते हैं और ईश्वर पर विश्वास न करने वाले नास्तिक कहे जाते हैं। लेकिन हिन्दू-चिन्तन में आस्तिक-नास्तिक की परिभाषा दूसरी है। जो वेद की निन्दा करे वह नास्तिक है—नास्तिको वेद निंदक:। वेद का अर्थ है ज्ञान। ज्ञान की उपासना वेद है। 'वेद' विद् धातु से बना है। विद् का तात्पर्य ज्ञान है।

हिन्दू को इस्लाम के आदर की सुविधा है। कुरान और बाईबिल को पवित्र कहने की भी। क्या गैर हिन्दू समुदाय ऐसा कर सकते हैं? हिन्दू होने के कारण मुझे दुनिया के सारे आस्था-पन्थ आदरणीय प्रतीत होते हैं। इसकी कोई सीमा नहीं। हम हिन्दू होकर ही अपने स्वतन्त्र विवेक का स्वतन्त्र प्रयोग करते आए हैं। मुझे कभी-कभी कुछ समय के लिए ईश्वर का अस्तित्व समझ में आता है। तब चित्त पर बिना मेघ वर्षा होती है। अल्पकाल में अनाहत्नाद सुनता हूँ। रूखी बुद्धि से कविता उगती है। मैं ईश्वर के प्रति सजग हो जाता हूँ लेकिन तर्क, संशय और वैज्ञानिक उपकरणों के सामने तमाम किन्तु-परन्तु उगते हैं। हमेशा के लिए नहीं। अगले अध्ययन-सोपान तक। ईश्वर का स्वीकार मुश्किल और ईश्वर का इनकार भी मुश्किल। ऐसी द्वन्द्वात्मक चित्तदशा की समृद्धि हिन्दू होने के कारण ही मिलती है। हिन्दू होने का सुख स्वतन्त्र विवेक का मार्ग है।

भारतीय चिन्तन में 'नारद' निराले पात्र हैं। वे बिना किसी वाहन के आकाशमार्ग से चलते हैं। सभी लोकों का भ्रमण करते हैं। वह भी वाद्य-संगीत 'वीणा' लेकर। वे समय के बन्धन से मुक्त हैं। वे वैदिक काल में हैं। उत्तर वैदिक काल में हैं। पुराण कथाओं में उनकी गहन उपस्थिति है। वे रामायण में हैं। महाभारत में भी हैं। ऐसा निराला पात्र दुनिया की किसी भी सभ्यता, संस्कृति या मिथ में नहीं मिलता। वे समय का अतिक्रमण करते हैं। लेकिन छान्दोग्य उपनिषद की एक सुन्दर कथा में वे अशान्त हैं। वे उस समय के विद्वान सनत कुमार के पास गए। बोले, "हे भगवन् मैं अशान्त हूँ। उपदेश दीजिए।" सनत् कुमार ने कहा, "तुम जो जानते हो, वह बताओ।" नारद ने कहा, "मैं ऋग्वेद, यजुर्वेद, सामवेद और अथर्ववेद जानता हूँ। इतिहास, पुराण, व्याकरण, श्राद्धकल्प, गणित, निधिशास्त्र, तर्कशास्त्र, नीतिशास्त्र, देव-विद्या, ब्रह्म-विद्या, क्षत्र-विद्या, नक्षत्र-विद्या, देवजन-विद्या आदि जानता हूँ।" नारद अनेक विषयों के जानकार हैं। ज्ञात होता है कि इस उपनिषद् के रचनाकाल में शिक्षा और ज्ञान के अनेक विषय और ज्ञान-अनुशासन थे। नारद ने कहा, "मैं केवल

मन्त्रवेत्ता हूँ। आत्मवेत्ता नहीं हूँ। मैंने आप जैसे विद्वानों से सुना है कि आत्मवेत्ता शोक को पार कर लेता है। मुझे शोक है। आप मुझे शोक से पार करें।" भारतीय चिन्तन-परम्परा में तमाम विषयों की जानकारी को सुख-आनन्द की प्रतिभूति नहीं माना गया। आत्मज्ञान से सुख की प्राप्ति होती है।

जानकारियाँ रूप और नाम का संचय होती हैं। बोलने-सुनने में नाम का प्रयोग होता है। रूप का नाम होता है। नाम-रूप ज्ञान का भाग बनता है। सनत् कुमार ने नारद को बताया, "ऋग्वेद आदि विषय नाम हैं।" नाम की सीमा है। नारद ने पूछा, "क्या नाम से भी कुछ बड़ा है? आप हमें वही बताएँ।" (7-1-5) सनत् कुमार ने उत्तर दिया, "वाक् नाम से बढ़कर है। वाक् या वाणी ही ऋग्वेद आदि को प्रकट करती है। वाणी न होती तो धर्म-अधर्म का ज्ञान न होता। सत्य-असत्य का भी ज्ञान न होता। इसलिए तुम वाक् की उपासना करो।" इसी तरह सनत् कुमार ने मन की शक्ति बताई, "मन की गति जहाँ तक है वहाँ तक स्वेच्छा से गति होती है।" नारद ने फिर पूछा, "क्या मन से भी बढ़कर कुछ है?" सनत् कुमार ने कहा, "संकल्प मन से बढ़कर है। पुरुष संकल्प करता है, वह बोलने की इच्छा करता है। वाणी को प्रेरित करता है। नाम में सब मन्त्र एकरूप हो जाते हैं। मन्त्रों में कर्म का अन्तर्भाव हो जाता है।" आगे कहते हैं, "मन आदि संकल्परूप, संकल्पमय संकल्प में प्रतिष्ठित हैं। अन्तरिक्ष और पृथ्वी ने संकल्प किया है, वायु और आकाश ने संकल्प किया है। वर्षा संकल्प के लिए समर्थ होती है। अन्न के संकल्प के लिए प्राण समर्थ होते हैं। कर्मों के संकल्प के लिए लोक-फल समर्थ होते हैं। लोकों के संकल्प के लिए सब समर्थ होते हैं। तुम संकल्प की उपासना करो।" संकल्प में बड़ी क्षमता है।

संकल्प में आन्तरिक ऊर्जा का जागरण होता है। इसीलिए हिन्दुओं में प्रत्येक कार्य के पहले संकल्प की परम्परा है। संकल्प का मन्त्र भी है। नारद ने पूछा कि क्या संकल्प से बढ़कर भी कुछ है? सनत् कुमार ने बताया, "चित्त संकल्प से बड़ा है। पुरुष जब चेतनावान होता है तभी वह संकल्प करता है। मनन करता है। वाणी को प्रेरित करता है। उसे नाम से प्रवृत्त करता है। नाम में मन्त्र एकरूप होते हैं और मन्त्रों में कर्म।" सनत् कुमार ने आगे बताया कि "ध्यान चित्त से बढ़कर है। पृथ्वी ध्यान करती है। अन्तरिक्ष ध्यान करता है और जल भी। देवता भी ध्यान करते हैं। मनुष्य भी ध्यान करते हैं। ध्यान के लाभ का अंश पाकर मनुष्य महत्वपूर्ण होते हैं। नारद तुम ध्यान की उपासना करो।" फिर ध्यान से विज्ञान को बड़ा बताते हैं, "विज्ञान से ही पुरुष ऋग्वेद, यजुर्वेद, सामवेद, अथर्ववेद, इतिहास, पुराण, व्याकरण, ब्रह्म-

विद्या आदि सम्पूर्ण विश्व का ज्ञान पाता है। जहाँ तक विज्ञान की गति है, वहाँ तक उसकी स्वेच्छया गति होती है। लेकिन विज्ञान से बल श्रेष्ठ है, सौ विज्ञानवानों को भी बलवान हिला देता है। वह श्रवण करने वाला होता है। मननकर्ता होता है। बोधवान व कर्त्ता होता है। विज्ञ होता है। बल से पृथ्वी, अन्तरिक्ष, पर्वत, देवता, पशु, पक्षी, वनस्पति, कीट, पतिंग स्थित हैं। बल से ही लोक हैं।"

अन्न की महिमा बताते हैं, "दस दिन भोजन न करें, वह जीवित भले ही रहे तो भी वह अद्रष्टा, अश्रोता, अबोद्धा, अकर्ता, अविज्ञाता हो जाता है। अन्न की प्राप्ति हो जाने पर वह द्रष्टा, श्रोता, बोद्धा, कर्ता, विज्ञाता हो जाता है। तुम अन्न की उपासना करो।" आगे कहते हैं, "जो अन्न को ब्रह्म जानकर उपासना करता है, उसे अन्नवान लोकों की प्राप्ति होती है।" वाणी से लेकर अन्न-महिमा तक सभी सूत्र इहलौकिक हैं।

सम्पूर्णता पूर्वजों की अनुभूति है लेकिन समझने के लिए विश्लेषण-पद्धति का भी उपयोग है। नारद के अशान्त होने के कारण हैं। सम्भवत: वे समग्रता में नहीं सोचते। सनत् कुमार उँगली पकड़कर उन्हें क्रमानुसार सीढ़ी पर चढ़ाते हैं। सीढ़ी चढ़ते समय हरेक अगले पायदान पर पिछलो पायदान छूटता जाता है। सीढ़ी ही क्यों, पैदल चलते समय भी पिछला पैर आधार बनता है। अगले क्षण पिछला पैर छूटकर अगला बन जाता है। आगे बताते हैं, "अन्न की अपेक्षा जल श्रेष्ठ है। अच्छी वर्षा नहीं होती तो प्राण दु:खी हो जाते हैं कि अन्न कम होगा। पृथ्वी मूर्तिमान जल है। अन्तरिक्ष, द्युलोक, पर्वत, देव, मनुष्य, पशु-पक्षी, वनस्पति और सभी प्राणी मूर्तिमान जल हैं। नारद तुम जल की उपासना करो।" यहाँ जल ही यत्र-तत्र-सर्वत्र है।

ॠग्वेद में जल को संसार की माताएँ कहा गया है। यूनानी दार्शनिक थेल्स ने जल को सृष्टि का आदितत्व बताया है। फिर जल की अपेक्षा तेज को बड़ा बताते हैं, "तेज वायु को निश्चल करता है। आकाश को तप्त करता है। लोग कहते हैं कि गर्मी हो रही है। अब वर्षा होगी। यह तेज ही वर्षा का हेतु है।" यहाँ वर्षा-चक्र का वर्णन है। फिर आकाश को तेज से बड़ा बताते हैं, "आकाश में सूर्य-चन्द्र हैं, विद्युत, नक्षत्र व अग्नि है। आकाश द्वारा ही एक-दूसरे को पुकारते हैं। आकाश से ही सुनते हैं। आकाश में ही उत्पन्न होते हैं। आकाश की ओर ही बढ़ते हैं। नारद तुम आकाश की उपासना करो।"

आकाश भारतीय चिन्तन के पंचमहाभूतों में सर्वाधिक सूक्ष्म है। यूनानी दार्शनिक केवल चार महाभूत मानते थे। वे आकाश को नथिंग कहते थे लेकिन भारत में यह

प्रथमा है। सृष्टि का विकास सूक्ष्म से स्थूल की ओर हुआ है। सनत कुमार ने कहा, "स्मरण आकाश से बड़ा है। लोग स्मरण न करने पर न सुन सकते हैं, न मनन कर सकते हैं। स्मरण करते हुए सुन सकते हैं। नारद तुम स्मरण की उपासना करो। "स्मरण से ज्ञान-विज्ञान स्मृति-कोष में संचित होते हैं। गीता के अन्त में अर्जुन प्रबोधन के लाभ बताते हैं, "नष्टो मोहा स्मृति लब्धा तव प्रसादमान अच्युत-हमारा मोह नष्ट हो गया। आपके प्रसाद से स्मृति मिली।" स्मृति महत्वपूर्ण है। सब कुछ स्मरण में प्रकट हो जाता है। सनत कुमार ने कहा, "आशा स्मरण की अपेक्षा श्रेष्ठ है। आशा से प्रकाशित स्मरण ही मन्त्रों का पाठ करता है। कर्म करता है। पुत्रों और पशुधन की इच्छा करता है। लोक-परलोक की कामना करता है।" आशा वस्तुतः भविष्य के प्रति विश्वास है। जो नहीं उपलब्ध है मनुष्य उसे प्राप्त करने के प्रयत्न करता है। आशा सकारात्मक भाव है। प्रगाढ़ आशा से चित्त में नई ऊर्जा पैदा होती है। आशा वर्तमान में होती है लेकिन भविष्य के प्रति संकल्पवान चित्त गढ़ती है। आशा में स्फूर्ति होती है। आशा का भाव मनुष्य जाति के प्रति प्रकृति का अनूठा वरदान है। आशा से भरे-पूरे लोगों ने ऐतिहासिक उपलब्धियाँ पाई हैं। आशा नमस्कार के योग्य है। भाव-जगत की निराली उपलब्धि है आशा।

उपनिषद् दर्शन में प्राण की महत्ता है। प्राण से प्राणी हैं। आशा का वर्णन करने के बाद सनत् कुमार प्राण को आशा से बड़ा बताते हैं, "रथ-चक्र की नाभि में अरे होते हैं, उसी तरह प्राण में सारा जगत समर्पित है। 'प्राण' प्राण की शक्ति द्वारा गमन करता है। 'प्राण' प्राण को देता है—प्राण प्राणेन याति प्राणः, प्राणं ददाति प्राणं ददाति प्राणाय ददाति। 'प्राण' पिता है। 'प्राण' माता है। 'प्राण' भाई है, 'प्राण' बहन है। 'प्राण' आचार्य है। तैत्तिरीय उपनिषद् में भी प्राण की महत्ता है, "प्राण से देव अनुप्राणित हैं। सभी जीव प्राण से जीते हैं। प्राण जीवों की आयु है।" प्रश्नोपनिषद् में कहा गया है, "आदित्य ह वै प्राणः-आदित्य ही प्राण हैं।" अन्यत्र बताते हैं, "सभी जीवों का 'प्राण' सूर्य उदित हो रहा है।" मजेदार प्रश्न है, "संसार को कौन और कितने देव धारण करते हैं? उत्तर है, "आकाश, वायु, अग्नि, जल, पृथ्वी, वाणी, मन, आँख, कान इत्यादि देवता संसार को धारण करते हैं, इनमें 'प्राण' वरिष्ठ हैं।" देवों की सूची ध्यान देने योग्य है। सब प्रत्यक्ष हैं। ये देव कल्पना नहीं हैं। बताते हैं कि, "प्राण में सबकुछ प्रतिष्ठित है।" 'प्राण' प्रजापति है, वही गर्भ में आता है, वह अग्नि है, इंद्र, रुद्र और सूर्य है। यहाँ जो कुछ प्रतिष्ठित है, सब प्राण के वश में है। प्राण सर्वत्र व्याप्त है। ऋषि की प्रार्थना है कि, "प्राण हमारा मंगल करे। हमें छोड़कर बाहर न जाए।" सनत् कुमार ने नारद को प्राण की उपासना का मन्त्र दिया और कहा कि विज्ञान की जिज्ञासा करनी चाहिए।

उपनिषदों में विज्ञान का उल्लेख कई बार हुआ है। उपनिषदों में इसका अर्थ 'सत्य प्राप्ति की उपासना' है। भारतीय चिन्तन में सत्य को 'नित्य' कहा गया है। नित्य सदा से है, सदा रहता है। यही सत्य है। सनत् कुमार ने कहा, "जो सत्य को विशेष रूप से जानता है, वह तभी सत्य बोलता है।" इन्द्रियबोध से प्राप्त सत्य पर्याप्त नहीं होता। शंकराचार्य के भाष्य में कहते हैं, "वह सत्य विज्ञान बिना जिज्ञासा किये, बिना प्रार्थना किये नहीं जाना जा सकता। इसलिए विज्ञान की विशेष जिज्ञासा करनी चाहिए।" श्रद्धा के विषय में कहते हैं, "मनुष्य श्रद्धा करता है, तभी मनन करता है। श्रद्धाहीन मनन नहीं करते।" श्रद्धा असम्भव पर विश्वास है। फिर निष्ठा को महत्वपूर्ण बताते हैं। इसके बाद सुख का निर्वचन है। नारद ने कहा कि मैं सुख की जिज्ञासा करता हूँ। सुख है क्या? सनत् कुमार ने कहा, "यो वै भूमा तत्सुखं नाल्पे सुखमस्ति-निश्चित ही जो भूमा है, वही सुख है, इससे अल्प में सुख नहीं। सुख भूमा ही है।" भूमा छान्दोग्य उपनिषद् की महत्वपूर्ण धारणा है। भूमा विराट सम्पूर्णता है। बादरायण ने 'ब्रह्मसूत्र' में भूमा को ब्रह्म बताया है। सम्पूर्णता में सुख है, इससे अल्प में सुख नहीं। इसी उपनिषद् में कहते हैं, "जहाँ कुछ और नहीं दिखता, कुछ और नहीं सुनाई देता, कुछ और नहीं ज्ञात हो पाता, वह भूमा है। जहाँ कुछ और दिखता है कुछ और सुनाई देता और ज्ञात होता है, वह अल्प है।" अल्प या कम में दुःख है।

सम्पूर्णता उपास्य है। छान्दोग्य उपनिषद् में इसी का नाम भूमा है। ब्रह्मसूत्रों में यह ब्रह्म है। ऋग्वेद में यह अदिति या पुरुष है। चीनी दार्शनिक लाओत्से का 'ताओ' है। बताते हैं, "भूमा अमृत है। अल्प मरण धर्मा है। भूमा ही ऊपर है, वही पीछे है। वही सामने है। वही दायें है। वही बायें है और वही यह सब है। इसी अनुभूति को स्वयं पर लागू करते हैं– "मैं ही ऊपर हूँ। मैं ही दायें हूँ। मैं ही बायें हूँ। मैं ही सामने हूँ। मैं ही यह सब हूँ।" उपनिषदों में ब्रह्म के लिए भी ऐसा ही कहते हैं—"ब्रह्म आगे हैं। ब्रह्म पीछे हैं। ब्रह्म ऊपर हैं। ब्रह्म ही दायें-बायें सर्वत्र हैं। ऋग्वेद में 'सविता' अर्थात सूर्य के लिए कहते हैं–"सविता ऊपर हैं। यही नीचे और बायें-दायें हैं।" नाम अनेक लेकिन तत्व एक है। नाम में क्या धरा है?

हिन्दू दर्शन में सम्पूर्णता है। इसी दार्शनिक परपरा के कारण हिन्दू अपने समाज की कालबाह्य मान्यताएँ छोड़ने में सफल हुए हैं। दयानंद, विवेकानन्द, गांधी, डॉ. अम्बेडकर जैसे महानुभाव भारतीय समाज की रूढ़ियों पर हमलावर रहे। हिन्दुओं में अपनी मान्यताओं पर पुनर्विचार व समाज-सुधार की क्षमता है। बेशक सुधार की गति धीमी रही है तो भी आस्था और विश्वास सामाजिक सुधार के रास्ते में बाधक नहीं बन सके। हिन्दू होने का विवेक हिन्दू न हो जाने तक फैला हुआ है। डॉ.

अम्बेडकर हिन्दू घर में जन्मे। स्वतन्त्र विवेक के रास्ते चले। उन्होंने हिन्दू न रह जाने के अधिकार का प्रयोग किया। अन्य आस्था विश्वासों में डॉ. अम्बेडकर जैसा व्यक्तित्व नहीं मिलता। हिन्दू अपने इस 'भारत रत्न' के प्रति श्रद्धा करते हैं। हिन्दू धर्म के अतिक्रमण तक सोचते हैं। गीता के श्रीकृष्ण ने अर्जुन से 'सर्व धर्म परित्यजन' की बात कही थी। हिन्दू होने से हिन्दू ही न रहकर 'मुक्ति के संधान' के अवसर हैं। हिन्दू होने के तमाम आनन्द हैं।

तैत्तरीय उपनिषद में आनन्द का समुचित विवेचन है। कहते हैं, "चेतन से आकाश पैदा हुआ। आकाश से वायु, वायु से अग्नि और अग्नि से जल का उद्‌भव हुआ। जल से पृथ्वी। पृथ्वी से औषधियाँ-वनस्पतियाँ प्रकट हुईं। वनस्पतियों-औषधियों से अन्न और अन्न से पुरुष पैदा हुआ। यह पुरुष अन्नमय है।" (तैत्तिरीय उपनिषद 2.1) यहाँ सृष्टि के विकासवादी सिद्धान्त के संकेत हैं। आगे कहते हैं, "अन्न से प्रजा उत्पन्न हुई। अन्न से जीवित रहती है और अन्न में लीन होती है। अन्न सभी प्राणियों का ज्येष्ठ है। अन्नमय शरीर के भीतर प्राणमय शरीर है।" प्राण के बारे में कहते हैं, "प्राण ही आयु है—प्राणोहि भूतानां आयु।" फिर प्राणमय शरीर के भीतर मनोमय कोष है। मनोमय से यह प्राणमय शरीर पूर्ण है। वह प्राणमय शरीर में सर्वत्र व्याप्त है। इसके भीतर विज्ञानमय कोष है। फिर विज्ञान के गुण बताते हैं, "विज्ञान कर्म-क्षेत्र का विस्तारक है। सभी देवता ज्येष्ठ ब्रह्म की तरह विज्ञान की उपासना करते हैं।"

'विज्ञान' ब्रह्म है। विज्ञानमय कोष के भीतर आनन्दमय कोष है। प्रिय उस आनन्द का सिर है। मोद दक्षिण भाग है। प्रमोद उत्तर भाग है। आनन्द आत्मा है। आनन्दमय कोष सुन्दर उपलब्धि है। आनन्द सृष्टि का मूल तत्व है। वह सृष्टि का नियन्ता है। शंकराचार्य ने तैत्तिरीय उपनिषद के भाष्य में लिखा है, "आनन्द विद्या और कर्म का फल है। विद्या और कर्म भी प्रिय और आनन्द के लिए ही हैं। प्रिय पदार्थ की प्राप्ति से होने वाला आनन्द मोद कहलाता है। वही हर्ष प्रकट करने पर प्रमोद कहा जाता है। फिर विज्ञानमय पुरुष का वर्णन है। यह मनोमय शरीर से भी सूक्ष्म है। विज्ञानमय जीवात्मा समस्त शरीर में व्याप्त है। गीता (13.3.22) में कहते हैं कि, "जीवात्मा रूप क्षेत्रज्ञ शरीर रूपी क्षेत्र में सर्वत्र व्याप्त है। इसके बाद आनन्दमय पुरुष का वर्णन है। यह विज्ञानमय जीवात्मा से भिन्न है। यह उसके भीतर रहता है। इसे आनन्दमय कहा गया है। आनन्दमय के पहले विज्ञानमय पुरुष व्याप्त है। वह इसमें भी परिपूर्ण है।" आनन्दमय की तुलना पक्षी-रूप में की गयी है। प्रिय भाव उस पक्षी का सिर है।

समस्त प्राणी आनन्द चाहते हैं। इस पक्षी का दाहिना पंख 'मोद' है। बायाँ पंख प्रमोद है। आनन्द ही परम सत्ता का मध्य अंग है। 'सम्पूर्ण आनन्द' सम्पूर्ण दिव्यता है। अनेक पदार्थ मधु, दूध और घी भी अपने स्वाद में आनन्द देते हैं। वैदिक ऋषियों को आनन्दित करने वाले सोम भी आनन्ददाता हैं। ऋग्वेद में एक पूरा मण्डल (9) सोम को समर्पित है। 'सोम' आनन्दवर्द्धक पेय हैं। आनन्ददाता हैं। आनन्द का स्रोत हैं। (9.113.6) ऋषि-स्तुति है, "हे सोम आप वरुण व इन्द्र को आनन्द देते हैं। आप विष्णु सहित सभी देवों को आनन्दित करते हैं। देवता भी अमृतत्व पाने के लिए सोम पीते हैं।" (9.106.8) वैदिक पूर्वजों को दूध प्रिय है। ऋषि सोम में गाय का दूध मिलाते हैं। (9.6.6) सोम और दूध का मिलन सभी रसों का दाता है। ऋषि कहते हैं, "जिस समय सोम को दूध के साथ मिलाते हैं उस समय सभी रस आकर्षित होते हैं। मजेदार बात यहाँ यह है कि यहाँ आनन्द के स्रोत आस्था-विश्वास में नहीं भौतिक पदार्थों में हैं।

आनन्द-अभीप्सु ऋषि सोम में दूध मिलाने के बाद दही मिलाते हैं। पहले सोम में दूध और फिर दही, फिर इससे मिलने वाला सभी रसों का आनन्द। वे इस आनन्द में नमस्कार का भाव भी मिलाते हैं। ऋषि कहते हैं, "मधुर सोमरस में मधुर गोदूध मिलाओ फिर नमस्कार करो। फिर दही मिलाओ। नमस्कार सहित दूध के साथ सोमपान सभी रसों का आनन्ददाता है।" नमस्कार का अपना रस है। यह नमस्कार आधुनिक पियक्कड़ों के 'चियर्स' जैसा है। कहते हैं कि सोम में जब दूध मिलाया जाता है तब सोमपान से सभी देवगण आनन्दित होते हैं। सोम देवता का उल्लेख ईरान के प्राचीन ग्रन्थ 'अवेस्ता' में भी है। ऋग्वेद के सोम 'अवेस्ता' में 'होम' हैं। ऋषियों के अनुसार सोम के दर्शन से सृजन-कर्म विशिष्ट हो जाते हैं। काव्य उगते हैं। गीत प्रकट होते हैं। ऋग्वेद (9.50.1) में कहते हैं, "हे सोम आपके उद्भव से हम याजक, ऋक, यजु और साम मन्त्रों का गान करते हैं।" मैकडनल जैसे कुछ विद्वान सोम को इंटोक्सिकेटिंग अर्थात नशीला पदार्थ बताते हैं। यह बात गलत है। सोम रचनाशीलता का आनन्द है। इसे पवित्र बताते हैं, "यह पवित्र सोमरस सूर्य की तरह सभी लोकों में प्रकाशित होता है।" (9.54.3) सोम ज्ञानदाता भी हैं।

हम सब आनन्द-अभीप्सु हैं। मनुष्य आनन्द का भोक्ता है। लेकिन अभिलाषाएँ अनंत हैं। सभी इच्छाएँ पूरी नहीं होतीं। इससे तनाव बढ़ता है। वैदिक समाज आनन्द-मगन था। अभिलाषाओं के तनाव नहीं थे। तैत्तिरीय उपनिषद के ऋषि ने आनन्द का प्रेमपूर्ण विश्लेषण किया है। ऋषि प्रारम्भ में ही कहते हैं "अब हम आनन्द की मीमांसा करते हैं,–मनुष्य युवा हों, श्रेष्ठ आचरण से युक्त हों। अध्ययनशील हों,

अंग स्वस्थ हों। धनवान हों। पृथ्वी पर अधिकार भी हो। तो यहाँ आनन्द है।" यहाँ आनन्द की सारी बातें भौतिक हैं। आगे कहते हैं कि, "लेकिन इस तरह से सौ आनन्दों से बड़ा मनुष्य 'गन्धर्वाणां आनन्द' है।" 'गन्धर्व आनन्द' कविता, संगीत, कला और संस्कृति से जुड़ा होता है। सांस्कृतिक मनुष्य साधारण मनुष्य की तुलना में सौ गुना आनन्द पाते हैं। आगे 'मनुष्य गन्धर्व आनन्द' की तुलना में 'देव गन्धर्व आनन्द' को सौ गुना अधिक बताते हैं। गीत-संगीत और कलाएँ मनुष्य को विशेष आनन्द देती हैं और उसे दिव्य बनाती हैं। अब उसका आनन्द देव गन्धर्व है और सौ गुने का भी सौ गुना हो गया है। फिर इससे भी गहन और सौ गुना आनन्द पितरों का चिरलोक आनन्द है। यहाँ पूर्वजों और पितरों के प्रति श्रद्धा और स्मरण को आनन्दपूर्ण बताया गया है। फिर पितरों के चिरलोक आनन्द से 'आजानजानां देवानामनंद' सौ गुना ज़्यादा है। यह मनुष्य-चेतना की विशेष मनोदशा है। इससे सौ गुना आनन्द कर्म 'देवानां देवानमानंदा' है। यह आनन्द दिव्य कर्मों को करने से प्राप्त होता है। ध्यान देने योग्य बात यह है कि यहाँ कर्म से मिलने वाले फल में आनन्द नहीं है।

श्रेष्ठ कर्म करने का भी अपना आनन्द है। यह पूर्ववर्ती से भी सौ गुना ज़्यादा है। देवताओं का आनन्द इससे सौ गुना है। लेकिन इन्द्र को प्राप्त आनन्द इससे भी सौ गुना ज़्यादा है। फिर बृहस्पति को भी ऐसा ही आनन्द प्राप्त है। तैत्तिरीय उपनिषद का यह हिस्सा 'आनन्द-सागर' है। यहाँ प्रत्येक मन्त्र के बाद एक ही वाक्य अन्त में जुड़ा हुआ है कि अकामहत वेदवेत्ता को यह आनन्द सहज ही प्राप्त है। अकामहत का अर्थ कामना-शून्यता है। लेकिन इसके साथ वेदवेत्ता की शर्त है। कामना-शून्यता आसान नहीं। यह तत्वज्ञान का परिणाम होती है। उपनिषदों में ऐसे तमाम लोकमंगलकारी तत्व हैं।

भारतीय दर्शन का उद्देश्य लोकमंगल है। कुछ विद्वान भारतीय चिन्तन पर भाववादी होने का आरोप लगाते हैं। वे ऋग्वेद में वर्णित सामान्य साँस ारिक गतिविधियों पर ध्यान नहीं देते। 'अन्न' जीवन का मूल आधार है। अन्न का सम्मानजनक उल्लेख ऋग्वेद और अथर्ववेद में है। उपनिषद् दर्शन-ग्रन्थ हैं। लेकिन उपनिषदों में अन्न की महिमा है। तैत्तिरीय उपनिषद् में कहते हैं, "अन्नं बहुकुर्वीत–खूब अन्न पैदा करो।" सबसे मजेदार निर्देश है, "अन्नं न निन्दियात-अन्न की निन्दा न करें।" क्या यह भाववाद है?

हिन्दू जीवन 'मैं' से 'हम' की अन्तर्यात्रा है और यह आनन्ददायी है। 'मैं' होना एकाकी है। एकाकी में उदासी है और विषाद है। 'हम' सामूहिकता और प्रसाद है।

'मैं' होना दु:खदायी है। 'हम' होना विश्व का अंग होना है। 'मैं' होना उल्लासहीनता है। 'हम' होना उल्लासपूर्ण सांस्कृतिक अनुभूति है। 'मैं' होना सिकुड़ना है और 'हम' होना विस्तीर्णता है। ऐतरेय उपनिषद के अनुसार आदिमकाल में केवल आत्मा था। एक था। भयभीत था। वह 'मैं' से 'हम' हुआ। सामूहिक हुआ। 'हम' सामूहिकता है। फिर सामूहिक जीवन के विकास के अगले चरण में वह सामाजिक हुआ, सांस्कृतिक हुआ। मानव जाति में संवेदनशीलता बढ़ी। लोकजीवन व्यवस्थित हुआ। सोच-विचार बढ़ा। तर्क-प्रतितर्क हुए। वाद-विवाद-संवाद बढ़ा। दर्शन का विकास हुआ। जीवन नियमबद्ध हुआ। इसी का नाम धर्म हुआ। आधुनिक हिन्दुत्व इसी परम्परा का अमृत प्रसाद है।

मैं हूँ। यह हमारा अस्मिताबोध है। समुद्र की लहरों में उठती और विलीन होती बूँद। बूँद इकाई है। इकाई लघुता है। लघुतम है। समुद्र ऐसी ही अनन्त नाशवान इकाइयों की अनन्त जलराशि है। इकाई की अस्मिता अनन्त का भाग है। आत्मबोध में 'मैं' अनन्त हूँ। 'मैं' अनन्त में जन्म लेता हूँ। अनन्त में बढ़ता हूँ, अनन्त में यशस्वी होता हूँ। अनन्त का कोई ओर-छोर नहीं। 'अनन्त' अन्तहीन प्रवाह है। भारतीय धर्म-परम्परा में 'मैं' लघुता है। 'हम' होना महत्ता है। 'हम' का विस्तार सामूहिकता है। उत्सव सामूहिक होते हैं। आनन्दित करते हैं। अकेला मनुष्य उत्सवों का आयोजन नहीं कर सकता। साथ-साथ चलना, अकेले चलने की तुलना में ज़्यादा आनन्द देता है। परस्पर प्रीतिपूर्ण वार्ता और संवाद आनन्द देता है। ऋग्वेद के अन्तिम सूक्त में प्रीतिकर उल्लेख है, "हम साथ-साथ चलें। परस्पर प्रीतिपूर्ण वार्ता करें। समान मन से ज्ञान-प्राप्ति करें–संगच्छध्वं संवदध्वं, सं वो मनासि जानताम।" पूर्वज सामूहिकता के आनन्द से सुपरिचित थे। इसी मन्त्र में आगे कहते हैं, "पूर्व काल में भी हमारे पूर्वज सामूहिक उपासना करते रहे हैं— यथापूर्वे संजानाना उपासते।"

मनुष्य प्रकृति का भाग है इसलिए मनुष्य और प्रकृति के मध्य आत्मीय अनुकूलता है, लेकिन दोनों के मध्य अनेक अन्तर्विरोध भी हैं। तमाम प्राकृतिक आपदायें आती हैं। अधिक वर्षा बाढ़ लाती है। अवर्षण सूखा लाता है। तमाम हिंसक पशु भी मानव-जीवन को त्रस्त करते हैं। मनुष्य में असुरक्षा-बोध होता है। एकाकी मनुष्य में असुरक्षा-बोध ज़्यादा होता है। अन्तर्विरोधों से संघर्ष में सामूहिक जीवन उपयोगी होता है। साथ-साथ रहने से असुरक्षा-बोध नहीं होता। सामूहिकता से 'मैं' 'हम' बना। 'हम' ने सुरक्षा-भाव बढ़ाया। विश्व की तमाम सभ्यताओं में सामूहिक जीवन का विकास बाद में हुआ। व्यक्तिगत उपलब्धि पर ज़ोर था। भारतीय संस्कृति-परम्परा में सामूहिक उपलब्धि आनन्दकारी है। यहाँ ऋग्वेद के रचनाकाल के पहले

से ही सामूहिक जीवनशैली का विकास हो चुका था। वैदिक धर्म में 'हम' भाव का लगातार विकास हुआ। पृथ्वी माता हो गयी। आकाश पिता हो गये। प्रकृति की शक्तियाँ देवता जानी गयीं। धर्म सभी कर्तव्यों का नियामक बना। लोकमंगल का ध्येय मार्गदर्शी बना। सभी विचारधाराओं के प्रति आदर-भाव बढ़ा। आनन्दपूर्ण जीवन हिन्दुत्व का ध्येय और परिणाम बना। हिन्दुत्व संकीर्ण स्थानीय विचार नहीं है। इसका प्रभाव अन्तर्राष्ट्रीय है। विराट में सुख है, अल्प में दुःख।

मैं हिन्दू हूँ! इसीलिए भौतिकवादी हूँ। आध्यात्मिक भौतिकवादी भी हूँ। एकेश्वरवादी हो सकता हूँ। बहुदेव-उपासक हूँ। चाहूँ तो आस्थालु हो सकता हूँ। आस्तिकता में सन्तुष्ट हूँ। अन्धविश्वास से मुक्त हूँ। पुनर्जन्म प्राचीन हिन्दू-विश्वास है। बुद्ध ने भी पुनर्जन्म की धारा को स्वीकार किया है। लेकिन हिन्दू-मन में इस धारणा के प्रति अन्धविश्वास नहीं। कठोपनिषद् में पुनर्जन्म पर नचिकेता और यम के सुन्दर प्रश्नोत्तर हैं। नचिकेता का प्रश्न है "कुछ लोग कहते हैं कि मृत्यु के बाद भी जीवन-प्रवाह चलता है लेकिन कुछ लोग कहते हैं कि मृत्यु के बाद कुछ नहीं बचता। सही क्या है? आप बताएँ।" यम का उत्तर और भी रोचक है "नचिकेता इस प्रश्न पर देवताओं में भी मतभेद हैं, तुम यह प्रश्न न पूछो।" देवताओं में भी मतभेद जैसी आह्लादकारी बात और क्या हो सकती है? देवता होते हैं या नहीं होते यह बहस भी हिन्दू ही चला सकते हैं। यह बात पक्की है कि कठोपनिषद् के रचनाकाल में पुनर्जन्म पर बहस थी। हिन्दू अपनी मान्यताओं पर भी बहस चलाते रहते हैं। समाज में खुले शास्त्रार्थ द्वारा बहसें थी हीं। काशी में सदियों से चल रही शास्त्रार्थ-परम्परा अभी भी चल रही है। अब समाचार माध्यमों में भी इस तरह की बहसें होने लगी हैं।

हिन्दू-मन गोष्ठियों और विचार-विमर्श में रस लेता है। प्राचीनकाल में शास्त्रार्थ थे। जीवन-जगत् से जुड़े आधारभूत विषयों पर बहसें होती थीं। इसी का परिणाम है कि अशिक्षित भी ईश्वर और देवों के अस्तित्व को चुनौती देता है। यही मन्दिरों और तीर्थ-स्थलों में भारी अव्यवस्था के बावजूद मेला-रेला बनता है। हिन्दू अपने मन के भीतर भी बहस करते हैं। स्वयं ही शंका और संशय करते हैं। स्वयं ही वाद और स्वयं ही प्रतिवाद बनते हैं। हिन्दुओं या आर्यों का सारा प्राचीन साहित्य प्रश्न-बेचैनी है। हिन्दू ही अपनी मान्यताओं के विरोध में बोलते हैं। यहाँ हरेक हिन्दू के अपने विश्वास हैं और सबका निज धर्म है। दर्शन और तर्क के तल पर परिपूर्ण लोकतन्त्री हिन्दू जन्मना जाति के विरोधी हैं। जातिवाद समाप्त हो रहा है। राजनीति में ही शेष है। हिन्दू की सबसे बड़ी सफलता है अन्धविश्वासरहित लोकतन्त्री मन। हिन्दुत्व विश्व तनाव का उपचार है।

ज्ञान–परम्परा

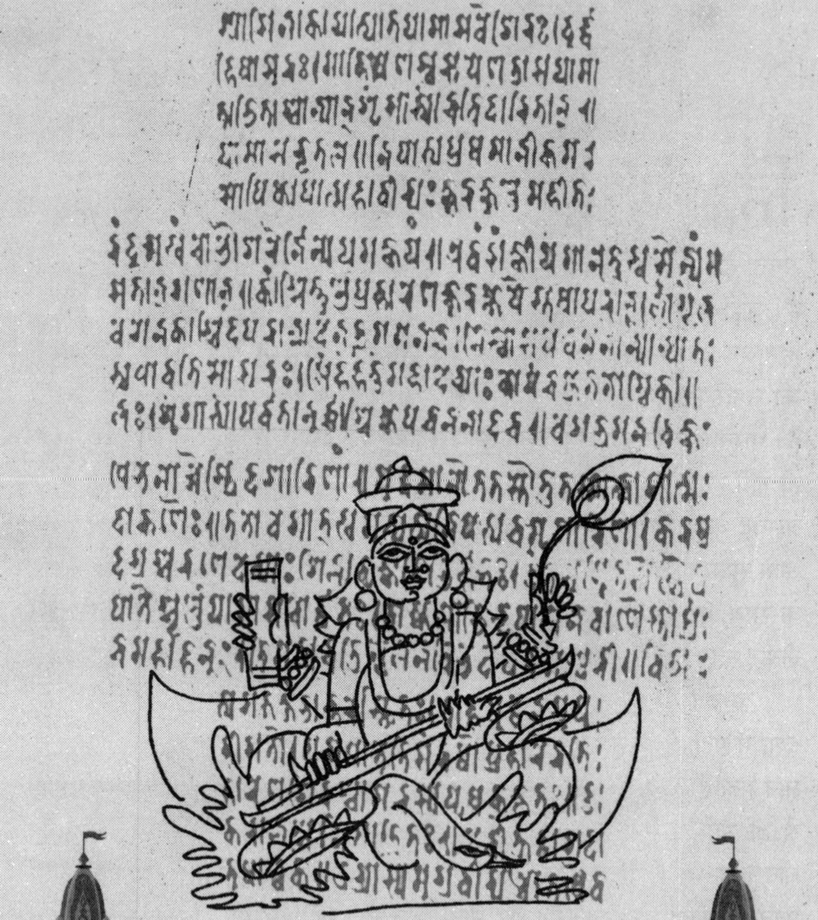

03

ज्ञान परम्परा

हिन्दू सारी दुनिया में ज्ञान और दर्शन के लिए प्रसिद्ध रहे हैं। 'ज्ञान' यहाँ पवित्र विषय रहा है। ज्ञान से सभी रहस्यों का अनावरण होता है। ज्ञान से धर्म सधता है। ज्ञान से अर्थ, काम और मोक्ष मिलते हैं। 'हिन्दू' ज्ञान-अभीप्सु राष्ट्रीयता हैं। जड़ों से उखड़े वृक्षों पर फूल नहीं खिलते। पक्षी ऐसे वृक्षों पर गीत नहीं गाते। हिन्दूजन परम्परा-प्रेमी हैं। परम्परा मूल है। वर्तमान निरपेक्ष नहीं होता। इसमें परम्परा की उपस्थिति रहती है। हिन्दू ज्ञान-परम्परा छात्रों-अध्यापकों के लिए भी मार्गदर्शी है। भारत को मूल से जोड़ने का कार्य अनिवार्य है। ज्ञान का अर्थ मात्र सूचना पाना ही नहीं होता। ज्ञान, विज्ञान और दर्शन में विश्व-कल्याण की प्रतिभूति है। भारत में ऋग्वेद के रचनाकाल के पूर्व से ही लोकमंगल-हितैषी ज्ञान-परम्परा है। स्थूल और अति सूक्ष्म पदार्थों के अणुओं का अध्ययन प्राचीनकाल से ही जारी है। व्यक्त जगत के साथ अव्यक्त का ज्ञान भी पूर्वजों का प्रिय विषय रहा है। ज्ञान के प्रथम चरण से लेकर गहन ज्ञान-मीमांसा भी होती रही है।

ऋग्वेद के ज्ञान सूक्त (10.71) में इसी परिस्थिति का उल्लेख है, "प्रारम्भिक दशा में पदार्थों का नाम रखा जाता है। यह ज्ञान का पहला चरण है। इनका दोषरहित ज्ञान पदार्थों का गुण, धर्म आदि अनुभूति की गुफा में छुपा रहता है और अन्त:प्रेरणा से ही उद्भूत होता है।" पहले रूप, फिर रूप का नाम सामान्य ज्ञान है। इसके बाद गुण-धर्म। वैदिककाल ज्ञान-दर्शन का अरुणोदय-काल है। जिज्ञासा और प्रश्न, सशक्त ज्ञान-उपकरण हैं। ज्ञान-दर्शन की यही परम्परा ऋग्वेद सहित चार

वैदिक संहिताओं में विश्व की पहली ज्ञान-सारिणी है। फिर उत्तर वैदिककाल में उपनिषद्-दर्शन है। छह प्राचीन दर्शनों में जिज्ञासा व तर्क के साथ सत्य-दर्शन है। यही ज्ञान परम्परा बुद्ध व जैन-दर्शनों में सम्माननीय है। ज्ञान प्रकट करने का प्रथम उपकरण है वाणी। वाणी का अनुशासन व्याकरण है। ज्ञान की इसी परम्परा में 'पाणिनि' ने दुनिया का पहला व्याकरण लिखा है। इसके पहले 'यास्क' वैदिक भाषा के अनुशासन पर निरुक्त लिखते हैं। 'पतंजलि' योगसूत्र व भाषा-अनुशासन लिखते हैं।

योग-विज्ञान अन्तर्राष्ट्रीय उपलब्धि है। लन्दन के विद्वान एल. बाशम ने 'दि वण्डर दैट वाज इण्डिया' में भारतीय योग-विज्ञान का विशेष उल्लेख किया था। कौटिल्य ने दुनिया का पहला 'अर्थशास्त्र' लिखा है। आचार्य वात्स्यायन ने 'कामसूत्र' लिखा। भरतमुनि ने विश्व का पहला 'नाट्यशास्त्र' लिखा। इसी ज्ञान-परम्परा में चरक और सुश्रुत की संहिताएँ आयुर्विज्ञान के रूप में प्रतिष्ठित हुइं। पाणिनि, पतंजलि, कौटिल्य, वात्स्यायन, भरतमुनि, चरक, सुश्रुत, आर्यभट्ट, वराहमिहिर आदि सभी विद्वान अपने पूर्ववर्ती आचार्यों का उल्लेख करते हैं। वे अपने कथन को प्राचीन ज्ञान-परम्परा से जोड़ते हैं।

विज्ञान का सतत् विकास हो रहा है। हिन्दू प्राचीन काल से ही वैज्ञानिक दृष्टिकोण वाले हैं। जिज्ञासा और तर्क सत्य-प्राप्ति के उपकरण रहे हैं। विज्ञान के विकास में गणित का विशेष महत्व होता है। भारत में अंकगणित का विकास वैदिककाल में ही हो रहा था। ऋग्वेद में इसके साक्ष्य हैं, लेकिन अंग्रेजी सत्ता के प्रभाव व अन्य कारणों से कुछ विद्वानों का मत भिन्न था कि प्राचीनकाल में भारतवासियों को शून्य की जानकारी ही नहीं थी। 'शून्य' गणित का मुख्य अंक है। 'एनसाइक्लोपीडिया ब्रिटानिका' में कहा गया है कि शून्य के अंक का अविष्कार सम्भवतः हिन्दुओं ने किया था। शून्य और शून्य के स्थानगत मूल्य की जानकारी भी वैदिककाल में थी। 1 से 10 अंकों के प्रतीक अधिकतर भारत में उत्पन्न हुए। अरबों ने उनका व्यापक प्रयोग किया। उन्हें 'हिन्दू-अरेबिक अंक' कहा जाता है। दशमलव-पद्धति सारी दुनिया के लिए भारत का उपहार है। एन्साइक्लोपीडिया में यह श्रेय हिन्दुओं को दिया गया है।

मार्क्सवादी डॉ. रामविलास शर्मा ने 'भारतीय नवजागरण और यूरोप' (पृष्ठ 333) में लिखा है, "शून्य का अविष्कार, स्थान के अनुसार शून्य के प्रयोग द्वारा अंक की मूल्यवृद्धि भारतीय प्रतिभा का चमत्कार है।" 'गणित' विज्ञान का आधार है। भारतीय ज्योतिष ने सारी दुनिया को आश्चर्यचकित किया। यह मूलतः गति का

अध्ययन है। गति के अध्ययन से काल-गणना। ज्योतिर्विज्ञान का पूरा तन्त्र गणित-आधारित है। सामान्य जीवन में भी गणित का उपयोग है। गणित भारत में ही फली-फूली। प्रत्येक भारतवासी को इसका गर्व होना चाहिए। यह हिन्दू-जीवन-रचना का हिस्सा है।

भारत में गणित के विकास के सम्बन्ध में एस. एन. मेन ने लिखा था, "शब्दांक और दशमिक स्थानगत मूल्यव्यवस्था में उनका व्यवहार एक अन्य अपूर्व भारतीय विकास है। विशाल परिमाण की संख्या सामग्री को पद्यबद्ध गणितीय ग्रन्थों में समेट लेने के लिए यह पद्धति निर्मित हुई थी। अंकों से उनके संसर्ग के अनुसार शब्द नाम चुने जाते थे। रिक्तता शून्य आदि के अर्थ में 'ख', आकाश, अम्बर, शून्य और उनके पर्यायों का व्यवहार होता था।" ऋग्वेद में गणित व शून्य का उल्लेख है। वैदिक काल में गणित न होने अथवा शून्य की जानकारी न होने के तर्क गलत हैं। सबसे पहले ऋग्वेद के 'पुरुष' पर ध्यान देना चाहिए। पुरुष सूक्त के प्रारम्भ में पहला शब्द है—सहस्र शीर्षा। पुरुष के सहस्र सिर हैं। सहस्र गणित की संख्या है। इसे समझने के लिए शून्य की जानकारी जरूरी है। ऋग्वेद की तमाम स्तुतियों में संख्यावाची शब्द हैं।

'अग्नि' ऋग्वेद के महत्वपूर्ण देवता हैं। ऋग्वेद (6.2.5) में कहते हैं, "अग्नि का उपासक 'शतायु' होता है।" यहाँ 'शत' सौ का संख्यावाची है। ऋषि सौ शरद् जीना चाहते हैं— जीवेम शरदं शतम। ऋषियों को गणित का ज्ञान न होता तो 'सौ' या 'सहस्र' शब्द कैसे प्रयोग में आते? ऋग्वेद (1.164.48) में काल के लिए कहते हैं, "कालचक्र में एक सौ साठ खूँटियाँ हैं।" ये खूँटियाँ वर्ष के दिन हैं। एक मन्त्र (2.18.5) में इन्द्र से स्तुति है, "हे इन्द्र आप बीस और तीस घोड़ों से मेरे पास आइए। चालीस, पचास, साठ और सत्तर उत्तम घोड़ों से सोमरस पीने आइए।" इन्द्र प्रतिष्ठित देवता हैं। ऋषि उन्हें निमन्त्रण देते हैं। इन्द्र तमाम घोड़ों के साथ आएँ तो ऋषि कवि की प्रतिष्ठा बढ़ती है। ऋषि निमन्त्रण में घोड़ों की संख्या भी बताते हैं। वैदिक साहित्य में ऐसे अनेक मन्त्र हैं। एक मन्त्र (10.33.5) में राजा के रथ में तीन घोड़े हैं। ऋषि इस रथ में बैठते हैं। राजा ऋषि को एक सहस्र दक्षिणा देता है। यहाँ तीन और सहस्र की संख्या अलग-अलग है। ये मन्त्र गणित-ज्ञान के साक्ष्य हैं।

वैदिक पूर्वज गणित का सदुपयोग करते थे। गणित का ज्ञान विद्वानों तक ही सीमित नहीं था। साधारण जन भी गणित से सुपरिचित थे। दैनिक जीवन में गणित का सदुपयोग करते थे। सोम एक वनस्पति हैं। वे इसे कूट-पीस कर पेय बनाते थे।

ऋषि सोम के दस पात्र करते हैं। (6.20.4) सोमरस तैयार करते समय भी उसका ध्यान दस की संख्या पर है। वे सोम कूटते समय बट्टा पर ध्यान केन्द्रित करते हैं। इस बट्टा को वे दस उंगलियों से पकड़ते थे। (10.94.8) उंगलियाँ दस होती हैं। इन्द्रियाँ बाहर होती हैं और भीतर भी। पाँच बाहर और पाँच भीतर। मनुष्य-शरीर दस इन्द्रियों वाला है, यह दूध से पुष्ट होता है। (6.44.24) मित्र, वरुण प्रतिष्ठित देवता हैं। बड़े देवता हैं तो घर भी बड़ा होना चाहिए। इनके "भवन में एक सहस्त्र खम्भे हैं।" (2.41.5) यहाँ एक सुनिश्चित बड़ी संख्या का उल्लेख है। ऐसे अनेक मन्त्रों में गणना के लिए संख्यावाची शब्द हैं।

शून्य महत्वपूर्ण है। किसी संख्या में शून्य जोड़ने से आगे वाली संख्या मिल जाती थी। एक में शून्य बढ़ाने से दस। दस में शून्य बढ़ाने से सौ। सौ में शून्य बढ़ने से सहस्त्र, फिर शून्य बढ़ने से दस सहस्त्र, नियुक्त एक लाख, प्रयुक्त दस लाख के लिए प्रचलित थे। शून्य की शक्ति शून्य होती है लेकिन किसी संख्या के दायें स्थापित शून्य मूल अंक का दस गुना हो जाता है। कभी चार की संख्या महत्वपूर्ण रही होगी। ऋग्वेद (7.35.8) में एक शान्ति मन्त्र में कहते हैं, "सूर्य, समुद्र, जल, पर्वत शान्ति दें, चारों दिशाएँ शान्ति दें।" पहले दिशाएँ दस नहीं थीं। दिशाएँ पहले चार ही थीं। चार को महत्वपूर्ण बताने वाले मन्त्र मजेदार हैं–"उर्वशी ने पुरुरवा के साथ चार वर्ष बिताए। (10.95.16) इन्द्र से ऋषि की चार प्रार्थनाएँ हैं। (8.60.9) इन्द्र का वज्र चार धाराओं वाला है। (4.22.2) वाणी के चार स्थान हैं।" (1.164.45) चार की संख्या का उल्लेख महत्वपूर्ण है और ऋग्वेद के कई प्रसंगों में है।

बाद में दस की संख्या महत्वपूर्ण थी। दिशाए पहले चार थीं–सामने, पीछे, दायें और बायें। बाद में दिशाएँ दस हो गयीं। दस दिशाओं का ध्यान उपासना का हिस्सा है। छह की संख्या का प्रयोग कई बार हुआ है, अश्विनी देवों ने छह घोड़ों वाले रथ का प्रयोग किया। (1.116.4) प्रजापति का आधा हिस्सा द्युलोक में है। उसके रथ में सात चक्र हैं, प्रत्येक चक्र में छह अंश हैं। (1.164.12) ऋग्वेद के ऋषि देवस्तुति करते हैं। मन्त्र-द्रष्टा हैं। उन्हें सृजन का पुरस्कार मिलता है। एक मन्त्र (8.68.14) में ऋषि के पास छह दानदाता आते हैं। इसी तरह "ऋषि को छह घोड़े पुरस्कार में मिले।" (6.68.17) ऋतुएँ भी छह हैं। वैसे तीन लोकों की चर्चा ज़्यादा है मगर ऋग्वेद (1.164.6) में छह लोक हैं। भारत में तमाम दर्शनों का विकास हुआ लेकिन इनकी मान्य संख्या षट्दर्शन कही जाती है। योग-विज्ञान में मनुष्य में छह चक्र-षट्चक्र हैं। जान पड़ता है कि कुछ उपासकों के पास धनाभाव था।

स्तुति है कि, "छह देवियाँ उसे धन दें।" (10.128.5) छह की संख्या का उल्लेख पूर्वजों के गणित-ज्ञान का साक्ष्य है।

वैदिक समाज '10' संख्या से सुपरिचित है। वैदिक संस्कृति में दस की संख्या प्रतिष्ठित है। सोम प्रसिद्ध वनस्पति है। ऋषि इसे कूटकर सोमरस बनाते थे। ऋषि सोम के दस पात्र बनाते हैं। (6-20-4) एक मन्त्र (10-94-7) में सोमरस बनाने के सन्दर्भ में 'दस' शब्द सात बार आया है। मनुष्य-शरीर दस इन्द्रियों वाला है, दूध से सुदृढ़ होता है। (6-44-24) इसी तरह "अश्वरूप दस दिशाएँ संसार-चक्र चलाती हैं।" (1-164-14) दस की संख्या का महत्व रामायण में भी है। श्रीराम के पिता राजा 'दशरथ' थे। लंका के राजा रावण 'दशानन' थे। ऋग्वेद में दशराज्ञ युद्ध का उल्लेख है ही। शून्य बढ़ाकर प्राप्त होने की संख्या का प्रयोग करते हैं। वे चार व छह की संख्या का भी सदुपयोग करते हैं।

यूनानी दार्शनिक पाइथागोरस के दर्शन में अंकों का विशेष महत्व है। वे भारत से प्रभावित थे। पुनर्जन्म मानते थे। गणित के जानकार थे। भारत के विद्यालयों में उनका प्रमेय पढ़ाया जाता है—"किसी त्रिभुज के तीनों अत: कोणों का योग दो समकोण होता है।" भारत ने त्रिकोणमिति का विकास किया, आधुनिक रूप दिया था और बीजगणित का भी। भारतीय कालगणना अद्भुत है। समय की छोटी से छोटी इकाई भी इसमें स्पष्ट है। परमतत्व के सम्बन्ध में उपनिषद् के ऋषियों का विचार आश्चर्यजनक है, "वह अणु से भी छोटा है, महत् से भी बड़ा है।" प्रश्नोपनिषद् में छह जिज्ञासुओं के छह प्रश्न हैं। उपनिषद् में संख्या का अतिक्रमण है, वृहदारण्यक के मन्त्र में (5.1) "वह पूर्ण है, यह पूर्ण है—पूर्णदः पूर्णम इदं। यह पूर्ण, उस पूर्ण की अभिव्यक्ति है। पूर्ण से पूर्ण घटाओ तो पूर्ण ही बचता है।"

हिन्दू अनुभूति में 'पूर्ण' सदा पूर्ण रहता है। "यहाँ गणित का सौन्दर्य है। 'पूर्ण' स्वयं पूर्ण है। सदा पूर्ण है। गीता (8.17) में ब्रह्मा के दिन में हज़ार युग हैं और उसमें इसी संख्या वाली रात्रि।" ब्रह्मा के दिन में चार युगों वाले एक हज़ार चक्र होते हैं। सतयुग 17,28000 वर्ष, त्रेता 12,96000 वर्ष, द्वापर 8,64000 वर्ष और कलियुग 4,32000 वर्ष का होता है। 9 या 9 से किसी भी संख्या का गुणनफल प्राप्त संख्या के अंकों का योग 9 ही होता है। महाभारत में 18 पर्व हैं। 1 और 8 का जोड़ 9। गीता में 18 अध्याय हैं। सन्तों के नाम के पहले सम्मानसूचक संख्या 108 या 1008 लगाते हैं। इनका योग भी 9 है। ज्ञान, विवेक और श्रद्धा में भी अंकगणित का प्रयोग केवल भारत में ही सम्भव है।

ब्रिटिश सत्ता के समय भारतीय ज्ञान-परम्परा पर सुनियोजित आक्रमण हुए। पश्चिमी ज्ञान और सभ्यता का प्रभाव बढ़ा। यहाँ के विद्यालयों में पश्चिम की प्रशंसा और भारतीय ज्ञान को कमतर पढ़ाया जाने लगा। इतिहास का विरूपण हुआ। वेदों को जानवर चराने वालों का गीत कहा गया। भारतीय दर्शन को उड़ान कहा गया। ब्रिटिश विद्वानों व उनके समर्थक भारतवासी विद्वानों ने दावा किया कि अंग्रेजी राज के पहले हम भारतवासी एक राष्ट्र नहीं थे। भारत को अंग्रेजों ने ही राष्ट्र बनाया है। गाँधी जी ने इसका खण्डन किया है। ब्रिटिश सत्ता 'भारत' को असभ्य बता रही थी। उन्होंने ब्रिटिश संसद को विश्व संसदीय व्यवस्था की जननी बताया था। गाँधी जी ने ब्रिटिश संसद के विरुद्ध तीखी टिप्पणी की। इसके हज़ारों वर्ष पहले वैदिक काल में सभा थी, समितियाँ थीं, राजव्यवस्था थी। राजा का निर्वाचन होता था। हिन्दू ज्ञान, विज्ञान व दर्शन से समृद्ध थे। आश्रमों में दर्शन, गणित व ज्योतिष के अध्ययन थे।

सौन्दर्यबोध

प्राचीन काल में गीत, संगीत, चित्रकला और स्थापत्य सहित सभी ज्ञान-अनुशासन फल-फूल रहे थे, लेकिन काल-परिस्थिति के प्रवाह में यह ज्ञान-परम्परा टूट गयी। यूरोपीय विद्वानों ने भारतीय कला और सौन्दर्यबोध को भी हेय बताया। भरतमुनि ने नाट्यशास्त्र में नाटक को विश्व के लिए उपयोगी बताया था, "यह नाट्य संसार में वेदों, विद्याओं और इतिहास की गाथाओं की परिकल्पना करने वाला, लोगों के मनोविनोद का भी कर्ता होगा।" नाट्यशास्त्र परिपूर्ण कला है। भरतमुनि ने कहा है कि इस नाट्य में समस्त लोकों का अनुकीर्तन होता है। भरतमुनि ने नाटक के अभिनय-पक्ष को महत्वपूर्ण बताया है। यूनानी दार्शनिक प्लेटो ने नाटक के अभिनय-पक्ष पर ध्यान नहीं दिया। भरतमुनि ने संगीत और नृत्य-परम्परा का भी उल्लेख किया है। यहाँ गीत-संगीत आदि कलाओं के साथ नृत्य की भी परम्परा रही है। महाभारत और रामायण विश्व के प्रतिष्ठित महाकाव्य हैं। महाभारत में अर्जुन अज्ञातवास के समय गीत-संगीत और नृत्य सीखते हैं। श्रीकृष्ण जैसा बाँसुरी-वादक नाचता देवता दुनिया की किसी भी सभ्यता-संस्कृति में नहीं मिलता। वाल्मीकि रामायण में किष्किंधा नगरी में नृत्य का उल्लेख है। वैदिक काल से प्रारम्भ ज्ञान-परम्परा महाभारत, रामायण में भी सांस्कृतिक निरन्तरता में है।

वैदिक काल में भारत में सभी कलाओं का विस्तार हो चुका था। भरत ने नाट्यशास्त्र में लिखा है कि, "नाटक में पाठ्य अंश ऋग्वेद से आया है। गीत वाला

अंश सामवेद से व रसों को अथर्ववेद से लिया गया है।" नाट्यशास्त्र में नारद व स्वाति के नाम हैं। स्वाति के विषय में लिखा है कि, "कमलपत्रों पर वर्षा की बूँदों से होने वाली धुन को सुनकर उनके मन में वाद्य-निर्माण का विचार आया था।" भरत ने नाट्य और संगीत से जुड़े तमाम यन्त्रों का उल्लेख किया है। गीत-संगीत की चर्चा है। यह सब यूनानी दर्शन में नहीं मिलता। ऋषि सूर्योदय के पहले ऊषा देखते हैं। कहते हैं, "ऊषाएँ शोभा और सौन्दर्य प्रकट करती हैं। यह नित्य नवीन होती हैं।" भारतीय दर्शन में जो सुन्दर है वह सत्य है और जो सत्य है वह शिव है। सुकरात ने सुन्दर और शिव को एक बताया था। प्लेटो ने कहा कि सुन्दर परम और पूर्ण है। सुन्दर का नैतिक होना आवश्यक है। दार्शनिक प्लाटिनस ने सौन्दर्य को रहस्यपूर्ण बताया था। योगी अरविन्द ने यूरोपीय और भारतीय कला का भेद बताते हुए लिखा था, "पश्चिमी मानस रूप के आकर्षण-जाल में है। वह रूप-सौन्दर्य के कारण उसके प्रति आसक्त रहता है।"

भारतीय दृष्टि में 'रूप' आत्मा का सृजन है। 'सौन्दर्य' प्रगाढ़ अनुभूति है। सौन्दर्य-भावना एकाग्रता लाती है। अभिनव गुप्त ने इसे बीत विघ्ना प्रतीति कहा। प्राचीन भारतीय कला के साक्ष्य ऋग्वेद में हैं। संगीत के सात सुरों की चर्चा है। सामवेद ज्ञान-गान है। यजुर्वेद में भी छन्द-विधान है। अथर्ववेद में भरा-पूरा संसार है। सौन्दर्यशास्त्री के. एस. रामास्वामी ने 'इण्डियन एस्थेटिक्स' में लिखा था, "भारत में सौन्दर्यशास्त्र की हज़ारों वर्ष पुरानी ज्ञान-परम्परा है।" भारतीय कला मनुष्य को उदात्त बनाती है। कला ज्ञान-परम्परा का हिस्सा है। यह आदर्श मनुष्य बनाती है। गीता (अध्याय 4.1-3) में श्रीकृष्ण ने अर्जुन को ज्ञान-परम्परा बतायी, "यह प्राचीन ज्ञान मैंने विवस्वान को बताया था। विवस्वान ने मनु को। मनु ने इक्ष्वाकु को बताया था। परम्परा से यही ज्ञान ऋषि जानते आये हैं। काल-प्रवाह में यह ज्ञान नष्ट हो गया। हे अर्जुन! वही पुरातन ज्ञान मैं तुमको बता रहा हूँ।" भारतीय ज्ञान-परम्परा में लोकहित के सभी विषय सम्मिलित हैं।

ब्रिटिश राज में आदर्श मनुष्य की रचना का काम बाधित हुआ। विद्वान भी अपनी बात कहने के लिए पश्चिमी विद्वानों के सन्दर्भ देने लगे। ब्रिटिश सत्ता ने पूरा पाठ्यक्रम बदला। शिक्षा का उद्देश्य ब्रिटिश प्रभुवर्ग के आज्ञाकारी सेवक तैयार करना हो गया। भारतीय ज्ञान-परम्परा पृष्ठभूमि में धकेल दी गयी। स्वतन्त्र भारत में भी निरुपयोगी पाठ्यक्रम चलता रहा। ऐसी पढ़ाई का जीवन में कोई उपयोग नहीं। गाँधी जी ने लिखा है, "अब ऊँची शिक्षा को लें। मैंने भूगोल सीखा। खगोल सीखा।

बीजगणित भी मुझे आ गया। मैंने रेखागणित का ज्ञान भी हासिल किया, भूगर्भ-विद्या को भी पा गया। लेकिन उससे मैंने अपने आसपास के लोगों का क्या भला किया? अगर यही सच्ची शिक्षा हो तो मैं कसम खा कर कहूँगा कि जो शास्त्र मैंने गिनाए हैं उनका उपयोग मेरे शरीर या मेरी इन्द्रियों को वश में करने के लिए मुझे नहीं करना पड़ा। प्राइमरी-प्राथमिक शिक्षा को लीजिए या ऊँची शिक्षा को लीजिए, उसका उपयोग मुख्य बात में नहीं होता। उससे हम मनुष्य नहीं बनते। उससे हम अपना कर्तव्य नहीं जान सकते।"

हिन्दू-दर्शन प्राचीन भारतबोध है। यूरोपीय विद्वान इस दर्शन को भाववादी बताते रहे हैं। वे यूनानी दर्शन को प्राचीन बताते हैं। भारतीय उपनिषद दर्शन की तमाम मान्यताएँ यूनानी दर्शन में हैं। यह मात्र संयोग नहीं है। यूनानी दर्शन के पितामह ईसा पूर्व 600 थेल्स ने सृष्टि का आदिद्रव्य 'जल' बताया था। यह कथन 2623 वर्ष पुराना है। इसके 3-4 हज़ार वर्ष पूर्व ऋग्वेद में भी सृष्टि का आदितत्व 'जल' बताया गया है। हिराक्लिटस का अग्नितत्व भी उपनिषदों में है। पाइथागोरस पुनर्जन्म मानते थे। भारत में पुनर्जन्म की मान्यता ऋग्वेद में है। सभी उपनिषदों में है। बुद्ध-दर्शन में भी है। गौतम, जैमिनी, कणाद, कपिल और बादरायण के चिन्तन में दर्शन का आकाश है। शंकराचार्य, नागार्जुन, रामानुज और राधाकृष्णन प्रख्यात दर्शनशास्त्री हैं। वे कांट के दर्शन पर भारी हैं। दर्शन की भारतीय ज्ञान-परम्परा गर्व करने व आत्मसात करने योग्य है। परम्परा समूचे अनुभवों को समेटती है। ज्ञान का प्रस्थान बिन्दु ऋग्वेद है। यहाँ से आधुनिक काल तक शोध और बोध का परम्परा-प्रवाह है। यहाँ सांस्कृतिक निरन्तरता है। ऐसी सांस्कृतिक निरन्तरता दुनिया की किसी भी सभ्यता में नहीं मिलती।

धर्म–तत्व

04

धर्म तत्व

धर्म एक है। इसे सनातन धर्म कहते हैं। सनातन का अर्थ 'सदा से' है। इसे वैदिक धर्म भी कहते हैं और हिन्दू धर्म भी। इसका विकास वैदिक दर्शन से हुआ है। यह सतत् विकासशील है। इसमें कालबाह्य छूटता जाता है, नया कालसंगत जुड़ता जाता है। वैदिक साहित्य में धर्म के लिए 'ऋत' शब्द का प्रयोग भी हुआ है। 'ऋत' प्रकृति का विधान है। वैदिक साहित्य के अनेक सन्दर्भों में ऋत का उल्लेख है। प्रकृति आनन्द से भरी-पूरी है। प्रकृति की गतिविधि में सुसंगत व्यवस्था है। यह नियम-आबद्ध है। यही ऋत है। वैदिक समाज में प्रकृति की शक्तियों की गतिविधि के प्रति आदर भाव है। मधुप्रीति है। जीवन-जगत के रहस्यों के प्रति जिज्ञासा भी है। वैदिक समाज में प्रश्नाकुलता थी ही। यहाँ जिज्ञासा, प्रश्न व संशय 'धर्म के विकास' में सहायक रहे हैं। रिलीजन या पन्थ-मज़हब 'धर्म' नहीं हैं। वे विश्वास हैं। रिलीजन या मज़हब के विश्वासों पर प्रश्न सम्भव नहीं है। 'धर्म' सत्य है। 'सत्य' धर्म है। प्रश्न और जिज्ञासा सत्य-प्राप्ति के महत्वपूर्ण उपकरण हैं।

हिन्दू धर्म के पालन में विवेकपूर्ण स्वतन्त्रता है। भारत में प्रत्येक व्यक्ति का निजधर्म भी है। समूह का भी धर्म है। राजधर्म है। राष्ट्रधर्म भी है। इनका सम्बन्ध आचार-व्यवहार व आस्तिकता से है। 'धर्म' मधुमयता है। वैदिक ऋषि सृजनशील थे। उनकी सृज़नशीलता का आलम्बन है 'मधु'। वृहदारण्यक उपनिषद् (2-5-11) में कहते हैं, "धर्म सभी भूतों का मधु (सार) है। 'समस्त भूत' धर्म के मधु हैं।" धर्म में संसार है, संसार में धर्म है। धर्म सम्पूर्ण जगत का नियामक और दिव्यतत्व है। यह हिन्दुत्व है। हिन्दुत्व लोकमंगल का ध्येयसेवी है।

वैदिककाल का धर्म 'आनन्ददाता' है। तब सामाजिक अन्तर्विरोध नहीं थे। मनुष्य प्रकृति और प्राकृतिक नियमों की लयबद्धता में है। ऋग्वेद में तत्कालीन सामाजिक-सांस्कृतिक विकास की सुन्दर झाँकी है। वैदिककाल के बाद उत्तर वैदिककाल में उपनिषद्-दर्शन है। उपनिषदों में कहीं-कहीं कर्मकाण्ड की आलोचना भी है। रामायण में धर्मपालन 'कर्तव्य' है। सब मर्यादा में है। ऋग्वेद में पत्नी पूरे परिवार की साम्राज्ञी है। ऋग्वेद के रचनाकाल व महाभारत के रचनाकाल में समय का लम्बा फ़ासला है। महाभारत में द्रौपदी का अपमान है। इस अपमान को लेकर भीम क्रोधित थे। भीम को शान्त करने के प्रयास में अर्जुन कहते हैं, "युधिष्ठिर को शत्रुओं ने जुए के लिए बुलाया। उन्होंने क्षत्रिय-व्रत के अनुसार जुआ खेला।" यहाँ जुआ क्षत्रिय-व्रत है। ऋग्वेद में जुआ गलत कर्म है। ऋग्वेद में केवल एक सूक्त जुए पर है। यहाँ जुए को निंदित कर्म बताया गया है। जुआरी रोता है "जुआ मुझे आकर्षित करता है। यह बुरा है। पत्नी और परिजन मुझे पहचानने से इनकार करते हैं।" ऋषि कवष ऐलूष का परामर्श है—"जुआ छोड़ो, कृषि करो।" कृषि प्रतिष्ठित व्यवसाय है, जुआ निन्दनीय है। वैदिक धर्म और महाभारतकाल के धर्म-आचरण में अन्तर है। यह धर्म की ग्लानि का काल है। लेकिन धार्मिक आदर्श वरेण्य हैं।

'लोकतन्त्र' धर्म है। ऋग्वेद-अथर्ववेद में सभा और समिति विचार-विमर्श के केन्द्र हैं। सभा 'सभ्यों' से बनती है। सभा का अर्थ प्रकाशयुक्त है। 'स' का अर्थ सहित है और 'भा' का अर्थ प्रकाश है। भारत में भी 'भा' प्रकाशवाची है। 'रत' सम्बद्धता है। वैदिककाल वाली 'सभा' प्रकाश-ज्ञान से युक्त है। महाभारतकाल में सभा की शक्ति घट गयी थी। सभा में जुआ है। द्रौपदी का अपमान है। सभा की शक्ति क्षीण होने का परिणाम महाभारत का युद्ध है।

वैदिककाल में 'धर्म' जगत की व्यवस्था है। सब धर्म का पालन करते हैं। लेकिन महाभारतकाल में धर्म-आचरण के सम्बन्ध में वरिष्ठों में भी मत-भिन्नता है। सभा में द्रोणाचार्य हैं, भीष्म हैं, धर्मराज युधिष्ठिर हैं। सब अपने ढंग से धर्म पर राय देते हैं। गीता में यह धर्म की ग्लानि का समय है। द्रौपदी इसे धर्म नहीं मानती। उसने कहा, "भरतवंश के नरेशों का धर्म निश्चय ही भ्रष्ट हो गया है। उनका सदाचार भी लुप्त हो गया है। राजा बताएँ कि क्या मैं धर्म के अनुसार जीती गयी हूँ या नहीं?" भीष्म कहते हैं, "धर्म का स्वरूप अति सूक्ष्म है। इसलिए मैं तुम्हारे प्रश्न का विवेचन नहीं कर सकता।" यह स्थिति भीष्म की है। पुनः भीष्म कहते हैं, "धर्मराज युधिष्ठिर धन-सम्पदा से भरी-पूरी पृथ्वी त्याग सकते हैं लेकिन धर्म नहीं छोड़ सकते।" द्रौपदी

सभा में सबको धिक्कारती है। श्रीकृष्ण से कहती है, "मुझे कुरु-सभा में घसीटा गया। अल्पबल पति भी भार्या की रक्षा करते हैं।" यह सनातन धर्म-मार्ग है। पत्नी की रक्षा सनातन धर्म है।

महाभारत में इस धर्म का पराभव है। गीता में श्रीकृष्ण इस पराभव को धर्म की ग्लानि कहते हैं और धर्म-संस्थापना अर्थाय अवतार लेने की घोषणा करते हैं। धर्म अपरिहार्य है। महाभारत के यक्ष-प्रश्न काफ़ी लोकप्रिय हैं। इनमें एक प्रश्न महत्वपूर्ण है। यक्ष ने युधिष्ठिर से पूछा, "जीवन मार्ग क्या है?–कः पन्थः।" युधिष्ठिर ने उत्तर दिया, "वेद-वचन भिन्न-भिन्न हैं। ऋषि अनेक हैं। तर्क की प्रतिष्ठा नहीं। धर्म-तत्व गुहा में है– धर्मस्य तत्वं निहितं गुहायां। महाजनो येन गता स पन्थः।" धर्मराज युधिष्ठिर यक्ष-प्रश्नों के उत्तर में धर्मतत्व को गुहा में अवस्थित बताते हैं। इसलिए महापुरुषों का मार्ग ही उचित है।

धर्म में पुनर्नवा-शक्ति है। यह नित्य नया है। सतत् पुरातन और सदा सनातन। यह भारत के लोगों की जीवनशैली है। महाभारत में धर्म की बड़ी चर्चा है। तमाम संशय हैं, तर्क हैं। वनपर्व में युधिष्ठिर और द्रौपदी के मध्य भी धर्म पर संशय है। पाण्डवों पर संकट था। द्रौपदी ने युधिष्ठिर से कहा, "मैंने आपसे सुना है कि धर्म की रक्षा करने से धर्म स्वयं ही धर्म-रक्षक की रक्षा करता है लेकिन वह धर्म आपकी रक्षा नहीं कर रहा है।" युधिष्ठिर ने कहा, "वशिष्ठ, व्यास, मैत्रेय, लोमश आदि ऋषि-धर्म के पालन से ही शुद्ध मन वाले हुए। धर्म निष्फल होता तो जगत में अन्धकार होता।" धर्म आनन्ददाता है। ज्ञान के प्रकाश से परिपूर्ण है। धर्महीनता अन्धकार है। यहाँ धर्म-पालन की प्राचीन परम्परा का स्मरण है। धर्म-पालन से होने वाले लोकहित का भी स्मरण है। धर्म अन्धविश्वास नहीं है। यह प्रत्यक्ष कर्तव्य है। यह सत्य-सिद्ध है। धर्म सबको धारण करता है। इसी धारणा का प्रवाह हिन्दुत्व है।

ऋग्वेद में 'विष्णु' देवता हैं। उनके कई अवतार हैं। श्रीराम व श्रीकृष्ण विष्णु के अवतार हैं। विष्णु के लिए भी धर्म-पालन अनिवार्य है। विष्णु ने तीन पग चलकर समूचा ब्रह्माण्ड नाप लिया था। यह कार्य आश्चर्यजनक था। ऋग्वेद के अनुसार उन्होंने यह कार्य 'धर्म के अनुसार' चलकर पूरा किया। ग्रिफ्थ ने धर्म का अनुवाद 'लाज' (नियम या विधि) किया है। मित्र और वरुण ऋग्वेद में प्रतिष्ठित देवता हैं। वे सबसे नियम-पालन कराते हैं। यह कार्य भी वे स्वयं धर्मानुसार ही करते हैं। सूर्य तेजस्वी हैं। प्रकृति की महाशक्ति हैं। ऋग्वेद (1-60-1) के अनुसार सूर्य भी धर्मणा हैं। वे द्युलोक और पृथ्वी को अपने धर्माचरण द्वारा प्रकाश से भरते हैं—

स्वायधर्मणे। (4-53-3) प्रजापति भी सत्यधर्मा हैं। (10-121-9) तैत्तिरीय उपनिषद् की शिक्षावल्ली में कहते हैं, "सत्यंवद धर्मंचर–सत्य बोलो, धर्म का आचरण करो।"

वृहदारण्यक उपनिषद् में ऋषि कहते हैं, "जिससे सूर्य उदय-अस्त होता है, वह प्राण से ही उदित होता है, प्राण से ही अस्त होता है। इस धर्म को देवों ने बनाया है।" धर्म विद्वानों ने गढ़ा है। यहाँ 'देवों' का अर्थ विद्वतजन है। प्रकृति व समाज के नियम 'धर्म' हैं। देवों-पूर्वजों द्वारा इस धर्म-नियम का सृजन हुआ है। यह आदर्श है। महाभारत के समाज में भी धर्म पर विश्वास बना रहा। धर्म-पालन सबका कर्तव्य रहा है। 'देवता' प्रकृति की शक्तियाँ हैं। भारतीय धर्म-परम्परा में वे उपास्य हैं लेकिन वे भी धर्म-पालन करते हैं। धर्म सभी कर्तव्यों का समुच्चय है। कर्तव्य-पालन व लोकमंगल से जुड़े सभी कर्म 'धर्म' हैं। धर्म की विकास-यात्रा सहस्त्रों वर्ष प्राचीन है। इसका काल-बाह्य भाग छूटता रहा है। नया लोकमंगल भाग जुड़ता रहा है। धर्म उपास्य है। यहाँ धर्म-पालन में स्वतन्त्रता रही है।

आधुनिक काल में भी धर्म की स्वतन्त्रता है। धर्म-पालन की ज़बरदस्ती नहीं है। अन्त:करण की स्वतन्त्रता संविधान में 1949 में जुड़ी। यहाँ प्राचीनकाल से ही अन्त:करण की स्वतन्त्रता है, लेकिन कुछ समूह-वर्ग धर्म को मज़हब व रिलीजन की श्रेणी में रखते हैं। वे धर्म को साम्प्रदायिक बताते हैं। धर्म अन्धविश्वास नहीं है। सुख-स्वस्ति की आश्वस्ति है। कुछ उत्साही धर्म को वैज्ञानिक विवेचन के दायरे में लाते हैं। निस्सन्देह वैज्ञानिक निष्कर्ष सम्माननीय हैं लेकिन विज्ञान की सीमा है। विज्ञान में सत्य का अन्वेषण है। वैज्ञानिक-निष्कर्ष अन्तिम नहीं होते। 'नए अविष्कार' पुराने निष्कर्ष को काट देते हैं। विज्ञान का 'उपयोग' सदुपयोग पर निर्भर है। 'धर्म' और 'सत्य' एक-दूसरे के पर्याय हैं। धर्म का ध्येय लोकमंगल है। धर्म आनन्ददाता है। राष्ट्रजीवन की आदर्श आचार-संहिता है। आनन्दवर्द्धक इस संहिता की चेतना का नाम हिन्दुत्व है।

बहुदेवाद नहीं, सत्य एक

'हिन्दू विश्वास' तर्क-सिद्ध और विज्ञान-सिद्ध है। हिन्दुत्व के भीतर एक बड़ी तर्कसारिणी है, लेकिन कुछ विद्वान इसे अनेक विश्वासों का मिश्रण बताते हैं। रामधारी सिंह 'दिनकर' ने 'संस्कृति के चार अध्याय' (पृष्ठ 99) में लिखा है, "हमारा धर्म न तो एक महात्मा से आया है, न किसी संप्रदाय से। सच तो यह है कि हिन्दू धर्म किसी एक विश्वास पर आधारित नहीं है प्रत्युत वह अनेक विश्वासों

का समुदाय है।" यह बात अंशत: सही है कि हिन्दू धर्म किसी एक महात्मा या सम्प्रदाय से नहीं आया, लेकिन यह बात सही नहीं है कि हिन्दू धर्म अनेक विश्वासों का समुदाय या संकलन है। दिनकर ने अपनी बात को सिद्ध करने के लिए भारतीय जनता की रचना को अनेक जातियों का परिणाम बताया। लिखा है "अनेक जातियाँ समय-समय पर इस देश में आती रहीं, उसी प्रकार हिन्दुत्व भी इन विभिन्न जातियों के धार्मिक विश्वासों के योग से बना है।" (वही, पृष्ठ-100) उनके विवेचन में 'हिन्दू धार्मिक समुदाय' भारतीय जनता की रचना का मूल नहीं है। भारत के बाहर से यहाँ आयी जातियाँ ज़्यादा महत्वपूर्ण हैं। सबके विश्वासों का समागम 'हिन्दुत्व' है। उन्होंने 'हिन्दुत्व' शब्द का ही प्रयोग किया है लेकिन हिन्दुत्व के निर्माण की प्रक्रिया का सरलीकरण उचित नहीं है।

'हिन्दुत्व' अनेक जातियों के मिलने से ही अस्तित्व में नहीं आया। दिनकर जी के विवेचन में 'जाति' शब्द का प्रयोग आधुनिक काल की जन्मना जाति-व्यवस्था के लिए नहीं हुआ। यहाँ विशेष भू-क्षेत्रों में रहने वाले, विशेष समुदायों का नाम जाति है। ऐसे समुदायों के अपने देवी-देवता भी होते हैं। दिनकर का ज़ोर बाहर से, यहाँ आई जातियों पर है। इनके अनेक देवता-देवी थे। उन्होंने लिखा है–"अनेक देवी-देवताओं के आ-मिलने के कारण बहुदेववाद हिन्दुत्व का अंग बन गया।" उनके निष्कर्ष में भारत के बाहर से आयी जातियाँ अपने साथ देवी-देवता भी लाईं। वे भारतीय देवी-देवताओं से मिल गयीं। भारत बहुदेववादी बन गया। सच यह नहीं है। देवी-देवता भारत के बाहर से नहीं आये।

भारतीय देवतन्त्र ऋग्वेद के रचनाकाल से भी प्राचीन है। ऋग्वेद में इन्द्र, अग्नि, वरुण, अदिति, मरुत, रुद्र, सूर्य आदि अनेक देवता हैं। सब उपास्य हैं। ऋग्वेद ऐसे देवों की स्तुतियों से भरा-पूरा है। श्रीराम गोयल ने 'विश्व की प्राचीन सभ्यताएँ' (पृष्ठ 427) में भी वैदिक आर्यों के धर्म को बहुदेववादी बताया है। लिखा है, "उनके अधिकांश देवता, जैसे सूर्य, अग्नि, वायु, ऊषा आदि विभिन्न प्राकृतिक शक्तियों का देवीकरण थे। वे तेज और प्रकाश के प्रतीक तथा उदार, सर्वज्ञ, कृपालु और अमर माने जाते थे। उनकी कल्पना मानव-रूप में की गयी थी, लेकिन सब देवताओं का मानवीकरण समानरूपेण पूर्णता प्राप्त नहीं कर पाया था। इस दृष्टि से वैदिक धर्म, यूनानी पन्थ से कुछ भिन्न था।" बेशक यूनानी पन्थ, वैदिक धर्म से भिन्न था। यूनानी दर्शन लगभग 600 वर्ष ईसापूर्व में थेल्स से शुरू हुआ। ऋग्वेद का दर्शन इसके लगभग 2000 वर्ष पूर्व अस्तित्व में था। वैदिक दर्शन से ही वैदिक धर्म का विकास हुआ।

यूनान के देवताओं का मानवीकरण भी विचारणीय है। गोयल ने लिखा है, "यूनान में देवताओं का मानवीकरण भारत से बहुत आगे बढ़ गया था। देवताओं के व्यक्तित्व में स्पष्टता के अभाव के कारण वैदिक ऋषि उनमें प्रायः समान गुणों का आरोपण कर देते थे और स्तुति करते समय किसी भी देवता को सर्वोच्च घोषित कर देते थे।" गोयल की मानें तो भारत के लोग देवताओं का व्यक्तित्व मनमाने तरीके से गढ़ रहे थे। मैक्समूलर ने इस प्रवृत्ति को 'हॅनोथीज्म' नाम दिया है। गोयल के अनुसार बहुत से ऋषि समान गुणों वाले देवताओं का एकसाथ उल्लेख भी कर देते थे, जैसे द्यावापृथिवी, मित्रावरुण, मरुद्गण, आदित्यगण तथा अश्विनीकुमार आदि। इतना ही नहीं कुछ ऋषि तो बहुदेववाद को ही चुनौती देने लगे थे। ऋग्वेद, प्रथम मण्डल के 164वें सूक्त के रचयिता ने स्पष्टरूपेण उस 'एक सत्' की कल्पना की है, "जिसे ज्ञानी लोग इन्द्र, मित्र, वरुण, अग्नि, यम तथा मातरिश्वा आदि विभिन्न नामों से पुकारते हैं। इस प्रवृत्ति को एकेश्वरवाद कहा जाता है।" 'एक सत्' कल्पना नहीं 'अनभूत-सिद्ध सत्य' है।

वैदिक धर्म को बहुदेववादी कहना उचित नहीं है। वैदिक समाज का विश्वास 'एक सत्य' में था। ऋग्वेद (1-164) में बहुदेवों का उल्लेख है कि "सत्य एक है, विद्वान उसे इन्द्र, मित्र, वरुण, अग्नि, यम तथा मातरिश्वा आदि भिन्न-भिन्न नामों से पुकारते हैं।" हिन्दू-चित्त बहुदेववादी नहीं, बहुदेव-उपासक था, और है। श्रीराम गोयल ने ऋग्वैदिक देवों के मानवीकरण को अपूर्ण बताया है। यह सही नहीं है। देवता प्रायः प्रकृति की शक्तियों का दैवीकरण थे। उन्हें मनुष्य-रूप में विकसित किया गया था। गोयल के अनुसार मानवीकरण अधूरा था। सच यह है कि देवों का मानवीकरण पूर्ण था लेकिन दर्शन के तल पर सम्पूर्ण अस्तित्व एक इकाई के रूप में दिखाई दे रहा था।

सारे देवता नाम-रूप से भिन्न होते हुए भी एक ही सत्य की अभिव्यक्ति जाने गए थे। ऋग्वेद में इन्द्र के लिए कहा गया है कि यह एक इन्द्र ही सभी भुवनों में प्रविष्ट होकर रूप-रूप प्रतिरूप हो रहा है– इन्द्रैर्थको भुवनं प्रविष्टो रूपं रूपं प्रतिरूपो वभूवः। अदिति के लिए कहते हैं, "अदिति द्यौ हैं, आकाश हैं। माता हैं पिता हैं और पुत्र भी हैं।" यहाँ भी अदिति का मानवीकरण पूरा है। दैवीकरण अस्तित्वव्यापी है। गोयल को देवताओं के व्यक्तित्व में स्पष्टता का अभाव दिखाई पड़ता है। उनकी शिकायत है कि "व्यक्तित्व की अस्पष्टता के कारण ऋषि किसी भी देवता को सर्वोच्च घोषित कर देते थे।" सच यह है कि ऋषि अपनी

तरफ से देवों का मानवीकरण पूरा कर चुके थे। वे दैवीकरण के बाद की मंजिल में थे और प्रत्येक देव में एक ही सत्य का रूप देख रहे थे। हिन्दुत्व इसी दर्शन का प्रसाद है।

सुमेरियन सभ्यता प्राचीन थी। बैबिलोनिया के इतिहास में प्रारम्भ से दो जातियाँ मिलती हैं। उत्तरी बैबिलोनिया या अक्काद में सेमेटिक और दक्षिणी बैबिलोनिया-सुमेर में सुमेरियन। सुमेरियन भारत में सिन्धु घाटी में रहते थे। गोयल ने लिखा है कि "अनुमान किया गया है कि सम्भवतः सुमेरियन मूलतः भारत में सिन्धु घाटी में रहते थे। वहाँ से वह बलूचिस्तान और फारस होते हुए दजला-फरात की घाटियों में बसे। यह भी सम्भव है कि वे समुद्री मार्ग से सुमेर आये हों। एक आख्यान में कहा गया है कि "ओआनिज नामक देवता ने समुद्री मार्ग से आकर सुमेर के निवासियों को सभ्य बनाया।" (वही 33) कुछ विद्वान सुमेरी सभ्यता को भारतीय सभ्यता से प्राचीन मानते हैं। लेकिन सुमेरियनों ने दार्शनिक सत्यों की उपेक्षा की। भारत में दर्शन ने ही ज्ञान का नेतृत्व किया।

सृष्टि के उद्भव की सुमेरी मान्यता कुछ अंशों तक भारत से मिलती है। सुमेरी विश्वास था कि आदिकाल में केवल जल ही जल था। उनकी मान्यता में जल 'नम्मू' देवी थी। इस जलराशि से एक दैवीय पर्वत निकला। इस पर्वत का आधार 'की' नाम की देवी (पृथ्वी) था और शिखर 'अन' (आकाश) नाम का देवता था। प्रारम्भ में 'की' (पृथ्वी) और 'अन' (आकाश) संयुक्त थे। 'की' के गर्भ से एनलिल (वायुदेव) का जन्म हुआ। सुमेरियन के अनुसार विश्व का निर्माण व पोषण देवसमूह करते हैं। ऋग्वेद के अनुसार प्रकृति सदा से है। 'असत्' अव्यक्त से 'सत्' प्रकट हुआ। नासदीय सूक्त के अनुसार पहले सत्-असत् नहीं थे। केवल 'वह एक' था। उसी एक का विस्तार सृष्टि है।

हिन्दू व सुमेरियन देवता कई अंशों में एक जैसे हैं। ऋग्वेद के नासदीय सूक्त में 'पहले अगाध जल था।' सुमेरी भी आदिकाल में केवल जल की ही उपस्थिति मानते थे। उससे एक दैवीय पर्वत प्रकट हुआ। इसकी नींव 'की' पृथ्वी नाम की देवी व शिखर 'अन' नामक आकाश देव था। यह ऋग्वेद में वर्णित पृथ्वी व आकाश देव हैं। सुमेरियन मान्यता में 'की' के गर्भ से एनलिल (वायु देव) का जन्म हुआ। पृथ्वी-आकाश पहले संयुक्त थे। एनलिल ने दोनों को अलग किया। ऋग्वेद में भी पृथ्वी-आकाश संयुक्त थे। तब दोनों का साझा नाम 'रोदसी' था। मरुद्गणों ने दोनों को अलग किया।

सुमेरी सभ्यता में अनेक देवता हैं। वैदिक सभ्यता में भी अनेक देव हैं। सुमेरी में आकाश 'अन' देव हैं। एनलिल वायुदेव हैं। जलदेव 'एनकी' हैं। पृथ्वी देवता 'की' हैं। इनके अतिरिक्त सुमेरी सभ्यता में अनेक देव थे। लेकिन ऋग्वेद का देवतन्त्र निराला है। इसमें रुद्र, सूर्य, चन्द्र, वरुण, इन्द्र, मरुतों के साथ वनस्पतियाँ भी देवता हैं। वैदिककाल से लेकर आधुनिककाल तक देवतन्त्र का विकास जारी है। हिन्दुत्व में सबका आदर है। मनचाही उपासना है। सभी देवों का अन्तर्तम 'एक सत्य' है। हिन्दुत्व एक है, विद्वान उसे देशकाल के अनुसार भिन्न-भिन्न नामों-रूपों से उपासते हैं।

धर्म के रूप पर लगातार विमर्श रहे हैं। भारतरत्न पी.वी. काणे ने 'धर्मशास्त्र का इतिहास' लिखा है। प्रथम भाग में लिखा है, "धर्मशास्त्रकारों के अनुसार धर्म किसी सम्प्रदाय या मत का द्योतक नहीं है। यह जीवन का ढंग या आचरण-संहिता है। यह समाज के किसी अंग या व्यक्ति के रूप में मनुष्य के कर्मों या कृतियों को व्यवस्थित करता है। उसमें क्रमशः विकास लाता हुआ उसे मानवीय अस्तित्व के लक्ष्य तक पहुँचने के योग्य बनाता है।" उदात्त होना धर्म का लक्षण है। काणे ने प्रश्न उठाया है, "हम उदात्त गुण क्यों प्राप्त करें। इस प्रश्न का उत्तर मानव-अस्तित्व के लक्ष्यों (पुरुषार्थ) के सिद्धान्त में मिल जाता है। बहुत प्राचीनकाल से चार पुरुषार्थ कहे गए हैं—धर्म, अर्थ, काम और मोक्ष। इनमें अन्तिम (मोक्ष) परम लक्ष्य है। इसकी प्राप्ति किसी-किसी को ही हो पाती है, अधिकांश के लिए यह केवल आदर्श मात्र है।" 'धर्म' जीवन की आदर्श आचार-संहिता है। 'अर्थ' जीवन का संसाधन है। 'काम' तमाम अभिलाषाओं का केन्द्र है। इनमें धर्म प्रथमा है। यह अर्थ और काम की प्राप्ति का नियमन करता है। मनुष्य जीवन के चार पुरुषार्थों जैसी स्पष्ट घोषणा पश्चिम के रिलीजन में नहीं है और न ही मज़हबी ग्रन्थों में है। हिन्दू-परम्परा में पुरुषार्थ महत्वपूर्ण हैं।

बौद्ध पन्थ और हिन्दू धर्म भारतीय मूल के हैं। दोनों के नैतिक आदर्श एक जैसे हैं। दोनों का केन्द्रक दर्शन है। काणे ने बताया है, "सम्राट अशोक ने निम्नलिखित गुणों का उल्लेख अपने शिलालेखों में किया है—दया, सत्य, शुद्धि, भद्रता, शान्ति, प्रसन्नता, साधुता और आत्मसंयम। यह सूची गौतम की सूची से मिलती है।" नैतिक गुणों के आदर्शों व संस्कृति का विकास ऋग्वेद के रचनाकाल में ही हो गया था। संस्कृति के विकास का मूल वैदिक दर्शन था। दर्शन के आधार पर धर्म का विकास हो रहा था।

हिन्दू धर्म व संस्कृति के विकास में निरन्तरता है। वैदिककाल के पहले ही इसकी नींव पड़ चुकी थी। काणे ने समाज पर प्रभाव डालने वाले विशिष्ट ग्रन्थों का अनुमानित रचनाकाल निर्धारित किया है। काणे के अनुमान में 4000 से 1000 ईसा पूर्व वैदिक संहिताओं, ब्राह्मण (ग्रन्थों) व उपनिषदों का काल है। ऋग्वेद, अथर्ववेद, तैत्तिरीय संहिता व ब्राह्मणों की कुछ ऋचाएँ 4000 ईसा पूर्व के बहुत पहले की हो सकती हैं।" ठीक बात है, ऋग्वेद किसी एक व्यक्ति द्वारा किसी पूर्व-योजना के अनुसार नहीं रचा गया। 'गीता' दर्शन-ग्रन्थ है। काणे के अनुसार 'गीता' का रचनाकाल 500 से 200 ईसा पूर्व के बीच होना चाहिए। 'गीता' महाभारत का अंश है। काणे के अनुसार "महाभारत का रचनाकाल भी यही होना चाहिए"। महाभारत युद्ध और रचनाकाल के मध्य भी काफ़ी फ़ासला होना चाहिए।

भारतीय समाज गतिशील रहा है, आज भी है। सामाजिक गतिशीलता की प्रेरक शक्ति हिन्दुत्व है। हिन्दू धर्म, दर्शन व्यावहारिक रूप में भी जड़ नहीं है। रिलीजन-मज़हब की तरह स्थिर नहीं है। हिन्दू समाज परिवर्तनशील है। एक समय पूर्वकाल में राजव्यवस्था भी नहीं थी। महाभारत में इस बात का उल्लेख है कि सब अपने कर्तव्य-धर्म का पालन करते थे। तब गण व्यवस्था का चलन था। बुद्ध के समय भी गणतन्त्र थे। गणसंघों का उल्लेख महाभारत, अष्टाध्यायी व पतंजलि के महाभाष्य में है। फिर शासक या राजा की आवश्यकता हुई।

काणे ने लिखा है कि ऐतरेय ब्राह्मण में उल्लेख है कि देवों ने राजा के अभाव में अपनी दुर्दशा देखी और एकमत होकर राजा का चुनाव किया। यहाँ राजा या शासक के अभाव में देवों की दुर्दशा का उल्लेख है। प्रश्न है कि क्या देवों को भी राजा की जरूरत पड़ती है? यहाँ 'देव' शब्द धर्म-पालन करने वाले मनुष्यों के लिए प्रयुक्त हुआ है। मूल बात है कि सदाचार, नीति-नियम आदि का एक नाम 'धर्म' है। अथर्ववेद में राजा के निर्वाचन (3.4.2) का उल्लेख है– "विश (जन) राज्य करने के लिए आपको चुनते हैं, दिशाएँ आपको चुनती हैं। पंचदेवियाँ आपको चुनती हैं।" राजा के चुने जाने के उल्लेख अन्यत्र भी हैं। इससे स्पष्ट है कि भारत के वैदिककाल में भी जनतन्त्र था। भारतीय जीवनशैली लोकतांत्रिक थी ही। हिन्दुत्व की मूल धारा में लोकतन्त्र है।

पुराण

'पुराण' इतिहास हैं। ऋग्वेद में 'पुराण' का अर्थ पुराना या प्राचीन है। महाभारत (आदिपर्व) में 'महाभारत' को 'पुराण' कहा गया है। अथर्ववेद में 'पुराणविद'

शब्द का प्रयोग हुआ है। शतपथ ब्राह्मण में इतिहास और पुराण सुनाने का महत्त्व है। उत्तर वैदिककाल में वेदों के साथ पुराण भी लोकप्रिय थे। भारत के आधुनिक लोकजीवन में भी पुराणकाल बाह्य नहीं है। वृहदारण्यक उपनिषद् में याज्ञवल्क्य 'मैत्रेयी' को बताते हैं, "जैसे गीली लकड़ियों के जलने पर धुआँ निकलता है उसी तरह इसी महान भूत, महान शक्ति 'आत्मा' का यह निःश्वास है, बाहर की ओर साँस है। यह ऋक, यजु, साम, अथर्व इतिहास और पुराण-विद्या, उपनिषद्, श्लोक, सूत्र, अनुव्याख्यान, व्याख्यान है।" इस मन्त्र में इतिहास और पुराण दोनों हैं और वेदों के साथ हैं।

वृहदारण्यक उपनिषद में ही याज्ञवल्क्य ने वाणी से ज्ञान का सम्बन्ध बताया है, "वाणी से ही ऋग्वेद, यजुर्वेद, सामवेद, अथर्वांगिरस इतिहास, पुराण-विद्या, उपनिषद् सब भूत जाने जाते हैं।" वाक् महत्वपूर्ण है। उत्तर वैदिककाल में अध्ययन के अनेक विषय थे। व्यथित नारद ने सनत् कुमार को बताया था "मैंने ऋग्वेद पढ़ा है, यजुर्वेद, सामवेद व अथर्ववेद पढ़ा है। इतिहास, पुराण, व्याकरण, भूगर्भ विद्या, नक्षत्र विद्या सहित तमाम विषय पढ़े हैं लेकिन अशान्त हूँ।" सनत् कुमार ने कहा, "यह सब नाम है, वाणी इनसे बड़ी है। वाणी की उपासना करो"। छान्दोग्य उपनिषद में आदित्य (सूर्य) के सम्बन्ध में कहा गया है, "इसकी उत्तर दिशा की किरणें मधुनाड़ियाँ हैं। अथर्वांगिरस श्रुतियाँ ही मधुकर हैं। इतिहास-पुराण पुष्प हैं। अथर्वांगिरस श्रुतियों ने इतिहास-पुराण को अभितप्त किया। उस अभितप्त हुए से इतिहास-पुराण पुष्प से यश, तेज, बल, और आनन्द रस की उत्पत्ति हुई।" यह उल्लेख मधुविद्या के प्रसंग में हुआ है। तब इतिहास और पुराण को भी वेदों जैसा ज्ञान-उपकरण माना जाता था।

महाभारत विश्व-प्रतिष्ठ ग्रन्थ है। आदिपर्व में महाभारत को पुराण कहा गया है। आगे इसे इतिहास भी कहा गया है। विष्णु पुराण की अतिरिक्त प्रतिष्ठा है। भाग्यवानों के वंशधर ज्येष्ठमासीय शुक्ल पक्ष में भगवान का अर्चन करके पितरों को पिण्डदान करते हैं। पितामहों को तारते हैं। ऐसा पुरुष जिस पुण्य का भागी होता है, वही 'पुण्य' भक्तिपूर्वक इस पुराण का एक अध्याय सुनने से प्राप्त होता है। इसी तरह सम्पूर्ण पुराण सुनने वाले को अश्वमेध यज्ञ का फल मिलता है। यहाँ पुराण का श्रवण तमाम कर्मकाण्ड का विकल्प है। व्रत, तप, तीर्थ-यात्रा, योग-ध्यान और ज्ञान आनन्दाता है लेकिन विष्णु पुराण के अनुसार पुराण का श्रवण इन सबसे बड़ा है।

भारतीय समाज को आध्यात्मिक-दार्शनिक बनाने में पुराणों की भी मुख्य भूमिका है। इनमें वैदिककाल के राजनैतिक इतिहास की सामग्री है। पुराण भले ही

बहुत प्राचीन न हों लेकिन पुराणों के भीतर का कथानक बहुत प्राचीन है। सृष्टि की उत्पत्ति भारतीय में महत्वपूर्ण विषय है। इसके दार्शनिक रूप उपनिषदों और वेदों में हैं। ऐतिहासिक रूप पुराणों में मिलते हैं। पुराणों में तमाम राजाओं के उल्लेख हैं। मुख्य पुराण 18 हैं। मत्स्य, वायु, विष्णु, गरुण, शिव आदि पुराण ग्रन्थों में प्राचीन आर्यों के वंशों का वर्णन है। इनमें प्राचीन इतिहास समझने के लिए विपुल सामग्री है। वैदिक ऋषियों के वचन 'श्रुति' के माध्यम से विभिन्न आश्रमों में सुरक्षित रहे हैं। ठीक वैसे ही राजवंशों व राजाओं के वृत्तान्त सूत्रों के परिवारों में बने रहे। माना जाता है कि व्यास ने वैदिक सूत्रों और ऋचाओं को संकलित किया है। वैसे ही तत्कालीन राजाओं और राजवंशों से जुड़ी तमाम अनुश्रुति पुराणों में है। सम्भवतः इसीलिए व्यास को पुराणों का भी कर्ता कहा गया है। पुराणों की घटनाओं में समय को लेकर तमाम प्रश्न भी उठते हैं। ऐसे आरोप कई यूरोपीय विद्वानों ने भी लगाए हैं।

इतिहास और ज्ञान का संकलन कालबद्ध ही नहीं होता। पुराण, महाभारत, रामायण जैसे महाग्रन्थों में वर्णित विषय लोकोपयोगी हैं। पार्जिटर ने पुराणों में वर्णित राजनैतिक अनुश्रुति को विशेष महत्व दिया है। उन्होंने 'एन्सिएण्ट इण्डियन हिस्टोरिकल ट्रेडिशन' ग्रन्थ में ऐसी अनुश्रुतियों की व्याख्या की है। पार्जिटर की देखादेखी कई पाश्चात्य विद्वानों ने पुराणों में उपस्थित ऐतिहासिक सामग्री का वैज्ञानिक रीति से विवेचन किया है। सत्यकेतु विद्यालंकार ने लिखा है, "जिसे हमने भारतीय इतिहास का वैदिक युग कहा है वैवश्वत मनु से प्रारम्भ होकर राजा शान्तनु के समय समाप्त हुआ।" इस युग के राजवंशों और राजाओं से सम्बन्ध रखने वाली अनुश्रुति पुराणों में विद्यमान है। इसके अलावा पुराणों में प्राचीन वैदिक परम्परा, दर्शन और भक्तिसूत्र भी हैं।

ऋग्वेद में कई प्राचीन कथाओं की ओर संकेत है। ये कथाएँ किसी-न-किसी रूप में अपने सांस्कृतिक महत्व के कारण विद्यमान रही होंगी। गाथा और नाराशंसी नाम के काव्यरूप वैदिककाल में थे। इनका सम्बन्ध लोक-प्रचलित कथाओं से था। अथर्ववेद में गाथा और नाराशंसी के साथ इतिहास और पुराण का भी उल्लेख है। कहते हैं, "व्रात्य बृहती दिशा की ओर चला। इतिहास, पुराणगाथा और नाराशंसी साथ चले। जो यह बात जानते हैं वे इतिहास, पुराणगाथा और नाराशंसी के प्रिय होते हैं।" पुराण पढ़ना-सुनाना, व्याख्या-सहित समझाना सबके वश की बात नहीं थी। पुराण को ठीक से समझने वाले विशेषज्ञ भी थे। अथर्ववेद में इसके लिए 'पुराणविद्' शब्द का प्रयोग किया गया है। (11.8.7) वैदिक साहित्य की तुलना में पौराणिक साहित्य सामान्य लोक में ज़्यादा पहुँचा। कथावाचक गाँव-गाँव पुराण-कथाएँ सुनाते

थे। पुराणों में लोक-जीवन के लिए तमाम सामग्री है। हिन्दू धर्म-परम्परा में पुराणों का विशिष्ट प्रभाव है। पुराणों में वैदिक परम्परा का प्रवाह है। 'शिव पुराण' में शिव की उपासना है। 'विष्णु पुराण' में विष्णु की। इसी तरह सभी पुराणों में ज्ञान और आस्तिकता के विषय हैं और सामान्य जन को अध्ययन-मनन और उपासना की जानकारी देते हैं।

हिन्दू देवतन्त्र आधुनिक काल में भी गतिशील है। हिन्दू आस्तिकता ने देव गढ़ने का काम बन्द नहीं किया। श्रीराम-श्रीकृष्ण देवता हैं। शिव वेदों में हैं। उपनिषदों में हैं। पुराणों में हैं। महाकाव्यों में भी सुप्रतिष्ठित हैं। हनुमान पूज्य देवता हैं ही। सहस्त्रों देवों की उपासना हो रही है। देवी-उपासना के शक्तिपीठों पर करोड़ों श्रद्धालु जुट रहे हैं।

संस्कार

वैदिक युग के सामाजिक जीवन में संस्कार का महत्व था। संस्कार का अर्थ है सांस्कृतिक बनाना। संस्कारों की परम्परा महत्वपूर्ण थी। इनकी कुल संख्या सोलह थी। अनेक संस्कार विशेष महत्व के थे। पहला गर्भाधान संस्कार है। इसे सन्तान की प्राप्ति के लिए किया जाता था। सन्तान-प्राप्ति 'अमरत्व' का मार्ग है। मनुष्य मरकर भी सन्तान में अमर रहता है। पुंसवन संस्कार दूसरा है। इस संस्कार के द्वारा प्रार्थना की जाती थी, कि सन्तान बलवान, स्वस्थ और सुयोग्य होगी। तीसरा सीमन्तोन्नयन संस्कार है। पति 'पत्नी' के गर्भ की रक्षा के लिए अनेक प्रकार के विधि-विधानों का अनुष्ठान करता था। 'जातकर्म' बच्चे के जन्म लेने पर किया जाने वाला संस्कार है। बच्चे का नामकरण महत्वपूर्ण है। जन्म-लग्न आदि के विचार से नाम रखा जाता था। आनन्द और उल्लास का उत्सव था 'नामकरण संस्कार'। अन्न से काया है। 'अन्नप्राशन संस्कार' बच्चे को अन्न देना प्रारम्भ करने के समय किया जाता था। चूड़ाकर्म या 'मुण्डन संस्कार' सार्वजनिक उत्सव होता है। शिक्षा मनुष्य को ज्ञानी बनाती है। कर्तव्य-पालक बनाती है। उपनयन संस्कार शिक्षा प्रारम्भ करने का उत्सव है। तब यज्ञोपवीत धारण कराया जाता था। नौवाँ संस्कार समावर्तन है। यह शिक्षा की समाप्ति पर होता था। ब्रह्मचारी अध्ययन कर गुरुदक्षिणा देकर गृहस्थ आश्रम में प्रवेश के लिए घर लौटता था। तब यह संस्कार किया जाता था। 10वाँ विवाह संस्कार है। 11वाँ अन्त्येष्टि संस्कार। यह संस्कार शव का दाह करने के लिए किया जाता था।

संस्कृत और संस्कृति

05

संस्कृत और संस्कृति

व्यक्ति बिना कर्म किये नहीं रह सकता। प्रत्येक मनुष्य कुछ न कुछ कर्म करता रहता है। मनुष्य की कर्मसाधना को मोटे तौर पर दो भागों में बाँट सकते हैं। पहला है जीवन यापन के लिए जरूरी कर्म। घर गृहस्थी और भोजन वस्त्र की समस्याओं के लिए सतत् कर्म। सभी प्राणी जीविका के लिए काम करते हैं। ऐसे कर्म के अभाव में जीवन नहीं चलता, लेकिन समूचे समाज के लिए साधनारत रहना ज़्यादा महत्वपूर्ण है। दूसरा कर्म विशिष्ट है। परस्पर प्रेम, सद्‌भाव और उदात्त आदर्शों का निर्माण व पालन महत्वपूर्ण है। यह कार्य मनुष्य-साधना का विशिष्ट भाग है। समाज और विश्व को सुन्दर बनाने के लिए किए गए कर्म 'संस्कृति' कहे जाते हैं। संस्कृति आदर्शचेता मनुष्यों की विभिन्न साधनाओं का सर्वोत्तम परिणाम है। मनुष्य प्रकृति का अंश है। प्रकृति उसे जीवनरस देती है। मनुष्य और प्रकृति के बीच एक सुव्यवस्थित अन्तर्संगीत है, लेकिन मनुष्य और प्रकृति के मध्य तमाम अन्तर्विरोध भी हैं। संस्कृति का काम इन अन्तर्विरोधों कैं मध्य तालमेल बैठाना भी है। प्रेय और श्रेय को साथ रखना है।

भारत के लोगों ने सहस्रों वर्ष तक लोकमंगल की साधना की है। ऐसी ही तमाम साधनाओं का सर्वोत्तम 'संस्कृति' है। भारत के समाजचेता, दार्शनिक और कर्मठ ज्ञानीजनों का सर्वोत्तम है 'संस्कृति'। जैसे हज़ारों पुष्पों का पराग 'मधुरस' है और 'मोहक गन्ध' है। भारत एक प्राचीन सभ्यता और संस्कृति है। इस देश का इतिहास अतिप्राचीन है। प्राचीनता के तत्व में जाने हुए की तुलना में अनजाना भाग भी कम नहीं है। डॉ. हज़ारी प्रसाद द्विवेदी ने लिखा है, "इस देश का सबसे पुराना

उपलब्ध साहित्य आर्यों का है। इन्हीं आर्यों के धर्म-विश्वास नाना अनुकूल-प्रतिकूल परिस्थितियों में बनते-बदलते अब तक इस देश की अधिकांश जनता के निजी धर्म और विश्वास बने हुए हैं।"

डॉ. द्विवेदी की यह स्थापना सही है। वे कहते हैं, "परन्तु आर्यों का साहित्य कितना भी पुराना और विशाल क्यों न हो भारतवर्ष के समूचे जनसमूह के विकास के अध्ययन के लिए न तो वह पर्याप्त ही है और न अतिसंवादी ही है। इस देश में बहुत सी आर्येतर जातियाँ अत्यन्त सभ्य और संस्कृत जीवन व्यतीत करती थीं। बहुत सी ऐसी भी थीं जिनके आचार-विचार में जंगलपन का प्राधान्य था। संघर्ष में पड़कर आर्यों को दोनों प्रकार की जातियों से प्रभावित होना पड़ा। उनके साहित्य, शिल्प और आचार-विचार में यह प्रभाव स्पष्ट है। आर्यों के पश्चात भी अनेक जातियाँ यहाँ आईं।" डॉ. द्विवेदी मानते थे कि पहले यहाँ आर्य आए। उसके बाद भी यहाँ अन्य जातियाँ आईं। डॉ. द्विवेदी आर्यों को यहाँ का मूल निवासी नहीं मानते। लिखते हैं, "आर्यों सहित बाहर से आईं तमाम जातियों का मिलन-क्षेत्र यह 'भारतवर्ष' है।" डॉ. द्विवेदी की बातें उचित हैं लेकिन आर्य बाहर से नहीं आए। उन्होंने आर्यों और द्रविड़ों की सभ्यताओं का संघर्ष भी बताया और बाद में समन्वय भी। मध्यकाल में यहाँ इस्लाम आया। इसके पहले अनेक पन्थ विश्वास यहाँ फल-फूल रहे थे। विचार-विविधता थी, लेकिन जीवन का दृष्टिकोण लगभग एक था। यह एकरूपता लगातार बढ़ी है। डॉ. द्विवेदी ने बताया है, "इस एकरूपता के कारण ही नाना मतों के मानने वाले, नाना स्तरों पर खड़े हुए। नाना मर्यादाओं में बंधे हुए अनेक जनवर्ग एक सामान्य नाम से पुकारे जाने लगे। यह नाम था हिन्दू। हिन्दू अर्थात भारतीय।"

'हिन्दू' और 'भारतीय' समानार्थी हैं। हिन्दुत्व और प्राचीन संस्कृति एक है। निस्सन्देह यहाँ अनेक रीति-रिवाज, आस्था और विश्वास रहे हैं। कुछ समूह आस्तिक थे तो कुछ अल्प समूह नास्तिक भी थे। आस्था और आस्तिकता पर तर्क भी थे। संशय थे, लेकिन देश व दुनिया को आनन्द-मगन करने के लक्ष्य समान थे। इस्लाम के आने के बाद यहाँ का समाज दो खण्डों में प्रत्यक्ष हुआ। इस्लाम अनुयायी भारत को इस्लामी बनाने के लक्ष्य पर काम कर रहे थे। इस कारण भारत में भारी संघर्ष भी चला। ज़ोर ज़बरदस्ती व प्रलोभन के आधार पर मतान्तरण होते रहे। हिन्दुओं का उत्पीड़न हुआ। व्यापक संहार भी हुए। इस्लाम में तर्क और वैज्ञानिक दृष्टिकोण के लिए कोई स्थान न था न है, इसलिए भारत में बाहर से आए तमाम जनसमूहों की तरह इस्लाम-अनुयायियों का भारतीयकरण नहीं हुआ।

कुछ विद्वानों ने यहाँ आर्य और अनार्य के बीच कपोलकल्पित संघर्षों को भी इतिहास का अंग बताया है। आर्यों को विदेशी बताने का ख़ास उद्देश्य था। इससे अन्य विदेशी आक्रान्ताओं की तरह आर्य भी विदेशी सिद्ध किए जाते रहे। जातिप्रथा को लेकर भी हिन्दू समाज की निन्दा होती रही है। जातिभेद निस्सन्देह निन्दनीय थे। इसे शास्त्रों की देन बताया गया। जातिप्रथा वस्तुतः सामाजिक विकास का परिणाम थी। डॉ. पी.वी. काणे इस तथ्य से अवगत थे कि किसी भी समाज में जाति जैसी प्रथा का जन्म श्रम विभाजन के कारण ही होता है। सामाजिक विकास के क्रम में व्यवसाय और पेशा के आधार पर समूह बनते हैं। काणे ने लिखा है कि, "सभ्यता और संस्कृति के उत्थान के फलस्वरूप कार्य विभाजन की उत्पत्ति हुई थी। कतिपय कलाओं और शिल्पकारों के उद्भव के कारण व्यवसाय आधारित बहुत सी उपजातियों की सृष्टि होती चली गयी।" जातिप्रथा मिस्र में भी थी। यह बात कार्ल मार्क्स ने 'कैपिटल' (पूँजी) के प्रथम खण्ड में लिखी थी कि प्लेटो के गणतन्त्र में श्रम-विभाजन की व्यवस्था मिस्र की जातिप्रथा के आदर्श रूप के सिवा और कुछ नहीं है।

जाति के उद्भव और उसकी मजबूती के सम्बन्ध में काणे का मत सही है लेकिन आर्य-आक्रमण को लेकर काणे भी विदेशी विद्वानों के दुष्प्रचार से प्रभावित जान पड़ते हैं। कुछ देशी और विदेशी विद्वानों का मत था कि, "आर्य गौर वर्ण के थे। उन्होंने भारत पर आक्रमण किया। यहाँ के काले आदमियों को दास बनाया। यही दास आगे चलकर शूद्र कहलाए।" जाति के उद्भव के सम्बन्ध में उनकी बात सही है, लेकिन आर्यों को विदेशी व आक्रान्ता कहना गलत है। काणे ने लिखा है, "आरम्भ में केवल दो वर्ण थे–एक आर्य, दूसरे दस्यु या दास। आर्यों ने दासों को पराजित किया और पराजित दस्यु ही कालान्तर में शूद्र कहलाए।"

जन्म और व्यवसाय पर आधारित जाति-व्यवस्था प्राचीनकाल में फारस, रोम और जापान में भी प्रचलित थी। वहाँ गोरे आक्रमणकारियों ने मूल निवासियों को नहीं जीता था। लेकिन काणे ने ऋग्वेद का उद्धरण देते हुए लिखा है, "ऋग्वैदिक काल में परस्पर विरोधी दो दल थे। आर्य और दस्यु (दास) एक दूसरे से चर्म, रंग, पूजा-पाठ, बोली और स्वरूप में परस्पर भिन्न थे।" काणे यह नहीं बताते कि आर्य अगर गोरे थे तो इनके देवता श्रीराम और श्रीकृष्ण साँवले क्यों थे? हिन्दू परम्परा के दोनों महाकाव्यों 'रामायण' और 'महाभारत' के नायक श्रीराम और श्रीकृष्ण साँवले थे। हिन्दू मान्यता में दोनों नायक ईश्वर भी थे। साँवले श्रीकृष्ण ने अर्जुन को गीता का

उपदेश दिया था। गीता का उपदेश ग्रहण करने वाले अर्जुन भी साँवले थे। महाभारत (कर्णपर्व) में कहते हैं, "मुकुट गिर जाने पर श्याम वर्ण नवयुवक अर्जुन ऊँचे शिखर वाले नीलगिरि के समान शोभा पाने लगे।"

आर्य-आक्रमण का सिद्धान्त ब्रिटिश साम्राज्यवादी प्रचार का हिस्सा है। जबकि ऐसे समूहों के बीच कोई युद्ध नहीं हुआ। छिटपुट स्थानीय लड़ाइयों की बात दीगर है। आर्य वैदिककाल के प्रमुख जनसमूह हैं। बाहर से भारत आए जनसमूहों को भी प्राचीन आर्यों ने सम्मान दिया। मुसलमानों के आने के पहले से यहाँ एक तार्किक समाज था और आज भी है। आर्य परम्परा ने ही कर्मफल का सिद्धान्त विकसित किया। कर्मफल के सिद्धान्त के अनुसार प्रत्येक व्यक्ति को उसके कर्म का परिणाम मिलता है। कभी कभी कर्मतप का परिणाम मिलता नहीं दिखाई पड़ता। पूर्व जन्म के सिद्धान्त ने ऐसे कर्मों के परिणाम को पुनर्जन्म से जोड़ा। प्रत्यक्ष जीवन के शुभ और अशुभ परिणाम पुनर्जन्म के कर्मों का परिणाम भी हो सकते हैं। पुनर्जन्म का सिद्धान्त बौद्धों में भी रहा है। प्रख्यात यूनानी दार्शनिक पाइथागोरस (ईसापूर्व पाँचवीं शताब्दी) ने भी पुनर्जन्म के सिद्धान्त को माना। बहुत सम्भव है कि पाइथागोरस ने पुनर्जन्म का सिद्धान्त भारत से पाया हो। प्रख्यात विद्वान विलियम जोंस, कोल ब्रुक, हॉपकिंस आदि ने कहा है कि यह सिद्धान्त पाइथागोरस ने भारत से ही पाया था। कुछ विद्वानों ने इसके उलट भी मत व्यक्त किया है कि हिन्दुओं ने यह सिद्धान्त पाइथागोरस से पाया था। यह सच नहीं है।

पुनर्जन्म का सिद्धान्त भारत ने पाइथागोरस से नहीं सीखा। पाइथागोरस ईसापूर्व पाँचवीं शताब्दी के विद्वान थे। तब यहाँ बौद्ध धर्म बहुप्रचारित था और बौद्ध पुनर्जन्म मानते थे। यहाँ उपनिषद दर्शन भी था। कठोपनिषद, ईशावास्योपनिषद जैसी अनेक उपनिषदें बौद्ध पन्थ के पहले की है। उपनिषदों में पुनर्जन्म की धारणा है। यूनानी दर्शन की तमाम मान्यताएँ भारतीय उपनिषद दर्शन से मिलती हैं। थेल्स (ईसापूर्व छठवीं शताब्दी) ने जल को सृष्टि का आदितत्व माना था। यह धारणा ऋग्वेद में बहुत पहले से है। ऋग्वेद में कहते हैं कि "जल माताएँ ही इस संसार को जन्म देने वाली हैं।" इसी तरह यूनानी दार्शनिक अनक्सिमेनस ने वायु को सृष्टि का आदितत्व माना था। वायु को आदि तत्व और प्रत्यक्ष ब्रह्म मानने की धारणा ऋग्वेद में है। उपनिषदों में भी है। हिराक्लिटस ने ताप से सृष्टि के उद्भव की व्याख्या की। ऋग्वेद में यह धारणा भी पहले से है। भारतीय संस्कृति का सतत् विकास हुआ है। प्राचीन काल में इस विकास का नेतृत्व दर्शन ने किया है। अब विज्ञान वही काम कर सकता है।

हिन्दुत्व का मूल आधार वैदिक दर्शन है और वैदिक दर्शन से विकसित निरन्तर प्रवाहमान संस्कृति। 'हिन्दू संस्कृति' भारत के सामाजिक जीवन का नीति निर्देशक तत्व है। गीत संगीत समस्त कलाएँ साहित्य नृत्य और स्थापत्य आदि अभिव्यक्तियाँ इसी संस्कृति का प्रसाद हैं। सभी तत्वों में स्वयं को देखना इस संस्कृति का सीधा सूत्र है। कहा गया है, "आत्मवत् सर्वभूतेषु, यः पश्यति सः पण्डितः" सभी तत्वों को अपनी आत्मा में देखने वाले पण्डित या ज्ञानी हैं। पं. जवाहर लाल नेहरू ने रामधारी सिंह दिनकर की पुस्तक 'संस्कृति के चार अध्याय' की भूमिका लिखी है। उन्होंने भूमिका में लिखा है, "संस्कृति क्या है? शब्दकोष उलटने पर अनेक परिभाषाएँ मिलती हैं। एक बड़े लेखक का कहना है कि संसार में जो सर्वोत्तम बातें कही गयी हैं उनसे अपने आप का परिचय कराना संस्कृति है।" पं. नेहरू की बात पूर्ण नहीं है। उन्होंने सर्वोत्तम से स्वयं को परिचित कराना ही संस्कृति बताया है। वस्तुतः सर्वोत्तम को धारण करना ही संस्कृति है। नेहरू जी ने आगे लिखा है, "एक दूसरी परिभाषा के अनुसार संस्कृति शारीरिक मानसिक शक्तियों का प्रशिक्षण या विकास अथवा उससे उत्पन्न अवस्था है। यह मन आचार अथवा रुचियों की परिष्कृति या शुद्धि है।" यहाँ तक सारी बातें सही हैं। लेकिन उन्होंने इनका उद्देश्य नहीं बताया है।

संस्कृति का ध्येय 'लोकमंगल' है। यह सामूहिक उपलब्धि है। सामूहिक जीवन का आनन्द वैदिककाल से लेकर आधुनिक काल तक विकासमान है। संस्कृति का उद्भव और विकास वैदिक पूर्वजों के शोध, बोध व श्रम का परिणाम है। लेकिन आर्यों को विदेशी मानने वाले विद्वान वैदिक संस्कृति के पूर्व की संस्कृति को अवैदिक कहते हैं। पं. नेहरू भी आर्यों को विदेशी मानते थे। उन्होंने 'संस्कृति के चार अध्याय' की प्रस्तावना में लिखा है, "एक ओर तो इस संस्कृति का मूल आर्यों से पूर्व मोहनजोदड़ो आदि की सभ्यता तथा द्रविड़ों की महान सभ्यता तक पहुंचना है और दूसरी ओर इस संस्कृति पर आर्यों की गहरी छाप है। जो भारत में मध्य एशिया से आए थे। पीछे चल कर यह संस्कृति उत्तर पश्चिम से आने वाले फिर समुद्र की राह से पश्चिम से आने वाले लोगों से बार बार प्रभावित हुई।"

भारतीय संस्कृति का जन्म, विस्तार और विकास वैदिक दर्शन से हुआ। इस दर्शन के मुख्य स्रोत ऋग्वेद में हैं। ऋग्वेद का दर्शन आकस्मिक नहीं है। वैदिक समाज ने इसका सतत् विकास किया है। यदि आर्य कथित रूप से बाहर से आए थे तो उनके लिए भारत जैसी विशाल भूसांस्कृतिक इकाई के समाज पर अपनी संस्कृति

थोप सकना आसान नहीं था। वैदिक संस्कृति और दर्शन का विकास विदेशी समूहों द्वारा नहीं हुआ। पण्डित नेहरू भी इस संस्कृति पर आर्यों की गहरी छाप स्वीकार करते हैं। लेकिन नेहरू के कथन में यह स्पष्टीकरण नहीं है कि मध्य एशिया से आए आर्यों ने यहाँ की मूल संस्कृति को कैसे प्रभावित किया? नेहरू जी संस्कृति को प्रभावित करने की अपनी कल्पना को स्पष्ट नहीं करते। वे बाहर से आए तमाम अन्य तत्वों का प्रभाव स्वीकार करते हैं। पण्डित जी की बात सही मानें तो विदेशी समूहों ने ही संस्कृति के विकास में गहरी भूमिका निभाई है। पण्डित जी ऋग्वेद से परिचित थे। लेकिन ऋग्वेद को विदेशी आर्यों का ग्रन्थ मानते थे। यह आश्चर्य की बात है कि वह संस्कृत को भी मध्य एशिया में जन्मी भाषा मानते थे। उन्होंने लिखा था, "सम्भावना यह है कि भारत में संस्कृति के सबसे प्रबल उपकरण आर्यों और आर्यों के पहले के भारतवासियों द्रविड़ों के मिलन से उत्पन्न हुए। जिसका प्रतिनिधित्व हमारी प्राचीन भाषा संस्कृत करती है। संस्कृत और प्राचीन भाषा पहलवी दोनों भाषाएँ एक ही माँ से मध्य एशिया में जन्मी थीं। किन्तु भारत में आकर संस्कृत ही यहाँ की राष्ट्रभाषा हो गयी।"

संस्कृत का जन्म विदेश में नहीं हुआ। यह भारत में ही जन्मी। पण्डित नेहरू ने स्वयं ही संस्कृत को यहाँ की राष्ट्रभाषा स्वीकार किया है। संस्कृत किसी अन्य देश से आकर यहाँ राष्ट्रभाषा नहीं बनी। संस्कृत वैदिककाल में लोकभाषा थी। भारत का प्राचीन साहित्य संस्कृत में है। यह आकार में बहुत बड़ा है और गुणवत्ता में भी। संस्कृत लोकभाषा न होती तो तमाम विषयों पर लिखे गए बड़े-बड़े ग्रन्थ कालवाह्य हो जाते। दर्शन भारतीय संस्कृति की मूल भूमि है। इसमें भी उपनिषद और भारतीय दर्शन की 8 धाराएँ सांस्कृतिक विकास की मूल भूमिका हैं। जैसे माननीय न्यायालयों ने निर्वचन में संविधान का एक मूल ढाँचा बताया है। वैसे ही भारतीय संस्कृति का मूल ढाँचा प्राचीन दर्शन है। भारतीय दर्शन का बड़ा भाग संस्कृत भाषा में प्रकट हुआ है। यहाँ के दार्शनिकों ने स्वयं को संस्कृत में ही अभिव्यक्त किया है।

उच्चतम न्यायालय ने संविधान के मूल कर्तव्यों में उल्लिखित 'सामासिक संस्कृति' की व्याख्या की है। सन्तोष बनाम मानव संसाधन मन्त्रालय 1994 के वाद में उच्चतम न्यायालय ने बताया है कि इस सामासिक संस्कृति का आधार संस्कृत भाषा और साहित्य है जो इस महान देश के भिन्न भिन्न जनों को एक रखने वाला सूत्र है। हमारी विरासत के संरक्षण के लिए शिक्षा प्रणाली में संस्कृत को चुना जाना चाहिए। न्यायालय ने कहा है कि, "यद्यपि इस देश के लोगों में अनेक भिन्नताएँ हैं।

वे इस बात पर गर्व करते हैं कि वे एक सामान्य विरासत के सहभागी हैं और वह विरासत और कोई नहीं संस्कृत की विरासत है। संस्कृति को मज़बूत करने की दृष्टि से संस्कृत का अध्ययन प्रसार और संवर्द्धन अनिवार्य है।"

भरतीय संस्कृति को शक्ति देने का काम मुख्यतः संस्कृत ही करती रही है। अन्य भारतीय भाषाओं में भी संस्कृति-संवर्द्धन का काम होता रहा है। सामान्यतया भाषा की समृद्धि भी यही है। रूपों से भरे विश्व के अलावा मनुष्य का अन्तर्जगत् भी रहस्यपूर्ण है। प्रेम, राग, द्वेष, ममत्व, अवसाद, विषाद और प्रसाद जैसे अनेक भाव वस्तु या पदार्थ नहीं हैं। इनके रूप हैं नहीं। इन्हें नाम देना आसान नहीं है। भारत में भावजगत् के तमाम स्पंदनों के लिए भी नाम हैं। ऐसा चमत्कार संस्कृत में है। यहाँ प्रत्यक्ष भौतिक जगत् के साथ-साथ अव्यक्त जगत् पर भी गहन चिन्तन हुआ। भौतिक जगत् पर निरन्तर शोध चले और अव्यक्त पराभौतिक पर निरन्तर बोध। शोध कर्म के लिए तमाम भाषाओं में शब्द है। नये शोध निष्कर्षों के लिए नये शब्द गढ़ने में कोई कठिनाई नहीं होती।

भाषा का सतत् विकास हुआ है। भारतीय विद्वानों ने भावों को भी नाम-शब्द देने का काम किया। प्रीति, प्रेम, राग, ईर्ष्या, द्वेष, रुचि, अरुचि आदि भाव हैं। श्रद्धा, आस्तिकता, समर्पण भक्ति आदि गहन अनुभूतियाँ हैं। ऐसे शब्द सम्बन्धित भावों के ध्वनि प्रतीक हैं। भारतीय भाषाओं में विशेषकर संस्कृत में अनुभूतिपरक ध्वनि-प्रतीकों, शब्दों का कोष बड़ा है। उत्तर वैदिक काल में स्थूलजगत, भाव जगत् व अनुभूत अन्तःकरण से जुड़े भिन्न-भिन्न तलों के लिए अलग-अलग शब्द उपलब्ध थे। ऋग्वेद में सम्पूर्णता भाव के लिए 'अदिति' व 'पुरुष' जैसे देव-प्रतीक थे ही। उत्तरवैदिक काल में ब्रह्म सम्पूर्णता का पर्याय बना लेकिन छान्दोग्य उपनिषद् में इसके लिए 'भूमा' शब्द आया है। सौन्दर्य अनुभूति को भी बताना आसान नहीं। संवेदन की अभिव्यक्ति दुरूह साधना है लेकिन संस्कृत की शक्ति-सामर्थ्य बड़ी है। यहाँ ध्वनियां हैं, शब्द हैं। वाक्यपद हैं। व्याकरण का अनुशासन है। हरेक भाषा का अपना संगीत और नाद है। संस्कृत की समृद्धि अनूठी है। भौतिक से पराभौतिक अन्तस् यात्रा है संस्कृत में।

मार्क्सवाद सहित सभी यूरोपीय विचारों को यूरोपीय भाषाओं में सोचने और बताने में सुविधा है। हिन्दी, संस्कृत या तमिल, तेलगु बोलने वाले विदेशी विचार को अटपटा पायेंगे। संस्कृत के अपने संस्कार हैं। संस्कृत संस्कारों में सोचने की अपनी बहुआयामी शैली है। संस्कृत वाङ्मय में अनेक विचारधाराएँ हैं। लेकिन सत्य एक है।

संस्कृत ने अपनी भाषा निधि के बूते ही एक ऐतिहासिक संस्कृति और सभ्यता का निर्माण किया है। भाषा की ऐसी शक्ति सभ्यता और संस्कृति यूरोप की भाषाओं में नहीं है। इसलिए संस्कृत प्रेमियों को मार्क्सवाद अटपटा लगता है और अधूरा भी। हिन्दी की भी यही स्थिति है। हिन्दी भाषी क्षेत्रों का भूगोल बड़ा है। संस्कृत सहित सभी भारतीय भाषाओं में 'धर्म' की समझ दूसरी है और यूरोप की भाषाओं में दूसरी। धर्म यहाँ प्रकृति और मनुष्य की धारक शक्ति है। कार्ल मार्क्स भारतीय धर्म से गहन रूप में परिचित नहीं थे। उनके सामने ईसाइयत थी। ईसाइयत धर्म नहीं रिलीजन है। आस्था और विश्वास का ही विचार संकुल। वे रिलीजन के अन्धविश्वासी चरित्र के विरोधी थे। मार्क्स ने उचित ही रिलीजन को अफीम कहा। लेकिन अनुवाद में धर्म भी अफीम हो गया। रिलीजन और धर्म पर्यायवाची नहीं हैं।

दुनिया की सारी भाषाओं में संस्कृत अग्रणी है। ऋग्वेद में कहते हैं "ऋचाएँ परम व्योम में रहती हैं। जहाँ देवता रहते हैं वहाँ"। संस्कृत प्रकृति की शक्तियों से भी संवाद बनाने की भाषा है। **नदियों से संवाद** ऋग्वेद का प्रतिष्ठित अंश है। नदी कहती हैं "हम वैसे ही झुके जाते हैं जैसे दूध पिलाने के लिए माता।" माता हमारे पिता की पत्नी ही नहीं है। माता जननी है। इसीलिए पृथ्वी माता है। जल माताएँ हैं। ऐसी अनुभूति और अभिव्यक्ति संस्कृत में ही सम्भव है। संस्कृत ही भारतीय संस्कृति की अभिव्यक्ति है। योग भारत का प्राचीन विज्ञान है। संस्कृत में उगा। खिला, महका। पतंजलि ने ईश्वर के बारे में बताया है कि समय के पार होने के कारण वह गुरूओं का गुरू है।

संस्कृत में समय के पार की भावना और धारणा को शब्द देने की शक्ति है। अभिनय-कला भारत में ही विकसित हुई। भरत मुनि ने संस्कृत में नाट्य शास्त्र लिखा। इसे नाट्यवेद की संज्ञा मिली। कहते हैं कि इसमें ऋग्वेद से पाठ्य अंश, यजुर्वेद से अभिनय, सामवेद से गान और अथर्ववेद से रस लिये गए। 'अर्थशास्त्र' संस्कृत में है। कौटिल्य 'अर्थशास्त्र' के प्रथम प्रवक्ता हैं। आयुर्विज्ञान भी संस्कृत में प्रकट हुआ। ज्ञान विज्ञान और कला कौशल सहित राष्ट्रजीवन के सभी अनुशासन संस्कृत में ही प्रवाहमान हुए। हम भारत के लोग संस्कृत में ही सुसंस्कृत हुए, सांस्कृतिक हुए। सहमना हुए। सामूहिक हुए। एक से अनेक हुए। अनेक से एक हुए। संस्कृत ने एक संस्कृति दी और एक संस्कृति ने एक राष्ट्र। मोलिनोवसी ने 1923 में कहा "भाषा सामाजिक संगठन का काम करती है।" जर्मन भाषाविद् सामरलेट ने 1932 में यही बात दोहराई लेकिन संस्कृत इसी काम को सैकड़ों वर्ष पहले से ही कर रही थी।

ब्रह्माण्ड बड़ा है। इसका ओर-छोर बताना असम्भव। संस्कृत में इसे कहने के लिए 'विराट' शब्द आया। अंग्रेजी आदि यूरोपीय भाषाओं में विराट का समानार्थी शब्द नहीं मिलता। इनफिनटी अनन्त का पर्याय जान पड़ती है। विराट में बोध का भाव है, अनन्त में असमर्थता का। पति पत्नी को मिलाकर यहाँ 'दम्पत्ति' है। गैर भारतीय भाषाओं में ऐसा शब्द नहीं है। नमस्कार का भाव गहरा है, गुड मार्निंग जैसे शब्द अन्तःकरण की सूचना नहीं देते। दिव्य के लिए डिवाइन शब्द है। जान पड़ता है कि दिव्य ही डिव और डिवाइन बना। पर ऐसी बातें भाषा विज्ञान का विषय हैं। भाषा मनुष्य की अभिव्यक्ति है और दृश्य जगत् परमऊर्जा की अभिव्यक्ति। जगत् विराट है। लेकिन विराट का वर्णन भी भाषा के माध्यम से होता है। संस्कृत ही विराट अभिव्यक्ति का उपकरण है। संस्कृत कामधेनु है।

शतपथ ब्राह्मण के ऋषि ने भाषा को ठीक ही विराट कहा है—वाग्वै विराट। विश्व सृजन की महाऊर्जा का नाम ऋग्वेद में विश्वकर्मा है। लेकिन विश्वकर्म का वर्णन वाणी से ही सम्भव है तो वाणी को भी विश्वकर्मा होना चाहिए। यजुर्वेद ने वाक् को विश्वकर्मा कहा है और शतपथ ब्राह्मण में भी "वाग् वै विश्वकर्मर्षि" है। भाषा की क्षमता अपरम्पार है। वह सत् और असत् दोनों को धारण करती है। आकाश में फूल नहीं होते। भाषा आकाश में भी फूल खिला देती है। जानना बड़ा कठिन कर्म है। ज्ञानी व्यक्ति भाषा के माध्यम से दूसरे को ज्ञानी बना देता है। ज्ञान शब्द भर नहीं है। ज्ञान शब्द उपकरण की सवारी करता है। दूर देश तक जाता है, शब्द अपना काम करते हैं। ज्ञान संक्रमित हो जाता है। स्तुति भाषा है, बेशक भाषा स्तुति नहीं है लेकिन अनुभूति वाले विद्वान अप्रिय सत्य को प्रिय भाषा में स्तुति की तरह कह लेते हैं। सबसे बड़ी बात है समाज का निर्माण। दुनिया के सारे समाज भाषा ने ही बनाए हैं। बेशक भाषा को भी इन्हीं समाजों ने समृद्ध किया है लेकिन समाज गठन के सारे सिद्धान्तों में परस्पर समझौतों का ही उल्लेख है। पहले संवाद और फिर समाज।

दिनकर की किताब की भूमिका पण्डित नेहरू की विचारधारा स्पष्ट करती है। पण्डित जी की स्थापना भारत को विदेशी चारागाह समझने जैसी है कि पहले यहाँ आर्य आए। वह विदेशी थे। लोग आते रहे। इसी क्रम के अन्त में समुद्र पार से पश्चिम के लोग आए। पण्डित नेहरू पश्चिम के लोगों के आगमन पर बहुत आनन्दित दिखाई पड़ते हैं। वह दिनकर जी की किताब की भूमिका में ही अपने आनन्द को स्पष्ट करते हैं, "जब पश्चिम के लोग समुद्र के रास्ते यहाँ आये तब भारत के दरवाज़े एक ख़ास दिशा की ओर खुल गये। आधुनिक औद्योगिक सभ्यता

बिना किसी शोरगुल के धीरे-धीरे इस देश में प्रविष्ट हो गयी। नये भावों और नये विचारों ने हम पर हमला किया। हमारे बुद्धिजीवी अंग्रेज बुद्धिजीवियों की तरह सोचने का विचार करने लगे। यह मानसिकता बाहर की ओर वातायन खोलने का यह भाव अपने दम पर अच्छा रहा। उससे हम आधुनिक जगत को थोड़ा बहुत समझने लगे।"

नेहरू जी यहाँ अंग्रेज व्यापारियों के आने पर प्रसन्न हैं। ख़ास बात यह है कि भारत के बुद्धिजीवी अंग्रेज बुद्धिजीवियों की तरह सोचने लगे। नेहरू इस बात पर खुश हैं कि हमारे बुद्धिजीवी भारतीय चिन्तन परम्परा को छोड़ कर यूरोपीय चिन्तन परम्परा से जुड़ गए थे। अंग्रेज यहाँ व्यापारी बन कर आये थे। उन्होंने भारत को अपने ढंग से लूटा। बाद में यहाँ का शासन भी इंग्लैंड की सत्ता ने हथिया लिया। इससे वैचारिक क्षति हुई। दर्शन और विचार के तल पर भारत के दरवाज़े कभी बन्द नहीं थे। वैदिक परम्पराओं में सारी दुनिया से ज्ञान लेने की घोषणा है—हे देवताओं दुनिया की सभी दिशाओं से हमारे पास सद्विचार आयें।

ऋग्वेद में अनेक उद्योगों की चर्चा है। कृषि और कारीगरी की समृद्धि ऋग्वेद में सुस्पष्ट है। रथों का निर्माण प्रमुख उद्योग था। ऋग्वेद से लेकर महाभारत तक रथ की प्रतिष्ठा है। सुन्दर अभिलाषा के लिए एक शब्द है मनोरथ। मन की कार्रवाई भी रथ प्रतीक से समझाई गयी है। काल को भी रथारूढ़ बताया गया है और सूर्य को भी। तब युद्ध के लिए हथियार भी थे। कृषि उपकरण तो थे ही। जिसे आज हेलमेट कहते हैं उससे किसी दुर्घटना या युद्ध में सिर की रक्षा होती है। वैदिक साहित्य में हेलमेट का नाम 'सिरस्त्राण' था। स्वर्ण उद्योग भी था। अधिकांश देवता स्वर्ण आभूषण धारण करते थे। निष्क इसी तरह का आभूषण था। लेकिन पण्डित नेहरू जी की धारणा दूसरी है।

नेहरू जी के अनुसार पश्चिम के लोगों के साथ औद्योगिक सभ्यता आयी थी। मूलभूत प्रश्न है कि क्या वास्तव में यहाँ अंग्रेजी सत्ता कोई नई औद्योगिक सभ्यता लायी थी। अंग्रेज यहाँ का कच्चा माल इंग्लैंड ले जाते थे। कपास ले जाने का उल्लेख आधुनिक इतिहास में है। उन्होंने भारत के कपास से कपडे बनाने प्रारम्भ किये। मैनचेस्टर समृद्ध हुआ। भारत के कारीगर और श्रमिक कंगाल हो गए। पण्डित जी की दृष्टि में यह विदेश से आई स्वागत योग्य आधुनिक औद्योगिक सभ्यता थी। पण्डित जी ने यह भी बताया है कि अंग्रेजों के साथ नये भाव नये विचार आए। पण्डित जी का कहना है कि इससे हम आधुनिक जगत् को समझने लगे हैं।

पण्डित जी का आधुनिक जगत अंग्रेजी विचारों में समाया हुआ दिखाई पड़ता है। भूत, वर्तमान कालगत धारणाएं हैं। इंग्लैंड का आधुनिक काल और भारत का आधुनिक काल भिन्न-भिन्न हैं। दिनकर की किताब की यह प्रस्तावना नेहरू जी ने 1955 में लिखी थी। तब भारत के आधुनिक काल में वे प्रधानमन्त्री थे। उन्होंने 'डिस्कवरी ऑफ इण्डिया' 1942 से 1945 के बीच लिखी थी। इसकी प्रस्तावना पर 29 सितम्बर 1945 के दिन उन्होंने हस्ताक्षर किए थे। 'डिस्कवरी ऑफ इण्डिया' के लेखन के समय वे जेल में थे। उस समय के भारतीय आधुनिक काल को विदेशी अंग्रेजी सत्ता ने ही उत्पीड़ित कर रखा था। कथित आधुनिक विचारों वाले अंग्रेजों ने ही लाखों भारतीयों को जेल में डाल रखा था। सावरकर से लेकर हज़ारों देशभक्त अंग्रेजी सत्ता का उत्पीड़न झेल रहे थे। स्वयं पण्डित नेहरू भी अंग्रेजों के आधुनिक काल में जेल में थे।

हिन्दू होना सांस्कृतिक होना है। कुछ विद्वान हिन्दू को 'वाद' कहते हैं। वाद एक पक्ष होता है। इसीलिए वाद का प्रतिवाद भी होता है। वाद के लिए अंग्रेजी का शब्द इज्म चलता है। पूंजीवाद के लिए कैपिटलिज़्म, समाजवाद के लिए सोशलिज़्म चलता है। इसी तर्ज पर हिन्दूवाद है। हिन्दुइज़्म इसका अंग्रेजी रूपान्तरण है। लेकिन यह गलत शब्द प्रयोग है। हिन्दू सम्पूर्ण जीवनशैली है। हिन्दू विश्ववारा संस्कृति है। हिन्दुत्व का अंग्रेजी अनुवाद भी हिन्दुत्व ही है। संज्ञा का भाषान्तर नहीं होता। हिन्दू होने का अनुवाद हिन्दुनेस ही होगा। संस्कृति हिन्दू अभिजनों की लोकमंगल-साधना की सर्वोत्तम उपलब्धि है।

मार्क्सवादी विद्वान दामोदर धर्मानंद कोसम्बी ने 'प्राचीन भारत की संस्कृति और सभ्यता' (हिन्दी अनुवाद गुणाकर मूले) नामक पुस्तक लिखी थी। कोसम्बी ने भारतीय संस्कृति की व्याख्या मार्क्सवादी दृष्टिकोण के आधार पर की है। वे कई आधारभूत बातें बताते हैं–"यहाँ अनेकरूपता के साथ एकता है। जलवायु सतरंगी है। एक राष्ट्रभाषा नहीं है। एक लिपि भी नहीं है। क्षेत्रीय सांस्कृतिक असमानता है।" इसके बाद कहते हैं, "अब तक जो कहा गया है उससे इस धारणा को बल मिलता है कि भारत कभी भी एक राष्ट्र नहीं था। भारतीय सभ्यता और संस्कृति विदेशी मुस्लिम या ब्रिटिश विजय की ही उपज़ है। यदि ऐसा होता तो लिखने योग्य भारतीय इतिहास केवल विजेताओं का ही इतिहास होता।"(वही पृष्ठ 19)

भारत का इतिहास गौरवशाली है। कोसम्बी ने लिखा, "जिस समय सिकन्दर हिन्द के कल्पित वैभव और जादुई नाम को सुन कर पूरब की ओर आकर्षित हुआ था।

उस समय इंग्लैण्ड और फ्रांस अभी अभी लौह युग में कदम रख रहे थे।" (वही पृष्ठ 15 व 20) कोसम्बी के लेखन से सिद्ध है कि भारत समृद्ध था। इंग्लैण्ड, फ्रांस पिछड़े थे। सिकन्दर इसी सब को लेकर आकर्षित था। मखदूनिया ही नहीं विश्व के बड़े भूभाग में भारतीय संस्कृति, समृद्धि और ज्ञान दर्शन की प्रतिष्ठा थी। उन्होंने लिखा, "भारत के लिए नए व्यापारिक मार्ग खोजने की कोशिश में ही अमेरिका की खोज़ हुई थी। अरब लोग बौद्धिक दृष्टि से सक्रिय थे। उस समय उन्होंने अपने चिकित्सा ग्रन्थ भी भारतीय स्रोतों के आधार पर तैयार किये।" एशियाई संस्कृति और सभ्यता के दो प्राथमिक स्रोत चीन और भारत ही हैं।

भारत का औद्योगिक विकास ईर्ष्या का विषय था। कोसम्बी ने लिखा है कि, "सूती वस्त्र, छीट, डोंगरी, पैजामा आदि शब्द भारतीय उत्पत्ति के हैं। शक्कर भी भारत की देन है।" वह भारतीय संस्कृति का प्रभाव अन्य देशों में भी देखते हैं, "मिस्र की महान अफ्रीकी संस्कृति में वैसी निरन्तरता देखने को नहीं मिलती जैसी की हम भारत में पिछले 3000 या उससे भी अधिक वर्षों में देखते हैं। आज की मिस्री व मेसोपोटामियायी संस्कृतियों का अतीत अरबी संस्कृति के पीछे नहीं जाता। अलग यूनानी संस्कृति का कोई अस्तित्व नहीं है। चीन की उन्नति भी हान लोगों के प्रभुत्व के बाद हुई। चीन की अन्य कौमों का देश की उन्नति में अधिक योगदान नहीं है।" कोसम्बी के विवेचन में सबसे बड़ी बात है "भारतीय संस्कृति की हज़ारों वर्ष पुरानी निरन्तरता।" लिखा है, "अन्य क्षेत्रों में सभ्यता और संस्कृति को लेकर विवाद भी हुए। इसके विपरीत भारत की ओर से किसी प्रकार के बल-प्रयोग के बिना ही भारतीय धर्म दर्शन का चीन और जापान में स्वागत हुआ। इण्डोनेशिया, वियतनाम, थाई देश, बर्मा और श्रीलंका के सांस्कृतिक इतिहास पर भारत का काफ़ी प्रभाव पड़ा है।" भारत व भारतीय संस्कृति ने अनेक देशों को प्रभावित भी किया। बिना बल-प्रयोग ही प्रभावित किया। इस विशाल भूखण्ड की सांस्कृतिक विशेषता और निरन्तरता ध्यान देने योग्य है।

डॉ. रामविलास शर्मा भी मार्क्सवादी हैं। उनकी पुस्तक 'भारतीय नवजागरण और यूरोप' में वर्ग, जाति और राष्ट्र उपशीर्षक से सामाजिक विकास का क्रम है। उन्होंने लिखा है, "समाज में एक तरफ अन्तर्विरोध बढ़ते हैं। दूसरी ओर उसका आकार बढ़ता है। आदिम साम्यवादी व्यवस्था में रहने वाले गण-समाज जनसंख्या के विचार से छोटे होते हैं।" मार्क्सवादी आदिम समाज को साम्यवादी कहते हैं। ऋग्वेद में गण हैं। जन हैं। वर्ण-भेद नहीं हैं। जाति का अस्तित्व नहीं है। डॉ.

शर्मा लिखते हैं, "व्यक्तिगत सम्पत्ति के विकास के साथ गणों में अन्तर्विरोध पैदा होते हैं। फिर अनेक गण एकसाथ मिलकर वृहत्तजन में पुनर्गठित होते हैं।" डॉ. शर्मा के अनुसार छोटी सामाजिक इकाई गण हैं। जन बड़ी इकाई है और गण से बनती है।

डॉ. शर्मा के अनुसार इसका कारण गणों के मध्य अन्तर्विरोध है। यह बात सही नहीं है। उनकी मानें तो गणों के बीच परस्पर द्वन्द्व-सम्बन्ध हैं। इसी से बड़ी इकाई का विकास हुआ। इस विवेचन में झोल है। वस्तुतः गण सबसे छोटी इकाई है ही नहीं। सबसे छोटी इकाई परिवार है। परिवारों के मध्य आत्मीय सम्बन्धों से बड़ी इकाई का विकास होता है। डॉ. शर्मा ने भी परिवार की प्रशंसा की है, "व्यक्तिगत सम्पत्ति की स्थापना के साथ ऋग्वेद में जिस परिवार की प्रतिष्ठा होती है उसमें पति और पत्नी की प्रधानता है।" भारतीय समाज का विकास परिवार-भाव में हुआ। परिवार सांस्कृतिक इकाई है, सामाजिक इकाई है और आर्थिक इकाई भी है। सबको परिवार मानना हिन्दुत्व का मुख्य तत्व है। परिवारभाव का ही व्यापक भाव 'राष्ट्रभाव' है।

ऋग्वेद में अनेक उद्योगों की चर्चा है। कृषि और कारीगरी की समृद्धि ऋग्वेद में सुस्पष्ट है। रथों का निर्माण प्रमुख उद्योग था। ऋग्वेद से लेकर महाभारत तक रथ की प्रतिष्ठा है। सुन्दर अभिलाषा के लिए एक शब्द है मनोरथ। मन की कार्रवाई भी रथ प्रतीक से समझाई गयी है। काल को भी रथारूढ़ बताया गया है और सूर्य को भी। तब युद्ध के लिए हथियार भी थे। कृषि उपकरण तो थे ही। जिसे आज हेलमेट कहते हैं उससे किसी दुर्घटना या युद्ध में सिर की रक्षा होती है। वैदिक साहित्य में हेलमेट का नाम 'सिरस्त्राण' था। स्वर्ण उद्योग भी था। अधिकांश देवता स्वर्ण आभूषण धारण करते थे। निष्क इसी तरह का आभूषण था। लेकिन पण्डित नेहरू जी की धारणा दूसरी है।

सृष्टि-चिन्तन

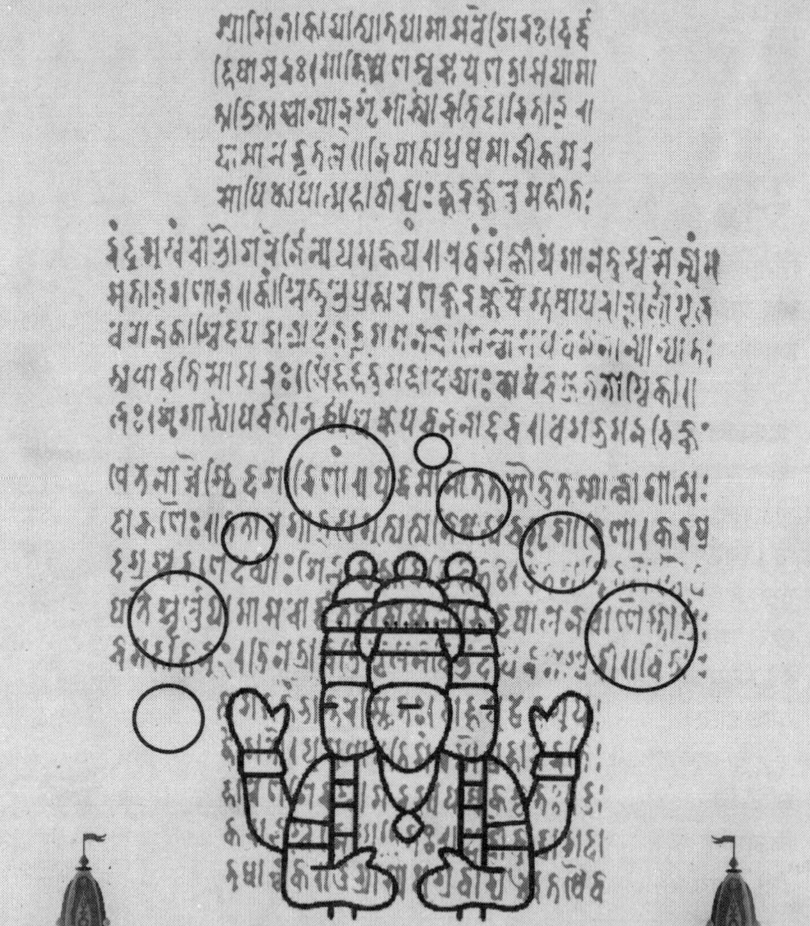

06

सृष्टि चिन्तन

सृष्टि-रहस्य दुनिया के सभी जिज्ञासुओं का आकर्षण रहे हैं। सृष्टि का उद्भव और विकास आधुनिककाल में भी विज्ञान और दर्शन की चुनौती है। भारतीय चिन्तन के अनुसार प्रकृति-सृष्टि सदा से है। सदा रहती है। एक सुनिश्चित समय के बाद प्रलय होता है। इसी तरह सुनिश्चित समय के बाद फिर से सृजन होने लगता है। परिवर्तनशीलता प्रकृति का गुण है। यह परिवर्तनशीलता प्रत्यक्ष है। सृष्टि-चिन्तन की कुछ आधारभूत समस्याएँ भी हैं। दिक्काल की धारणा विचारणीय है। सृष्टि 'दिक्काल' के भीतर ही होती है। 'काल' दिखाई नहीं पड़ता। काल पदार्थ नहीं है। काल पदार्थ होता तो कम से कम बीता समय अवश्य दिखाई देता। हम सब को बीते समय की स्मरण रहती हैं, लेकिन समय नहीं दिखाई पड़ता। भविष्यकाल और भी विचारणीय है। भविष्य की भी पहले से नहीं दिखाई पड़ती। इस तरह कई प्रश्न उठते हैं। क्या सृष्टि अपने विकास के किसी चरण में समयविहीन थी? क्या सृष्टि के पहले समय नहीं था? क्या समय का जन्म हुआ है? क्या इस सृष्टि का कोई निर्माता है? ईश्वर के प्रति जो आस्तिक हैं वे मानते हैं कि यह सृष्टि 'ईश्वर की रचना' है। सृष्टि ही क्यों संसार के सभी प्रपंचों का कर्त्ता-विधाता 'ईश्वर' ही जाना जाता है।

दुनिया की सभी सभ्यताओं और संस्कृतियों में अपने-अपने दृष्टिकोण से सृष्टि-चिन्तन हुए हैं। हिन्दू-चिन्तन में सृष्टि के उद्भव पर वैज्ञानिक दृष्टिकोण वाली जिज्ञासा है। वैसे सुयोग्य वैज्ञानिक सृष्टि-रहस्यों पर अनूठा परिश्रम कर रहे हैं। यहाँ इसी विषय को दार्शनिक दृष्टिकोण से समझने का प्रयास है। वैदिक ऋषि सृष्टि-उद्भव के रहस्य जानना चाहते थे। ऋग्वेद के नासदीय सूक्त (10.129) में सृष्टि

के पहले का शब्दचित्र है। कहते हैं, "तब न सत् था। न असत् था। न आकाश था। सबको आवृत्त करने वाले लोक नहीं थे। तब न मृत्यु थी, और न अमरत्व। न दिवस थे, न रात्रि। केवल 'वह एक' था और अपनी क्षमता के बल पर स्पन्दित था।" (वही 1-2) इस सूत्र के ऋषि परमेष्टिन हैं। ध्यान देने योग्य है कि सृष्टि-सृजन के पहले रात, दिन, मृत्यु, अमरत्व नहीं थे। केवल 'वह एक' था। यहाँ उसका कोई नाम नहीं रखा गया। 'वह एक' बहुत महत्वपूर्ण है। ऋग्वेद में 'वह एक' का उल्लेख कई बार हुआ है। एक लोकप्रिय मन्त्र में बताते हैं, "इन्द्र, अग्नि, वरुण आदि अनेक देवता हैं, लेकिन सत्य एक है। विद्वान उसे अनेक नामों से पुकारते हैं— एकं सद विप्रा बहुधा वदंति। 'वह एक' सदा रहता है।"

परमेष्टिन ने कहा है, "तब सर्वत्र अन्धकारपूर्ण जल था।" जल 'सृष्टि' का 'आदिकेन्द्र' उद्‌भव-केन्द्र है। परमेष्टिन आगे कहते हैं, "सृष्टि कैसे हुई? किसने रचना की? किसने नहीं की? यह सभी बातें परम व्योम में बैठे सृष्टि-अध्यक्ष ही जानते होंगे। बहुत सम्भव है कि वह भी इस सम्बन्ध में कुछ न जानते हों–यो अस्य अध्यक्ष परमे व्योमंत सो अंग वेद यदि व न वेद।"(वही, 7)

ऋषि सृष्टि-उद्‌भव के बारे में सबकुछ जानने का दावा नहीं करते। ऋषि जिसे सृष्टि-अध्यक्ष बताते हैं, उसे परम व्योम में बैठा हुआ बताते हैं, लेकिन उसकी भी जानकारी पर पूर्ण विश्वास नहीं करते। 'वह एक' आश्चर्यजनक दिव्यता है। वायुहीन दशा में भी अपनी क्षमता के बल पर स्पन्दित है। लेकिन सृष्टि का निर्माता नहीं है। जीवविज्ञानी चार्ल्स डार्विन (1809-1882) ने सृष्टि का उद्‌भव जल से बताया है। इसके पहले (ईसापूर्व 600 वर्ष) यूनानी दार्शनिक थेल्स ने जल को सृष्टि का आदितत्व बताया था। 'ऋग्वेद' से लेकर 'डार्विन' तक जल ही सृष्टि-उद्‌भव का केन्द्र है।

बृहदारण्यक उपनिषद (5.5.1) में कहते हैं, "सबसे पहले केवल जल था। जल से सत्य उत्पन्न हुआ। सत्य से ब्रह्म। ब्रह्म से प्रजापति और प्रजापति से देवता उत्पन्न हुए। ये देवता सत्य की उपासना करते हैं।" यहाँ देवों का मुख्य काम 'सत्य की उपासना' है, लेकिन एक समय ऐसा है जब देवता भी नहीं हैं। ऋग्वेद (10.72) में देवों के उद्‌भव का वर्णन है। ऋषि कहते हैं, "हम देवताओं के उद्‌भव का वर्णन सुन्दर वाणी से करते हैं। इससे युगों का दर्शन प्राप्त होगा।"(वही, 1) बड़ी बात है कि ऋग्वेद के अनुसार एक समय देवता नहीं हैं।

ऋग्वेद में 'देवता' शब्द का प्रयोग बहुधा प्रकृति की दिव्य शक्तियों के

लिए हुआ है। कहीं-कहीं विद्वानों के लिए भी 'देव' शब्द का प्रयोग मिलता है। बृहदारण्यक में देवों का काम 'सत्य की उपासना' है। यहाँ देवता सृष्टि-निर्माता नहीं हैं। वे सृष्टि के उद्‌भव और विकास में किसी भूमिका का निर्वहन नहीं करते। जल से सृष्टि की उत्पत्ति की धारणा 'ऋग्वेद' से लेकर 'पुराणकाल' तक एक जैसी है। पहली सहस्राब्दी ईसापूर्व तक ऋग्वेद की यही धारणा मिस्र, सुमेर, बेबीलोन आदि देशों तक फैली हुई थी। बाइबिल (उत्पत्ति 1.2) में कहा गया है, "पृथ्वी वेस्ट एण्ड वाइड थी। अन्धकारपूर्ण गहरे जल पर ईश्वर की चेतना मँडराती थी।" बाइबिल के अन्धकारपूर्ण जल में ऋग्वेद के 'अप्रकेत सलिलं' का स्मरण होता है। बाइबिल में अन्धकारपूर्ण जल से आच्छादित 'केओस' है, लेकिन सारी गतिविधि के संचालन के लिए ईश्वर की उपस्थिति जोड़ी गयी। वैदिक चिन्तन में जल बहुवचन-रूप 'माताएँ' हैं। ऋग्वेद के अनुसार 'जलमाताओं' ने ही विश्व को जन्म दिया है। बाइबिल में सृष्टि के आदितत्व के रूप में 'लोगोस' शब्द का भी उल्लेख है—"इट वाज लोगोस फसर्ट्।" शब्द की महत्ता की 'बाइबिल की धारणा' भी ऋग्वेद में है।

ऋग्वेद (10.125) में वाणी सम्पूर्ण प्रकृति को धारण करती है। ईरान में प्राचीनकाल में 'सुमेरी सभ्यता' का विकास हुआ था। कुछ-एक विद्वान 'हड़प्पा सभ्यता' को 'सुमेरी सभ्यता' की प्रेरणा बताते हैं, लेकिन 'सुमेरी सभ्यता' के विवेचक क्रेमर ने 'दि सुमेरियंस' में लिखा है कि, "सुमेरी दार्शनिकों ने दैवीय शब्द की सृजन-शक्ति का सिद्धान्त बनाया था। सृजनकर्ता को योजनाओं के बारे में कुछ बोलना था। अपनी इच्छा शब्द-उच्चारण से ही पूरी हो जाती थी। शब्द की शक्ति और क्षमता का निष्कर्ष ऋग्वेद से अन्य देशों में गया था।" ऋग्वेद के अनुसार मन्त्र या शब्द आकाश में भरे-पूरे हैं। आकाश का गुण 'शब्द' है। 'शब्द' की शक्ति के निष्कर्ष का आदिकेन्द्र 'भारत' है और यह काम 'हिन्दू पूर्वजों' ने किया है। यहाँ सृष्टि के पूर्व की स्थिति का नाम 'असत्' है। 'सृष्टि' प्रकट हो जाने का नाम 'सत्' है। 'असत्' शून्य नहीं है। शून्य से कोई भी निर्माण असम्भव है। असत् में सृष्टि का सारा भूत पदार्थ अतिसूक्ष्म स्थिति में है। इस स्थिति में देवता भी नहीं हैं। यह वैज्ञानिक कार्ल सागन द्वारा बताया गया 'कॉस्मिक एग' या 'ब्रह्माण्ड' है।

सृष्टि का जन्म और उद्‌भव रोमांचकारी है। ऋग्वेद में कहते हैं, "देवों के पहले पूर्व युग में 'असत्' से 'सत्' का जन्म हुआ—देवानां पूर्वे युगे असत् सत् अजायत।" (10.72.2) सीधी बात है कि 'अव्यक्त' व्यक्त हो गया। सृष्टि के पहले कोई न कोई पदार्थ अवश्य होना चाहिए। सृष्टि के पहले का सम्पूर्ण 'भूतद्रव्य' अतिसूक्ष्म

होने के कारण दिखाई नहीं पड़ता। ऋग्वेद में इसका नाम 'असत्' है। आगे बताते हैं कि "फिर 'आशा' का जन्म हुआ। ऊपर की ओर गतिशील ऊर्जा-कणों का विस्तार हुआ।" (वही, 3) इसके बाद का मन्त्र रोमांचकारी है, "भूः से ऊर्ध्वगामी कणों की रचना हुई। आशा का विस्तार हुआ।"(वही, 4) यहाँ 'भूः' शब्द अविनाशी ऊर्जा का संकेत देता है। इसी के परमाणु ऊपर की ओर गतिशील हुए। 'आशा' सम्भव हो गयी। सम्भवन का विस्तार हुआ। आगे एक आश्चर्यजनक मन्त्र में कहते हैं, "अदिति से 'दक्ष' पैदा हुए और दक्ष से 'अदिति'।" यहाँ 'अदिति' ऊर्जा की सनातनता का प्रतीक है और दक्ष सृजनात्मक कौशल का प्रवाह है। सदा प्रवाहमान 'अदिति' से अमृतबन्धु 'देवों' का उद्भव हुआ।

'देवता' श्रद्धेय हैं, इसलिए देवताओं का जन्म और उद्भव रोमांचकारी घटना है। प्रकट होने के पहले सभी 'देव' पृथक-पृथक नहीं थे। ऋग्वेद (10.72.6) में देवों से कहते हैं, "हे देव पहले आप परस्पर संयुक्त थे। आप नाचने लगे। आपके नृत्य से तीव्र 'रेणु' (कण) प्रकट हुए। देवों की परस्पर संयुक्त दशा पर ग्रिफ्थ ने लिखा है, "क्लोज क्लैस्पिंग वन ऐन अदर"। ये परस्पर गुथे हुए थे, फिर देवता नाचने लगे। आकाश महीन कणों से बादल जैसा भर गया। स्टीफेन हॉकिंग ने 'बिगबैंग सिद्धान्त' में ऐसी ही स्थिति की कल्पना की है। स्टीफेन हॉकिंग की 'ब्रीफ हिस्ट्री ऑफ टाइम' पठनीय है। शब्दावली का अन्तर है। सृष्टि के पहले देवता या प्रकृति की सारी ऊर्जा और पदार्थ एक बिन्दु के भीतर हैं। परस्पर संयुक्त हैं। सृष्टि के पूर्व की स्थिति के कई नाम हो सकते हैं। ऐसा ही एक नाम है 'अज'। ऋग्वेद (10.82.6) में कहते हैं, "यह 'अज' सृष्टि के पहले से विद्यमान है। इस अजन्मा ने अपने भीतर जलगर्भ धारण किया है। यहीं सब देवता रहते हैं। इस अजन्मा के नाभि 'केन्द्र' में सभी भुवन स्थिर हैं।" 'अज' के भीतर सम्पूर्ण विश्व है। देवता हैं। ऊर्जा है। पदार्थ हैं। कहते हैं उसकी आँखें विश्वव्यापी हैं। उसका मुख सर्वत्र है। सर्वत्र पैर हैं। हाथ भी सर्वत्र हैं। पृथ्वी और द्युलोक इसी एक शक्ति से बिना आश्रय स्थिर हैं।

भारतीय चिन्तन के अनुसार प्रलय और सृष्टि बार-बार आते हैं। वैज्ञानिक केवल वर्तमान सृष्टि और प्रकृति का विवेचन करते हैं। वे सृष्टि के मूल तत्व या तत्वों की खोज पर भी मेहनत करते हैं। विज्ञान के अध्ययन का मूल आधार 'गति' है। सृष्टि के सभी प्रपंच गतिशील हैं, लेकिन सृष्टि के पहले गति नहीं है। सांख्य-दर्शन में प्रकृति के तीन गुण 'सत्व, रज व तम' बताये गये हैं। इनमें 'रज' गति है। 'तम' स्थिरता है और 'सत' चेतना है। प्रलयकाल में तीनों साम्यावस्था में होते हैं।

तीनों गुणों की शान्त 'साम्यावस्था' प्रलय है। फिर इन गुणों की साम्यावस्था भंग होती है। गुण-क्षोभ के कारण सन्तुलन भंग होता है। रजोगुण के बल-मात्रक गतिशील होते हैं। गति का प्रभाव तम व सत्व गुण पर पड़ता है। रजोगुण से प्रेरित सत्वगुण 'तम मण्डल' को भारी तापमान तक पहुँचा देता है। तम मण्डल का तप्त द्रव्य परम प्रकाश में बदलता है। कपिल का 'तमगुण' प्रकृति का गुरुत्व 'गुणी कृष्ण गर्त' है। यही वैज्ञानिकों का 'ब्लैक होल' है। इसमें प्रलय सम्बन्धी द्रव्य अति घनत्व में होता है। दीर्घकाल में सत्वगुण से प्रभावित तमोगुण 'द्रव्य' एक अण्ड में बदल जाता है। यही कार्ल सागन का 'कॉस्मिक एग' हो सकता है और भारतीय चिन्तन का 'ब्रह्म-अण्ड'।

ब्रह्म-अण्ड के भीतर पूरी सृष्टि सुप्तावस्था में होती है। यह आदि 'अण्ड' अपने गर्भ में सम्पूर्ण अस्तित्व धारण करता है। बीज के भी भीतर पौध, शाखा, पत्ती, फूल, फल और रस 'सूक्ष्म रूप' में होते हैं। इस आदि 'अण्ड' में भी अस्तित्व और उसकी सम्भावनाएँ बन्द रहती हैं। ऋग्वेद में इसे 'हिरण्यगर्भ' कहा गया है। 'हिरण्य' ज्योतिर्मय धातु का प्रतीक है। शतपथ ब्राह्मण के अनुसार "हिरण्य अविनाशी ज्योति है।" आस्तिक इसे ईश्वर या भगवान कहते हैं। ऋग्वेद 10.121.2 में कहते हैं, "सबसे पहले हिरण्यगर्भ ही था। इसी से सबकी उत्पत्ति हुई है। वही सबका स्वामी है। इसी ने पृथ्वी, आकाश आदि को आधार दिया है। हम सब इसके अलावा किसकी उपासना करें—कस्मै देवाय हविषा विधेम।" पुराणों में भी सृष्टि-चिन्तन मिलता है। यहाँ स्रष्टा 'ईश्वर' या 'प्रजापति' ही बताया गया है।

'हिरण्यगर्भ' महत्वपूर्ण है। यह अधिक ताप से फूटा। ऐतरेय उपनिषद (1.14) में इस अण्ड के फूटने का संकेत है। कहते हैं कि, "हिरण्यगर्भ के शरीर-अण्ड के फूटने से मुख प्रकट हुआ। मुख से वाणी और वाणी के स्वामी अग्नि प्रकट हुए। बिस्फोट से नासिका-छिद्र बनी। इसके देवता 'वायु' प्रकट हुए। फिर आँख और आँख के देवता सूर्य प्रकट हुए।" 'महाविस्फोट' की बात आधुनिक वैज्ञानिक भी बताते हैं। वे भारी ताप और घनत्व को विस्फोट का कारण बताते हैं। ताप और घनत्व भी अकारण नहीं हो सकते।

तैत्तिरीय उपनिषद के एक मन्त्र में 'वायु' मुख्य हैं। 'ऋषि' पहले मित्र, वरुण, इन्द्र, विष्णु आदि ऋग्वैदिक देवों को नमस्कार करता है, फिर वायु को प्रत्यक्ष ब्रह्म कहता है—"नमस्ते वायो, त्वमेव प्रत्यक्षं ब्रह्म असि।" वायु प्रत्यक्ष है, भौतिक सत्ता है। "ब्रह्म 'वायु-रूप' में प्रकट होता है।" (1.1) पंचमहाभूतों में सूक्ष्मतम 'आकाश' है।

उपनिषद में 'आत्मा' आकाश से पहले है। आत्मा से आकाश, आकाश से वायु, वायु से अग्नि, अग्नि से जल, जल से पृथ्वी, पृथ्वी से वनस्पतियाँ, वनस्पतियों से अन्न, अन्न से पुरुष का विकास हुआ। तैत्तिरीय उपनिषद में कहते हैं, "अन्न से प्राणी पैदा होते हैं। सभी जीव अन्न से जीते हैं। अन्ततः अन्न में लीन होते हैं। अन्न ज्येष्ठ है।" प्राण के बारे में कहते हैं, "प्राण से देवता अनुप्राणित हैं। सबकी 'आयु' प्राण है। प्राण 'ब्रह्म' की उपासना करते हैं।" यहाँ वायु की तरह प्राण भी ब्रह्म की अभिव्यक्ति है।

ऐतरेय उपनिषद में सृष्टि के सम्बन्ध में कहते हैं, "सबसे पहले आत्मा थी। आत्मा ने लोक-सृजन की इच्छा की।" (1.1) "आत्मा ने जल से पुरुष निकाला।" (वही, 1.3) "पुरुष को तपाया। पुरुष के मुख को अण्डे की तरह फोड़ा।" (1.4) "उसके मुख से वाणी निकली। वाणी से अग्नि निकली। नाक-छिद्र बने। उनसे प्राण बाहर आया। आँखों की ज्योति से आदित्य उत्पन्न हुआ। नाभि से निकलने वाली अपान वायु से मृत्यु का जन्म हुआ।" यहाँ पुरुष को प्रतीक बनाकर सृष्टि का विकास बताया गया है। अग्नि, आदित्य आदि प्रत्यक्ष प्रकृति के देवता हैं। "वाणी, प्राण, आँख इत्यादि रूपों में पुरुष के भीतर हैं।" (वही, 2.4) ऋषि प्रश्न करते हैं कि, "आत्मा कौन है? जिसकी हम उपासना करते हैं। जिससे मनुष्य 'रूप' को देखता है। 'शब्द' को सुनता है। 'गन्ध' को सूँघता है। 'वाणी' को बोलता है। 'स्वाद' को ग्रहण करता है।" (3.1) इस जिज्ञासा से स्पष्ट है कि 'आत्मा' इन्द्रियों से सम्बद्ध ज्ञान पड़ती है।

मनुष्य-शरीर में 'हृदय' है। 'मन' है। 'मेधा' है। 'स्मृति-संकल्प' आदि चेतना के अनेक रूप हैं। उपनिषद में इनसब को 'प्रज्ञान' से सम्बद्ध माना गया है। चेतना के इन रूपों में दृष्टि है। प्राण है। लगता है कि प्राणशक्ति के अभाव में चेतना काम नहीं करती। ज्ञान पड़ता है कि संसार 'आत्मा' में प्रतिष्ठित है, लेकिन सृष्टि के पहले 'आत्मा' को अव्यक्त प्रकृति कह सकते हैं। बताते हैं कि इस 'प्रज्ञ आत्मा' के कारण 'उपासक' इस लोक से ऊपर उठता है और स्वर्ग में सभी कामनाएँ पूरी करता है। अमर हो जाता है, लेकिन उपनिषद के अन्त में ऋषि की कामना ध्यान देने योग्य है। इस कामना का सम्बन्ध अप्रत्यक्ष स्वर्ग से नहीं है। ये मन्त्र बहुत सुन्दर हैं। ऋषि कहता है, "मेरी 'वाणी' मेरे मन में प्रतिष्ठित हो। सुना हुआ ज्ञान मुझे न छोड़े। मैं दिन-रात अध्ययन करूँ। संकल्प करता हूँ कि 'ऋत' बोलूँगा। 'सत्य' बोलूँगा। यह ज्ञान मेरी रक्षा करे।" ऐतरेय उपनिषद में अज्ञात स्वर्ग की आकांक्षा

नहीं है। आत्मा के साथ सोच-विचार का विषय 'संसार' है और संसार का सम्बन्ध इसी जीवन से है।

छान्दोग्य उपनिषद में कहते हैं, "ब्रह्म 'मनोमय' है। प्राण 'शरीर वाला' है। प्रकाश 'रूप' है। 'सत्य' संकल्प, आकाश, आत्मा, सर्वकाम, सर्वगन्ध, सर्वरस है। मजेदार बात यह है कि इस यथार्थ-संसार का इंद्रियबोध 'ब्रह्म' के अन्तर्गत है। असत् से सत् उत्पन्न होने की धारणा वैदिक चिन्तन का मूल आधार है।" ऋग्वेद में ऋषि बामदेव ने कहा है, "मैं ही मनु था। सूर्य था। मैं ही कक्षीवान ऋषि था।" 'मनु' मानव-जाति के प्रतिनिधि हैं। 'सूर्य' ऊर्जा और प्राण का स्रोत हैं। चिन्तन की सभी धाराएँ 'हिन्दू-चिन्तन' से मिलती हैं। यूनानी देव-कथाओं में 'रात्रि' महत्वपूर्ण है। एक कथा में 'रात्रि' ने एक अण्डा दिया। इस अण्डे से सुवर्ण पंखों वाले दहकते 'अरोस' का जन्म हुआ। अरोस भारतीय चिन्तन का 'काम' है।

ऋग्वेद (10.129.4) में कहते हैं "सर्वप्रथम 'काम' उत्पन्न हुआ–कामस्य द ग्रे समवर्तत।" 'काम' और 'अरोस' दोनों ही देवता हैं। 'काम' भारतीय हैं और 'अरोस' यूनानी। ऋग्वेद में बताते हैं कि 'वह एक' तप की शक्ति से उत्पन्न हुआ। ऋग्वेद का 'वह एक' महत्वपूर्ण है। 'अरोस' के पंख 'सुवर्ण' बताए गए हैं। अरोस के पंख हैं। हिन्दू देवता 'कामदेव' के पंख नहीं हैं। वह अश्वरथ से चलते हैं। अव्यक्त से 'सत्' प्रकट हुआ। उससे 'विराट' उत्पन्न हुआ। सायण के भाष्य में यह विराट 'ब्रह्माण्ड-रूप' था। ग्रिफ्थ ने लिखा है कि इस 'संसार-अण्ड' के रूप में 'विराट' का जन्म हुआ। भारतीय चिन्तन का 'ब्रह्माण्ड' ब्रह्म और अण्ड से विकसित हुआ है। अण्डे की धारणा वैज्ञानिक है।

चीन के प्रख्यात दार्शनिक लाओत्सु (ईसापूर्व 400 वर्ष लगभग) ने भी सृष्टि-सृजन पर विचार किया था। उनकी पुस्तक 'ताओ ते चिंग' महत्वपूर्ण है। उनके विचार में प्रकृति के भीतर खूबसूरत व्यवस्था है। उन्होंने इस व्यवस्था का नाम 'ताओ' बताया है। चीनी भाषा में ताओ का अर्थ 'मार्ग' होता है। लाओत्सु का 'ताओ' ऋग्वेद का 'ऋत' है। मैकडनल ने भी 'ऋत' की यही व्याख्या की है। लाओत्सु की सृष्टि-सृजन की धारणा ऋग्वेद से प्रेरित जान पड़ती है। उन्होंने लिखा है, "अन्धकार से प्रकाश उत्पन्न हुआ। अरूप से व्यवस्था का जन्म होता है। 'ताओ' जीवन-ऊर्जा को जन्म देता है।" अन्धकार से सृष्टि-उत्पत्ति की धारणा ऋग्वेद में है। अन्धकार से प्रकाश पैदा होना ध्यान देने योग्य है। अन्धकार और प्रकाश अलग-अलग नहीं हैं। प्रकाश के पूर्व की स्थिति का नाम अन्धकार है।

'प्रकाश' अन्धकार का विकास है। न्यूनतम प्रकाश ही अन्धकार है। अन्धकार और प्रकाश एक ही हैं। यूनानी दार्शनिक अनक्सिमेनस 'वायु' को सृष्टि का आदितत्व मानते थे। यहाँ वायु को प्रथम तत्व मानने का विचार भी है। हिन्दू-चिन्तन में 'वायु' को 'प्रत्यक्ष ब्रह्म' कहा गया है। इसी तरह यूनानी दार्शनिक हिराक्लिटस 'अग्नि' को प्रमुख तत्व मानते थे। ऋग्वेद में यह विचार भी है।

भारतीय चिन्तन में पृथ्वी, जल, अग्नि, वायु के बाद सबसे सूक्ष्मतम 'आकाश' है। आकाश का गुण 'शब्द' है। फिर 'वायु' आकाश से स्थूल है लेकिन दिखाई नहीं पड़ते। स्पर्श से वायु का पता चलता है। वायु को आकाश से शब्द-गुण मिला है। वायु 'आकाश' का विकास है, इसलिए उन्हें आकाश का शब्द-गुण मिला और स्पर्श उनका अपना गुण है। वायु के बाद विकास के अगले चरण में स्थूलरूप 'अग्नि' है। ताप उनका अपना 'गुण' है। उन्हें वायु से स्पर्श व आकाश से शब्द-गुण मिले हैं। इसके बाद स्थूल है 'जल'। जल का अपना गुण 'रस' है। ताप-गुण अग्नि से व स्पर्श-गुण वायु से मिले हैं। इस तरह जल के चार गुण हैं। अन्तिम स्थूल है 'पृथ्वी'। पृथ्वी को सभी पूर्ववर्ती भूतों से चार गुण मिले हैं। उसका अपना गुण 'गन्ध' है, इसीलिए पृथ्वी-परिवार के सभी सदस्य गन्धमय हैं। ये हुआ सृष्टि का विकास।

'प्रलय' इन्हीं पाँच गुणों का प्रत्यावर्तन हो सकता है। उलटी दिशा में चलने पर 'पृथ्वी' जल में लौटेगी। 'जल' अग्नि में जाएगा। 'अग्नि' वायु में, और 'वायु' आकाश में। पाँचों महाभूत मिलकर एक होंगे। यह 'असत्' होंगे। तब न रात होगी न दिन। केवल 'वह एक' बचेगा। प्रलय में भी सबकुछ नष्ट नहीं होता। सृष्टि और प्रलय बार-बार होते हैं। 'बीज' प्रथम है। वह टूटता है, पौध बनता है, लेकिन बीज और पौध स्वतन्त्र सत्ता नहीं हैं। 'पौध' बीज का ही विस्तार है, फिर पौध में पुष्प खिलते हैं। बीज से फिर पौध। यही स्थिति पूरी प्रकृति की है। प्रकृति में परिवर्तन और विकास की निरन्तरता है। सृष्टि के जन्म और विकास का हिन्दू-चिन्तन भाववादी नहीं है। 'तत्व-चिन्तन' इसका मूल आधार है। इस चिन्तन के तत्व 'यथार्थवादी' हैं। वैज्ञानिक दृष्टिकोण इस चिन्तन का आधार है। आधुनिक वैज्ञानिक बधाई के पात्र हैं कि वे सृष्टि-रहस्यों की खोज में जुटे हैं। उनके इस परिश्रम में निरन्तरता है, लेकिन वैज्ञानिक अभी अन्तिम निष्कर्ष तक नहीं पहुँचे हैं। भारतवासियों के लिए गर्व करने लायक बात है कि विश्व में सबसे पहले हिन्दू पूर्वजों ने सृष्टि-रहस्यों के ज्ञान की शुरुआत की थी।

भारत : विश्व का पहला राष्ट्र

07

भारत विश्व का पहला राष्ट्र

भारत प्राचीन राष्ट्र है। विश्व का पहला राष्ट्र। यूरोप के देशों में 'नेशन' और 'नेशनैलिटी' का जन्म 9वीं-10वीं सदी में हुआ। भारत में राष्ट्रभाव का उदय ऋग्वेद के रचनाकाल से भी प्राचीन हो सकता है। ऋग्वेद में 'राष्ट्र' शब्द का कई बार उल्लेख हुआ है। 'राष्ट्र' के लिए अंग्रेजी में कोई समानार्थी शब्द नहीं है। 'राष्ट्र' की अवधारणा भिन्न है और 'नेशन' की बिल्कुल भिन्न। 'राष्ट्र' और 'नेशन' एक नहीं हैं। इंग्लैण्ड में एकीकरण की गतिविधि किंग एगबर्ट द्वारा 802-839 ई. में शुरू हुई। यह किंग अल्फ्रेड के कार्यकाल में 916 ई. तक जारी थी। फ्रांस और जर्मनी में यही गतिविधि इसके बाद चली। वे सत्ता की मजबूती के लिए अपने-अपने क्षेत्रों की प्रजा के बीच नेशनैलिटी का भाव जगा रहे थे। माना जाता है कि मोटे तौर पर फ्रांस की 'राज्य-क्रान्ति' से नेशनैलिटी के विचार का जन्म हुआ। इतिहास के मध्यकाल तक पश्चिम में 'नेशलिज़्म' या 'राष्ट्रवाद' जैसा कोई विचार नहीं था।

ऋग्वेद का रचनाकाल इससे सहस्रों वर्ष पूर्ववर्ती है। ऋग्वेद (8.24.27) में मन्त्र है कि "इन्द्र ने सप्तसिन्धु में जल प्रवाहित किया।" सप्त सिन्धु सात नदियों के प्रवाह वाला विशेष भूखण्ड है। इसकी पहचान सात नदियों से होती है। 'सरस्वती' नदीतमा है। 'सिन्धु' सुप्रतिष्ठित है। 'शतुद्री' (सतलज), 'व्यास' (विपासा), 'रावी' (परुष्णी), 'चेनाब' (अस्किनी) और 'श्रीशैलम' (वितस्त्रा) है। गंगा-यमुना है। 'रसा', 'अनितमा' और कुमा (काबुल नदी) का उल्लेख है। वैदिककाल के विवेचन में नदियाँ महत्वपूर्ण हैं। स्थानों के नाम कम हैं। ऋग्वेद में लगभग पच्चीस नदियों के नाम आए हैं। ऋग्वेद का नदी सूक्त (10.75) खूबसूरत स्तुति है। इस सूक्त

में वर्णित नदियाँ गंगा, यमुना, सरस्वती, शतुद्री, रावी, चेनाब, वितस्ता, मरुद्वृद्ध, आर्जकिया और सुसुमा देश के विशाल भाग में बहती हैं। पश्चिम से आकर सिंध में मिलने वाली और सिंध के परवर्ती क्षेत्र में बहने वाली नदियों गोमती, कुभा, तुष्टामा, सुसर्तु, रसा आदि नदियों की भी चर्चा है। पूरब में गंगा से लेकर धुर उत्तर पश्चिम में अफगानिस्तान तक की नदियों का उल्लेख ऋग्वेद के ऋषियों के प्रभाव क्षेत्र का साक्ष्य है।

वैदिक साहित्य के विवेचक मैक्डॉनल और कीथ ने लिखा है कि "यहाँ एक सुनिश्चित देश का नाम लिया गया है।" पुसाल्कर ने नदी-नामों के आधार पर इस देश की रूपरेखा पर विचार किया है। इसमें अफगानिस्तान, पंजाब, सिंध, राजस्थान, पश्चिमोत्तर सीमांत, कश्मीर और सरयू तक का पूर्वी भारत सम्मिलित है। ऋग्वेद के ऋषियों के मस्तिष्क में तमाम नदियों वाले इस भूखण्ड के प्रति अतिरिक्त प्रीति थी। वे इसे बार-बार याद करते हैं। नदियों में जल-प्रवाह हैं। जल के बिना जीवन नहीं। वे एक अन्य मन्त्र (1.32.12) में भी सात नदियों के जल-प्रवाह का श्रेय इन्द्र को देते हैं। इन्द्र इन नदियों में जल प्रवाहित करते हैं तो सविता देव कैसे पीछे रह सकते हैं। ऋषि कहते हैं "सविता ने सात नदियों को प्रकाश से भर दिया है।" (1.35.8)

भूमि आश्रयदाता है। राष्ट्र का जन्म भूमि की प्रीति से होता है। सप्तसिन्धु की भूमि के प्रति ऋग्वैदिक पूर्वजों की आत्मीयता है। इसी भूमि पर 'गण' रहते हैं, गण से बड़े समूह 'जन' रहते हैं। 'जन' अनेक हैं लेकिन पाँच जनों की प्रतिष्ठा है। नदियाँ इन्हें समृद्धि देती हैं। 'गण' छोटी इकाई है, 'जन' बड़े समूह हैं। ऋग्वेद में पंचजन, पंचकृष्टया और पाँचजन्य शब्द कई बार आये हैं। सरस्वती पंचजातावर्द्धिनी हैं। यह पाँच जन यदु, तुर्वसु, द्रह्यु और अनु हैं। वैदिक साहित्य में पाँच जनों की विशेष चर्चा है। कुछ विद्वान इन पाँच जनों का अर्थ ब्राह्मण, क्षत्रिय, वैश्य, शूद्र और निषाद करते हैं। आचार्य श्रीराम शर्मा ने अपने अनुवाद में ब्राह्मण, क्षत्रिय, वैश्य, शूद्र और निषाद पाँच जन बताए हैं। (ऋग्वेद संहिता भाग 1 मन्त्र 1.89.10) लेकिन यह विवेचना सही नहीं है। डॉ. सत्यकेतु ने अनु, तुर्वसु आदि पाँच जन बताये हैं। ऋग्वेद में इन्द्र और अग्नि से स्तुति है, "यदि आप यदु, तुर्वसु, द्रह्यु, अनु या पुरु में विराजमान हैं तो भी आएँ और सोम पीएँ। यही पाँच मुख्य जन हैं। ब्राह्मण, क्षत्रिय आदि वैदिककाल में नहीं थे। ऋग्वेद के समाज में प्रीति है। ऋषि की इच्छा है कि सबके मन समान हों। समिति समान रहे। सबके मन्त्र, जीवन-सूत्र भी समान हों। ऋषि की यह अभिलाषा

ऋग्वेद के अन्तिम मन्त्रों में प्रकट हुई है। भारतीय राष्ट्र प्राचीन संस्था है। यह भूमि, जन और संस्कृति की त्रयी का एकात्म रूप है।

भारत का प्राचीन राष्ट्र सांस्कृतिक अवधारणा है। कुछ विवेचक आर्थिक कार्रवाई, व्यापार-प्रसार को राष्ट्रभाव के जन्म का कारण मानते हैं। आर्थिक सम्बन्धों के प्रभाव निस्सन्देह सामूहिक जीवन पर भी पड़ते हैं। अमीर, गरीब, श्रमिक आदि वर्ग-समूह आर्थिक गतिविधि का परिणाम होते हैं। लेकिन एक समान जीवन-शैली, रीति-प्रीति और संस्कृति के प्रभाव ज़्यादा गहन होते हैं। ऋग्वेद के समाज में 'जन' की परस्पर प्रीति से 'गण' का विकास हुआ। 'जन' और 'गण' मिलकर 'जनगणमन' की एकता प्रकट हुई। राष्ट्र का गठन और विकास जन-गण के सामूहिक मन ने किया है। जनता की इच्छा सर्वोपरि होती है। ऋग्वेद में 'विश' सामान्यजन हैं। वे अच्छे शासक की इच्छा करते हैं। शासक से कहते हैं, "सर्वाः विशः त्वा वांछनु-सम्पूर्ण समाज आपको चाहता है।" (10.173.1) शासक का दायित्व है कि राष्ट्र को हर तरह से अविचल व मजबूत बनाए। राष्ट्र की स्थिरता अनिवार्य है। इन्द्र, वरुण, अग्नि, वृहस्पति से स्तुति है कि वे राष्ट्र को स्थिर रूप में धारण करें। (10.173.5)

राष्ट्र असाधारण संस्था है। मूलभूत प्रश्न है कि राष्ट्र कैसे बनते हैं? किसी पन्थिक गुरु, देवदूत, राजा या शक्तिशाली सामन्त की घोषणा से राष्ट्र नहीं बनते। राष्ट्र-गठन का मूल आधार दीर्घकालिक सांस्कृतिक निरन्तरता है। सामूहिक जीवन का प्रवाह उदात्त संस्कृति में ही निरन्तरता प्राप्त करता है। ऋग्वेद में साथ-साथ चलने, साथ-साथ वार्तालाप करते हुए आनन्दित रहने के सन्देश हैं। साथ-साथ गति, प्रीति, रीति, संस्कृति से मानव समूह की एकता सुदृढ़ होती है। सामूहिक प्रीति वाले समाज-सृजन में भी रस लेते हैं। कृषि, आवास आदि कारणों से उनके मन में भूमि के प्रति लगाव पैदा होता है। भूमिजन और उदात्त संस्कृति के सुन्दर मिलन से राष्ट्रभाव का जन्म और विकास होता है। भारतीय राष्ट्रभाव का जन्म इसी दीर्घकालिक प्रक्रिया में हुआ। अथर्ववेद में सामाजिक विकास के ऐतिहासिक सूत्र हैं। बताते हैं कि वह विराट शक्ति थी। उसने ऊपर की ओर सोदक्रामत-अतिक्रमण या विकास किया। गृहस्थ बने। (8.10) परिवार पहली मानवीय संस्था है। आगे कहते हैं कि "वह 'आह्वाननीय' हुई। परस्पर आह्वान से सामूहिकता का विकास हुआ। उसने फिर इस स्थिति का भी अतिक्रमण-सोदक्रामत किया, वह सभा हो गयी।" (वही)

विश्व साहित्य में पहली बार 'सभा' का उल्लेख ऋग्वेद में हुआ है। 'सभा' विचार-विमर्श की महत्वपूर्ण प्राथमिक संस्था है। परिवार इसके पहले है। सभा के विचार-विमर्श वैदिककालीन समाज-गठन के मुख्य आधार हैं। अथर्ववेद में सभा के योग्य 'सभेय' और 'सभ्य' बताए गए हैं। ऋषि सभा का ज्ञान जरूरी बताते हैं "जो यह बात जानते हैं, वे सभा के योग्य हैं–यन्तस्य सभां सभ्यों भवति। वे सभ्य हैं।" सभा नाम की इस सामाजिक संस्था ने भी विकास किया। समिति का विकास हुआ। कहते हैं कि जो यह तथ्य-तत्व जानते हैं, वे समित्य अर्थात सम्माननीय हैं। (वही 10 व 11) समाज का सतत् विकास हुआ है। भारत में सामाजिक विकास-यात्रा का आधार विचार-विमर्श है। ऋग्वेद में इस विमर्श का प्राचीन इतिहास है। अथर्ववेद में विकास की अगली सामाजिक स्थिति के साथ प्राचीन सामाजिक विकास की निरन्तरता है। सामाजिक विकास की इस सत्यकथा में विश्व अखण्ड इकाई नहीं है। यूरोप में सामाजिक विकास की एक मंजिल में घोर अन्धकार था। मानवीय मूल्य नहीं थे। यूरोप में पुनर्जागरण हुआ। तब समाज और नेशन जैसी संस्थाओं के विकास की नींव पड़ी। भारत में इसके सहस्त्रों वर्ष पहले सभा, समिति, जन, गण, गण-व्यवस्था व राष्ट्र जैसी संस्थाएँ हैं।

भारत में राष्ट्र का जन्म ऋग्वेद के पहले ही हो गया था। ऋग्वेद में राष्ट्र का उल्लेख है। यजुर्वेद के रचनाकाल में राष्ट्र की महत्वपूर्ण प्रतिष्ठा है। ब्राह्मण ग्रन्थों में राष्ट्र के साथ प्रजा द्वारा निर्वाचित, स्वीकृत, अभिनंदित राजा भी हैं। 'राजा' प्रजा के प्रति उत्तरदायी शपथ से बँधा हुआ है। अथर्ववेद में राष्ट्र के जन्म का इतिहास है। अथर्ववेद (19.41) में कहते हैं कि "ऋषियों ने लोककल्याण की कामना की थी—भद्रमिच्छन्तु ऋषयः।" लोककल्याण के इच्छुक ये ऋषि अथर्ववेद के रचनाकाल से प्राचीन हैं। ये ऋषि ऋग्वेदकाल के हो सकते हैं। इन ऋषियों के चित्त में लोक-कल्याण की भावना है। उन्होंने दुनिया में सबसे पहले आत्मज्ञान का बोध पाया था। बताते हैं कि उन्होंने कठोर तप किया। यहाँ तप का अर्थ ध्येयनिष्ठ कठोर श्रम है। फिर कहते हैं कि "उन्होंने दीक्षा का पालन किया।" 'दीक्षा' ऋत, सत्य, धर्म आदि आचार सूत्रों का ज्ञान है। (वही) इनका पालन किया। बताते हैं कि ऋषियों के तप, दीक्षा और आत्मज्ञान से 'राष्ट्र' का जन्म हुआ–ततो राष्ट्रं बलम् ओजस् जातं अजायत। यहाँ अजायत का अर्थ है जन्म।

'राष्ट्र' भारत की प्राचीन अनुभूति है। ऋग्वेद में 'इंद्र' वरुण से कहते हैं—"निर्मा या उत्ये असु स अभ् बन् त्यं च मा वरुण कामयसि। ऋतेन राजन्नृतं विविचंन्

मम राष्ट्रस्याधिपत्यमेहि। ये असुर मायाहीन (शक्तिहीन) हो गए हैं। हे वरुण! तुम मुझे चाहते हो। ऋत के द्वारा अनृत को अलगाते हुए राष्ट्र का आधिपत्य बढ़ाओ।" (10.124.5) सामाजिक विकास के साथ-साथ स्वाभाविक ही दार्शनिक विकास भी हुआ। देवतन्त्र का भी विकास हुआ। ऋग्वैदिक काल में परिपूर्ण विचार-स्वातंन्त्र्य था। वरुण की अपनी महिमा है, इन्द्र की अपनी। दर्शन के तल पर सब एक हैं। दोनों का राष्ट्र एक है। वशिष्ठ ने इन्द्र और वरुण से एक साथ "युवौ राष्ट्र वृहदिन्वति–आपका राष्ट्र सुखी रखता है" कहा। (7.84.2) वरुण और इन्द्र का राष्ट्र अलग-अलग नहीं है। वरुण ऋतनियम का पालन कराते हैं और इन्द्र शक्ति का पर्याय हैं। ऋतनियम-ऋतपालन के लिए शक्ति चाहिए, शक्ति के सदुपयोग के लिए ऋत चाहिए। ऋत अनिवार्यता है। ऋग्वेद के एक अन्य मन्त्र (10.124.5) में भी 'इन्द्र' वरुण से ऋत-अनृत की नियमावली सहित 'मम राष्ट्रस्याधित्पत्य मेहि' का अनुरोध करते हैं कि मेरे राष्ट्र के अधिपति बनो। डॉ. गंगासहाय शर्मा (ऋग्वेद, संस्कृत साहित्य प्रकाशन, नई दिल्ली, पृष्ठ 744) का अनुवाद है कि "हे वरुण राजन, तुम सत्य से मिथ्या को अलग करते हुए मेरे राष्ट्र के अधिपति बनो।" आचार्य श्रीराम शर्मा के अनुवाद (ऋग्वेद संहिता, खण्ड 4, पृष्ठ 228) में लिखा है कि–"सत्य से असत्य को पृथक करके मेरे राष्ट्र का अधिपत्य स्वीकार करें।"

भारतीय राष्ट्रभाव के जन्म में व्यापार के प्रसार या आर्थिक सम्बन्धों की महत्वपूर्ण भूमिका नहीं है। भारतीय राष्ट्रभाव के उद्‌भव पर वामपन्थी दृष्टिकोण से भी काफ़ी विचार हुआ है। मैंने अपने इस विवेचन में तीन प्रतिष्ठित मार्क्सवादी विद्वानों के विचार लिए हैं। यहाँ मार्क्सवादी डॉ. रामविलास शर्मा, मार्क्सवादी विद्वान डी.डी. कोशंबी व वामपन्थी विद्वान ए.आर. देसाई के विचार पठनीय हैं। देसाई की लिखी 'भारतीय राष्ट्रवाद की सामाजिक पृष्ठभूमि' सन् 1946 में छपी थी। मार्क्सवादी विचारधारा के आधार पर अंग्रेजी में लिखी गयी इस किताब के कई संस्करण छपे। मार्क्सवादी विद्वान रामशरण शर्मा ने इसकी भूमिका में लिखा है "इसमें भारतीय राष्ट्रवाद के उद्‌भव को खोजा गया है।" देसाई की दृष्टि अंग्रेजीराज के पहले के भारत पर नहीं जाती। वे चन्द्रगुप्त मौर्य व कौटिल्य के राष्ट्र को नहीं देखते। वे महाभारत में वर्णित राष्ट्र की उपेक्षा करते हैं। ऋग्वेद, अथर्ववेद को भी विवेचन से बाहर रखते हैं। इसी पूर्वाग्रह के चलते देसाई ने भारतीय राष्ट्रवाद का उद्‌भव अंग्रेजीराज का समय बताया है।

देसाई ने आखिरी अध्याय 'उपसंहार' (पृष्ठ 349) में लिखा है "अपने इस अध्ययन में हमने देखा कि ब्रिटिश शक्तियों की पारस्परिक क्रिया-प्रक्रिया के फलस्वरूप भारतीय राष्ट्रवाद का उदय और विकास हुआ। हमने यहाँ इस बात की व्याख्या प्रस्तुत की है कि क्यों प्राक्ब्रिटिश भारत के आर्थिक और सांस्कृतिक वातावरण में राष्ट्रीयता का उदय सम्भव नहीं था और नहीं हुआ।" उनकी मानें तो अंग्रेजीराज के पहले भारत में राष्ट्रभाव नहीं था। प्राक्ब्रिटिश 'भारत' के सांस्कृतिक वातावरण में राष्ट्रीयता का उदय असम्भव था।

देसाई के अनुसार भारत में राष्ट्रभाव को जन्म देने योग्य सांस्कृतिक और आर्थिक वातावरण ही नहीं था। यह सही नहीं है। यहाँ राष्ट्र नाम की संस्था वैदिककाल में ही थी। देसाई ने यूरोपीय समाज की पुरानी विकृतियों को भारत पर थोपने की कोशिश की है। उन्होंने लिखा, "व्यापक राष्ट्रीयता के आधार पर समाज, राज्य और संस्कृति के उद्भव के पूर्व संसार के विभिन्न भागों का जनजीवन मोटे तौर पर कबीलों की जिन्दगी, दासप्रथा और सामन्तवाद की स्थितियों से गुजरा। सामाजिक, आर्थिक और सांस्कृतिक विकास के ख़ास दौर में राष्ट्रों का जन्म हुआ।" (वही, पृष्ठ-1) कबीलाई जीवन, दासप्रथा और सामंतवाद जैसी विकृतियाँ भारत में नहीं थीं। यूरोप में थीं। भारत के मध्यकाल में भक्ति आन्दोलन है। यूरोप के मध्यकाल में अन्धकार है। उन्होंने ई.एच. कार की परिभाषा दी "सही अर्थों में राष्ट्रों का उदय मध्य युग की समाप्ति पर हुआ।" कार ने 'सही अर्थों' का अर्थ भी बताया है—"अतीत और वर्तमान में वास्तविकता, भविष्य की आकांक्षा के लिए सर्वनिष्ठ सरकार की धारणा, सदस्यों के परस्पर सम्पर्क, न्यूनाधिक निर्धारित भूभाग, ऐसी चरित्रगत विशेषताएँ जो किसी राष्ट्र को अन्य राष्ट्रों से अलग करती हैं, सदस्यों के सम्मिलित स्वार्थ और राष्ट्र की छवि के बारे में सदस्यों के मन में समवेत भाव।" (वही पृष्ठ-1 व 2) यहाँ अतीत और वर्तमान में वास्तविकता का अर्थ साझा इतिहास होना चाहिए।

भारत के अतिप्राचीन समाज में भी इतिहासबोध है। इतिहासबोध और अतीत का आदर ऋग्वेद में भरापूरा है। भारत के सम्बन्ध में समवेत आदरभाव भी वैदिक साहित्य में प्रकट है। यहाँ एक विशाल भूभाग है। इसमें एक जिज्ञासु संस्कृति है। राज्य-व्यवस्थाएँ भिन्न हैं लेकिन एक समान संस्कृति का प्रभाव पूरे भूक्षेत्र में है। सब परस्पर प्रीति करते हैं। प्राचीन पूर्वजों पर गर्व करते हैं। ऋग्वेद के एक मन्त्र में पूर्वजों को नमस्कार किया गया है। पूर्वज भी प्राचीन इतिहास पर गर्व करते हैं।

भारत का राष्ट्र प्राचीन है। विचारणीय है कि क्या अंग्रेजीराज में ही राष्ट्र का जन्म हुआ? यह बात आंशिक भी सही है तो देसाई ने 'भारत' नाम की किस इकाई का विश्लेषण किया है? उन्होंने अंग्रेजीराज के पूर्व की अर्थव्यवस्था और ग्राम-समाजों की व्यवस्था का सुन्दर वर्णन किया है। यह वर्णन किस राष्ट्र का है?उन्होंने भारतीय राष्ट्रवाद के उद्भव और विकास का अध्ययन'–उपशीर्षक (वही, पृष्ठ-4) में लिखा, "अंग्रेजों के आगमन के पूर्व भारत की सामाजिक संरचना कई अर्थों में अद्वितीय थी। यहाँ की अर्थव्यवस्था का आधार यूरोपीय देशों के मध्ययुगीन प्राक्पूँजीवादी समाजों से भिन्न था।" देसाई के विश्लेषण में गहरे अन्तर्विरोध हैं। वे स्वयं कहते हैं—"भारत की सामाजिक संरचना कई अर्थों में अद्वितीय थी, यानी भारत एक सुगठित इकाई है। एक विशाल भूखण्ड वाली इस इकाई की एक सामाजिक संरचना भी है। यह संरचना अद्वितीय भी है।" लेकिन देसाई के अनुसार अंग्रेज तब तक यहाँ नहीं आये थे। इसलिए यह राष्ट्र नहीं था। उनके पास अपने विचार के पक्ष में साक्ष्य नहीं हैं।

देसाई का निष्कर्ष उचित नहीं है। वे आगे (इसी पृष्ठ पर) लिखते हैं "संसार के किसी भी अन्य देश की अपेक्षा भारत में भूतकालीन सामाजिक आर्थिक और सांस्कृतिक संरचना की आत्मरक्षात्मक इच्छाशक्ति अधिक प्रबल रही है।" देसाई स्वयं मानते हैं कि भारत की एक सामाजिक संरचना है। एक आर्थिक प्रणाली है। एक सांस्कृतिक संरचना भी है। भारत में इन तीनों संरचनाओं को बचाए रखने की सामूहिक इच्छा भी अतिप्राचीन है। इन्हें बचाने की सामूहिक इच्छा देसाई की दृष्टि में 'आत्मरक्षार्थ' है। यानी सभी संरचनाएँ मिलकर एकात्म हैं। यहाँ राष्ट्र होने के सभी तत्व मौजूद हैं लेकिन देसाई के निष्कर्ष में यहाँ अंग्रेजीराज के दौरान ही राष्ट्र का उदय हुआ। देसाई के विवेचन में यहाँ विशेष सामाजिक व सांस्कृतिक तत्वों की दृढ़ता है इसलिए राष्ट्रगठन का श्रेय अंग्रेजीराज को देना उचित नहीं है।

देसाई ने बताया है "भारतीय राष्ट्रवाद का आविर्भाव राजनैतिक पराधीनता के दिनों में हुआ। ब्रिटेन ने अपने निजी हित में भारतीय समाज के आर्थिक ढाँचे में परिवर्तन किया।" (वही, पृष्ठ-5) यह बात ठीक है लेकिन ब्रिटेन ने सिर्फ़ भारतीय अर्थव्यवस्था में ही परिवर्तन नहीं किया। ब्रिटेन ने भारतीय अर्थव्यवस्था का जमकर शोषण भी किया। देसाई के अनुसार अंग्रेजों ने केन्द्रीयभूत राज्य-व्यवस्था की स्थापना की। आधुनिक शिक्षा-पद्धित की नींव डाली। आवागमन के नए साधन और अन्य संस्थानों का निर्माण किया। फलस्वरूप सामाजिक वर्गों का जन्म हुआ।

ये नये सामाजिक तत्व अपनी अपरिहार्य प्रकृति के कारण ब्रिटिश साम्राज्यवाद से टकराये। इस तरह भारतीय राष्ट्रवाद जटिल और विशिष्ट सामाजिक पृष्ठभूमि में जन्मा।" (वही, पृष्ठ-5) यहाँ 'अपरिहार्य प्रकृति के कारण' शब्दों पर ध्यान देना जरूरी है। देसाई ने 'अपरिहार्य प्रकृति' का अर्थ नहीं बताया। यह प्रकृति और कुछ नहीं सिर्फ़ सांस्कृतिक राष्ट्रभाव ही है। यह अपरिहार्य प्रकृति अंग्रेजीराज की देन नहीं है। भारत के लोग प्राचीनकाल से राष्ट्र ही थे। अंग्रेजीराज से 'प्राचीन सांस्कृतिक राष्ट्रभाव' ही टकरा रहा था।

मार्क्सवादी विद्वान दामोदर धर्मानंद कोसम्बी की किताब 'प्राचीन भारत की संस्कृति और सभ्यता' (हिन्दी अनुवाद-गुणाकर मुले) काफ़ी लोकप्रिय है। लन्दन के 'टाइम्स लिटरेरी सप्लीमेन्ट' ने इस किताब को 'भारत का पहला सांस्कृतिक इतिहास' बताया है। कोसम्बी ने भारत के सम्बन्ध में कई आधारभूत बातें बताई है, "यहाँ अनेकरूपता के साथ एकता है। जलवायु सतरंगी है। सारे देश की कोई एक राष्ट्रभाषा नहीं, राष्ट्रलिपि नहीं। गौरवर्ण और नीली आँखों वाले लोग हैं तो श्याम वर्ण और काली आँखों वाले भी हैं। क्षेत्रीय सांस्कृतिक असमानता है। आदि-आदि।" कोसम्बी आगे कहते हैं "अब तक जो कहा गया है उससे इस धारणा को बल मिल सकता है कि भारत कभी भी एक राष्ट्र नहीं था। भारतीय सभ्यता और संस्कृति विदेशी मुस्लिम या ब्रिटिश विजय की ही उपज है। यदि ऐसा होता तो लिखने योग्य भारतीय इतिहास केवल विजेताओं का ही इतिहास होता।" (वही पृष्ठ-19) अर्थात तमाम विविधताओं के बावजूद भारत विदेशी आक्रमणों के पूर्व भी राष्ट्र था।

कोसम्बी ने लिखा है, "विदेशी लेखक जो पाठ्य पुस्तकें छोड़ गये हैं, उनसे सहज ही इस धारणा को बल मिलता है। परन्तु जिस समय मकदूनिया का सिकन्दर हिन्द के कल्पित वैभव और जादुई नाम को सुनकर पूरब की ओर आकर्षित हुआ था, उस समय इंग्लैण्ड और फ्रांस अभी-अभी लौह युग में कदम रख रहे थे।" (वही, पृष्ठ-19 व 20) यही सच है। भारत समृद्ध था। मकदूनिया ही नहीं दुनिया के अधिकांश हिस्सों में भारतीय समृद्धि, ज्ञान और दर्शन का डंका बज रहा था। कोसम्बी ने लिखा, "भारत के लिए नए व्यापारिक मार्ग खोजने के प्रयास में ही अमेरिका की खोज हुई। अमेरिका के मूल निवासियों को अभी भी इण्डियन कहा जाता है। अरब लोग जिस समय बौद्धिक दृष्टि से संसार में सबसे प्रगतिशील और सक्रिय थे, उस समय उन्होंने अपने चिकित्सा-ग्रन्थ, और काफ़ी हद तक गणित के ग्रन्थ भी, भारतीय स्रोतों के आधार पर तैयार किए। एशियाई संस्कृति और सभ्यता

के दो प्राथमिक स्रोत चीन और भारत ही हैं। सूती वस्त्र (कालिको, छींट, डूँगरी, पजामा, सश और गिंगम शब्द भारतीय उत्पत्ति के हैं) और शक्कर रोजमर्रा के जीवन को भारत की देन है, तो चीन की देन है—कागज, चाय, चीनीमिट्टी और रेशम।" यह विवरण बिल्कुल सही है।

कोसम्बी की अध्ययन-दृष्टि और इतिहास-दृष्टि मार्क्सवादी है। उन्होंने इतिहास की परिभाषा की है, "उत्पादन के साधनों और सम्बन्धों में होने वाले क्रमिक परिवर्तनों का कालक्रम से प्रस्तुत किया गया विवरण ही इतिहास है।"(वही पृष्ठ 21) उनका ज़ोर आर्थिक सम्बन्धों पर है लेकिन उन्हें भारत की सांस्कृतिक शक्ति का प्रभाव अन्य देशों में भी दिखाई पड़ता है, "भारत में जो विविधिता है, मात्र उसी से देश की प्राचीन सभ्यता का वैशिष्ट्य लक्षित नहीं होता। अफ्रीका अथवा चीन के केवल एक प्रान्त युन्नान में भी इतनी ही विविधिता मौजूद है। परन्तु मिस्र की महान अफ्रीकी संस्कृति में वैसी निरन्तरता नहीं देखने को मिलती, जैसी कि हम भारत में पिछले तीन हज़ार या इससे भी अधिक वर्षों में देखते हैं। आज की मिस्री और मेसोपोटामियाई संस्कृतियों का अतीत अरबी संस्कृति के पीछे नहीं जाता। इसी प्रकार, किसी अलग यूनानी संस्कृति का अस्तित्व नहीं है।"

वे चीन आदि देशों का उदाहरण देते हैं "चीन की उन्नति भी तभी हुई जब सारे देश में हान लोगों का प्रभुत्व स्थापित हुआ और जल्दी ही एक सुदृढ़ साम्राज्यी शासन की नींव पड़ी। चीन की अन्य अनेक कौमों का देश की उन्नति में इतना अधिक योगदान नहीं रहा। स्पेनिश विजय के तुरन्त बाद ही इंकाओं और अजटेकों का लोप हो गया। मैक्सिको, पेरु और लैटिन अमेरिका की संस्कृति सर्वसाधारणतः यूरोपीय है, देशज नहीं। भूमध्यसागरीय क्षेत्र पर सीधी विजय प्राप्त करने के बाद ही रोमनों ने विश्व-संस्कृति पर अपनी छाप छोड़ी। यहाँ भी निरन्तरता मुख्यतः उन्हीं क्षेत्रों में दिखाई देती है जहाँ कैथोलिक चर्च ने लैटिन भाषा और संस्कृति को आगे बढ़ाया। इसके विपरीत, भारत की ओर से किसी प्रकार के बलप्रयोग के बिना ही भारतीय धर्म-दर्शन का चीन और जापान में स्वागत हुआ, जबकि शायद ही कोई भारतीय पर्यटक इन देशों में पहुँचा हो या किसी भारतीय ने इन देशों के साथ व्यापार किया हो। इण्डोनेशिया, वियतनाम, थाईलैण्ड, बर्मा और श्रीलंका के सांस्कृतिक इतिहास पर भारत का काफ़ी अधिक प्रभाव पड़ा है, यद्यपि ये देश कभी भी भारतीय आधिपत्य में नहीं रहे।"

भारत और भारतीय संस्कृति ने दूसरे देशों को प्रभावित किया। कोई शक्ति-प्रयोग नहीं हुआ। भारत ने कोई आक्रमण नहीं किया। भारतीय संस्कृति में निरन्तरता है।

कोसम्बी लिखते हैं "भारतीय संस्कृति की सबसे बड़ी विशेषता है—अपने ही देश में इसकी निरन्तरता।" यहाँ हज़ारों वर्ष से एक सतत् प्रवाहित संस्कृति है। यह सारी दुनिया को भी प्रभावित करती है तब भी यह 'राष्ट्र' क्यों नहीं है?

मार्क्सवादी डॉ. रामविलास शर्मा की किताब 'भारतीय नवजागरण और यूरोप' (1996) में 'वर्ग, जाति और राष्ट्र' उपशीर्षक से सामाजिक विकास-क्रम का विश्लेषण है। लिखते हैं "समाज में एक ओर अन्तर्विरोध बढ़ते हैं, दूसरी ओर उसका आकार बढ़ता है। आदिम साम्यवादी व्यवस्था में रहने वाले गण-समाज जनसंख्या के विचार से छोटे होते हैं।" (वही, पृष्ठ 323) मार्क्सवादी विद्वान आदिम समाज को साम्यवादी कहते हैं। ऋग्वेद में 'गण' हैं, जन हैं। वर्ण, जाति, ऊँच-नीच का भेद नहीं है। उत्पादन सामूहिक है लेकिन व्यक्तिगत भी है। व्यक्तिगत सम्पत्ति का विकास भी है। श्रम का विशिष्टीकरण हो रहा है। मार्क्सवादी विचार के अनुसार सामाजिक विकास-क्रम की अगली मंजिल में 'गण' मिलकर 'जन' बनते हैं। 'गण' आपस में क्यों मिलते हैं? डॉ. शर्मा लिखते हैं "व्यक्तिगत सम्पत्ति के उद्भव के साथ गणों में अन्तर्विरोध जन्मते हैं। उनसे अनेक गण एक वृहत जन में पुनर्गठित होते हैं। आदिम साम्यवादी व्यवस्था में मनुष्यों का सामाजिक गठन 'गण' होता है। सामन्ती व्यवस्था में मनुष्यों का सामाजिक गठन 'जन' होता है।" (वही) सामन्ती व्यवस्था यूरोप में थी। भारत में नहीं थी। डॉ. शर्मा के अनुसार सामंती व्यवस्था में सामाजिक गठन 'जन' होता है। लेकिन ऋग्वेद में 'जन' का स्पष्ट उल्लेख है। प्रमुख 5 जनों का उल्लेख हम कर चुके हैं। उनके विवेचन में यहाँ छोटी इकाई 'गण' से बड़ी सामाजिक इकाई 'जन' में विस्तृत हो जाने का मूल कारण गणों के बीच 'अन्तर्विरोध' का ही पनपना बताया गया है।

समाज का विकास क्रमशः छोटी इकाईयों से बड़ी इकाईयों की ओर हुआ है। डॉ. शर्मा ने विवेचन में मार्क्सवादी दृष्टि अपनाई है। वस्तुतः छोटी इकाई से बड़ी इकाई का विकास परस्पर प्रेम, समझदारी और सौहार्द्र में ही होता है। भारत में 'गण' सबसे छोटी इकाई है भी नहीं। सबसे छोटी इकाई 'परिवार' है। मार्क्सवादी दृष्टिकोण मानें तो परिवार-गठन में भी 'अन्तर्विरोध' की ही भूमिका होनी चाहिए। लेकिन परिवार-गठन का आधार स्त्री-पुरुष का गहन प्रेम है। ऋग्वेद-काल की प्राचीन संस्था 'विवाह' है। डॉ. शर्मा ने भी परिवार की प्रशंसा की है, "व्यक्तिगत सम्पत्ति की स्थापना के साथ ऋग्वेद में जिस परिवार की प्रतिष्ठा होती है, उसमें प्रधानता पति और पत्नी की है।" 'अग्निदेव' पति और पत्नी के मन को मिलाते हैं, दंपति समनसा कृणोषि। (5.3.2) भारतीय समाज का विकास 'परिवारभाव' में हुआ।

भारतीय 'राष्ट्रभाव' परिवारभाव का ही विस्तार है। सामाजिक सम्बन्धों को व्यापक बनाने का काम संस्कृति करती है। ऋग्वेद में संस्कृति-विकास का काम दर्शन और वैज्ञानिक दृष्टिकोण वाले ऋषि-कवि करते हैं। पारस्परिक सम्बन्धों के चलते संस्कृति का प्रभाव-क्षेत्र बढ़ता है तब एक जैसी संस्कृति वाले समूह 'गण' अलग-अलग नहीं रह पाते। छोटी इकाई 'गण' और उनसे मिलकर बनी बड़ी इकाई को जोड़ने वाली 'सामूहिक मनःशक्ति' महत्वपूर्ण है। जनगण की एका में मन की भूमिका है। 'जनगणमन' एक साथ विचारणीय है।

प्राचीन राष्ट्र केवल भूमि नहीं है। सात नदियों की आराधना करने वाले इस भूखण्ड के निवासी सभी राष्ट्र हैं। डॉ. शर्मा ने बिल्कुल सही लिखा है "जिस देश में ऋग्वेद की सात नदियाँ बहती हैं, वह लगभग वही देश है जिसमें जल-प्रलय के बाद, भरतजन के विस्थापित होने के बाद, हड़प्पा सभ्यता का विकास हुआ। यह देश प्राचीनकाल का, ऋग्वेद और हड़प्पा के पश्चातकाल का भी, बहुत दिनों तक संसार का सबसे बड़ा राष्ट्र था। सरस्वती इसके जनपदों के पारस्परिक सम्पर्क का बहुत बड़ा साधन थी। हड़प्पा नगरों की राष्ट्रीय एकता उनकी समान वास्तुकला, मुद्राओं आदि की समानता से जानी जाती है। इस राष्ट्रीय एकता की नींव ऋग्वेद के कवियों ने डाली थी। इन कवियों के लिए 'राष्ट्र' केवल भूमि नहीं है, उसपर बसने वाले जन 'राष्ट्र' हैं।" (भारतीय नवजागरण और यूरोप, पृष्ठ-87-88) भारत दुनिया का पहला राष्ट्र है। यह अनुभूति और सिद्धि ऋग्वेद की है।

मार्क्सवादी विद्वानों ने समाज में वर्ग और जाति पर बहुत कुछ लिखा है। इस विचार में भारतीय सन्दर्भ वाली जन्मना जातियाँ नहीं हैं। यूरोपीय चिन्तन और मार्क्सवादी विचार में जाति का अर्थ कौम, नेशन और जातीयता का मतलब नेशनैलिटी है। नेशन या जाति जैसे तत्व भारत की राष्ट्रीयता से भिन्न हैं। बेनडिक्ट ऐंडरसन की लिखी किताब 'इमेजिन्ड कम्युनिटीज' (1983) के अनुसार "जाति/नेशन या राष्ट्र कल्पित समुदाय हैं। अनेक सांस्कृतिक उपकरणों के मिल जाने से 18वीं सदी के अन्त की ओर इस धारणा का जन्म हुआ।" (इमेज़िन्ड कम्युनिटीज, पृष्ठ-14) ऐंडरसन की आधी बात सच है कि सांस्कृतिक उपकरणों के मिलने से राष्ट्र का जन्म हुआ, आधी बात गलत है कि 18वीं सदी के आखिर में राष्ट्रभाव का उदय हुआ। भारतीय राष्ट्रभाव हज़ारों बरस पुराना है।

भारतीय सन्दर्भ में राष्ट्र और नेशन एक नहीं है। 'नेशन' राजनैतिक इकाई है और 'राष्ट्र' भूसांस्कृतिक अनुभूति। भूमि यहाँ 'माता' है। राष्ट्र के सभी निवासी इसी माता के पुत्र हैं। लोकजीवन की सभी इकाइयाँ राष्ट्र के भीतर हैं। परिवार, जन, गण,

ग्राम, नगर, राजव्यवस्था और सम्पूर्ण समाज राष्ट्र के अंग हैं। भारतीय राष्ट्रभाव और विश्व में कोई द्वैत नहीं। यहाँ कोई अन्तर्विरोध भी नहीं है। भारतीय राष्ट्रभाव में विश्व-लोकमंगल की अभिलाषा है। यह अभिलाषा ऋग्वेद में है। यजुर्वेद और अथर्ववेद में है। उत्तर वैदिक काल के साहित्य में है। 'महाभारत' और 'रामायण' महाकाव्यों में भी है। ऋग्वैदिक पूर्वजों ने ऐसे अद्वितीय राष्ट्रभाव का विकास किया था।

भारत के संविधान-निर्माता राष्ट्रभाव से युक्त थे। वे स्वाधीनता-संग्राम के आदर्शों व मूल्यों से सम्बद्ध थे। इस संग्राम की प्रेरक शक्ति 'राष्ट्रवाद' था। यह संग्राम सत्ता-परिवर्तन का मामूली संघर्ष नहीं था। राष्ट्रीय स्वाधीनता ध्येय थी। ब्रिटिश सत्ता 'हिन्दू संस्कृति' को तहस-नहस कर रही थी। भारतवासी संस्कृति-संरक्षण के लिए संघर्षरत थे। हज़ारों लोग मारे गए थे। लाखों जेल-यातना भोग रहे थे। संविधान-निर्माता 'संस्कृति की शक्ति' के प्रति आत्मीयता में थे। संविधान की मूल प्रति में उन्होंने सांस्कृतिक राष्ट्रभाव वाले चित्र सँजोए थे। मुखपृष्ठ पर राम और कृष्ण तथा भाग 1 में सिन्धु सभ्यता की स्मृति वाले मोहनजोदड़ो-काल की मोहरों के चित्र थे। भाग 2 नागरिकता वाले अंश में वैदिककाल के गुरुकुल आश्रम का चित्र था। भाग 3 मौलिक अधिकार वाले पृष्ठ पर श्रीराम की लंका-विजय व भाग 4 राज्य के नीति निर्देशक तत्वों वाले पन्नों पर कृष्ण-अर्जुन उपदेश वाले चित्र थे। भाग 5 में महात्मा बुद्ध, भाग 6 में स्वामी महावीर और भाग 7 में सम्राट अशोक थे। भाग 8 में गुप्तकाल, भाग 9 में विक्रमादित्य, भाग 10 में नालंदा विश्वविद्यालय, भाग 11 में उड़ीसा का स्थापत्य, भाग 12 में नटराज, भाग 13 में भगीरथ द्वारा गंगावतरण, भाग 14 में मुगलकालीन स्थापत्य, भाग 15 में शिवाजी और गुरु गोविन्द सिंह, भाग 16 में महारानी लक्ष्मीबाई, भाग 17 व 18 में क्रमशः गाँधी जी की दाण्डी यात्रा व नोआखली दंगों में शान्ति मार्च, भाग 19 में नेताजी सुभाष, भाग 20 में हिमालय, भाग 21 में रेगिस्तानी क्षेत्र व भाग 23 में लहराते हिन्द महासागर की चित्रावली थी। संविधान पारायण के बाद अध्यक्ष राजेन्द्र प्रसाद ने कहा, "अब सदस्यों को संविधान की प्रतियों पर हस्ताक्षर करने हैं। एक हस्तलिखित अंग्रेजी की प्रति है, इसपर कलाकारों ने चित्र अंकित किए हैं, दूसरी छपी हुई अंग्रेजी व तीसरी हस्तलिखित हिन्दी की।" (संविधान सभा कार्यवाही, खण्ड-12, पृष्ठ-4261) दुनिया का प्राचीन राष्ट्र हम सबको उत्तराधिकार में मिला है। इसे प्रत्येक पहलू से वैभवशाली बनाना हम सबका प्राथमिक कर्तव्य है।

उपनिषद और दार्शनिक धाराएँ

08

उपनिषद् और दार्शनिक धाराएँ

विज्ञान और दर्शन 'विश्वासी' नहीं होते। दोनों ज्ञान-यात्रा के अनुशासन हैं। 'हिन्दुत्व' मूलतः वैज्ञानिक दृष्टिकोण से युक्त गतिशील अचार-संहिता व चिन्तन-प्रसाद है। सतत् जिज्ञासा इसकी माता है और तर्क इसका पिता है। हिन्दुत्व की जीवनशैली में शोध और बोध का विशेष महत्व है। दुनिया की किसी भी जीवनशैली में हिन्दुत्व जैसी सांस्कृतिक निरन्तरता नहीं है। यहाँ ऋग्वेद से लेकर आधुनिक काल तक सांस्कृतिक निरन्तरता है। वैदिक साहित्य के सृजनकर्ता आर्य थे। कुछ लोग आर्यों को नस्ल बताते रहे हैं लेकिन आर्य कोई नस्ल नहीं थे। वे कहीं बाहर से नहीं आये थे। यहीं इसी भारत-भूमि के निवासी थे। प्रकृति के प्रेमी थे। आनन्द उनकी प्रकृति थी। सबके प्रति आत्मीय थे। वे समूचे विश्व का मंगल चाहते थे। सभी दिशाओं से सद्विचार प्राप्त करने की स्तुति करते थे। ज्ञान-अभीप्सु थे। प्रकृति के गोचर प्रपंचों में उनकी रुचि थी। वे सम्पूर्ण ब्रह्माण्ड के प्रति जिज्ञासु थे।

'भारत' सत्य-अभीप्सु और तत्वखोजी राष्ट्रीयता है। सृष्टि के उद्भव और विकास की यहाँ सनातन जिज्ञासा है। आधुनिक विज्ञान की भी यही जिज्ञासा है। प्राचीन भारतीय दर्शन की भी यही जिज्ञासा रही है। उपनिषद् दर्शन-ग्रन्थ हैं। उपनिषदें भारतीय दर्शन के उपवन की ज्ञान-गन्ध हैं। उपनिषद् का अर्थ है—निकट बैठना, समीप होना। 'उप' निकटवाची है। जैसे राष्ट्रपति के समीपवर्ती उपराष्ट्रपति हैं। अध्यक्ष के निकट उपाध्यक्ष। संस्कृत विद्वानों ने 'सद' धातु के चार अर्थ बताए हैं– बैठना, प्राप्त करना, शिथिल करना। उपनिषद् के 'नि' का अर्थ है 'ठीक से'।

जैसे वास के पहले 'नि' लगाकर 'निवास'। निकट बैठना उपनिषद् है। प्रश्न है—किसके निकट बैठना? कुछ विद्वानों का मत है कि परमतत्व के निकट होना उपनिषद् है। कुछ विद्वानों का कथन है ज्ञान के निकट होना उपनिषद् है। कुछ विद्वानों की राय में आचार्य के निकट बैठना, शिष्य-परम्परा के अनुसार गुरु के निकट बैठना भी उपनिषद् है।

ज्ञान-प्राप्ति के लिए सत्यनिष्ठा, तर्क और जिज्ञासा के साथ आचार्य के निकट बैठना उपनिषद् कहा जाता है। उपनिषदों का अध्ययन ब्रह्मज्ञान की प्रतिभूति नहीं है। कठोपनिषद में कहते हैं कि आत्मतत्व या सत्य-तत्व प्रवचन सुनकर ही नहीं मिलता–ना येन आत्मा प्रवचनेन लभ्यो। उपनिषदों ने सारी दुनिया के विद्वानों को आकर्षित किया है। उपनिषद्ों की रचना के समय भौतिक संसाधन नहीं थे। पूर्वजों ने सैकड़ों वर्ष पहले जीवन-जगत् से जुड़ी अनेक दार्शनिक समस्याओं का विवेचन किया था। शाहजहाँ के पुत्र और औरंगजेब के भाई दारा शिकोह ने 17वीं सदी में उपनिषदों का अनुवाद फ़ारसी भाषा में कराया था। दारा शिकोह इस्लाम के अनुयायी होने के बावजूद उपनिषदों के प्रति आकर्षित थे। कुछ समय बाद एक फ्रांसीसी विद्वान आक्तील टुपेरो ने इनका अनुवाद फ़ारसी से लैटिन में करवाया था। इस तरह उपनिषदें अन्तर्राष्ट्रीय ज्ञान-परम्परा बनीं। जर्मनी के शापेन हावर उपनिषद् पढ़कर नृत्य की मुद्रा में आ गये थे। उसने लिखा, "यहाँ हर तथ्य में भारतीय वातायन है। प्रकृति से जुड़ा हुआ आदिम जीवन है। ओहो! मस्तिष्क सारे यहूदी अन्धविश्वासों से धुलकर स्वच्छ हो जाता है।" यहूदी अन्धविश्वास ही नहीं, उपनिषद्-दर्शन ने तमाम पन्थिक विश्वासों को उखाड़ दिया था।

उत्तर वैदिककाल के कुछ ग्रन्थों में यज्ञ और कर्मकाण्ड से साँस ारिक उपलब्धियाँ पाने के विश्वास थे। भौतिक समृद्धि दिलाने के आश्वासन भी थे। मुण्डकोपनिषद (1.2.7) के ऋषि ने कहा, "यज्ञ-रूपी नौकाएँ दृढ़ नहीं हैं। इनके द्वारा संसार-सागर पार करना कठिन है। दुःख की छोटी नदी भी पार करने में संदेह है।" उपनिषदें हिन्दुत्व-दर्शन की मूल भूमि हैं। इनकी संख्या पर विद्वानों में मतभेद हैं। 'उपनिषद् वाक्य महाकोष' में 223 उपनिषदों के नाम हैं। गीता प्रेस गोरखपुर से प्रकाशित उपनिषद् विशेषांक में 223 उपनिषदें बताई गयी हैं। मुक्तिकोपनिषद् में यह संख्या 108 बताई गयी है।

उपनिषदें ज्ञान-प्राप्ति की इच्छा बढ़ाती हैं। ईशोपनिषद् प्राचीन है। यह यजुर्वेद का अन्तिम अध्याय है। आकार में सबसे बड़ी 'वृहदारण्यक उपनिषद्' शतपथ

ब्राह्मण का एक हिस्सा है। इसका अध्ययन विचारोत्तेजक है। इसमें सृष्टि-सृजन के सम्बन्ध में कहते हैं, "पहले केवल आत्मा था। वह अकेला था—अह्मस्मि।" बताते हैं कि "वह भयभीत हुआ। उसने चारो ओर देखा। दूसरा कोई नहीं था। दूसरा कोई नहीं तो डर कैसा। वह निर्भय हो गया।" इसका सन्देश सुस्पष्ट है। आत्मबोध निर्भय बनाता है। आगे बताते हैं, "उस अकेले को आनन्द नहीं आया—स वै नैव रैमे तस्मात् एकाकी न रमते।" वैसे भी अकेले को आनन्द नहीं आता। एक कोई और हो तो अच्छा लगता है। उसने एक और की इच्छा की। उसने स्वयं को विभाजित कर दिया। वह एक से दो हो गया।

सभी उपनिषदों की सामग्री भिन्न-भिन्न है लेकिन केन्द्रीय विचार-तत्व दर्शन ही है। परमसत्य एक है। मुण्डकोपनिषद में हिन्दू-तत्वज्ञान की प्राचीन परम्परा का उल्लेख है। बताते हैं कि, "ऋषि अथर्वा को ब्रह्मा से ब्रह्मविद्या प्राप्त हुई थी। उन्होंने वही ज्ञान अंगी ऋषि को दिया था। अंगी ने सत्यवह ऋषि को वही ज्ञान दिया। उन्होंने इस विद्या का उपदेश ऋषि अंगिरा को दिया।" (1.1.2-3) उस समय ऋषि शौनक बहुत बड़े विद्यालय के अधिष्ठाता थे। वे अंगिरा के पास गए। उन्होंने ज्ञान-सम्बन्धी आधारभूत प्रश्न पूछा, "किसको भली-भाँति जान लेने पर, जो कुछ देखने-सुनने और अनुमान करने में आता है, सब का सब जान लिया जाता है। कृपया बताइये कि वह परमतत्व क्या है?–कस्मिन विज्ञाते सर्व इदं विज्ञानं भवतीति?" (वही 3) यहाँ परमतत्व के ज्ञान की इच्छा प्रकट की गयी है। अंगिरा ने शौनक से कहा, "महर्षियों का कहना है कि मनुष्य के लिए जानने योग्य दो विद्याएँ हैं—एक 'परा विद्या' और दूसरी 'अपरा'। वैदिक शब्दों के कोष में वस्तुवाची बातें कारण सहित बताई गयी हैं। उसे निरुक्त कहते हैं। वैदिक मन्त्रों के वर्ण और भेद बताने वाली विद्या छन्द कही जाती है। ग्रह और नक्षत्रों की स्थिति, गति और उनके साथ हम सबका सम्बन्ध ज्योतिष विद्या है। इस प्रकार चार वेद और छह वेदांग, ये दस अपरा विद्या हैं। ब्रह्म का ज्ञान परा विद्या है।" (वही 5) अपरा विद्या का अर्थ है भौतिक ज्ञान। इस सूची में इतिहास, भूगोल और विज्ञान जोड़ सकते हैं। उपनिषद् में परा विद्या के बारे में बताते हैं—"अविनाशी अक्षर-तत्व का बोध परा है।" सुखी जीवन के लिए दोनों महत्वपूर्ण हैं।

बड़ी बात है कि चारो वेदों को भी अपरा विद्या कहा गया है। ईशावास्योपनिषद के ऋषि ने अपरा विद्या को 'अविद्या' कहा है। उन्होंने कहा है कि अविद्या के उपासक अन्धतम लोकों में जाते हैं और विद्या के उपासक भी। इसलिए दोनों

विद्याओं की उपासना और ज्ञान उपयोगी हैं। अविद्या के ज्ञान से संसार के कष्ट दूर होते हैं और विद्या के ज्ञान से परमतत्व का बोध मिलता है। यहाँ 'ब्रह्म' सम्पूर्णता और सतत् विस्तारमान है। मुण्डकोपनिषद (2.2.10), कठोपनिषद (2.2.15) और श्वेताश्वतरोपनिषद (6.14) में एक साथ आए एक सुन्दर मन्त्र में ब्रह्म का वर्णन करने का प्रयास किया गया है। बताते हैं कि वह स्वप्रकाशित है। आगे कहते हैं, "न तत्र सूर्योभाँति न चन्द्र तारकं–वहाँ सूर्य नहीं प्रकाशित होता। चन्द्र, तारागण और विद्युत भी वहाँ नहीं चमकते–नेमा विद्युतो भांति। यह सम्पूर्ण अस्तित्व उसी एक परमतत्व से प्रकाशित है—तस्य भाषा सर्वं इदं विभाति।" ऋषि ब्रह्म की व्यापकता बताते हैं, "यह ब्रह्म हमारे सामने है, हमारे पीछे है, हमारे दायें है, हमारे बायें है, हमारे बाहर है, हमारे भीतर है, हमारे ऊपर है, हमारे नीचे है—सर्वत्र व्यापक है।

ब्रह्म की यह सर्वव्यापकता ऋग्वैदिक काल में भी दिखाई पड़ती है। ठीक इसी भाषा में ऋग्वेद में 'सविता' अर्थात सूर्य के लिए कहा गया है, "सविता हमारे सामने हैं, हमारे पीछे हैं। हमारे दायें हैं, हमारे बायें हैं। हमारे बाहर हैं, हमारे भीतर हैं, हमारे ऊपर हैं, हमारे नीचे हैं— सर्वत्र व्यापक हैं।" समूचे अस्तित्व की अनुभूति ऋग्वैदिक काल से लेकर उपनिषद काल से होते हुए महाभारत और रामायण-काल तक एक जैसी है। महाभारत के गीता वाले अंश में अर्जुन विश्व-रूप देखते हुए कहता है कि आप सर्वत्र विद्यमान हैं। आपको सामने से नमस्कार है। पीछे से नमस्कार है। आगे से नमस्कार है। आपको बारम्बार नमस्कार है। भारत की राजमुद्रा में मुण्डकोपनिषद का मन्त्र प्रयोग हुआ है। यहाँ सत्य की महिमा बताई गयी है, "सत्यमेवजयति नानृतं–सत्य की विजय होती है, झूठ की नहीं।" (3.1.6) यहाँ सत्य की प्रतिष्ठा है। उपनिषद के मन्त्र का प्रयोग सत्य की प्रतिष्ठा के लिए किया गया है। यूरोपीय मनोवैज्ञानिकों ने एक मजेदार बात बताई है कि अपने पूरे मनः संकल्प द्वारा मनुष्य जो कुछ तय कर लेता है, जैसी इच्छा करता है, वह सब उसको प्राप्त होता है। यह बात मुण्डकोपनिषद के ऋषि पहले ही कह चुके हैं– यं यं लोकं मानसा सं विभाति, विशुद्ध सत्वः कामयते यांश्रेच कामां-विशुद्ध अन्तःकरण से मनुष्य जिन-जिन लोकों और भोगों की कामना करता है, उन्हें प्राप्त करता है– तं तं लोकं जयते।" (3.2.10)

मुण्डकोपनिषद और कठोपनिषद में आए एक मन्त्र में बड़ी बात कही गयी है कि "आत्मतत्व का ज्ञान प्रवचन से नहीं मिलता। इसका ज्ञान बुद्धि से भी नहीं मिलता। सुनकर भी इसे प्राप्त नहीं किया जा सकता" आगे नितान्त साँस ारिक बात कही गयी है कि आत्मतत्व का ज्ञान-बोध बलहीन को भी नहीं मिलता, "नायेन

आत्मा बल हीनेन लभ्यो। यहाँ अध्यात्म और आत्मदर्शन के लिए बल को भी उपयोगी बताया गया है। ऋषि सृष्टि-रचना को लेकर गहन रूप में अध्ययनरत थे। कुछ ऋषि मानते थे कि सृष्टि का आदितत्व जल है। ऋग्वेद में जल को माताएँ कहा गया है, "स्थावरजंगम को जन्म देने वाली जलमाताएँ नमस्कारों के योग्य हैं।" बृहदारण्यक उपनिषद में कहा गया है कि पहले केवल जल था। जल से सत्य का जन्म हुआ। सत्य से ब्रह्म और ब्रह्म से प्रजापति और फिर देवता। यूनानी दार्शनिक थेल्स भी मानते थे कि सृष्टि-सृजन का मूल तत्व जल है।

अनेक ऋषि वायु को आदितत्व मानते थे। छान्दोग्य उपनिषद में रैक्व ने यही मत व्यक्त किया है। यहाँ राजा जानश्रुति का उल्लेख है। उपनिषद की यह कथा बड़ी रोचक है। कथा के अनुसार राजा के महल के ऊपर आकाश से हंस आपस में वार्ता करते हुए उड़ रहे थे। एक हंस ने कहा कि यह राजा जानश्रुति का क्षेत्र है। राजा बड़ा न्यायी और लोकप्रिय है। दूसरे ने कहा राजा जानश्रुति से ज़्यादा ज्ञानी गाड़ीवान रैक्व है। राजा इस बात को सुनकर विचलित हुआ। उसने अपने सहायकों को रैक्व से मिलवाने का आदेश दिया। बड़ी कठिनाई से अपनी पुरानी बैलगाड़ी ठीक करते हुये रैक्व मिले। राजा रैक्व को भेंट करने के लिए तमाम स्वर्ण मुद्राएँ लाए थे। प्रारम्भिक इनकार के बाद रैक्व उपदेश देने को तैयार हुए। रैक्व ने राजा को बताया, "जब आग बुझती है, वह वायु में पहुँच जाती है। जब सूर्य अस्त होते हैं वह वायु में पहुँच जाते हैं। चन्द्रमा अस्त होने के बाद वायु में पहुँचता है। जल सूखने के बाद वायु में पहुँचते हैं। सारी दुनिया के पदार्थों को अन्त में वायु आत्मसात करती है।" (4.3.1-2)

वायु सभी पदार्थों का अन्त है। इस तरह वायु ही सभी पदार्थों का आदि भी होना चाहिए। यही बात यूनानी दार्शनिक अनक्सिमेनस ने कही है। उनके अनुसार वायु सभी पदार्थों का आदि और अन्त दोनो है। इस विचार के अनुसार वायु से विश्व का उद्भव हुआ। हिन्दू इतिहास के प्राचीनकाल में विचार-विविधता है। कुछ ऋषि अग्नि को आदितत्व मानते थे। कठोपनिषद में कहा गया है कि अग्नि ही सभी तत्वों का रूप धारण करती है—अग्निर्थैकऽभुवनं प्रविष्टो रूपं-रूपं प्रतिरूपं वभूवः। यूनानी दार्शनिक हिराक्लिटस का विचार भी यही था। छान्दोग्य उपनिषद में अग्नि से सृष्टि का विकास बताया गया है। ईशावास्योपनिषद में प्राण के लिए वायु और अन्तरिक्ष को आश्रयतत्व बताया गया है। यहाँ वायु के लिए अनिल शब्द का प्रयोग हुआ। इस उपनिषद में बताते हैं कि प्राण-वायु शरीर में रहता है और मृत्यु के समय अनिल से मिल जाता है।

हिन्दुत्व की व्यापकता और प्रतिष्ठा में उपनिषदों का विशेष महत्व है। तैत्तिरीय उपनिषद् में वायु को प्रत्यक्ष ब्रह्म कहा गया है, "वायु को नमस्कार है। आप प्रत्यक्ष ब्रह्म हैं। मैं आपको प्रत्यक्ष ब्रह्म कहूँगा। सत्य कहूँगा। यथार्थ कहूँगा।" यहाँ वायु देवता हैं। भौतिक सत्ता है। **ब्रह्म** वायु की भौतिक सत्ता में प्रकट होता है। यहाँ भौतिक सत्ता की उपेक्षा नहीं है। आचार्य अपने शिष्यों पर ज्ञान थोपता नहीं है। आचार्य शिष्य से कहते हैं, "अनिंदित कर्मों का आचरण करना चाहिए। हमारे सदाचरण का ही अनुसरण करना चाहिए।" गुरु और आचार्य, देवताओं से शिष्य के लिए भी प्रार्थना करता है, "हमदोनों की एक साथ रक्षा करो। हम दोनों का एकसाथ पोषण करो। हमदोनों का बल साथ-साथ बढ़े। हमदोनों का अध्ययन तेजस्वी हो।" ऐतरेय उपनिषद् के ऋषि के सामने सृष्टि-सम्बन्धित प्रश्न थे।

ऋग्वेद (10.129.1) में प्रश्न है कि जब न सत् था न असत् था, तब सबको आच्छादित करने वाला क्या था?ऐतरेय उपनिषद् में उत्तर है–"तब केवल आत्मा थी। (1.1) आत्मा ने लोकों के सृजन का विचार किया। आत्मा चेतना है। चेतना पहले से है। उसी का विकास भूत है। आत्मा ने जल से पुरुष को निकाला, तपाया। तपे हुए मुख से अण्डे की तरह का छिद्र फूटा। इसी छिद्र से वाणी निकली। वाणी से अग्नि पैदा हुई। फिर नाक के छेद बने। उससे प्राण आये। आँखों की दृष्टि से आदित्य। कानों के श्रवण से दिशाएँ। त्वचा के रोमों से वनस्पतियाँ। मन से चन्द्रमा और नाभि से निकलने वाली अपान वायु से मृत्यु का जन्म हुआ।" यहाँ समूची सृष्टि पुरुष के भीतर है।

छान्दोग्य उपनिषद् में अनेक ऋषियों के विचार हैं। यहाँ वैचारिक विविधता है। एक विचार है कि सृष्टि के पहले असत् ही था। यहाँ असत् का अर्थ अव्यक्त-अप्रकट है। असत् से सत् पैदा हुआ। दूसरा विचार है कि सृष्टि के आरम्भ में सत् ही था। श्वेतकेतु की कथा है। वे परमज्ञानी थे। उनके पिता और भी बड़े विद्वान। पिता ने भी बताया कि पहले सत् ही था। उन्होंने पुत्र को बताया, "मन अन्नमय है, प्राण जलमय है और वाणी तेजमय है। उन्होंने इस सत्य का प्रयोग किया। श्वेतकेतु से कहा कि पन्द्रह दिन तक भोजन न करो। जल पीते रहो। प्राण शरीर नहीं छोड़ेगा। श्वेतकेतु ने पन्द्रह दिन तक अन्न नहीं खाया। जल पीता रहा। पिता ने वेदमन्त्र सुनाने को कहा। पन्द्रह दिन के भूखे श्वेतकेतु को मन्त्र याद नहीं आए। उसने भोजन किया। मन्त्र याद आ गए। इस प्रयोग से सिद्ध हुआ कि मन अन्नमय है, प्राण जलमय है। वाणी तेजमय है। उपनिषद् के ऋषि भौतिक जगत् से ही तमाम प्रयोगों की सामग्री लेते थे।

बृहदारण्यक उपनिषद् में अनेक विचार हैं। बृहदारण्यक में याज्ञवल्क्य ने मैत्रेयी को बताया, "दुदुम्भी से निकले शब्द को पकड़ना हो तो दुदुम्भी को पकड़ो। जैसे गीली लकड़ी के जलने में धुआँ निकलता है वैसे ही उस महाभूत के निःश्वास से ऋग्वेद-यजुर्वेद उत्पन्न हुए हैं।" यहाँ महाभूत और कुछ नहीं 'आत्मा' है। उसकी प्राणशक्ति से विश्व और वैदिक मन्त्रों की रचना हुई।

अन्न और प्राण की चर्चा बड़ी मज़ेदार है। कुछ विद्वान कहते थे कि अन्न ब्रह्म है। लेकिन प्राण के बिना अन्न सड़ जाता है। इसीलिए कुछ विद्वान प्राण को ब्रह्म कहते थे। लेकिन अन्न के बिना प्राण साथ छोड़ देते हैं। ब्रह्म की व्याख्या सम्भव नहीं है। उपनिषद्रों में कहा गया है कि आत्मा अणु से भी सूक्ष्म है। महत से भी महान है। वह शरीरों के भीतर है लेकिन स्वयं अशरीरी है। साँस ारिक प्रपंचों में गतिशील है, लेकिन स्वयं स्थिर है। (कठोपनिषद 2.2) ईशावास्योपनिषद (मन्त्र 5) में परस्पर विरोधी प्रपंचों को एक बिन्दु पर लाया गया है—तदेजति तन्नैजति तद्दूरे तद्वन्तिके। तदन्तरस्य सर्वस्य तदु सर्वस्यास्य बाह्यतः। अर्थात वह कंपित होता है और कंपित नहीं भी होता। वह बहुत दूर है और अतिनिकट है। वह सबके भीतर है और सबके बाहर भी है। ऐसी गहन अनुभूति और गहन तप-साधना से हिन्दू-विवेक का विकास हुआ है। यहाँ मुक्त चिन्तन का वातावरण था। परस्पर तर्क और संवाद थे। उसी में से उपनिषद्रों का जन्म हुआ। समूचे ब्रह्माण्ड को समझने का वातावरण था। समूचे उपनिषद् साहित्य से कहीं भी आज्ञापालक निर्देश नहीं मिलते। परिपूर्ण आध्यात्मिक लोकतन्त्र से हिन्दू-दर्शन, सभ्यता, जीवनशैली का विकास हुआ। हिन्दुत्व में इसी गहन अनुभूति का आनन्द-रस है।

केन उपनिषद् का अध्ययन आनन्दित करता है। सामान्यतः केन का अर्थ 'क्या' या 'क्यों' होता है। इसमें अनेक प्रश्न हैं। इसका आरम्भ प्रेमपूर्ण जिज्ञासा से होता है। सभी प्रश्न आध्यात्म-रस में डूबे हुए हैं और संसारिक हैं। कुल पाँच प्रश्न हैं। पहला प्रश्न है–"यह मन किसके द्वारा प्रेरित होकर काम करता है–केनेषितं पतति प्रेषितं मनः।" प्रश्न सीधा है। मन गतिशील है। उपनिषद् के ऋषि मन के प्रेरक तत्व को जानना चाहते हैं। दूसरा प्रश्न प्राण के बारे में है। प्राण महत्वपूर्ण है। प्राण से प्राणी हैं। प्रश्न है, "यह प्राण किसकी प्रेरणा और इच्छा से काम करता है? किससे जुड़कर गति करता है?" तीसरा प्रश्न बोलने के बारे में है, "हम किसकी इच्छा से बोलते हैं?" चौथा प्रश्न आँखों के बारे में है, "आँखों को काम में लगाने वाला कौन है?" पाँचवाँ प्रश्न श्रवण-शक्ति के बारे में है, "कानों को सुनने के लिए

कौन प्रेरित करता है?" उपनिषद् में इन पाँचों प्रश्नों के उत्तर हैं। इस उपनिषद् का एक वक्तव्य आनन्दित करता है। ऋषि सभी प्रश्नों के उत्तर देने के बाद कहते हैं, "मैं यह नहीं मानता कि जानता हूँ और न ही यह कहता हूँ कि मैं नहीं जानता। इसलिए मैं जानता भी हूँ और नहीं भी जानता। यह वक्तव्य बड़ा ही ईमानदार है। ऋषि अपने ज्ञान की सीमा भी बताते हैं।

छान्दोग्य उपनिषद् प्रीतिपूर्ण है। छान्दोग्य का अर्थ है गाने योग्य। इसमें ओमकार की चर्चा है। शोक-संतप्त नारद की व्यथा है। नारद और सनत् कुमार के प्रश्नोत्तर हैं। इसी उपनिषद् में सम्पूर्ण अस्तित्व के लिए 'भूमा' शब्द आया है। ब्रह्मसूत्रों में भूमा का अर्थ 'ब्रह्म' बताया गया है। भूमा अर्थात सम्पूर्ण। भूमा और ऋग्वेद का पुरुष पर्यायवाची है। अदिति देवी भी ऐसी ही हैं। ऋग्वेद में अदिति के बारे में कहते हैं, "अदिति अन्तरिक्ष हैं। अदिति पृथ्वी हैं। अदिति हमारे माता-पिता हैं। अदिति हमारे पुत्र और पुत्रियाँ हैं। अबतक जो हो गया है और जो आगे होगा सब अदिति हैं।" छान्दोग्य उपनिषद् में सनत् कुमार ने नारद को बताया, "यो वै भूमा तत्सुखं।" सम्पूर्णता में सुख और आनन्द है। इससे अल्प में दुःख है। कुछ विद्वान जल को सृष्टि का आदितत्व मानते थे। 'अस्तित्व का ज्ञान' उपनिषद् के ऋषियों की अभिलाषा रही है।

प्रश्नोपनिषद् बड़ी प्यारी है। देश के कोने-कोने से छह जिज्ञासु कश्मीर स्थित पिप्लाद ऋषि के आश्रम पहुँचे। उन्होंने पिप्लाद से ज्ञान देने का आग्रह किया। प्रत्येक ऋषि ने एक-एक प्रश्न किया। पिप्लाद ने उत्तर दिए। पहला प्रश्न कबंधी ने पूछा, "किस कारण यहाँ अनेक रूपों में सृजन होता है?" भार्गव ने दूसरा प्रश्न पूछा, "प्राणियों के शरीर-धारण में कितने और कौन देवता प्रेरक हैं।" तीसरा प्रश्न आश्वलायन ने पूछा, "प्राण कहाँ से पैदा हुआ? यह शरीर में कैसे प्रवेश करता है और शरीर छोड़ते समय कैसे निकलता है?" चौथा प्रश्न सौर्ययाणि ने पूछा, "निद्रा के समय मनुष्य के भीतर कौन देवता सोते हैं? यह सब देवता किसके आश्रित हैं?" सत्यकाम ने पाँचवाँ प्रश्न पूछा, "ओम-उपासना से क्या मिलता है?" छठा प्रश्न सुकेशा ने पूछा, "पुरुष में सोलह कलाओं का अर्थ क्या है?" सभी प्रश्न महत्वपूर्ण हैं। पिप्लाद ने सभी प्रश्नों के उत्तर दिए।

तैत्तिरीय उपनिषद् के ज़्यादातर विषय इहलोकवादी हैं। इसमें प्राणी के पाँच कोष बताये गये हैं। अन्नमय, प्राणमय, मनोमय, विज्ञानमय और आनन्दमय। आनन्द की मीमांसा है। 'वायु' ब्रह्म है। शिक्षा का विवेचन है। दीक्षांत के मन्त्र हैं। इस उपनिषद्

का पाठ आनन्दवर्द्धक है। आनन्द के स्रोत इसी संसार में हैं। इस उपनिषद् में प्रकृति के सभी गोचर प्रपंच जान लेने की जिज्ञासा है। छान्दोग्य उपनिषद् के रैक्व ऋषि की तरह तैत्तिरीय के ऋषि वायु को महत्वपूर्ण मानते हैं, "वायु को नमस्कार! तू प्रत्यक्ष ब्रह्म है। तुझे ही ब्रह्म कहूँगा। वास्तविक कहूँगा, सत्य कहूँगा। आप मेरी रक्षा करें।"

कठोपनिषद् प्राचीन उपनिषद्रों में से एक है। एक छोटी-सी कथा से शुरू होती है और जीवन-जगत् की तमाम दार्शनिक समस्याओं की व्याख्या करती है। कथा के अनुसार ऋषि उद्दालक ने यज्ञ किया। यज्ञ में दान की परम्परा थी। उन्होंने अपना सारा धन दक्षिणा में दे दिया। नचिकेता इनका पुत्र था। दान में दिए जाने के लिए गउवें लाई जा रही थीं। ऋषिपुत्र नचिकेता ने गायें देखीं। वे कमज़ोर थीं। उसने पिता से कहा कि ये गउवें वृद्ध और कमज़ोर हैं। दानयोग्य नहीं हैं। यज्ञ में अपनी प्रिय सम्पदा दान की जाती है। मैं आपका प्रिय हूँ। मुझको दान में नहीं दिया। पिता क्रुद्ध हुए कि मैं तुझे मृत्यु को देता हूँ। नचिकेता ने पिता के सामने सिर झुकाया और यमलोक चला गया। यमदेव ने उसकी बात सुनी।

उपनिषद् 'यम' और 'नचिकेता' के संवाद से भरी-पूरी है। इस संवाद में अनेक दार्शनिक तत्व हैं। प्रश्न अनेक हैं, लेकिन एक का उल्लेख अपरिहार्य है। नचिकेता ने यम से पूछा, "कुछ लोग कहते हैं कि मृत्यु के बाद सबकुछ समाप्त हो जाता है और कुछ लोग कहते हैं कि मृत्यु के बाद भी सबकुछ समाप्त नहीं होता। जीवन गतिशील रहता है। यमदेव मुझे कृपया बताएँ कि सही क्या है। यम ने उत्तर दिया, "यह प्रश्न न पूछो नचिकेता। इस प्रश्न को लेकर देवताओं में भी मतभेद हैं।" बड़ी बात है कि देवताओं में भी तमाम विषयों में मतभेद थे। नचिकेता ने कहा, "आप मृत्यु के देवता हैं, आप सब जानते ही हैं। यम ने नचिकेता को राज्य और सुख-वैभव के प्रलोभन दिए।" नचिकेता ने कहा यह सब क्षणभंगुर है। मुझे शाश्वत सत्य की दीक्षा दीजिए। सत्य-तत्व बताने के बाद यम ने नचिकेता से कहा "उठो! जगो! वरिष्ठों के पास जाओ और ज्ञान प्राप्त करो–उत्तिष्ट् जागृत प्राप्य वर्रान्नि बोधत्।" यही सन्देश हम सब के लिए भी है। प्राप्ति की अभिलाषा हिन्दुत्व का अधिष्ठान है।

जिज्ञासा की समृद्धि

जीवन इसी जगत में है और सुख-दुःख भी। आनन्द भी इसी संसार में है। योग-ध्यान, भक्ति-उपासना इसी संसार में है। भारतीय धर्म-चिन्तन में चार पुरुषार्थ धमर्, अर्थ, काम और मोक्ष के प्राप्ति का क्षेत्र यही संसार है। संसार त्याग-क्षेत्र नहीं है। यह

कर्म-क्षेत्र, धर्म-क्षेत्र व भोग-क्षेत्र है। कर्तापन और भोक्तापन ही संसार है। लेकिन जीवन के रहस्य जटिल हैं। भारतीय दर्शन और चिन्तन में जिज्ञासा का महत्व है। ऋग्वेद जिज्ञासा से भरापूरा है। इसके रचनाकाल से लेकर सम्पूर्ण वैदिक साहित्य में प्रश्न और जिज्ञासा है। मानने पर ज़ोर नहीं है, जानने की इच्छा महत्वपूर्ण है। केन उपनिषद् बड़ी प्यारी पुस्तक है। इसमें अन्तःकरण से जुड़े पाँच प्रश्न हैं। पहली जिज्ञासा है, "यह मन किसके द्वारा प्रेरित होकर सक्रिय है?" सीधा सरल प्रश्न है। मन चंचल है। गीता में अर्जुन ने श्रीकृष्ण से कहा, "हे कृष्ण मन बड़ा चंचल है—चंचलम् हि मनः कृष्णा। इसका निग्रह कठिन है।" केनोपनिषद् के ऋषि मन के प्रेरक तत्व को जानना चाहते हैं। दूसरा प्रश्न प्राण के सम्बन्ध में है।, "यह प्राण किसकी प्रेरणा से काम करता है? कैसे गति करता है?" तीसरा प्रश्न वाणी पर है, "हम किसकी इच्छा से बोलते हैं?" चौथे प्रश्न का सम्बन्ध आँखों से है, "आँखों को काम में कौन लगाता है?" पाँचवाँ प्रश्न कान अर्थात श्रवण पर है, "कानों को सुनने के लिए कौन प्रेरित करता है?"

केनोपनिषद् के पाँचों प्रश्न हमारी अन्तर्यात्रा से जुड़े हैं। ऋषि ने इन प्रश्नों के उत्तर भी दिए हैं। ज्ञान-यात्रा में उत्तर इतने महत्वपूर्ण नहीं होते। प्रश्न ही उत्तरों से ज़्यादा महत्वपूर्ण होते हैं। कभी-कभी उत्तर सन्तोष नहीं देते। सम्भवतः इसीलिए यजुर्वेद में प्रश्नों को देवता कहा गया है। महाभारत में युधिष्ठिर और यक्ष के प्रश्नोत्तर हैं। यक्ष द्वारा युधिष्ठिर से पूछे गए प्रश्न हमारी ज्ञान-परम्परा की महत्वपूर्ण सम्पदा हैं। मैं परम्परा और संस्कृति-दर्शन का विद्यार्थी हूँ। मेरे अपने अन्तःकरण में भी अनेक प्रश्न उठते हैं। प्रश्न है कि अन्तःकरण में ईर्ष्या या द्वेष कहाँ से आए? क्यों आए ? कुछ प्राकृतिक दृश्य मनोरम लगते हैं और कुछ असुन्दर। ऐसी अनुभूति का आधार क्या है? सुन्दर और असुन्दर के मानक कब बने? क्यों बने? 'यश' पदार्थ या भौतिक वस्तु नहीं है। तब यश की इच्छा का जन्म कब हुआ और क्यों हुआ? कुछ वस्तुएँ, जीव और मनुष्य सुन्दर लगते हैं। क्यों लगते हैं? सौन्दर्य के मानक क्या हैं? क्या सुन्दरता वास्तविक है? क्या यह देखने वाले व्यक्ति की दृष्टि में होती है? या वस्तु या प्राणी के रूप ही सुन्दर होते हैं? हिंसा को समाज ने गलत बताया। हिंसा त्याज्य है। लेकिन संसार हिंसा से भरा-पूरा क्यों है? गीत-संगीत अच्छे लगते हैं। ऐसा कब से है? और क्यों है?

भारतीय मनीषा ने धर्म का विकास किया। 'लोकमंगल' धर्म का अधिष्ठान है। रिलीजन-मज़हब की आस्थाएँ भी हैं। सबके घोषित लक्ष्य 'मानवता का संवर्द्धन' हैं।

लेकिन पन्थ-मज़हब को लेकर हिंसा और रक्तपात क्यों है? आनन्द के स्रोत क्या हैं? उपकरण क्या हैं? आनन्द है क्या? क्या आनन्द भीतरी ही है?या संसारी आत्मीयता है? अथर्ववेद में भी विस्मयजनित प्रश्न हैं। कुछ प्रश्न मनुष्य के शरीर-संरचना पर हैं, "किसके द्वारा एड़ियों और घुटनों को भरा गया? किसने अलग-अलग जाँघें बनायी? अंगुलियों और तलुवों को किसने पोषण दिए?" ऋषि को मनुष्य-शरीर की संरचना आश्चर्यजनक लगती है। उन्हें लगता है कि यह देवों द्वारा बनाई गयी हैं। ऋषि प्रश्न करते हैं— "वे कौन देव हैं? कितने तरह के देवता हैं? जिन्होंने कोहनी, कंधे और पसलियाँ जोड़ी?" ऋषि शरीर के सभी अंगों को ध्यान से देखते हैं। प्रश्न करते हैं, "किस देवता ने मुख, दो नासाद्वार, दो आँख, दो कान व सात छिद्र बनाए?" फिर मनोभावों को लेकर ऋषि की जिज्ञासा मजेदार है।

सुन्दर प्रश्न है, "प्रिय-अप्रिय वाणी, निद्रा, स्वप्न, आनन्द और हर्ष किस देव के प्रभाव से पुरुष में आए? रूप, सौन्दर्य, महिमा, कीर्ति व जिज्ञासा किन देवों ने प्रतिष्ठित किए?" इसी तरह मृत्यु-रहस्य की जिज्ञासा है, "जन्म-मृत्यु का विस्तार और ऊषा का प्रकाश किसने किया?" अन्त में एक उत्तर है, "उसे निश्चित ही ब्रह्मज्ञानी जानते हैं।" मैं विनम्र विद्यार्थी की तरह प्रश्न से बेचैन हूँ। जीवन-जगत के रहस्य जटिल हैं। ऋषि बताते हैं कि सभी जिज्ञासाओं का समाधान ब्रह्मज्ञानी ही कर सकते हैं। तब सहज प्रश्न उठता है कि ब्रह्म क्या है? ब्रह्मसूत्र 'अथातो ब्रह्मजिज्ञासा' से प्रारम्भ होता है। ब्रह्मज्ञानी 'ब्रह्म' हो जाते हैं। 'सूत्र' शब्दों से बनते हैं। मेरे मन में नया प्रश्न उठता है कि क्या वास्तविक ज्ञान के लिए शब्द पर्याप्त हैं?

भारतीय चिन्तन में केवल अध्यात्म-जिज्ञासा ही नहीं है। मनुष्य शरीरधारी है। शरीर जटिल संरचना है। आधुनिक विज्ञान ने काया पर काफ़ी शोध किया है। शरीर का अध्ययन एनाटामी कहा जाता है। शरीर प्राण धारण करता है, बुद्धि उपलब्ध ज्ञान का विवेचन करती है। इस विवेचन के आधार व मानक परिवर्तित होते रहते हैं। सभी मनुष्य एक जैसे नहीं होते हैं। अस्तित्व में अरबों मनुष्य हो चुके हैं। कोई दो मनुष्य एक जैसे नहीं हुए। रवीन्द्रनाथ टैगोर ने कहा है कि, "जब भी किसी शिशु के जन्म की सूचना मिलती है, प्रतीत होता है कि ईश्वर अभी थका नहीं, नवसृजन जारी है।" शतपथ ब्राह्मण में एक प्रश्न है, "मनुष्य को कौन जानता है–को वेद मनुष्यस्य। मनुष्य साधारण विषय नहीं है। इसे जानना आसान नहीं। कोई प्रयोगशाला मनुष्य का ज्ञान नहीं करा सकती और न ही कोई ग्रन्थ।

मनुष्य के अध्ययन के लिए सर्वाधिक महत्वपूर्ण सहायक हम स्वयं हैं। हम मनुष्य हैं। हम मनुष्य अपने भीतर जा सकते हैं। किसी दूसरे मनुष्य के भीतर पैठना आसान नहीं। स्वयं का अध्ययन स्वयं के द्वारा ही करने का कोई विकल्प नहीं। यह कठिन नहीं और सरल भी नहीं। हमारे भीतर का संसार भी बहुत बड़ा है। यहाँ राग हैं, द्वेष हैं। तमाम धारणाएँ हैं। कुछ ग्रन्थों को पढ़कर भी ऐसी धारणाएँ बनती हैं। तमाम धारणाएँ उधार की हैं। स्वानुभूति से पैदा धारणाएँ उपयोगी होती हैं।

स्वयं के द्वारा ही स्वयं को पढ़ने का अपना मजा है। भीतर हम और बाहर संसार। संसार और हम जुड़े हुए हैं। हिन्दू-दर्शन में ये दो नहीं हैं। दो दिखाई पड़ने वाले 'संसार और हम' एक हैं। संसार में धरती-आकाश हैं। अग्नि तेजस हैं। जलमाताएँ हैं। वायु प्राण-संवर्द्धक हैं। वनस्पतियाँ हैं। ग्रह-नक्षत्र हैं। सूर्य-चन्द्र हैं। प्रश्न उठते हैं कि धरती, आकाश, जल, अग्नि और वायु किसने बनाए? और क्यों बनाए? वनस्पतियों व लाखों प्राणियों की रचना किसने की? सौर मण्डल का निर्माता-विधाता कौन है? ज्ञान का आधार क्या है? प्रकाश और अन्धकार का सर्जक कौन है? मैं स्वयं ऐसे प्रश्नों को लेकर व्याकुल हूँ। महत्वपूर्ण प्रश्न यह है कि मैं कौन हूँ और क्यों हूँ? पृथ्वी, आकाश और ज्ञानीजन हमारी जिज्ञासा शान्त करें।

दार्शनिक धाराएँ

ब्रह्माण्ड रहस्यपूर्ण है। हम सब इसके अविभाज्य अंग हैं। यह विराट है। हम सबको आश्चर्यचकित करता है। इसकी गतिविधि को ध्यान से देखने पर तमाम प्रश्न उठते हैं। ऋषि वैदिककाल से ही प्रकृति के गोचर प्रपंचों के प्रति जिज्ञासु रहे हैं। वैज्ञानिक भी प्रकृति के कार्य-संचालन के प्रति शोधरत हैं। ऋग्वेद (पुरुष सूक्त) में अस्तित्व के विराट स्वरूप का मानवीकरण है–"यह पुरुष सहस्त्रशीर्षा है—सहस्त्रों सिर वाला है। इस पुरुष के प्राण का विस्तार सम्पूर्ण विश्व की वायु है। पुरुष सम्पूर्ण अस्तित्व को आच्छादित करता है। सम्पूर्ण विश्व इसका एक चरण है। इसके तीन चरण अन्य लोकों में हैं। यह पुरुष चेतन, अचेतन, मनुष्य, पशु, कीट-पतिंग, नदी-समुद्र आदि सभी जीवों-पदार्थों में व्याप्त है। जो अब तक हो चुका है, भविष्य में जो होने वाला है, वह सब यही पुरुष ही है।" यह ज्ञात भाग से बड़ा कहा गया है। हिन्दू ज्ञात भाग से ही सन्तुष्ट नहीं रहे। वे प्रकृति के सभी प्रपंचों के प्रति जिज्ञासु रहे हैं। सृष्टि के उद्‌भव को भी जानने की अभिलाषा जारी रही है। प्रकृति की गति को लेकर वे सतत् प्रश्नाकुल रहे हैं।

दर्शन का जन्म जिज्ञासा और प्रश्नों से होता है। वैदिक काल के अभिजन विधि-विधान से तमाम अनुष्ठान करते थे। लेकिन उसी कालखण्ड में उनका ध्यान कई आधारभूत प्रश्नों की ओर था। ऐसे प्रश्नों की साधारण सूची बनाई जा सकती है। जैसे मनुष्य क्या है? मनुष्य और सृष्टि-प्रकृति के बीच सम्बन्ध क्या है? क्या आत्मा का कोई स्वरूप भी है? क्या आत्मा शरीर से भिन्न कोई तत्व है? क्या मृत्यु से सबकुछ समाप्त हो जाता है? या शरीर या मन का कोई हिस्सा मृत्यु के बाद भी बचा रहता है? सृष्टि का निर्माता कौन है? क्या वह सृष्टि-निर्माण के बाद सक्रिय नहीं रहता? और क्या सृष्टि अपने आप चलती है? क्या कोई परमात्मा है? सृष्टि-निर्माण का आदितत्व क्या है? क्या पदार्थों का ठीक-ठीक ज्ञान सम्भव है? ऐसे अनेक आधारभूत प्रश्न भारतीय मनीषियों के सामने थे। वे गाँव-नगर से पृथक वनों और उपवनों में आश्रम बनाकर ऐसे प्रश्नों से मुठभेड़ कर रहे थे।

ऋषि-जिज्ञासा से अनेक दर्शनों का विकास हुआ। दर्शन की इन धाराओं को दो भागों में विभाजित किया जा सकता है। पहला आस्तिक और दूसरा नास्तिक। भारतीय दर्शन में आस्तिक या नास्तिक का निर्णय ईश-आस्था से नहीं होता। वेद प्राचीन ज्ञान-संकलन हैं। दर्शन का जन्म ऋग्वेद की अनुभूति से हुआ। वेद प्राचीन एनसाइक्लोपीडिया हैं, इसलिए यहाँ वेद मानने वाले आस्तिक कहे गए और वेद निंदक अथवा नास्तिक। ईश्वर का उल्लेख न होना बड़ी बात नहीं है। यह ईश्वर के न होने का प्रमाण नहीं है। ईश्वर दार्शनिक विवेचन या वैज्ञानिक अविष्कार से सिद्ध नहीं किया जा सकता। चार्वाक दर्शन वेदों को नहीं मानता। वह इस संसार से परे कोई दर्शन नहीं स्वीकार करता। इसे निरीश्वरवादी दर्शन कहते हैं। जिज्ञासा और संशय की ज्ञान-परम्परा से भारत में 8 प्रमुख दार्शनिक धाराओं का विकास हुआ। कपिल का सांख्य दर्शन, गौतम का न्याय दर्शन, पतंजलि का योग, कणाद का वैशेषिक, जैमिनि का पूर्व मीमांसा व बादरायण का वेदान्त दर्शन मिलकर प्राचीन हिन्दू परम्परा के षट्दर्शन कहे जाते हैं। इन 6 के अलावा बौद्ध व जैन दर्शन भी भारतीय दर्शन के अंग हैं।

पूर्व मीमांसा : अथातो धर्म जिज्ञासा

पूर्व मीमांसा का सम्बन्ध हिन्दू धर्म के 'तत्व दर्शन' से है। मीमांसा का सामान्य अर्थ विवेचना करना है। तत्व पर विचार और सत्य का अन्वेषण मीमांसा है। पूर्व मीमांसा दर्शन का प्रारम्भ धर्म की जिज्ञासा से होता है—अथातो धर्म जिज्ञासा। उत्तर मीमांसा

की शुरुआत 'अथातो ब्रह्म जिज्ञासा' से होती है। जीवन के सभी कर्तव्य पूर्व मीमांसा की परिधि में आते हैं। इस दर्शन का मूल आधार ब्राह्मण ग्रन्थ हैं। ब्राह्मण ग्रन्थों में वेद मन्त्रों के अर्थ, उपयोग व विनियोग के विवरण हैं। उत्तर मीमांसा का आधार उपनिषद् हैं। उत्तर मीमांसा का आधार ग्रन्थ ब्रह्मसूत्र है। शंकराचार्य ने ब्रह्मसूत्र का भाष्य किया था। 'अथ' का अर्थ उन्होंने अन्तर या पश्चात किया है। उत्तर मीमांसा के पहले धर्म जिज्ञासा स्वाभाविक है।

धर्म सभी कर्मों अथवा कर्तव्य का नियमन है। कुछ विद्वान भारतीय दर्शन-चिन्तन को भाववादी बताते हैं। हिन्दू धर्म को अन्धविश्वासी बताना प्रगतिशील फ़ैशन है। पूर्व मीमांसा इस आरोप का सही उत्तर है। यहाँ धर्म का अर्थ कर्तव्य है। कर्तव्य धर्म है। धर्म सत्य है। सत्य शाश्वत है। कुछ कर्म करणीय हैं और कुछ कर्म अकरणीय हैं। लोकमंगल से जुड़े कर्म अनुकरणीय हैं। प्रत्येक कर्म का परिणाम होता है। इसे कर्मफल कहते हैं। कर्मफल बहुधा विमर्श में रहता है। माना जाता है कि सभी कर्मों का फल ईश्वर देता है। गीता में श्रीकृष्ण ने कर्म की प्रशंसा की है। कर्मफल की इच्छा का निषेध किया है–मा फलेषु कदाचन। लेकिन कर्मफल की इच्छा स्वाभाविक है। सब अपने कर्मों का फल चाहते हैं। इच्छानुसार कर्मफल न पाकर दुःखी या सुखी होते हैं।

यज्ञ प्राचीन भारत में सुप्रतिष्ठित कर्म रहा है। प्रकृति की सारी गतिविधि यज्ञ है। गीता (3-14) में कहते हैं, "अन्न से प्राणी हैं। अन्न वर्षा से उत्पन्न होता है। वर्षा यज्ञ से होती है और यज्ञ श्रेष्ठ कर्म से उत्पन्न होता है।" दुनिया के सभी श्रेष्ठ कर्म यज्ञ हैं। यज्ञ केवल अग्निकुण्ड में उत्तम पदार्थ डालने और स्वाहा बोलने तक सीमित नहीं है। वैसे सभी कर्मों का फलदाता ईश्वर माना जाता है लेकिन पूर्व मीमांसा दर्शन के अनुसार यज्ञ या आदर्श कर्म नष्ट होने के पहले 'अपूर्व' नामक तत्व या ऊर्जा पैदा करते हैं। कर्म में ऊर्जा लगती है। कर्म-ऊर्जा रूपान्तरित होकर 'अपूर्व' पैदा करती है। पूर्व मीमांसा के अनुसार 'अपूर्व' कर्म फल देकर नष्ट हो जाता है।

उत्तर मीमांसा या वेदान्त में यह जगत् अनित्य है। अनित्य का अर्थ है कि यह प्रतिपल परिवर्तनशील है। शंकराचार्य के शब्दों में जगत् मिथ्या है। पूर्व मीमांसा में जगत् क्षणभंगुर नहीं है। मीमांसा दर्शन भी जगत् को परिवर्तनशील बताता है लेकिन यह रूपांतर के साथ नित्य है। जगत् को नित्य बताना महत्वपूर्ण है। पूर्व मीमांसा में आत्मा नहीं है। ईश्वर सृष्टि-सृजन नहीं करता। पूर्व मीमांसा में ईश्वर का उल्लेख न होने के तमाम अर्थ निकाले गए थे। इसी आधार पर इसे कुछ विद्वानों ने इसे

निरीश्वरवादी दर्शन कहा। लेकिन पूर्व मीमांसा का विस्तार हुआ। बाद में कुमारिल भट्ट ने इसमें आत्मा जोड़ी। कुमारिल भट्ट ने कहा कि पूर्व में विद्वानों ने मीमांसा को लोकायत पर आधारित बताया था। मैंने इसे आस्तिक पथ में लाने का काम किया–ताम आस्तिक पन्थे कर्तुम अयं यत्नः कृतो मयः। आस्तिकता अस्तित्व के प्रति आस्था है। वेद अस्तित्व का गान है।

ईश्वर विश्व के अधिकांश लोगों की आस्था है, लेकिन दर्शन और विज्ञान में प्रमाण आवश्यक होते हैं। पूर्व मीमांसा में वेद-वचनों या कथनों को स्वयं प्रमाण माना गया है। वैदिक मन्त्रों को सत्य मानने के लिए प्रमाण की आवश्यकता नहीं। इसे शब्द-प्रमाण भी कहते हैं। इस दर्शन में वैदिक कथन का अर्थ महत्वपूर्ण है। बोला गया शब्द 'ध्वनि' होता है। प्रत्येक शब्द के गर्भ में अर्थ होता है। अर्थ सार्वजनिक बोध होता है। ऋग्वेद (1-164-39) में कहते हैं, "जो वेदवाणी का तत्व नहीं जानता, ऋचा-मन्त्र दोहराकर क्या कर लेगा?" कर्मकाण्ड की अपनी महत्ता है लेकिन तत्वज्ञान का बोध श्रेयस्कर है। हिन्दू परम्परा में धर्म, अर्थ, काम व मोक्ष चार पुरुषार्थ हैं। अर्थ व काम का नियमन धर्म करता है लेकिन पूर्व मीमांसा में मोक्ष की भी चर्चा नहीं है। यहाँ स्वर्ग-प्राप्ति सबसे बड़ा कर्म फल है, लेकिन स्वर्ग कोई भौगोलिक क्षेत्र नहीं है। स्वर्ग सभी अभिलाषाओं की पूर्ति का स्थान या अनुभूति है। ऋग्वेद के एक मन्त्र में सोमदेव से प्रार्थना है, "जहाँ सारी इच्छाओं की पूर्ति होती है। हमें वहाँ स्थान दो। जहाँ सदानीरा नदियाँ बहती हैं। विवस्वान सूर्य के पुत्र की राजव्यवस्था है, जहाँ मुद, मोद, प्रमोद हैं हमें वहाँ स्थान दो।" ऋषि की इस स्तुति में स्वर्ग की प्रतिच्छाया है। यह श्रेष्ठ कर्मों का परिणाम है। पूर्व मीमांसा में कर्मफल की गारंटी है। स्वर्ग सभी अभिलाषाओं को पूरा करने वाली चित्तदशा भी हो सकती है। ऐसी आनन्दपूर्ण स्थिति यहीं इसी संसार में भी सम्भव है। संसार कर्मक्षेत्र है। कर्मक्षेत्र के साथ धर्मक्षेत्र है। गीता 'धर्मक्षेत्र' से ही शुरू होती है। धर्म भारत का वरेण्य है। 'हिन्दू-तत्व' धर्म है और धर्म 'हिन्दुत्व' है। हिन्दुत्व में विश्व-कल्याण की गहनतम अभीप्सा है।

वैशेषिक दर्शन

हिन्दू चिन्तन में कणाद के 'वैशेषिक दर्शन' का विशेष महत्व है। कुछ विद्वान वैशेषिक दर्शन को गौतम के न्याय दर्शन का विस्तार बताते हैं। कणाद रचित 370 वैशेषिक सूत्र हैं। यह सूत्र 10 खण्डों में विभाजित किए गए हैं। वैशेषिक का शब्दार्थ

'पदार्थों के भेद का ज्ञान' बताया गया है। इस दर्शन में ज्ञान के 6 मूल तत्व बताए गए हैं। द्रव्य, गुण, कर्म, समवाय, सामान्य और विशेष ये 6 मूल तत्व हैं। फिर ऊपर आए द्रव्य की संख्या 9 कही गयी है—पृथ्वी, अग्नि, जल, वायु, आकाश, काल, दिशा, आत्मा और मन 9 द्रव्य हैं। यहाँ पहले पाँच द्रव्य ऋग्वेद की और काल तथा दिशा अथर्ववेद की परम्परा हैं। आत्मा को भी द्रव्य बताना बड़ी बात है। आयुर्वेद के महान ग्रन्थ चरक संहिता में भी आत्मा को द्रव्य बताया गया है। कठोपनिषद में प्रकृति के अल्पतम घटक को अणु बताया गया है। परमसत्ता अणु से भी अणु है। सूक्ष्म से भी सूक्ष्मतम। यह महान से भी महान है। इस विवेचन में नित्य और अनित्य शब्द आए हैं। नित्य का अर्थ सदा रहने वाला है। अनित्य का अर्थ परिवर्तनशील है।

कणाद के अनुसार सृष्टि 9 द्रव्यों से बनी है और सभी 9 द्रव्यों में परमाणु हैं। इस दर्शन के अनुसार पृथ्वी के कारण रूप परमाणु हैं। वे नित्य हैं। सदा रहते हैं। लेकिन उनका कार्यरूप स्थान अनित्य है और परिवर्तनशील है। पृथ्वी में रूप, रस, गन्ध और स्पर्श चार गुण हैं। मुख्य गुण गन्ध है। इसी तरह जल का कारण रूप भी परमाणु है। वे नित्य हैं। सदा रहते हैं। लेकिन जल अनित्य है और परिवर्तनशील है। जल में रस, रूप और स्पर्श तीन गुण हैं। लेकिन रस मुख्य गुण है। इसी तरह अग्नि के कारण रूप परमाणु नित्य हैं। अग्नि अनित्य है। अग्नि में रूप और स्पर्श 2 गुण हैं। रूप मुख्य गुण है। वायु के कारण रूप परमाणु नित्य हैं। कार्यरूप वायु अनित्य है। इसका मुख्य गुण स्पर्श है। वैशेषिक दर्शन के अनुसार इन चारों द्रव्यों पृथ्वी, जल, अग्नि और वायु के परमाणुओं से तीन तरह के पदार्थ बने वे शरीर, इन्द्रिय और विषय हैं। आकाश के सम्बन्ध में बताते हैं कि आकाश सर्वत्र है। शब्द भी सर्वत्र हैं। आकाश का गुण शब्द है।

आकाश का शरीर नहीं होता पर उसकी इन्द्रिय श्रोत्र हैं। कान के भीतर का आकाश श्रोत्र है। काल नित्य है। काल, भेद, घड़ी, दिन, रात, वर्ष आदि कल्पनाएं हैं। काल भी कार्यों का एक कारण है। कणाद ने काल को द्रव्य माना है लेकिन काल द्रव्य में परमाणु नहीं होते। इसी तरह दिशा भी एक द्रव्य है। यह सर्वत्र व्यापक है। इसके भी परमाणु नहीं होते। फिर आत्मा द्रव्य के बारे में बताते हैं कि आत्मा भी आकाश की तरह सर्वत्रव्यापी और महान है—'विभवान्महान आकाश स्तथ चात्मा'। आत्मा के भी कारण रूप परमाणु नहीं है। नौवाँ द्रव्य मन है। व्यक्ति अपनी इन्द्रियों के माध्यम से बाह्य संसार से जुड़ता है। इन्द्रियों की तरह ही सुख-दुःख की अनुभूति का केन्द्र मन बताया है। कणाद ने मन को अणु बताया है। प्रश्न है कि 'मन' अणु

कैसे है? उत्तर है—वह आकाश, आत्मा, काल, दिशा की तरह विभु व्यापक नहीं है। इसके अभाव के कारण मन अणु है। अर्थ निकलता है जो सर्वव्यापी है वह अणु नहीं है। अणु परमाणु सर्वव्यापी नहीं होते।

प्रत्येक नित्य द्रव्य में मूलभूत विशेषताएं होती हैं। अनित्य की विशेषता का कारण रूप आदि गुण हैं। विशेषता का सूक्ष्म अध्ययन व विवेचन वैशेषिक दर्शन की विशिष्ट शैली है। भारतीय ज्ञान-परम्परा में दर्शन निरुद्‌देश्य नहीं हैं। मुक्ति, मोक्ष अथवा कैवल्य व्यक्ति के दुःखों का नाश करते हैं। कणाद के वैशेषिक दर्शन का ध्येय भी मुक्ति है। यह मुक्ति किसी उपासना, पूजा-पाठ और अनुष्ठान का फल नहीं है। प्रकृति के रहस्यों, गति और संयोग व गुण-धर्म को जानना ही मुक्ति है। अन्य दर्शनों की तरह यहाँ भी मुक्ति दुःखनाशक है। वैशेषिक दर्शन में सीधे किसी ईश्वर या परमात्मा के प्रति आग्रही विश्वास नहीं है। संसार-चक्र चलाने वाला कोई वैयक्तिक परमात्मा नहीं है।

प्रत्येक वस्तु या पदार्थ के अल्पतम घटक को परमाणु कहा जाता है। अणु वैसे भी सूक्ष्मतम घटक है। अणु के पहले परम विशेषण लगाकर परमाणु बनता है। विज्ञान में 'परमाणु' अणु से सूक्ष्मतम है। इसी तरह आत्मा के लिए भी कह सकते हैं। आत्मा के पहले परम विशेषण लगाने से परमात्मा शब्द बनता है। परम अन्तिम सूक्ष्मतम है। इन सभी का बोध और ज्ञान व्यक्ति को साँस ारिक दुःखों से मुक्त करता है। संसार को जानकर ही संसार के वास्तविक सुख और दुःख समझे जा सकते हैं। आधुनिक विज्ञान भी मानता है कि संसार के सभी पदार्थों में सूक्ष्मतम परमाणु होते हैं। परमाणु वैज्ञानिक अपनी ज्ञान-यात्रा में परमाणु के भीतर इलेक्ट्रान, प्रोटान और न्यूट्रॉन देख चुके हैं, लेकिन इनकी स्वतन्त्र सत्ता नहीं है। वे परमाणु के ही अविभाज्य अंश हैं। संसार-बोध मुक्ति का श्रेयस्कर उपकरण है। अज्ञान के कारण ही दुःख है। सृष्टि-प्रकृति के सूक्ष्मतम अंश का बोध दुःख-निवृत्ति का वास्तविक मार्ग है।

कणाद का वैशेषिक दर्शन मुक्ति का मार्ग है। कणाद के सम्बन्ध में एक कहानी भी चलती है। बताते हैं कि उनकी मृत्यु निकट थी। परिजन और सहयोगियों ने उनसे कहा कि अब आप ईश्वर का स्मरण करें। इस आग्रह के उत्तर में कणाद ने अणु-परमाणु की ही चर्चा की है। उनकी अनुभूति में संसार-चक्र को चलाने वाला कोई वैयक्तिक ईश्वर नहीं है। परमाणु ही परमाणु के साथ खेलते हैं। अणु और परमाणु की चर्चा ऋग्वेद से लेकर उपनिषद् काल तक चलती रही। वैशेषिक दर्शन में तात्कालिक समाज का परमाणुवाद है।

न्याय दर्शन

'प्रमाण' ज्ञान के आधार हैं। 'न्याय दर्शन' का उद्देश्य भी दुःख-समाप्ति और मोक्षप्राप्ति है। वास्तविक ज्ञान की प्राप्ति से ऐसा सम्भव है। न्याय दर्शन के अनुसार प्रमाण, प्रमेय, संशय, प्रयोजन, दृष्टान्त, सिद्धान्त, अवयव, तर्क, निर्णय, वाद, जल्प, वितण्डा, हेत्वाभास, छल, जाति, निग्रह-स्थान 16 पदार्थों का ज्ञान इष्ट है। इनके ज्ञान से दुःख और उसके कारणों की श्रृंखला का नाश होता है। प्रमाण चार हैं—प्रत्यक्ष, अनुमान, उपमान और शब्द। मनुष्य में ज्ञान-प्राप्ति की इन्द्रियाँ 5 हैं—आँख, नाक, कान, जिह्वा और त्वचा। इन इन्द्रियों में किसी भी इन्द्रिय का विषय से सीधा संपर्क प्रत्यक्ष ज्ञान है। हम आँख से देखते हैं। कान से सुनते हैं। नाक से सूँघते हैं। जिह्वा से स्वाद लेते हैं। त्वचा से छूते हैं। इन्द्रियबोध से प्राप्त यह ज्ञान प्रत्यक्ष कहा जाता है। कभी-कभी किसी वस्तु को प्रत्यक्ष रूप से जानना कठिन होता है, तब उसे किसी अन्य साधन के द्वारा जानने का प्रयास करते हैं। इस साधन को ज्ञान-अनुमान कहा जाता है। किसी छत से निकलता हुआ धुँआ देखते हैं। धुंए से अनुमान लगाते हैं कि इस घर में अग्नि है। अग्नि के बिना धुँआ नहीं हो सकता। धुंए की सत्ता अनुमान है। इसी तरह किसी वस्तु के गुण-धर्म से हम न जानी हुई वस्तु को जानते हैं तब उसे उपमान कहते हैं। एक पशु दिखाई पड़ता है। उसकी आकृति गाय के समान है। हम समझते हैं कि यह गाय के समान है। उसे उपमान कहते हैं।

संसार में अनेक वस्तुएं ऐसी हैं जिन्हें हम शब्दों के द्वारा ही जानते हैं। बहुत लोगों ने ध्रुव प्रदेश नहीं देखे। वे बर्फ से आच्छादित रहते हैं। यह बात लिखे शब्दों या सुने शब्दों से मालूम हुई है। इसे शब्द-प्रमाण कहते हैं। वेदों उपनिषद्गों में प्राचीनकाल के दर्शन व समाज का शब्द-रूप विवरण है। वेद शब्द-प्रमाण हैं। 16 पदार्थों में दूसरा प्रमेय है। 'प्रमा' के विषय को प्रमेय कहते हैं। इसमें आत्मा, शरीर, 5 ज्ञानेन्द्रियाँ, इन्द्रियों के विषय, बुद्धि, मन, प्रवृत्ति, राग, द्वेष, मोह, पुनर्जन्म, फल, दुःख और अपवर्ग ये 12 प्रमेय हैं। इसी तरह जब मन के सामने कई विकल्प होते हैं। किसी एक का निश्चय नहीं होता तब ज्ञान निश्चय नहीं होता और न ज्ञान का पूर्ण अभाव ही। तब इसे संशय कहते हैं। इसी तरह जिसकी प्राप्ति के लिए कर्म किए जाते हैं उसे प्रयोजन कहते हैं। दृष्टान्त उदाहरण होते हैं। अपने तर्क की पुष्टि के लिए उदाहरण दृष्टान्त कहलाते हैं। दर्शन की स्थापित मान्यता को सिद्धान्त कहते हैं। अनुमान के अंगभूत वाक्य अवयव कहे जाते हैं। इसी तरह तर्क युक्ति का एक रूप है। इससे किसी सिद्धान्त को सिद्ध करने के लिए विरोधी सिद्धान्त में दोष

निकाला जाता है। प्रमाण के द्वारा प्राप्त किसी सिद्धान्त का निश्चित ज्ञान निर्णय कहलाता है। यथार्थ ज्ञान प्राप्त करने के लिए वादी और प्रतिवादी एक दूसरे के विचार का खण्डन करते हैं। तब इसे वाद कहते हैं। विरोधी को पराजित करने के लिए किए जाने वाले वाद विवाद जल्प और वितण्डा कहलाते हैं। विरोधी के मुख्य विषय को छोड़ कर किसी अन्य विषय से आक्षेप करना छल कहलाता है। सोलहवाँ निग्रह स्थान है। यह वाद विवाद का स्थान है जिसमें विरोधी की हार स्वीकार करनी पड़ती है। इन्हीं विषयों को ज्ञान प्रक्रिया में सम्मिलित करते हुए न्याय दर्शन मुक्ति का मार्ग देता है।

न्याय दर्शन में विश्व के विविध तत्वों का ज्ञान प्राप्त करने का प्रयास किया गया है। इस दर्शन के अनुसार ईश्वर, जीव और प्रकृति मूल पदार्थ या तत्व हैं। जीवात्मा की पृथक सत्ता है। जीवात्मा, शरीर, मन और बुद्धि से भिन्न स्वतन्त्र पदार्थ है। ईश्वर और प्रकृति के स्वरुप पर न्याय दर्शन में विस्तार से विवेचन किया गया है। न्याय दर्शन के प्रवर्तक गौतम थे। उन्होंने सूत्र रूप में न्याय दर्शन की रचना की। गौतम के न्याय सूत्रों पर वात्स्यायन ने भाष्य लिखा। बाद में न्याय दर्शन विषयक अनेक ग्रन्थ लिखे गए। न्याय वार्तिक भी लिखा गया। वाचस्पति ने भी टीका लिखी। पदार्थों के ज्ञान व सत्य असत्य विवेचन में न्याय दर्शन की गहरी भूमिका है।

बड़ी बात है कि सहस्त्रों वर्ष पूर्व हिन्दुस्तान के मनीषी प्रकृति के गोचर प्रपंचों पर शोधरत थे।

सांख्य दर्शन

'सांख्य दर्शन' सभी का प्रिय विषय है। इसके प्रवर्तक कपिल हैं। महाभारत काल में भी सांख्य दर्शन की प्रतिष्ठा थी। महाभारत में अनेक प्रसंगों में सांख्य का उल्लेख हुआ है। गीता में श्रीकृष्ण ने स्वयं को कपिल मुनि बताया है। यह भीष्म पर्व के गीता वाले अध्याय में है। शान्ति पर्व में याज्ञवल्क्य ने कहा है, "सांख्य के समान कोई दूसरा ज्ञान नहीं है और योग के समान कोई बल नहीं है—नास्ति सांख्य बलं ज्ञानं नास्ति योग समं बलं।" सांख्य वस्तुतः ज्ञान-योग है। गीता (3.13) में श्रीकृष्ण ने अर्जुन को बताया, "प्राचीन काल से ही दो निष्ठाएं हैं। सांख्य की निष्ठा ज्ञान-योग है और योगियों की कर्मयोग। योग वशिष्ठ में वशिष्ठ ने राम को बताया कि सुख-दुःख-निवृत्ति की दो निष्ठाएं योग और सांख्य हैं।" श्रीकृष्ण ने कहा है, "सांख्य और योग को अलग-अलग बताने वाले ज्ञानी नहीं हैं।"

सांख्य के ,अनुसार प्रकृति में तीन गुण हैं। इसलिए चित्त और उसकी वृत्तियाँ भी तीन गुणों वाली हैं। सांख्य के अनुसार गुण ही गुणों के साथ सक्रिय रहते हैं। सांख्य अभ्यासी गुणों का खेल तटस्थ होकर देखता रहता है और अकर्ता भाव में होकर मुक्ति पाता है। श्रीकृष्ण ने गीता में कहा है, "तत्व वेत्ता सांख्य योगी देखता हुआ, सुनता हुआ, छूता और सूँघता हुआ खाता, चलता, और सोता हुआ साँस लेता, बोलता, छोड़ता, पकड़ता, आँखे खोलता यही देखता है कि वह स्वयं कुछ नहीं करता। सारी चेष्टाओं में इन्द्रियाँ ही अपने गुणों के कारण सक्रिय रहती हैं। (गीता 5.8-9)

सांख्य शब्द वस्तुतः संख्या से बना है। सं का अर्थ है पूरा, परिपूर्ण, सम्यक और ख्या का अर्थ है कथन। कपिल इस दर्शन के द्रष्टा हैं। कपिल मुनि ने 'तत्व समास' नाम से सांख्य ग्रन्थ लिखा था। सांख्य कारिका के अनुसार कपिल ने यह ज्ञान अपने शिष्य आशुरि को और आशुरि ने पंच शिखाचार्य को दिया। पहला सूत्र है 'अब तत्व समास' यानी तत्व का विवेचन। आठवाँ सूत्र है आठ प्रकृतियाँ। तीसरा है सोलह विकार। कपिल ने पूरी प्रकृति को 24 छोटे-छोटे खण्डों में बाँटा है। प्रधान, प्रकृति, महतत्व, अहंकार, शब्द, स्पर्श और गन्ध यह आठ प्रकृतियाँ हैं। फिर सोलह विकार बताए हैं। इन सोलह में पाँच स्थूलभूत तत्व आकाश, वायु, जल, अग्नि और पृथ्वी हैं। फिर 5 ज्ञानेन्द्रियाँ और 5 कर्मेन्द्रियाँ हैं। ग्यारहवाँ मन है। यही कुल सोलह विकार हैं।

सांख्य के अनुसार नए तत्व का उपादान कारण प्रकृति है और इस कारण से जो नया तत्व बनता है वह विकार है। इस दर्शन में विकार का मतलब बुरी प्रवत्ति नहीं है। यहाँ विकार का अर्थ प्रकृति से उत्पन्न है। केवल जड़ प्रकृति ही असली प्रकृति है। प्रकृति किसी दूसरे तत्व से प्रकट नहीं है। यह सदा से है। प्रकृति के बाद दूसरा तत्व महतत्व है। महतत्व का अर्थ है अस्मिता। महतत्व प्रकृति से आया है इसलिए प्रकृति का विकार हुआ। फिर महत्तव से अहंकार का जन्म हुआ। महतत्व अहंकार के जन्म का कारण बना। इसलिए प्रकृति हो गया और अहंकार विकार हो गया। अहंकार से शब्द स्पर्श, रूप, रस और गन्ध पाँच तन्मात्राएँ और इन्द्रियाँ हैं। अहंकार कारण बना। और प्रकृति हो गया। पाँचों तन्मात्राएँ विकार हो गयीं। इन पाँच तन्मात्राओं से पाँच स्थूलभूत तत्व आकाश, जल, अग्नि, वायु और पृथ्वी आए। इसलिए पाँच तन मात्राएँ फिर प्रकृति हो गयीं और स्थूलभूत पाँच तन मात्राएँ विकार हो गयीं। अहंकार से अस्तित्व में आईं 11 इन्द्रियों से आगे कुछ नहीं बना।

इसलिए 11 इन्द्रियाँ विकार हो गयीं। 5 स्थूलभूत तत्वों से भी कुछ नहीं बना। ये पाँचों विकार हो गए। कुल मिलाकर 16 तत्व दूसरी प्रकृतियों से अस्तित्व में आए। इनसे आगे कुछ नहीं जन्मा। इसलिए सांख्य दर्शन में 16 विकार और 8 प्रकृतियाँ हैं। सांख्य दर्शन का चौथा सूक्त महत्वपूर्ण है जिसे पुरुष कहा गया है। फिर प्रकृति के तीन गुणों वाला सूत्र है। सत्व, रज और तम प्रकृति के तीन गुण हैं। गुण परिणामशील हैं।

सांख्य दर्शन में प्रत्येक नया परिवर्तन परिणाम कहलाता है। प्रीति अप्रीति और विषाद सांख्य दर्शन के शब्द हैं। आधुनिक विज्ञान में आकर्षण, विकर्षण और उदासीनता। सांख्य दर्शन के अनुसार सत्व, रज और तम की साम्यावस्था में प्रकृति जड़ है। पुरुष के सहयोग के बाद साम्यावस्था भंग हो जाती है। सत्व में रज गुण की क्रियाशीलता बढ़ती है और तम की उदासीनता भी। इसके परिणाम में मह तत्व प्रकट होता है। सांख्य दर्शन में सृष्टि और प्रलय के रहस्य भी हैं। मन सहित 11 इन्द्रियों और 5 स्थूलभूत तत्वों का अपने मूलभूत कारणों अहंकार और तन्मात्राओं में लौटना प्रलय है। ऐसा तम गुण की अधिकता से होता है। इसी तरह पुरुष और 8 मूल प्रकृतियों के सहयोग से इन्हीं 16 विकारों का प्रकटीकरण सृष्टि है। प्रलय के बावजूद पुरुष और 8 मूल प्रकृतियाँ बची रहती हैं। इन्हीं के 16 विकार रजो गुण के प्रभाव की अधिकता में फिर से प्रकट होते हैं और सृष्टि लौट आती है। निष्कर्ष यह कि पूरी सृष्टि उसका निर्माण और प्रलय प्रकृति और पुरुष के खेल हैं। गुण ही गुणों के साथ खेल करते हैं। यहाँ प्रकृति और पुरुष की लीला है। प्रकृति और पुरुष की जगह परमात्मा या राम शब्द रख दें तो यहाँ शब्द रामलीला है।

योग दर्शन

योग प्राचीन विज्ञान है। भारतीय राष्ट्र-जीवन में योग यत्र-तत्र-सर्वत्र मिलता है। बिना प्रयास किसी का मिलना-जुड़ना 'संयोग' है। इसी तरह अलग हो जाना 'वियोग' है। दैनिक जीवन में किसी वस्तु को सहायक बनाने का ज्ञान 'उपयोग' हैं। किसी को आरोपित करना 'अभियोग' है। वस्तुओं का उत्पादन करना 'उद्योग' है। शक्ति या वस्तु का गलत प्रयोग 'दुरुपयोग' है। शक्ति का प्रतिस्पर्धी प्रयोग 'प्रतियोग' है। प्रतियोगिता शब्द इसी से बना है। अपने सभी कार्यों में ज्ञान को उपकरण बनाना 'ज्ञान-योग' है। भक्ति-मार्ग 'भक्ति-योग' है। कर्म प्रधानता 'कर्म-योग' है। संसार को माया और ब्रह्म को वास्तविक जानकर संसार का त्याग 'संन्यास-योग' है। ज्योतिष

में ग्रह-स्थितियों की अनुकूलता 'संयोग' है। गणित में अंकों का जोड़ भी 'योग' है। औषधियों को शास्त्रीय आधार पर मिलाना भी 'योग' है।

'योग' विज्ञान है। योग के सभी आयामों में अन्धविश्वास नहीं है। योग-विज्ञान ऋग्वेद में है। उपनिषद्ों में है। गीता में है। बुद्ध पन्थ में भी तमाम यौगिक क्रियाओं का उल्लेख है। मार्शल ने हड़प्पा सभ्यता पर 'मोहनजोदड़ो एण्ड दि इंडस सिविलाइजेशन' में शिव को आर्य देवताओं से भिन्न देवता बताया है। किताब में योग के बारे में लिखा है, "शैव मत के समान योग का उद्भव भी आर्यों से पहले की आबादी में हुआ था। काव्यों के युग के पहले उसकी कोई महत्वपूर्ण भूमिका आर्यों के धर्म में नहीं थी।" मार्शल सिन्धु सभ्यता को वैदिक सभ्यता से प्राचीन मानते थे। उनकी राय में योग सिन्धु सभ्यता के समय विकसित हुआ। आर्यों ने इसे बहुत बाद में जाना।

योग के द्वारा बुद्धि को जाग्रत करना वैदिक काल में भी था। ऋग्वेद (5.44.14) में कहते हैं, "जो जागे हुए हैं। ऋचाएँ उनकी कामना करती हैं।" मन की चंचलता मनुष्य का स्वभाव है। स्थिरप्रज्ञता योग की उपलब्धि है। इन्द्र से कहते हैं, "आपका मन हमारी ओर हो। (8.45.6) इन्द्र की प्रशंसा में कहते हैं," आपने जन्म लेते ही अपना मन स्थिर किया। सृजन का आनन्द भी योग से मिलता है। ऋग्वेद (9.68.5) में कहते हैं, "आनन्द प्रशिक्षित मन से आता है। मार्शल की आधी बात ठीक है कि हड़प्पावासी योग से परिचित थे।" मार्शल की यह बात गलत है कि ऋग्वैदिककाल में योग की साधना नहीं थी। मार्शल की यह भी बात गलत थी की आर्य जन योग से अपरिचित थे। योग को व्यवस्थित रूप में विज्ञान बनाने का काम ईसा की दूसरी सदी पूर्व पतंजलि ने किया था। माना जाता है कि वे पुष्यमित्र शुंग के परामर्शदाता थे। पतंजलि ने पाणिनि के व्याकरण पर महाभाष्य लिखा था। उन्होंने ही 'योगसूत्र' नामक महान ग्रन्थ लिखा है।

भारतीय दर्शन में दुःख का मूल कारण अविद्या है। साँस ारिक भोग सुख नहीं देते। पतंजलि ने मन की चंचलता को दुःख का कारण माना है। सिग्मंड फ्रायड प्रसिद्ध मनसविद थे। उन्होंने मन का मजेदार विश्लेषण किया है। उन्होंने तीन तरह के मन बताए हैं। पहला क्षिप्त मन। दूसरा विक्षिप्त मन और तीसरा मूढ़ मन। लेकिन पतंजलि ने मूढ़, क्षिप्त, विक्षिप्त, एकाग्र और निरुद्ध सहित चित्त की पाँच अवस्थाएं बताईं। इन चित्त-वृत्तियों की समाप्ति को योग का लक्ष्य बताया—योगस्य चित्त वृत्ति निरोधः (योगसूत्र 2) बताया। मनुष्य का चित्त द्रव्य या पदार्थ नहीं है। पदार्थ होता

तो विज्ञान की पकड़ में आता। चित्त मनुष्य शरीर का अति सूक्ष्मतम अदृश्य भाग है। मन और शरीर मिले हुए हैं। मन खराब हो तो शरीर कष्ट पाता है। शरीर में चोट हो तो मन दु:खी होता है। अपमान का ज्ञान मन पर होता है। ताप शरीर पर होता है। बाइबिल (मैथ्यू 5.3) में कहते हैं, "वे धन्य हैं जो मन के दीन हैं। स्वर्ग का राज्य उनका है।" स्वर्ग मन का स्वभाव है धन का नहीं। बाइबिल में कहते हैं, "मन फिराओ स्वर्ग का राज्य निकट है।" मन महत्वपूर्ण है।

चित्तवृत्तियों की समाप्ति योग है। बाइबिल में भी इसके संकेत हैं। पतंजलि के सूत्र संक्षिप्त हैं। कहीं-कहीं एक ही शब्द का वाक्य है। वे आसन, प्राणायाम और ध्यान के माध्यम से आत्मबोध कराते हैं। आसन और प्राणायाम सरल है। ध्यान और समाधि कठिन है। ध्यान एकाग्रता है। पतंजलि के अनुसार ध्यान का केन्द्र केवल उपकरण है। योगसूत्र में प्रीतिकर विषय पर ध्यान के विकल्प हैं। योगसूत्र (समाधिपात 39) में कहते हैं, "यथाभिमत्ध्याना द्वा–जिसकी जैसी इच्छा हो उस केन्द्र पर ध्यान करे। फिर कहते हैं अथवा ईश्वर पर प्राण, ध्यान लगाएँ– ईश्वर प्रणिधाना द्वा (वही 23) पतंजलि के सूत्रों में ईश्वर पर ध्यान एक विकल्प है। पतंजलि का ईश्वर सामान्य ईश्वर नहीं है। वे ईश्वर की परिभाषा भी बताते हैं, "क्लेश, कर्म, कर्मफल और वासना से असम्बद्ध चेतना विशेष ईश्वर है।" (वही 24) इस परिभाषा के अनुसार योग के माध्यम से कोई भी ईश्वर जैसा हो सकता है।

योगसूत्र आनन्द का सागर है। लगातार अभ्यास और उपलब्धि प्राप्ति के लिए अनासक्ति से योग के लाभ मिलते हैं। पतंजलि ने स्वयं कहा है कि जिनके प्रयास मृदु या मध्यम होते हैं। उन्हें योग के लाभ देर में मिलते हैं। जिनके प्रयास तीव्र होते हैं उन्हें योग का फल तत्काल मिलता है। पतंजलि ने बुद्धि के लिए ऋतम्भरा शब्द का प्रयोग किया है—ऋतम्भरा तत्र प्रज्ञा। ऋतम्भरा साधारण बुद्धि नहीं है। एक बुद्धि मनुष्य की होती है। एक बुद्धि समूचे ब्रह्माण्ड की होती है। ऋतम्भरा पूरे ब्रह्माण्ड की बुद्धि है। फिर समाधि की चर्चा है और अन्तत: कैवल्य की। योग दर्शन सत्य के द्वार खोलता है। योग से तमाम बीमारियों के उपचार होते हैं। लेकिन ऐसे उपचार योग के प्राथमिक चरण में ही पूरे हो जाते हैं। पूरा योगसूत्र हिन्दू दर्शन के लिए गर्व करने लायक है।

वेदान्त : अथातो ब्रह्म जिज्ञासा

भारतीय चिन्तन में ज्ञान-प्राप्ति की जिज्ञासा गहरी है। मुण्डकोपनिषद् में समूचे ज्ञान

के विकल्प-रूप में केवल एक ज्ञान की जिज्ञासा है। ऋषि अंगिरा के पास शौनक गये। पूंछा "कस्मिन्नु भगवो विज्ञाते सर्वम् इदं विज्ञानां भवतीति–किसे जान लेने पर यह सबकुछ जाना हुआ हो जाता है।" (खण्ड 1.3) यहाँ सर्वव्यापी ब्रह्म की जिज्ञासा है। अतिरिक्त जिज्ञासा से बने वातावरण में 'ब्रह्म' अभूतपूर्व जिज्ञासा का विषय बना। ब्रह्म-जिज्ञासा की ज्ञान साधना से प्रगाढ़ अनुभूति आई। ऋचाएँ उगीं। मन्त्र फूटे। उपनिषद् बने। जिज्ञासा तो भी बनी रही। फिर समूचे तत्वदर्शन को समेटते हुए एक और ग्रन्थ उगा–ब्रह्म सूत्र। 'ब्रह्मसूत्र' का पहला श्लोक ही जिज्ञासा से रचा-बसा है, "अथातो ब्रह्म जिज्ञासा–अब ब्रह्म की जिज्ञासा है।" ब्रह्मसूत्र प्रगाढ़ बौद्धिकता और गहन अनुभूति से उगी रचना है। इसी अनुभूति का नाम पड़ा–'वेदान्त दर्शन'। इसे उत्तर मीमांसा भी कहते हैं। वेदों के कर्त्तव्य भाग की व्याख्या जैमिनि ने की थी। इसकी शुरुआत भी जिज्ञासा से ही होती है—अथातो धर्म जिज्ञासा। इसे पूर्व मीमांसा कहा गया। इसलिए उपासना और ज्ञान काण्ड के भाग 'ब्रह्मसूत्र' को उत्तर मीमांसा कहा गया लेकिन 'वेदान्त दर्शन' नाम लोकप्रिय हुआ।

वेदान्त में वेद, उपनिषद्, आरण्यक आदि की अनुभूतियाँ हैं। 'ब्रह्मसूत्र' में उनके तत्व समाहित हैं। कम से कम एक उपनिषद् 'ईशावास्योपनिषद्' अथर्ववेद से भी पुरानी है। यह यजुर्वेद के 40वें अध्याय में है। विवेकानन्द ने बताया कि "भारत के सभी आस्तिक दर्शन वेदों पर आधारित हैं फिर भी उनके नाम भिन्न हैं। अन्तिम दर्शन, जो व्यास का है, पूर्व प्रतिपादित दर्शनों की अपेक्षा वैदिक विचारों पर अधिक आधारित है। इसमें सांख्य और न्याय जैसे प्राचीन दर्शनों का वेदान्त के साथ यथासम्भव सामंजस्य स्थापित करने का प्रयत्न किया गया है। इसलिए इसे विशेष रूप से वेदान्त कहा जाता है। आधुनिक भारतीयों के अनुसार व्यास-सूत्र ही वेदान्त दर्शन का आधार माना जाता है।"

स्वामी विवेकानन्द ने ब्रह्मसूत्र को 'व्यास सूत्र' कहा है। कुछेक आधुनिक विद्वान सांख्य वैशेषिक, बौद्ध, जैन आदि मतों की व्याख्या के आधार पर 'ब्रह्मसूत्र' को व्यास की रचना नहीं मानते। वे उसे वादरायण की रचना कहते हैं। वे वादरायण और व्यास को अलग-अलग बताते हैं। कुछ विद्वान वादरायण को बाद का बताकर ब्रह्मसूत्र को परवर्ती काल की रचना कहते हैं। उपनिषद् साहित्य वेदान्त के अन्तर्गत आता है। इस दर्शन का मुख्य आधार 'ब्रह्मसूत्र' हैं। इसे बादरायण द्वारा लिखा गया माना जाता है। गीता प्रेस गोरखपुर से प्रकाशित वेदान्त दर्शन-ब्रहसूत्रों मे व्यास को ही ब्रह्मसूत्रों का रचनाकार बताया गया है। ब्रह्मसूत्रों में बुद्ध का भी उल्लेख है। कुछेक

विद्वान बुद्ध के उल्लेख के कारण ब्रह्म सूत्रों का रचनाकाल ईसा पूर्व 483 बरस (बुद्ध परिनिर्वाण ईसा पूर्व 483) के बाद मानते हैं। यह बात सही है कि ब्रह्मसूत्र में अनेक मतों का विवेचन है। ऐसे मत प्राचीन हैं। उनका विवेचन भले ही बाद में भी हुआ है लेकिन विचार शाश्वत होते हैं। फिर ब्रह्मसूत्र में जैन बौद्ध या वैशेषिक के आचार्यों के नाम भी नहीं हैं। सिर्फ़ मत हैं और मत सदा से हैं।

ब्रह्मसूत्र असाधारण रचना है। इसमें वेदों से लेकर उपनिषद् काल तक विकसित सभी विचारों पर टिप्पणियाँ हैं। टिप्पणियों में पूर्ववर्ती विचारकों का विस्तृत उल्लेख नहीं है। रचनाकार ने संक्षिप्त सूत्रों में बड़ी-बड़ी बातें की हैं। ब्रह्मसूत्र में पूरी बात के लिए भी अति अल्प शब्द विन्यास हुआ है। पहला सूत्र सीधा है—अथातो ब्रह्म जिज्ञासा। अब ब्रह्म की जिज्ञासा है। दूसरे सूत्र में दो शब्द ही हैं, "जन्माद्यस्य यतः। अनुवाद है—यहाँ जिससे जन्म आदि होते हैं।" अनुवाद से अर्थ पूरा नहीं निकलता इसलिए अनुभूति की सहायता से कहते हैं– वही ब्रह्म है। अब अर्थ पूरा हुआ "जिससे जन्म आदि होते हैं वह ब्रह्म है। 'जन्म आदि' का अर्थ भी बड़ा है—जन्म, युवा, बुढ़ापा, मृत्यु, सृष्टि, स्थिति, विकास और प्रलय। तीसरा सूत्र मात्र एक शब्द का ही है, "शास्त्रयोनित्वात्शा–स्त्र में वही कारण है। पूरा अर्थ है वह ब्रह्म ही वेदों शास्त्रों में जगत् का कारण कहा गया है।" ब्रह्मसूत्रों में सृष्टि जगत का रहस्य है, उपनिषद्ों में वर्णित तमाम सूत्रों की व्याख्या है। गीता सभी दर्शनों का अभूतपूर्व मिलन दर्शन है। इसीलिए भारत में उपनिषद्, ब्रह्मसूत्र और गीता को 'प्रस्थानत्रयी' की संज्ञा मिली।

ब्रह्मसूत्र संक्षिप्त रचना है। ब्रह्मसूत्र में 561 सूत्र हैं। ब्रह्मसूत्र चार अध्यायों व 16 छोटे-छोटे खण्डों में विभाजित है। 16 खण्डों को पाद-चरण कहा गया है। सूत्रों में वेद उपनिषद् में आए तमाम शब्दों, प्रत्ययों, विचारों का विवेचन है। उपनिषद्ों में प्राण शब्द आया है। यहाँ प्राण को ब्रह्म कहा गया है। (1.1.28-31) छान्दोग्य उपनिषद् में सम्पूर्णता के लिए 'भूमा' शब्द आया है। यहाँ भूमा को ब्रह्म बताया गया है। (1.3.8-9) सभी सूत्र ब्राह्मणों उपनिषद्ों के तत्वों का विश्लेषण हैं। यहाँ सांख्य दर्शन के कारणवाद का खण्डन है। (अध्याय 2.2.1-10) इसी तरह कणाद के परमाणुवाद से उठे भौतिकवादी प्रश्नों का भी परम ब्रह्म में निरूपण है। (वही: 11-17) बौद्ध और जैनमतों का भी जबर्दस्त खण्डन किया गया है (ब्रह्मसूत्र: गीता प्रेस पृष्ठ 148-177) आगे सारी बाते गीता प्रेस से प्रकाशित ब्रह्मसूत्र की पृष्ठ संख्या के उद्धरणों से लिखी गयी हैं। ऋग्वेद में मधु विद्या है। जैमिनि ने पूर्व मीमांसा में इसे देवताओं के योग्य नहीं बताया क्योंकि देवताओं को यह विद्या सहज प्राप्य है। वे

ज्योतिर्मय लोकों में रहते हैं। (पृष्ठ 77 श्लोक 1.3.31-32) अगले श्लोक में लिखा है कि 'वादरायण को यह मतमान्य नहीं है।

वेद और उपनिषद् 'आनन्द' को बार-बार दोहराते हैं। ब्रह्मसूत्र में भी 'आनन्दमयो अभ्यसात्' (1.1.12) है। यहाँ आनन्दमय शब्द में मयट प्रत्यय संसार बोधक है, मय का तात्पर्य 'व्याप्त' होता है, जैसे दुःखमय, सुखमय आदि। ब्रह्मसूत्र आनन्दमय को भी ब्रह्ममय बताते हैं। लेकिन तैत्तिरीय उपनिषद् में आनन्दमय का वर्णन करते हुए उसे सीधे "रसो वै सः- वह रस है" बताते हैं। ब्रह्मसूत्र में उपनिषद्टों का आनन्द भी ब्रह्म है। तैत्तिरीय उपनिषद् में आनन्द का विवेचन है। आनन्दमय ब्रह्ममयता है। (1.1.12-19) मुण्डकोपनिषद् में एक मन्त्र में कहते हैं "जो अदृश्य है, इन्द्रिय बोध से परे है, वर्णहीन, गोत्रहीन, आँख, कान, पैर से रहित है नित्य, व्यापक, परिपूर्ण और अविनाशी है। धीरपुरूष उसे देखते हैं, वह समस्त भूतों का कारण है।" इसी सन्दर्भ को लेकर ब्रह्मसूत्र में बताया गया है कि वैदिक अनुभूति में जो अदृश्यता आदि गुणों वाला है। वह ब्रह्म है। (1.2.21)

ब्रह्मसूत्र का चौथा अध्याय प्रतीक उपासना (मूर्ति आदि) व योग के मजेदार संकेत देता है। शुरुआत में बताते हैं "श्रुति निर्देशित उपासना का आवर्तन (बारम्बारता)।" (4.1.1) आगे कहते हैं "न प्रतीके न हि सः- प्रतीक (मूर्ति) में आत्मभाव नहीं करना चाहिए। प्रतीक में ब्रह्म दृष्टि करनी चाहिए, ब्रह्म ही सर्वश्रेष्ठ है।" (पृष्ठ 390-91) ब्रह्म को प्रतीक में स्थापित देखना चाहिए। देवता में प्रतीक (मूर्ति) की नहीं। ब्रह्मसूत्र मूर्ति पूजा-प्रतीक पूजा की विधि बताता है। आगे कहते हैं 'आसीन सम्भवात्'- बैठकर ही ऐसा सम्भव है। (4.1.7) फिर कहते हैं

"ध्यानाच्य-ध्यान (4.1.8) और 'अचलत्वे चापेक्ष्य-शरीर की अचंचलता की अपेक्षा।" (4.1.9) यहाँ योग के सूत्र हैं। ब्रह्मसूत्रों पर तमाम भाष्य लिखे गये। शंकराचार्य का भाष्य अद्वैत कहलाया। उन्होंने ब्रह्म को सत्य और जगत् को मिथ्या बताया।

सबसे दिलचस्प है विद्या का प्रकरण। तीसरे अध्याय के चौथे पाद के प्रथम सूत्र में कहते हैं, "पुरुषार्थ की सिद्धि इसी (ज्ञान) से होती है। शब्द (वेद) यही बताते हैं।" अगले सूत्र में कहते हैं कि पूर्व मीमांसा के द्रष्टा आचार्य जैमिनि यह बात नहीं मानते। उनका मत है कि "ज्ञान को पुरूषार्थ बताना अर्थवाद है। पुरुषार्थ का साधन तो कर्म हैं। श्रेष्ठजनों के आचरण से यही सिद्ध होता है। छान्दोग्य उपनिषद् में भी कर्म को ही पुरुषार्थ का साधन कहा गया है। कर्म कर्त्तव्य है।" (वही 2-7) 6 सूत्रों

में जैमिनी के तर्क बताकर फिर वादरायण का मत है "श्रुति में कर्म की अपेक्षा विद्या की महत्ता है।" बड़ी मजेदार लेकिन उचित धारणा है कि विद्या कर्म का भाग नहीं है। अध्ययन कर्म भाग है– अध्ययन मात्रवत:। (वही 3.4.12) बताते हैं कि "विद्या से कर्मो का (कर्मफल) पूरा नाश हो जाता है।" (3.4.16) सा विद्या या विमुक्तये।

वैदिक दर्शन में 'अक्षर' शब्द बहुत आया है। वृहदारण्यक उपनिषद् (3.8.7) में 'अक्षर' की विवेचना है। गार्गी ने याज्ञवल्क्य से पूछा "जो द्युलोक से ऊपर है, पृथ्वी से भी नीचे है। इन दोनो के बीच में भी है। जिसे भूत भविष्य और वर्तमान कहते हैं वह काल किसमे ओत प्रोत है?" याज्ञवल्क्य ने कहा– आकाश में। गार्गी ने पूछा, "वह आकाश किसमें ओतप्रोत है? याज्ञवल्क्य ने कहा "उसे ब्रह्मवेत्ता 'अक्षर' कहते हैं, यह न सूक्ष्म है, न लघु, न बड़ा, न लाल, न पीला।" अक्षर रहस्यपूर्ण है। ब्रह्मसूत्र (1.3.100) में अक्षर भी ब्रह्म है। सूत्र है "अक्षरम्बरान्त धृते -अक्षर आकाश पर्यन्त सबको धारण करता है।" छान्दोग्य उपनिषद् में आकाश के बारे में कहा गया "निश्चय ही सभी प्राणी आकाश से ही उत्पन्न होते हैं।" ब्रह्मसूत्र में आकाश भी ब्रह्म है। सृष्टि-सृजन के सम्बन्ध में उपनिषद्रों में अनेक विचार हैं। उपनिषद् काल में पूर्ण विचार स्वातंन्त्र्य था। छान्दोग्य उपनिषद् में तेज, जल और अन्न का क्रमिक विकास है। माना गया कि आकाश सदा से है। तैत्तिरीय उपनिषद् में ब्रह्म से आकाश की उत्पत्ति है। फिर आकाश से वायु और वायु से तेज। लेकिन वृहदारण्यक उपनिषद् में आकाश अमृत है। अमृत का जन्म नहीं होता, मरण भी नहीं होता। ब्रह्म सूत्र में सारी शंकाओं, मतों का विवेचन है। फिर ब्रह्म को ही जगत् का कारण बताया गया है।

भारत में अनेक दर्शन उगे थे। वेदान्त सर्वाधिक लोकप्रिय हुआ। स्वामी विवेकानन्द जी ने भी कहा, "भारत में उपनिषद्रों के बाद अन्य कई दर्शनों का जन्म हुआ, परन्तु व्यास द्वारा लिखे गये वेदान्त दर्शन की तरह किसी दूसरे दर्शन की प्रतिष्ठा भारत में नहीं हो सकी। पर वेदान्त दर्शन भी प्राचीन सांख्य दर्शन का ही विकसित रूप है और सारे भारत के, यहाँ तक कि सारे संसार के सभी दर्शन और सभी मत कपिल के विशेष रूप से ऋणी हैं।" (विवेकानन्द साहित्य, खण्ड 5, पृष्ठ 219) कपिल द्वारा अनुभूत सांख्य दर्शन विश्व के सभी का प्रिय दर्शन है। सांख्य ने दुनिया के सभी विद्वानों को आश्चर्यचकित किया है। जर्मन विचारक हीगल के चिन्तन सूत्र यहाँ है, कार्ल मार्क्स का वैज्ञानिक भौतिकवाद भी है। इसमें गीता के मौलिक सूत्र हैं। श्रीकृष्ण ने स्वयं को कपिल मुनि बताया है।

विज्ञान में प्रकृति का सूक्ष्म विवेचन है। भारतीय ऋषियों ने भी प्रकृति का सूक्ष्म विवेचन किया था। वैज्ञानिक दृष्टिकोण व अनुभूति आधारित दर्शन का प्रारम्भ भारत में ही हुआ। इसके बाद ईसा के लगभग 600 बरस पहले यूनान में हुआ। स्वामी विवेकानन्द ने कहा "एक प्राचीन हिन्दू मेधा है और दूसरी प्राचीन यूनानी मेधा। यूनानी जाति के लोग बाह्य जगत का विश्लेषण करते हुए उसी अन्तिम लक्ष्य की ओर अग्रसर हुए थे, जिस ओर हिन्दू भी अन्तर्जगत का विश्लेषण करते हुए आगे बढ़े। इन दोनो जातियों की विश्लेषण क्रिया के इतिहास की विभिन्न अवस्थाओं की आलोचना करने पर मालूम होता है कि दोनो ने उस सुदूर चरम लक्ष्य पर पहुँचकर एक ही प्रकार की प्रतिध्वनि की है। इससे प्रतीत होता है कि आधुनिक भौतिक विज्ञान के सिद्धान्त समूह को केवल वेदान्ती ही, जो हिन्दू कहे जाते हैं, अपने धर्म के साथ सामंजस्यपूर्वक ग्रहण कर सकते हैं।"

'ईश्वर' और 'संसार' दो नहीं हैं। शंकराचार्य गहन अनुभूति वाले वेदान्ती थे। विवेकानन्द ने शंकर का मत बताया, "शंकर का मत है कि माया के माध्यम से देखने के कारण ही ईश्वर संसार का निमित्त और उपादान दोनो कारण है, किन्तु वास्तव में नहीं। ईश्वर यह जगत् नहीं बना, बल्कि यह जगत है ही नहीं, केवल ईश्वर ही है—ब्रह्म सत्यं जगन्मिथ्या।" (वही पृष्ठ 232) शंकराचार्य के अनुसार माया के कारण ही संसार का अस्तित्व है। वरना यह जगत् भ्रम है। उपनिषद् भी यही बात माया की जगह 'अविद्या' का नाम बताते हैं। शंकर ने संसार की परिभाषा भी की है उन्होंने 'कर्त्तापन और भोक्तापन' को संसार कहा है। अज्ञान के कारण ही हम स्वयं को कर्त्ता जानते हैं, कर्त्तापन के कारण हम भोक्तापन के बंधन में फंसते हैं। यही संसार है। ब्रह्म की सत्यानुभूति में कर्तापन-भोक्तापन का नाश हो जाता है और संसार मिथ्या हो जाता है।

मैक्समूलर वैदिक साहित्य के विद्वान थे। उन्होंने बताया था कि देश काल (Time Space) निमित्त ज्ञान की बाधक ताकतें हैं। मैक्समूलर के अनुसार यह बात सबसे पहले कान्ट ने कही। कान्ट ने जिस देश-काल और कारण को बोध में बाधक बताया है उसे ही शंकराचार्य ने माया कहा है। कर्त्तापन और भोक्तापन दिक्-काल और निमित्त में ही बुद्धि को ढकते हैं।

वेदान्त आत्मानुभूति का दर्शन है। परिपूर्ण आत्मानुभूति में मनुष्य सम्पूर्णता के साथ एकात्म होता है। वह इकाई (Individua।) से अनन्त (Total) हो जाता है। आत्मानुभूति के लिए सांसारिक ज्ञान या कर्मकाण्ड आदि की अपरिहार्यता नहीं।

विवेकानन्द ने कहा "यह शिक्षा देता है कि सत्य दर्शन के लिए तुम्हें अपने से भी बाहर जाने की जरूरत नहीं। सभी अतीत और सभी अनागत इसी वर्तमान में निहित हैं। कभी किसी ने अतीत को नहीं देखा। जब यह सोचते हो कि तुम अतीत को जानते हो, तो तुम केवल वर्तमान में ही अतीत की कल्पना करते हो। भविष्य को देखने के लिए तुम्हें इसे वर्तमान में उतार लाना पड़ेगा। वर्तमान यथार्थ सत्य है—शेष सब कल्पना है। वर्तमान ही सबकुछ है। केवल वही 'एक' है—एकमेवाद्धितीयम्।" (वही पृष्ठ 82)

ऋग्वेद के एक मन्त्र (4.26.1) में वामदेव ने कहा है कि मैं ही मनु था, मैं ही उसना ऋषि हूँ। मैं ही सूर्य था। वृहदारण्यक उपनिषद् (1.4.10) में कहते हैं, "इस ब्रह्म को अनुभूत करते हुए ऋषि वामदेव ने कहा था कि मैं ही मनु था और मैं ही सूर्य। ब्रह्मसूत्र इसी सिद्धान्त-दर्शन को आगे बढ़ाता है और सभी देव प्रतीकों, प्रकृति की शक्तियों, आकाश, वायु, अग्नि, जल और पृथ्वी जैसे महाभूतों को एक ब्रह्म के भीतर की अनुभूति देता है। निष्कर्षत: आत्मतत्व ब्रह्म है ब्रह्म ही आत्म तत्व भी है।" ब्रह्म की अनुभूति मुण्डकोपनिषद् (2.2.11) में चरम पर है। बताते हैं, "ब्रह्ममैवेदममृतं पुरस्ताद, ब्रह्म पश्चाद् ब्रह्म दक्षिणश्चोत्तरेण। अधश्चोर्ध्वं च प्रसृतं ब्रह्ममैवेदं विश्वमिदं वरिष्ठम्-अमृत ब्रह्म सामने। वही पीछे। दक्षिण और उत्तर में है। यही ब्रह्म ऊपर है और नीचे है। संसार में जो भी है वह ब्रह्म है।" इसके पहले यही बात ऋग्वेद (10.36.14) में सविता सूर्य को लेकर कही गयी है, "सविता पीछे-आगे, दायें-बायें, ऊपर-नीचे सब तरफ है।" ब्रह्मसूत्र में सविता को भी ब्रह्म बताया गया है। इस ब्रह्मवाद की अपनी विशेष महत्ता है।

ब्रह्म-अनुभूति रम्य है—जो दृश्य है, वह ब्रह्म है, जो अदृश्य है वह ब्रह्म है। अक्षर ब्रह्म है, 'ओम' ब्रह्म है। ब्रह्म सदा से है, सदा रहता है। यह ऋग्वेद के 'एक सत्य' का ही दूसरा नाम है। ब्रह्म 'व्यक्तिगत ईश्वर' नहीं है। 'व्यक्तिगत ईश्वर' प्रकृति और संसार से अलग रहकर सारा काम करता है। विश्व रचता है। दण्ड या पुरूस्कार देता है लेकिन ब्रह्म प्रकृति और संसार के कण में व्याप्त है। वह उनके भीतर है और बाहर भी। ब्रह्म विश्व में व्याप्त होकर भी प्रकृति के गुणों से अप्रभावित रहता है। सब तरफ ब्रह्म-अनुभूति ही वेदान्त दर्शन है। वेदान्त के इस दर्शन में सारा विभेद समाप्त हो जाता है। दुनिया के सभी पन्थ, मत, मज़हब, रिलीजन और शास्त्र इसी दर्शन में समाहित हैं। विश्व में अनेक आस्थाएँ हैं। वे इस जीवन की तुलना में स्वर्ग-नरक आदि को ज़्यादा महत्व देती है। लोक चिन्तन से परलोक चिन्तन को

वरीयता देती हैं। वेदान्त दर्शन में मतभेदों की गुंजाइश ही नहीं बचती। मनुष्य ब्रह्म का अविभाज्य घटक है। भारतीय समाज में जातिभेद है, वर्गभेद है। वेदान्त दर्शन में यह ऊपरी हैं अनित्य है और मिथ्या हैं। ब्रह्मवादी या वेदान्ती सृष्टि के कण-कण में एकात्मभाव पाता है। रूप भेद, जन्म भेद, लिंग भेद क्षेत्र और राष्ट्र राज्य के भेद भी वेदान्त दर्शन से कट जाते हैं। निस्सन्देह ब्रह्मसूत्र या वेदान्त दर्शन के सूत्र जटिल हैं। दर्शन और विज्ञान में थोड़ी बहुत जटिलता होती ही है। लेकिन अनुभूति, आस्तिकता और आत्मविश्वास के सामने इस जटिलता का कोई मूल्य नहीं।

बौद्ध दर्शन

बौद्ध दर्शन का जन्म ईसापूर्व छठी शताब्दी में भारत में हुआ। इसका प्रभाव भारत के बाहर श्रीलंका, म्यांमार, थाईलैंड, कोरिया, जापान, चीन, वियतनाम, फिलीपींस, लाओस, कम्बोडिया, सिंगापुर, मलेशिया आदि देशों तक फैल चुका था। कुछ विद्वान बौद्ध दर्शन को ब्राह्मण धर्म, ब्राह्मण आधिपत्य और वैदिक यज्ञों की जटिल सामाजिक व्यवस्था के विरुद्ध प्रतिक्रिया बताते हैं। ऐसा निष्कर्ष सत्य से परे है। दर्शन का जन्म प्रतिक्रिया से नहीं होता। सत्य-शोध और तत्वमीमांसा दर्शन के अंग हैं। सृष्टि रहस्यों की जिज्ञासा से दर्शन का जन्म होता है। बौद्ध दर्शन अपने आप में परिपूर्ण है। गहराई से अध्ययन करने से निष्कर्ष निकलते हैं कि बुद्ध दर्शन भी भारतीय दर्शनों का अंगभूत है। 'ब्राह्मण धर्म' नाम का कोई धर्म भारत में था ही नहीं। प्रतिक्रिया की बात व्यर्थ है। भारत के सभी दर्शनों का विकास लोकमंगल के लिए हुआ। हिन्दुत्व सभी दर्शनों का रस है।

बुद्ध के उपदेशों का संकलन 'त्रिपिटक' कहा जाता है। पिटक का अर्थ पिटारी या डिब्बा है। ये तीन पिटारी सुत्त पिटक, अभिधम्म पिटक और विनय पिटक हैं। सुत्त पिटक 'धर्म' बताता है। बौद्धों में लोकप्रिय धम्म पद इसी के अंग हैं। अभिधम्म पिटक में बुद्ध का दर्शन है और विनय पिटक में नीति शास्त्र है। बुद्ध उपनिषदों की ऋषि-परम्परा वाले परम ज्ञानी थे। उन्हें केवल ज्ञानी कहना पर्याप्त नहीं है। हिन्दू परम्परा उन्हें अवतार मानती है। यहाँ प्रत्येक मंगल मुहूर्त में पढ़े जाने वाले संकल्प मन्त्र में बुद्ध-अवतार का संकेत है। बुद्ध का दर्शन व्यवहारिक था। वे तत्व मीमांसा से जुड़े दस प्रश्नों पर मौन रहे। बौद्ध परम्परा में इन्हें अव्यक्तानि कहा गया। ये 10 प्रश्न बड़े रोचक हैं। पहला–क्या यह विश्व शाश्वत है? दूसरा–क्या यह विश्व अशाश्वत है? तीसरा–क्या यह विश्व ससीम है? चौथा–क्या यह विश्व असीम है? पाँचवाँ–क्या आत्मा और शरीर एक हैं? छठवाँ–क्या आत्मा शरीर से भिन्न है?

सातवाँ–क्या मृत्यु के बाद तथागत का पुनर्जन्म होता है? आठवाँ–क्या मृत्यु के बाद तथागत का पुनर्जन्म नहीं होता? नौवाँ–क्या उनका पुनर्जन्म होना और न होना दोनो ही बातें सत्य हैं? और दसवाँ–क्या उनका पुनर्जन्म होना और न होना दोनो ही बातें असत्य हैं?

इन 10 प्रश्नों पर बुद्ध ने मौन धारण किया। प्रश्न उठता है कि क्या बुद्ध इन प्रश्नों का उत्तर नहीं जानते थे? निस्सन्देह बुद्ध इन प्रश्नों का उत्तर जानते थे। सम्भवतः कठिनाई यह थी कि शब्दों के माध्यम से मौलिक सत्यों का प्रस्तुतिकरण कठिन था। सुनने वाले के लिए गूढ़ तत्व समझना और भी असम्भव था। ऐसे प्रश्नों के तार्किक उत्तर नहीं दिए जा सकते। मौन ही उनके श्रेष्ठ उत्तर थे। केन उपनिषद् (2.2) में एक सुन्दर मन्त्र है, "जो यह जानता है कि वह नहीं जानता वह जानता है। जो जानता है कि वह जानता है वह नहीं जानता।" ऋषि कहते हैं, "मैं जानता हूँ यह नहीं मानता। मैं नहीं जानता यह भी नहीं मानता।" बुद्ध ज्ञानी होकर भी ऐसे प्रश्नों के उत्तर कैसे देते। बुद्ध ने 4 आधारभूत सत्य बताए थे। उन्होंने इन्हें आर्यसत्य कहा। आर्यसत्य शब्द का प्रयोग ध्यान देने योग्य है। आर्य शब्द वैदिक काल में भारत के अभिजनों के लिए प्रयुक्त होता था। आर्य सत्य का सम्बन्ध वैदिक आर्यों से है। बुद्ध शत प्रतिशत ईमानदार हैं। वे किसी नए अनुसंधान का दावा नहीं करते। वे आर्य-सत्य दोहरा रहे हैं।

पहला आर्य-सत्य है कि संसार दुःखपूर्ण है। दूसरा दुःखों का कारण है। तीसरा दुःखों का निरोध सम्भव है और चौथा दुःखों के अन्त का मार्ग भी है। बुद्ध दर्शन में सम्पूर्ण संसार दुःखमय है। कपिल के सांख्य दर्शन में भी संसार दुःखमय है। बुद्ध ने दूसरे आर्य-सत्य अर्थात दुःखों के कारण की वैज्ञानिक सूची भी बनाई। उन्होंने दुःख को जरामरण बताया, फिर जन्म (जाति) को जरामरण का कारण बताया। बुद्ध दर्शन के अनुसार दुःखों का जड़ 'जन्म' है। जन्म न होता तो दुःख भी न होते, फिर जन्म का कारण बताया। फिर भव को जन्म का कारण बताया। 'भव' जन्म लेने की प्रवृत्ति है। इसी प्रवृत्ति अर्थात भव के कारण जन्म होता है। फिर उपादान को भव का कारण बताया है। यहाँ संसार के प्रति आसक्ति ही उपादान है।

बुद्ध ने तृष्णा को उपादान का कारण बताया है। यहाँ शब्द, स्पर्श, रंग, आदि की वासना तृष्णा है। फिर वेदना को तृष्णा का कारण बताया। यहाँ वेदना इन्द्रिय अनुभूति है अर्थात संवेदन। फिर स्पर्श को वेदना का कारण बताया। फिर षडायतन को स्पर्श का कारण बताया है। यहाँ षडायतन की संख्या 6 बताई गयी है।

6 आयतनों में 5 ज्ञानेन्द्रियाँ और छठवाँ मन। 5 ज्ञानेन्द्रियाँ और छठवाँ मन षडायतन हैं। षडायतन का कारण मनः शरीरी नाम रूप है। फिर वह विज्ञान को रूप का कारण बताते हैं। यहाँ विज्ञान का मतलब भौतिक साइंस नहीं है। यह वैदिक काल का चेतन है। फिर संस्कार को विज्ञान का कारण बताया है। पूर्व जीवन की प्रवत्ति संस्कार है। बुद्ध ने संस्कार का भी कारण बताया है और उसे अविद्या बताया है। अविद्या अन्तिम कड़ी है। अविद्या का अर्थ मूर्खता नहीं है। संसार को सार रूप में न जानना ही अविद्या है। भारतीय चिन्तन की सभी धाराओं में अविद्या को दुःख का कारण बताया गया है। बुद्ध दर्शन में यह बारहवीं है। उपनिषद् विद्या और अविद्या से भरे पूरे हैं। अविद्या साँस ारिक ज्ञान है और विद्या पराभौतिक।

ईशावास्योपनिषद, मुण्डकोपनिषद, कठोपनिषद आदि में अविद्या की चर्चा है। अविद्या सांसारिक ज्ञान का पर्याय है। अर्थशास्त्र, नक्षत्र विद्या, आकाश विद्या और वैदिक साहित्य भी अविद्या है। दुःख का कारण अविद्या है। बुद्ध दर्शन में अविद्या का अर्थ है कि, "जो वस्तु जैसी तत्व निष्ठ है उसे वैसी ही न जानना अविद्या है।" संतों ने इसे माया कहा। जीवन में हर तरफ स्वयं के सापेक्ष दो दिखाई पड़ते हैं। मैं हूँ और संसार है। यह दो हुए। दिन और रात दो हैं। शुभ और अशुभ भी ऐसा ही है। व्यक्त और अव्यक्त ऐसा ही है। दर्शन में इसे द्वैत कहते हैं। वैदिक काल में विद्या सुपरिभाषित थी। इसका अर्थ परम सत्य की अनुभूति था। इस तरह जो विद्या नहीं है वह अविद्या है। इसीलिए विद्या को मुक्ति का उपकरण बताया गया है। ईशावास्योपनिषद में आसक्ति का कारण अविद्या बताया गया है। बुद्ध ने भी दुःखों का कारण अविद्या ही बताया है। बुद्ध दीर्घनिकाय में कहते हैं, "ज्ञानी पुरुष दुःख, दुःख-निरोध और दुःखों से बचने का उपाय जान लेता है। चित्त पर आश्रव मल है। उसे जान लेता है। विद्या से उसका चित्त मल से मुक्त हो जाता है। ईशावास्योपनिषद का ऋषि अविद्या के उपासकों को घोर अन्धकार में भेजते हैं। (मन्त्र 9) मजेदार बात है कि वे विद्या के जानकार लोगों को भी अन्धकार की सज़ा सुनाते हैं। फिर कहते हैं, "विद्या की उपासना से मुक्ति मिलती है और अविद्या की उपासना से सांसारिक उपलब्धियां। दोनों की उपासना जरूरी है।

बुद्ध दर्शन का आश्रव मल दुःखदायी है। मल दिखाई पड़ता है। ईशावास्योपनिषद के ऋषि स्वर्ण ढक्कन बताते हैं। उपनिषद् के स्वर्ण पात्र और बौद्ध पन्थ के आश्रव मल दोनों का तात्पर्य अविद्या का आवरण है। बुद्ध ने भोग-आसक्ति के आवरण को मल कहा और उपनिषद् ने स्वर्ण पात्र। उपनिषद् के ऋषि कहते हैं कि अविद्या के उपासक अन्धतम लोकों में जाते हैं। बुद्ध दर्शन (अंगुत्तर निकाय, भाग 1) के अनुसार

मनुष्य-योनि से नर्क जाने वालों की संख्या भारी है। बुद्ध कहते हैं, "भिक्षुओं, चार बातों का बोध न होने से मेरा तुम्हारा दीर्घ काल तक दौड़ना संसार में बार-बार जन्म ग्रहण करते रहना हुआ।" (अंगुत्तर निकाय भाग 2) बुद्ध और ईशावास्योपनिषद के बीच दीर्घकाल का फ़ासला है। लेकिन दुःख-निरोध और अविद्या व पुनर्जन्म जैसी अनुभूतियाँ वैदिक काल से लेकर बुद्ध तक एक जैसी हैं। बुद्ध और आधुनिक भारत के बीच भी 2500 वर्ष का समय है। लेकिन दुःख, दुःख-निरोध, पुनर्जन्म और अविद्या-विद्या के निष्कर्ष एक जैसे हैं।

बुद्ध दर्शन का केन्द्रीय दार्शनिक विचार प्रतीत्य समुत्यपाद है। प्रतीत्य समुत्यपाद बुद्ध दर्शन के कारणता सिद्धान्त से जुड़ा है। संसार की प्रत्येक वस्तु कार्य है। प्रत्येक वस्तु का कारण होता है। कारण भी अकारण नहीं होता। कारण का भी कारण होता है। इसे आश्रित उत्पत्ति का सिद्धान्त (दि डॉक्ट्रीन ऑफ डिपेंडेंट ओरिजिनेशन) कहा जाता है। प्रतीत्य का अर्थ है ऐसा होने पर वैसा होता है। समुत्यपाद का अर्थ है कि प्रथम के आश्रित होकर दूसरा होता है। सारांश में कहें तो ऐसा होने पर वैसा होता है। इस सिद्धान्त के अनुसार कुछ परिस्थितियों के होने पर अन्य परिस्थितियों की उत्पत्ति होती है। अन्य परिस्थिति भी स्वसम्बन्धित दूसरी परिस्थिति को जन्म देती हैं। उपनिषद् दर्शन कार्य और कारण की श्रृंखला से भरा पूरा है। बुद्ध प्रतीत्य समुत्यपाद का तादात्म्य धर्म से करते हैं। बुद्ध के अनुसार आदि और अन्त का विचार निरर्थक है। मैं धम्म का उपदेश देता हूँ। ऐसा होने पर वैसा होता है। जो यह बात समझते हैं वह धर्म को समझते हैं। गौतम बुद्ध का अनात्मवाद भी इसी सिद्धान्त का विस्तार है। बुद्ध बताते हैं कि किसी नित्य चेतन या जड़ तत्व का अस्तित्व नहीं है। आत्मा नामक किसी द्रव्य का अस्तित्व भी नहीं है और न भौतिक पदार्थ नामक जड़ द्रव्य का। बुद्ध पुनर्जन्म मानते थे। भारतीय चिन्तन-दर्शन व उपनिषद् दर्शन का निष्कर्ष भी पुनर्जन्म है। बुद्ध दर्शन में योग के सूत्र हैं। दुःख-मुक्ति के उपाय हैं। सारी दुनिया में बुद्ध दर्शन का प्रसार भारत के लिए गर्व का विषय है।

जैन दर्शन

जैन दर्शन भारतीय दार्शनिक धारा की नास्तिक परम्परा में आता है। ऐतिहासिक दृष्टि से यह बौद्ध दर्शन से पुराना है। कुछ विद्वान बताते हैं कि ईसा पूर्व छठी शताब्दी में वैदिक परम्परा और यज्ञ आदि के कर्मकाण्ड की प्रतिक्रिया में धार्मिक क्रान्ति का सूत्रपात हुआ। इसका नेतृत्व जैन तीर्थंकर महावीर व बुद्ध ने किया। लेकिन सच यह नहीं है। जैन व बौद्ध दर्शन किसी कर्मकाण्ड की प्रतिक्रिया का परिणाम नहीं हैं। वे भी भारत की प्राचीन दार्शनिक परम्परा का तार्किक विकास है। महावीर जैन

धर्म दर्शन के प्रवर्तक नहीं हैं। वे इसी दार्शनिक परम्परा में आने वाले 24वें तीर्थंकर हैं। अहिंसा जैन धर्म की महत्वपूर्ण धारणा है। जैन सम्प्रदाय के सभी मतों में अहिंसा की प्रधानता है। जैन मत में मूर्ति-पूजा का निषेध किया गया है। अनीश्वरवाद जैन सम्प्रदाय का महत्वपूर्ण तत्व है। बौद्ध पन्थ भी मूर्ति पूजा व ईश्वरवाद का विरोधी है। आश्चर्यजनक बात यह है कि मूर्ति पूजा के विरोधी दोनों सम्प्रदायों के अनुयायियों ने तमाम मन्दिर बनाए। यही बात भगवान या ईश्वर को लेकर कही जा सकती है।

बुद्ध ईश्वर को नहीं मानते थे लेकिन बौद्धों और जैनों ने बुद्ध और महावीर को ईश्वर कहा। दोनों पन्थों के अनुयायियों ने बुद्ध को भगवान बुद्ध और तीर्थंकर महावीर को भगवान महावीर बताया है। भगवान बुद्ध और भगवान महावीर दोनों पन्थों का दर्शन सम्माननीय है। व्यवहारिक रूप में आस्था और विश्वास की बात अलग है। जैन परम्परा में इनके पूर्व 23 तीर्थंकर हो चुके हैं। प्रथम तीर्थंकर ऋषभ नाथ हैं और 23वें पार्श्वनाथ। जैन और बौद्ध में वेद प्रमाण नहीं हैं। ईश्वर की सत्ता के प्रति भी विश्वास नहीं है। जैन दर्शन आत्मा और पुद्‌गल को नित्य मानता है। आत्मा को नित्य मानने के कारण जैन उपनिषद् दर्शन के समान है। जैन शब्द 'जिन' शब्द से निकला है। संस्कृत में 'जिन' का अर्थ है जीतना। 'जिन' वह है जिसने अपने मनोवेगों को जीत लिया है और सर्वोच्च सत्ता का साक्षात्कार कर लिया है। 'जिन' के अनुयायी जैन कहे जाते हैं। मनोवेगों को जीतना और सर्वोच्च सत्ता का साक्षात्कार प्राचीन योग दर्शन से मिलता है'।

जैन दर्शन में दो सम्प्रदाय हैं। पहला श्वेताम्बर और दूसरा दिगम्बर। दिगम्बर सम्प्रदाय के मानने वाले दिशाओं को अपना वस्त्र मानते हैं। वे किसी भी प्रकार का वस्त्र नहीं पहनते। दिगम्बर मुनि निर्वस्त्र रहते हैं। श्वेताम्बर सम्प्रदाय वाले सफेद वस्त्र धारण करते हैं। जैन दर्शन में चेतना को जीव का स्वरुप धर्म माना गया है। जैन दर्शन के अनुसार जीव में अनन्त दर्शन, अनन्त ज्ञान, अनन्त बल और अनन्त आनन्द होता है। जैन दर्शन में जीव को अनन्त चतुष्टय से युक्त माना जाता है। प्रकाश सभी पदार्थों को प्रकाशित करता है। इसी प्रकार ज्ञान अन्य पदार्थों को भी प्रकाशित करता है और स्वयं को भी। जैन दर्शन की यह मान्यता न्याय व वैशेषिक दर्शन के विरुद्ध है। न्याय दर्शन के अनुसार ज्ञान केवल बाह्य पदार्थों को प्रकाशित करता है स्वयं को नहीं। लेकिन जैन दर्शन के अनुसार ज्ञान वाह्य वस्तुओं के साथ स्वयं को भी प्रकाशित करता है। जीवात्मा किसी पदार्थ को जानने के साथ स्वयं को भी जानती है। जीव अनन्त चतुष्टय से युक्त है। लेकिन कर्म बन्धन के कारण उसका शुद्ध चैतन्य रूप स्पष्ट नहीं होता। जैन दर्शन के अनुसार कर्म बन्धन के आवरण

के कारण जीव पूर्ण ज्ञान प्रकट नहीं कर पाता। ईशावास्योपनिषद के अनुसार भी सत्य का मुख हिरण्यपात्र से ढका हुआ है। यह पात्र खुलते ही पूर्ण ज्ञान मिलता है। जैन मतानुसार कर्म बन्धन का क्षय हो जाने पर वह पुनः सर्वज्ञ हो जाता है। कर्म बन्धन से मुक्ति उपनिषद् दर्शन का भी मुख्य विचार है। गीता के अनुसार यज्ञ छोड़कर जीवन के सभी कर्म बन्धनकारी हैं। गीता का यज्ञ सत्कर्मों का निष्काम किया जाना है।

जैन दर्शन में ज्ञान के दो भेद बताये गये हैं। पहला आत्मज्ञान है। यह सापेक्ष ज्ञान है, जिसे जीवात्मा स्वयं जानता है। इस ज्ञान को प्राप्त करने के लिए उसे ज्ञानेन्द्रिय और मन आदि साधनों की आवश्यकता नहीं होती। व्यवहारिक प्रत्यक्ष ज्ञान जीवात्मा को 5 ज्ञानेन्द्रियों और मन की सहायता से मिलता है। इस ज्ञान की प्राप्ति के लिए साधनों की आवश्यकता होती है। इन साधनों के अभाव में ज्ञान नहीं मिलता। जैन दर्शन की यह स्थापना वैदिक परम्परा की विद्या अविद्या से मिलती है। जैन मतानुसार ज्ञान का प्रमुख साधन प्रमाण है। वैदिक परम्परा में भी प्रमाण ज्ञान का साधन है। जैन दर्शन में तीन प्रकार के प्रमाण बताए गए हैं। पहला प्रत्यक्ष, दूसरा अनुमान और तीसरा शब्द। वैदिक दर्शन में भी प्रत्यक्ष, अनुमान और श्रुति को प्रमाण बताया गया है। शब्द प्रमाण में प्राचीन विद्वानों द्वारा लिखे व बोले गए शब्दों को प्रमाण माना जाता है।

स्याद्वाद जैन दर्शन का प्रतिष्ठित विचार है। जैन दर्शन की तत्व मीमांसा अनेकांतवादी है। इसके अनुसार वस्तु अनन्त धर्मात्मक मानी जाती है। अनन्तधर्मी होने के कारण वस्तु का स्वरूप जटिल होता है। वस्तु के अनन्त धर्मों का ज्ञान 'केवली' को होता है। केवली को सर्वज्ञ बताया गया है। सर्वज्ञ वस्तु को सभी दृष्टियों से जानता है। कोई व्यक्ति किसी वस्तु को सभी दृष्टियों से जान लेता है वह सर्वज्ञ होता है। साधारण मनुष्य का ज्ञान सीमित होता है। वह वस्तु को कुछ ही दृष्टियों से देख पाता है। वह वस्तु के आंशिक धर्मों को ही जानता है और इसी आधार पर वह किसी वस्तु के विषय में अपना मत देता है। जैन दर्शन में किसी वस्तु के विषय में कोई कथन एक मात्र सत्य नहीं होता। वस्तु का स्वरुप अत्यन्त जटिल होने के कारण उसके विषय में कोई कथन अंशतः ही सही होता है। सभी मत अलग अलग सही होते हैं। समग्रता में भिन्न होते हैं। कोई परामर्श या मत किसी ख़ास परिस्थिति में ही सत्य होता है और दूसरी परिस्थिति में सत्य नहीं प्रतीत होता। जैन दर्शन में एक दृष्टि में पदावली का अर्थ देने के लिए किसी कथन के पूर्व 'स्याद्' शब्द के प्रयोग का सुझाव दिया गया।

स्याद् जैन दर्शन का विशिष्ट पारिभाषिक शब्द है। स्याद् पूर्वक परामर्श विशिष्ट परिस्थितियों और दृष्टियों में किया जाता है। इन्हीं परिस्थितियों व दृष्टियों में वह परामर्श सही होता है। वस्तुत: ज्ञान की सापेक्षता के सिद्धान्त को स्याद्वाद कहा जाता है। जैन दर्शन की तत्व मीमांसा अनेकांतवादी है। जैन दर्शन का मत है कि, "कोई दृष्टिकोण देश-काल के सन्दर्भ में सत्य हो सकता है, लेकिन अन्य दृष्टिकोण देश, काल व परिस्थिति के सन्दर्भ में असत्य भी हो सकता है।" किसी वस्तु के विषय में मत या परामर्श के कई प्रकार होते हैं। 1. यह स्याद् है। 2. यह स्याद् नहीं है। 3. यह स्याद् है और नहीं है। 4. स्याद् अवक्तव्यम है। 5. यह है और नहीं भी है। शंकराचार्य ने उचित ही स्याद्वाद को संशयवाद और अनिश्चिततावाद कहा है। समस्त विश्व जीव तथा अजीव नामक दो नित्य और स्वतन्त्र तत्वों से मिलकर बना है। यहाँ जीव से तात्पर्य सार्वभौमिक आत्मा से नहीं है। इसका तात्पर्य जीव की व्यक्तिगत आत्मा से है। इस सिद्धान्त के अनुसार आत्माएँ अनेक होती हैं। चैतन्य आत्मा का स्वाभाविक गुण है। वे सृष्टि के कण कण में आत्मा का वास मानते थे।

जैन मत के अनुसार अज्ञान ही बन्धन का प्रमुख कारण है। कर्म का जीव के साथ जुड़ जाना बन्धन है। जीव अपने पूर्व संचित कर्मों के कारण शरीर धारण करता है। पूर्व जन्म के कर्मफल को समाप्त करने के लिए व वर्तमान जन्म के कर्मफल से बचने के लिए स्वामी महावीर ने त्रिरत्न सिद्धान्त दिया था। वे तीन रत्न हैं सम्यक ज्ञान, सम्यक दर्शन व सम्यक चरित्र। पाँच प्रकार के सम्यक ज्ञान हैं। इन्द्रियों द्वारा प्राप्त सामान्य ज्ञान मति है। सुना गया ज्ञान श्रुति है। फिर दिव्य ज्ञान है। दूसरों के मन मस्तिष्क की बात जान लेना मन: पर्याय है। इन्द्रियों को प्राप्त होने वाला पूर्ण ज्ञान जिन कहा गया है। जैन तीर्थंकरों के उपदेश में निष्ठा सम्यक ज्ञान है। सब उपायों से प्राप्त ज्ञान को कार्य रूप में बदलना सम्यक चरित्र कहा गया है। जैन दर्शन में देवताओं का अस्तित्व स्वीकार किया गया है। इस दर्शन के अनुसार सृष्टि की रचना और पालन पोषण सार्वभौमिक विधान से हुए हैं। सृष्टि की रचना और सृष्टि संचालन ऋग्वेद में भी प्राकृतिक संविधान से हुए बताए गए हैं। ऋग्वेद में इस सार्वभौमिक विधान का नाम ऋत बताया गया है। हिन्दू धर्म के पहले हिन्दू धर्म परम्परा की तरह जैन दर्शन भी पुनर्जन्म व कर्मफल के सिद्धान्त पर विश्वास रखता है। पुनर्जन्म महत्वपूर्ण धारणा है।

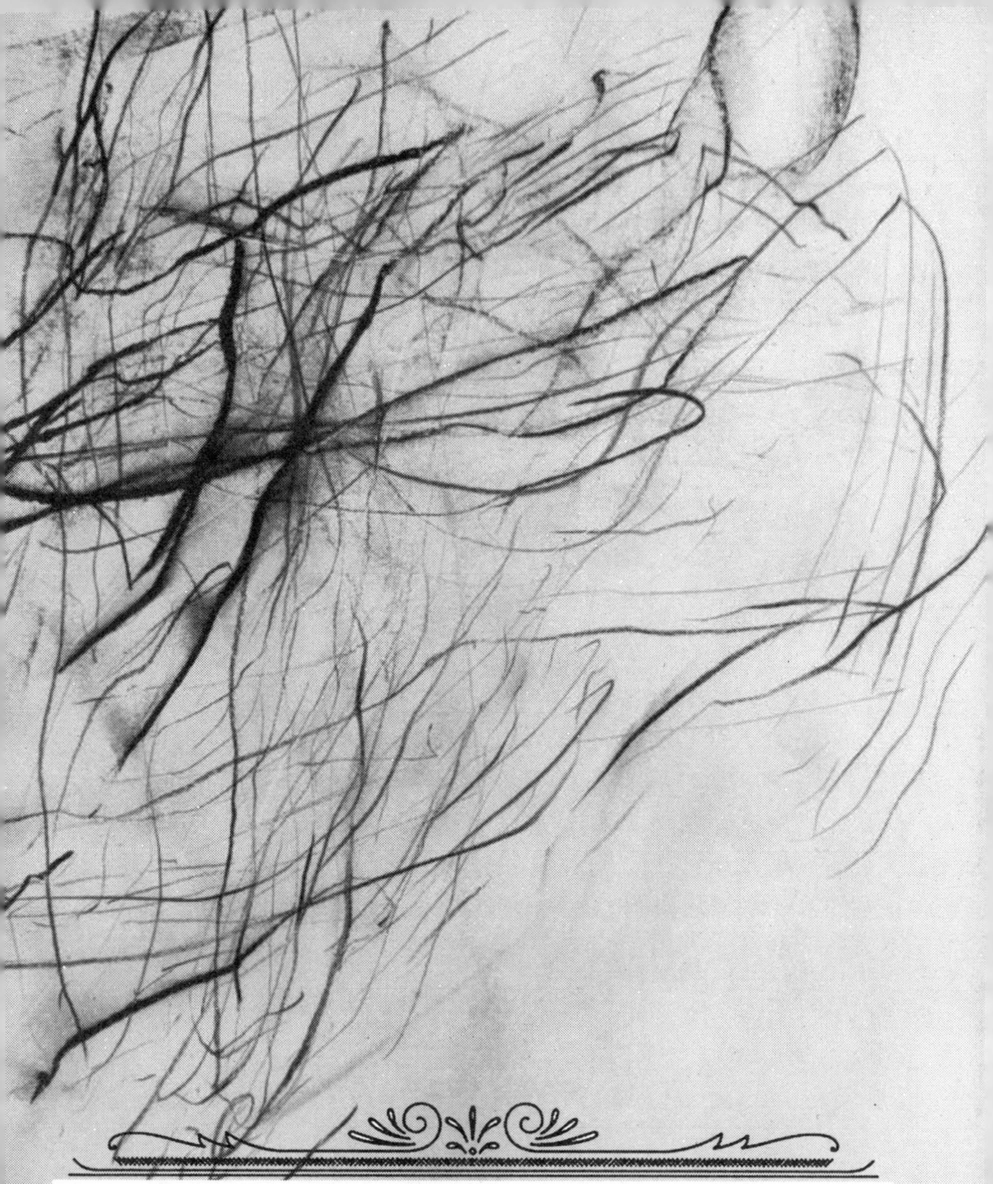

ब्राह्मणग्रन्थ और 'ॐ' की महिमा

09

ब्राह्मण ग्रन्थ और ओम की महिमा

'वेद' भारतीय जीवन-रचना के मूल आधार हैं। वैदिक ज्ञान के वातायन में ही हिन्दू-संस्कृति का विकास हुआ है। समूचे विश्व को आनन्दित करने और श्रेष्ठ मनुष्य 'आर्य' बनाना वैदिक ऋषियों का उद्देश्य रहा है। भारतीय ज्ञान-परम्परा में वेदों का सुप्रतिष्ठित आदर रहा है। कृतज्ञ मानवता ने वेदों को भगवान की वाणी कहा है। वेद के निंदक यहाँ नास्तिक कहे जाते हैं और वेदों को मानने वाले आस्तिक। वैदिक संस्कृति व दर्शन विश्व-वरेण्य रहे हैं। वर्तमान हिन्दू धर्म 'वैदिक धर्म' का विस्तार है। वेदों में साँस ारिक इहलौकिक जीवन को भी मधुमय बनाने के सूत्र हैं। इसके साथ विभिन्न आधिभौतिक दार्शनिक प्रश्नों के समाधान भी हैं। जिज्ञासा-आधारित दर्शन हैं। तत्व-मीमांसा व ज्ञान-मीमांसा भी है। वैदिक संहिताओं की रचना के बाद ब्राह्मणग्रन्थों की रचना हुई। ब्राह्मणग्रन्थों में वैदिक सूक्तों का विस्तृत अर्थ-निर्वचन है और आध्यात्मिक रहस्यों की व्याख्या है। इसी के साथ आरण्यक ग्रन्थ भी हैं। वे अरण्य (वन) में लिखे गए, इसीलिए उन्हें आरण्यक कहते हैं। ब्राह्मणग्रन्थों में प्रयुक्त शब्द 'ब्राह्मण' का सम्बन्ध ब्राह्मण जाति से नहीं है। दुर्भाग्य से बहुत बाद में 'ब्राह्मण' शब्द वर्ण या जाति के लिए रूढ़ हो गया है।

ब्राह्मणग्रन्थों में वैदिक ज्ञान का आशय है। आचार्य बलदेव उपाध्याय ने 'वैदिक साहित्य का इतिहास' लिखा है। उन्होंने 'ब्राह्मण-साहित्य' के दो प्रमुख विषय, विधि और अर्थवाद बताए हैं। वैदिक भाष्यकार भट्ट भाष्कर ने 'वैदिक मन्त्रों के भाष्य, आशय, कर्मकाण्ड व विनियोग' को ब्राह्मणग्रन्थों का विषय बताया है। डॉ. कपिलदेव द्विवेदी ने 'वैदिक दर्शन' (पृष्ठ 6) में लिखा है, "ब्राह्मणग्रन्थों

में वेद की विस्तृत व्याख्या है। ये टीका-ग्रन्थ समझे जाने चाहिए।" इनमें इतिहास की सामग्री भी है। ब्राह्मणग्रन्थों में प्राचीन संस्कृति का इतिहास-दर्शन है, वैदिक और परवर्ती ज्ञान-परम्परा का विस्तार है। तत्कालीन राजव्यवस्था के विवरण भी हैं। दुर्भाग्य से ब्राह्मणग्रन्थ कम पढ़े जाते हैं। ये हिन्दू-आस्तिकता को कर्म में बदलने वाले हैं, लेकिन आधुनिक समाज के बड़े वर्ग ने इन्हें उपेक्षित किया है। हिन्दू-चिन्तन में ब्राह्मणग्रन्थों की विशेष भूमिका है। इनमें ज्ञान को कर्म में बदलने वाले सूत्र हैं। ज्ञान का उपयोग कर्म में होना चाहिए। कर्म 'कर्तव्य' है और कर्तव्य 'धर्म' है। महाभारत-युद्ध रोकने के बड़े प्रयास हुए थे। संजय श्रीकृष्ण के पास गए। उनसे कहा कि आप ज्ञानी हैं। युद्ध भयावह होता है। भारी हिंसा होती है। युद्ध रोकिए। श्रीकृष्ण ने उत्तर दिया, "ज्ञान का अवसान कर्म में होता है। जो विद्याएँ कर्म का संपादन नहीं करतीं वे व्यर्थ हैं।"

वैदिक साहित्य का भण्डार विशाल है। ऋग्वेद, यजुर्वेद, सामवेद और अथर्ववेद चार वेद हैं। अथर्ववेद इतिहास, तत्कालीन दर्शन व विज्ञान की सामग्री से भरा-पूरा है। इस साहित्य में ब्राह्मणग्रन्थ हैं, आरण्यक हैं, उपनिषद् हैं, पुराण हैं। ऐसा विशाल वाङ्मय दुनिया की किसी भी सभ्यता संस्कृति में नहीं मिलता। हिन्दुत्व में ये सब समाहित है। डॉ. राधाकृष्णन ने 'धर्म और समाज' (पृष्ठ 106) में बताया है "हिन्दुत्व विचार और महत्वाकांक्षाओं का एक सजीव और स्वयं जीवन की गतिविधियों के साथ गति करता हुआ उत्तराधिकार है। एक ऐसा उत्तराधिकार जिसमें भारत की प्रत्येक जाति ने अपना विशिष्ट सुस्पष्ट योग दिया है। इसकी संस्कृति में एक ख़ास तरह की एकता है।" यहाँ उत्तराधिकार शब्द पर ध्यान देना जरूरी है। 'आदर्श समाज' अपने सदस्यों के सचेत कर्मों के परिणाम होते हैं।

आधुनिक समाज पूर्ववर्ती समाज का कर्मफल है। पूर्ववर्ती समाज भी अपने पूर्ववर्ती समाज का प्रतिफल रहा है। हिन्दुत्व का मधु-प्रवाह वैदिक समाज से लेकर आधुनिक समाज तक व्याप्त है। यह हम सबको उत्तराधिकार में मिला है। इसका संरक्षण व संवर्द्धन हम सबका कर्तव्य है। डॉ. राधाकृष्णन ने आगे कहा है कि "भारतीय समाज की वर्तमान दशा को सुधारने के लिए, समय के महत्व के उपरान्त इसके जीवन को नया रूप देने के लिए हमें इसकी आत्मा को, जो हमें उत्तराधिकार से अपने खून में मिली है, उन अलौकिक आदर्शों को, उन वस्तुओं को, जो हमारे अस्तित्व की गहराइयों में चिरंतन सम्भावनाओं के रूप में यदि हैं, नए सिरे से खोज निकालना होगा। हमारी मान्यताएँ नहीं बदलतीं, परन्तु उन्हें व्यक्त करने के ढंग और

साधन बदल जाते हैं। भारत आध्यात्मिक मान्यताओं को अन्य मान्यताओं की अपेक्षा कहीं अधिक महत्व देता है।"

'ब्राह्मणग्रन्थ' वेदों से सम्बन्धित हैं। 'ऐतरेय ब्राह्मण' व 'शांखायन ब्राह्मण' ऋग्वेद से सम्बन्धित हैं। शुक्ल यजुर्वेद से सम्बन्धित 'शतपथ ब्राह्मण' है और कृष्ण यजुर्वेद से सम्बन्धित 'तैतिरीय ब्राह्मण' है। 'जैमिनीय ब्राह्मण' साम-विधान व 'तांड्य ब्राह्मण' सामवेद से सम्बन्धित हैं। 'गोपथ ब्राह्मण' का सम्बन्ध अथर्ववेद से है। इस विशाल ज्ञान-भंडार में 'आरण्यक ग्रन्थ' भी हैं। ऐतरेय, आरण्यक व शांखायन 'ऋग्वेदीय' हैं। 'वृहदारण्यक' शुक्ल यजुर्वेदीय है। 'तैतिरीय आरण्यक' कृष्ण यजुर्वेदीय है। 'तलवकार आरण्यक' सामवेदीय है। मार्क्सवादी डॉ. रामविलास शर्मा ने यूरोपीय पुनर्जागरण की तर्ज पर ऋग्वैदिक काल को भारत का प्रथम नवजागरण बताया है। उपनिषद् काल को दूसरा नवजागरण कहा है। लिखा है, "दोनों के बीच में आता है ब्राह्मणकाल। इस 'मध्य' काल में भूस्वामी वर्ग सुदृढ़ हुआ। उसे सुदृढ़ करने में पुरोहित वर्ग ने कर्मकाण्ड का विस्तार किया। पुरोहितों ने ऋग्वेद के मन्त्रों को जादू-मंतर की तरह कर्मकाण्ड के जाल में बाँधकर विविध फलों की प्राप्ति का साधन बना दिया। उपनिषद्वों ने ऋग्वेद को इस जाल से मुक्त किया।"

डॉ. शर्मा ने ब्राह्मणकाल व उपनिषद्काल को अलग-अलग माना है। उन्होंने भूस्वामी वर्ग को मजबूत करने के लिए पुरोहितों द्वारा कर्मकाण्ड को विस्तार देने की गलत बात कही है। इस काल में पुरोहित संघबद्ध नहीं थे और न ही भूस्वामी वर्ग कर्मकाण्ड से लाभान्वित हो रहा था। उनकी मानें तो ब्राह्मणकाल निरा कर्मकाण्डी हो गया था और उपनिषद् काल दार्शनिक। लेकिन उनका यह निष्कर्ष सही नहीं है। ऋग्वेद के मन्त्रों को जादू-मंतर की तरह कर्मकाण्ड के जाल में बाँधने की बात गलत है। ब्राह्मणग्रन्थों व उपनिषद्वों का रचनाकाल अलग-अलग नहीं है।

ब्राह्मणग्रन्थों पर अन्धविश्वासी और कर्मकाण्डी होने के आरोप कुछ एक अन्य विद्वानों ने भी लगाए हैं। वे उपनिषद्वों को ब्राह्मणग्रन्थों से भिन्न मानते हैं। लेकिन सत्य ऐसा नहीं है। सत्य यह है कि अधिकांश उपनिषदें ब्राह्मणग्रन्थों का ही भाग हैं। सबसे बड़े आकार वाली 'वृहदारण्यक उपनिषद्' शतपथ ब्राह्मण का ही एक भाग है। 'ऐतरेय ब्राह्मण' का एक भाग ऐतरेय उपनिषद् है। 'कौशितकी ब्राह्मण' का आध्यात्म भाग कौशितकी उपनिषद् के रूप में लोकप्रिय हुआ। 'कृष्ण यजुर्वेद' के ब्राह्मणों से कठोपनिषद्, तैत्तिरीय उपनिषद्, श्वेताश्वेतरोपनिषद् अलग हो गए। सामवेद के ब्राह्मणों से 'केन' और 'छान्दोग्य' उपनिषदें निकलीं।

तर्क-प्रतितर्क, विचार-विमर्श और ब्रह्म-सत्य आदि विषय ब्राह्मणग्रन्थों में ही थे। उन्हें निकालकर उपनिषद्ें बनीं। ब्राह्मणग्रन्थों ने भारतीय संस्कृति के गठन में महत्वपूर्ण भूमिका का निर्वाह किया। उपनिषद्ों में सबसे प्राचीन 'ईशावास्योपनिषद्' है। यह स्वतन्त्र रचना नहीं है। यह यजुर्वेद का चालीसवाँ अध्याय है। उपनिषद्ों में इसकी अन्तर्राष्ट्रीय प्रतिष्ठा है।

भारतीय दर्शन का ब्रह्म 'सम्पूर्णता' है। ब्रह्म सर्वत्र है। भीतर-बाहर, ऊपर-नीचे, दायें-बायें, सामने-पीछे 'ब्रह्म' ही है। इस तरह हम सब 'ब्रह्म' हैं— अहं ब्रह्मास्मि। ऋग्वेद में कहीं-कहीं ब्रह्म का अर्थ स्तुतिपरक मन्त्र भी है। इन्द्र से कहते हैं, "हे इन्द्र सब मित्र मरुतों ने ब्रह्माणि-स्त्रोतों से तेरे बल को बढ़ाया"। ब्रह्माणि ज्ञानी हैं। ब्रह्म को सृष्टि का कर्ता कहा गया है। यजुर्वेद में 'ब्रह्म सर्वोच्च सत्ता है, सृष्टि में प्रथमा है।' कह सकते हैं कि वह सदा से है। अथर्ववेद (5-2-1) में 'ब्रह्म ज्येष्ठ श्रेष्ठ सत्ता हैं'। अथर्ववेद (13-3-17) के अनुसार "ब्रह्म एक अद्वितीय ज्योतिपुंज है। वही एक अनेक रूपों में सर्वत्र प्रकाशित हो रहा है—यदेकं ज्योतिर बहुधा विभाति"। यह 'यदेकं' ऋग्वेद का 'एकं सद्' है। यही अष्टावक्र का 'ज्योतिर्एकं' है। एक ज्योति है। प्रकाशों का स्त्रोत। हिन्दुत्व का मधु और सार।

हिन्दू-जीवन-रचना आदर्शोन्मुख रही है। यह कर्मकाण्डों की जड़-संहिता नहीं थी। कर्मकाण्ड का आधार वैज्ञानिक विवेक रहा है। हिन्दू दृष्टि कालसंगत को जोड़ने व कालबाह्य को छोड़ने में गतिशील रही है। ब्राह्मणग्रन्थों में वर्णित मन्त्र विनियोग और कर्मकाण्ड भी जड़ नहीं रहे। उनकी व्याख्या और आलोचना भी होती रही है। चिन्तन-दर्शन ज्ञानकाण्ड है। इसके अनुसार कर्म करना कर्मकाण्ड है। कर्मकाण्ड केवल पूजा-उपासना या हवन ही नहीं है। लोकहित के सभी कर्म इसमें सम्मिलित हैं। मुक्त चिन्तन हिन्दुत्व का मूलाधार है। वैदिक पूर्वजों द्वारा प्रतिमाओं के प्रयोग के साक्ष्य नहीं मिलते। डॉ. राधाकृष्णन ने 'धर्म और समाज' (पृष्ठ 130) में बताया है, "वैदिक आर्यों के पास कोई मन्दिर नहीं थे। वे प्रतिमाओं का उपयोग करते थे।" उन्होंने लिखा है, "मन्दिरों और मूर्ति-पूजा पर विभिन्न ग्रन्थ हिन्दू धर्म के वैदिकवाद से आगे बढ़ आने के बाद ही रचे गए, फिर भी वैदिक मन्त्रों का प्रयोग किया जाता था और ऋषियों की प्रेरणामयी प्रतिभा ने वैदिक और वैदिक-भिन्न तत्वों को मिलाकर एक कर दिया। आगमों को भी वेदों के समान ही प्रामाणिक माना जाने लगा।"

मूर्ति ध्यान का उपकरण है। साधना का साधन और प्रतीक। साधना का उपकरण है साधन। प्रतीक अन्तिम नहीं होता। मूर्तियाँ देवता नहीं हैं। इनका साधना में उपयोग

है। इसलिए हिन्दू मूर्ति-विसर्जन करते हैं। मन्दिर हिन्दू धर्म व हिन्दू मन के प्रिय रहे हैं। डॉ. राधाकृष्णन ने लिखा है, "मन्दिर हिन्दू धर्म के दृश्य-प्रतीक हैं। वे स्वर्ग के प्रति पृथ्वी की प्रार्थनाएँ हैं। वे एकान्त और प्रभावोत्पादक स्थानों पर बने हुए हैं। हिमालय के महिमामय और पावन तुंग शिखर महान मन्दिरों के लिए स्वाभाविक पृष्ठभूमि हैं। ब्रह्ममुहूर्त में उपासना के लिए नदी-तीर पर जाने की प्रथा का पालन शताब्दियों से होता चला आ रहा है। विश्वास और रहस्य से युक्त मन्दिरों के भवनों का सौन्दर्य, असंगता तथा विस्मय का भाव जगाने वाली धुँधली ज्योतियाँ, गान और संगीत, मूर्ति और पूजा, इन सबमें व्यंजना की (संकेत करने की) शक्ति है।"

मूर्ति मनुष्य बनाते हैं। मन्दिर भी बनाते हैं। डॉ. राधाकृष्णन ने ध्यान दिलाया है कि सब कलाओं, वास्तु-कौशल, संगीत, नृत्य, कविता, चित्रकला और मूर्ति-शिल्प का प्रयोग इसलिए किया जाता है कि हम धर्म की उस शक्ति को अनुभव कर लें, जिसकी परिभाषा ही नहीं की जा सकती और जिसके लिए कोई भी कला यथेष्ट वाहन नहीं है। जो लोग पूजा में भाग लेते हैं, वे उस ऐतिहासिक हिन्दू-अनुभव और उन प्रगाढ़ आध्यात्मिक शक्तियों से मिलकर एक हो जाते हैं, जिन्होंने हमारे आनुवांशिक उत्तराधिकार के सर्वोत्तम अंश को गढ़ा है। "हिन्दुत्व में उपासना, साधना और तप के अनेक विकल्प हैं। कोई सूर्य-उपासना में रमता है। कोई अग्नि-उपासक है। कोई श्रीराम-श्रीकृष्ण की पूजा करता है। शिव-उपासना का क्षेत्र बहुत बड़ा है ही। यहाँ शक्ति-उपासक भी भारी संख्या में हैं। कुछ लोग योग-ध्यान में रमते हैं। कुछ लोग किसी की भी उपासना नहीं करते। उपासना में भिन्न-भिन्न देवों के भिन्न मन्त्र हैं।

विवाह पूजा नहीं है लेकिन ब्राह्मणग्रन्थों में विवाह के लोकप्रिय मन्त्र हैं। राजा की शपथ के मन्त्र भी हैं। घर बनाना पूजा नहीं है लेकिन घर की नींव डालने या गृहप्रवेश के कर्मकाण्ड हैं। मन्त्र भी हैं। यहाँ किसी कर्मकाण्ड की अनिवार्यता नहीं है। मन्दिर जाना या न जाना स्वैच्छिक है। मन्दिर दर्शनीय हैं। हिन्दू अपनी रची-गढ़ी मूर्तियों में प्राण-प्रतिष्ठा करते रहे हैं। हिन्दू-प्रज्ञा ने निष्प्राण मूर्तियों को प्राणवान बनाने की अध्यात्मिक तकनीक खोजी। मन्दिरों का स्थापत्य दर्शनीय है। स्वयं मन्दिर बनाने, मूर्ति में प्राण भरने और अपने ही बनाए देवस्थान की उपासना विस्मय पैदा करती है। 'मन्दिर' शब्द सत्य, शिव, सुन्दर का पर्याय है, इसीलिए हिन्दू अपनी संसद को लोकतन्त्र का मन्दिर कहते हैं। उल्लासधर्मा घर को भी मन्दिर कहा जाता है।

नि:संदेह वैदिककाल में मूर्ति-उपासना के शब्द-साक्ष्य नहीं मिलते, लेकिन ऋग्वेद के एक मन्त्र में ऋषि कहते हैं, "इन्द्र हमारे प्रिय हैं। मैं अपने इन्द्र को सौ या दस हज़ार में भी नहीं बेच सकता।" यहाँ इन्द्र की चर्चा मूर्ति के लिए ही जान पड़ती है। हड़प्पा सभ्यता में भी मूर्तियाँ थीं। महाकाल का मन्दिर प्राचीन है। दक्षिण भारत के मन्दिर विस्मय पैदा करते हैं। अयोध्या का श्रीराम जन्मभूमि-मन्दिर विश्व-चर्चा में है। सोमनाथ मन्दिर अन्तर्राष्ट्रीय स्तर पर चर्चा का विषय रहता है। सैकड़ों मन्दिरों के 'न्यास' शिक्षा के बड़े प्रकल्प चलाते हैं। सभी मन्दिरों की उपासना-शैली भिन्न-भिन्न है। उपासना के अधिकांश मन्त्र व विनियोग ब्राह्मणग्रन्थों से लिए जाते हैं। ब्राह्मणग्रन्थ पठनीय हैं। इनमें पूर्वजों के दर्शन, दिग्दर्शन व अध्ययन का जीवंत इतिहास है।

'ब्राह्मणग्रन्थ' उपनिषद् व उत्तरवैदिककालीन समाज के प्रतिनिधि ग्रन्थ हैं। समाज-व्यवस्था का दर्पण हैं। इनमें भारत का सांस्कृतिक इतिहास है। दुनिया की किसी भी सभ्यता में ब्राह्मणग्रन्थों जैसा विशाल साहित्य नहीं मिलता। ब्राह्मणग्रन्थों में कोई आज्ञासूचक निर्देश नहीं है। अनुभव, अनुभूति और अभिव्यक्ति की स्वतन्त्रता है। वे उत्तरवैदिककाल का शब्द-साक्ष्य हैं। पुरातत्व के विद्वानों के लिए भी उपयोगी हैं। ब्राह्मणग्रन्थ हिन्दुत्व का शील और आचार-शास्त्र हैं।

क्षर में अक्षर की यात्रा

प्रत्यक्ष संसार 'कर्म-क्षेत्र' है। संसार बड़ा है। संसार महत्वपूर्ण है लेकिन कई प्रश्न भी हैं कि अन्तत: यह संसार क्या है?क्या इस संसार से परे भी कोई और संसार है? क्या इस संसार को चलाने वाला कोई शासक या प्रशासक है?इस संसार को किसने बनाया? संसार कब बना? क्या ईश्वर, भगवान या कोई परमसत्ता सृष्टि-संचालन की कार्रवाई चलाती है? आदि-आदि। प्रश्न यह भी है कि सृष्टि, संसार या ईश्वर की जिज्ञासा का लाभ क्या है? परमसत्ता या ईश्वर प्रत्यक्ष नहीं है। 'हिन्दू' ईश्वर या परमात्मा को लेकर सदा जिज्ञासु रहे हैं।

सभी मनुष्य सुख चाहते हैं लेकिन संसार और जीवन में दु:ख हैं। प्रिय-विछोह दु:ख है, अप्रिय मिलन दु:ख है। शीत, ताप भी दु:ख हैं। प्राकृतिक आपदाएं भी दु:ख हैं। साँप, बिच्छू और शत्रु भी दु:ख हैं। जीवन दु:खमय है। भारतीय दर्शन और ज्ञान-परम्परा में दु:ख का कारण 'अविद्या' बताया गया है। 'विद्या' मुक्ति है, अविद्या बन्धन है इसीलिए दु:ख है। अविद्या क्या है? अविद्या का मतलब 'अज्ञान' नहीं है।

भले-बुरे का ज्ञान पशु-पक्षी को भी होता है। मनुष्य भी संसार का ज्ञान रखता है। आधुनिक विज्ञान ने तमाम खोजें की हैं। मोबाइल, इंटरनेट और वायुयान की खोजों ने दुनिया को छोटा किया है। सारी दुनिया का ज्ञान सामने है तो भी दुःख है। इसका मतलब यही हुआ कि आधुनिक ज्ञान-विज्ञान 'अविद्या' है। एक ज्ञान साँस ारिक है, एक ज्ञान अपने शरीर-स्थित परमतत्व का है। दुःख बाहर से नहीं आते। जिनके पास बाहर तमाम सुविधाएं हैं, वे भी दुःखी हैं। दुःख अन्दर से भी आते हैं।

भारतीय ज्ञान-परम्परा में दुःख-समुदाय को दूर हटाने और परम मुक्त कराने वाले ज्ञान को 'विद्या' कहा गया। शेष ज्ञान अविद्या है। लेकिन भौतिक शास्त्र, रसायन विज्ञान, इतिहास, भूगोल, मनोविज्ञान, चिकित्सा और कम्प्यूटर साइंस बेकार के ज्ञान नहीं हैं। इनका अपना उपयोग है जीवन यात्रा में। ज्ञान की ऐसी सभी शाखाओं की उपयोगिता है लेकिन इनसे दुःख नहीं मिटता। भारतीय दर्शन में इसीलिए साँस ारिक ज्ञान 'अविद्या' है।

संसार क्या है?'कर्तापन-भोक्तापन' ही संसार है। सभी कर्म करते हैं इसलिए कर्त्ता हैं। कर्म का अच्छा-बुरा, सुख-दुःख भोग पाते हैं। कर्ता-भोक्ता ही जीवन है। मोटे तौर पर संसार की यही परिभाषा है, लेकिन यह संसार बड़ा है। मनुष्य संसार की इकाई है। संसार सिर्फ़ हमारा कर्तापन-भोक्तापन ही नहीं है। हमारी तरह के अरबों-खरबों मनुष्य हो चुके। वर्तमान में हैं, आगे भी होंगे। यह संसार भूतकाल में हो चुके, वर्तमान में हो रहे मौजूद और भविष्य में होने वाले प्राणियों के कर्तापन-भोक्तापन का समुच्चय है। प्राणीजगत के अलावा और भी तमाम शक्तियां हैं। सूर्य हैं, चन्द्र हैं, नक्षत्र हैं, अग्नि हैं, वायु हैं, जल हैं, पृथ्वी और आकाश भी हैं। इसके अलावा और बहुत कुछ है। जाना हुआ, बिना जाना हुआ भी। विज्ञान की दृष्टि से समूची सृष्टि ऊर्जा या पदार्थ का या एनर्जी और मैटर का योग है। धर्म-दर्शन की भाषा में यह जड़ और चेतन है। प्रकाश विज्ञान की भाषा में यह रूप-दृश्य और अदृश्य ऊर्जा का जोड़ है। संसार रूपों से भरा-पूरा है। सबके भीतर एक ही परम ऊर्जा है। रूप दिखाई पड़ते हैं। पहचान के लिए उनके नाम रखे जाते हैं। ऊर्जा अदृश्य है, वही भिन्न-भिन्न आकारों-रूपों में दृश्य बनती है। विद्युत् ऊर्जा ट्यूबलाइट, बल्ब, टेलीविजन, पंखा सहित भिन्न-भिन्न रूपों में प्रकट होती है, लेकिन यह विद्युत् ऊर्जा दिखाई नहीं पड़ती। इसके रूप ही देखे गए।

भारतीय दर्शन परम्परा में दो शब्द बार-बार आते हैं 'व्यक्त' और 'अव्यक्त'। जो प्रकट है वह 'व्यक्त' है। मनुष्य प्रकट है, व्यक्त है, इसीलिए व्यक्ति है।

प्रकट वाणी 'अभिव्यक्ति' है। न दिखाई पड़ने वाले हिस्से के लिए 'अव्यक्त' शब्द का प्रयोग हुआ है। गीता के अनुसार 'अव्यक्त' व्यक्त होता रहता है और 'व्यक्त' अव्यक्त (अप्रकट अथवा लीन) होता रहता है। संसार दृश्यमान है, दिखाई पड़ता है। वह व्यक्त-मध्य है, बीच में है। इसका एक भाग पीछे है, व्यक्त होने की तैयारी में है। दूसरा भाग व्यक्त संसार है।

'उपनिषद्' दर्शन-ग्रन्थ हैं। इनमें इसी सम्पूर्णता की यात्रा है। विज्ञान संसार की खोज करता है। वेद-उपनिषद् व्यक्त संसार के साथ-साथ 'अव्यक्त अथवा अप्रकट' क्षेत्र में भी छलांग लगाते हैं। प्रथम उपनिषद् 'ईशावास्योपनिषद' के शान्ति पाठ में कहते हैं, "ओम पूर्णमदः पूर्णमिदं पूर्णात पूर्णमुदच्यते–'ओउम' वह पूर्ण है, यह पूर्ण है।" अदः का मतलब है वह। इदं का मतलब है यह। यह का मतलब है संसार। वह का मतलब है 'अव्यक्त'। 'पूर्ण' पूर्ण से ही प्रकट हुआ है। यह कहिए या वह कहिए, कोई फ़र्क़ नहीं पड़ता। इसे समझाने के लिए आगे कहते हैं— "पूर्ण में पूर्ण घटाने से भी पूर्ण बचता है।" यहाँ दो पूर्ण नहीं हैं। इसलिए जोड़-घटाना और गणित काम नहीं आती। आत्मबोध ही असली उपकरण है। तब सब तरफ बाहर-भीतर वही सम्पूर्णता है। ऐसे बोध से दुःख मिट जाते हैं। भारतीय दर्शन में यही 'विद्या' है, बाकी सारे ज्ञान 'अविद्या' हैं।

संसार प्रत्यक्ष है, दिखाई पड़ता है। ब्रह्म विराट है। असीम है। संसार इसी का एक हिस्सा है। ब्रह्म का एक बड़ा भाग प्रत्यक्ष नहीं है। जैसे ब्रह्माण्ड है, वैसा ही प्रत्येक मनुष्य-पिण्ड भी है—यथा पिण्डे तथा ब्रह्माण्डे। ब्रह्माण्ड का एक भाग संसार-रूप में दिखाई पड़ता है बाकी अदृश्य है। मनुष्य का एक भाग 'देहरूप' दिखाई पड़ता है बाकी अदृश्य है। ब्रह्माण्ड एक जटिल संरचना है तो मनुष्य भी एक जटिल संरचना है। इसका आयतन सीमित है, मनुष्य-पिण्ड छोटा है, यहाँ पूरी ब्रह्माण्डीय संरचना एक छोटे से मनुष्य-पिण्ड में समाहित है, इसलिए मनुष्य और भी जटिल संरचना है। लेकिन हैं दोनों एक जैसे।

वैज्ञानिक कार्ल सागन ने सृष्टि, सौरमण्डल और विश्व-निर्माण के महाविस्फोट-सिद्धान्त का वर्णन करते हुए लिखा कि—"10 या 20 बिलियन वर्ष पहले 'बिग बैंग' की घटना हुई। इस समय विश्व में जितनी ऊर्जा और भूत (मैटर, पदार्थ) है वह चरम घनत्व की दिशा में एक गणितीय बिन्दु पर केन्द्रित था। इस बिन्दु के कोई आयाम नहीं थे, न लम्बाई, न चौड़ाई न ऊँचाई। यह एक तरह का विश्व अण्ड 'कॉस्मिक एग' था जो विश्व की अनेक संस्कृतियों की सृष्टि-कथाओं की याद

दिलाता है। उस विराट ब्रह्माण्डीय विस्फोट से विश्व ने प्रसार आरम्भ किया और वह कभी बन्द नहीं हुआ।" (कास्मोस, कार्ल सागन, पृष्ठ 200-201) कास्मोस की भूमिका में सागन ने लिखा, "जो कुछ प्रत्यक्ष है, जो कुछ पहले था और आगे होगा वह सब कास्मोस, 'कास्मिक एग' या ब्रह्माण्ड है।" सागन आधुनिक वैज्ञानिक हैं। उनके शब्दों पर गौर करना चाहिए। वैज्ञानिक सागन की शब्दावली ऋग्वेद की याद दिलाती है।

ऋग्वेद में अनेक देवता हैं। देवी-देवता प्रकृति या ब्रह्माण्ड की शक्तियां हैं। ऋग्वेद में देवी अदिति के बारे में बताते हैं, "अदिति द्युलोक हैं, अन्तरिक्ष हैं, माता-पिता और पुत्र हैं। जो उत्पन्न हो चुका और होगा वह सब अदिति हैं।" (ऋग्वेद 1.89.10) यहाँ अदिति को माँ-पिता के साथ पुत्र भी बताया गया। सृष्टि चिरन्तन प्रवाह है। माँ-पिता पहले हैं, पुत्र उन्हीं का विस्तार है। अदिति को माँ-बाप कहना श्रद्धा हो सकती है लेकिन पुत्र बनाना आसान नहीं। वस्तुतः यह अदिति ब्रह्माण्ड हैं। इससे पहले का ब्रह्माण्ड हमारे माँ-पिता हैं, हमारे आगे का ब्रह्माण्ड पुत्र होगा। यजुर्वेद (अध्याय 40.1) का ईशावास्यमिदंसर्वं, यही ब्रह्म ईश है। ईश सम्पूर्णत्व है और यही सम्पूर्णता भी है। उपनिषद् इसी का वर्णन करते हुए दायें ब्रह्म, उत्तर ब्रह्म, ऊपर ब्रह्म, नीचे भी ब्रह्म अर्थात यह समूची सृष्टि ब्रह्म ही है।

ऋग्वेद के पुरुष सूक्त (10वां मण्डल, सूक्त 90) में भी समूची सृष्टि/ब्रह्माण्ड को अदिति की तरह एक 'पुरुष' रूप में कल्पित किया गया, "सहस्त्रशीर्षा पुरुषः सहस्त्राक्षः सहस्त्रपात। स भूमिं सर्वतः स्पृत्वाऽत्यतिष्ठद्दशाङ्गुलम्" सहस्त्र सिरों वाले, सहस्त्र आँखों और सहस्त्र पैरों वाले पुरुष सारे ब्रह्माण्ड का अतिक्रमण करते हुए 10 अँगुलियों में आवृत्त करते हैं। (ऋग्वेद 10.90.1) आगे दूसरे मन्त्र में कहते हैं, "पुरुष एवेदं सर्वं–यह पुरुष ही सबकुछ है, जो हो चुका है, जो है और जो होगा, वह सब यही पुरुष ही है।" उपनिषद् इसी तरह ब्रह्म की चर्चा करते हैं। मुण्डकोपनिषद (2.11) के एक सुन्दर मन्त्र में कहते हैं, ब्रह्मैवेदममृतं पुरस्ताद् ब्रह्म पश्चाद् ब्रह्म दक्शिणतश्चोत्तरेण। अधश्चोर्ध्वं च प्रसृतं ब्रह्मैवेदं विश्वमिदं वरिष्ठम्ब्र–ह्म सामने, ब्रह्म पीछे, ब्रह्म दायें, ब्रह्म उत्तर, ब्रह्म ऊपर, ब्रह्म ही नीचे है। यह समूचा विश्व ब्रह्म है। ऋग्वेद की अदिति या पुरुष, उपनिषद्दों का ब्रह्म, ईशावास्योपनिषद का ईश (ईश्वर), गीता का विश्वरूप और कार्ल सागन का 'कॉस्मिक एग' एक ही विराट के विभिन्न नाम हैं। अदिति की जगह दुर्गा, सीता या काली, पुरुष की जगह श्रीराम; श्रीकृष्ण, शिव, ईश्वर नाम

रख दें, कोई फ़र्क़ नहीं पड़ता। भारतीय परम्परा, धर्म और दर्शन में इसी सम्पूर्णता की अनुभूति पर ज़ोर है।

सुख का वर्णन हो सकता है। दुःख का वर्णन और भी आसान है। दुःखी लोग अपनी कथाएं सुनाया करते हैं, लेकिन परम उल्लास और आनन्द का वर्णन असम्भव है। उसे सामान्य शब्दों में नहीं कहा जा सकता। इसीलिए भारत का 'तत्वज्ञान' कविता में है। ऋग्वेद खूबसूरत काव्य है। यजुर्वेद भी वैसा ही है। सामवेद का मतलब ही 'ज्ञान-गान' है। उपनिषद्-मन्त्र गीत हैं। सभी उपनिषद्‌ों का सार 'गीता' है। ऐसे ही गहन भावबोध में परमतत्व का मजेदार वर्णन है, "न तत्र सूर्योभाति न चन्द्रतारकम। नेमाविद्युतो भांति कुतोअयमः तमैव भान्तमनुभाति सर्वं तस्य भासा सर्वमिदं विभाति-वहाँ न सूर्य का प्रकाश है, न चन्द्रमा की चांदनी। तारों का प्रकाश भी नहीं। अग्नि की तो बात ही छोड़िए। एक ही प्रकाशमान का आलोक है। उसी की दीप्ति है, उसी की आभा का सब अनुसरण करते हैं।"

ऊर्जा अविनाशी है। ऋग्वेद के ऋषि की घोषणा है, 'परमसत्य एक है, विद्वान उसे इन्द्र आदि नामों से पुकारते हैं। ईश्वर और भगवान जैसे नाम लोक-प्रचलन में भी हैं। मुख्य बात है परम ऊर्जा का अविनाशी, अक्षय और अक्षर होना। वृहदारण्यक उपनिषद् में अविनाशी मूल तत्व 'अक्षर' की व्याख्या है। भारतीय संस्कृति-दर्शन में प्रश्नोत्तरों की महिमा है। राजा जनक की सभा है। अपने समय के तमाम विद्वान विराजमान हैं। तत्वदर्शन पर प्रश्नोत्तर हो रहे हैं। याज्ञवल्क्य प्रकाण्ड विद्वान हैं। वे प्रश्नों का उत्तर दे रहे हैं। इसी बीच गार्गी खड़ी होती हैं। गार्गी ने पूछा कि विश्व का सबकुछ जलमय है, जल से ओतप्रोत है तो फिर यह जल किसमें ओतप्रोत है?

जल सृष्टि-रचना का आदिस्रोत माना जाता था। याज्ञवल्क्य ने उत्तर दिया कि 'जल' वायु से ओतप्रोत है। गार्गी ने प्रतिप्रश्न किया कि तब यह वायु किसमें ओतप्रोत है? उत्तर मिला–अन्तरिक्ष में। गार्गी उत्तरों को ही प्रश्न बना रही थीं। पूछा, तब अन्तरिक्ष किसमें ओतप्रोत है? याज्ञवल्क्य ने कहा, गन्धर्वलोक में। पूछा गया कि यह गन्धर्व लोक किसमें ओतप्रोत है? उत्तर मिला–आदित्यलोक में। याज्ञवल्क्य ने इसी तरह आदित्यलोक को चन्द्रलोक में, चन्द्रलोक को नक्षत्रलोक में, नक्षत्रलोक को देवलोक में, देवलोक को इन्द्रलोक में, इन्द्रलोक को प्रजापतिलोक में और प्रजापतिलोक को ब्रह्मलोक में बताया। गार्गी ने पूछा ब्रह्मलोक किसमें?याज्ञवल्क्य ने डांटा, "अति प्रश्न न कर, तेरा मस्तक गिर जाएगा।" शंकराचार्य का अनुवाद है, "न्यायोचित प्रकार को छोड़कर आचार्य-परम्परा द्वारा पूछने योग्य शास्त्रगम्य

देवता को अनुमान से मत पूछ। ऐसे प्रश्न से तेरा मूर्द्धा-मस्तक पतित न हो जाए।" (वृहदारण्यक उपनिषद् अध्याय 3, ब्राह्मण 6, श्लोक 1) ब्रह्म बुद्धिगत नहीं है। वह तर्क-अनुमान से परे है। 'तर्क' ज्ञात उदाहरणों से ही यात्रा करता है। 'अनुभूति' सार्वजनीन नहीं होती। जिन्हें तत्व की अनुभूति है, वे दूसरों के समक्ष साक्ष्य नहीं रख सकते।

सभी प्रश्न-प्रतिप्रश्न महत्वपूर्ण हैं। गार्गी ने पूछा, "जो द्युलोक से ऊपर है, पृथ्वी से नीचे है। जो द्युलोक और पृथ्वी के मध्य में है और जो स्वयं भी द्युलोक और पृथ्वी है, जिसे भूत-भविष्य और वर्तमान कहते हैं?वे किसमें ओतप्रोत हैं?" (वही, श्लोक 3) द्युलोक, पृथ्वी का मध्य, ऊपर और नीचे तथा सम्पूर्ण तत्व दिक् 'स्पेस' है। भूत, वर्तमान, भविष्य 'काल' (टाइम) है। ब्रह्मलोक वाले प्रश्न का मूल भाव भी इसी में सन्निहित है। याज्ञवल्क्य ने बताया, "जो द्युलोक से ऊपर है, जो पृथ्वी से नीचे है, जो दोनों के मध्य है, जो द्युलोक और पृथ्वी भी है और जो भूत, वर्तमान और भविष्य भी है।" वह सब आकाश में, "यद भूतं च भ भविष्यच्चेत्याचक्षत आकाशे तदोतं च प्रोक्तं चेति।" (वही 4) गार्गी ने पूछा यह आकाश किसमें ओतप्रोत है?याज्ञवल्क्य ने कहा, "उसे ब्रह्मवेत्ता अक्षर कहते हैं— वै तदक्षरं। यह न मोटा है, न पतला है, न छोटा, न बड़ा, न द्रव न छाया, न तम, न वायु, न आकाश, न रस, न नेत्र, न कान, न वाणी, न मन, न तेज, न प्राण, न मुख, न अन्दर, न बाहर, वह कुछ भी नहीं खाता, उसे कोई नहीं खाता।" (गीता प्रेस का अनुवाद, पृष्ठ 764) यहाँ अक्षर को समझाने का प्रयास अनूठा है। यह वर्णमाला वाला अक्षर ही नहीं है, वर्णमाला वाला अक्षर भी है। यही मूल तत्व है लेकिन इन्द्रियबोध से परे है।

'याज्ञवल्क्य' गार्गी की तर्क-प्रतिभा और मेधा से परिचित थे। उत्तर के भीतर से प्रश्न बनाती थीं। उन्होंने अक्षर की शक्ति का वर्णन किया, "एतस्य वा अक्षरस्य प्रशासने सूर्याचन्द्रमसौ–इसी अक्षर के प्रशासन में सूर्य, चन्द्र द्युलोक, पृथ्वी, निमेष मुहूर्त, दिवस, रात्रि, अर्धमास ऋतु संवत्सर और नदियाँ तथा मनुष्य-कर्म हैं।" (वही 9) जो यहाँ अक्षर प्रशासक है, यही सबका धारक है। आकाश, पृथ्वी, अन्तरिक्ष आदि सभी लोक अक्षर के भीतर हैं। ऊपर, नीचे, दाएं, बाएं, अन्दर, बाहर सभी दिशाओं में भूत, वर्तमान और भविष्य में अक्षर ही है। सबकुछ 'अक्षर से आच्छादित' है। ऋग्वेद में अदिति या पुरुष की जगह 'अक्षर' रख दें तो, "जो कुछ अब तक हो गया, जो आज प्रत्यक्ष वर्तमान है और जो कुछ आगे होगा–वह सब अक्षर ही है। अक्षर की जगह राम, कृष्ण, शिव या देवी रखकर यही प्रतीति पा

सकते हैं। अथर्ववेद (10.8.6) में यही बात ब्रह्म के लिए कहते हैं, "यो भूतं च भव्यं च सर्वं यश्चाधिष्ठति। जो भूत, वर्तमान और भविष्य का अधिष्ठाता है, जिसमें तीनों काल स्थित हैं, उस ज्येष्ठ ब्रह्म को नमस्कार है।" यहाँ ब्रह्म में भूत, वर्तमान और भविष्य का अधिष्ठान अन्तर्निहित है। वृहदारण्यकोपनिषद के अगले दो श्लोक भी अक्षर पर ही हैं। 11वें में अक्षर का स्वरूप है, दसवें में अक्षर-ज्ञान और अज्ञान के लाभ-हानि हैं, फिर याज्ञवल्क्य असली 'ब्राह्मण' की जानकारी देते हैं।

याज्ञवल्क्य कहते हैं, "जो अक्षर (तत्व) को जाने बिना ही हवन, यज्ञ, जप-तप करता है, उसके पूरे कर्म (फल) क्षीण हो जाते हैं, बेकार हो जाते हैं। जो अक्षर जाने बिना ही मर जाता है, वह कृपण-दीन है। लेकिन जो अक्षर जानकर इस लोक में मरता है वह 'ब्राह्मण' है।" (वही 10) यहाँ ब्राह्मण की परिभाषा है। 'ज्ञान' किसी वंश, कुल, वर्ण, जाति में जन्म लेने से ही नहीं मिलता। 'ज्ञान' तप-कर्म, साधना से ही मिलता है और 'परम ज्ञान' की प्राप्ति हो जाना ही 'ब्राह्मण' होना है। ब्राह्मण होना 'अग्निधर्म' है। वेद, उपनिषद्, रामकथा या महाभारत का अध्ययन ही 'अक्षर' से साक्षात नहीं कराता। 'तत्वदर्शन' बौद्धिक ज्ञान से ही नहीं मिलता। धर्मग्रन्थों से भी नहीं मिलता। बेशक, इनमें तत्व हैं, लेकिन असली बात अनुभूति है। प्रवचन, मेधा या कथा-श्रवण से विद्वता नहीं आती। वृहदारण्यक का एक प्रसंग बड़ा प्यारा है, याज्ञवल्क्य कहते हैं, "यह अक्षर दृष्टि का विषय नहीं है, यानी 'दर्शन' ज्ञान की पकड़ से बाहर है क्योंकि यही स्वयं दृष्टा है। इसी तरह यह सुना नहीं जा सकता क्योंकि यह अक्षर ही स्वयं श्रोता है। इसका मनन, चिन्तन, स्मरण असम्भव है क्योंकि यही स्वयं मननकर्ता है। इसे ज्ञात की परिधि में नहीं लाया जा सकता क्योंकि यही स्वयं विज्ञता है।" (वही 11) परमतत्व देखा नहीं जा सकता, क्योंकि देखने का काम इसी माध्यम से सम्भव होता है। इसे सुना नहीं जा सकता, यह स्वयं सुनता है। यहाँ कथा सुनाकर, या सुनकर आत्मज्ञान देने या लेने की व्यर्थता है। सारे शब्द, सारे नाम, सारे दृश्य उसी की अभिव्यक्तियाँ हैं। इन्द्रियाँ उनमें विभक्तियाँ देखती हैं। आत्मबोध और अन्तर्यात्रा ही हिन्दू दर्शन का तत्वसार है।

संसार परिवर्तनशील है, क्षरणशील है, इसीलिए 'क्षर' है। 'ऊर्जा' अविनाशी है, अक्षरणशील है इसलिए 'अक्षर' है। 'क्षर' की जानकारी आसान है, लेकिन ऐसी जानकारी 'अविद्या' है। 'अविद्या' बन्धन है। 'विद्या' मुक्ति-मार्ग है—सा विद्या या विमुक्तये। यह सम्पूर्णता 'क्षर' और 'अक्षर' है। ध्यान देना चाहिए कि क्षर और अक्षर दो नहीं हैं। 'क्षर' रूप है, नाम है। 'अक्षर' परमऊर्जा है। समझाने की दृष्टि

से ही क्षर और अक्षर का प्रयोग हुआ है। श्वेताश्वतर उपनिषद् (1.8) में कहते हैं, "संयुक्तमेतत् क्षरमक्षरं च व्यक्ताव्यक्तं–वह क्षर और अक्षर तथा व्यक्त और अव्यक्त का संयुक्त है।" आगे (1.10) कहते हैं, "क्षरं प्रधानममृताक्षरं हरः–प्रधान प्रकृति क्षरणशील है, क्षर है लेकिन परमतत्व अक्षर अमृत है।" अक्षर ही क्षर बनकर प्रकट होता है। गुण-दृष्टि से इसका नाम 'अक्षर' हो गया। मूल प्रश्न है कि क्या इसका कोई और नाम भी हो सकता है?

भारतीय तत्ववेत्ताओं ने इस एक अक्षर का नाम 'ऊँ' रखा। अक्षर-साधना, गहन आत्मबोध और गहन आत्मदर्शन की प्रतीति-अनुभूति से ही एक 'ऊँ' अक्षर की परमध्वनि प्रकट हुई थी, लेकिन 'विद्वानों' ने इसका भी अर्थ निकालने का प्रयास किया। अक्षर अविनाशी है। अविनाशी का कोई अर्थ नहीं होता। सारे अर्थ क्षरणशील हैं। अक्षर अ-क्षर है। सृष्टि 'रूपों' से भरी-पूरी है। अविनाशी अक्षर 'ऊर्जा' के ही अभिव्यक्त रूप हैं। रूप प्रत्यक्ष हैं, अरूप अदृश्य हैं। अव्यक्त रूप संसार है। अक्षर अव्यक्त है। भारतीय ऋषि अनुभूति-बोध से युक्त थे। उन्होंने अक्षर देखा, किसी ने पुरुष कहा, किसी ने अदिति। इसी में से एक नाम 'ऊँ' आया।

ॐ

ऊँ, ॐ या ओम हिन्दू जीवन-शैली की महत्वपूर्ण ध्वनि है। सम्पूर्ण विश्वऊर्जा का सार तत्व है ॐ। यह भारत के सभी पन्थों की आस्था है। वैदिक परम्परा में ॐ आदरणीय है। इसका व्यवहार तान्त्रिक, शैव, वैष्णव, बौद्ध, जैन और सिख आदि सभी पन्थों में स्वीकारा गया है। कालिदास ने भी ओम की महिमा (रघुवंश 1.11) गायी है। ऊँ परम ध्वनि है। विद्वान इसे अ, उ तथा म का अक्षरयोग बताते हैं लेकिन यह अ, उ तथा म का योग ही नहीं है। ऊँ ध्वनि-बीज है, इसका उच्चारण अ, उ और म तक फैलता है। पाणिनि ने ओम को अव्यय बताया है। भारतीय परम्परा ने ॐ को अनवरत प्यार किया है। ॐ की व्याख्या और अर्थ अनुसंधान के बहुत प्रयास हुए हैं। इस अध्याय में ऋग्वेद, गोपथ ब्राह्मण विशेषतया उपनिषदों में उपलब्ध ॐ विषयक जानकारी के आधार पर ॐ को समझने का प्रयास किया गया है। गोपथ ब्राह्मण की 16वीं कण्डिका से 30वीं तक ॐ का विश्लेषण है। इसका एक श्लोक (1.1.23) ओम्कार का व्यापक दर्शन-दिग्दर्शन कराता है, "ॐ ऋग्वेद में ऋचा है। सामवेद में गीत (साम), यजुर्वेद में यजुष है। ब्राह्मणों (ग्रन्थों) में ब्राह्मण (ज्ञान) है, सूत्रों में सूत्र है, श्लोकों में श्लोक है, प्रणव में प्रणव है।" यह प्रत्येक ध्वनि की मूल ऊर्जा है। यहाँ प्रत्येक रूप का आन्तरिक स्वरूप भी है।

उत्तरवैदिक काल/उपनिषद् काल में ॐ की सर्वव्यापी महत्ता थी। प्राचीन ऋषियों ने शान्तिपाठ/प्रार्थना में 'ॐ' लगाया। ऋषियों ने ॐ को परमात्मा का नाम भी बताया है। नाम संज्ञा है। किसी वस्तु-व्यक्ति की अलग पहचान के लिए नाम रखे जाते हैं। परमसत्ता अखण्ड और पूर्ण है। किसी भी हिस्से को अलग करने के बावजूद भी वह पूर्ण रहती है। उसका नाम क्या हो सकता है?उसका नामकरण कठिन है। ऋग्वेद के ऋषि ने उसे 'वह' कहा। ईशावास्योपनिषद के शान्तिपाठ में भी उसे 'वह' कहा गया। शान्तिपाठ का मन्त्र बृहदारण्यक उपनिषद् में है। विज्ञान की दृष्टि से समूची सृष्टि ऊर्जा और पदार्थ का योग है। भारतीय परम्परा के अनुसार यह जड़ और चेतन से मिलकर बनती है। भारतीय चिन्तन में यह प्रकृति और पुरुष का सृजन है। ध्वनि परम ऊर्जा का ही एक आयाम है।

ब्रह्माण्ड विराट है, बहुत बड़ा, असीम और अनन्त। इसमें पृथ्वी है, सूर्य और चन्द्र हैं। मंगल, बुध, वृहस्पति, शुक्र और शनि जैसे ग्रह हैं। नक्षत्र हैं, आकाशगंगा हैं। और भी बहुत कुछ है—जाना हुआ तथा बिना जाना हुआ गतिशील है। गति के कारण वायु से संघर्षण है, इसलिए ध्वनि है पर अन्तरिक्ष में वायु न होने के बावजूद भी ध्वनि है। विज्ञान के लिए यह एक पहेली है। बिना संघर्षण ध्वनि नहीं होती, लेकिन अन्तरिक्ष में होती है। ऋषियों ने इसे 'अनाहद नाद', बिना आघात की ध्वनि बताया। समूचा ब्रह्माण्ड एक अनन्त शरीर है, ऋग्वेद ने इसे पुरुष, अदिति आदि नाम दिए हैं। इस विराट शरीर का भी एक प्राण है। जैसे मनुष्य-शरीर का एक प्राण है वैसे ही ब्रह्माण्ड का भी एक प्राण है। ब्रह्माण्ड के भीतर अनन्त गतिविधियां चला करती हैं। इससे पैदा होने वाली सामूहिक ध्वनि भी होती है। उपनिषद् के ऋषियों ने इसे प्रणव कहा। इसे ब्रह्मनाद यानी सम्पूर्णता की ध्वनि कहा गया।

ब्रह्म-ध्वनि हमारे भीतर है और हमारे ऊपर भी। प्रत्येक अणु-परमाणु इससे जुड़ा हुआ है, लेकिन योग उपासना और ध्यान की गहन अवस्था में इसे 'ऊपर आकाश' का गीत समझा गया। सो इसका नाम पड़ा 'उद्गीथ'। उद्गीथ का मतलब है ऊपर का गीत, आकाश का गीत। इसकी अनुगूंज 'ओम' थी। सम्भवतः इसे ऋग्वेद की परम्परा के कारण ऊपर का गीत कहा गया। ऋग्वेद में मन्त्र-ऋचा (काव्य-गीत) का निवास परम व्योम 'ऋचों अक्षरे परम व्योमन' बताया गया है। प्रणव-उद्गीथ-ब्रह्मनाद की ध्वनि ओम सर्वत्र विस्तृत है, इसलिए यह ब्रह्म का नाम भी है। ब्रह्म या सम्पूर्णता का नाम होने के कारण ओम हमारा, आप सबका भी समूहवाची नाम है।

मनुष्य के कण्ठ में स्वरकेन्द्र हैं। संघर्षण से ध्वनि बनती है। ध्वनि वाक् बनती है। फिर वाक्य बनते हैं। वाणी में स्वर हैं, वर्ण हैं, अक्षर-अक्षर अविनाशी हैं। जैसे अग्नि का जन्म संघर्षण से हुआ वैसे ही ध्वनि का जन्म भी संघर्षण से ही होता है, लेकिन संघर्षण से जन्मी ध्वनि भी संघर्षण से पहले अस्तित्व में रहती है। ऊर्जा सदा से है। रूप और आयाम बदलते हैं, ऊर्जा ज्यों की त्यों रहती है। 'रूप' आँख से दिखाई पड़ते हैं। 'ध्वनि' शब्द बनकर कान से पकड़ में आती है, लेकिन परमध्वनि निःशब्द है। उसका कोई स्वर नहीं, उसका कोई नाम नहीं। ॐ भी निःशब्द की संज्ञा है। ॐ के सारे अर्थ सीमातीत हैं। ॐ सीमातीत और अर्थातीत है।

ॐ भारतीय दर्शन की सर्वोपरि उपलब्धि है। ऋग्वेद में इसका उल्लेख है। स्पष्ट है कि ऋग्वेद की रचना के पहले ही ॐ ध्वनि की शक्ति और महत्ता को पहचाना जा चुका था। पतंजलि योगसूत्र में भी परम आनन्द का वाचक 'तस्य वाचक प्रणवः' के रूप में ॐ है। कठोपनिषद (1.2.15) में कहते हैं, "वेदों में जिसकी प्रतिष्ठा है, जो सभी तापों का लक्ष्य है, वह पद–'ओम इत्येतत्' है।" गीता में ॐ की महिमा का उल्लेख कई बार हुआ। अध्याय 7 (श्लोक 8) में कृष्ण ने स्वयं को 'प्रणवः सर्ववेदेषु' सभी वेदों में प्रणव–ॐ बताया। अध्याय 8 के 13वें श्लोक में कहा, "ओम एक अक्षर है। यह ब्रह्म है। इसका स्मरण करते हुए शरीर त्यागने वाले परमगति पाते हैं।" डॉ. राधाकृष्णन के अनुवाद में टिप्पणी है, "ॐ शब्द ब्रह्म का प्रतीक है जिसे अभिव्यक्त नहीं किया जा सकता।" (भगवद्गीता: डॉ. राधाकृष्णन, पृष्ठ 211) ॐ अव्याख्येय है। अनिर्वचनीय है। इसका निर्वचन नहीं हो सकता। भाषा की सीमा है। भाषा में मात्र संकेत हैं।

कठोपनिषद (1.2.14) में नचिकेता ने यम से कहा, "धर्म और अधर्म के सम्बन्ध से रहित, कार्यकारण रूप, प्रकृति से पृथक तथा भूत, वर्तमान और भविष्य से भिन्न जिस 'परमात्म तत्व' को आप जानते हैं, वही मुझे बताइए।" प्रश्न असाम्प्रदायिक है और परिशुद्ध वैज्ञानिक है। यमराज कहते हैं, "जो सभी वेदों द्वारा प्रतिपादित है, तप ब्रह्मचर्य आदि साधनों का चरम लक्ष्य है, वह संक्षेप में ॐ है।" यह अक्षर ही ब्रह्म है। यह अक्षर ही 'परम' है—'एतद्ध्येवाक्षरं परम'। यह परम आलम्बन है। (वही 1.2.15-16) ॐ यहाँ विज्ञान की शब्दावली में परमऊर्जा की चरम घनत्व वाली ध्वनि है। ॐ में सृष्टि की समस्त ऊर्जा एक ही स्थान, एक अक्षर-ध्वनिरूप में बीज बनती है। यह प्रारम्भ में आराधक का आश्रय है। आराधना की परिपूर्णता में ब्रह्म (परम) है।

प्रश्नोपनिषद (5.2) में पिप्पलाद ने सत्यकाम को बताया, "परं चा परं च ब्रह्म यद् ओमकार: यह ओमकार ही परब्रह्म और अपरब्रह्म है।" फिर कहते हैं कि ओउम परंब्रह्म-परम्पुरुष का ध्यान करें। इससे साधक तेजोमय सूर्य से संयुक्त हो जाता है। (वही, 5.5) यहाँ ॐ से ध्यान करने की विधि है। ध्यान जप नहीं है। ॐ बोलने, जप करने से उठने वाली ध्वनि-तरंगों की ऊर्जा अलग विषय है। यहाँ ध्यान पर ज़ोर है। ध्यान के साथ योग जरूरी है। 'ध्यान' स्मरण नहीं है। स्मरण उसी का होता है जिसे कभी पहले देख लिया जाता है। 'ध्यान' स्मरण के परे 'बुद्धि से पार जाने' की विधि है। इसके शुरुआत में बुद्धि लगती है, बाद में बुद्धि भी छूट जाती है। तब तेजोमय सूर्य के साथ एकात्मकता हो जाती है। सूर्य प्रत्यक्ष भौतिक ऊर्जा हैं। ऊर्जा का अक्षय स्त्रोत हैं।

फिर ॐ का लाभ बताते हैं, "इससे ऋचाएँ मनुष्यलोक देती हैं। यजुष मन्त्र चन्द्रलोक देते हैं और साम मन्त्र ब्रह्मलोक ले जाते हैं। (वही 5.7) मनुष्यलोक सांसारिक सुख है। यहाँ चन्द्रलोक आध्यात्मिक आनन्द है और ब्रह्मलोक परम लब्धि है।" ॐ उपासना और धारणा निरी आस्था नहीं है। यहाँ भौतिक सुख की इच्छाएं हैं, पराभौतिक आनन्द की अभिलाषा के साथ-साथ परमतत्व की अभीप्सा भी है। ॐ सृष्टि की सम्पूर्णता के साथ एकात्म हो जाने वाले बीजगणित का परमबीज है।

तैत्तिरीय उपनिषद् के चतुर्थ अनुवाक में कहते हैं, "जो वेद छन्दों में सर्वश्रेष्ठ विश्वरूप है, वेदों से अमृतरूप प्रधानरूप में प्रकट हुआ है। वह ओमकार सबका अधिपति (स्वामी) मुझे मेधायुक्त बनाए, अमृत का धारक बनाए, मेरा शरीर विशेष स्वस्थ हो। मेरी जीभ मधुमती हो। कानों से खूब सुनूं। आप बुद्धि से (बुद्धि नाम, रूप से परिचय पाती है) ढके हुए हैं। मेरे द्वारा सुने गये तत्व (श्रुतं में गोपाय) की रक्षा करें।" यहाँ ओमकार से शरीर-रक्षा, जीभ, कान की सुरक्षा और बुद्धि की तीव्रता माँगी गयी है। यहाँ ओमकार परमध्वनि और परमऊर्जा के साथ-साथ स्वास्थ्य देने वाली परम औषधि और बुद्धि देने वाली दिव्य ऊर्जा भी है।

श्वेताश्वतर उपनिषद् (1.13) में एक सुन्दर उदाहरण देकर समझाते हैं, "अग्नि काष्ठ से उत्पन्न होती है। लेकिन काष्ठ में अग्नि नहीं दिखायी पड़ती। वह काष्ठ के भीतर रहती है। न दिखायी पड़ने के कारण यह नहीं माना जा सकता कि अग्नि का अस्तित्व ही नहीं है। काष्ठ-रगड़ से अग्नि पैदा करके सिद्ध करना आसान है। परमतत्व, परमऊर्जा भी इसी तरह मनुष्य-हृदय में है। प्रत्यक्ष नहीं दिखाई पड़ता

लेकिन प्रणव ध्वनि से इसी शरीर में इन्हीं बोध-उपकरणों से इसका अनुभव किया जा सकता है।" अगले श्लोक में कहते हैं, "स्वयं अपने शरीर को नीचे की लकड़ी और ॐ को ऊपर की लकड़ी बनाकर अग्नि की तरह परमतत्व का भी साक्षात्कार किया जा सकता है, लेकिन ध्यान निमर्थनाभ्यासाद्–ध्यान और अभ्यास की शर्त भी है।" ॐ यहाँ परमज्ञान-प्राप्ति का उपकरण है। बृहदारण्यकोपनिषद (अध्याय 5, ब्राह्यण 1) का गीता प्रेस अनुवाद ध्यान देने योग्य है, "आकाश ब्रह्म ओमकार है। आकाश सनातन (सदा से) है। जिसमें यह ओमकार ही वेद (ज्ञान) है। क्योंकि जो जानने योग्य है उसका इससे ज्ञान होता है।" यहाँ 'ओम खं ब्रह्म' का वर्णन है। शंकराचार्य कहते हैं, "ओम खं ब्रह्म यह मन्त्र है। ब्रह्म विशेष्य है, खं विशेषण है। जो खं ब्रह्म है वह ओम शब्द वाच्य है।" अर्थात ओम ब्रह्म का नाम है। ओम उपासना का साधन और अवलम्ब है। कठोपनिषद (1.2.17) में कहते हैं, "एतदाल्बनं, श्रेष्ठमेतदालम्बनं परमं–यह आलम्बन है, श्रेष्ठतम परमं–यह श्रेष्ठतम परम आलम्बन है।" प्रश्नोपनिषद में कहते हैं, "ओमित्येते नैवाक्षरेण परं पुरुषंमामिध्यायीत–ॐ अक्षर से ही परमब्रह्म का ध्यान करें।" मुण्डक (2.2) में कहते हैं, "ओम से आत्मा का ध्यान करें–ओमित्येत ध्यायथ आत्मानम्।" शंकराचार्य ने भी बृहदारण्यक उपनिषद्व के ऊपर वाले मन्त्र का भाष्य करते हुये ओम को वेद (श्रेष्ठतम ज्ञान) बताया है।

लेकिन 'ॐ' भी एक नाम (संज्ञा) है। गीता (17.23 व 24) में कहते हैं, "ओम तत् सत्' यह तीन शब्द आदिकाल से परमसत्ता के लिए प्रयुक्त होते रहे हैं। इसलिए योगीजन ब्रह्म (सत्य) प्राप्ति के लिए यज्ञ आदि सभी क्रियाओं का प्रारम्भ ॐ से ही करते हैं।" फिर 25वें श्लोक में सारी क्रियाओं को 'तत्' (वह) से प्रारम्भ करने का निर्देश देते हैं। "ईशावास्योपिषद के शान्ति पाठ में जो अद् (वह) है वही गीता में तत् है। फिर सत् शब्द के बारे में बताते हैं," सदभावे साधुभावे........सत् सदभाव में, साधुभाव में, कर्मों की प्रशंसा में (सत्कर्म) यह शब्द प्रयुक्त (प्रयुज्यते) होता है। ॐ ऋग्वेद में बीज है। उपनिषद्वों में विराट वृक्ष है। फिर योग, ध्यान, भक्ति, साधना और समस्त सांसारिक लब्धियों के हेतु किए गए कर्मों का प्रारम्भ है। गीता में 'ॐ तत् सत्' कहकर पूरी बात स्पष्ट की गयी।

संसार प्रत्यक्ष है, इसलिए यह है। परमतत्व इन्द्रियगोचर नहीं है, अप्रत्यक्ष है, इसलिए तत् (वह) है। दोनों एकसाथ 'यह और वह' हैं, लेकिन वे दो नहीं हैं। दोनों में अद्वैत हैं इसलिए यह और वह सत् है। केवल ओम से ही काम चल सकता था।

उपनिषद्काल तक ओम सहज था। सबकी समझदारी में था। गीता के रचनाकाल में 'ओम तत् सत्' कहना पड़ा। आगे ओम के पहले हरि लगाया गया और 'हरि ओम तत् सत्' भी परमतत्व के स्मरण का एक उपकरण बना।

गायत्री मन्त्र के नाम से विश्वविख्यात ऋग्वेद (3.62.10) के मन्त्र के आकार में भी परिवर्तन हुआ। मूल मन्त्र 'तत्सवितुर्वरेण्यं भर्गो देवस्य धीमहि धियो योनः प्रचोदयात' है। विश्वामित्र इस मन्त्र के दृष्टा ऋषि हैं। देवता 'सविता' हैं। छन्द गायत्री हैं। गायत्री छन्द में अनेक वैदिक मन्त्र रचे गए थे लेकिन इसकी ख्याति गायत्री मन्त्र के नाम से हुई। इस मन्त्र में सविता–सूर्य से 'बुद्धि-तेज' की प्रार्थना है। सूर्य प्रत्यक्ष महाऊर्जा हैं। वे सभी भौतिक शक्तियों का स्रोत हैं। मन्त्र अपने आप में परिपूर्ण हैं लेकिन बाद में मन्त्र के पहले 'ओम भूर्भुवः स्वः' जोड़ा गया। ओउम अपने आप में सम्पूर्णता है। लेकिन ॐ उत्तर वैदिककाल से पुराणकाल तक लोकस्वीकृत आकर्षण बन चुका था। उस समय तीन लोकों की चर्चा थी। इसलिए पृथ्वीलोक के लिए भूः, अन्तरिक्ष के लिए भुवः और परम ब्रह्मलोक के लिए स्वः भी जोड़े गए। लोक भौगोलिक नहीं होते। स्वः का अर्थ स्व-आत्मक्षेत्र, आत्म-अन्तस भी है। पृथ्वी और अन्तरिक्ष के लिए भूर्भुवः और साधक के लिए स्वः मानने में कोई अड़चन नहीं है। ब्रह्म की लब्धि भी स्वः में ही होती है और स्वर्ग की भी, लेकिन बौद्धिकता, प्रयोगधर्मिता और विविध आयामी उपासना ने आत्मबोध के तमाम नए रास्ते खोजे।

तैत्तिरीय उपनिषद् में 'भूर्भुवः स्वः' के अलावा 'महः' नाम की चौथी व्याहृति भी बताई गयी। ओउम सभी मन्त्रों का प्रारम्भ था। यह लोक-व्यवहार व सामान्य शिष्टाचार का हिस्सा भी था। छान्दोग्य उपनिषद् सामवेद की है। इस उपनिषद् में संसार के वैभव हैं। आधुनिक मनोविज्ञान के मूल तत्वज्ञान और विज्ञान का दर्शन है। इसकी शुरुआत ही ओउम की व्याख्या से होती है। प्रथम मन्त्र है 'ओमित्येतद अक्षरमुद्गीथमुपासीत'। इसका हिन्दी अनुवाद है, "इस ओम उद्गीर अक्षर की उपासना करें।" यहाँ आखिर का 'उप आसीत' ध्यान देने योग्य है। आसीत का अर्थ बैठना होता है और उप का अर्थ निकट। शाब्दिक अर्थ हुआ 'निकट बैठना चाहिए', वास्तविक अर्थ हुआ 'धारण करना चाहिए'। छान्दोग्य के अध्ययन से लगता है कि उपनिषद्काल के लोक-व्यवहार में ओउम 'अनुमतिसूचक/जी हाँ/ठीक है' जैसे शब्दों की जगह भी प्रयुक्त होता था। मालविकाग्निमित्र, शिशुपाल वध, साहित्यदर्पण आदि संस्कृत ग्रन्थों में इसे स्वीकृति सूचक, अनुमति सूचक अर्थों में प्रयोग किया

गया है। छान्दोग्य उपनिषद् (मन्त्र 8) में ओउम 'एतद्नुज्ञाक्षरं' भी है। बृहदारण्यक उपनिषद् (3.9.1 व 6.2.1) में भी यही बात बताई गयी है।

यों ओउम एक ध्वनि है लेकिन छान्दोग्य (मन्त्र 3) में यह परम रस है। कहते हैं, "सभी पदार्थों का रस (आश्रय) पृथ्वी है। पृथ्वी का रस जल है। जल का रस औषधियाँ हैं। औषधियों का रस मनुष्य है। मनुष्य का रस वाणी है। वाणी का रस ऋक (ऋग्वेद) है। ऋक का रस साम (सामवेद) है। साम का रस उद्गीथ (विशेष प्रकार का स्तवन गायन) है और उद्गीथ ओउम है। ओउम सभी रसों में परम है—स एष रसानांरसतमः परमः"। फिर कहते हैं (3.2), "यह हमारे भीतर और वह (सूर्य के भीतर) प्राण दोनों एक ही हैं। यह प्राण ऊष्मा है, वह प्राण भी ऊष्मा (ऊर्जा) है। यह स्वर है, वह प्रत्यास्वर है। इस और उस को एक साथ धारण कर ओउम की आराधना करनी चाहिए।" आगे कहते हैं, "तत् प्रविश्य देवा अमृता अभया अभवन–देवता इसी से अमृत और अभय हुए।" (वही 4.4)

माण्डूक्योपनिषद में सिर्फ़ ॐ की ही चर्चा है। माण्डूक्य में ॐ की सारवान व्याख्या है। इसके पहले मन्त्र में 'ॐ' को ईशावास्योपनिषद के ईश की तरह ही 'सबकुछ' बताया गया है। ईशोपनिषद में ईशावास्यमिदंसर्वं (यह सब ईश्वर से आच्छादित है, ईश ही है) कहा गया। माण्डूक्योपनिशद में 'ओमित्येदक्षरमिदं सर्वम'-ॐ अक्षर ही यह सबकुछ बताया गया। फिर आधे मन्त्र में ऋग्वेद की अदिति या विराट पुरुष के प्रतीक को दोहराते हुए कहते हैं, "भूतंभवद्, भविष्यदिति सर्वमोंकार–जो हो गया या होगा वह सब ओमकार है। इसके अतिरिक्त जो त्रिकाल से परे है वह भी ॐ ही है।" भूत, भविष्य, वर्तमान काल-आबद्ध हैं। यहाँ ओम काल की सत्ता से भी परे है। दूसरे मन्त्र में कहते हैं, "सर्वं हि एतद् ब्रह्म। अयमात्मा ब्रह्म-यहसब ब्रह्म ही है और यह आत्मा भी ब्रह्म ही है और यह चार पादों वाला है।" ॐ ब्रह्म है/आत्मा है। इसके चार चरण हैं। तीसरे मन्त्र के अनुसार ॐ के पहले चरण (प्रथम पाद) का नाम 'वैश्वानर' है। इसकी अभिव्यक्ति जाग्रत अवस्था में होती है। यह बाहर के विषयों को प्रकाशित करता है।

'वैश्वानर' अग्नि का एक नाम है। ऋग्वेद (1.59.7) में कहते हैं, "ये वैश्वानर अग्नि सम्पूर्ण लोगों के स्वामी हैं।" यहाँ (ऋ. 1.98.1) कहते हैं, "वैश्वानर ही सम्पूर्ण लोकों के पोषक व ज्ञानी हैं। वे सूर्य के समान ही प्रकाश आदि देते हैं।" फिर इसी सूक्त के मन्त्र 3 में कहते हैं, "हे वैश्वानर आपका कर्म सत्य हो। हमें धनयुक्त बनाएँ।" माण्डूक्य में ॐ का प्रथम चरण अग्निधर्मा है, वैश्वानर है। ॐ

के दूसरे चरण का नाम 'तेजस' है। स्वप्न की दशा में यह प्रकट होता है। यह मन-वासना के अनुसार विषयों को प्रकाशित करता है। तेजस स्थूल विषयों का भोक्ता है। (माण्डूक्य उपनिषद् श्लोक 4) फिर ॐ के तीसरे चरण का नाम 'प्राज्ञ' बताते हैं। इसकी अभिव्यक्ति सुषुप्तावस्था में होती है। जब "यत्र सुप्तो न कंचन कामं कामयते न कंचन स्वप्नं पश्यति तत् सुषुप्तम्-जब सोते समय विषय नहीं रह जाते, स्वप्न भी समाप्त हो जाते हैं। तब सुषुप्ति है। जो तब प्रकट होता है वह 'प्राज्ञ' है। तब पुरुष आनन्दमय होता है।" (वही श्लोक 5) इसे गहरी निद्रा कहते हैं। ऐसी निद्रा के बाद जागने पर सामान्य से ज़्यादा ऊर्जा अनुभव होती है।

स्वप्नरहित निद्रा 'प्राज्ञ' है। प्राज्ञ में गहन ऊर्जा है। यह ॐ का तीसरा पाद (चरण) है। स्वप्न रहित निद्रा (प्राज्ञ) के बारे में कहते हैं, "एकीभूतः प्रज्ञानघन एवानन्दमयो-ह्यानन्द भुक्-वह एकीकृत है, परम ज्ञानस्वरूप है, आनन्दमय है।" (वही 5) दुःख का कारण कामना है। कामना पूरी होने के पहले तक स्वप्न है। स्वप्न सहित निद्रा भी उपयोगी है पर ॐ का दूसरा चरण है। स्वप्न-रहित निद्रा गहन आनन्द है। तथ्य विचारणीय है, जब स्वप्नरहित निद्रा में आनन्द है तो स्वप्नरहित जागरण में कितना आनन्द होगा? स्वप्न जाग्रत अवस्था में भी चला करते हैं और नींद के समय भी। जैसे जागते समय आने वाले स्वप्न गहन जागरण में बाधा हैं वैसे ही सोते समय आने वाले स्वप्न गहन निद्रा में बाधक हैं। स्वप्न के कारण ही चित्त गहन निद्रा में नहीं जाता, अधजगा चित्त ही स्वप्न को याद रखता है। स्वप्न मुक्त चेतना प्राज्ञ है। वह प्राज्ञ सर्वज्ञ है। सभी जीवों के जन्म और लय का कारण है। (वही मन्त्र 6)

ओमकार के चौथे पाद को तुरीय बताते हुए कहते हैं, "यह न बहिष्प्रज्ञ और न अन्तःप्रज्ञ है, न प्रज्ञ है, न प्रज्ञानघन है। वह शान्त, शिव और अद्वैत है। अक्षरों की दृष्टि से यह ओमकार है। वह मात्राओं को विषय बनाकर उनमें स्थित है। ये मात्राएँ अ, उ, म हैं।" (वही मन्त्र 7 व 8) यहाँ 'मात्राओं को विषय बनाकर' से तात्पर्य ऊपर वर्णित विषयी चित्तदशाओं से है। चौथे पाद तुरीय में विषय नहीं होते। "ओमकार का पहला चरण सब ओर व्याप्त (संसार) हैं। वर्णमाला में 'अ' आकार है। इसे जानकर सम्पूर्ण कामनाओं में तृप्ति मिलती है।" (वही श्लोक 9) "दूसरा तेजस 'स्वप्न-स्थान' है, वर्णमाला में 'उ' उकार है। इसे जानकर ज्ञान-विस्तार होता है।" (वही श्लोक 10) तीसरी मात्रा (चरण) सुषुप्ति है। ओमकार में अन्तिम 'म' मकार है। इसे जानकर सम्पूर्ण सृष्टि के रहस्य ज्ञात होते हैं। इसका ज्ञाता सम्पूर्ण

सृष्टि के साथ एकीकृत हो जाता है। (वही 11) चौथा पाद कहने को चौथा है, पर मात्रारहित है, कल्याणकारी है और अद्वैत है। (वही श्लोक 12) माण्डूक्य उपनिषद् के कुल 12 मन्त्रों में ओमकार की व्याख्या है। व्याख्या आसान नहीं है। ओमकार को शब्द-रूप देखना, शब्दार्थ निकालना बहुत जटिल काम है। भाषा की सीमा है। अनुभूति की कोई सीमा नहीं है। ओमकार 'परम' अनुभूति विषयक है।

ऋग्वेद और उपनिषद्काल के बीच हज़ारों वर्षों का फ़ासला है। 'ॐ' ऋग्वेद से चलकर हज़ारों वर्ष की यात्रा के बाद स्मृतियों के कालखण्ड तक और ज़्यादा लोकस्वीकृत हुआ। मनुस्मृति की भाषा परिपुष्ट व्याकरण-सम्मत है। मनुस्मृति बाद की रचना है। इस समय परिवर्तनकामी दर्शनवेत्ता विद्वान परमतत्व की व्याख्या करते हुए सम्पूर्ण सृष्टि को एक बता रहे हैं। ॐ इस कालखण्ड में भी अपनी पूरी आभा और रहस्यमयता के साथ मौजूद है। ॐ उपनिषद्काल में स्वीकृतिसूचक और अनुमति बोधक भी था। स्मृतिकाल में यह किसी भी शुभ कार्य के प्रारम्भ व समापन का अधिष्ठान बना। प्रत्येक मन्त्र के पूर्व ॐ लगाने की आवश्यकता औचित्यसिद्ध थी।

मनुस्मृति (2.74) में कहते हैं, "अध्ययन के आदि (प्रारम्भ) और अन्त में ओम (प्रणव) का उच्चारण करना चाहिए। ऐसा न करने से पहले का पढ़ा भूल जाता है और आगे का याद नहीं रहता।" यहाँ स्मृतिकार युवा पीढ़ी को ॐ का तात्कालिक लाभ बता रहे हैं। फिर ॐ जप की विधि बताते हैं, "पूरब दिशा में कुशाशन पर बैठकर कुश की पवित्री पहनकर तीन बार प्राणायाम कर ॐ पढ़ना चाहिए।" (वही 75) ॐ ध्वनि सार है। स्मृतिकार बताते हैं, "अकार, उकार और मकार तथा भूर्भुवः स्वः इन तीन व्याहृतियों को 3 वेदों से निकाला गया है।" (वही 76) फिर कहते हैं, "ओमकार सहित, तीनों पादों वाली व्याहृति (भूर्भुवः स्वः) के साथ 'सावित्री' पढ़ने से वेदों का जानकार सम्पूर्ण वेदपाठ का पुण्य पाता है।" (वही 77,78) सावित्री का मतलब यहाँ गायत्री मन्त्र है। विख्यात गायत्री मन्त्र में सविता की आराधना है, स्मृतिकार ने सविता की आराधना को सावित्री कहा है। आगे कहते हैं, "ओमकार पूर्वक तीनों व्याहृतियाँ (भूर्भुवः स्वः) और सावित्री वेद (ज्ञान) का मुख है।" फिर तीनों-ओम, प्राणायाम और सावित्री (गायत्री) की व्याख्या करते हैं, "ओम परब्रह्म है। प्राणायाम परमतप है। सावित्री परममन्त्र है।" (वही 83) यहाँ ध्यान देने योग्य है कि प्राणायाम परमतप है। यज्ञ और कर्मकाण्ड के अपने लाभ हैं, लेकिन स्मृतिकार सभी कर्मकाण्डों को ॐ के सापेक्ष छोटा और ॐ को बड़ा बताते हैं, "वेद-विधि

के अनुसार किए गए यज्ञ आदि कर्मकाण्ड के फल नष्ट हो जाते हैं लेकिन ॐ (का फल) अविनाशी है।

'ॐ' विश्वदर्शन को भारतीय ऋषिकुल की अनूठी देन है। ॐ एक शब्द है। शब्द का सम्बन्ध संसार से है, स्वप्न से है। शब्द गहन निद्रा की अनुभूति तक पहुँचता है। ॐ परमबोध है। वेदशब्द है। वेद प्राणी में प्रकट हुए। वाक्शक्ति वाणी बनी। वाक्ऊर्जा का केन्द्र भी संघर्षण है। जीभ, कण्ठ और तालु के संघर्ष से वाक् है। वाक् से ही वाक्य है। मुख के भीतर वाक्निर्माण के संघर्ष को मस्तिष्क प्रेरित करता है। इस तरह वाक्निर्माण का केन्द्र कण्ठ के साथ मस्तिष्क भी है। मस्तिष्क के पास संगृहीत सूचनाएं भी होती हैं। सूचना-संग्रह का क्षेत्र संसार है। इन्द्रिय गोचर प्रपंच ही मस्तिष्क में हो सकते हैं। ॐ बुद्धिगत नहीं है। बेशक ॐ का जप या पुरश्चरण हम सब मस्तिष्क के संकेतों से करते हैं लेकिन ॐ की ध्वनि-ऊर्जा मस्तिष्क से पार होती हुई समूचे व्यक्तित्व का तेज बनती है। तब समूचा व्यक्तित्व 'सृष्टि के सम्पूर्ण व्यक्तित्व' के साथ एकीभूत होता है। पदार्थ और ऊर्जा, जड़ और चेतन, प्रकृति और पुरुष का द्वैत मिटता है। 'अविद्या' विद्या हो जाती है। ॐ समूची सृष्टि की परम शान्त चित्त-दशा का संगीत है। 'म्यूजिक ऑफ साईलेंस' है। मैंने यहसब उल्लेख अध्ययन व अपनी सामान्य समझ के आधार पर किया है। ध्यान-ज्ञान हमारी निजी अनुभूति नहीं है।

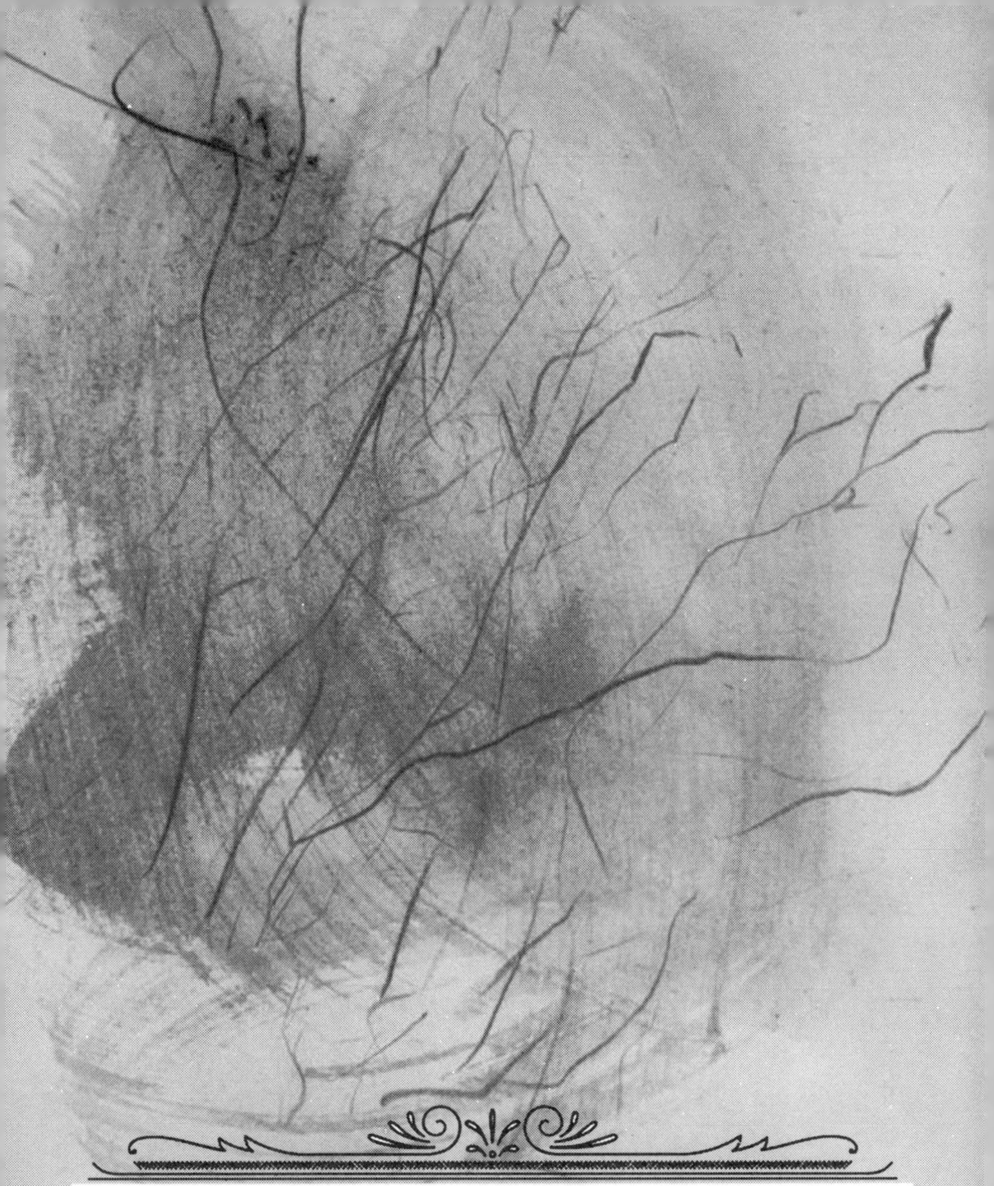

हिन्दू देवता और पूज्य वनस्पतियाँ

10

हिन्दू देवता, पूज्य वनस्पतियाँ और औषधियाँ

सभी प्राचीन सभ्यताओं में देवता हैं। भारत में वैदिक काल और उसके पहले भी अनेक देवता उपास्य रहे हैं। 'देव' शब्द प्रकाशवाची है। 'दिव्यता' देवों का गुण है। हिन्दू लोक-जीवन में 33 करोड़ देवों की चर्चा चलती है। यह संख्या पुरानी है। आधुनिक काल तक अनेक अन्य देवता बढ़ गए होंगे। यहाँ प्रत्येक ग्राम के देवता हैं, स्थान के भी देवता हैं। कुल के देवता हैं। माँगलिक अनुष्ठानों में पुरोहित ग्राम-देवता, कुल-देवता, शनि-देवता आदि की स्तुतियाँ दोहराते हैं। वैदिक देव-प्रतीति अनूठी है। पुराण काल और महाभारत व रामायण काल में भी तमाम देवता हैं। मूलभूत प्रश्न है कि देवता क्या हैं? वैदिक साहित्य के विवेचक यास्क ने निरुक्त (7.1) में लिखा है, "ऋषियों ने प्रमुखता से जिनकी स्तुतियाँ की हैं, वे देवता हैं।" ऋग्वेद में नदी, वनस्पति, सोम, जल, साहस, श्रद्धा आदि की स्तुति है। यास्क की परिभाषा के अनुसार ऋग्वेद में सैकड़ों देवता हैं। वैसे वैदिक काल में 33 प्रमुख देवता मिलते हैं। ऋषि विश्वामित्र ने अग्नि से प्रार्थना की, "हमारे यज्ञ में आप 33 देवों को पत्नियों सहित लाएँ।" इससे दो तथ्यों की ओर ध्यान जाता है। पहला सभी प्रमुख देवता विवाहित हैं और दूसरा कि प्रमुख देवता 33 थे, लेकिन विश्वामित्र ने ही अन्यत्र (3.9.9) कहा, "3339 देवों ने अग्नि की उपासना की।" यहाँ देवों की भी बड़ी संख्या उपासना करती है। लोक-जीवन में 33 करोड़ देवों की चर्चा का अर्थ 33 कोटि भी सम्भव है। कोटि का अर्थ 'प्रकार' भी हो सकता है।

वृहदारण्यक उपनिषद् में देवताओं की संख्या पर प्रश्न हैं। उपनिषद् (3.3) के अनुसार जिज्ञासु शाकल्य ने याज्ञवल्क्य से देवों की संख्या पूछी। याज्ञवल्क्य ने उत्तर

दिया, "मन्त्रों के अनुसार देवता 3306 हैं।" यह संख्या प्रचलित संख्या से भिन्न थी। इसलिए शाकल्य ने कहा, "यह बात ठीक है लेकिन देवों की वास्तविक संख्या बताइए।" याज्ञवल्क्य ने कहा कि देव संख्या 33 है। शाकल्य की जिज्ञासा शान्त नहीं हुई। इस पर याज्ञवल्क्य ने 33 देवों की प्रचलित नामावली दोहराई। शाकल्य ने पूछा "इन 33 में 8 वसु कौन हैं?" याज्ञवल्क्य ने कहा "अग्नि, पृथ्वी, वायु, अन्तरिक्ष, आदित्य, द्युलोक, चन्द्र और नक्षत्र ये 8 वसु हैं।" इस सूची में कहीं कल्पित अन्धविश्वास नहीं है। सभी देव प्रत्यक्ष हैं। ये वसु देव भी प्रकृति की शक्तियां हैं। शाकल्य ने पूछा ये वसु क्यों कहे जाते हैं? उन्होंने उत्तर दिया कि "समूचा विश्व इन्हीं के भीतर बसता है। इसलिए वे वसु हैं।" शंकराचार्य के भाष्य में कहते हैं ये सम्पूर्ण जगत् अपने अन्तस में बसाए हैं। जगदिदं सर्व वासन्ति, वसन्ति च।" स्वयं भी इसी के भीतर रहते हैं। इसलिए वसु हैं। (वृहदारण्यक उपनिषद्, शंकर भाष्य, गीता प्रेस) प्राचीन देवतन्त्र में देवों की वास्तविकता अनूठी है।

देवता सम्बन्धी दर्शन प्रीतिपूर्ण है। 8 वसु की व्याख्या सुनने के बाद शाकल्य ने पूछा '11 रुद्र कौन हैं।' याज्ञवल्क्य ने बताया कि पुरुष में 10 प्राण-इन्द्रियाँ हैं। 11वां मन है। "वे शरीर छोड़ते समय रुलाते हैं।" शंकराचार्य ने लिखा है "रोदन के निमित्त होने के कारण वे रुद्र कहलाते हैं।" फिर आदित्यों के बारे में प्रश्न है। उत्तर है, "संवत्सर के घटक 12 माह आदित्य हैं।" शंकराचार्य के भाष्य के अनुसार "इस सबका आदान और जगत की आयु का आदान करते चलते हैं। इसलिए आदित्य हैं।" शाकल्य ने फिर पूछा "इन्द्र और प्रजापति कौन हैं? उत्तर है" स्तनुपित्नु इन्द्र हैं। यज्ञ प्रजापति हैं। 'स्तनुपित्नु' कठिन शब्द था। इसलिए शाकल्य ने पूछा कि यह स्तनुपित्नु क्या है? अशनि ही इन्द्र है। यज्ञ जीवचक्र है। शंकराचार्य के भाष्य में 'अशनिवज्रवीर्य अर्थात् बल है।' संसार यज्ञ जैसा है। सभी जीव पशु व वनस्पतियाँ संसार-यज्ञ के संचालक हैं।

प्रकृति के गोचर प्रपंचों के छोटे-बड़े तत्व ही यहाँ देवता कहे गए हैं। शंकराचार्य के भाष्य में सभी देवों को प्रकृति का अविभाज्य अंग बताया गया है। वैदिक देवता अन्धविश्वास नहीं हैं। यास्क ने 'निरुक्त' में देवों को ठीक समझने का प्रयास किया है। उन्होंने देवों के तीन प्रकार या विभाग बताए हैं। यह विभाजन देवों के निवास के आधार पर है। पहला वर्ग पृथ्वी के स्थानीय देवों का है। इस वर्ग में अग्नि, सोम, वनस्पति, बृहस्पति, पृथ्वी, नदी आदि देव हैं। इसमें गाय, जल आदि भी सम्मिलित हैं। दूसरा देववर्ग आकाश के स्थानीय देवों का है। इस वर्ग में सूर्य, वरुण, मित्र,

पूषन, आदित्य, विष्णु, अश्विनी और ऊषा आदि हैं। तीसरे वर्ग को अन्तरिक्ष का स्थानीय देवता कहा गया है। इस वर्ग में इन्द्र, रुद्र, मरुद्गण, अज, आदित्य आदि हैं। सृष्टि-विकास पर वृहदारण्यक में ही टिप्पणी है। कहा गया है कि "प्रारम्भ में केवल जल थे। जलों से सत्य पैदा हुआ। सत्य से ब्रह्म, ब्रह्म से प्रजापति और प्रजापति से देव उत्पन्न हुए। ये देव केवल सत्य की उपासना करते हैं।" (5.5.1)

वैदिक देवता

भारतीय चिन्तन में 'सूर्य' ब्रह्माण्ड की आत्मा हैं। प्रतिष्ठित वैदिक देवता हैं। सूर्य संचरण करते प्रतीत होते हैं। वस्तुतः पृथ्वी ही सूर्य की परिक्रमा करती है। आर्यभट्ट ने 'आर्यभट्टीयम' में लिखा है, "जिस तरह नाव में बैठा व्यक्ति नदी को चलता हुआ अनुभव करता है, उसी प्रकार पृथ्वी से सूर्य गतिशील दिखाई पड़ता है।" सूर्य धनु राशि के बाद मकर राशि में प्रवेश करते हैं तो इसे मकर संक्रान्ति कहा जाता है। सूर्य का मकर राशि पर होना उपासना का सुन्दर मुहूर्त माना जाता है। वराहमिहिर ने बृहत संहिता में बताया है, "मकर राशि के आदि से उत्तरायण प्रारम्भ होता है।" गीता (8-24) में कहते हैं, "अग्नि-ज्योति के प्रकाश में शुक्ल पक्ष सूर्य के उत्तरायण रहने वाले 6 माहों में शरीर त्यागकर ब्रह्म को प्राप्त करते हैं।" उत्तरायण शुभ काल है।

ऋग्वेद से लेकर उपनिषद्रों, महाकाव्यों और परवर्ती साहित्य में सूर्यदेव की चर्चा है। प्रश्नोपनिषद (1-5) में कहते हैं कि, 'आदित्य ही प्राण हैं।' छान्दोग्य उपनिषद् में कहते हैं, "जैसे मनुष्यों में प्राण महत्वपूर्ण है वैसे ही ब्रह्माण्ड में सूर्य हैं।" सूर्य के कारण इस पृथ्वी ग्रह पर मनुष्य का जीवन है। सूर्य तेजोमय दिव्यता हैं। सूर्य ऊष्मा, ऊर्जा व प्रकाश का अक्षय भण्डार हैं। प्रत्येक ताप का ईंधन होता है। इसी तरह सूर्य-ताप के पीछे भी कोई कारण या ईंधन होना चाहिए। सूर्यदेव अरबों वर्ष से तप रहे हैं। उनका ईंधन अक्षय है। सभी प्राणी सूर्य पर निर्भर हैं।

सूर्य अजर-अमर हैं। ऋग्वेद के दसवें मण्डल के सूक्त 36 के देवता विश्वदेवा हैं। इस सूक्त में ऋषि अपने यज्ञ में ऊषा और रात्रि देवी का आवाहन करते हैं। पृथ्वी, अन्तरिक्ष और समस्त देवलोक को निमन्त्रण देते हैं। वे वरुण, इन्द्र, मरुत और जल को भी आहूत करते हैं। वे इन्द्र से संरक्षण, मरुतों से समृद्धि की कामना करते हैं और अन्त में सूर्य सविता देव का स्मरण करते हैं। सूक्त का अन्तिम मन्त्र बड़ा प्यारा है। ऋषि कहते हैं, "सविता पश्चातात सविता-सविता पीछे हैं।" फिर कहते हैं, "पुरस्तात सवितोतर सविता धरातात-सविता सामने हैं। ऊपर हैं। नीचे हैं।

ये सविता हमें सुख व समृद्धि दें। दीर्घायु भी दें।" सविता सूर्य की उपस्थिति दसों दिशाओं में है।

सूर्य अभिभावक हैं। वे पृथ्वी पर रहने वाली अपनी सन्तति, प्राणी, नदियों, समुद्र और वनस्पतियों का कुशलक्षेम जानने के लिए प्रतिदिन उदित होते हैं। ऋग्वेद के प्रथम मण्डल (सूक्त 164) के प्रथम मन्त्र में सूर्यदेव के तीन भाई बताए गए हैं। उनके सात पुत्र हैं। तीन भाइयों में वे स्वयं, दूसरे सर्वव्यापी वायु और तीसरे तेजस्वी अग्नि हैं। 'ऋषि' सूर्य के रथ का सुन्दर वर्णन करते हैं, "सूर्य के एक चक्र वाले रथ में सात घोड़े हैं। सात नामों वाला एक घोड़ा रथ खींचता है।" आगे सात शब्द का दोहराव है, "सात दिन, सात अश्व, सात स्वरों में सविता 'सूर्य' की स्तुति करती सात बहनें।" सूर्य-प्रकाश में सात रंग हैं। ध्वनि में सात स्वर हैं। सप्ताह में सात दिन हैं। इसके बाद ऋषि-जिज्ञासा है, "इस ब्रह्माण्ड में सबसे पहले जन्म लेने वाले को किसने देखा? जो अस्थि-रहित होकर भी सम्पूर्ण संसार का पोषण करते हैं।"

ऋषि सविता-सूर्य की आन्तरिक गतिविधि जानना चाहते हैं, "यह विज्ञ सप्त तन्तुओं अर्थात किरणों को कैसे फैलाते हैं।" ऋषि जानकारी की सीमा बताते हैं, "मैं नहीं जानता लेकिन जानना चाहता हूँ। सभी लोकों को स्थिर करने वाले अजन्मा का रूप क्या है? जो सूर्य रहस्य के जानकार हैं, कृपया वे बताएँ।" अन्त में कहते हैं, "बारह अरों वाला चक्र द्युलोक में घूमता रहता है। वह अजर-अमर है।" सूर्य के प्रति भारतीय चिन्तन में अतिरिक्त श्रद्धा है। गीता (4-1) में ज्ञान-परम्परा है। श्रीकृष्ण कहते हैं, "मैंने योगविद्या का ज्ञान सबसे पहले विवस्वान सूर्य को दिया था। सूर्य ने मनु को और मनु ने इक्ष्वाकु को यही ज्ञान दिया।" ऋग्वेद के एक मन्त्र में मृत व्यक्ति से कहते हैं कि, "अब तुम्हारी आँखें सूर्य से जा मिलें।" आँखों की ज्योति सूर्य की अनुकम्पा है। इसी तरह प्राणों के बारे में कहते हैं– अब तुम्हारे प्राण वायु में जा मिलें।

वैदिक देव-परिवार में सूर्य महत्वपूर्ण हैं। ऋग्वेद में सविता की स्तुति में 11 सूक्त हैं। 170 से ज़्यादा स्थलों पर सविता का उल्लेख है। सूर्य देवता के लिए अलग से 10 सूक्त हैं। सूर्य-उपासना यूनान में भी थी। वैदिक मन्त्रों में सविता-सूर्य और ऊषा अलग-अलग स्तुतियाँ पाते हैं, लेकिन यथार्थ में वे एक ही सूर्य के भिन्न-भिन्न आयाम हैं। डॉ. कपिलदेव द्विवेदी ने "वैदिक देवताओं के आध्यात्मिक और वैज्ञानिक स्वरूप" में लिखा है कि "सविता ही सूर्य हैं। सविता का अर्थ प्रेरणा शक्ति देने वाला प्रेरक। गति देने वाला। सूर्य इस संसार को गति, प्रेरणा और प्रकाश देते हैं। इसलिए सूर्य को सविता कहते हैं।" विश्वविख्यात गायत्री मन्त्र में भी सूर्य-सविता

की स्तुति है। ऋग्वेद (3-62-10) के अनुवाद में सातवलेकर कहते हैं, "हम सविता देव के उस श्रेष्ठ वरण करने योग्य तेज का ध्यान करते हैं। वे सविता हमारी बुद्धियों को उत्तम मार्ग के लिए प्रेरित करें—तत्स वितुवरिण्यं भर्गो देवस्य धीमहि धियो योन: प्रचोदयात।" सविता का तेज वरण करने योग्य है। बुद्धि का प्रेरक है।

ऊषा

ऊषा देवी हैं। सूर्य उपास्य हैं। ऊषा भी सूर्य का एक आयाम हैं। ऋषि कहते हैं, "देवी ऊषा के पीछे सूर्य वैसे ही अनुगमन करते हैं जैसे पुरुश 'नारी' के पीछे चलते हैं।" आगे कहते हैं, "सविता-सूर्य विश्वरूपाणि हैं, और ऊषा के बाद प्रकाशित होते हैं।" सूर्य अग्निरूप भी हैं। ऋग्वेद (1-141-2) में अग्नि के तीन रूप बताए गए हैं। पहला भौतिक अग्नि। दूसरा मेघों-बादलों में विद्युत-रूप अग्नि और तीसरे सूर्य। ऊषा देवी सूर्योदय के पहले की आभा हैं। ऊषा भी सूर्य का रूप हैं। वे सौन्दर्य से भरी-पूरी हैं। एक सुन्दर मन्त्र में कहते हैं, "ऊषा स्वर्ग की कन्या जैसी प्रकाश के वस्त्र धारण करके प्रतिदिन पूरब से वैसे ही आती हैं जैसे विदुषी नारी प्रकृति के शाश्वत नियमों के अनुसार चलती है।" यहाँ ऊषा के वस्त्र सूर्य का प्रकाश हैं। आगे बताते हैं "जैसे भद्र नारियाँ सोए हुए परिजनों को जगाती हैं। वैसे ही ऊषा भी सोने वालों को जगाती हैं।" वैदिक समाज के लोग प्रात:काल उठते थे। वे सूर्योदय देखते थे। सूर्य नमस्कार करते थे।

ऊषाकाल जागरण-काल है। ऋषि ने ऊषा को लेकर सुन्दर कविता की है। कहते हैं कि "यह ऊषा जैसे पति से मिलने के लिए मुस्कराती हुई अपना सौन्दर्य प्रकट करती है।" ऋषियों का भावबोध बहुत गहरा है। सौन्दर्यबोध और भी गहरा है। कहते हैं, "ऊषा अपने-पराए का भेद नहीं करती। जैसे छोटी बहन, बड़ी बहन के लिए स्थान खाली कर देती है वैसे ही रात्रि-रूपी छोटी बहन, बड़ी बहन ऊषा के लिए अपने स्थान से हट जाती है।" ऋषियों के मन में अच्छे लोगों के आदर के लिए भेदभाव भी हैं। स्तुति है, "हे ऊषा आप कंजूस लालची को न जगाएं। कर्मठ संघर्षशील लोगों को ही जगाएं।" प्रार्थना यह भी है कि वे हमारी बुद्धि को सत्कर्मों के लिए प्रेरित करें। "दुनिया की किसी भी कविता में ऊषा जैसा मनोरम चरित्र नहीं मिलता।

अग्नि देवता

अग्नि वैदिक देवतन्त्र के सुप्रतिष्ठित देवता हैं। ऋग्वेद में लगभग 2483 मन्त्रों

में अग्नि का उल्लेख है। हिन्दू जीवन-रचना के सभी मंगल कार्यों में अग्नि की उपासना होती है। विवाह के अवसर पर अग्नि साक्षी बनते हैं। अग्नि प्रत्यक्ष देवता हैं। भारतीय चिन्तन के पाँच महाभूतों आकाश, वायु, अग्नि, जल व पृथ्वी में अग्नि भी एक महाभूत हैं। वे वैदिक काल के सभी ग्रन्थों में उपास्य बताए गए हैं। विश्व-इतिहास में एक समय ऐसा था जब मानव जाति का अग्नि से परिचय नहीं था। क्रोनोलॉजी-कालक्रम पर अमेरिकी विद्वान असिमोव ने अपने ग्रन्थ में बताया है कि मनुष्य लगभग 10 लाख साल पहले अग्नि से परिचित थे। उन्होंने जंगल में लगी आग देखी थी। उस समय मनुष्य अपने घर में आग जलाकर रखते थे। ऋग्वेद में लकड़ियों को अग्नि की माता बताया गया है। (1.31.2) ऋग्वेद के ऋषि अग्नि से भलीभांति परिचित थे। एक मन्त्र में कहते हैं कि, "अग्नि वन के भीतर हैं।" कहते हैं कि, "वह जल के भीतर भी हैं।" आदिम मनुष्य अग्नि से अपरिचित थे। बाद में अग्नि की खोज हुई।

ऋग्वेद (7.2.3) में कहते हैं, "नरश्रेष्ठों ने अग्नि को अपने हाथों व उँगलियों की कुशलता से पाया।" बताते हैं कि मनु ने अग्नि को सदा के लिए प्रतिष्ठित किया। ऋग्वेद का पहला मन्त्र अग्नि की ही आराधना है। ऋग्वेद के अन्तिम मन्त्र में भी अग्नि की ही स्तुति है। ऋषि अग्नि से कहते हैं कि, "हम साथ साथ चलें। साथ साथ वार्ता करें। हमारे मन एक साथ हों। हमारी समितियाँ समान हों। मन्त्र समान हों।" बोलने की शक्ति के देवता भी अग्नि ही हैं। अग्नि सर्वव्यापी हैं। कविकर्म यश देता है। वैदिक समाज में कवियों की प्रतिष्ठा है। ऋषि अग्नि को कवि बताते हैं। (3.9.1) अग्नि ऋषि भी हैं। वैदिक समाज में घी प्रिय है। अग्नि भी घी के प्रेमी हैं। सबसे बड़ी बात है, "अग्नि देवता हैं और ऋषि उन्हें प्यार में अपना पुत्र भी बताते हैं। (2.1.9)

अग्नि के कई रूप हैं। वे अन्तरिक्ष में विद्युत् हैं। यज्ञ कार्य में वही यजमान हैं। वही पुरोहित। वे सभी देवताओं तक आहुतियाँ भी पहुँचाते हैं। अन्य देवताओं की तरह अग्नि भी नियमों का पालन करते हैं। अग्नि की खोज के बाद मानव सभ्यता में क्रान्तिकारी परिवर्तन हुए। अग्नि का अविष्कार भारत में हुआ। कठोपनिषद में अग्नि को सभी रूपों में स्थित बताया गया है। ऋग्वेद में एक पूरा सूक्त मृतक और अग्नि पर है। शव को अग्नि को समर्पित किया जाता है। अग्नि से भावपूर्ण स्तुति है कि वे इस मृत शरीर को धीरे धीरे जलाएँ। इसे कोई कष्ट न हो। इसे स्वयं अपने में समाहित करें। मृतक से कहते हैं, "तेरी आँखों की ज्योति सूर्य से मिले। तेरा प्राण विश्व वायु से मिले। सभी अंग प्रकृति के प्रसाद हैं। मृतक के सभी अंग प्रकृति की

शक्तियों में वापस जाएँ। भारतीय देवतन्त्र के अतिप्रतिष्ठित देवता अग्नि प्रत्यक्ष हैं। यहाँ कोई कल्पना नहीं है।

अग्नि देवता

प्रकृति माता हैं। माता-रूप देवी की उपासना वैदिक काल से ही प्रचलित रही है, इसीलिए हिन्दू अनुभूति में पृथ्वी माता हैं। भारत में देवरूप माता की अनुभूति सर्वत्र उपास्य थी। यह पितृसत्ता वाले समाज में सम्भव नहीं थी। मातृसत्तात्मक समाज में वैदिक ऋषि नदियों को भी माता कहते थे। ऋग्वेद में अनेक नदियों के उल्लेख हैं। सरस्वती और सिन्धु की उपासना वाले मन्त्र ज़्यादा हैं। सामाजिक विकास के सिद्धान्त के अनुसार सभ्यता के प्रारम्भिक चरण में माँ का प्रभाव ज़्यादा था। ऋग्वेद में जल को माता कहा गया है। ऋग्वेद में अनेक देवियां हैं। एक वाणी की देवी भी हैं। वे राष्ट्र और राष्ट्र की वैभवदाता भी हैं। वैदिक ऋषियों के अनुसार वन में भी देवियां रहती थीं। उन्हें वन देवी कहा गया।

एक देवी ऊषा हैं। ऋषि उन्हें रात्रि की छोटी बहन बताते हैं। रात्रि भी एक देवी हैं। ऋषियों की दृष्टि में वे अमर हैं। आकाश की पुत्री हैं। वे अन्तरिक्ष को आच्छादित करते हुए आती हैं। ऋषि उनसे कहते हैं कि हम आपके आगमन पर विश्राम करते हैं। उनसे प्रार्थना है कि हिंसक जानवरों को दूर रखें। ऋग्वेद में श्रद्धा भी एक देवी हैं। श्रद्धा आन्तरिक भाव है। श्रद्धा आन्तरिक दिव्यता है। ऋषि बताते हैं कि, "श्रद्धा प्रकृति की विभूतियों में शिखर हैं। (10.151.1) ऋषि बताते हैं कि हम श्रद्धा का आवाहन प्रातःकाल करते हैं। मध्यान्ह काल में करते हैं और सूर्यास्त काल में भी। वे श्रद्धा हम सबको श्रद्धा से परिपूर्ण करें।" श्रद्धा से श्रद्धा की प्रार्थना विशेष प्रकार का भाव बोध है।

श्रद्धा दिखाई नहीं पड़ती। मन भी नहीं दिखाई पड़ता। मन प्रत्यक्ष नहीं दिखाई पड़ता। मनोवैज्ञानिक भी मन नहीं देख सके। मन के साधक मनीषी कहे जाते हैं। वैसे मनीषी का अर्थ विद्वान नहीं होता। मन को एकाग्र करने वाला ही मनीषी है। ऋग्वेद में मन की शासक देवी भी हैं। उनका नाम मनीषा है। ऋषि देवी मनीषा का आवाहन करते हैं। देवी उपासना का आदि केन्द्र जम्बूद्वीप है। जम्बूद्वीप के भीतर भरतखण्ड है। माता जननी हैं। इस संसार में हम सबके होने का उद्गम माता हैं। भारत में अनेक शक्तिपीठ हैं। दुर्गा सप्तशती पौराणिक काल की रचना है। इसके पाँचवें अध्याय में शक्ति, लज्जा, क्षमा, क्षुधा, चेतना को भी देवरूप बताकर पाँच बार नमस्कार किया गया है।

चन्द्र देव

चन्द्रमा वैदिक काल से ही भारत का आकर्षण रहा है। प्रकृति-सृष्टि के उदय के साथ ही चन्द्रमा का अस्तित्व भी प्रकट हुआ। ऋग्वेद के पुरुष सूक्त (10.90.13) में कहा गया है कि, "विराट पुरुष के मन से चन्द्रमा और आँखों से सूर्य प्रकट हुआ–चन्द्रमा मनसो जातश्चक्षोः सूर्यो अजायतः।" चन्द्रमा का सम्बन्ध मन से है। ऋग्वेद में चन्द्रमा भी एक देवता हैं। वे अन्तरिक्ष स्थानीय देवता कहे गए हैं। ऋग्वेद (10.85.19) में कहते हैं, "ये चन्द्र देवता नित्य उदित होते हैं और नवीनतम होते हैं। सूर्य देव प्रतिदिन नवीन रूप में प्रातःकाल प्रकट होते हैं। वे देवों के निमित्त यज्ञ के हवि भाग की व्यवस्था करते हैं।" चन्द्र देव आनन्दित जीवन और दीर्घायु प्रदान करते हैं। भारतीय काव्य परम्परा में चन्द्रमा सुन्दरता-बोधक हैं। भारतीय साहित्य में भी चन्द्र सौन्दर्य भरा पूरा है।

वैदिक काल से लेकर आधुनिक काल तक चन्द्रमा की उपासना है। इस उपासना के स्रोत भारतीय देव शास्त्र से लेकर प्राचीन यूनान, रोमन, ईरानी और जर्मन में पाए जाते हैं। डॉ. गया चरण त्रिपाठी ने 'वैदिक देवता: उद्‌भव और विकास' (पृष्ठ 27) में लिखा है, "ऋग्वेद में सूर्य के साथ द्वन्द्व समास में इसका कई स्थानों पर उल्लेख है। ग्रीक देवशास्त्र में चन्द्रमा को तीन चक्रों वाले रथ में आकाश में भ्रमण करते हुए बताया गया है।" विष्णु पुराण में भी इसी तरह का उल्लेख है। वैदिक साहित्य में चन्द्रमा औषधियों और सोम लता से सम्बन्धित हैं। वे औषधियों के राजा हैं। रात्रि में औषधियाँ चन्द्रमा की किरणों से रस ग्रहण करती हैं। सोम और चन्द्रमा का सम्बन्ध बहुत प्रीतिपूर्ण है।

वैदिक देवशास्त्र में चन्द्रमा और सोम लगभग पर्यायवाची हैं। डॉ. त्रिपाठी ने बताया है, "आर्य जाति में सूर्य और चन्द्रमा की विभिन्न लिंगों में कल्पना बहुत प्राचीन है।" जर्मन, ऐंग्लोसेक्शन और लिथुआनियन भाषाओं में सूर्यवाची शब्द स्त्रीलिंग में है और चन्द्रमा के शब्द पुल्लिंग में हैं, लेकिन ग्रीक और लैटिन भाषाओं में सूर्यवाची सभी शब्द पुल्लिंग हैं और चन्द्रमा के वाची स्त्रीलिंग। दोनों की भाई और बहन या पति-पत्नी के रूप में कल्पना की गयी है। एक लैटिन गीत में कहा गया है कि, "चन्द्रमा और सूर्य ने परस्पर विवाह किया। पत्नी सूर्य प्रातःकाल उठ जाती थी, लेकिन पति (चन्द्रमा) देर से उठता था। दोनों में लड़ाई हो गयी। पति (चन्द्रमा) ऊषा काल के तारे से प्रेम करने लगा। इससे शक्तिशाली पैकुण्न नाराज हुआ। उसने पति (चन्द्रमा) पर खड्ग-प्रहार किया जिससे वह खण्डित हो गया।"

इसी तरह की एक यूरोपीय लोककथा में 'सूर्य' आकाश की पुत्री है और 'चन्द्रमा' पुत्र। पिता आकाश ने पुत्र चन्द्रमा को दिन में तथा पुत्री सूर्य को रात्रि में प्रकाश करने के लिए नियुक्त किया। पुत्री को रात्रि में डर लगता था, इसलिए उसने दोनों की ड्यूटी बदल दी। दूसरे दिन प्रातः आकाश-पुत्री पूरब से उदित हुई। पृथ्वी के लोग उसकी ओर एकटक देख रहे थे। भारत की प्राचीन लोककथाओं में सूर्य और चन्द्रमा राजा-रानी हैं।

चन्द्रमा 'सूर्य' के प्रकाश से प्रकाशित होता है। उसका अपना प्रकाश नहीं होता। एक तरह से चन्द्रमा ब्रह्माण्ड की पहली सौरऊर्जा की लालटेन है। चन्द्रमा घटता-बढ़ता है। चन्द्र-प्रकाश घटते-घटते पंद्रहवें दिन अमावस्या हो जाता है। इसी तरह बढ़ते-बढ़ते पंद्रहवें दिन पूर्णिमा बनता है। मास और मुहूर्त का विभाजन चन्द्रमा के कारण होता है। मुहूर्त का निर्धारण चन्द्र-नक्षत्र के निर्वचन से होता है। मुहूर्त समय का अति छोटा हिस्सा है लेकिन सामान्य जीवन को प्रभावित करता है। प्रख्यात ज्योतिषाचार्य वराहमिहिर की प्रमुख रचना 'वृहतसंहिता' है। इसकी व्याख्या डॉ. सुरेशचन्द्र मिश्र ने की है। रंजन पब्लिकेशन से प्रकाशित इस पुस्तक (पृष्ठ 68) में वराहमिहिर ने कहा है, "चन्द्रमा सूर्य के नीचे स्थित है। इस कारण उसके जिस भाग पर सूर्य की किरणें पड़ती हैं वह भाग चमकता है। चन्द्रमा का प्रकाश वस्तुतः सूर्य का ही प्रकाश है। जिस भाग पर सूर्य की किरणें नहीं पड़तीं वह भाग उसकी स्वयं की छाया के कारण काला दिखाई पड़ता है।"

वराहमिहिर ने चन्द्रमा को जलीय ग्रह बताया है। सूर्य की किरणें चन्द्रमा पर पड़ती हैं तो रात्रि के अन्धकार का नाश करती हैं। अमावस्या के अन्त में सूर्य व चन्द्रमा का स्पष्ट मान होने पर चन्द्रमा सूर्य के ठीक नीचे होता है। तब पृथ्वी की ओर वाला चन्द्रभाग अन्धकार में रहने से पृथ्वीवासियों को नहीं दिखाई पड़ता। वैदिक काल से लेकर लगध, वराहमिहिर, आर्यभट्ट, ब्रह्मगुप्त, भास्कराचार्य, कमलाकर भट्ट व सुधाकर द्विवेदी के काल से गुजरते हुए चन्द्रमा और उसकी राशियों का निर्वचन जारी है। यद्यपि चन्द्रमा स्वयं देवता हैं। शिव-रुद्र के मस्तक पर भी चन्द्रमा दिखाई पड़ता है। अनेक विद्वान सोम को भी चन्द्रमा मानते हैं। कौषीतकि ब्राह्मण और ऐतरेय ब्राह्मण में चन्द्रमा और सोम की अभिन्नता बताई गयी है। चन्द्र देवता ही मासों के सृजनकर्ता हैं। उनके उद्‌भव से ही शुक्ल और कृष्ण पक्ष बनते हैं। चन्द्रमा शान्तिदाता हैं। शिव सभी मनुष्यों, कीट-पतिंगों और साँपों के भी जीवन-रक्षक हैं। साँप उनके गले में रहता है। चन्द्रमा की विश्वपुरुष से उत्पत्ति का उल्लेख तैत्तरीय ब्राह्मण में भी हुआ है।

इन्द्र

वैदिक देवता इन्द्र प्रत्यक्ष नहीं हैं, लेकिन ऋग्वेद में सभी देवताओं की तुलना में सर्वाधिक स्तुतियाँ इन्द्र की हैं। ये यूनानी देवता 'जियुस' जैसे हैं। ऋग्वेद के 250 सूक्तों में इन्द्र की स्तुतियाँ हैं और 300 सूक्तों में उनका उल्लेख है। ऋग्वेद में उनका मानवीकरण है। वे शक्तिशाली योद्धा बताये गये हैं और राजा भी। लोकचर्चा में उन्हें वर्षा का देवता भी कहा जाता है। कृषि प्रधान देश में वर्षा का महत्व रहता ही है। वर्षा का एक चक्र भी है। समुद्र का पानी विशेष ताप के कारण वाष्प बनकर ऊपर जाता है। विशेष वायु दबाव में बादल बनता है। वर्षा होती है। पानी नदी बनकर बहता है। ऋग्वेद में जल-प्रवाहों को रोकने वाली शक्ति का नाम वृत्त है। इन्द्र वृत्तहन्ता हैं। जैसे इन्द्र का मानवीकरण हुआ है वैसे ही जल-अवरोधक वृत्त का। जल-प्रवाह रोकने वाले मनुष्य भी हो सकते हैं। इन्द्र जलप्रवाह के अवरोधकों को हटाते हैं।

ऋग्वेद के एक मन्त्र के अनुसार नदियों की रचना भी इन्द्र ने की है। इन्द्र दिखाई नहीं पड़ते। कुछ जिज्ञासु ऋषि शंका करते हैं कि क्या इन्द्र वास्तव में कोई शक्ति हैं? ऋग्वेद (5.30.1) में प्रश्न है, "इन्द्र का आवाहन सब लोग करते हैं, उस स्वर्णिम अश्वों वाले स्वर्ण रथ पर जाते हुए इन्द्र को किसने देखा है?" अगले मन्त्र में कहते हैं, "हमने उसका गोपनीय स्थान देखा है।" जल या वर्षा की चर्चा में इन्द्र का उल्लेख होता रहा है।

ऋग्वेद (10.73.8) में कहते हैं, "हे इन्द्र आप संसार को जल से व्याप्त करते हैं। आपने ही जल-भरे बादलों का मुख पृथ्वी की ओर किया है। ऋग्वेद से लेकर पुराणकाल तक इन्द्र की उपस्थिति है, लेकिन वेदों में सर्वाधिक स्तुति पाने वाले इन्द्र पुराणकाल में वैसे ही उदात्त नहीं हैं। ऋग्वेद वाले इन्द्र 'वृत्त' का वध करते हैं। नृपति हैं और देवता हैं। पुराणों वाले इन्द्र किसी तपस्वी का तप देखकर डर जाते हैं। लोकश्रुति है कि वे तप-भंग करने के लिए अप्सराएँ भेजते हैं। जान पड़ता है कि ऋग्वेद वाले इन्द्र की छवि वैदिक काल के राजा की छाया है। ऋग्वेद के इन्द्र में लोककल्याण के सभी तत्व हैं। पुराणकाल के अनेक राजा किसी भी तरह अपनी सत्ता बचाने के लिए तत्पर रहते थे। ऐसे राजाओं के तमाम गुण व अवगुण पुराणकाल के इन्द्र पर आरोपित किए गए हैं। महाभारत और श्रीमद्भागवत में इन्द्र की छवि काफ़ी कमज़ोर है। ब्रजवासियों ने भी विस्थापन किया और गोवर्धन की पूजा की। महाभारत के इन्द्र शक्तिशाली तो हैं लेकिन ऋग्वेद जैसे तेजोमय देवता नहीं हैं।

वरुण

ऋग्वेद में प्रत्यक्ष रूप में ईश्वर का उल्लेख नहीं है, लेकिन वरुण नाम के देवता ईश्वर की तरह शक्तिशाली हैं। उन्हें सर्वसंपन्न ज्ञानी कहा गया। ऋग्वेद (8.41.3) के अनुसार वरुण देवता अपनी शक्ति से विश्व रचते हैं। वैदिक विद्वान कीथ के अनुसार ऋग्वेद में 5 बार शासक शब्द का प्रयोग हुआ है। इनमें 4 बार वरुण देवता के लिए यह शब्द आया है। एक मन्त्र में वह सम्राट भी हैं। (8.42.1) यूनान में वरुण देवता जैसे 'आरणौस' नाम के देवता हैं। उनकी तुलना वरुण से की जाती है। ईरानी 'अवेस्ता' के 'अहुरमजदा' देव भी वरुण जैसे हैं। ऋग्वेद के अनुसार वरुण का मुख्य काम मनुष्यों से नियम-पालन कराना है। ऋग्वेद (7.87) में कहा गया है कि, "द्युलोक के तीन, भूलोक के तीन और कालचक्र की 6 ऋतुएँ वरुण के शासन में हैं। वरुण सबकी गलती पकड़ लेते हैं और दण्डित करते हैं। डॉ. राधाकृष्णन ने लिखा है कि वरुण भारतीयों और ईरानियों के देवता हैं। वरुण का जल से भी सम्बन्ध है। ऋग्वेद के अनुसार सारी नदियाँ वरुण के नियमों से ही बहती हैं। 'ऋषि' वरुण से अपनी गलतियों की क्षमा माँगते हैं। वरुण प्रकृति के संविधान का पालन कराने वाले मुख्य वैदिक देवता हैं। वरुण सबसे नियमों का पालन कराते हैं और स्वयं भी नियमों का पालन करते हैं।"

'अवेस्ता' प्राचीन ईरान का धार्मिक ग्रन्थ है। यह पारसी सम्प्रदाय की प्रतिष्ठित पुस्तक है। यह अपने मूल रूप में अप्राप्त है। पारसी सम्प्रदाय मुस्लिम-आक्रमणों में नष्ट हो गया था। डॉ. गयाचरण त्रिपाठी ने 'वैदिक देवता' (पृष्ठ 39) में लिखा है, "अवेस्ता में मुख्य पारसी धर्म के प्रवर्तक जरथुस्त्र के उपदेशों-शिक्षाओं का संकलन है।" जरथुस्त्र 9वीं-10वीं ई.पू. के बताए जाते हैं। ग्रीक विद्वान रिलनी ने लिखा है कि, "जरथुस्त्र ने एक लाख पदों की रचना की थी।" 'वेद' शब्द का अर्थ 'ज्ञान' होता है। अवेस्ता 21 नस्कों में विभाजित है। विद्वान भाषा व धर्म परम्परा के आधार पर वैदिक व ईरानी आर्यों को एक ही जाति का मानते हैं। ईरानी जाति भारतीय आर्यों की एक शाखा थी। 7वीं शताब्दी में इस्लाम का उदय हुआ। अरब हमलावरों ने 642 ई. के युद्ध में ईरान को पराजित किया। 100 वर्ष में ईरान की जनता इस्लाम में मतांतरित हो गयी। शेष पारसी भाग निकले। उन्हें भारत में शरण मिली। वे गुजरात काठियावाड़ में बस गए। अवेस्ता में 'अहुर' श्रेष्ठ देवता हैं। इसके लिए 'मज्द' (मेधा) विशेषण प्रयोग हुआ है। यह वैदिक देव वरुण जैसा है। (42) अवेस्ता में इन्द्र नामक देवता नहीं हैं। कुछ स्थानों पर इन्द्र शब्द प्रयुक्त हुआ है। मगर यह एक छोटा राक्षस है।

विष्णु

ऋग्वेद में लगभग 100 स्थानों पर विष्णु देव की चर्चा है। पुराणों के अनुसार उन्होंने तीन पग चलकर सम्पूर्ण ब्रह्माण्ड नाप लिया था। ऋग्वेद (1.154.4) में उनके तीन पग मधुर बताए गए हैं। विष्णु परिश्रमी के मित्र हैं। वे केवल उपासना से ही प्रसन्न नहीं होते, पुरुषार्थ से प्रसन्न होते हैं। विष्णु के तीन पैर समूची भारतीय परम्परा में छाए हुए हैं। ऋग्वेद (1.155.5) में कहते हैं, "दो पग पृथ्वी और अन्तरिक्ष का रहस्य हम जानते हैं लेकिन तीसरे द्युलोक का रहस्य सुदृढ़ पंखों वाले पक्षी भी नहीं जानते।" विष्णु को सूर्य भी बताया गया है, लेकिन सूर्य और विष्णु में एक अन्तर भी है। ऋग्वेद में बताते हैं कि आकाश में एक प्रत्यक्ष सूर्य दिखाई देते हैं, लेकिन विष्णु के दर्शन आत्म अनुभूत से ही सम्भव हैं। प्रकृति के 7 तत्व मन, बुद्धि और 5 ज्ञानेन्द्रियाँ विष्णु के आदेशानुसार ही काम करते हैं। विष्णु महत्वपूर्ण हैं। वे ऋग्वेद से लेकर पुराणकाल और आधुनिक काल में भी स्तुतियाँ पाते हैं। ऋग्वेद (1.164) में 64 मन्त्र हैं। यहाँ कई प्रश्न हैं— सृष्टि के संचालनकर्ता को किसने देखा है? भूमि में प्राण, रक्त और आत्मा कहाँ से आई? इस पृथ्वी का अन्तिम छोर क्या है? हम बोलते हैं, वाणी का मूल स्रोत क्या है? ऐसी ही अनेक जिज्ञासाएँ हैं। सभी जिज्ञासाओं का एक उत्तर है। सृष्टि का निर्माण मन, प्राण और 5 महाभूत के गर्भ से होता है। ये सभी तत्व विष्णु के आदेशानुसार हैं। विष्णु का लघुतम (वामन) तत्व परमाणु है और विराट सम्पूर्णता।

विष्णु द्वारा राजा बलि से तीन पग में ही पूरी धरती माँगने की कथा है। विष्णु को मानने वाले वैष्णव कहलाए। विष्णु का प्रभाव पूरे पश्चिम एशिया में व्यापक था। महाभारत की एक कथा के अनुसार शान्तिपर्व में युधिष्ठिर ने भीष्म से पूछा कि सिद्धि पाने का इच्छुक व्यक्ति किसकी उपासना करे? भीष्म ने नारायण की उपासना का रहस्य बताया और अपने पिता से सुनी हुई नारद की कथा सुनाई। नारद विष्णु-भक्त थे। वे बद्रीनाथ पहुँचे। नर और नारायण तपरत थे। उन्होंने नारायण से पूछा कि आप सम्पूर्ण जगत के संचालक हैं। आप किसकी उपासना करते हैं? नारायण ने कहा, "जो समस्त भूतों से परे है, उसके व्यक्त रूप में प्रकृति है। हम उसी की उपासना करते हैं। नारद को इस उत्तर से संतोष नहीं हुआ। नारद ज्ञान यात्रा पर निकल पड़े। उन्होंने मेरु पर्वत की चोटी से क्षीरसागर की ओर श्वेतद्वीप देखा। वहाँ के निवासी ज्ञान-संपन्न थे। उनके शरीर में थी।

नारद ने शान्तनु को एक और कथा सुनाई, "वृहस्पति राजा उपरिचर यज्ञ करवा रहे थे।

भगवान ने यज्ञ का भाग स्वीकार किया लेकिन प्रकट नहीं हुए। इसलिए वृहस्पति नाराज हो गए। अन्य ऋषियों ने वृहस्पति को भक्ति का तत्व समझाया कि भगवान यज्ञ से नहीं प्रसन्न होते।" ऋषियों ने बताया कि, "क्षीरसागर के उत्तर में श्वेतद्वीप में भगवान के भक्त रहते हैं। तुम वहाँ जाओ।" फिर ऋषियों ने वृहस्पति को श्वेतद्वीप के बारे में बताया। विष्णु से की जाने वाली लोकप्रिय प्रार्थना मजेदार है। विष्णु क्षीरसागर में विश्राम करते हैं। साँपों की शय्या है और वे शान्त हैं। साँप पर लेटकर कोई शान्त नहीं हो सकता। जो साँप की शय्या पर लेटकर भी शान्त रहे, उसका नाम विष्णु है। विष्णु अवतार भी लेते हैं। अनेक रूप धारण करते हैं। अनुमान है कि वैष्णव समस्त मतों को अपने मत में सम्मिलित कर रहे थे। 'विष्णु पुराण' में उल्लेख है, "विष्णु भद्राश्ववर्ष में हयग्रीव रूप से, केतुमालवर्ष में वराहरूप से और भारतवर्ष में कछुवा रूप से रहते हैं।"

'विष्णु पुराण' के अनुसार समुद्रमंथन के समय भगवान स्वयं कछुवे के रूप में क्षीरसागर में घूम रहे थे। ऋग्वेद के विष्णु विष्णुपुराण, रामायण और महाभारत में लोकजीवन में विशिष्ट देवता के रूप में स्वीकार किए गए। गीता में श्रीकृष्ण को कहना पड़ा कि, "आदित्यों में मैं विष्णु हूँ"। विष्णु सहस्त्रनाम। ब्रह्मा, विष्णु और महेश की त्रयी में विष्णु महत्वपूर्ण हैं। इसलिए कि वे पालक हैं। श्रीराम और श्रीकृष्ण भी विष्णु के अवतार कहे जाते हैं। हिन्दू, हिन्दू दर्शन और हिन्दू संस्कृति में विष्णु देव की विशिष्ट महत्ता है।

मित्र देवता

ऋग्वेद के एक देवता हैं 'मित्र'। ऋग्वेद में वह प्रायः 'मित्रा वरुण' रूप में मिलते हैं, लेकिन विश्वामित्र ने उनकी स्वतन्त्र स्तुति की है। (3.59) मित्र देवता लौकिक जान पड़ते हैं। मित्र का देवत्व पुरुषार्थवादी है। वरुण नियम तोड़ने वालों को दण्डित करते हैं। नियमानुसार चलने वालों को पुरस्कृत करते हैं, लेकिन 'मित्र' गलती करने वालों को भी महानता प्राप्ति के उपाय बताते हैं। वे नियम तोड़ने वाले स्तुतिकर्ता पर भी उत्तम बुद्धि से कृपा करते हैं। (5.65.4) वरुण प्राकृतिक नियमों के पालक हैं। वे गलती करने वाले पर क्रोधित होते हैं। रुष्ट 'वरुण' को मनाने का काम 'मित्र' करते हैं। ऋषि विश्वामित्र 'सूर्य' को 'मित्र' बताते हैं। मित्र भी वरुण की तरह जल से सम्बन्धित देवता जान पड़ते हैं। वरुण का सम्बन्ध जल से है। मित्र और वरुण दोनों सिन्धुपति भी कहे गए हैं। वरुण और मित्र मिलकर जल बरसाते हैं। ऋग्वेद के प्रथम मण्डल में ही दोनो साथ-साथ हैं। वे कर्म-सक्रियता देते हैं। ऐतरेय ब्राह्मण में

मित्र को दिवस और रात्रि को वरुण बताया गया है। उदित हुए सूर्य को मित्र और वरुण की आँख बताया गया है। एक मन्त्र (5.62.8) के अनुसार सूर्य के उदय होने पर मित्र और वरुण अपने सुवर्ण रथ पर चढ़ते हैं और पृथ्वी तथा पृथ्वी पर रहने वाले प्राणियों को देखते हैं। सम्भवत: मित्र और वरुण देव पृथ्वी के सभी जीवों की कुशलक्षेम जानने के लिए रथयात्रा करते हैं।

भारतीय परम्परा का देवतन्त्र निराला है। अनेक देवता हैं। ऋग्वेद (10.57.4) में 'मन' भी देवता हैं। ऋग्वेद के सूक्त (10.58) के सभी मन्त्र मन को सम्बोधित हैं। यजुर्वेद में शिव संकल्प सूक्त में मन की स्तुति है। इसी तरह यजुर्वेद में यज्ञकुण्ड की ईंटों को भी देवता कहकर नमस्कार किया गया है। मन्यु भी एक देवता हैं। कुछ विद्वानों ने मन्यु का अर्थ क्रोध बताया है। क्रोध आक्रामक आवेग है। तब बोध नहीं बचता। ऋग्वेद के मन्युदेव संयमी हैं। मन्यु का अर्थ साहस होना चाहिए। वैदिक परम्परा में सभी देव अलग-अलग दिखाई पड़ते हैं, लेकिन सब एक हैं— मन्युरिन्द्रो, मन्युरेवास, मन्युर्होता, वरुणो जातवेदा। (10.83.2) मन्यु से प्रार्थना है कि, "हमको कुशल दक्ष बनाएँ।" देवों के नाम और काम पृथक-पृथक हैं, लेकिन सबकी व्याप्ति एक जैसी है। दार्शनिक तल पर अद्वैतवाद है। सब एक ही सत्ता के भिन्न-भिन्न रूप हैं। प्राचीन काल की परम्परा में श्रीराम व श्रीकृष्ण ऐतिहासिक हैं व देवता हैं। रामकथा के हनुमान भी प्रतिष्ठित देवता हैं। गणेश प्रथम उपास्य हैं। वैदिक काल के देवता वेदों में हैं। पुराण काल में भी वैदिक देवों की उपासना है। तैत्तिरीय उपनिषद् में आचार्य और माता-पिता भी देवता हैं। भारतीय श्रद्धा में सृष्टि का प्रत्येक कण और अणु देवता है।

वनस्पतियों-औषधियों का प्रणाम!

हिन्दू अनुभूति में समूची सृष्टि उपास्य है। प्रकृति में अनेक जीव हैं। तमाम वनस्पतियाँ हैं। वनस्पतियों के अपने आकर्षक रंग-रूप हैं। तमाम वनस्पतियाँ रोगोपचार के लिए औषधियाँ भी हैं। वनस्पतियाँ-औषधियाँ वैदिक काल के पहले से ही प्रणम्य हैं। अथर्ववेद के एक सुन्दर सूक्त (1.34) में प्राचीन वैदिक काल की मधु अभिलाषा का विस्तार है। ऋषि कवि अथर्वा एक लता देखते हैं। उसका नाम मधुक है। अथर्वा कहते हैं, "मधुक मधुरता के साथ पैदा हुई है। हम इसे मधुरता के साथ खोदते हैं— मधुजाता मधूनां त्वां खनामसि।" कहते हैं, "हे लता आप मधुर हैं। हमें भी मधुर बनाएँ।" आगे कहते हैं, "हमारी जिव्हा का अग्रभाग मधुर हो। मूल भाग

मधुर हो। हमारा घर से बाहर जाना मधुर हो। दूर जाना मधुर हो। वाणी मधुर हो। हम सबको मधुमय प्यार करें। हम मधुरता से भी ज़्यादा मधुर हो जाएँ–मधुरस्मि माधुतरो मदुधान्ममधुत्तमत्तर:।" वैदिक ऋषि-कवि अस्तित्व की प्रत्येक अभिव्यक्ति को नमस्कार करते हैं। यजुर्वेद (36.17) के शान्ति मन्त्र में कहते हैं, "अन्तरिक्ष शान्त हों। पृथ्वी शान्त हो। जल शान्त हो।" फिर कहते हैं, "औषधियाँ शान्त हों। वनस्पतियाँ शान्त हों। सभी शक्तियां शान्त हों। शान्ति भी हमें शान्ति दे।"

सोम वैदिक ऋषियों की सर्वाधिक प्रिय वनस्पति है। ऋषियों ने सोम को बहुत बड़ा देवता बताया है। ऋग्वेद के नौवें मण्डल में 144 सूक्त हैं। इन सभी सूक्तों के देवता सोम हैं। नौवें मण्डल के अलावा भी ऋग्वेद में सोम का अनेक प्रसंगों में उल्लेख है। सोम को सारी वनस्पतियों का राजा भी कहा गया। (9.114.2) सोम वनस्पति से रस निकाला जाता था। वैदिक अभिजन सोम को स्फूर्ति प्रदान करने वाला पेय मानते थे। सोमरस का प्रयोग पीने के लिए तो किया ही जाता था। यज्ञ में इस रस की आहुतियाँ भी दी जाती थीं। ऋग्वेद के अनुसार सोम देवताओं को प्रिय भी था। पूर्वज मानते थे कि सोमरस पीने से मनुष्यों को अमरत्व की प्राप्ति होती है। आर्यों की ईरानी शाखा में 'होम' वनस्पति की चर्चा है। पारसियों के धर्मग्रन्थ अवेस्ता में सोम को होम लिखा गया है।

ऋग्वेद में औषधि-विज्ञान-सम्बन्धी एक सूक्त के देवता 'औषधि' हैं। वनस्पतियाँ-औषधियाँ कई तरह की हैं। ऋषि कहते हैं, "हे औषधियों आपके सहस्त्रों नाम हैं। सहस्त्रों अंकुर हैं। आप हमें आरोग्य दें।" वे औषधियों की रोग-निवारक शक्ति की तुलना घोड़े की शक्ति से करते हैं। स्तुति है, "आप गतिशील घोड़े की तरह रोगों को तेजी से दूर करती हैं। आप हमें सुख दें।" वे औषधियों को माता बताते हैं। कहते हैं कि, "आप माता की तरह पालन-गुणों से युक्त हैं। हमारी प्रार्थना सुनें।" वनस्पतियाँ-औषधियाँ माता हैं। इसी तरह कुशल वैद्य के बारे में कहते हैं, "जैसे राजा युद्ध स्थल पर एकत्रित होते हैं वैसे ही विद्वान वैद्य के पास औषधियाँ आती हैं।" ऋषि कहते हैं कि, "कुछ औषधियाँ निकट हैं। कुछ ऋषि से दूरी पर हैं।" ऋषि कवि को विश्वास है कि, "औषधियाँ उनकी प्रार्थना सुनती हैं।" अथर्ववेद में भी औषधियों वनस्पतियों को देवता कहा गया है। अथर्ववेद का एक पूरा सूक्त औषधियों पर ही है। ऋषि कहते हैं कि, "कुछ औषधियाँ लाल रंग की हैं। कुछ श्वेत हैं। कुछ भूरी हैं।" कुछ काली हैं। कुछ कई रंगों वाली हैं। पृथ्वी माता हैं। आकाश पिता हैं। औषधियाँ भी इसी परिवार की हैं। ऋषि कहते हैं कि, 'औषधियों के पिता

आकाश हैं।' यहाँ औषधियाँ-वनस्पतियाँ माता पृथ्वी व पिता आकाश की परिजन हैं।

रोगों के कारण होते हैं। कुछ रोग ऐसे हैं जो मनुष्य की अपनी गलती से पैदा होते हैं। कहते हैं कि, "जल और औषधियाँ हमारे पाप से उत्पन्न यक्ष्मा रोग दूर करें।" कुछ औषधियाँ सर्वसुलभ हैं। कुछ औषधियाँ खरीदने से उपलब्ध होती हैं। कहते हैं, "क्रयरहित औषधियाँ मनुष्यों, अश्वों को स्वस्थ रखें।" वनस्पतियों, औषधियों को यों ही देवता नहीं कहा गया। वे मनुष्य को स्वस्थ रखती हैं। आम, महुआ, आँवला रसपूर्ण हैं। आँवला युवा बने रहने का रसायन है। औषधियाँ, वनस्पतियाँ अनेक प्रकार की हैं। कहते हैं, "गुच्छों वाली, एक कोंपल वाली और अनेक शाखाओं वाली औषधियों का आवाहन करते हैं।" प्रत्येक जीव में रोगों से लड़ने की क्षमता होती है। इसे रोग-निरोधक क्षमता कहते हैं। अथर्ववेद में स्थान के आधार पर भी औषधियों के भेद किए गए हैं। एक मन्त्र (8.7.17) में कहते हैं, "अंगिरा द्वारा विवेचित औषधियाँ पर्वतीय क्षेत्रों व समतल मैदानों में उगती हैं। वे हृदय को सुख-शान्ति देती हैं।" इसी सूक्त में कुछ औषधियों को अमर भी बताया गया है। औषधियाँ जीव रक्षक हैं। स्तुति है कि, "रोगी शतायु हो।"

ज्वर या बुखार साधारण बीमारी है। वैदिक काल के मनीषी ज्वर से परिचित थे। ऋषि कहते हैं कि, "कुछ ज्वर एक दिन छोड़ कर आते हैं, कुछ दो दिन बाद और कुछ बिना निश्चित समय के ही आते हैं। ऋषि की इच्छा है कि, "ऐसे ज्वर आलसी लोगों के पास चले जाएँ।" वैदिक समाज में कर्म प्रधानता है। आलसी की भर्त्सना है। ज्वर और भी कई प्रकार के होते हैं। कहते हैं, "तपाने वाले, हिलाने वाले, भड़काने वाले, ठण्ड के साथ आने वाले और दुर्बल करने वाले ज्वर को हमारा नमस्कार है।" यहाँ नमस्कार ज्वर को दूर भगाने के लिए किया गया है। ज्वर अकेला नहीं होता। इसका अपना परिवार है। अथर्ववेद में कहते हैं, "ज्वर अपने भाई कफ़ के साथ आता है। खाँसी उसकी बहन है। वह बहन के साथ आता है। यक्ष्मा इसका भतीजा है।"

वनस्पतियों में एक प्रतिष्ठित वनस्पति है गुग्गल। आधुनिक आयुर्विज्ञान इसे रोग निरोधक क्षमता बढ़ाने वाली औषधि मानते हैं। बताते हैं कि गुग्गल के प्रयोगकर्ताओं के पास कोई रोग नहीं आते। एक मन्त्र में पील व जटामांसी को महत्वपूर्ण औषधि बताया गया है। सभी औषधियाँ प्राणरक्षक हैं। प्राण से ही औषधियाँ लहराती हैं। मेघों का वर्षा करना प्राण का चमत्कार है। एक सुन्दर सूक्त में कहते हैं कि प्राण औषधियों के समक्ष गर्जन करते हैं। औषधियाँ शक्तिशाली होती हैं। प्राण औषधियों

पर जल-वर्षा करता है। औषधियाँ प्रसन्न मन होती हैं। प्राण ही रोग व मृत्यु के कारण हैं। कहते हैं कि, "तब अथर्वा द्वारा रोपित अंगिरा वंशजों व मनुष्यों द्वारा निर्मित औषधियाँ प्रकट होती हैं।" एक वनस्पति औषधि पीपली है। अथर्वा के रचे सूक्त में पीपली स्वयं ही बोलती है, "जिस प्राणी द्वारा हमारा सेवन किया जाएगा वह कभी नष्ट नहीं होगा।"

चरक ने सभी वनस्पतियों को औषधि कहा "दुनिया में ऐसी कोई भी वनस्पति नहीं है जो औषधि न हो।" भारतीय राष्ट्रजीवन में वनस्पतियाँ, औषधियाँ देवता की श्रेणी में हैं। पीपल, बरगद, नीम, बेल आदि वृक्षों की उपासना होती है। गीता में श्रीकृष्ण ने अर्जुन को बताया कि, "पीपल का वृक्ष मैं ही हूँ।" भारत की तरह दुनिया के किसी भी अन्य देश, संस्कृति व सभ्यता में वनस्पतियों और वृक्षों को नमस्कार नहीं किया गया। वनस्पतियों के कारण पर्यावरण शुद्ध रहता है। दुर्भाग्य से सारी दुनिया में वन-क्षेत्र घटा है। इसी के परिणाम स्वरुप भूमण्डलीय ताप बढ़ा है। वर्षा चक्र भी गड़बड़ाया है। यहाँ भारत में वैदिक काल से लेकर पुराण और महाभारत में वनस्पतियों और वृक्षों को विशेष आदर के साथ याद किया गया है। उन्हें देवता जाना गया है। हिन्दू मन वृक्ष-वनस्पति की कटान पर आहत होता है। विकास का आधुनिक मॉडल वनस्पति-प्रेमी नहीं है। विश्व को वनस्पति-प्रेमी विकास-तन्त्र की आवश्यकता है।

चरक ने सभी वनस्पतियों को औषधि कहा "दुनिया में ऐसी कोई भी वनस्पति नहीं है जो औषधि न हो।" भारतीय राष्ट्रजीवन में वनस्पतियाँ, औषधियाँ देवता की श्रेणी में हैं। पीपल, बरगद, नीम, बेल आदि वृक्षों की उपासना होती है। गीता में श्रीकृष्ण ने अर्जुन को बताया कि, "पीपल का वृक्ष मैं ही हूँ।" भारत की तरह दुनिया के किसी भी अन्य देश, संस्कृति व सभ्यता में वनस्पतियों और वृक्षों को नमस्कार नहीं किया गया। वनस्पतियों के कारण पर्यावरण शुद्ध रहता है। दुर्भाग्य से सारी दुनिया में वन-क्षेत्र घटा है। इसी के परिणाम स्वरुप भूमण्डलीय ताप बढ़ा है। वर्षा चक्र भी गड़बड़ाया है। यहाँ भारत में वैदिक काल से लेकर पुराण और महाभारत में वनस्पतियों और वृक्षों को विशेष आदर के साथ याद किया गया है। उन्हें देवता जाना गया है। हिन्दू मन वृक्ष-वनस्पति की कटान पर आहत होता है। विकास का आधुनिक मॉडल वनस्पति-प्रेमी नहीं है। विश्व को वनस्पति-प्रेमी विकास-तन्त्र की आवश्यकता है।

काल–महाकाल और रुद्र शिव

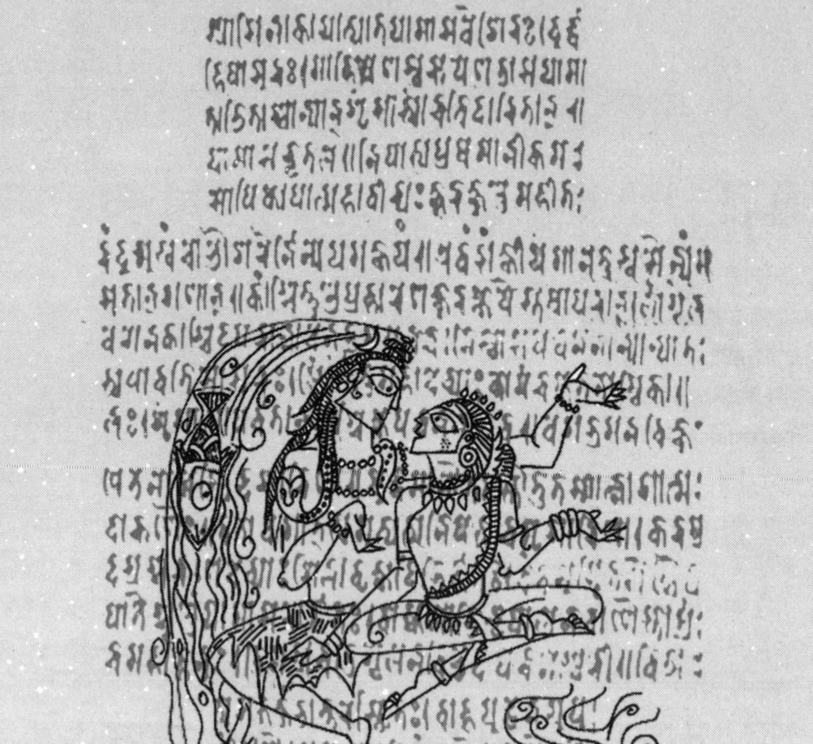

11

काल, महाकाल और रुद्र शिव

भारतीय ज्ञान-परम्परा में 'काल' की प्रतिष्ठा है। 'काल' उपास्य है। माना जाता है कि जीवन 'काल' के अधीन है। वैदिक साहित्य से लेकर रामायण व महाभारत तक 'काल' की चर्चा है। 'काल' हिन्दुत्व-दर्शन की नाभि है। ऋग्वेद(1.64.2) में कहते हैं, "तीन नाभियों वाला कालचक्र गतिशील, अजर और अविनाशी है। इसके भीतर सभी लोक विद्यमान हैं।" पृथ्वी, अन्तरिक्ष और द्युलोक तीन नाभियाँ हैं। काल का चक्र इन्ही नाभियों या धुरियों पर गतिशील है। नाभि या धुरी महत्वपूर्ण है। धुरी गतिशील है। 'पृथ्वी' सूर्य की परिक्रमा करती है। अन्य ग्रह भी गतिशील हैं। गति का परिणाम 'काल' है। अस्तित्व के भीतर परमाणुओं की गति है। गति सर्वत्र है। काल भी सर्वत्र है। सभी ग्रहों की गति भिन्न-भिन्न है, इसलिए प्रत्येक ग्रह पर काल का अनुभव और कालगणित भी भिन्न है, लेकिन काल सर्वत्र है।

काल अविनाशी है, अमर है, अजर है। यह कभी बूढ़ा नहीं होता। अथर्ववेद के 19वें काण्ड (सूक्त 53 व 54) में ऋषि ने काल की चर्चा की है, "विश्व 'रथ' है। 'काल' अश्व है। काल-अश्व विश्वरथ का 'वाहक' है। यह सात किरणों व सहस्रों आँखों वाला है। यह सदा तरुण है। कभी जर्जर नहीं होता। सभी लोक इसके चक्र हैं। इसपर कवि-ज्ञानी ही आरोहण करते हैं।" ध्यान देने योग्य बात है कि ज्ञानी ही इस रथ पर बैठने के पात्र बताये गये हैं। ठीक बात है—कालबोध के लिए ज्ञानी जैसी संवेदनशीलता व प्रतिभा चाहिए।

वैदिक काल से लेकर महाभारत के रचनाकाल तक भारत की राजव्यवस्था के कर्तव्य लगभग एक जैसे हैं। समय-सापेक्षता के अनुसार उनमें थोड़ा-बहुत परिवर्तन

भी होता रहा है। महाभारत-युद्ध के बाद युधिष्ठिर मर्माहत थे। प्रो. वासुदेवशरण अग्रवाल ने 'भारत सावित्री' नाम की सुन्दर पुस्तक लिखी है। इसके अनुसार "व्यास ने युधिष्ठिर को दार्शनिक दृष्टिकोण से राजधर्म समझाया।" इसे पर्याय-योग कहते हैं और यह कालवाद का अंग था। "पर्याय-योग का सारांश यह है कि 'कालचक्र' रथ के पहिये की तरह घूमता है और उसमें सुख व दुःख बारी-बारी से आते हैं। न कर्म से और न सोच करने से कुछ होता है। विधाता ने काल का नियम ऐसा बनाया है कि पर्याय-योग अर्थात अपनी बारी से सुख और दुःख, भाव और अभाव होते रहते हैं—कालेन सर्वं लभते मनुष्यः। मन्त्र और औषधियाँ भी काल की अनुकूलता से ही फल देती हैं। न बुद्धि से कुछ होता है, न पढ़ने-लिखने से। काल से मूर्ख भी मालामाल हो जाता है।" यहाँ काल सर्वोपरि हो गया है। "शिल्प, अध्ययन और मन्त्र का कुछ भी लाभ अभाग्य के समय नहीं होता। भाग्य के सीधे होने पर वे सब फल देते हैं।"

'नियतिवाद' भारतीय चिन्तन की एक धारा है। लोक में इस धारा का चलन है। छोटी-छोटी आपदाओं में लोग समय या दैव की चर्चा करते हैं। भाग्य का रोना रोते हैं। नियति का अर्थ है कि संसार में सबकुछ पूर्व निर्धारित या नियत है लेकिन यह हिन्दू-चिन्तन की मुख्य धारा नहीं है। धर्मानुसार सतत् कर्म हिन्दुत्व की मुख्य धारा है। वाल्मीकि-रचित रामायण (युद्ध काण्ड 118.5) में दोनों हैं। दशरथ ने पुत्र श्रीराम को वनगमन की आज्ञा दी। लक्ष्मण क्रोधित हुए। 'श्रीराम' लक्ष्मण को समझाते हैं, "सब नियति का किया होता है। नियति के सामने मनुष्य का वश नहीं है इसलिए इसे स्वीकार करना चाहिए।" लक्ष्मण इसका प्रतिवाद करते हैं। राम-रावण युद्ध हुआ। श्रीराम ने रावण को मार दिया। सीता वापस आ गयीं। श्रीराम ने कहा, "दैव (नियति) का किया हुआ दोष मनुष्य होकर मैंने दूर कर दिया– दैव सम्पादितो दोषो मानुषेण मया जितः।"

दैव नियति है। इसमें 'कार्यकारण सिद्धान्त' नहीं है। श्रीराम का ज़ोर मनुष्य होने पर है। मनुष्य में नियति और काल को भी चुनौती देने की क्षमता है। श्रीराम ने मनुष्य होकर ही नियति का किया हुआ उलट दिया। हिन्दू-चिन्तन में मनुष्य होना सौभाग्यशाली है। मनुष्य सौभाग्य का निर्माता है। नियतिवाद में काल का प्रभाव सर्वव्यापी है। काल सबको आच्छादित करता है। कालवाद में कर्म का प्रभाव नहीं है। सत्कर्म करने के लिए काल की अनुकूलता चाहिए।

काल की महिमा बताते हुए व्यास ने कहा, "काल से ही आँधी चलती है और काल से वृष्टि होती है। काल से वन में वृक्ष फलते हैं। काल से ही कृष्णपक्ष की

रात्रियाँ आती हैं। काल से ही चन्द्रमा खिल जाता है। बिना काल के वृक्षों में फूल-फल नहीं आते। बिना काल के नदियों में जल नहीं बहता। काल के बिना स्त्रियाँ गर्भधारण नहीं करतीं। शिशिर, गर्मी और वर्षा ये ऋतुएँ बिना काल के नहीं होतीं। बिना काल के न कोई मरता है और न कोई जन्म लेता है। बिना काल के कोई बच्चा बोलता भी नहीं। बिना काल के यौवन नहीं आता। बिना काल के बीज नहीं उगता। बिना काल के सूर्य नहीं आता। बिना काल के वह अस्त भी नहीं होता। बिना काल के चन्द्रमा घटता-बढ़ता भी नहीं। बिना काल के समुद्र में लहरें नहीं उठतीं। काल से पके हुए सब मानव मृत्यु को प्राप्त हो जाते हैं। काल के इस चक्र से कोई नहीं छूटता। लोक में ऐसा मानते हैं कि एक ने दूसरे को मारा। किसी और ने और किसी को मारा। यह तो 'लौकिकी संज्ञा' या कहने की बात है। न कोई किसी को मारता है, न कोई मरता है। नियति के वश में स्वाभाविक रूप से यहसब हो रहा है।" (वही पृष्ठ 34-35) काल पर व्यास की टिप्पणी बहुत सुन्दर कविता है। लेकिन कर्तव्यपालन के लिए प्रेरित नहीं करती।

कालवाद के अनुसार काल में जगत के सारे प्रपंच गतिशील हैं। व्यास ने सभी प्रपंचों को कालाधीन बताया। बुद्ध-दर्शन में 'संसार दुःखमय' है। व्यास के कालवाद में सुख और दुःख दोनों हैं। कहते हैं "शोक और हर्ष के हज़ारों कारण प्रतिदिन मूर्ख के सामने आते हैं। वे पण्डित को नहीं छूते।" (वही पृष्ठ 35) यहसब सुनकर भी युधिष्ठिर का मन शान्त नहीं हुआ। इसके बाद श्रीकृष्ण ने कई प्रतिष्ठित राजाओं की कथा सुनाई। वे हर तरह से शक्तिशाली व समृद्ध होकर भी मृत्यु को प्राप्त हुए। इस सूची में अंगदेश के राजा बृहद्रथ, उसीनर के राजा शिवि, दुष्यंत-पुत्र भरत आदि के साथ दशरथ-पुत्र राजा श्रीराम का भी उल्लेख है "श्रीराम ने प्रजा का पालन पुत्रों जैसा किया। श्रीराम के शासन में मेघ समय पर वृष्टि करते थे। सब पूर्णकाम थे।" (वही पृष्ठ 40)

महाभारत-युद्ध का समय और महाभारत के रचनाकाल अलग-अलग हैं। युद्ध में भारी राष्ट्रीय क्षति हुई थी। सदाचार, संस्कृति व धर्म-संहिता की धज्जियाँ उड़ गयी थीं। महाभारत की रचना युद्ध के काफ़ी समय बाद हुई। युधिष्ठिर ही आहत नहीं थे। पूरा देश आहत था और निराश भी। युद्ध टालने के बहुत प्रयास हुए। श्रीकृष्ण स्वयं दुर्योधन के पास गए थे। लेकिन सभी प्रयास निष्फल हुए। इस स्थिति की कार्यकारण-व्याख्या असम्भव थी। कालवाद का सीधा-सरल विश्लेषण था। तर्कसंगत व्याख्या के अभाव का विकल्प था कालवाद। काल के प्रभाव का महाभारत जैसा सुन्दर वर्णन अन्यत्र नहीं मिलता। यहाँ सबकुछ कालाधीन है।

महाभारत में काल की सर्वोपरिता है, लेकिन इसी महाभारत में ही राजा को काल से बड़ा बताया गया है। राजा काल का कारण है– राजा कालस्य कारणं। हिन्दुत्व-दर्शन में कार्यसिद्धि के अनेक कारण हैं। महाभारत के पहले काल की महिमा अथर्ववेद में है। 'कालसूक्त' ऋषि भृगु की सुन्दर रचना है। उन्होंने बताया है, "काल में मन है। काल में प्राण है। काल का रथ गतिशील है। इसपर ज्ञानी ही बैठ सकते हैं।" अथर्ववेद में 'ज्ञानी' काल-प्रभाव के वशीभूत नहीं हैं, लेकिन महाभारत में सब काल के अधीन हैं। यही स्थिति धर्म की भी है। ऋग्वेद में धर्म प्रकृति का संविधान है। सब उसका पालन करते हैं। अथर्ववेद में धर्म-पालन की सर्वोपरिता है। उत्तर वैदिक काल में उपनिषद्-दर्शन उगा। उपनिषद्रों से धर्म को दार्शनिक आधार मिला। महाभारतकाल में धर्म की वैसी व्यावहारिक स्थिति नहीं है। यह धर्म के पराभव का काल है। महाभारत के गीता वाले अंश में श्रीकृष्ण अर्जुन को बताते हैं कि "यह ज्ञान सूर्य ने मनु को दिया। मनु ने इक्ष्वाकु को दिया। काल के प्रवाह में यह नष्ट हो गया। मैं वही ज्ञान तुमको बता रहा हूँ।" श्रीकृष्ण धर्म की ग्लानि की चर्चा करते हैं। धर्म के अभाव में जीवन का सौन्दर्य नहीं खिलता। धर्म-धारण अपरिहार्य है। जब धर्म की ग्लानि होती है तब धर्म संस्थापनार्थाय कर्म जरूरी हो जाते हैं। महाभारत धर्म का पराभव-काल है। इसका परिणाम युद्ध है। श्रीकृष्ण प्रचलित धर्म को पुनर्नवा करते हैं।

'रुद्र' देवों के देव 'महादेव' हैं और काल-नियन्ता 'महाकाल' हैं। 'महाकाल' दिक्काल को आवृत्त करते हैं। अथर्ववेद (11.2.3) में ऋषि कहते हैं, "रुद्र शिव 'भव' हैं। उनके सहस्रों शरीर और आँखें हैं।" बताते हैं कि "वे अन्तरिक्ष मण्डल के नियन्ता हैं, उन्हें नमस्कार है।" (वही 4) ऋषि अथर्वा रुद्र की स्तुति में भावुक हैं, "हमारी ओर आती रुद्र-शक्ति, हमारी ओर से वापस जाती शिव-शक्ति, हमारे निकट उपास्थित शिव-शक्ति को नमस्कार है।" अथर्ववेद की तरह यजुर्वेद का 16वाँ अध्याय रुद्र की स्तुति है। यहाँ रुद्र की सर्वत्र उपस्थिति है। रुद्र महाकाल हैं।

मध्य प्रदेश में उज्जयनी महाकाल की उपासना का दिव्य केन्द्र है। महाकाल मन्दिर अन्तर्राष्ट्रीय चर्चा में रहता है। उज्जयनी प्राचीन नगरी है। यह क्षिप्रा नदी के तट पर बसी हुई है। कालिदास के मेघदूत में क्षिप्रा नदी का सुन्दर उल्लेख है, "क्षिप्रा की वायु कमलों की गन्ध के साथ सारसों की मीठी बोली दूर-दूर तक फैला देती है।" उज्जयनी में महाकाल का प्रतिष्ठित मन्दिर है।

कालिदास का 'यक्ष' निर्वासित जीवन में है। वह अपनी प्रिय पत्नी तक सन्देश भेजने के लिए मेघ को दूत बनाता है। इस यात्रा-पथ में महाकाल का दिव्य भव्य

मन्दिर है। यक्ष मेघदूत से महाकाल जाने के लिए कहता है, "यदि तुम महाकाल के मन्दिर में साँझ होने के पूर्व पहुँच जाओ तो वहाँ तबतक ठहर जाना जबतक सूर्य भली प्रकार आँखों से ओझल न हो जाए। जब महादेव की साँझ-सुहानी आरती होने लगे तब तुम भी अपने गर्जन का नगाड़ा बजाने लगना।" यक्ष कहता है, "साँझ की पूजा हो जाने पर जब महाकाल ताण्डव नृत्य करने लगें, उस समय तुम साँझ की ललाई लेकर उन वृक्षों पर छा जाना जो उनकी ऊँची बाँह के समान खड़े होंगे।" यहाँ महाकाल शिव के ताण्डव नृत्य का विशेष उल्लेख है।

'कमल' भारत का सांस्कृतिक प्रतीक है। कमल-गन्ध देवों को भी प्रिय है। कालिदास को भी प्रिय है। 'यक्ष' मेघ से कहता है, "मानसरोवर के जल में सुनहरे कमल खिलते हैं। इसी तरह अलकापुरी के पास बारहमासी कमल हैं।" कुबेर के भवन से उत्तर की ओर यक्ष का घर है। यक्ष कहता है, "घर के भीतर बावणी की सीढ़ियों पर नीलम जड़ा हुआ है। इसमें बहुत से सुनहरे कमल खिले हुए होंगे।" कालिदास का ध्यान स्वर्णिम कमल के फूल और गन्ध पर यों ही नहीं जाता। कमल वैदिक कवियों का भी आकर्षण है। कमल जल में उगने वाला फूल है। अथर्ववेद (10.8.43) में कहते हैं, "नौ द्वारों वाला जीवन-कमल–'पुण्डरीकं नौ द्वारं' तीन गुणों से आच्छादित है। इसके भीतर आत्मतत्व रहता है। यह बात ब्रह्मज्ञानी जानते हैं।" ब्रह्मज्ञान सर्वोच्च है। कमल निर्लिप्त साँस ारिक जीवन का प्रतीक भी है। जीवन की गति काल है। कमल जल में होकर भी जल से निर्लिप्त रहता है। कमलगन्ध की ओर ऋषियों का ध्यान जाता है। पृथ्वी सगन्धा है। पृथ्वी का गुण गन्ध है। कवि ऋषि अथर्वा ने पृथ्वी सूक्त में कहा है, "हे माता भूमि! आपकी गन्ध कमल में प्रवेश कर गयी है। इसी गन्ध को सूर्यपुत्री सूर्या के विवाह में वायुदेव ने ग्रहण कर विस्तृत किया था। आप हमको उसी गन्ध से आपूरित करें।"

रूप आँखों से देखे जाते हैं, लेकिन गन्ध दिखाई नहीं पड़ती। गन्ध सूक्ष्म है। सूँघने की इन्द्रिय की क्षमता से अनुभव में आती है। गन्ध का विवेचन आसान नहीं। गन्ध अनुभूति से ही पकड़ में आती है। देवगन्ध प्रिय है। कोई गन्ध तीखी होती है तो कोई भीनी। कोई गन्ध व्यक्तित्व को आनन्द से भर देती है। कमल-गन्ध को किस श्रेणी में रखें? क्या कमल-गन्ध को सांस्कृतिक गन्ध नहीं कह सकते? हिन्दुत्व भौतिक पदार्थ नहीं है लेकिन हिन्दू होने की गन्ध समाज या राष्ट्र को गन्धमादन बनाए रखती है। हिन्दुत्व सृष्टि के कण-कण और काल के प्रत्येक क्षण-क्षण में सर्वात्मभाव की अनुभूति है।

भृगु का काल-चिन्तन अथर्ववेद में है। उन्होंने मन को भी काल के अधीन बताया है लेकिन कभी-कभी मन भी काल पर प्रभाव डालता प्रतीत होता है। भृगु के कालसूक्त में काल असाधारण व्याप्ति है। कहते हैं, "काल ने ही सृष्टि-सृजन किया है। 'सूर्य' काल की प्रेरणा से तपते हैं। सभी प्राणी काल पर आश्रित हैं।" यहाँ काल की व्याप्ति असीम कही गयी है। ईरानी 'अवेस्ता' में काल की तरह एक देवता 'जुर्वान' हैं पर वे भारतीय चिन्तन के काल जैसे सर्वसमुपस्थित नहीं हैं। भृगु कहते हैं, "काल ने दिव्यलोक उत्पन्न किये। भूमि को भी उन्होंने उत्पन्न किया। भूत, भविष्य और वर्तमान काल पर आश्रित हैं।" आगे कहते हैं, "काल में तप है, काल में ब्रह्म है। काल सबका ईश्वर है।" यहाँ काल की व्याप्ति अनन्त है। वैदिक कवियों की देवों की व्याप्ति को असीम और अनन्त बताने की शैली ध्यान देने योग्य है। भृगु कहते हैं, "काल सभी भुवनों में व्याप्त है। सबका पोषण करता है। वह पहले सबका पिता है। बाद में वही सबका पुत्र है।" वही भूत है, वही वर्तमान होता है। वही अनुभूत होकर सुख और दुःख का अतिक्रमण करता है। भूत और वर्तमान अलग नहीं है। यहाँ काल अखण्ड है।

वैदिक मन्त्रों में काल के सरल विभाजन भी हैं। पहला शाश्वत कहा गया है। यह सदा से है, सदा रहता है। यह नित्य है। दूसरा तात्कालिक है। 'तात्कालिक' काल का एक खण्ड है। तात्कालिक काल विशेष परिस्थिति में प्रकट होता है, वर्तमान होता है और भूत हो जाता है। काल सर्वव्यापी होकर भी निरपेक्ष नहीं है। प्रत्येक व्यक्ति की काल-अनुभूति अलग-अलग है। किसी के लिए कभी अच्छा समय होता है। दुसरे के लिए वही बुरा समय होता है। कालवाद में काल सनातन है लेकिन ऋग्वेद के नासदीय सूक्त में एक स्थिति में दिन-रात नहीं है, जीवन-मृत्यु भी नहीं है। तब काल भी नहीं है। केवल वह एक–तदेकं है। वह वायुहीन स्थिति में अपनी क्षमता के बल पर साँस ले रहा था। काल का मूल गति है।

उपनिषद् के ऋषि 'ब्रह्म' को 'विभु' और व्यापक बताते हैं, "उस परमतत्व से काल, संवत्सर और सभी लोक पैदा हुए हैं।" वैशेषिक दर्शन में नौ द्रव्य हैं। काल भी एक द्रव्य है। गीता दर्शन-ग्रन्थ है। गीता में श्रीकृष्ण ने स्वयं को 'अविनाशी काल' बताया है। श्रीकृष्ण ने अर्जुन को विश्वरूप दिखाया, अर्जुन भयग्रस्त हुआ। उसने पूछा, "हे भगवन! आप उग्ररूप कौन हैं?" (11.31) श्रीकृष्ण ने उत्तर दिया, "मैं काल हूँ–कालोऽस्मि। विनाश में संलग्न हूँ।" (10.32) यहाँ काल 'संहारक' है। विभाजित काल के अनेक रूप हैं। हम अब, जब, तब शब्द प्रयोग करते हैं। 'अब'

का अर्थ वर्तमान काल है। 'जब' का अर्थ कालविशेष का परिचायक है और 'तब' तात्कालिक का। ऐसे विभाजन-अभिव्यक्ति में सुविधाजनक हैं। काल-महाकाल जीवन को प्रभावित करते हैं।

रुद्र शिव

'रुद्र शिव' हिन्दुत्व-बोध में 'उपास्य' हैं। शिव सम्पूर्ण ब्रह्माण्ड की अन्तः ऊर्जा हैं। यही शिव-ऊर्जा जगत् के भिन्न-भिन्न रूपों में प्रकट होती है। शिव में जीवन-जगत् के सभी आयाम हैं। उनका उल्लेख ऋग्वेद में है। ऋग्वेद (5-42-1) में कहते हैं, "हम नमस्कारों से रुद्र की उपासना करें।" यजुर्वेद के 16वें अध्याय में उन्हें असीम सर्वव्यापी बताया गया है—"वे रुद्र शिव हैं। प्रथम प्रवक्ता हैं। नीलकंठ हैं। वे सभारूप हैं, सभापति हैं। वे सेना हैं, सेनापति भी हैं। वे वायु-प्रवाह, सूर्य-चन्द्र, और प्रलय में हैं।" यहाँ द्युलोक, अन्तरिक्ष व पृथ्वी में व्याप्त रुद्र शिव को नमस्कार किया गया है। सर्वव्यापी शिव की उपासना लिंग-प्रतीक-रूप में होती रही है। 'लिंग' शब्द पर बहस चलती है। लिंग का अर्थ 'प्रतीक' है। पूरा भारतीय वाङ्मय लिंग का अर्थ प्रतीक बताता है, लेकिन गैरजानकार लोग लिंग को प्रजनन-अंग बताते हैं। इस्लामी उपदेशक इलियास शरफुद्दीन ने टेलीविजन की बहस में शिवलिंग को पुरुष का प्राइवेट पार्ट बताया था। कहा था कि, "हिन्दू मूर्तिपूजा व पुरुष के प्रजनन-अंग की उपासना के अभ्यस्त हैं।" इससे भारत का मन आहत होता है।

भारतीय ज्ञान-परम्परा में लिंग का अर्थ प्रतीक है। भारतरत्न डॉ. पाण्डुरंग वामन काणे ने विश्वविख्यात ग्रन्थ 'धर्मशास्त्र का इतिहास' लिखा है। उन्होंने शिवलिंग को 'शिव-प्रतीक' बताया है। (धर्मशास्त्र का इतिहास, खण्ड 4, पृष्ठ 1346)। दार्शनिक हीगल ने लन्दन से प्रकाशित 'फिलॉस्फी ऑफ फाइन आर्ट' में लिखा है "प्रतीक प्रारम्भ में एक विशेष प्रकार का 'साइन' या 'चिन्ह' होता है। इसके प्रति भाव जुड़ता है, तब प्रतीक बनता है"। शिवलिंग-प्रतीक में हिन्दुओं का गहन आस्तिक भाव है। 'जुंग' प्रतिष्ठित मनोवैज्ञानिक थे। उन्होंने 'कंट्रिब्यूशंस टू एनॉलिटिकल साइकोलॉजी' में प्रतीक-निर्माण को सांस्कृतिक कर्म बताया है। लोकमान्य तिलक ने भी 'गीता रहस्य' में प्रतीक का अर्थ बताया है, "प्रतीक यानी प्रति-इक। 'प्रति' का अर्थ 'प्रत्यक्ष हमारी ओर' और 'इक' का अर्थ है 'झुका हुआ'। 'प्रतीक' हमको प्रिय लगने वाले किसी रूप या आकार का विकल्प है। सौन्दर्यशास्त्र के विद्वान् डॉ. कुमार विमल ने लिखा है, "उपासना के क्षेत्र में उपास्य पर चिन्ह, पहचान,

अवतार, अंश या प्रतिनिधि के तौर पर आए हुए नाम रूपात्मक वस्तु को 'प्रतीक' कहा जाता है।"

शिवलिंग शिव-प्रतीक है। प्रतीक मूल रूप या विचार का प्रतिनिधि होता है। जनतन्त्र में सबकी भागीदारी आदर्श मानी जाती है लेकिन सम्पूर्ण जन प्रत्यक्ष भागीदारी नहीं कर सकते। वे प्रतिनिधि चुनते हैं। प्रतिनिधि सभी जनों के प्रतीक हैं। शिव-उपासना का क्षेत्र एशिया के बड़े भाग तक विस्तृत रहा है। शिव का सामान्य अर्थ 'कल्याण' है। देवरूप 'शिव' करोड़ों की आस्था हैं। वे वैदिक काल के पहले से उपास्य हैं। वे प्रत्यक्ष नहीं देखे जा सकते, इसलिए उनका प्रतीक गढ़ा गया 'शिवलिंग'। लिंग शब्द का प्रयोग सूक्ष्म शरीर के लिए भी हुआ है। शंकराचार्य ने 'ईशावास्योपनिषद' के भाष्य (मन्त्र 17) में लिंग का प्रयोग 'सूक्ष्म शरीर' के अर्थ में किया है। यह प्रार्थना मृत्यु के समय की है। शंकराचार्य का भाष्य है, "मेरी प्राण-वायु स्थूल शरीर को त्यागकर अमर वायु से मिले। कर्म और ज्ञान से संस्कारित 'लिंग-शरीर' बाहर निकले। स्थूल शरीर भस्म हो जाए।" यहाँ प्रत्यक्ष शरीर से भिन्न एक 'लिंग-शरीर' का भी अस्तित्व है। भारतीय ज्ञान-परम्परा में कई शरीर माने गए हैं। पहला प्रत्यक्ष स्थूल शरीर है। इसके भीतर 5 ज्ञानेन्द्रियों, 5 कर्मेन्द्रियों, 5 प्राण, मन और बुद्धि इत्यादि 17 तत्वों से बना लिंग-शरीर है। लिंग-शरीर पुनर्जन्म में नया स्थूल शरीर पाता है।

'हिन्दू धर्म कोष' में भी 'लिंग' शब्द का अर्थ 'प्रतीक' अथवा 'चिन्ह' बताया गया है। सभी भाषाओं में विस्तीर्ण को संक्षिप्त कहने के लिए प्रतीक शब्द या चिन्ह हैं। लोक-कल्याण को व्यक्त करने के लिए 'स्वास्तिक' चिन्ह है। 'राष्ट्रध्वज' राष्ट्रभाव का प्रतीक है। 'राष्ट्रगान' और 'राष्ट्रगीत' भी है। शिव सर्वव्यापी हैं। विराट हैं। ध्यान-उपासना में विराट को समेटना कठिन है। प्रतीक के माध्यम से ध्यान व उपासना में सरलता होती है। सम्पूर्ण अस्तित्व का भी एक प्रत्यक्ष स्थूल शरीर होता है। संसार इस विराट अस्तित्व का प्रत्यक्ष शरीर है। इसके भीतर जगत का 'लिंग-शरीर' है। वेदों में यह हिरण्यगर्भ है। श्वेताश्वतर उपनिषद् में कहते हैं, "रुद्र से हिरण्यगर्भ उत्पन्न हुआ"। उपासना की गहन अनुभूति में सृष्टि का कण-कण शिव हो जाता है, लेकिन उपासना के लिए विग्रह-प्रतीक की आवश्यकता होती है। पूर्वजों ने लिंग-प्रतीक 'विग्रह' की कल्पना की। लिंग-प्रतीक को पत्थर की वेदिका या अरघे पर प्रतिष्ठित करते हैं। प्रतीक को अघ्यर्‌ देते हैं। अघ्यर्‌ का अर्थ 'श्रद्धापूर्ण स्वागत' है। यह उपासना का भाग है। 'लिंग' जननेन्द्रिय नहीं है। जनेन्द्रिय के लिए

संस्कृत में 'शिश्न' शब्द है। इसकी उपासना निंदित थी। ऋग्वेद (7-21-5) में "शिश्न-उपासकों को मार-भगाने" की स्तुति है।

मार्शल ने हड़प्पा-खोदाई से प्राप्त मूर्तियों के आधार पर लिखा है कि "इससे निश्चित रूप से प्रमाणित होता है कि 'लिंग-पूजा' का उद्भव भारत में आर्यों के आगमन से पूर्व हुआ।" 'मार्शल' आर्यों को विदेशी आक्रमणकारी मानते थे। यह सही नहीं है, लेकिन उनके निष्कर्ष में लिंग-प्रतीक की उपासना अति प्राचीन है। ऋग्वेद, यजुर्वेद, अथर्ववेद में शिव-उपासना के उल्लेख हैं। शिव वैदिक देवता हैं, लेकिन मार्शल का आरोप है कि वैदिक देवता रुद्र की उपासना शिव से मिला दी गयी है। यजुर्वेद का 16वाँ अध्याय रुद्र-उपासना है। ऋषि 'रुद्र' का निवास पर्वत की गुहा में बताते हैं। उन्हें नमस्कार करते हैं। चौथे मन्त्र में वे रुद्र शिवेन वचषा हैं। शिव हैं। पाँचवें मन्त्र में वे प्रथम प्रवक्ता हैं। प्रथम पूज्य हैं। उपास्य हैं। आठवें मन्त्र में वे नीलकंठ हैं— नमस्ते अस्तु नीलग्रिवाय। 24वाँ मन्त्र महत्वपूर्ण है। रुद्र यहाँ 'सभा' हैं। सभापति भी हैं। स्पष्ट है कि तब सभा राष्ट्रजीवन की महत्वपूर्ण संस्था थी। 25वें मन्त्र में वे सेनापति और सेना भी हैं। वे सर्वत्र विद्यमान हैं। वे ग्राम-गली में विद्यमान हैं। राजमार्ग में भी उपस्थित हैं। वे पोखर और नदी में भी हैं। वायु-प्रवाह, प्रलय, सूर्य, चन्द्र और वास्तु में भी उपस्थित हैं। मन्त्र 64, 65 व 66 में वे द्युलोक में स्थित हैं। अन्तरिक्ष में भी हैं। 49वें मन्त्र में वे रुद्र शिव हैं -य ते रुद्र शिवा। शिवपुराण में कहा गया है कि विष्णु ने शिव-पूजा की और सुदर्शन चक्र पाया। शिव-सहस्रनाम में विष्णु ने एक मन्त्र में शिव को लिंगाध्यक्ष, सुराध्यक्ष, योगाध्यक्ष, युगधारक, योगाधिपति बताया है।

शिवपुराण में शिव निराकार हैं। 'लिंग' उनका साकार रूप है। यहाँ सभी रूपों में शिव हैं। यह भारतीय चिन्तन का सर्वात्मवाद है। यजुर्वेद में रुद्र शिव को अणु-परमाणु में व्याप्त बताया गया है। वे सम्पूर्ण अस्तित्व में व्याप्त हैं। शिव रुद्र के आस्थालु जनमानस में वे 'भोले शंकर' भी हैं। वे ब्रह्मा, विष्णु और महेश की देवत्रयी में एक विशिष्ट देवता भी हैं। कालिदास महान सृजनकर्ता थे। शिवभक्त थे। वे 'कुमारसम्भव' में लिखते हैं, "ब्रह्मा, विष्णु व महेश एक ही मूर्तितत्व के तीन रूप हैं। कभी शिव 'विष्णु' से बड़े हो जाते हैं, कभी 'ब्रह्मा' इन दोनों से बड़े हो जाते हैं। कालिदास अपने सृजन में ब्रह्मा के मुख से 'शिव-महिमा' कहलवाते हैं, "शंकर अन्धकार से पार रहने वाले परम तेज हैं। अविद्या उन्हें छू नहीं सकती। हम और विष्णु उनकी महिमा का ठिकाना नहीं लगा पाए।"

कालिदास ब्रह्मवादी थे। ब्रह्म को शिव मानते थे। शिवभक्त थे। तुलसीदास दार्शनिक स्तर पर ब्रह्मवादी और अद्वैतवादी थे लेकिन रामभक्त थे। सृष्टि को श्रीराममय देखते थे। उन्होंने अपने आराध्य श्रीराम से शिव-उपासना करवायी। तुलसीदास ने लिखा है कि श्रीराम ने स्वयं शिव को आदर दिया–शिवद्रोही ममदास करावा। सो नर मोहि सपनेहुँ नहि भावा। श्रीराम मर्यादा पुरुषोत्तम थे लेकिन शिव-उपासक थे। महाभारत के अनुशासन पर्व में श्रीकृष्ण की शिव-उपासना का वर्णन है। कृष्ण ने उपमन्यु से शिव-स्तुति सीखी। तप किया। कृष्ण को शिव के दर्शन मिले। कृष्ण ने उपमन्यु को बताया कि, "शिव-दर्शन में सहस्त्रों सूर्यों का तेज दिखाई पड़ा।" कृष्ण कहते हैं, "जब मैंने शिव को देखा, मेरे रोम-रोम खड़े हो गए। बारह आदित्य, आठ बसु, बिसवे देव, अश्विनी कुमार आदि देवता शिव-स्तुति कर रहे थे। इंद्र और विष्णु, अदिति और ब्रह्मा शिव के पास रथन्तर थे। वे शिव के पास सामगान गा रहे थे।"

वे भी वैदिककाल की परम्परा वाले देव हैं। फिर बताते हैं, "पृथ्वी, अन्तरिक्ष, गृह, मास, पक्ष, ऋतु, संवत्सर, मुहूर्त, निमेष, युग, चक्र, तथा दिव्य विद्याएँ शिव को नमस्कार कर रहे थे। काल की छोटी से छोटी और बड़ी से बड़ी इकाई शिव-आराधक है। शिव महाकाल हैं। भारतीय सांस्कृतिक परम्परा का हज़ारों वर्ष प्राचीन इतिहास है। हड़प्पा इस परम्परा के बीच की एक कड़ी है। इसके पहले वैदिक संस्कृति है, फिर हड़प्पा है। हिन्दू तमाम धार्मिक मान्यताओं का आदर करते हैं। प्राचीन परम्पराओं में नई परम्पराएँ जुड़ती जाती हैं। हिन्दू-संस्कृति के तमाम अवशेष हड़प्पा में हैं। सभ्यता के तमाम महत्वपूर्ण सूक्त और स्त्रोत वैदिककाल में हैं। शिव-उपासना भी भारतभूमि का शोध और विकास है। भारत में प्रत्येक नागरिक को विश्वास व अन्त:करण की स्वतन्त्रता है। सब अपने-अपने विश्वास के अनुसार भारतीय रस-छन्द में अनन्दित रह सकते हैं। सबको अपनी आस्था के साथ दूसरों के विश्वास का भी सम्मान करना चाहिए। हिन्दू धर्म का विकास वैदिक दर्शन से हुआ। इसमें गलती खोजने वाले प्राचीन दर्शन के तत्व नहीं जानते। 'दाराशिकोह' इस्लाम के अनुयायी थे। उन्होंने उपनिषद् दर्शन का ज्ञान अर्जित किया था। धर्म, पन्थ, मज़हब और रिलीजन की जानकारी से सभी पक्षों का ज्ञान मिलता है। हिन्दू धर्म के अनुयायी को सर्वपन्थ-समभाव में कठिनाई नहीं होती, लेकिन अन्य विश्वासी अपने मज़हब को ही श्रेष्ठ मानते हैं। 'हिन्दू' मूर्तिपूजक भी हैं। इस्लाम में मूर्तिपूजा गलत है। मध्यकाल में हज़ारों मन्दिर ध्वस्त किये गए थे। आधुनिक भारत इसे स्वीकार नहीं कर सकता।

भारतीय मनीषा ने शिव को हरेक रूप में देखा है। रस और आनन्द पाया है। नृत्य उत्कृष्ट कला है। भरतमुनि ने नाट्याशास्त्र में शिव को नृत्य का प्रथम रचनाकार बताया है। महाभारत के अनुशासन पर्व में 'शिव' नृत्य-उल्लास में गणों को भी सम्मिलित करते हैं— हँसते गायते, च वे नृत्यते च मनोहरम्। ब्रह्मा, विष्णु, महेश 'त्रिदेव' हैं। इस त्रयी में 'शिव' अनूठे हैं। भारतीय दर्शन में जो सुन्दर है, वह शिव है, सत्य है। सुकरात ने शिव और सुन्दर को एक बताया है। अथर्ववेद में शिव-शक्ति को अनेकशः नमन है।

रुद्र शिव भारत के कोने-कोने में पूजे जाते हैं। वे अधिकांश विश्व के प्राचीन देवता हैं। पश्चिमी एशिया में रुद्र की उपासना दूर-दूर तक प्रचलित थी। लेकिन 'मार्शल' शिव और रुद्र को अलग-अलग बताते हैं, उनका कहना है कि, "वैदिक देवता रुद्र की उपासना शिव की उपासना से मिला दी गयी है।" शिव को पशुपति भी कहा गया है। मार्शल की यह स्थापना गलत है। उनका पूर्वाग्रह है कि शिव-उपासना पहले से प्रचलित थी, बाद में ऋग्वेद में रुद्र की उपासना उसी में मिला दी गयी। वे शिव को द्रविड़ धातु का शब्द मानते हैं। द्रविड़ भाषा-परिवार में 'तमिल' ज़्यादा प्राचीन है। विद्वानों के अनुसार तमिल में 'श' ध्वनि नहीं है। वस्तुतः रुद्र से शिवत्व का सम्बन्ध ऋग्वेद में ही एक हो चुका है। ऋग्वेद (10.92.9) में कहते हैं, "स्तोमं वो अद्य रुद्राय शिक्वसे-रुद्र के लिए स्तोत्र पढ़ो जो शिव कल्याणकारी हैं, मरुतों के साथ द्युलोक से आते हैं।" शिव और रुद्र अलग-अलग नहीं हैं। वे ऋग्वेद में हैं। यजुर्वेद में हैं। अथर्ववेद में हैं। पुराणों और महाकाव्यों में हैं। भारत के गाँव-गाँव में श्रद्धा पाते हैं। मोहनजोदड़ो की मूर्तियों में तीन मुखों वाले देव हैं। मार्शल ने इन्हें ऐतिहासिक शिव का आदिरूप बताया है। ऋग्वेद (7.59.12) के देवता रुद्र हैं। इन तीन मुख वाले देवता की आराधना वाले मन्त्र को महामृत्युंजय कहा जाता है। मन्त्र है—त्र्यम्बकं यजामहे सुगन्धिं पुष्टिवर्धनम्। उर्वारुकमिव बन्धनान् मृत्योर्मुक्षीय मामृतात्।

रुद्र शिव भारत के कोने-कोने में पूजे जाते हैं। वे अधिकांश विश्व के प्राचीन देवता हैं। पश्चिमी एशिया में रुद्र की उपासना दूर-दूर तक प्रचलित थी। लेकिन 'मार्शल' शिव और रुद्र को अलग-अलग बताते हैं, उनका कहना है कि, "वैदिक देवता रुद्र की उपासना शिव की उपासना से मिला दी गयी है।" शिव को पशुपति भी कहा गया है। मार्शल की यह स्थापना गलत है। उनका पूर्वाग्रह है कि शिव-उपासना पहले से प्रचलित थी, बाद में ऋग्वेद में रुद्र की उपासना उसी में मिला दी गयी। वे शिव को द्रविड़ धातु का शब्द मानते हैं। द्रविड़ भाषा-परिवार में 'तमिल' ज़्यादा प्राचीन है। विद्वानों के अनुसार तमिल में 'श' ध्वनि नहीं है। वस्तुतः रुद्र से शिवत्व का सम्बन्ध ऋग्वेद में ही एक हो चुका है। ऋग्वेद (10.92.9) में कहते हैं, "स्तोमं वो अद्य रुद्राय शिक्वसे-रुद्र के लिए स्तोत्र पढ़ो जो शिव कल्याणकारी हैं, मरुतों के साथ द्युलोक से आते हैं।" शिव और रुद्र अलग-अलग नहीं हैं। वे ऋग्वेद में हैं। यजुर्वेद में हैं। अथर्ववेद में हैं। पुराणों और महाकाव्यों में हैं। भारत के गाँव-गाँव में श्रद्धा पाते हैं।

श्रीराम और रामलीला

12

श्रीराम और रामलीला

'इतिहास' पक्षपातपूर्ण नहीं होता। वह निष्पक्ष और निर्मम होता है। निर्मम का अर्थ है मेरा नहीं, इदं न मम। निष्पक्ष। जहाँ मम है, मेरा है, वहाँ पक्षपात है। लेकिन 'श्रद्धा' असम्भव पर विश्वास है। श्रद्धा का विकास शून्य से नहीं होता। वह इतिहास से तथ्य लेती है। संस्कृति की कसौटी पर कसती है। 'लोक' समर्थन करता है, विश्वास की सीमाएँ फैलती हैं। विश्वास 'अन्धविश्वास' जैसा दिखाई पड़ सकता है, लेकिन तर्क और विज्ञान की कसौटी महत्वपूर्ण है। हिन्दू-श्रद्धा का आधार दर्शन और वैज्ञानिक दृष्टिकोण है। हिन्दू अनुभूति में 'राम, कृष्ण और शिव' त्रिदेव हैं। श्रीराम और श्रीकृष्ण विष्णु के अवतार माने जाते हैं। भारतीय श्रद्धा ने उन्हें–इतिहास में खोजा। उन्हें भगवान भी माना। पूजा और मनुष्य मानकर जाँचा भी।

समाजवादी डॉ. राममनोहर लोहिया भारत के लोकमन की थाह ले चुके थे। वे 'राम-कृष्ण-शिव' की त्रिमूर्ति के प्रशंसक थे। लोहिया ने राम, कृष्ण और शिव को भारत में पूर्णता के तीन महान स्वप्नों की संज्ञा दी। "राम की पूर्णता मर्यादित व्यक्तित्व में है, कृष्ण की उन्मुक्त या सम्पूर्ण व्यक्तित्व में और शिव की असीमित व्यक्तित्व में, लेकिन हर एक पूर्ण है।" (राम, कृष्ण और शिव: लोहिया, पृ. 4) फिर राम और कृष्ण के इतिहास के बारे में बचते हुए कहते हैं, "लेकिन इनको इतिहास के परदे पर उतारने की कोशिश करना और ऐसी कोशिश होती भी है तो हास्यास्पद चीज़ होगी।" (वही, पृ. 1)

डॉ. लोहिया समाजवादी थे। डॉ. रामविलास शर्मा मार्क्सवादी थे। महाभारत के सम्बन्ध में डॉ. शर्मा की टिप्पणी दिलचस्प है, "महाभारत इतिहास है, आख्यान है...

आधुनिक अर्थ में वह इतिहास नहीं है, लेकिन इतिहास से भिन्न भी नहीं है।" फिर आगे कहा, "ऋग्वेद में जो समाज-व्यवस्था है, ऋग्वेद और रामायण के समाजों से महाभारत का समाज पिछड़ा हुआ है।" (भारतीय संस्कृति और हिन्दी प्रदेश) यहाँ एक समाज ऋग्वेद का है, एक रामायण का और बाद का समाज महाभारत का है। श्रीराम और रामायण का समाज ऋग्वेद के बाद है, महाभारत के पहले है। राज्य-व्यवस्था भी विकसित है।

पार्जीटर के अनुसार पुराणों के गम्भीर अध्ययन का ऐतिहासिक उपयोग किया जा सकता है। भारत के ज्ञात इतिहास, पौराणिक अनुश्रुति के अनुसार वैवस्वत मनु पहले आर्य राजा थे। उनके बड़े पुत्र थे इक्ष्वाकु। मनु और इक्ष्वाकु ऋग्वेद में भी हैं। इक्ष्वाकु अयोध्या के राजा थे। इक्ष्वाकु के 19 पीढ़ी बाद मान्धाता चक्रवर्ती राजा हुए। उनका पुत्र पुरुकुत्स अयोध्या का राजा बना। पुरुकुत्स के 11 पीढ़ी बाद दानवीर राजा हरिश्चन्द्र का शासन आया। 41वीं पीढ़ी में राजा सगर और 45वीं में चक्रवर्ती सम्राट भगीरथ। इक्ष्वाकुवंश के बाद 60वीं पीढ़ी में दिलीप, फिर दिलीप का पोता रघु और भी प्रतापी राजा हुआ। रघु के कारण ही 'रघुवंशी' शब्द चला। रघु के पुत्र अज, अज के पुत्र दशरथ और दशरथ के पुत्र श्रीराम। श्रीराम इक्ष्वाकु वंश की 65वीं पीढ़ी में थे।

वाल्मीकि ने इन्हीं श्रीराम को अपना नायक बनाया। 'रामायण' अस्तित्व में आई। वाल्मीकि 'आदर्श मनुष्य' का चित्रण कर रहे थे। ऐसा आदर्श व्यक्तित्व उन्होंने श्रीराम में देखा। वाल्मीकि के श्रीराम मनुष्य हैं, ईश्वर भी हैं। लेकिन मनुष्य ज्यादा हैं। तुलसीदास के राम ईश्वर हैं, वे मनुष्य रूप में लीला करते हैं। राम सबको भाए। कबीर निर्गुण परमतत्त्व के आराधक थे। उन्होंने स्वयं को राम की बहुरिया बताया। श्रीराम का चरित्र और व्यक्तित्व विश्वव्यापी बना। संस्कृत और प्राकृत सहित भारत और विश्व की तमाम भाषाओं में रामकथाएँ लिखी गयीं। तमिल कवि कम्बन ने 11वीं सदी में ही रामकथा लिखी। मुस्लिम आबादी वाले देश इण्डोनेशिया में भी रामायण राष्ट्रीय महत्व वाला ग्रन्थ है। भारतीय इतिहास के सबसे बड़े लोकप्रिय नेता महात्मा गांधी भारत में 'रामराज्य' के ही स्वप्नद्रष्टा बने।

लोहिया के अनुसार 'राम' उत्तर और दक्षिण की एकता के देवता हैं और 'रामायण' उत्तर-दक्षिण एकता का ग्रन्थ। उन्होंने कहा, "राम की पूर्णता मर्यादित व्यक्तित्व में है। उन जैसा मर्यादित जीवन कहीं और नहीं, न इतिहास में, न कल्पना

में। श्रीराम समन्वय के प्रतीक हैं। न्याय के लिए संघर्ष के प्रतीक हैं। राम आनन्द-सागर हैं, हिलोरे लेने वाला सागर नहीं, विश्रांत-निस्पंद। जिस तरह हिमालय के निर्मल-निर्झर से शरीर और मन शान्त होता है उसी प्रकार राम के निर्झर से मन घुलता है।" (राजेन्द्रमोहन भटनागर: अवधूत लोहिया, पृ. 338) लोहिया को तुलसी का 'रामचरित मानस' मोहित करता था। वे उसे रामायण ही कहते थे, "रामायण में आनन्द के न जाने कितने स्रोत हैं। एक-एक चौपाई आनन्द का सागर है। तुलसी में लय तथा शब्दमाधुर्य की जैसी प्रचुरता पाई जाती है वह विश्व के अन्य किसी कवि में नहीं।" (वही, 341) लोहिया के अनुसार विश्व में राम जैसा कोई नायक नहीं, तुलसी जैसा दूसरा कवि नहीं।

तुलसी की 'रामकथा' विश्वकाव्य की अमूल्य निधि है। तुलसी की कल्पना वाला 'रामराज्य' भी विश्व में अद्वितीय है। वैदिककाल से लेकर आधुनिक काल की किसी राज्यप्रणाली में रामराज्य के आदर्श नहीं मिलते। तुलसी लिखते हैं, "बयरु न कर काहू सन कोई, राम प्रताप विषमता खोई। कोई किसी से बैर नहीं करता, गैरबराबरी का नाम-निशान नहीं।" (रामचरितमानस, उत्तरकाण्ड) फिर कहते हैं, "अल्प मृत्यु नही कौनिऊ पीरा, सब सुन्दर सब बिरुज शरीरा। नहि दरिद्र कोऊ दुःखी न दीना, नहि कोऊ अबुध न लच्छन हीना। न अल्पमृत्यु है, न बीमारियाँ। सब स्वस्थ हैं। कोई गरीब और दुःखी नहीं है। न कोई मुर्ख है और न अगुणी।" (वही) सबसे दिलचस्प बात यह है, "बिधु महि पूर मयूखन्हि, रबि तप जेतन्हि काज- 'चन्द्रमा' धरती को प्रकाश से पूर्ण करता है, सूर्य उतना ही तपते हैं, जितना जरूरी होता है।" 'ग्लोबल वार्मिंग' का नाम-निशान नहीं है। फिर बादल और वर्षा के बारे में कहते हैं, "माँगे वारिधि देहि जल, रामचन्द्र के राज- बादल इच्छा करते ही, जल माँगते ही बरस पड़ते हैं।" एक आदर्श राज्य की कल्पना बार-बार पठनीय और विचारणीय है।

'रामचरितमानस' में तुलसीदास अन्धविश्वासी कर्मकाण्ड की भी ख़बर लेते हैं, "बेचहि वेद धेनु दुहि लेंही।" पुरोहित कर्म निंदनीय है। वशिष्ठ श्रीराम के गुरु हैं, परम विद्वान हैं, वे श्रीराम से कहते हैं, "उपरोहित्य कर्म अति मंदा, वेद पुराण स्मृति कर निन्दा।" (उत्तरकाण्ड, राम वशिष्ठ संवाद)

रामचरितमानस की प्रगतिशीलता सांस्कृतिक परम्परा से संवाद करती है। यह 'विधि निषेधमय कलिमय हरनी' (बालकाण्ड) है, इसमें विधि-निषेध (करणीय

और अकरणीय) की सूची है। वेदों की परम्परा है, उपनिषदों का दर्शन है। सगुण भक्ति-उपासना है। निर्गुण-निराकार की सरल व्याख्या है। अद्वैत दर्शन भी है, "एक दारुगत देखिए एकू, पावक सम जुग ब्रह्म विवेकू—जैसे लकड़ी के भीतर निराकार अग्नि छिपी रहती है, दिखाई नहीं पड़ती, लेकिन जलते समय अग्नि प्रकट रहती है।" प्रकट अग्नि सगुण है, अप्रकट अग्नि निर्गुण है। ऋग्वेद में अग्नि से ऐसी ही प्रार्थना है। उपनिषदों वाले ब्रह्म की तुलसी की चौपाई ठेठ अवधी भाषा में है "व्यापकु एकु ब्रह्म अविनाशी, सत चेतन घन आनन्द वासी।" (बालकाण्ड) लेकिन तुलसी भक्तिमार्गी हैं, "निरगुन तें एहि भांति बड़, नाम प्रभाऊ अपार"—वे नाम का प्रभाव निर्गुण और सगुण से भी बड़ा बताते हैं, "कहहुं नाम बड़ नाम राम तें निज विचार अनुसार।" यहाँ राम का नाम सगुण राम से भी बड़ा है। "राम नाम वाणी है। मन संकल्प है। ध्यान है, विज्ञान है, अन्न-जल उन्हीं में है, वे तेज हैं। आकाश हैं, आशा हैं, प्राण हैं, भूमा (विराट) भी हैं।"

मार्क्सवादी विद्वान श्रीराम को कल्पना बताते हैं। 'राम' भारत की श्रुति में, बोली में, नमस्कार और कुशलक्षेम में, प्रत्येक मंगलमुहूर्त में हैं। चक्रवर्ती राजगोपालाचार्य बहुपठित विद्वान और राजनेता थे। रामकथा पर वे भी सम्मोहित थे। उन्होंने तमिल में 'तिरुगमन-रामायण' लिखी। इसका हिन्दी अनुवाद उनकी पुत्री और महात्मा गांधी की पुत्र-बहू लक्ष्मी देवदास गांधी ने किया। राजाजी ग्रन्थ की भूमिका में लिखते हैं, "सियाराम, हनुमान और भरत को छोड़कर हमारी कोई गति नहीं। उनकी कथा हमारे पूर्वजों की धरोहर है। हम आज उसी के आधार पर जीवित हैं।" (हिन्दी अनुवाद, पृ. 7)

यहाँ 'इसी के आधार पर हम जीवित हैं' वाक्य पर गौर करना चाहिए। राम की कथा 'संस्कृति' है। संस्कृति ही राष्ट्र का 'प्राण' है। भारत का राष्ट्रजीवन अखण्ड रामायण है। अविभक्त है।

हिन्दू अनुभूति के महानायक हैं श्रीराम। वे दिक्काल में हैं और दिक्काल के परे भी। भारतीय जनता के चित्त, आचार-व्यवहार पर श्रीराम का प्रभाव है। श्रीराम 'मंगल भवन' हैं और 'अमंगलहारी' भी। वे भारत के मन में रमते हैं। मिले तो राम-राम, अलग हुए तो राम-राम। राम का नाम हम सब बचपन से सुनते आए हैं। वे संकट के धैर्य हैं। पौरुष-पराक्रम में सक्रियता हैं। वे परम शक्तिशाली हैं। भाव-श्रद्धा में वे ईश्वर हैं। राम तमाम असम्भवों के सम्भव हैं। युद्ध में अजेय पौरुष-पराक्रम और निजी जीवन में मर्यादा के पुरुषोत्तम। श्रीराम भारतीय आदर्श

व आचरण के शिखर हैं। भारतीय मनीषा ने उन्हें ब्रह्म या ईश्वर जाना है। श्रीकृष्ण भी विष्णु के अवतार हैं। वे अर्जुन को गीता (10.31) में बताते हैं "पवित्र करने वालों में मैं वायु हूँ और शस्त्रधारियों में राम हूँ।" राम महिमावान हैं। श्रीकृष्ण भी स्वयं को राम बताते हैं।

श्रीराम प्रतिदिन-प्रतिपल स्मरणीय हैं लेकिन विजयादशमी व उसके आगे-पीछे श्रीराम के जीवन पर आधारित श्रीरामलीला के उत्सव पूरे विश्व में होते हैं। राम भारतबोध में तीनों लोकों के राजा हैं। त्रिलोकीनाथ हैं, सो भारत के बाहर भी इण्डोनेशिया आदि देशों में भी श्रीरामलीला होती है। राष्ट्रीय राजधानी दिल्ली की रामलीला विख्यात है। वाराणसी देश की सांस्कृतिक राजधानी है। यहाँ के रामनगर की रामलीला दर्शनीय है। ग्रामीण क्षेत्रों में गाँव-गाँव रामलीला की परम्परा है। दुनिया के किसी भी देश में एक ही समयावधि में हज़ारों स्थलों पर ऐसे नाटक या उत्सव नहीं होते। रामलीला में आनन्दरस का प्रवाह है। रामलीला के रूप लगातार बदल रहे हैं।

यूरोप के कुछ-एक विद्वानों ने रामलीला को लेकर आश्चर्य व्यक्त किया है। रामलीला की व्यापकता अन्तर्राष्ट्रीय है। वैसे अभिनय-क्षेत्र की सभी कलाएँ मनोरंजन करती हैं। रामलीला भी अभिनय-कला है, लेकिन रामलीला मनोरंजन का ही उद्यम नहीं है। सभी नाटकों की एक कथा होती है। प्राय: काल्पनिक होती है। कुछ कथाएँ इतिहास से भी जुड़ी रहती हैं, लेकिन रामलीला की कथा काल्पनिक नहीं है। यह सत्य कथा है, प्रेरक है। भक्तिरस का प्रवाह है। समाज की मर्यादा इस ऐतिहासिक कथानक का केन्द्रीय विचार है। रामलीला मात्र नाटक नहीं है। मूल रूप में नाटकों में भाव-प्रवणता नहीं होती। नाटक की कथा का लेखक भाव-अंश डालता है। नाटक के पात्र अपने अभिनय से भाव-प्रवणता का सृजन करते हैं। रामकथा के सभी पात्र भावप्रवण हैं। वे इतिहास में हैं। संस्कृति में हैं। भारत के लोग श्रीराम, लक्ष्मण, भरत, शत्रुघ्न, हनुमान, सुग्रीव आदि से सुपरिचित हैं, उनके प्रति आदर भाव से भरे-पूरे हैं। रामकथा हमारे अन्तरंग में रची-बसी है। हम सहस्त्रों वर्ष से रामलीला के दरश-परस में सभी रसों का पान करते आये हैं।

रामलीला भारत के लोकजीवन का रामरसायन है। आश्वस्ति है। रामलीला पुरातन वास्तविक रामकथा का पुरश्चरण है। यह कथा पुरातन है, नित्य नूतन है। गंगा जैसा प्रवाह है रामलीला में। यह भारतीय संस्कृति का मधुमय प्रसाद

है। रामलीला सिर्फ़ नाटक नहीं है। भरत मुनि ने विश्वप्रतिष्ठ ग्रन्थ नाट्यशास्त्र लिखा है। उन्होंने बताया है कि "नाटक का मूल रस होता है"। रामकथा सभी रसों की अविरल धारा है। भारत का कला-विवेक लोकमंगलकारी है। यह श्रीराम में रमता है।

यूरोप के विद्वानों को रामलीला अपरिपक्व लगती है। एच. नीहस ने लिखा था कि, "रामलीला 'थियेटर इन बेबी शोज' है। बचकाना प्रदर्शन है। रामलीला में घोर अव्यवस्था होती है। दर्शक मंच पर चढ़ जाते हैं। लोग अभिनेताओं के सजने-सँवरने वाले कक्ष में घुस जाते हैं।" ऐसा कहने वाले रामलीला में अभिनय के नियम खोजते हैं। वे रामकथा के प्रति भारतीय प्रीति पर ध्यान नहीं देते। 'रामलीला' नाटक के नियमों के बन्धन में नहीं होती। सामान्य नाटकों में पात्र अपनी अभिनय-कुशलता से दर्शकों के चित्त में भाव-उद्दीपन करते हैं। रामलीला में भाव-उद्दीपन पहले से ही विद्यमान है। रामकथा मन्दाकिनी है। वाल्मीकि, तुलसी या कम्ब राम-रसायन की रसधारा को शब्द देते हैं। रामलीला में ब्रह्म के मनुष्य होने की गाथा का मंचन है। यहाँ 'ब्रह्म' मनुष्य-रूपधारी 'श्रीराम' हैं। 'श्रीराम' मनुष्य की तरह हर्ष-विषाद में आते हैं। मनुष्य की तरह कर्तव्य-पालन करते हैं। उनकी कोई अभिलाषा नहीं। वे अभिलाषा-रहित हैं। विश्व की प्रत्येक घटना या पदार्थ का कारण होता है। कारण से कार्य बनता है, लेकिन भारतीय चिन्तन का ब्रह्म अकारण है। उसकी कोई इच्छा नहीं।

ब्रह्म का उद्भव ब्रह्म से हुआ। यह पूर्ण है। 'पूर्ण' पूर्ण को आच्छादित करता है। पूर्ण में 'पूर्ण' घटाओ तो पूर्ण ही बचता है। ब्रह्म सदा से है। यही राम के रूप प्रकट होते हैं। वह कर्ता नहीं है। उसके सभी कृत्य लीला हैं। यह विराट जगत भी ब्रह्म की लीला है। ब्रह्म अभिनय करता है श्रीराम होकर। मनुष्य-रूपधारी 'ब्रह्म' श्रीराम होकर मर्यादा-पालन करते हैं। मर्यादापालन की प्रतिबद्धता के कारण उनके सारे निर्णय स्वयं के विरुद्ध हैं। वे प्रतिपल तपते हैं, प्रतिक्षण दुःखी होते हैं। 'सीता-निष्कासन' अग्नि-स्नान जैसा दुःख देता है, लेकिन राम को तप-मर्यादा प्रिय है। रामलीला यही तप प्रस्तुत करती है। यहाँ अभिनय की गुणवत्ता पर बहस का कोई मतलब नहीं। इसका मूल अर्थ रामकथा में है और यह कथा भारत के मन की वीणा है।

श्रीराम का जीवन दुनिया की पहली रामलीला में है। 'ब्रह्म' स्वयं राम का अभिनय करते हैं। साधारण अभिनय नहीं। यहाँ आदर्श अभिनय के सभी सूत्र

एकसाथ हैं। आदर्श पितृभक्त। पिता की आज्ञा के अनुसार वन-गमन। निषादराज का सम्मान। अयोध्या से वन पहुँचे भरत को राजव्यवस्था के मूल तत्वों पर प्रबोधन। शबरी सिद्धा का सम्मान। वनवासी राम मोहित करते हैं। लंका-विजय युद्धकाण्ड है। रामलीला राज-समाज की मर्यादा से बँधी हुई है। विश्व की पहली रामलीला मर्यादा पुरुषोत्तम का जीवन है। हम सब पहली लीला का अनुसरण अनुकरण करते हैं।

ब्रह्म स्वयं लीला करता है। आधुनिक रामलीला का आधार पहली रामलीला है। बड़े-बड़े अभिनेता भी पहली रामलीला जैसा अभिनय नहीं कर सकते। पहली रामलीला मौलिक है। आज की रामलीला पहली रामलीला का दोहराव है। रामकथा हमारी परम्परा का हिरण्यकोष है। यह परम्परा के हिरण्यगर्भ से प्रकट हुई है। ऋग्वेद के अनुसार, "सबसे पहले हिरण्यगर्भ था, वही सबका स्वामी था"। पहली रामलीला का मुख्य पात्र परमसत्ता है। इसी परम्परा में कोई राम का अभिनय करता है, कोई लक्ष्मण आदि का। हम रामलीला में हर बरस रावण फूँकते हैं लेकिन रावण नहीं मरता। रावण मारने के लिए श्रीराम जैसा धीरज व पराक्रम चाहिए।

कथित प्रगतिशील तत्व रामलीला को अतीत में ले जाने का नाटक बताते हैं। उन्हें अतीत और परम्परा से चिढ़ है। अतीत में आदर्श-पालन के अनेक स्वर्ण-सूत्र हैं। रामकथा आदर्श की प्रेरणा हैं। इसमें भविष्य-दृष्टि है। रामलीला अतीत की यात्रा नहीं है। यह इतिहास के अनुकरणीय तत्वों का पुनर्सृजन है। भारतीय चिन्तन में हम सबका जीवन भी नाटक जैसा है। संसार इस नाटक का स्टेज है। हम अल्पकाल में अभिनय करते हैं। पर्दा उठता है। खेल शुरू होता है। पर्दा गिरता है, खेल खत्म हो जाते हैं। हम सबका जीवन-अभिनय क्षणभंगुर है। इस अभिनय की सीमा है। रामलीला का रस क्षणभंगुर नहीं है। रामलीला का रस सभी रसों का संगम है। राम और रावण भारतीय चिन्तन के दो आयाम हैं। एक सिरे पर श्रीराम की अखिल लोकदायक विश्रामा अभिलाषा है, मर्यादा-पालन की प्राथमिकता है। दूसरे छोर पर रावण की धन बल अहमन्यता है।

श्रीराम और रावण के युद्ध में विजयश्री 'श्रीराम' का वरण करती है। यह विजयश्री असाधारण है। श्रीराम वनगमन के समय माता कौशल्या से मिले थे। माता ने उनसे कहा था, "मैं तुम्हें नहीं रोकूँगी। तुम जाओ। लेकिन पुत्र 'अमृत' लेकर ही लौटना। मैं प्रार्थना करती हूँ कि तुम्हारे द्वारा पढ़ा गया ज्ञान वन में तुम्हारी सहायता करें। इन्द्र आदि देवता तुम्हारी रक्षा करें।" राम निर्धारित अवधि के बाद विजय-

अमृत लेकर ही लौटे। रामराज्य दुनिया की सभी राजव्यवस्थाओं का आदर्श है। यह कालबाह्य नहीं है। आधुनिक काल के सबसे बड़े सत्याग्रही महात्मा गांधी ने आदर्श राजव्यवस्था के लिए रामराज्य को ही भारत का स्वप्न बताया था। रामलीला इसी आदर्श की पुनर्प्रस्तुति है। रामलीला और रामचर्चा से भारत का मन नहीं अघाता। श्रीराम का भव्य धाम अयोध्या में सज-संवर चुका है। पूरी दुनिया का आकर्षक श्रीराम के दिव्य मन्दिर के प्रति है। राम-रस का आस्वाद बार-बार स्मरण में आता है—पीवत राम रस लागत खुमारी।

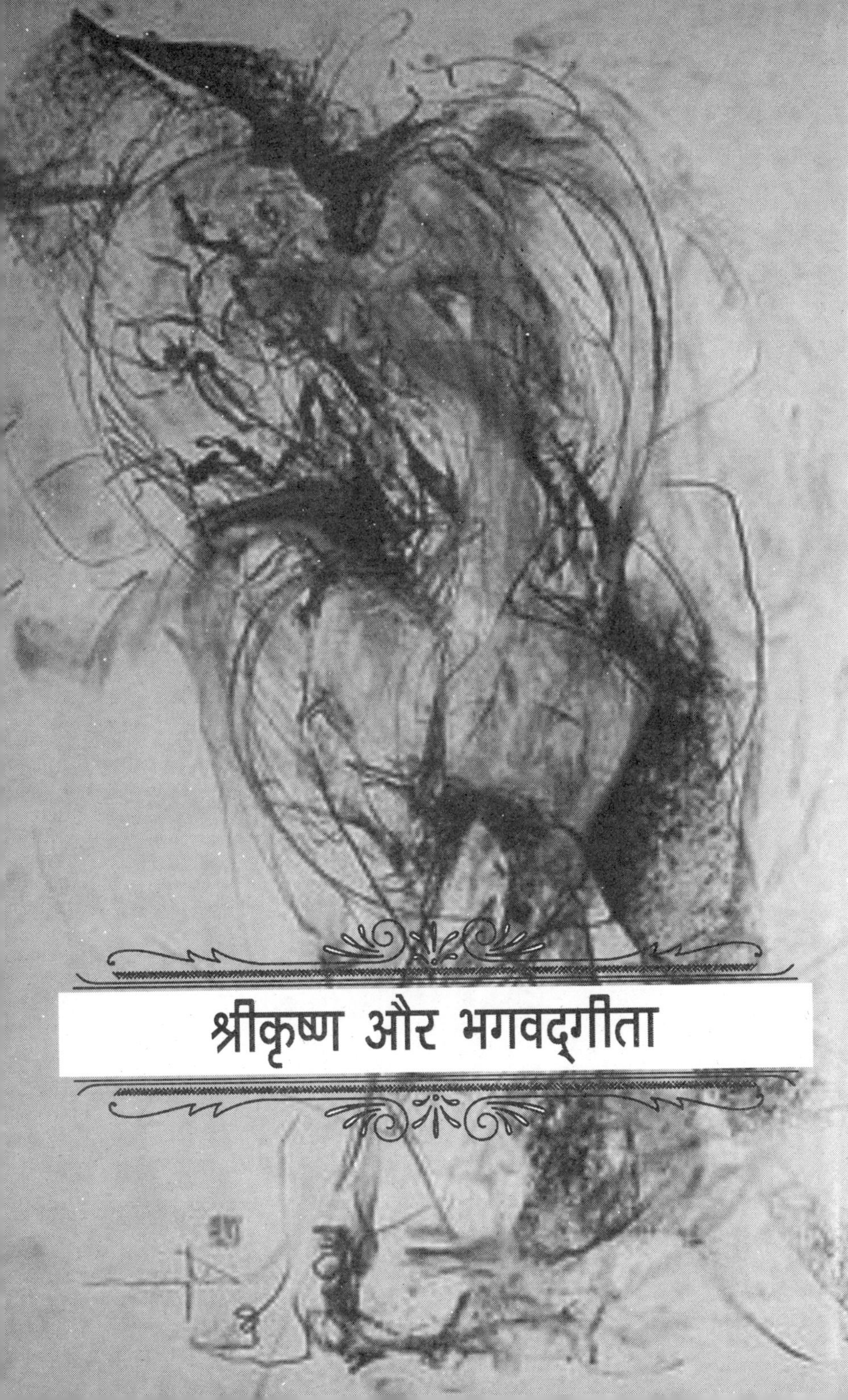

श्रीकृष्ण और भगवद्गीता

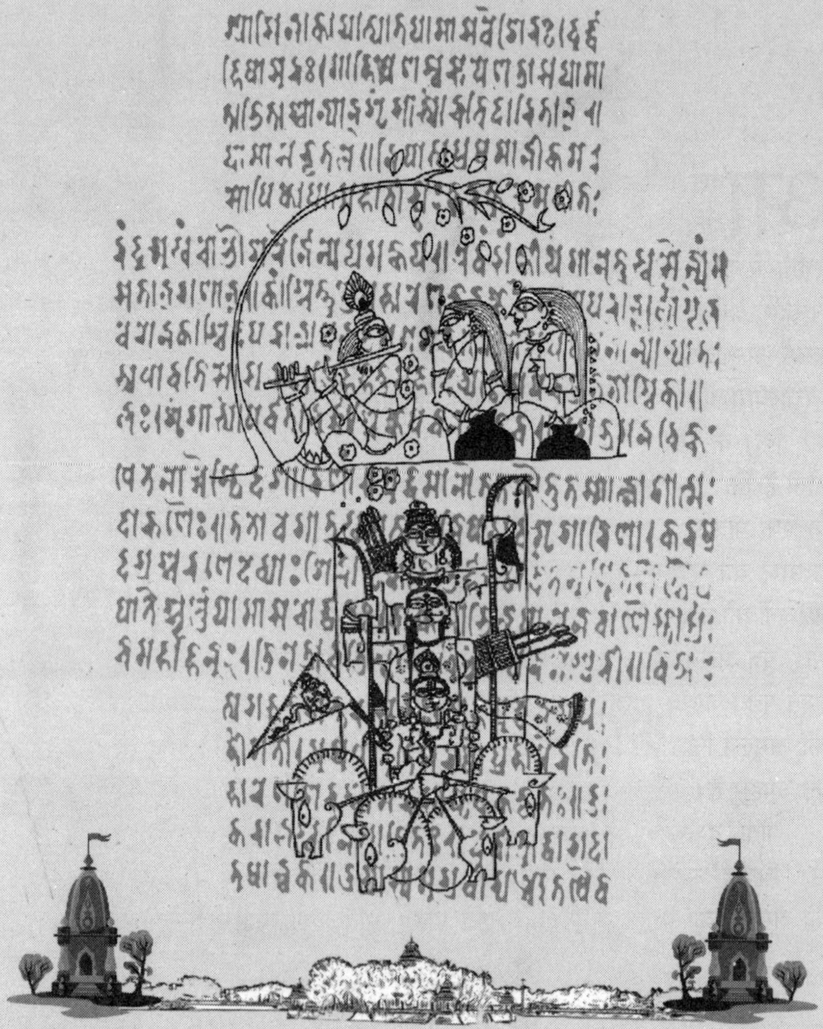

13

श्रीकृष्ण और भगवद्गीता

आदर्श समाज-व्यवस्था इकहरी नहीं होती। इसका सुगठित आचार-शास्त्र होता है। करणीय व अकरणीय कर्मों की सूची होती है। हिन्दू जीवन-रचना में इस आचार-संहिता को 'धर्म' कहा गया है। धर्म का 'दर्शन' होता है। भारतीय धर्म का मुख्य दार्शनिक स्रोत 'वैदिक दर्शन' है। यह दर्शन तर्कसिद्ध है। इसमें अन्धविश्वास नहीं है। महाभारत के रचनाकाल तक यहाँ तमाम दार्शनिक विचारधाराओं का विकास हो चुका था। महाभारत के भीष्म पर्व (अध्याय 25 से 42 तक) के 18 अध्याय 'गीता' हैं। 'गीता' राजा धृतराष्ट्र की जिज्ञासा से प्रारम्भ होती है कि "धर्मक्षेत्र-कुरुक्षेत्र में मेरे व पाण्डु के पुत्रों ने क्या किया?" महाभारत के एक पात्र हैं संजय। संजय को घर बैठे युद्ध की गतिविधि दिखाई पड़ती है। वे धृतराष्ट्र को युद्धभूमि का आँखों-देखा हाल सुनाते हैं। अर्जुन ने युद्ध-तत्पर अपने परिजनों को देखा। (गीता 1-22) दोनों पक्षों की सेना में चाचा, ताऊ, पितामह, गुरु, भाई, पुत्र और निकट-सम्बन्धी देखे। वह विषादग्रस्त हुआ। उसने श्रीकृष्ण से तमाम प्रश्न पूछे। जीवन-जगत से सम्बन्धित श्रीकृष्ण और अर्जुन के प्रश्नोत्तर विश्वदर्शन की अमूल्य निधि हैं। इसी का नाम 'गीता' है। यह विश्व-दर्शन को हिन्दुत्व-दर्शन का उपहार है।

गीता 'दर्शनग्रन्थ' है। इसका प्रारम्भ 'विषाद' से होता है और समापन 'प्रसाद' से। 'विषाद' पहले अध्याय में है और 'प्रसाद' अन्तिम अध्याय में। अर्जुन गीता को समझने का प्रभाव बताते हैं, "नष्टो मोहः स्मृतिर्लब्धा त्वत्प्रसादान्मयाच्युत। हे

कृष्ण! आपके प्रसाद से–'त्वत्प्रसादान्मयाच्युत' मोह नष्ट हो गया।" प्रश्न उठता है कि यह विषाद क्या है? युद्ध के प्रारम्भ में ही अर्जुन के सामने कठिनाई आती है। उसके अपने घर के लोग ही युद्ध-तत्पर सामने खड़े हैं। सगे-सम्बन्धी हैं। वह तय नहीं कर पाता कि क्या सगे-सम्बन्धियों को मारकर, युद्ध जीतकर राज्य लिया जाना चाहिए? अर्जुन विषादग्रस्त है। वह अपनी मनोदशा बताता है—"सीदन्ति मम गात्राणि मुखं च परिशुष्यति। हमारा पूरा शरीर कँपकँपी में है। हमारा मुँह सूख रहा है। हे कृष्ण! मैं युद्ध नहीं करूँगा।" यहाँ अर्जुन निश्चयात्मक हो गया है। पहले संशय थे। कर्म-चयन पर असमंजस थे। लेकिन वह अब युद्ध न करने का निर्णय कर चुका है। इसके बाद श्रीकृष्ण ने हँसते हुए कहा। हँसते हुए इसलिए कि वह पूरी बात बिना सुने ही स्वयं निर्णय लिए ले रहा है। पहले कहता है कि सब सम्बन्धी खड़े हैं। अब मैं क्या करूँ? फिर एकदम से निर्णय लेता है कि मैं युद्ध नहीं करूँगा। स्वाभाविक ही उपदेशक को उसपर हँसी आएगी। कभी-कभी सबके जीवन में जीवन-संचालन के आधारभूत सत्य भी अस्पष्ट दिखाई पड़ते हैं। समझ में नहीं आता कि क्या किया जाए? सृष्टि का वास्तविक रहस्य क्या है? इसीलिए भारत में वैदिककाल से ही प्रश्नों की परम्परा रही है।

विषादग्रस्त अर्जुन युद्ध नहीं करना चाहता। युद्ध कर्तव्य है। श्रीकृष्ण कहते हैं "पण्डितजन जीवित या मृतक के लिए शोक नहीं करते।" (अध्याय 2.11) पण्डित की यह परिभाषा ध्यान देने योग्य है—जो शोक नहीं करते वे पण्डित हैं। श्रीकृष्ण कहते हैं, "हम-तुम और सभी लोग पहले भी थे, भविष्य में भी होंगे। शरीरधारी 'आत्मा' शिशु, तरुण और वृद्धावस्था पाती है। मृत्यु के बाद 'आत्मा' दूसरा शरीर पाती है। ऐसे परिवर्तन से धीर पुरुष मोह में नहीं फँसते।" 'पुनर्जन्म' हिन्दू-आस्तिकता है। गीता के कई प्रसंगों में पुनर्जन्म का उल्लेख है। सुख-दुःख आते-जाते हैं। दुःख 'व्यथा' देता है और सुख 'प्रसन्नता'। श्रीकृष्ण कहते हैं, "सुख-दुःख क्षणिक हैं। इनका प्रभाव इन्द्रियबोध से आता है। इन्हें सहन करने का प्रयास करना चाहिए। सुख-दुःख से विचलित न होने वाला ही मुक्ति के योग्य है।" (वही 14-15) सुख-दुःख संसार के सत्य हैं। मन की चंचलता के परिणाम हैं। हम सांसारिक प्रपंचों में अनुकूलता चाहते हैं। अनुकूलता सुख है लेकिन मनुष्य और प्रकृति के मध्य सदाबहार संगति नहीं है। दोनों में अन्तर्विरोध भी है। प्रकृति की प्रतिकूलता दुःख है। श्रीकृष्ण समझाते हैं, "भौतिक शरीर क्षणभंगुर है। आत्मा अपरिवर्तित रहती है। अविनाशी है। उस अव्यय को कोई नष्ट नहीं कर सकता।" (वही 17)

शरीर नाशवान है। यह उसकी प्रकृति है। कहते हैं, "देह नाशवान है लेकिन अविनाशी अप्रमेय सदा रहता है इसलिए हे भारत! युद्ध करो–तस्मात् युद्धस्व।" (वही 18) शरीर के भीतर का तत्व महत्वपूर्ण है। उसे आत्मा, प्राण या अविनाशी सहित कोई नाम दें। वह अमर तत्व है लेकिन शरीर भी कम महत्वपूर्ण नहीं है। शरीर ही आत्मा का निवास है। युद्ध में आत्मा नहीं मारी जा सकती, लेकिन शरीर के अभाव में वह क्या धारण करेगी?श्रीकृष्ण का ज़ोर आत्मा पर है, "जो उसे मारने वाला या मरा हुआ समझता है, वह अज्ञानी है, यह आत्मा नित्य और शाश्वत है।" (वही 19-20) आगे कहते हैं, "जैसे मनुष्य पुराने कपड़ों का त्याग कर नए वस्त्र धारण करता है, उसी प्रकार आत्मा पुराने व्यर्थ शरीर को त्याग कर नया शरीर धारण करती है।" (2-22) देह और आत्मा के सम्बन्ध सुस्पष्ट हैं लेकिन यहाँ जीर्ण शरीर की ही स्थिति नहीं है। युद्ध में स्वस्थ शरीर वाले भी मारे जाते हैं। आगे श्रीकृष्ण आत्मा की अमरता के गुण बताते हैं, "शस्त्र इसे मार नहीं सकते। अग्नि इसे जला नहीं सकती। जल इसे भिंगो नहीं सकता। वायु इसे सुखा नहीं सकती।"(2.23-24) इसलिए शोक व्यर्थ है। (वही 25) गीता के रचनाकाल में अनेक विचार थे। एक विचार 'मृत्यु में सब कुछ समाप्त हो जाने' का था। आत्मा की अमरता का भी विचार था। श्रीकृष्ण कहते हैं कि, "अर्जुन सबकुछ समाप्त हो जाने के विचार को मानते हो तो भी युद्ध करो।" (वही 26)

हिन्दू-दर्शन में आत्मा की अमरता महत्वपूर्ण है। जीवन और मृत्यु सुनिश्चित है। कहते हैं, "जन्म लेने वाले की मृत्यु सुनिश्चित है। मृत्यु के बाद पुनर्जन्म भी निश्चित है, इसलिए अपरिहार्य कर्तव्य-पालन में तुम्हें शोक नहीं करना चाहिए।" (वही 27) सृष्टि में व्यक्त, अव्यक्त और फिर व्यक्त की गतिविधि चला करती है। बताते हैं कि "पहले सभी जीव अव्यक्त रहते हैं फिर व्यक्त या प्रकट होते हैं। नष्ट होने पर वे फिर से अव्यक्त होते हैं। यह संसार व्यक्त-मध्य है, इसलिए शोक व्यर्थ है।" (वही 28) यह विचार ऋग्वेद की परम्परा है। ऋग्वेद में भी सृष्टि व्यक्त-मध्य है। आत्मज्ञान सरल नहीं है। श्रीकृष्ण कहते हैं, "कुछ लोग आत्मा को आश्चर्यवत मानते हैं। कुछ लोग इसे आश्चर्य की तरह बताते हैं। कुछ आश्चर्य की तरह सुनते हैं। कुछ लोग इसके विषय में सुनकर भी कुछ नहीं समझ पाते।" (वही 29) 'कठोपनिषद' गीता से प्राचीन है। यही भाव कठोपनिषद (1-2-7) में ज्यों का त्यों है।

आत्मा का अमरत्व गीता-दर्शन की आत्मा है। दूसरे अध्याय (श्लोक 18,19,20) में यही बात ज़ोर देकर कही गयी है। कहते हैं, "जो इसे मारने वाला

समझता है या इसे मरा हुआ समझता है, दोनों अज्ञानी हैं। इसका न तो कभी जन्म होता है और न कभी मृत्यु। यह अजन्मा नित्य-शाश्वत व पुरातन है। शरीर के मारे जाने पर भी वह नहीं मारा जाता—न हन्यते हन्यमाने शरीरे।" (वही 19, 20) यही श्लोक एक शब्द के परिवर्तन के साथ कठोपनिषद (1-2-18) में भी है। ऋग्वेद, उपनिषद् और गीता तक दार्शनिक निरन्तरता है।

यश-अपयश सांसारिक हैं। श्रेष्ठ कर्मों से यश मिलता है। निन्दित कर्मों से अपयश मिलता है। लोग श्रेष्ठ कर्म करने वाले की प्रशंसा करते हैं। प्रशंसा सांसारिक और भौतिक आनन्द है। प्रतिष्ठा और यश यही इसी संसार में मिलते हैं। इसीलिए निन्दा सांसारिक दुःख है और उपहास भी। श्रीकृष्ण कहते हैं कि युद्ध 'कर्तव्य' है। स्वधर्म भी है। अर्जुन युद्ध नहीं लड़ेंगे तो योद्धा के रूप में अपना यश खो देंगे। लोग उसे तुच्छ मानेंगे और उपहास करेंगे। कहते हैं— "अर्जुन! श्रेष्ठजनों के लिए 'अपयश' मृत्यु से भी बड़ा है।" (वही 33,36) संसार माया-मोह ही नहीं है। यहाँ प्रश्न है कि परमतत्व ही वास्तविक श्रेय है तो युद्ध की विभीषिका और अल्पकालिक ख़ुशी के लिए मरने-मारने का अर्थ क्या है? कृष्ण कहते हैं, "मारे जाओगे तो स्वर्ग प्राप्त करोगे और विजयी हुए तो पृथ्वी का राज्य भोगोगे। इसलिए उठो युद्ध करो—तस्मात् उतिष्ठ कौन्तेय युद्धाय कृत निश्चया।" (वही 37) अर्जुन की समस्या थी कि उसके सामने युद्ध में सगे-सम्बन्धी ही युद्ध की इच्छा से खड़े हैं। प्रश्न है कि अर्जुन क्या वास्तव में अपने सगे-सम्बन्धियों को नहीं मारना चाहता था, इसीलिए युद्धविरत हो रहा था। क्या विषाद का मुख्य कारण युद्ध के लिए उत्सुक परिजन और सगे-सम्बन्धी ही हैं?

अर्जुन योद्धा हैं। महाभारत (विराटपर्व) में गीता-प्रबोधन के पहले ही वह अपने इन्हीं सगे-सम्बन्धियों से युद्ध कर चुका है। महाभारत के अनुसार दुर्योधन अपने सहयोगियों के साथ विराट की राजधानी पहुँचा था। 'पाण्डव' विराट के यहाँ अज्ञातवास में थे। 'दुर्योधन' विराट की गायें छीनकर अपने यहाँ ला रहा था। विराट के राजा का पुत्र गाय छुड़ाने पहुँचा। भारी कौरव सेना देखकर वह डर गया। अर्जुन नारी-वेश में उसके साथ थे। डरे राजकुमार ने कहा, "कौरव भले ही देश का सारा धन, स्त्रियाँ-पुरुष और मेरी गायें ले जाएँ, लेकिन मैं युद्ध नहीं करूँगा।" राजकुमार ने ऐसा कहते हुए धनुष-बाण छोड़ दिया। रथ से कूद गया। (महाभारत विराटपर्व 38.26-28) जैसे गीता में अर्जुन ने धनुष-बाण डाल दिए थे, वैसे ही विराट के राजकुमार ने भी। अर्जुन ने राजकुमार से कहा, "युद्ध से भागना क्षत्रियधर्म नहीं है।

युद्ध में मर जाना अच्छा है।" (वही 29) विराटनगर में राजकुमार 'सारथी' हैं और अर्जुन 'योद्धा'। गीता में श्रीकृष्ण सारथी हैं। विराटनगर के युद्ध में कृष्ण नहीं अर्जुन ही उपदेशक हैं। इस युद्ध में अर्जुन ने भीष्म, द्रोणाचार्य सहित सभी परिजनों से युद्ध किया। भीष्म घायल हुए। सारथी उन्हें रथ में बैठाकर भाग निकला। अर्जुन अपने सगे-सम्बन्धियों से पहले ही युद्ध कर चुका है।

अन्याय का प्रतिकार कर्तव्य है। इसके लिए युद्ध भी सम्भव है। गीता के पहले भी यही चिन्तन मान्य था और गीता के बाद भी। अर्जुन पहले भी परिजनों से युद्ध कर चुका था। लेकिन महाभारत-युद्ध की शुरुआत में श्रीकृष्ण के सामने वह विषादग्रस्त है। श्रीकृष्ण ने कहा, "कर्तव्य से विरत होना अनार्य-आचरण है। आर्य-आचरण नहीं। अर्जुन! तुम्हारे मन में यह अनार्य-विचार कैसे आया।" (गीता 2.2) यहाँ 'आर्य-आचरण' शब्द ध्यान देने योग्य है। आर्य और अनार्य शब्द ऋग्वेद में आए हैं। ऋग्वैदिककाल में आर्य-आचरण को श्रेष्ठ बताया गया है। गीता में ऋग्वेद वाला आर्य-आचरण सुप्रतिष्ठित है। श्रीकृष्ण ने आगे कहा कायर न बनो– कलैव्यं म स्म गमः। (गीता 2.3)

गीता के रचनाकाल तक भारत में अनेक दार्शनिक धाराओं का विकास हो चुका था। 'सांख्य दर्शन' का विशेष प्रभाव था। सांख्य दर्शन अनीश्वरवादी कहा जाता है। सृष्टि-प्रपंचों की गतिशीलता में गुण ही गुणों के साथ खेल करते हैं। कृष्ण कहते हैं "मैंने सांख्य दर्शन के माध्यम से तुम्हें ज्ञान दिया है।" गीताकार ने एक सुन्दर शब्द 'व्यवसायित्मिका बुद्धि' का इस्तेमाल किया है। व्यवसायित्मिका का अर्थ व्यावसायिक नहीं है। अंग्रेजी भाषा का शब्द बिजनेस भी भिन्न है। बिज़नेस का मतलब है व्यस्तता। 'बिज़नेस' व्यापार नहीं है।

गीता की व्यवसायित्मिका बुद्धि का अर्थ है अखण्ड बुद्धि। श्रीकृष्ण इसे स्पष्ट करते हैं, "जो दृढ़प्रतिज्ञ नहीं हैं, उनकी बुद्धि विभाजित रहती है।" (वही 41) कहते हैं— "बुद्धि-विभक्त लोग वेदों के उद्धरण देते हैं। पूजा-पाठ करते हैं। इन्द्रिय-भोग के प्रति आसक्त रहते हैं। मोहग्रस्त होते हैं। उनकी बुद्धि व्यवसायित्मिका नहीं होती।" (वही 43,44) यहाँ अखण्ड बुद्धि पर ज़ोर है। महाभारत में भी इसी तरह बुद्धि की व्याख्या है। बुद्धि व्यवसायी है। मन व्याकरण है। बुद्धि सही-गलत का निर्णय लेती है। मन इच्छा करता है। बुद्धि विवेचन करती है। संवेदन, प्रीति, राग, क्रोध आदि भाव 'मन' के तल पर सक्रिय रहते हैं इसीलिए उन्हें मनोभाव कहते हैं। बुद्धि से इनके सही परिणाम ज्ञात होते हैं। प्रकृति में तीन गुण हैं। मन में संशय चलते हैं।

इनसे ऊपर उठकर स्वकेन्द्र में आना चाहिए। कर्म में अधिकार हैं। कर्मफल प्रकृति की सारी शक्तियों का परिणाम होता है। "अकेला मनुष्य कर्मफल का कारण नहीं है, इसलिए आसक्ति त्यागकर बुद्धि-योग से कर्म करो। बुद्धियुक्त मनुष्य शुभ-अशुभ कर्मों से ऊपर उठता है। 'योग' कर्म की ही कुशलता है।" (वही 47-50) श्रीकृष्ण उदहारण देते हैं, "बुद्धियुक्त कर्म से ही बड़े-बड़े ऋषि कर्मफल की चिन्ता से मुक्त रहते हैं।"

महाभारत में भाव-प्रधानता नहीं है। बुद्धि महत्वपूर्ण है। महाभारत (शान्तिपर्व) में युधिष्ठिर ने भीम को बताया कि मंकि ऋषि ने बुद्धि के द्वारा ही काम, क्रोध, लोभ, मोह आदि को जीत लिया था। इसी पर्व में 'मनु' बृहस्पति को भी बुद्धि की भूमिका बताते हैं। (शान्तिपर्व 202.23) भारतीय चिन्तन-दर्शन को भाववादी बताने वाले विद्वान नोट करें कि गीता-दर्शन के बड़े भाग में बुद्धि की महत्ता है। मनु ने 'शुद्ध बुद्धि' शब्द प्रयोग किया है। आख़िरकार यह शुद्ध बुद्धि है क्या? शुद्ध बुद्धि वस्तुतः अविभाजित-अखण्ड अनुभूत जानकारी है। तब मन और बुद्धि के भेद नहीं होते। ज्ञाता, ज्ञेय और ज्ञान एक हो जाते हैं। संसार में भी बुद्धि का अतिरिक्त महत्व है। मनु उचित ही आँख से देखी गयी वस्तु को ही सत्य नहीं मानते। वह बुद्धि की विशिष्ट भूमिका बताते हैं, "सम्पूर्ण ज्ञान प्रत्यक्ष नहीं होता। अनुमान भी काम करता है। हिमालय और चन्द्रमा का पार्श्व भाग नहीं दिखाई पड़ता। इसका मतलब यह नहीं कि उसका पार्श्व भाग है ही नहीं।" (वही 203.6) दरअसल महाभारत के रचनाकाल के समय अध्ययन-विश्लेषण की अनेक दार्शनिक प्रणालियों का विकास हो चुका था। मनु अनुमान का भी आश्रय लेने की बात करते हैं।

पहले से देखी-समझी गयी वस्तुओं के अनुभव बुद्धि में होते हैं। देखी गयी वस्तुओं के आधार पर, न देखी गयी वस्तुओं की कल्पना अनुमान है। दर्शन की यह पद्धति ऋग्वेद से चलकर उपनिषदों और गीता तक प्रवाहमान है। यह पद्धति कपिल, गौतम, कणाद आदि के दर्शन में है। मनु अनेक उदाहरण देते हैं, "चन्द्रमा घटता है। बढ़ता है। अमावस्या आदि के रूप में दिखाई पड़ता है। लेकिन वस्तुतः यहसब सही नहीं है।"

निरर्थक के प्रति आसक्ति 'मोह' है। मोह के प्रभाव में बुद्धि एकाग्र नहीं होती। ऐसी आसक्ति से काम, काम से क्रोध, क्रोध से मोह और मोह से स्मरणशक्ति का नाश होता है। फिर बुद्धि नष्ट हो जाती है। श्रीकृष्ण कहते हैं, "जब बुद्धि मोह के पार जायेगी तब तुम सुने हुये व सुनने योग्य के प्रति विरक्त हो जाओगे। स्थितिप्रज्ञ

होगे।" (गीता 2.52) 'स्थितिप्रज्ञ चित्त' बुद्धि की विशेष दशा है। अर्जुन ने स्थितिप्रज्ञ पर प्रश्न पूछा, "स्थितिप्रज्ञ के लक्षण क्या हैं? उसकी भाषा क्या है? वह किस तरह बैठता और चलता है?" (वही 54) श्रीकृष्ण ने कहा "जब मनुष्य इन्द्रियतृप्ति की सभी कामनाओं का त्याग कर देता है। इस तरह से विशुद्ध मन केवल आत्मा में संतोष पाता है तब उसे स्थितिप्रज्ञ कहते हैं।" (वही 55) 'स्थितिप्रज्ञ' गीता में महत्वपूर्ण भौतिक और मानसिक तल है। श्रीकृष्ण ने इसे विस्तार से बताया है। श्रीकृष्ण स्थितिप्रज्ञ के और भी गुण बताते हैं, "जब दुःख और सुख दोनों में मन विचलित नहीं होता तब वह स्थिर प्रज़ा वाला कहा जाता है।" (वही 56)

श्रीकृष्ण स्पष्ट करते हैं, "इस भौतिक संसार में जो व्यक्ति शुभ-प्राप्ति से प्रसन्न नहीं होता और अशुभ-प्राप्ति पर द्वेष नहीं करता उसकी प्रज्ञा स्थिर होती है।" (वही 57) इसी बात को समझाने के लिए कछुवे का उदाहरण दिया गया है, "कछुवा अपने अंगों को संकुचित करके शरीर के भीतर कर लेता है। इसी तरह मनुष्य अपनी इन्द्रियों को विषयों से खींच लेता है। वह स्थितप्रज्ञ हो जाता है।" (वही 58) श्रीकृष्ण इन्द्रियों को प्रबल व गतिशील बताते हैं। वे विवेकी पुरुष के मन को भी प्रभावित करती हैं। "जो इन्द्रियों को अपने अधीन रखते हुए संयम करता है और अपनी चेतना को मुझमें स्थिर कर देता है। वह स्थितप्रज्ञ कहा जाता है।" (वही 60,61) गीता में इन्द्रियों को बलवान बताया गया है, "इन्द्रिय विषय का चिन्तन आसक्ति पैदा करता है। आसक्ति से काम पैदा होता है और फिर काम से क्रोध। क्रोध से मोह उत्पन्न होता है। मोह से स्मरण शक्ति का क्षय होता है। स्मरणशक्ति के क्षय से बुद्धि नष्ट हो जाती है और बुद्धि नष्ट हो जाने पर मनुष्य का अधोपतन हो जाता है।" (वही 62,63) श्रीकृष्ण कहते हैं, "जिसकी इन्द्रियाँ अपने-अपने विषयों से विरत होकर वश में हो जाती हैं। उसकी बुद्धि स्थितिप्रज्ञ है।" (वही 68) आगे एक सुन्दर श्लोक में कहते हैं, "या निशा सर्वभूतानां तस्यां जागर्ति संयमी–जब संसार के समस्त जीव सोते हैं तब संयमी जागता रहता है। जो समस्त जीवों के जागने का समय है। आत्मविश्लेषक के लिए वही रात्रि।" (वही 69) गीता का पहला व दूसरा अध्याय गीतासार कहा जाता है। दोनों में बुद्धियुक्त कर्म पर ज़ोर है। यहाँ किसी अदृश्य व्यक्तिगत ईश्वर की धारणा नहीं है। प्रकृति का बुद्धिवादी विवेचन है। बुद्धि और ज्ञान की श्रेष्ठता है।

बुद्धि-श्रेष्ठता आधुनिक दर्शन में भी श्रेष्ठ है। पहले-दूसरे अध्याय में बुद्धि की ही श्रेष्ठता है। इसलिए तीसरे अध्याय की शुरुआत में अर्जुन का प्रश्न है,

"यदि बुद्धि-मार्ग ही श्रेष्ठ है तो आप इस घोर कर्म में मुझे क्यों नियोजित करना चाहते हैं। कृपा करके जो ठीक हो मुझे वही मार्ग बताएँ। मेरे लिए श्रेष्ठ क्या है?" (वही 3.1,2) महाभारत के रचनाकाल में कुछ लोग ज्ञान को परमतत्व की प्राप्ति का साधन बताते थे। कुछ लोग कठोर कर्म को। सन्यास को श्रेष्ठ मानने वाले भी थे। श्रीकृष्ण ने इस संशय का उत्तर देते हुए कहा, "प्रकृति से उत्पन्न गुणों के कारण व्यक्ति कर्म करने को बाध्य है। कोई भी व्यक्ति क्षणभर भी बिना कर्म किए नहीं रह सकता।" (वही 4,5) तब नियतिवादी भी थे। परमात्मा या ईश्वर का मजाक बनाने वाले भी कम नहीं थे। ऐसे लोग कहते थे कि जब सबकुछ परमात्मा या नियति द्वारा ही होता है तो हम काम क्यों करें? गीता इस संशय को स्पष्ट करती है।

प्रकृति से निर्मित मनुष्य अकर्मक नहीं हो सकता। श्रीकृष्ण बार-बार इन्द्रियों को नियन्त्रित करने की बात करते हैं। वे ऐसे संयमी को उत्कृष्ट बताते हैं। कहते हैं, "नियतं कुरु कर्म-नियतकर्म करना ही चाहिए। शरीर की सामान्य यात्रा भी बिना कर्म के सम्भव नहीं है।" अर्जुन यहाँ पूछ सकता था कि तब नियतकर्म क्या है?लेकिन कृष्ण अपनी ओर से नियतकर्म की व्याख्या करते हैं, "यज्ञ या यज्ञ के लिए किए जाने वाले कर्मों को छोड़कर बाकी सभी कर्म मोहबन्धन में डालते हैं।" (वही 9) गीता में यज्ञ के अलावा सभी कर्मों को बन्धन में डालने वाला बताया गया है। गीता के रचनाकाल में यज्ञ की प्रतिष्ठा थी। यज्ञ को आदर्शकर्म माना जाता था। यज्ञ का अर्थ हवन या सामान्य कर्मकाण्ड नहीं है। गीता में यज्ञ की प्रतिष्ठा ऋग्वेद की परम्परा है। 'यज्ञ' मनुष्य और प्रकृति के बीच एक-दूसरे का ध्यान रखने का अनुबंध है। मनुष्य सत्कर्म करता है। इसके बदले प्रकृति की शक्तियाँ पोषण देती हैं।

यजुर्वेद 38.26 में यज्ञ से प्रार्थना की गयी है, "जहाँ तक द्यावा, पृथ्वी, समुद्र और दिशाएँ हैं। वहाँ सब तरफ हम सभी प्राणी आप से ऊर्जा पाते हैं।" श्रीकृष्ण सुन्दर वक्तव्य में यज्ञचक्र समझाते हैं, "अन्नाद भवन्ति भूतानि-सभी प्राणी 'अन्न' से आते हैं। अन्न पर निर्भर हैं। अन्न 'वर्षा' से आता है। वर्षा 'यज्ञ' से आती है—यज्ञ कर्म समुद्भवः।" (गीता 3.14) श्रीकृष्ण के इस कथन में यज्ञ का अर्थ सत्कर्म है। लोकहित में किए गए सभी सत्कर्म यज्ञ हैं। सत्कर्म से यज्ञ, यज्ञ से वर्षा, वर्षा से अन्न और अन्न से प्राणी सीधी सरल बात है। आगे कहते हैं, "जो व्यक्ति इस यज्ञ-प्रवर्तन-चक्र में सहायता नहीं करता वह व्यर्थ ही जीवन बिताता है।" (वही 15) इसके पहले श्रीकृष्ण सृष्टि के प्रारम्भ को भी यज्ञ बताते हैं, "प्रजापति ने भी यज्ञ के माध्यम से प्राणी उत्पन्न किए।" (वही 10)

ऋग्वेद (10.130.6) में यज्ञ की महिमा है, "प्राचीनकाल में यज्ञ से हमारे पूर्वज और ऋषि उत्पन्न हुए।" पुरुष सूक्त में भी इसी तरह की बात कही गयी है। सत्कर्म से प्रकृति की शक्तियाँ प्रसन्न होती हैं। वृक्षारोपण से वातावरण शुद्ध होता है। वनस्पतियाँ वर्षा लाती हैं। श्रीकृष्ण कहते हैं, "यज्ञ अर्थात सत्कर्म द्वारा तुम देवताओं का पोषण करो। देवता तुम्हारा पोषण करेंगे।" (गीता 3.11) प्रकृति में परस्परावलम्बन है। देवता भी सर्वशक्तिमान नहीं हैं। मनुष्य को प्रकृति का आदर करना चाहिए। प्रकृति का पोषण 'यज्ञ' है। 'शोषण' यज्ञ नहीं है। पर्यावरण को लेकर विश्व-बेचैनी है। इसके समाधान गीता में हैं। श्रीकृष्ण कहते हैं, "प्रकृति के पोषण-कर्म अर्थात यज्ञ से बची वस्तुओं का उपयोग करने वाले संत हैं। स्वयं अपने लिए ही सक्रिय लोग पाप खाते हैं।" (वही 13) यज्ञशेष का अर्थ स्पष्ट है, "सत्कर्म करने के बाद शेष बचा भाग सेवन करना श्रेयस्कर है।" यहाँ सारी बातें भौतिक विज्ञान से सिद्ध हैं। प्रकृति का पोषण और उसके बदले में प्रकृति की अनुकम्पा की प्राप्ति गणित जैसा सरल सूत्र है।

अथर्ववेद (11.9) का एक सूक्त उच्छिष्ट पर है। आधुनिककाल में भी भोजन से बचे या छोड़े गए अन्न को उच्छिष्ट कहते हैं। ईशावास्योपनिषद में छोड़े गए भाग को भोगने का परामर्श है। अथर्ववेद में भी अवशेष की महिमा है। अथर्वा कहते हैं, "उच्छिष्ट में नाम, रूप, लोक, लोकांतर और पूरा विश्व अवस्थित है। पृथ्वी के सभी प्राणी, जल, और वायु भी हैं। मरण, सृजन, बल और प्रजापति भी हैं। ऋक, साम, यजुष, ओम, स्तुति, स्वर और गायन-स्तवन भी हैं। सत्य, तत्व, राष्ट्र, कर्मशीलता, भूत, भविष्य, पराक्रम, श्रीसम्पदा और बल भी हैं।" इस सूक्त में विश्व के सभी रूप, ज्ञात व अज्ञात उच्छिष्ट के भीतर हैं। उच्छिष्ट ही सृजनकर्ता, पिता, प्राण, पितामह और पौत्र भी हैं। अन्त में कहते हैं, "आनन्द, मोद, प्रमोद, प्रत्यक्षिभूत आनन्द उच्छिष्ट से ही पैदा हुए हैं।" यहाँ आनन्द उच्छिष्ट नहीं है। आनन्द उससे पैदा होता है। गीता की यज्ञशेष-धारणा वैदिक परम्परा है। गीता (4.31) में भी यही बात दोहराई गयी है। श्रीकृष्ण ने ज्ञानी के लिए भी कर्म में सक्रिय रहने की प्रतिबद्धता निर्धारित की है। कहते हैं कि, "ज्ञानी 'कर्म में आसक्त अज्ञानी' को विचलित न करें। अज्ञानी आसक्त होकर कर्म करते हैं। इसी प्रकार ज्ञानी को अनासक्त होकर लोकसंग्रह की इच्छा से कर्म करते रहना चाहिए क्योंकि जैसा आचरण श्रेष्ठजन करते हैं, श्रेष्ठ लोग भी वैसा ही कर्म करते हैं।" (वही 21,26)

नियतकर्म और कर्तव्यपालन आवश्यक है। यह स्वधर्म है। अपनी विशेषज्ञता

के आधार पर सबको कर्म करना चाहिए। श्रीकृष्ण कहते हैं, "स्वधर्म पालन में मर जाना श्रेष्ठ हैं। दूसरा धर्म भयावह है।" (वही 35) अपना काम छोड़कर दूसरा काम करना फलदायी नहीं होता। 'दर्शनशास्त्री' ज्ञानी होते हैं, लेकिन वह घर में बिगड़ गयी 'वाशिंग मशीन' नहीं ठीक कर सकते। कथावाचक साँप पकड़ने वाला नहीं हो सकता। ऐसा प्रयास उसकी मौत का कारण बन सकता है। श्रीकृष्ण का प्रबोधन बहुआयामी है। इस प्रबोधन में प्राचीन ज्ञानदर्शन और परम्परा के सूत्र हैं और तात्कालिक विषयों पर दिशा-निर्देश भी। यहाँ ज्ञानशोध और आचार्य-शिष्य-संवाद की गौरवशाली परम्परा रही है। श्रीकृष्ण उसी परम्परा की चर्चा करते हैं, "मैंने वह ज्ञान विवस्वान को बताया। विवस्वान ने मनु को। मनु ने इक्ष्वाकु को। फिर परम्परा से अनेक राजऋषियों तक पहुँचा, लेकिन दीर्घकाल में यह लुप्त हो गया।" (गीता अध्याय 4.1,2) गीता के रचनाकाल में यज्ञ, ज्ञान, योग की परम्परा थी। पाराशर, व्यास, विदुर, भीष्म आदि विद्वान थे। महाभारत युद्ध में व्यापक क्षति हुई। सनातन परम्परा का ह्रास हुआ। ज्ञान-परम्परा अर्जुन के लिए नई बात थी। श्रीकृष्ण ने कहा है कि, "यह ज्ञान उन्होंने विवस्वान को दिया था। इसलिए अर्जुन ने प्रश्न उठाया, "आपका जन्म बाद में हुआ, विवस्वान का पहले। तब आप उन्हें कैसे ज्ञान दे पाए।" (गीता 4.4)

श्रीकृष्ण हज़ारों वर्ष पूर्व का अपना काम याद करा रहे हैं। उन्होंने अर्जुन के प्रश्न के उत्तर में कहा, "मेरे और तेरे बहुत सारे जन्म हो चुके हैं। मैं जानता हूँ। तू नहीं जानता। जब-जब धर्म का पराभव होता है। मैं धर्म के उत्थान, श्रेष्ठजनों का कष्ट दूर करने व दुष्टों को नष्ट करने के लिए समय-समय पर अवतरित होता हूँ–परित्राणाय साधूनां विनाशाय च दुष्कृतां।" (वही 4.6-8)

दुनिया की किसी भी सभ्यता-संस्कृति में भारत जैसी प्रश्नाकुल बेचैनी नहीं मिलती। रामचरितमानस में कागभुशुण्डि और गरुण के प्रश्नोत्तर हैं महाभारत में यक्ष और युधिष्ठिर के बीच प्रश्नोत्तर है। गीता भी अर्जुन के प्रश्नाकुल चित्त का उत्तर है। भारत की मनीषा 'जिज्ञासा और प्रश्नों' से भरीपूरी रही है। ऋग्वेद के पहले मण्डल में ही एक सुन्दर मन्त्र आता है। ऋषि कहते हैं— "पृक्षामि त्वाम भुवनस्य नाभि–हे देवताओं ब्रह्माण्ड बहुत बड़ा है। मैं सभी भुवनों का केन्द्र जानना चाहता हूँ।" हमारे पूर्वज ऋषि ब्रह्माण्ड का केन्द्र जानने की जिज्ञासा में थे। उत्तरवैदिककाल में तमाम उपनिषद् साहित्य प्रकट हुआ, रचा गया। कठोपनिषद् पुरानी है। गीता से भी प्राचीन। कठोपनिषद् की अनेक बातें गीता में मूल रूप में दिखाई पड़ती हैं जैसे "कोई व्यक्ति

यह समझता है कि हम किसी को मारते हैं या वह सोचता है कि हमको कोई मारता है। हे अर्जुन! ये दोनों सत्य नहीं जानते।" यही बात कठोपनिषद् में भी यम और नचिकेता के संवाद में है। कोई कह सकता है कि क्या यहाँ कोई नई बात नहीं लिखी जा सकती थी?

असल में भारतीय परम्परा व चिन्तन में निरन्तरता है। निरन्तरता में शाश्वत सत्य सदा एक जैसे होते हैं। कालबाह्य छूटता जाता है। काल-संगत नया जुड़ता जाता है। जो बात ऋग्वेद के ऋषि कहते हैं वही बात काल के क्रम में श्रीकृष्ण दोहराते हैं। दोहराव का मूल भिन्न नहीं होता। दुनिया के अन्य देशों में ऐसी सांस्कृतिक निरन्तरता नहीं दिखाई पड़ती। वैदिककाल व तत्कालीन गीता-दर्शन के रचनाकाल में फ़ासला है। गीता के कालखण्ड में तमाम तरह की परिस्थितियाँ बदल चुकी थीं, लेकिन दार्शनिक तत्व वही हैं।

ऋग्वेद के पुरुष सूक्त में एक विराट पुरुष है। बताया गया है, वह सहस्त्रशीर्षा है। हज़ारों सिर वाला, हज़ारों पैरों वाला है। उसके भीतर पूरा ब्रह्माण्ड है। ऋग्वेद के बहुत समय बाद, हज़ार साल बाद, डेढ़ हज़ार साल बाद वही पुरुष गीता में विश्वरूप दिखाई पड़ता है। विराट पुरुष से विश्वरूप की तुलना ध्यान देने योग्य है। ऋग्वेद में जगत, ब्रह्माण्ड, सूर्य, चन्द्र, धरती, आकाश, प्रीति-प्यार सब एक जगह पर हैं। पुरुष की तरह ही गीता का विश्वरूप है। गीता में दोनों का मेल दिखाई पड़ेगा। क्यों दिखाई पड़ेगा? क्योंकि सत्य एक है विद्वान उसे अपने-अपने ढंग से कहते हैं– एकम् सद् विप्रा बहुधा वदन्ति। बात वही है। पहले से चली आ रही परम्परा में है।

एक शब्द है 'अध्यात्म'। यह हिन्दू लोकजीवन में उच्चतर मूल्य है। बहुत सारे मित्र स्वयं के लिए कहते हैं कि मैं आध्यात्मिक हूँ। आखिरकार आध्यात्मिक का अर्थ क्या है?सरल चित्त वाले मित्र कहते हैं, "रामायण पढ़ लेना, महाभारत पढ़ लेना, होली मनाना, दिवाली मनाना, कर्मकाण्ड करना, कुछ व्रत रहना आदि अध्यात्म है। इस प्रश्न का सीधा उत्तर नहीं मिलता, लेकिन गीता में है। गीता में 'अर्जुन' कृष्ण से सीधा प्रश्न करते हैं किम अध्यात्मं–हे कृष्ण! अध्यात्म क्या है?सीधा प्रश्न है। क्या है अध्यात्म?श्रीकृष्ण का उत्तर भी सीधा है। जैसे प्रश्न सीधा वैसे ही तीन शब्दों का उत्तर भी सीधा," स्वभावो अध्यात्म उच्चयते। स्वभाव ही अध्यात्म कहा जाता है। "स्वभाव का थोड़ा विवेचन करते हैं। यहाँ स्वभाव का अर्थ हमारे व्यक्तित्व की परिधि की हलचल नहीं है। परिधि शब्द गणित-विज्ञान का है।

व्यक्तित्व की परिधि में जो कुछ घटता है उसको हम स्वभाव मान लेते हैं, लेकिन इसका अभिप्राय मूल स्वभाव से नहीं है। यह बाहर की हलचल है।

'स्व' हमारा अन्तर्तम भाग है। भीतर का अपना भाव। गीता में यही अध्यात्म है। वह हमारे भीतर खिलता है। भीतर पकता है। भीतर उगता है। भीतर कली बनता है। भीतर फूल बनता है। भीतर रस बनता है। भीतर सोम बनता है। साम बनता है। छन्द बनता है। स्वभाव भीतर है। बाहर के कर्मों को स्वभाव कहना गलत है। वह मूल स्वभाव नहीं है। वह परिधि पर किया गया हमारा कर्म है। स्व महत्वपूर्ण है। स्व शब्द से एक सुन्दर शब्द बना स्वार्थी। बड़ा प्यारा शब्द है। इसका उपयोग है जीवन में। लेकिन यह शब्द बड़ा निन्दित हो गया है कि आदमी बड़ा स्वार्थी है। स्वार्थी माने जो स्व के लिए काम करता है। स्व भीतर का भाग है। स्वार्थी विद्यार्थी ठीक से अध्ययन करता है। ठीक से पढ़ता है। स्वार्थी अध्यापक ठीक से पढ़ाता है। उसका स्वार्थ इसमें है कि हमको यश मिले। प्रतिष्ठा मिले। इसी स्व से बनता है स्वस्थ। अपने में होना स्वस्थ होना है। हम लोग अर्थ लेते हैं, जो बीमार नहीं वह स्वस्थ है। स्वस्थ माने अपने में होना। गीता का 'स्वभाव' अध्यात्म है। स्वभाव मूल है। उसकी तरफ ध्यान करना शुभ है। स्वभाव की गतिविधि का अध्ययन अध्यात्म है।

गीता में योग की महत्ता है। योग अन्तर्राष्ट्रीय हो गया है। गीता में कर्मयोग है, ज्ञानयोग है, भक्तियोग है। श्रीकृष्ण ने अध्यात्म की तरह योग की परिभाषा भी की–दुःख-संयोग से वियोग ही योग है। गीता कर्मयोग का सुन्दर प्रबोधन है। यह दार्शनिक है। शास्त्रीय है। भौतिक भी है और अध्यात्मिक भी। गीता में योग की प्रतिष्ठा है। मनुष्य का शरीर रहस्यपूर्ण है। निष्काम कर्मयोग उपनिषद् व गीता-दर्शन का सार है। लेकिन कर्म करना और कर्म-परिणाम की इच्छा न करना कठिन है। गीता (6-24) में कहते हैं, "निरपवाद रूप से समस्त इच्छाओं का त्याग और इन्द्रियों को मन द्वारा वश में करना चाहिए।" लेकिन मन ही अन्तिम चरण नहीं है। कहते हैं, "धीरे-धीरे बुद्धि के द्वारा विश्वासपूर्वक मन को आत्मस्थ करना चाहिए और कुछ भी नहीं सोचना चाहिए।" (वही 6-25) कुछ भी न सोचने का विचार पूरा करना कठिन है। सोचने का विचार न रखना भी सोचना है। मन की क्षमता विराट है। मन भागता है। कभी यहाँ, कभी वहाँ। ऋग्वेद में कहते हैं, "हम दिव्यलोक-भूलोक तक गए मन को वापस लाते हैं। चंचल मन को दूरवर्ती क्षेत्रों से वापस लाते हैं। जो मन समुद्र, अन्तरिक्ष या सूर्यलोक, दूरस्थ पर्वत, वन या अखिल विश्व में गया है, हम उसे वापस लाते हैं।"

ऋग्वेद की ही तरह गीता (6-26) में कहते हैं, "चंचल और अस्थिर मन जहाँ-जहाँ भागता है, उसे वापस अपने केन्द्र में लाना चाहिए।" आगे कहते हैं, "प्रशान्त मन से योग-साधक उत्तम सुख प्राप्त करता है। वह राग-द्वेष से रहित शान्त होकर सम्पूर्णता के साथ एक हो जाता है।" प्रत्येक कर्म का परिणाम होता है। कर्मफल पाने की इच्छा स्वाभाविक है। 'कर्म' बन्धन में डालते हैं। लेकिन गीता में कहते हैं कि 'योगसिद्ध' ब्रह्म-स्पर्श का अनुभव करता है। ब्रह्म से जुड़ी अनुभूति स्वयं को सम्पूर्णता के साथ जोड़ती है। श्रीकृष्ण ने अर्जुन से कहा, "तब सभी तत्वों में स्वयं का ही अनुभव होता है– सर्वभूतस्थमात्मानं। स्वयं के भीतर सभी तत्वों की अनुभूति होती है—सर्वभूता न चात्मनि। ऐसा योग-युक्त समदर्शी हो जाता है—सर्वत्र समदर्शिनः।" गीता में कहते हैं, "जो सभी तत्वों में आत्म को और स्वयं में सभी भूतों को देखता है, उसे शोक नहीं होता।"

आत्मतत्व पूर्वजों का आकर्षण रहा है। इसकी प्राप्ति के लिए तमाम साधनाएँ रही हैं। आत्मबोध आसान नहीं। कठोपनिषद व मुण्डकोपनिषद में एकसाथ आए एक मन्त्र में कहते हैं, "यह प्रवचन से नहीं जाना जा सकता। तीव्र बुद्धि से भी इसका अनुभव नहीं होता। नायेनात्मा प्रवचनेन लभ्यो न मेधया न बहुधा श्रुतेन। लेकिन योग-साधना से सम्भव है। गीता में तमाम सांसारिक बातें भी हैं। आहार-विहार के संयम पर बल दिया गया है। भोजन से शरीर बनता है। अन्न से बना रस गीता के अनुसार बुद्धि पर भी प्रभाव डालता है। बड़ी बात है कि गीता जैसे दर्शन-ग्रन्थ में भोजन पर भी ध्यान दिया गया है। श्रीकृष्ण ने योग-साधक के लिए बताया है, "ज़्यादा खाने वाले अथवा बिल्कुल न खाने वालों के लिए योग नहीं है। ज़्यादा सोने वाले और बहुत अधिक जागने वालों के लिए भी नहीं है। "इसके बाद के श्लोक में कहते हैं "आहार-विहार का संयम आवश्यक है—युक्ताहारविहारस्य युक्तचेष्टस्य कर्मसु।" कर्म और प्रयास भी नियमबद्ध रखने का उपदेश है। सामान्य जीवन में स्वाद के कारण ज़्यादा खाने की आदत पड़ती है। व्यस्तता के कारण भोजन न करने की स्थिति भी आती है। व्यस्तता के कारण कम सोने और आलस्य के कारण ज़्यादा सोने से भी योग-अनुशासन टूटता है। श्रीकृष्ण कहते हैं कि "योग-सिद्धि के बाद चित्त निर्मल होता है और आकांक्षाएँ भी शून्य हो जाती हैं। योगसिद्ध अपनी आत्मा में ही स्थिर रहता है।" श्रीकृष्ण ने अर्जुन को बताया कि "योग-सिद्धि की अवस्था में चित्त की गतिविधियां शान्त हो जाती हैं।"

चित्त की चंचलता कष्ट देती है। योग-अभ्यास से चित्त प्रशान्त हो जाता है। श्रीकृष्ण कहते हैं, "तब वह आत्मा के द्वारा आत्मा को देखता है।" आत्मा से

आत्मा देखने की बात मजेदार है। योग-सिद्धि के बाद व्यक्ति की निजता निरर्थक हो जाती है। वह सम्पूर्ण अस्तित्व के साथ एकरूप हो जाता है। सम्पूर्णता ही सम्पूर्णता को देखती है। सामान्य व्यक्ति सांसारिक विषयों से बँधा रहता है। वह मन के द्वारा संचालित होता है। श्रीकृष्ण कहते हैं, "योगाभ्यास से प्रशान्त हुआ स्व-बुद्धि द्वारा ग्रहण किए जाने वाले इन्द्रिय सुख को भोगता है। इन्द्रियों से परे परमानन्द को भी प्राप्त करता है। सत्य मार्ग से विचलित नहीं होता।" सामान्यतया सभी मनुष्य जय-पराजय, लाभ-हानि में दुःखी होते हैं, लेकिन योग-साधक की दृष्टि बदल जाती है। लाभ-हानि देखने की उसकी मनोदशा बदल जाती है।

योग-सिद्धि का आनन्द बड़ा है। साधक को यही आनन्द सबसे बड़ा दिखाई पड़ता है। श्रीकृष्ण ने अर्जुन को बताया, "इस आनन्द से बड़ा कोई दूसरा आनन्द नहीं होता।" भारतीय दर्शन का उद्देश्य दुःखों की समाप्ति है। विपरीत परिस्थितियाँ दुःख हैं। अनुकूल परिस्थितियाँ सुख हैं। दुःख-संयोग कष्ट देता है। श्रीकृष्ण ने अर्जुन को बताया "दुःख-संयोग से वियोग ही योग है।" योग का अभ्यास दृढ़ इच्छाशक्ति, संकल्प और धैर्यपूर्ण चित्त द्वारा ही किया जाना चाहिए। पतंजलि के योगसूत्र और गीता में अभ्यास और वैराग्य शब्द आये हैं। योग-साधक को किसी भी परिस्थिति में अभ्यास नहीं छोड़ना चाहिए और अभ्यास से प्राप्त सामान्य सुख के प्रति वैराग्य भाव चाहिए। गीता का योग जीवनशैली को व्यवस्था देता है। ज्ञान को कर्म बनाता है।

जीवन कर्म-प्रधान है। गीता के रचनाकाल के समय मान्यता थी कि सभी कर्म बन्धनकारी हैं, इसलिए कर्म-त्याग सही मार्ग है। लेकिन गीता में कर्म-त्याग की जगह कर्मफल-त्याग को सही बताया गया है। कर्म के अभाव में जीवन नहीं चलता। कर्म करते हुए फल की इच्छा न करना गीता का सन्देश है। गीता में ज्ञान व कर्म के साथ भक्ति भी है। भक्ति में द्वैत होता है। एक भगवान या ईश्वर दूसरा उपासक भक्त। नारद भक्ति सूत्रों में भक्ति को 'उसके' प्रति परम प्रेम कहा गया है। यहाँ 'उसके' का अर्थ ईश्वर या परमात्मा है। श्रीकृष्ण बार-बार अर्जुन को भक्ति का सन्देश भी देते हैं। गीता के प्रत्येक अध्याय के अन्त में मूल विषय का संकेत है। इसके बारहवें अध्याय को भक्ति योग कहा गया है। गीता (10.6-8) में कहते हैं, "जो सभी कर्मों को मुझ ईश्वर को समर्पित करते हैं। मेरे परायण रहते हैं। मेरी उपासना करते हैं। मैं जन्म-मृत्यु-रूप भवसागर से उनका उद्धार करता हूँ। हे अर्जुन! मुझमें अपने मन को स्थापित करो। मुझपर बुद्धि लगाओ। इससे तू मुझमें ही निवास करेगा। इसमें कोई संशय नहीं।"

श्रीकृष्ण भक्त के लक्षण बताते हैं, “अद्वेष्टा सर्वभूतानां मैत्रः करुण एव च निर्ममो निरहङ्कारः समदुःखसुखः क्षमी सन्तुष्टःसततं योगी यतात्मा दृढनिश्चयः मय्यर्पितमनोबुद्धिर्यो मद्भक्तः स मे प्रियः।” सभी प्राणियों के प्रति द्वेषभाव-रहित, मैत्री, करुणा से युक्त, ममता-रहित, अहंकार-शून्य, सुख-दुःख में समभाव, सदा कर्तव्यपरायण, मनोनिग्रही, दृढ़निश्चयी और मुझमें मन-बुद्धि को अर्पित करने वाला भक्त मुझे प्रिय है।” (13-14) आगे बताते हैं, “जिससे कोई भी जीव उद्वेग को नहीं प्राप्त होता। जो हर्ष, अमर्ष, भय और उद्वेगों से रहित है, वह भक्त मुझे प्रिय है।” (वही 15) आगे बताते हैं, “निश्छल, पवित्र कर्तव्य-पथ पर अनासक्त, निश्चिन्त और समस्त कर्मफलों का त्याग करने वाला मेरा भक्त मुझे प्रिय है।” यहाँ श्लोक 14 से लेकर 20 तक सभी श्लोकों में ‘ऐसा भक्त मुझे प्रिय है’ वाक्य जुड़ा हुआ है।

गीता में अनेक जीवन-मार्ग हैं। संसार का प्रत्येक दार्शनिक विचार गीता में है। सबका उद्देश्य मनुष्य को सुखी बनाना है। अन्तिम अध्याय में श्रीकृष्ण अर्जुन से पूछते हैं कि इस प्रबोधन का क्या परिणाम हुआ? अर्जुन उत्तर देते हैं, “आपके कृपा-प्रसाद से मेरा मोह नष्ट हो गया और स्मृति प्राप्त हो गयी।” गीता-प्रबोधन का सार लौकिक है और पारलौकिक भी। श्रीकृष्ण अन्त में कहते हैं, “मैंने यह रहस्यपूर्ण ज्ञान तुमको दिया है। इसपर विचार करो और जो उचित लगे वही करो–इति ते ज्ञानमाख्यातं गुह्याद्गुह्यतरं मया। विमृश्यैतदशेषेण यथेच्छसि तथा कुरु।” दुनिया के किसी भी पन्थ, सम्प्रदाय, रिलीजन और मज़हब में स्वतन्त्र विवेक की ऐसी छूट नहीं है। ‘गीता’ विश्वदर्शन का अमृत है। हिन्दू-दर्शन का मधु, सार।

श्रीकृष्ण

श्रीकृष्ण सम्पूर्ण मनुष्य हैं। जन्मे देवकी के गर्भ से और पालन यशोदा ने किया। वे सामान्य संसारी पुरुष की तरह शिशु से बालक हुये। फिर अरुण-तरुण युवा। उन्होंने चेतना की चरम ऊँचाई प्राप्त की। वे परम हो गये। शिशु रहे तो शिुश के रूप में पूर्ण। खेले तो खेलना भी दिव्य हो गया। नाग नाथा। तमाम खेल खेले। उनका नृत्यरास ‘महारास’ हो गया। बाँसुरी बजाई तो उसकी धुन पर सब मस्त। प्रौढ़ हुए तो दर्शन-दिग्दर्शन की पूर्णता। कृतज्ञ राष्ट्र ने उन्हें सम्पूर्ण अवतार और भगवान कहा। महाभारत युद्ध में मित्र अर्जुन का साथ निभाया। सारथी बने। रथ हांका। युद्धभूमि पर उसे विषाद हुआ। विषाद को प्रसाद बनाया। उन्होंने विश्वदर्शन को शब्दों में उड़ेल दिया। इस प्रवचन का नाम हुआ ‘गीता’। वे अपने जीवन में

ही पुराण-पुरुष हो गए। उन्हें ईश्वर, भगवान और परमसत्ता जाना गया। पुराण-इतिहास उन्हें 16 कलाओं से पूर्ण बताते हैं। श्रीकृष्ण बुद्धि-युक्ति की पकड़ में नहीं आते। वैज्ञानिक भौतिकवाद काम नहीं करता। दार्शनिक यथार्थवाद से भी काम नहीं चलता। वैज्ञानिक भौतिकवादी उन्हें काव्य-कल्पना बताते हैं, लेकिन वे इतिहास के महानायक हैं। इतिहास में हस्तक्षेप करते हैं, इतिहास रचते हैं। तमाम अविश्वसनीय घटनाओं के कारण इतिहास के अन्तःस्थल में समाते ही नहीं। इतिहास अतीत होता है। बीता हुआ इतिवृत्त। श्रीकृष्ण इतिहास से बड़े हैं। वे पुराणों का अतिक्रमण करते हैं। वे इतिहास-पुराण में होकर भी भूत नहीं। वे प्रतिपल सतत् प्रवाहमान प्रेम-छन्द हैं। सुदूर अतीत से लेकर अद्यतन संगीतमय। भावना में वे भविष्य में भी हैं। जो हो चुका है, वहाँ। जो प्रतिपल प्रत्यक्ष है यहाँ। जो आगे होगा वहाँ भी। समय-चक्र पर सुदर्शन चक्र लेकर सतत् गतिमान हैं श्रीकृष्ण। वे प्रत्येक मनुष्य की सम्भावना हैं। 'सम्भवामि युगे-युगे' उनकी वैयक्तिक घोषणा नहीं है। 'सम्भवन' प्रकृति का गुणधर्म है। प्रकृति का हर एक अणु नृत्य-मगन है। परमाणुओं का यह नृत्य उसी परम-चरम की रासलीला है। यह नृत्य प्राकृतिक है।

दुनिया की किसी भी आस्था में नाचता हुआ श्रीकृष्ण जैसा देवता नहीं है। वह भी बांसुरी बजाता, स्वयं नाचता, सबको नचाता देवता। नाचने वाला यह देवता प्रेमरस से भरता है पूरी प्रकृति को। प्रकृति के भीतर होता है, प्रकृति का आच्छादन करता है और प्रकृति को आवृत्त भी करता है। नाचते हुए दर्शन के रसपूर्ण, नटखट, मनमोहन और बिन्दास रसिया। डंके की चोट पर युद्धभूमि में खड़े होकर अर्जुन से कहता है "यह प्रकृति मेरी ही अध्यक्षता में काम करती है अर्जुन।" वे सहज संसारी। असाधारण मित्र। उसे विषाद हुआ। उड़ेल दिया पूर्ण ज्ञान। संशय नहीं मिटा तो दिखा दिया विश्वरूप। विश्वरूप देखना कोई दैवी घटना नहीं है। हम सब विश्व में हैं। विश्व का भाग हैं। विश्व देखते हैं। विश्व प्रत्यक्ष है। हम विश्वदर्शन में रस लेते ही नहीं। सूर्योदय के उगने का भी दर्शन नहीं करते। हवाएं सहलाती आती हैं, हम उन्हें धन्यवाद भी नहीं देते। अनेक रूपों से भरा-पूरा यह विश्व हमारे भीतर विस्मय नहीं पैदा करता। चन्द्र-आभा, दीपित तारागण विश्वरूप ही तो हैं। गीताकार के अनुसार श्रीकृष्ण ने अपने भीतर विश्वरूप दिखाया। सच है यह बात। सबके भीतर है विश्वरूप। श्रीकृष्ण जैसा मित्र मिले तो बात बने या अर्जुन जैसी विषादी जिज्ञासा हो तब बन सकती है बात। श्रीकृष्ण ऐसी ही सम्भावना हैं।

श्रीकृष्ण को अतीत में देखना अच्छा नहीं लगता। निस्सन्देह वे इतिहास-

पुरुष हैं लेकिन वे वर्तमान में भी हैं। प्रजेन्ट कान्टीनुअस। सतत् प्रवाह, अन्तहीन। दिग्दिगन्त् और अनन्त। इतिहास के पास ऐसी जगह कहां?इतिहास के पास हृदय नहीं होता। श्रीकृष्ण हृदय में ही खिलते-हहराते हैं। वर्तमान के पास रूखे तर्क हैं कि श्रीकृष्ण काव्य-कल्पना हैं, कि वे इतिहास के पात्र हैं नहीं। तर्क का क्या? न प्रेम, न भाव-विह्वलता। न काव्य, न संगीत। श्रीकृष्ण को आत्मसात करने के लिए प्रेम का आकाश चाहिए। इतिहास के पृष्ठ नहीं। वे इतिहास में नहीं समाते। इतिहास गढ़ते हैं और उसका अतिक्रमण भी करते हैं। श्रीकृष्ण को अंक में भरने के लिए भावविह्वलता का रस चाहिए। प्रतिपल मधुमास और मधुवातायन चाहिए। इठलाती ऊषा के नर्तन में, अरुण-तरुण सूर्य की रश्मियों में, नदी के छन्दस् नाद में, गौओं के चलने से उड़ी धूलि की महक में श्रीकृष्ण ही श्रीकृष्ण हैं। सावन के मेघ या भादो की रात में चमकती विद्युत-दीप्ति में भी वही हैं।

विश्व में अनेक रूप हैं। सारे रूप अलग-अलग और विभाजित दिखाई पड़ते हैं। श्रीकृष्ण ने रूपों को अलग-अलग देखना अनुचित कहा। उन्होंने अर्जुन को बताया कि "जो रूपों में विभाजित इस विश्व को अविभाजित और अखण्ड देखते हैं, वही वास्तव में सत्य देखते हैं।" अस्तित्व एक है। यहाँ रूप, रंग, रस, ध्वनि और स्पर्श के करोड़ों आयाम हैं। सब एक ही सत्ता के रूप-रूप-प्रतिरूप हैं। ऐसा देखना, जानना, अनुभव में लेना ही सुदर्शन है। सुदर्शन कोरा दर्शन नहीं, सुन्दर दर्शन ही है। सुदर्शन गतिशील है। यह गति चक्रीय है। श्रीकृष्ण आकांक्षा-रहित परम वैभव हैं। संग और असंग का असम्भव संग। कृष्णदर्शन का मुख्य सूत्र ही है–अनासक्ति। राग का भरपूर आस्वाद, लेकिन राग से विराग। रसपूर्ण जीना, लेकिन रस-आसक्ति से दूर रहना। कर्म-अभ्यास में डूबना, लेकिन वैराग्य में रहना-अभ्यासेन वैराग्येण च। जीवन के सभी अवसरों पर संग-संग, प्रति प्रसंग, असंग गति। युद्ध में पूरे मन से सम्मिलित रहना लेकिन युद्ध नहीं करना। कृष्ण ने राज्य और राजनीति में जमकर हस्तक्षेप किया लेकिन राजसत्ता से दूर रहे। साधारण किसान की तरह गोपाल बने। असाधारण कलाकार की तरह मुरलीधर।

श्रीकृष्ण सम्पूर्ण रसों के 'महारस' हैं। मधुरस, नृत्यरत भगवत्ता। साधना-रहित सिद्धि। निष्काम कामना। इच्छारहित अभिलाषा। जीवन के हरेक रंग और आयाम में उनकी उपस्थिति है। वे रूप, रंग, हाव, भाव और गतिशीलता में सभी लोकों के मनमोहन हैं। दर्शन आत्मबोध होता है। तर्क-प्रतितर्क पर आधारित निष्कर्ष होते हैं दर्शन में। वे गतिशील नहीं होते। श्रीकृष्ण के सुदर्शन चक्र के केन्द्र में प्रेम-सत्य है

और परिधि पर संसार। कालनियन्ता है इस चक्र का। काल में जन्म है और काल में ही तरुणाई। काल में ज्ञान है और काल के अतिक्रमण में मुक्ति। सुदर्शन चक्र में दर्शन के साथ कालबोध भी है। यह चक्र घूम रहा है। बारंबार। सृष्टि-चक्र चल रहा है। बताते हैं "ऐसा कोई समय नहीं था अर्जुन! जब हम या तुम नहीं थे। हमारा तुम्हारा यहाँ बार-बार आना-जाना हुआ है। मैं यह बात जानता हूँ लेकिन तुम नहीं जानते।" ठीक बात है। प्रकृति सदा से है। रूप परिवर्तनशील है, अनित्य है। मूल चेतना नित्य है, सदा से है। श्रीकृष्ण परम के प्रतिनिधि हैं।

श्रीकृष्ण से जुड़े स्थान, नदीनाम, पर्वत और नगर क्षेत्र प्रत्यक्ष हैं लेकिन कुछ वामपन्थी विद्वान उन्हें इतिहास-पुरुष नहीं मानते। वे श्रीकृष्ण को महाभारत के रचनाकार कवि की कल्पना मानते हैं। महाभारत वस्तुतः इतिहास है, काव्य तो है ही। श्रीकृष्ण की जन्मतिथि 18 जुलाई सन् 3228 ईसापूर्व बताई जाती है। श्रीकृष्ण 3228-3102 ईसापूर्व हैं। महाभारत युद्ध सम्भवतः 3138 ईसापूर्व हुआ था। उन्होंने इसी युद्ध के प्रारम्भ में अर्जुन को गीता का प्रबोधन दिया था। भारत का उपनिषद् प्रवचन महाभारत काल के पहले का है। गीता में उपनिषदों और उनसे जुड़े सन्दर्भ हैं। ऋग्वेद सबसे पुराना है। ऋग्वेद के समाज में मनुष्यों के बड़े समूह का नाम 'जन' है।

ऋग्वेद में अनेक 'जनों' के उल्लेख हैं लेकिन पाँच जनों की चर्चा ज़्यादा है। इन पाँच में एक चर्चित गण 'यदु' हैं। श्रीकृष्ण इसी समूह से सम्बन्धित थे। इनके कुल का नाम था–वृष्णि। महाभारत आदि पर्व में उन्हें 'वृष्णि प्रवीर' और पान्डवों को 'कुरु प्रवीर' बताया गया है। यदु शाखा में वृष्णि के अलावा अन्धक और भोज भी प्रतिष्ठित कुल थे। महाभारत (उद्योग पर्व) के अनुसार सैकड़ों वृष्णि, अन्धक और भोज लेकर कृष्ण-बलराम द्वारिका की ओर गये थे। कृष्ण-बलराम इस समूह में अपने नेतृत्व-क्षमता के कारण प्रमुख हैं, लेकिन वे राजा नहीं हैं। यहाँ श्रीकृष्ण की भूमिका प्रमुख नेता की है।

श्रीकृष्ण के ईश्वर या ब्रह्म होने पर बौद्धिक बहस चलाई जा सकती है लेकिन उन्हें इतिहास से निकालकर काव्य-कल्पना बताना निरा बुद्धि-विलास है। श्रीकृष्ण ने भी साधारण मनुष्य की तरह शिव-उपासना की। अनुशासन पर्व में कृष्ण की शिव-भक्ति की कथा है। श्रीकृष्ण की एक पत्नी जामवन्ती के पुत्र नहीं थे। एक शिवभक्त उपमन्यु ने कृष्ण को शिव-उपासना की सलाह दी। उपमन्यु ने कहा कि

"आप शिव-उपासना करें। इच्छा पूरी होगी।" उपमन्यु से प्रभावित होकर कृष्ण ने शिव की उपासना की।

श्रीकृष्ण योग-विज्ञानी थे। गीता के अन्तिम अध्याय के अनुसार वे योगेश्वर थे। उन्होंने शिव-दर्शन के लिए घोर तपस्या की। उनका तप पूरा हुआ। महाभारत (अनुशासन पर्व) के अनुसार कृष्ण के तप से शिव प्रकट हुए। श्रीकृष्ण ने उपमन्यु को अनुभव सुनाया, "मुझे रोमांच हो गया। नेत्र आश्चर्य से भर गये। 12 आदित्य, 8 वसु, विश्वेदेव इन्द्र, विष्णु और अश्विनी कुमार शिव की स्तुति कर रहे थे।" श्रीकृष्ण यहाँ ऋग्वैदिक काल के देवताओं का उल्लेख करते हैं फिर दिक्-काल की धारणा को भी शिव-आभा में प्रत्यक्ष देखते हैं "पृथ्वी और अन्तरिक्ष, नक्षत्र, ग्रह, शिव को नमस्कार कर रहे थे। मास, पक्ष, ऋतु, रात्रि, संवत्सर, क्षण, मुहूर्त, निमेष, युगचक्र और सभी विद्याएं भी शिव को नमस्कार कर रही थीं।" श्रीकृष्ण ने शिव-स्तुति गाई, "आप ही तप, सत्व, रज, तम और सत्य हैं। आप ब्रह्म, रुद्र, वरुण, अग्नि, मनु, शिव, धाताविधाता, त्वष्टा हैं। आप ही परमेश्वर हैं।" (अनुशासन पर्व 14) श्रीराम ने भी शिव-उपासना की थी। रावण तो शिवभक्त था ही। गीता के कृष्ण दार्शनिक हैं। वे कपिल-दर्शन के सांख्यशास्त्री हैं। वे बाद में पतंजलि द्वारा संहिताबद्ध किए गए प्राचीन योगदर्शन के व्याख्याता हैं। यहाँ वे बहुदेववादी भी हैं, एकेश्वरवादी भी हैं, भक्तिमार्गी हैं, भक्तिवेदान्ती भी हैं। वे प्रकृति हैं, पुरुष हैं, चेतन हैं परब्रह्म भी हैं।

उ0प्र0 का मथुरा-वृन्दावन द्वापर के इस महानायक का क्रीड़ा-स्थल है। सारी दुनिया के लोग यहाँ आते हैं। विश्व के अनेक देशों में श्रीकृष्ण का आकर्षण है। गीता की चर्चा दुनिया में है ही। मथुरा वाले श्रीकृष्ण इतिहास के ही पात्र हैं। महाभारत के श्रीकृष्ण मनुष्य पहले हैं। वे परमसत्ता के प्रवक्ता गीता में हैं। गीता में श्रीकृष्ण जैसा हो जाना प्रत्येक व्यक्ति की सम्भावना है। वे गीता में दर्शनवेत्ता और परमसत्ता हैं, वे बहुधा व्यावहारिक नीति की ही बातें करते हैं। जरासंध से उनका बैर है। जरासंध मथुरा पर हमलावर था। जरासंध के सम्बन्ध में युधिष्ठिर से युद्ध की महत्ता बताते हुए कहते हैं "हम नहीं जानते मृत्यु कब आएगी? रात में या दिन में। यह कभी नहीं सुना कि युद्ध से बचकर कोई अमर हो गया है। वीर पुरुषों का कर्त्तव्य है कि नीतिशास्त्र के अनुसार शत्रुओं पर आक्रमण करें।" यहाँ कृष्ण गीता वाले श्रीकृष्ण से भिन्न हैं। गीता वाले श्रीकृष्ण सभी राजाओं की मृत्यु देख रहे हैं, वे अर्जुन को

निमित्त मात्र बताते हैं। वे मृत्यु के जानकार हैं लेकिन सभापर्व वाले कृष्ण मृत्यु के बारे में गैरज़ानकार हैं। कहते हैं– मैं नहीं जानता मृत्यु कब आएगी?

कंस की पत्नी जरासंध की पुत्री थी। कंस-वध के बाद उसने ही पिता जरासंध को उकसाया था। श्रीकृष्ण जरासंध के हमले से परेशान थे। श्रीकृष्ण ने युधिष्ठिर से कहा, "दोबारा आक्रमण की आशंका से हम मथुरा से भागे। निश्चय किया कि यहाँ की विशाल सम्पत्ति को पुत्रों, भाईयों में बांटकर भाग निकलें। यही सोचकर हमने पश्चिम दिशा की शरण ली।" (सभा पर्व 14.48-49) जरासंध मारा गया। कृष्ण ने गीता जैसी दार्शनिक टिप्पणी नहीं की, उन्होंने सारा श्रेय नियति को दिया "भाग्य से ही अर्जुन और भीम बिना नुकसान उठाए सकुशल बचे।" श्रीकृष्ण सामान्य मनुष्य जैसी चिन्ता, भाव-उद्वेग लेकर ही आजीवन कर्मरत रहे।

गीता (10.37) में कृष्ण ने अपने अनेक रूपों का परिचय देते हुए स्वयं को 'वृष्णीनां वासुदेवो अस्मि'–वृष्णियों में मैं 'वासुदेव' बताया है। डॉ. राधाकृष्णन् ने गीता के अनुवाद की भूमिका (पृष्ठ 30) में बताया है कि "कृष्ण प्राचीन यदुवंश की वृष्णि या सात्वत शाखा में उत्पन्न हुए थे और उन सिद्धान्तों का प्रचार करते थे जो उन्होंने घोर अंगिरस से सीखे थे।" घोर अंगिरस का उल्लेख छान्दोग्य उपनिषद् में आया है। उपनिषद् (3.17.6) में अंगिरस ने कृष्ण को शिक्षा दी है "तू अविनश्वर है, तू अविचल है, तू प्राण है।" महाभारत में कृष्ण की कई भूमिकाएं हैं। वे संगठनकर्त्ता हैं। वे नीति-उपदेशक हैं। वे युद्ध-संचालक हैं। वे रणनीतिकार भी हैं। वे दार्शनिक भी हैं।

प्राचीन इतिहास में अयोध्या का इक्ष्वाकु वंश है। 'इक्ष्वाकु' मनु के वंशज हैं और ऋग्वेद मे हैं, श्रीराम उनके वंशज हैं। यही परम्परा सूर्यवंश कहलाई। इसी प्रकार एक चन्द्रवंश भी है। इसके संस्थापक पुरुरवा ऐल थे। पौराणिक अनुश्रुतियों के अनुसार यह वंश मनु की पुत्री इला से आगे बढ़ा और ऐल वंश कहलाया। प्राचीन आर्यों की कई धाराएँ थीं, लेकिन दो को ज़्यादा ख्याति मिली। इक्ष्वाकु वाली धारा का केन्द्र अयोध्या था और पुरुरवा वाली धारा का प्रतिष्ठान था। यह केन्द्र प्रयाग के निकट झूंसी के पास था। पुरुरवा के पौत्र नहुष थे। नहुष के पुत्र ययाति थे। ययाति के 5 पुत्र थे–यदु, तुर्वसु, द्रह्यु, अनु और पुरु।

ययाति के पुत्रों के नाम ऋग्वैदिक समाज के पाँच जनों अर्थात समूहों की याद दिलाते हैं। ऋग्वेद में इन्हीं 5 नामों वाले बड़े समूह 'जन' हैं। पुरु प्रतिष्ठान

के राजा बने, सो ऐल वंश पौरव कहलाया। प्रतिष्ठान के दक्षिण-पूरब में तुर्वसु ने राज्य बनाया। डा0 सत्यकेतु के अनुसार यदु का राज्य पश्चिम के केन, बेतवा और चम्बल नदियों के प्रदेश में स्थापित हुआ। यही परम्परा आगे यादव कहलाई। इसी परम्परा में राजा शशिबिन्दु भी हुए। यदु परम्परा की एक शाखा ने विदर्भ में राज्य बनाया। इस शाखा में राजा मधु, फिर चौथी पीढ़ी में सत्वत, फिर सत्वत के पुत्र राजा भीम हुए। मथुरा के शासक सात्वत वंश के राजा से श्रीराम के भाई शत्रुघ्न ने इस राज्य को जीत लिया। शत्रुघ्न के दो पुत्र थे सुबाहु और सूरसेन। सूरसेन के नाम से मथुरा क्षेत्र शौरसेन कहा गया। शत्रुघ्न की मृत्यु के बाद इस क्षेत्र को भीम सात्वत यदुवंशी ने जीत लिया। भीम सात्वत के दो विख्यात पुत्र अन्धक और वृष्णि हुए। इनके अलग-अलग राज्य व वंश चले। कृष्ण वृष्णिवंशी थे और कंस अन्धकवंशी।

श्रीकृष्ण की कर्मकुशलता और क्षमता अद्‌भुत थी। उन्होंने अपनी क्षमता का विकास किया। वे बहुत बड़े समूह-समाज के नेता-नायक बने। बड़े समूह को साथ लेकर चलने में तमाम कठिनाइयाँ आती हैं, परिवार भी साथ नहीं देता। श्रीकृष्ण इस दुःखद परिस्थिति से भी गुज़रे। श्रीकृष्ण ने नारद को अपनी व्यथा सुनाई "मैं अपनी प्रभुता के माध्यम से समाज व परिवारीजनों को अपना दास नहीं बनाना चाहता। मैं अपनी प्राप्ति का आधा भाग परिवार को देता हूँ, बाकी का उपभोग करता हूँ, उनकी आक्रामक बातों को सहता हूँ। परिवार के लोगों के कड़वे वचन मेरे हृदय को मथते रहते हैं।" परिवार-संचालन और लोकमंगल के कर्म साथ-साथ चलाना कठिन होता है। श्रीकृष्ण भी अपने परिवार और लोकमंगल कर्म के साथ समन्वय न बना पाने से दुःखी हैं। कौरव-पाण्डव विवाद में श्रीकृष्ण पाण्डवों की तरफ थे लेकिन बलराम असहमत थे।

श्रीकृष्ण ने राजा विराट के घर ढेर सारे राजा बुलाये। उन्होंने तमाम राजाओं के बीच कहा "शकुनी ने छल करके युधिष्ठिर को जुए में हराया। इन्हें 12 वर्ष का वनवास और 1 वर्ष का अज्ञातवास दण्ड मिला। पाण्डवों को कौरवों ने युद्ध में नहीं हराया। छल ही हुआ। दुर्योधन राज्य नहीं देता, युद्ध करेगा, तो इन्हें भी बाध्य होकर युद्ध करना होगा तब सारे कौरव मारे जायेंगे।" (उद्योग पर्व 1.22) यहाँ श्रीकृष्ण के अनुसार "पाण्डव युद्ध नहीं करना चाहते लेकिन युद्ध हुआ तो कौरव मारे जाएँगे।" श्रीकृष्ण की घोषणा ध्यान देने योग्य है। श्रीकृष्ण ने युद्ध-परिणाम की घोषणा पहले कर दी है।

कौरव और पाण्डव एक ही परिवार से थे। सत्ता-सम्पदा को लेकर युद्ध के तनाव में थे। श्रीकृष्ण के आंकलन में पाण्डव शक्तिशाली थे लेकिन बलराम के आकलन में कौरव। बलराम ने साफ-साफ कहा–"कौरव अधिक शक्तिशाली हैं, शक्ति के कारण ही उन्होंने पाण्डवो के राज्य पर अधिकार किया। युधिष्ठिर की जुआ-आसक्ति के कारण राज्य गया। युद्ध की इच्छा किसी में भी नहीं होनी चाहिए। युद्ध में अनीति होती है।" (वही 2.14) श्रीकृष्ण-बलराम में मत-भिन्नता है। परिवार की मत-भिन्नता के बावजूद सुनिश्चित मार्ग पर ही चलना श्रीकृष्ण की विशेषता है। कृष्ण द्वारका में थे। दुर्योधन और अर्जुन दोनो ही युद्ध में मदद माँगने पहुँचे। सेना दुर्योधन को मिली, युद्ध में रहकर भी न लड़ते हुए श्रीकृष्ण का साथ अर्जुन को मिला।

महाभारत भारत का बड़ा युद्ध था। डॉ. सत्यकेतु (प्राचीन भारतीय इतिहास का वैदिक युग, पृष्ठ 169) ने बताया है कि आर्यावर्त के प्रायः सभी राजा इस युद्ध में शामिल हुए। मगध के राजा सहदेव पाण्डवों की तरफ थे। काशी, पूर्वी, कौशल, पंचाल, मत्स्य, चेदि, कारुष भी पाण्डव-पक्ष में थे। विदेह, अंग, बंग, कलिंग कर्ण के नेतृत्व में कौरव-पक्ष में थे। असम के राजा भगदत्त भी इसी तरफ थे। उत्तर-पश्चिमी भारत के कय, शिवि, सिन्धु, सौवीर, गान्धार, त्रिगर्त, मद्र, क्षुद्रक, मालव, अम्बष्ट और कम्बोज भी कौरव-पक्ष में थे, लेकिन वृष्टि राज्य के अधिपति (राजा नहीं) श्रीकृष्ण पाण्डवों की तरफ थे।

विराट असीम है, इसकी अनुभूति आसान नहीं। सम्पूर्णता की अनुभूति बिरलों को ही हो पाती है। फिर बारी आती है अपनी अनुभूति को बताने की। जानना कठिन है। जाने हुए को समझाना और भी कठिन। सभी जानकारों ने अपनी अनुभूति शब्दों के माध्यम से ही बताई है। भक्त शब्द प्रयोग करते हैं, भजन गाते हैं, नृत्य करते हैं लेकिन पूरा अनुभव तो भी नहीं बता सकते। भारत ने श्रीकृष्ण को ईश्वर का अवतार कहा, 16 कलाओं से युक्त परमेश्वर कहा। सर्वज्ञ कहा। प्रेम को आधार बनाकर प्रेम का अवतार कहा। महाभारत के कर्म को आधार बनाकर कौटिल्य का पूर्ववर्त्ती राजनीतिज्ञ भी बताया लेकिन शब्दों की सीमा है। असीम को सीमाबद्ध करने के लिए भक्त का हृदय चाहिए। अस्तित्व विराट है, अनन्त है, असीम है लेकिन भक्तों की हिम्मत देखिए। वे विराट को श्रीकृष्ण के व्यक्तित्व के भीतर देखने में सफल हुये। श्रीकृष्ण भारतीय भावशक्ति के महानायक हैं।

आनन्द प्रत्येक जीव की सहज प्यास है। ईश्वर सत्-चित्-आनन्द कहा गया। लेकिन देखा गया रूपों में। ऋग्वेद के ऋषि गाते हैं "एक ही परम ऊर्जा रूपं-रूपं-प्रतिरूपों में प्रकट होती है।" रात्रि एक रूप है, जगत् को आच्छादित करती है। सूर्य तेजोमय हैं। चन्द्र-सौन्दर्य की कलाएँ मनोहारी हैं। दीपित नक्षत्र आनन्द-मगन करते हैं। सृष्टि की ध्वनि-प्रकृति मधुछन्दा है। रस-प्रवृत्ति में मधुरस है। वायु-प्रवाहों में मधुवातायन है। रूप, रस, स्पर्श, गन्ध और श्रवण के आनन्द में परमसत्ता अखण्ड है। यह प्रकृति अखण्ड परमसत्ता का विस्तार है। वह अव्यक्त है, प्रकृति व्यक्त है। व्यक्त की इकाई व्यक्ति है, सीमित है। भारतीय चिन्तन में श्रीकृष्ण अव्यक्त और व्यक्त की परिपूर्ण आभा वाले व्यक्ति हैं। वे इतिहास हैं, पुराण हैं, अध्यात्म हैं और विश्वरूपा हैं। भारत का मन श्रीकृष्ण में रमता है।

'विराट असीम है, इसकी अनुभूति आसान नहीं। सम्पूर्णता की अनुभूति बिरलों को ही हो पाती है। फिर बारी आती है अपनी अनुभूति को बताने की। जानना कठिन है। जाने हुए को समझाना और भी कठिन। सभी जानकारों ने अपनी अनुभूति शब्दों के माध्यम से ही बताई है। भक्त शब्द प्रयोग करते हैं, भजन गाते हैं, नृत्य करते हैं लेकिन पूरा अनुभव तो भी नहीं बता सकते। भारत ने श्रीकृष्ण को ईश्वर का अवतार कहा, 16 कलाओं से युक्त परमेश्वर कहा। सर्वज्ञ कहा। प्रेम को आधार बनाकर प्रेम का अवतार कहा। महाभारत के कर्म को आधार बनाकर कौटिल्य का पूर्ववर्त्ती राजनीतिज्ञ भी बताया लेकिन शब्दों की सीमा है। असीम को सीमाबद्ध करने के लिए भक्त का हृदय चाहिए। अस्तित्व विराट है, अनन्त है, असीम है लेकिन भक्तों की हिम्मत देखिए। वे विराट को श्रीकृष्ण के व्यक्तित्व के भीतर देखने में सफल हुये। श्रीकृष्ण भारतीय भावशक्ति के महानायक हैं।'

उत्सव–तीर्थ और कुम्भ

14

उत्सव -तीर्थ और कुम्भ

हिन्दू-जीवन सामूहिकता में रसपूर्ण होता है। यहाँ प्रतिपल उत्सव हैं। राम और कृष्ण के जन्म की तिथियाँ उत्सव हैं। दीपावली, होली, सूर्य-पूजा की तिथियाँ उत्सव हैं। हिन्दुत्व आनन्दधर्मा है। यहाँ आनन्द की गहनता है और आनन्द का अतिरेक 'उत्सव'। उत्स 'मूल' का पर्यायवाची है। मनुष्य अपने मूल अन्तस-उत्स से जुड़कर आनन्दित होता है। मनुष्य की तरह समाज का भी मूल 'उत्स' होता है। समाज का मूल उत्स 'संस्कृति' है। समाज की अन्तर्निहित ऊर्जा का समवेत अतिरेक ही उत्सव है। भारतीय संस्कृति के उत्सवों का अन्तःप्रेरण भरीपूरी यह प्रकृति है। प्रकृति में नियमबद्धता है। ग्रीष्म, वर्षा, शिशिर, हेमन्त, पतझड़ और बसन्त ऋतु-रूप हैं। बसन्त परिपूर्ण प्राकृतिक तरुणाई है।

होली

'होली' बसन्तोत्सव का चरम है। यह जम्बूद्वीप भरतखण्ड का 'उन्मुक्त उल्लास' है। माथे पर चन्दन, गाल में अबीर, गुलाल, रोली, गीत, नृत्य में झूमती भारतीय जन-गण-मन की टोली और हँसी-ठिठोली का साझा नाम है 'होली'। काम और राम का साथ, राधा और कान्हा का रास, गरीब और अमीर की गलमिलौवल, अवनि-अम्बर की एकात्मकता। सातों सुर और सातों रंगों से सराबोर होली 'राष्ट्रीय आनन्द' है। वात्स्यायन के कामसूत्र (1.4.42) में यह एक 'बसन्तोल्लास क्रीड़ा-पर्व' है।

'होली' नृत्य-मगन 'राष्ट्रीय उत्सव' है। कुछ विद्वानों ने इसे मिस्र या यूनान

से आयातित बताया है। होली जैसा उत्सव बेशक मिस्र में था, यूनान में भी था। ऐसे क्षेत्रों से भारत के व्यापारिक सम्बन्ध थे। जैमिनि ने 'होलाका' पर्व का उल्लेख (400-200 ईसापूर्व) किया और लिखा कि 'होलाका' सभी आर्यों का उत्सव था। आचार्य हेमाद्रि (1260-70 ई.) ने पुराण-उद्धरणों से होली की प्राचीनता बताई है। होली की परम्परा उत्सवधर्मा भरतभूमि में उगी। सम्भव है कि मिस्र और यूनान ने भी इसकी नकल की हो।

भारतीय पूर्वजों का सौन्दर्य-बोध अप्रतिम है। होली में सब रंग हैं। सातों सुर हैं। उत्सवधर्मिता प्राचीन राष्ट्र के सामाजिक-सांस्कृतिक विकास का परिणाम है। इसका उत्स पूर्व वैदिककाल में है, 'उत्सव' ऋग्वेद में हैं। ऋग्वैदिक पूर्वज सृजनशील थे। सृजनशीलता का परिणाम ही वैदिक ऋचाएँ-कविताएँ हैं। गीत के साथ संगीत भी है। भाषा और संगीत के साथ नृत्य है। रूप, रस, गन्ध, स्पर्श की अनुभूति से आनन्द-रस का अतिरेक छलकता है। यही आनन्द 'उत्सव' बनता है। ऋषि-कवि उत्सवों के खेल में देवताओं को भी साझीदार बनाते हैं। वे मरुतों को उत्सव 'क्रीडन्ति' बताते हैं। सोम को घोड़े के समान खेलने वाला बताते हैं, लेकिन सूर्य और अग्नि बड़े देवता हैं। 'सूर्य' ऋतुएँ विभाजित करता है, 'अग्नि' ऋतु-निर्माणकर्ता है। वे अग्नि से कहते हैं कि "वह खेलता हुआ हमारी ओर आए।"(ऋ. 5.19.5)

होली की तमाम कथाएँ हैं। भविष्य पुराण के अनुसार कृष्ण ने युधिष्ठिर को बताया कि राजा रघु के पास ढोण्ढा नामक राक्षसी की शिकायत हुई, यह बच्चों को तंग करती थी। रघु को ज्योतिषियों ने बताया कि उसे देवों का वरदान है। वरदान के अनुसार उसे खेलते हुए बच्चों से डरना चाहिए। ज्योतिषी ने बताया कि फाल्गुन पूर्णिमा को लोग-बच्चे हँसें, ताली बजाएँ, तीन बार अग्नि के चक्कर लगाएँ, पूजा करें। ऐसा ही किया गया, वह मर गयी। प्रह्लाद की कथा दूसरी है। हिन्दुस्थान के उत्तर-पूर्व में दैत्यों-दानवों का क्षेत्र ईरान, एशिया, रूस का दक्षिणी-पश्चिमी हिस्सा और गिलगिट तब इलावर्त था। बेबीलोनिया को प्राचीन गुफाओं के भित्तिचित्रों में 'विष्णु' हिरण्याक्ष से युद्धरत हैं। 'हिरण्याक्ष' हिरण्यकशिपु का भाई था। प्रह्लाद हिरण्यकशिपु का पुत्र था। वह पिता की दैत्य-परम्परा का विरोधी था। तब उसे आग में झोंका गया, कथा के अनुसार वह बच गया। ढेर सारी कथाएँ हैं। लोकमन आनन्द-मगन होकर कथा गढ़ता है। कथाओं के सांस्कृतिक स्रोत सत्य होते हैं।

'होली' भारत के सांस्कृतिक राष्ट्रभाव की उल्लासधर्मा अभिव्यक्ति है। होली पूरे बरसभर की ऊर्जा है। परिपूर्ण उत्सव है। सारा मानसिक कलुष बाहर फेंक देने

का उन्मुक्त मुहूर्त है। होली सम्पूर्ण मानव-समाज को अंगांगी भाव से अंगीकृत करने का नेह-निमन्त्रण है। होली महोत्सव है। विजयादशमी, मकर संक्रान्ति, नवसम्वत्सर और स्वतन्त्रतादिवस-गणतन्त्रदिवस आदि सभी उत्सव भारत का मन समवेत करते हैं। यहाँ क्षेत्रीय उत्सव भी हैं और राष्ट्रीय स्तर के भी।

कुम्भ

'कुम्भ' भी ऐसा ही महोत्सव है। कुम्भ भारत की भू-सांस्कृतिक आस्था का दर्शन-दिग्दर्शन है। कुम्भ में लोक-अभिव्यक्ति है।

सांस्कृतिक समरसता है। कुम्भ में सामगान जैसा काव्यतत्व है, लोक-आनन्द की अनुभूति है और तमाम असम्भवों के संगम हैं। गंगा-यमुना दृश्य हैं लेकिन सरस्वती अदृश्य होकर भी उपस्थित हैं। तमाम अखाड़े हैं। भिन्न-भिन्न जातियों के लोग यहाँ आते हैं। कुम्भ सबकी प्रीति है। देश के उत्तर-दक्षिण और पूरब-पश्चिम से श्रद्धालु भी आते हैं। संविधानवादी, राष्ट्रवादी, अल्पसंख्यकवादी, ईश्वरवादी, अनीश्वरवादी भी अपने-अपने आग्रह लेकर आते हैं। व्यापारी अपना शुभ-लाभ वाला दृष्टिकोण लाते हैं। बावजूद इसके सबकी आस्था कुम्भ है। कुम्भ अचरज है। हज़ारों विदेशी नागरिक भी विश्ववारा हिन्दू-संस्कृति का आनन्द लेने आते हैं। इनमें अमेरिकी होते हैं, इसराइली भी और फ्रांसीसी तथा स्पेनी भी। कुम्भ भी भारतीय तत्वज्ञान की ही तरह एक वैश्विक जिज्ञासा है।

आखिरकार यह कुम्भ है क्या? कुम्भ सांस्कृतिक प्रतीक 'घड़ा' है। यह ऋग्वेद, यजुर्वेद, अथर्ववेद और उपनिषद् तथा पुराणों में भी मौजूद है। ज्योतिष-विज्ञान में सूर्य की बारह राशियों में एक राशि 'कुम्भ' है। मंगलकार्य में कुम्भ-कलश की स्थापना होती है। पुराणों के अनुसार कलश के मुख में विष्णु, ग्रीवा में रुद्र और मूल में ब्रह्मा रहते हैं। सप्तसिन्धु, सप्तद्वीप, ग्रह-नक्षत्र और सम्पूर्ण ज्ञान भी कुम्भ-कलश में होते हैं। पुराणकथा के अनुसार सागर-मंथन से निकले विष को शंकर पी गये, लेकिन मंथन से निकले अमृत-कुम्भ पर युद्ध हो गया। एक मत के अनुसार जयंत व दूसरे मत के अनुसार गरुड़ कुम्भ लेकर भाग निकले। भागम भाग में अमृत घटक चार जगह छलका। स्कंद पुराण के अनुसार "हरिद्वारे, प्रयागे च धारा गोदावरि तीरे-हरिद्वार, प्रयाग, धारानगरी (उज्जैन) और नासिक (गोदावरी-तट) पर यह अमृत गिरा।" मरणधर्मा मनुष्य की अमृतधर्मा प्यास ने सब जगह कुम्भ मेले लगाये।

कुम्भ यूरोपीय आकर्षण का केन्द्र भी रहा। वायसराय लिन लिथगो ने 1942 का कुम्भ देखा और मदनमोहन मालवीय से आश्चर्यपूर्वक पूछा कि इतने लोगों को

निमन्त्रित करने में आयोजकों का बड़ा धन, श्रम लगा होगा? मालवीय जी ने बताया कि सिर्फ़ दो पैसे का पंचांग देखकर ही यहाँ लाखों लोग आये हैं। गांधीजी ने अफ्रीका से लौटकर कुम्भ देखा, सम्मोहित हो गये। पं. जवाहरलाल नेहरू ने 'मेरी कहानी' में लिखा, "वास्तव में यह समग्र भारत था। कैसा आश्चर्यजनक विश्वास जो हज़ारों वर्षों से इनको, इनके पूर्वजों को देश के कोने-कोने से खींचकर लाता है?" कुम्भ ने सबको खींचा, सबको सींचा।

'सागर-मंथन' की दार्शनिक विवेचना ध्यान देने योग्य है। भारतीय तत्व-वेत्ताओं की दृष्टि में 'सागर' संसार है। सागर को 'गागर' में भरने का यत्न ही 'कुम्भ' है। विज्ञान की दृष्टि में सागर का अधिकांश हिस्सा जल है। संसार का भी अधिकांश हिस्सा जल है। सागर में नमक है। मनुष्य में भी नमक है। दोनों का नमक-अनुपात लगभग बराबर है। चन्द्र-किरणें सागर में हलचल लाती हैं, वे मनुष्य-शरीर में भी उत्ताप लाती हैं। हिन्दू ऋषियों ने व्रत-उपवास में इसीलिए नमक-निषेध किया। नमक-अनुपात ठीक रखने का अनुष्ठान चलाया। पौराणिक 'सागर-मंथन' का असल मतलब 'संसार-मंथन' है। संसार में अमृत है, विष भी है। जो विषपायी है, वह 'शिव' है और जो अमृत के लिए युद्धरत हैं, वे मनुष्य हैं। कबीर ने गाया "जल में कुम्भ, कुम्भ में जल है, बाहर-भीतर पानी। फूटा कुम्भ जल जलहि समाना, यह तत कथ्यो ज्ञानी।" सृष्टि का आदिस्रोत जल है। मनुष्य की काया मिट्टी है तो कुम्भ की काया भी मिट्टी है, लेकिन अन्तर्वस्तु पानी है। वैदिक ऋषि जल को अमृत बताते हैं।

कुम्भ पर्व प्रारम्भिक काल में धर्म-संसद का अमृतपर्व था। सागर-मंथन दरअसल 'संसार-मंथन' था। तब विसंगतियों, रूढ़ियों को छोड़ने और सारतत्व को खोजने पर शास्त्रार्थ थे। कुम्भ में जाति-बिरादरी का भाव नहीं रहता, लेकिन जाति-पाँति का मन:अन्तस मजबूत है। बाजार मुँह बाए खड़ा है। प्रसाद अब दिव्य अनुकम्पा नहीं है, महँगी उपभोक्ता सामग्री है। योग सहज उपलब्ध नहीं है, उसकी भी महँगाई है। दान की जगह अनुदान है। श्रद्धा की जगह पर्यटन है। सुभाषित की जगह विज्ञापन है। भजनों-कीर्तनों की जगह रीमिक्स गायन है। कुम्भ-घट रीता-रीता है। स्नान-अर्घ्य के लिए शुद्ध जल का अभाव है। बावजूद इसके यहाँ गहन लोक-आस्था है। आस्था अमर है। आस्था चिरंतन है और जाँची-परखी है। भारतीय संस्कृति भी चिरंतन है। विश्व कुम्भ के प्रति आकर्षण में है। कोई आश्चर्य से देखता है, कोई भौतिक विज्ञानी होकर, तो कोई ईर्ष्यावश। वहीं ज़्यादातर श्रद्धावश उन्मुख रहते हैं। एक नये सागर-मंथन की आवश्यकता है। सत्य, शिव और सुन्दर के लिए सागर-मंथन अनिवार्य है।

तीर्थ

हिन्दू-मेधा ने सौरमण्डल के सदस्यों-ग्रहों की गति का सूक्ष्म निरीक्षण किया था। समय के विश्लेषण से कुम्भ-पर्व आया। पर्व समय के गर्भ से आये और तीर्थ 'नदी-प्रवाह' के विश्लेषण से। ऋग्वेद में 'तीर्थ' शब्द अनेक जगह आया है। यहाँ (ऋ.1.169.6) 'तीर्थे नार्यः पौस्यानि तस्थु', तथा 'तीर्थे नाच्छा तातृषाणमोको' (1.173.11) में तीर्थ का मतलब सुगम मार्ग है, लेकिन 'तीर्थे सिन्धुनां रथः' (1.146.8) व 'सुतीर्थर्भवती यथानु नो नेषथा सुगम' (8.47.11) में इसका अर्थ नदी का उथला स्थान है। यहाँ उथले स्थान से नदी-पार करने में सुविधा वाले स्थान 'तीर्थ' हैं। ऋग्वेद (10.3.13) में 'तीर्थे न दस्ममुप यन्व्यूमाः' में तीर्थ का मतलब 'पवित्र स्थान' है। यहाँ यज्ञ में प्रयुक्त पवित्र पदार्थों की तुलना तीर्थ से की गयी है।

महाकवि रवीन्द्रनाथ टैगोर ने 'साधना' में तीर्थ की प्रशंसा की है, "भारत ने तीर्थयात्रा के स्थलों को वहाँ चुना, जहाँ प्रकृति में कुछ विशिष्ट रमणीयता या सुन्दरता थी, जिससे कि उसका मन संकीर्ण आवश्यकताओं के ऊपर उठ सके और अनन्त में अपनी स्थिति का परिज्ञान कर सके।" ऋग्वेद में भी 'सिन्धुनां तीर्थे' शब्द आया है। तीर्थ भौतिक विश्लेषकों की दृष्टि में नदी के उथले स्थल थे, लेकिन भावजगत में उनका विशेष आकर्षण था। आज भी है। ऋग्वेद के सातवें मण्डल के सूक्त 49 की चार ऋचाओं में जलदेवियों (दिव्य शक्तियों) की स्तुति है। इसी सूक्त की प्रथम ऋचा में जल को 'पुनाना' (पवित्र) करने वाला बताया गया है। ऋग्वेद में नदियों के प्रति श्रद्धा और आकर्षण वाले अनेक मन्त्र हैं, लेकिन प्रयाग की महत्ता और भी विज्ञान-सिद्ध है।

प्रयाग 'संगम' है। प्रयाग 'तीर्थराज' है। संगम में ज्ञान और शोध की नदी 'सरस्वती' हैं। 'गंगा' और प्रेमरस से सराबोर 'यमुना' भाव-विह्वल गलमिलौवल करती हैं। ऋग्वेद के कवि 'इमें में गंगे, यमुने सरस्वती शतुद्रि' गाकर इनकी स्तुति करते हैं। सृष्टि के सभी रूप यहाँ एकात्म हैं। सत्व, रज और तम तीनों गुण। सर्जक-ब्रह्मा, पालक-विष्णु और संहारक रुद्र। प्रोटान, इलेक्ट्रान और न्यूट्रान क्रमशः स्थिरता, गतिशीलता, उदासीनता तथा देव, दैत्य और मनुष्य भी यहाँ एक जगह आ मिलते हैं। नाम, रूप, सगुण, अगुण और निर्गुण सब अद्वैत हो जाते हैं। 'प्रयाग' शब्द में 'प्र' अभिजात्य है, 'याग' यज्ञवाची है। 'प्रयाग' यज्ञ की विशिष्ट भूमि है। पाणिनि ने संस्कृत का प्रथम विश्वविख्यात व्याकरण ग्रन्थ 'अष्टाध्यायी' यहीं लिखा। वैसे 'प्रयाग कुम्भ-परम्परा' के स्थापन का श्रेय आदि शंकराचार्य को मिलता है। चीनी

यात्री ह्वेनसांग (सन् 644) ने प्रयाग में जन-संगमन की प्रशंसा की। तुलसी की रामचरितमानस में यहाँ की भू-सांस्कृतिक आस्था परवान चढ़ी है उन्होंने इसे 'छेत्रु अगमगढ़ गाढ़ सुहावा' कहा।

प्रकाश उत्सव

हिन्दू-चित्त 'प्रकाश-अभीप्सु' है। अस्तित्व अपने मूल में प्रकाश-रूपा है। अष्टावक्र ने जनक की सभा में कहा था, "वह ज्योर्तिएकम् है।" हंसोपनिषद् में अस्तित्व को ऊर्ध्व गतिशील पक्षी के रूपक में समझाया गया है। "यह पक्षी हंस जैसा है। अग्नि और सोम इसके दो पंख हैं। समय और अग्नि भुजाएँ हैं।" मन्त्र का अन्तिम भाग अप्रतिम प्रकाशवाची है। बताते हैं, "एषो असो परमहंसौ भानुकोटि प्रतीकोशो येनेदं व्याप्तं-यह परमहंस करोड़ों सूर्यों के तेज जैसा प्रकाशमान है। इसका प्रकाश सम्पूर्ण अस्तित्व को व्याप्त करता है।" छोटा-मोटा प्रकाश नहीं, करोड़ों सूर्यों का प्रकाश। गीता में अर्जुन ने विराट रूप देखा। उसे भी 'दिव्य सूर्य सहस्राणि' की अनुभूति हुई। यजुर्वेद में सोम से कहते हैं कि आप 'ज्योतिरसि विश्वरूपं' हैं। ऋग्वेद के नासदीय सूक्त में सृष्टि उदय के पूर्व गहन अन्धकार है। तब रात या दिन नहीं हैं। फिर प्रकाश है।

भारतवासी सभा-गोष्ठी में दिन में भी दीप जलाते हैं। स्वयं के बनाए, स्वयं के जलाए दीपों को नमस्कार करते हैं। साँझ आती है। विद्युत-चालित प्रकाश-उपकरण सक्रिय किए जाते हैं। हम उन्हें भी नमस्कार करते हैं। प्रकाश को नमस्कार सांस्कृतिक परम्परा है। प्रकृति अनेक रूपों में व्यक्त होती है। छान्दोग्य उपनिषद् के ऋषि ने बताया है कि "प्रकृति का सर्वोत्तम प्रकाश रूपा है।" मनुष्य का सर्वोत्तम 'प्रतिभा' कहा जाता है। 'प्रति-भा' प्रकाश इकाई है। आभा और प्रतिभा भी प्रकाशवाची हैं। जहाँ-जहाँ 'प्रकाश', प्रकृति का 'सर्वोत्तम', वहाँ-वहाँ 'प्रतिभा'। 'प्रकाश-दीप्ति' एक विशेष अनुभूति देती है। पूर्वजों ने प्रकाश-दीप्ति की अनुभूति को 'दिव्यता' कहा। जो भारत में दिव्य है, अंग्रेजी में 'डिव'। सूर्य-प्रकाश में वही 'दिवस' है। इसी की अन्तः अनुभूति दिव्यता या डिवाइनटी है। इसलिए जहाँ-जहाँ दिव्यता, वहाँ-वहाँ देवता। हिन्दुओं ने जहाँ-जहाँ प्रकाश पाया, वहाँ-वहाँ 'देव' देखा और माथा टेका। सूर्य प्रत्यक्ष देवता हैं। सूर्य नमनीय हैं। प्रकाशदाता हैं।

प्रकाश का मूल स्रोत रहस्य है। कहाँ से आता है यह प्रकाश? इसका ईंधन क्या है? प्रकाश का यह स्रोत अजर और अमर जान पड़ता है। कठोपनिषद्, मुण्डकोपनिषद् व श्वेताश्वतर उपनिषद् में एकसाथ आए एक रम्य मन्त्र में उसी

विराट प्रकाश का संकेत है "न तत्र सूर्यो भाति, न चन्द्रतारकम्। नेमा विद्युत भान्ति कुतोऽयमग्नि–उस विराट प्रकाश-केन्द्र पर सूर्य नहीं चमकता और न ही चन्द्र अथवा तारागण। वहाँ विद्युत और अग्नि की दीप्ति भी नहीं है।" आगे बताते हैं "तमे भान्तमनुभाति सर्वं, तस्य भासा सर्व इदं विभाति–उसी एक प्रकाश से ये सब प्रकाशित होते हैं।"

हिन्दू-चिन्तन में 'अन्धकार' अज्ञानवाची है। दिवस 'श्रम' है, रात्रि 'विश्रम'। 'दिवस' बहिर्मुखी यात्रा है—स्वयं से दूर की ओर गतिशील। 'रात्रि' दूर से स्वयं की ओर लौटना है। 'रात्रि' आश्वस्ति है। रात्रि का सन्देश है—"अब स्वयं को स्वयं के भीतर ले जाओ। अपने ही आत्म में करो विश्राम।" दिनभर कर्म। कर्मशीलता में थके, टूटे, क्लांत चित्त को विश्राम की प्रशान्त मुहूर्त देती है 'रात्रि'। 'तमस्' जीवन का भाग है, इसीलिए प्रति दिवस एक रात गहन तमस के हिस्से है। प्रत्येक मास अमावस्या आती है। सम्भवत: यही बताने कि 'तमस्' भी संसार का अंग है।

रात्रि में चन्द्रप्रकाश होता है। क्रमश: घटता-बढ़ता हुआ। अमावस्या अन्धकार से परिपूर्ण रात्रि है। जान पड़ता है कि अमावस ही चन्द्रमा की अवकाश-रात्रि है। उस रात की आकाशगंगा दीप्तिमान बहती है। सभी तारे और नक्षत्र अपनी पूरी ऊर्जा में प्रकाश देने का प्रयास करते हैं लेकिन अमावस का अन्धकार नहीं भेद पाते। अमावस अपने प्रभाव-क्षेत्र को तमस् से भर देती है। वैसे ही पूर्णिमा प्रकाश से भरती है। तमस् और प्रकाश की अनुभूति प्रतिदिन भी उपस्थित होती है। सूर्योदय से सूर्यास्त तक का काल प्रकाशपूर्ण और सूर्यास्त से सूर्योदय तक तमस्-प्रभाव। तमस् और दिवस प्रतिपल भी घटते हैं जीवन में। आलस्य, प्रमाद, निष्क्रियता, निराशा और हताशा के क्षण तमस्काल हैं। उत्साह और उल्लास के क्षण प्रकाश-प्रेरणा हैं।

'तमसो मा ज्योतिर्गमय' की स्तुति में 'प्रकाश' प्रियतम 'आकांक्षा' है। 'पूर्णिमा' परिपूर्ण चन्द्र-आभा है। शरद्-पूर्णिमा की रात चन्द्र-किरणें धरती तक उतरती हैं अपनी सम्पूर्ण कलाओं के साथ, ऐसी मान्यता है। वैदिक ऋषि इसी तरह की 'सौ पूर्णिमा' देखना चाहते थे। 'जीवेत शरदं शतम्' में सौ शरद देखने की प्यास है। शरद-चन्द्र अपनी पूरी आभा में स्थावर-जंगम पर अमृत-रस बरसाता है। 'शरद-पूर्णिमा के ठीक 15 दिन बाद की अमावस्या गहन अन्धकार लाती है। 'हिन्दू विवेक' ने बहुत सोच-समझकर इसी अमावस्या को झकाझक प्रकाश से भर दिया।

पूर्वजों ने अमावस को अपने कर्म से 'प्रकाश-पर्व' बनाया। शरद्-पूर्णिमा की रात रस, गन्ध, मधु, ऋत और मधुआनन्द, तो 15 दिन बाद झमाझम दीपमालिका।

जहाँ-जहाँ तमस्, वहाँ-वहाँ 'प्रकाश-दीप'। सूर्य और शरद-चन्द्र का प्रकाश प्रकृति की अनुकम्पा है तो दीपोत्सव मनुष्य की कर्मशक्ति का रचा-गढ़ा तेजोमय प्रकाश। प्रकाश 'ज्ञानदायी' भी है। हिन्दू मनीषा ने अमावस की रात्रि को अवनि-अम्बर तक दीपोत्सव से सजाये। भारत इस रात परिपूर्ण उत्सवधर्मा होता है। वातायन मधुमय होता है। आश्चर्यजनक है, अमावस की रात प्रकाश-पर्व का मुहूर्त घोषित करना। प्रत्यक्ष रूप में शरद्-पूनम को ही प्रकाश-पर्व जानना चाहिए था, लेकिन तब गहन 'तमस्' का क्या होता?भारत के लोग इसी अमावस को प्रकाश से भरने की सांस्कृतिक कार्रवाई करते हैं।

भारत का मन अवधपुरी में रमता है। यह अयोध्या है। अपराजेय है। मधु-समृद्ध है यह नगरी। मर्यादा पुरुषोत्तम श्रीराम यहीं जन्मे। तरुण हुए, अरुण हुए। आचार्यों से शिक्षा पाई। यहीं वेद पढ़े, विज्ञान जाना, ज्ञान पाया। तमाम स्मृतियाँ हैं अयोध्या के अन्तर्मन में। दीपोत्सव महत्वपूर्ण है। श्रीराम को राजसत्ता मिलने जा रही थी कि नियति ने वनवास दिया। वे चित्रकूट रमे। अनेक काण्ड हुए। पहले बाल काण्ड। अयोध्या की। किष्किंधा और सुन्दर। फिंर पौरुष-पराक्रम की अभिव्यक्ति वाला लंका काण्ड। श्रीराम की लंका-विजय-गाथा सांस्कृतिक धरोहर है। वे युद्ध जीते। चाहते तो लक्ष्मण को लंका का राज्य सौंप सकते थे, लेकिन उन्होंने रावण के परिजन विभीषण को ही राज सौंपा। वापस आ गए अयोध्या। सो क्यों? उन्होंने अंगद को यह रहस्य बताया। तुलसी के शब्दों में "सुनु कपीस अंगद लंकेशा। पावन पुरी रुचिर यह देशा"–यह पुरी पवित्र है और यह देश सुन्दर। तब अपने राम को पाकर अयोध्या ज्योतिर्मय हो गयी। सबतरफ प्रकाश-दीप। भारत का मन पुलकित। मनभावन ज्योतिर्मयता।

नवसंवत्सर

हिन्दुओं का 'नववर्ष' नवसंवत्सर का उत्सव है। हिन्दू काल-गणना अनूठी है। अद्वितीय है। हिन्दू नववर्ष वस्तुतः सृष्टि-सृजन का आदि-मुहूर्त है। ऋग्वेद में सृष्टि और प्रलय के चक्र का सूत्र-रूप-वर्णन है। सृष्टि का उद्भव जल से हुआ और परमसत्ता के प्रकाशमान तथ्य 'ऋत' और 'सत्य' की उत्पत्ति हुई। फिर अगाध जल से गतिमान आदिद्रव्य उत्पन्न हुआ। (10.190.1) इसी जल से संवत्सर का उद्भव हुआ–समुद्रादर्णवादधि संवत्सरो अजायत। (वही, 2) सृष्टि के पहले समय नहीं था। ऋग्वेद संहिता के चौथे खण्ड में उक्त मन्त्र के अनुवाद में आचार्य श्रीराम शर्मा ने पाद टिप्पणी में कहा है, "मूल द्रव्य का प्रवाह होने पर ही काल का बोध होता

है। जबतक परिवर्तनशील पदार्थ नहीं बनता तबतक समय का अस्तित्व नहीं होता। सृष्टि-क्रम के गतिशील होने पर ही समय का बोध होता है।" सृष्टि का उद्भव ही वस्तुतः नवसंवत्सर का मंगल मुहूर्त है। इस तरह हिन्दू आस्तिकता का नववर्ष सृष्टि-सृजन का मुहूर्त भी है और अन्तर्राष्ट्रीय नववर्ष भी।

भारतीय काल-गणना का नववर्ष-संवत्सर चैत्र माह में आता है। तब हवाएँ मधुगन्धा होती हैं। गीत गाते चलती हैं। अंग्रेजी 'न्यू ईयर' जनवरी में आता है। हिन्दू उत्सव-प्रिय राष्ट्र हैं, इसलिए अंग्रेजी नववर्ष का एक उत्सव और जोड़ लेने में कोई कठिनाई नहीं है। नववर्ष का 'नव' रोचक है। इसका अर्थ नया है। लेकिन कभी-कभी 'नव' 9 संख्या का अर्थ देता है। जैसे ज्योतिष में 'नवग्रह' शब्द चलता है। नवग्रह का नव 'नए' का अर्थ नहीं देता। यह संख्यावाची है। नवमी एक माह में दो बार आती है। यह तिथि है। नवयुवक का अर्थ भी नया है। नव या नए के मोहपाश में नवना या झुकना अच्छा नहीं।

तुलसीदास ने झुकने के लिए 'नवनि' शब्द का सुन्दर प्रयोग किया है। क्या विदेशी सभ्यता के सामने 'नवनि' उचित है? मन प्रश्न करता है कि नववर्ष को हम सब जनवरी से ही क्यों प्रारम्भ करें? जनवरी में नवीनता का कोई आधार या रूपायन नहीं दिखाई पड़ता। हम कृषि प्रधान देश रहे हैं। कृषि 'नवान्न' देती है। हम पुलकित होते हैं, लेकिन जनवरी में ऐसा नहीं होता। जनवरी में वन-उपवन नौवाँकुर से भरेपूरे नहीं होते। जनवरी में 'लोक' आनन्दित नहीं होता। न नवछन्द उगते हैं और न नवगीत। जनवरी में कुछ भी नया नहीं होता। न रूप नया, न रस नया, न गन्ध नई, न स्पर्श नया। जनवरी में नदियाँ भी उल्लासपूर्ण नहीं होतीं। जनवरी के स्वागत का मन नहीं करता। इसका न कोई प्रतीक है और न कोई प्रतिमान। काल-गणना से तिथि, दिवस, मास, वर्ष और युग बनते हैं।

पृथ्वी 'सूर्य' की परिक्रमा करती है। वैदिक साहित्य के अनुसार वर्ष में 720 अहोरात्र होते हैं। अहोरात्र दिन-रात के जोड़े हैं। परिक्रमा सीधी रेखा में नहीं चलती। यह वृत्ताकार होती है। वृत्ताकार गति में प्रथम और अन्त नहीं होता, तो नया साल कहाँ से आया। नए साल की गिनती कहाँ से शुरू हुई और क्यों हुई?जनवरी से ही नए साल की गणना क्यों होती है? प्रगतिशील विद्वान हमारा मार्गदर्शन करें। यहाँ छह ऋतुएँ हैं। बसन्त ऋतुराज है। तब पूरी प्रकृति मदन गन्ध से आकुल-व्याकुल होती है। नया साल बसन्त से क्यों नहीं शुरू होता? फाल्गुन में होली के गीत, नाचती

ऋतुएँ क्या नए साल के लिए पर्याप्त नहीं हैं? चैत्र में ठाठ मारता संवत्सर आता है। यही भारत का नववर्ष है और सृष्टि-सृजन का मंगल मुहूर्त भी।

यूरोपीय विद्वानों ने 10 महीने का कैलेंडर बनाया था। उस कैलेंडर में सितम्बर सातवाँ महीना था। आठवाँ अक्टूबर था। नौवाँ नवम्बर था और दिसम्बर दसवाँ। विवाद हुआ तो जनवरी-फरवरी शुरू में जोड़ दी गयी और सातवें से लेकर दसवें महीने तक की गिनती उलटी-पुलटी हो गयी। अंग्रेजी कैलेंडर की काल-गणना में झोल है, लेकिन कुछ लोग अंग्रेजी नववर्ष में हैप्पी होते हैं। ऐसे मित्रों के मन में बसन्त में आनन्दरस नहीं उफनाता। भारत को भारतीयता की लय और छन्द में उत्सवधर्मा होना चाहिए।

अस्तित्व प्रतिपल नया है। भूत और वर्तमान की कोई समय-विभाजक रेखा नहीं है। 'वर्तमान' प्रतिपल 'भूत' हो रहा है। यह अनुभूत है। प्रतीक्षारत भविष्य और वर्तमान की आत्मीयता प्रतिपल नई उमंग देती है। यहाँ सब कुछ नया ही नया है। बीज फूटकर पौध बन रहे हैं। नई पत्तियाँ, कोपलें उग रही हैं। कली अभी खिली है। पुष्प नए हैं। मेघ नए हैं। बादल नए हैं। प्रकृति का हर एक रूप नया है। ऊषा नई है। सूर्य अरुण-तरुण हैं, लेकिन इस नए का अलग अस्तित्व नहीं है। वह परम्परा का विस्तार है।

हिन्दू परम्परा में इसीलिए अस्तित्व को चिरंतन और सनातन कहा गया है। यह सदा से है। सदा रहता है। रूप-रूप-प्रतिरूप होकर पुनर्नवा होता रहता है। काल का जन्म हुआ है। ऋग्वैदिक ऋषियों के अनुसार एक समय ऐसा भी था जब समय नहीं था। प्रलय के बाद गति नहीं होती इसलिए प्रलय में काल नहीं होता। दिन और रात भी नहीं होते। ऋग्वेद में सृष्टि-सृजन के पूर्व का सुन्दर वर्णन है। तब न रात्रि थी न दिन। न मृत्यु, न अमरत्व। सब तरफ गहन अन्धकार और जल ही जल। काल के जन्म के बाद भारतीय ऋषियों ने काल-गणना शुरू की। यह आसान नहीं थी। इसके पहले कालबोध की आवश्यकता थी। ऋषियों में कालबोध था। दिन, रात, मास व वर्ष 'काल' के अंग हैं। ऋग्वेद में काल-प्रवाह के प्रथम बिन्दु को संवत्सर कहा गया है। हिन्दू-मन संवत्सर में लहकता है। पूर्वजों ने सभी दिशाओं से प्राप्त ज्ञान को राष्ट्रानुकूल बनाकर सांस्कृतिक जीवन की रूपरेखा गढ़ी थी।

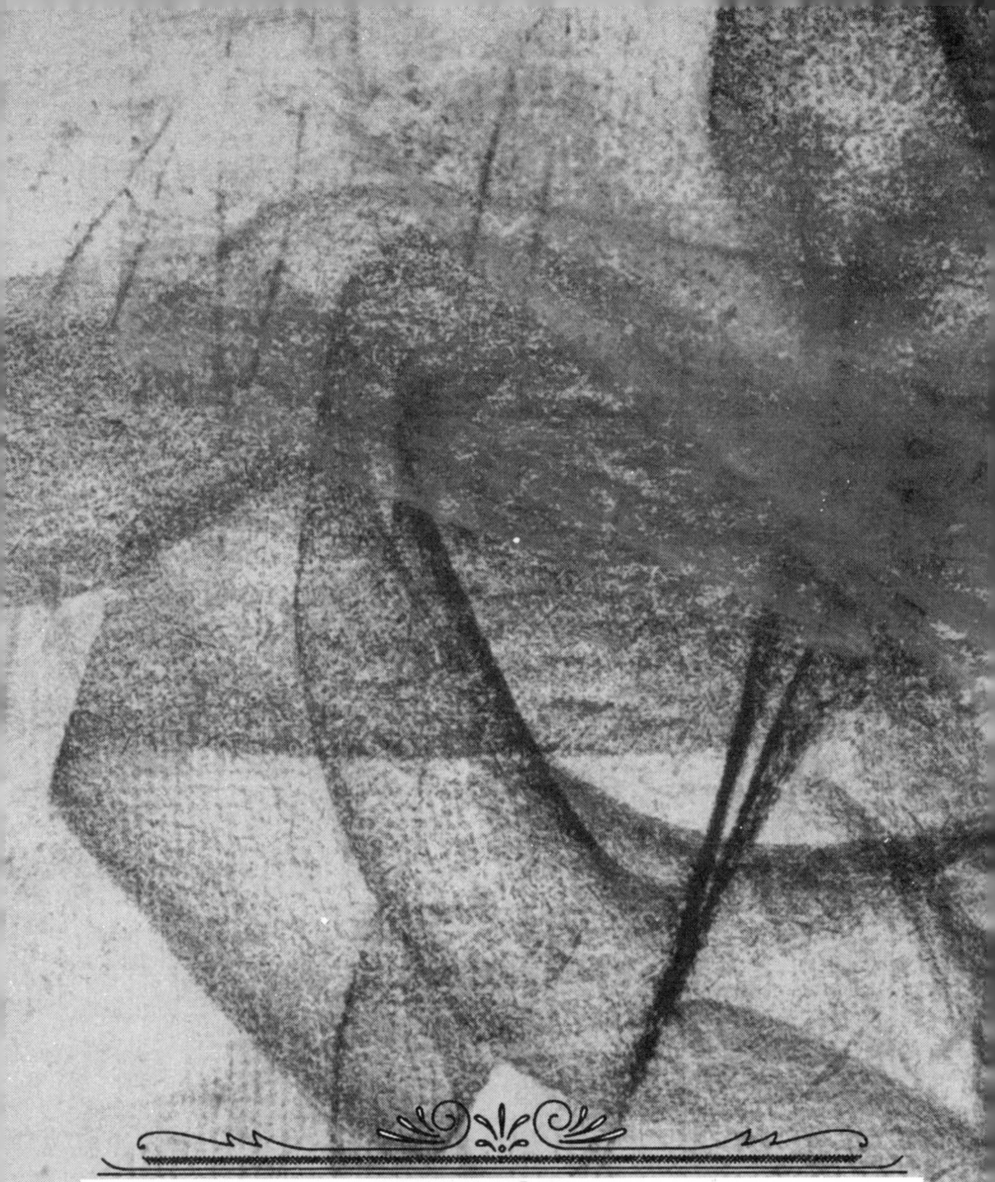

पुनर्जन्म

15

पुनर्जन्म

पुनर्जन्म रहस्यपूर्ण वि अव्यक्त फिर लौटता है, व्यक्त होता है, नया रूप होता है, नया जन्म दिखाई पड़ता है। 'वेद' अनुभूत इतिहास हैं। स्तुतियाँ हैं। काव्य हैं। इनमें प्रत्यक्ष संसा वान ऋषि हूँ, मैं ही अर्जुनी पुत्र 'कुत्स' हूँ और मैं ही उशना कवि हूँ। मुझे ठीक से देखो–पश्यतां मा"। (ऋ0 4.26.1) यहाँ अन्ध आस्था नहीं स्वतन्त्र विवेक है। वामदेव कहते हैं— "मुझे देखो। मैंने गर्भ (ज्ञान-गर्भ) में रहकर इन्द्रादि सभी देवताओं के जन्म का रहस्य जाना है।" (वही 4.27.1) जन्म-जीवन की प्रक्रिया रहस्यपूर्ण है। मृत्यु के बाद जीवन-प्रवाह का अन्त नहीं है। ऋग्वेद (1.164.30) में कहते हैं "मरणशील शरीरों के साथ जुड़ा जीव अविनाशी है। मृत्यु के बाद यह जीव अपनी धारण-शक्ति से सम्पन्न रहता है और निर्बाध विचरण करता है।" यहाँ 'मृत्यु के बाद भी निर्बाध विचरण' की स्थापना ध्यान देने योग्य है।

ऋग्वेद के एक सर्वव्यापी देवता अदिति हैं। वे अन्तरिक्ष हैं, आकाश हैं, पृथ्वी हैं, भूत हैं, भविष्य हैं। अदिति सर्वशक्तिमान हैं। वे मृत माँ-पिता के दर्शन कराने में सक्षम हैं। यह काम कठिन है। माता-पिता शरीर में नहीं हैं। ऋषि कहते हैं "हम किस देव का स्मरण करें? जो हमें अदिति से मिलवाएँ, जिससे हम अपने माँ-पिता को देख सकें?" (1.24.1) उत्तर है "हम अग्नि का स्मरण करें। वे हमें अदिति से मिलवाएँगे, अदिति के माध्यम से हम माँ-पिता को देख सकेंगे।" (वही, 2) मृत माता-पिता से मिलवाने की अनुभूति ध्यान देने योग्य है। जीवन सतत् प्रवाह है, मृत्यु के बाद भी प्रवाहमान रहता है। ऋग्वेद (10.14) के एक देवता यम हैं। "वे पुण्यवानों को सुखद धाम ले जाते हैं।" (10.14.1) आश्चर्य है कि जब शरीर नष्ट

हो जाता है तब सुखधाम की यात्रा कैसे होती होगी। सुखधाम की यात्रा भौगोलिक नहीं है। यह अन्तर्यात्रा है। ऋषि उसकी ओर ही संकेत कर रहे हैं।

जान पड़ता है कि मृत्यु सारा खेल खत्म नहीं करती। मृत्यु के बाद भी एक यात्रा है। यह ऋषि-अनुभूति है। कहते हैं, "जिस मार्ग से पूर्वज गये हैं, उसी मार्ग से सभी मनुष्य 'स्व-स्व' (कर्म) अनुसार जाएँगे।" (वही, 2) आगे मृत पिता से प्रार्थना है "जिन-जिन मार्गों से पूर्वज गये हैं, हे पिता! आप उसी मार्ग से गमन करें।" (वही, 7) कहते हैं "हे पिता! पुण्यकर्मों के कारण पितरों के साथ उच्च लोक में रहें। पाप कर्मों के क्षीण हो जाने के बाद पुनः शरीर धारण करें–सं गच्छस्व तन्वा सुवर्चा"। (वही, 8) यहाँ मृत पिता के पुनर्जन्म की कामना है। ऋग्वेद की पुनर्जन्म-धारणा विचारणीय है। यहाँ अनेक स्थलों पर ऐसी ही बातें हैं। अथर्ववेद के ऋषि कहते हैं "वह पहले था। वही गर्भ में आता है। वही पिता, वही माता, वही पुत्र होता है। वह नए जन्म लेता है। (अथर्व 10.8.13) अथर्ववेद भी ऐसी स्थापनाओं से भरा-पूरा है।

ऋग्वेद के प्रथम मण्डल का 164वाँ सूक्त गहन रूप से पठनीय है। 'ऋषि' जीवों द्वारा भिन्न-भिन्न शरीर/योनियाँ ग्रहण करने का रहस्य बताते हैं लेकिन अपने बारे में ईमानदार वक्तव्य देते हैं "मैं नहीं जानता, मैं कैसा हूँ?मैं मन से बँधा हुआ चलता हूँ। प्राचीन सत्य मेरे सामने प्रकट हुआ तो यह वाणी आई।" (1.164.37) फिर कहते हैं "अमर्त्य जीव मरणधर्मा शरीर से मिलते हुए विभिन्न योनियों में जाता है। अधिकांश लोग शरीर को ही जानते हैं पर दूसरे (जीव) को नहीं जानते।" (1.164.38) ऐसा ईमानदार वक्तव्य बार-बार पठनीय है—"मैं नहीं जानता।... अमर्त्य जीव भिन्न-भिन्न योनियों में जाते हैं।" जीवों का आवागमन प्राचीन मान्यता है। हिन्दू जीवन की मान्यता वाला आत्मतत्व नहीं मरता। शरीर प्रतिपल क्षीण होता है, रुग्ण होता है, वृद्ध होता है, मर जाता है। संसार दुःखमय है। बार-बार का जन्म दुःखदायी है। समूचा उपनिषद् साहित्य पुनर्जन्म से मुक्ति का दर्शन है। ईशावास्योपनिषद् के ऋषि ने आत्मतत्व-बोध की उपेक्षा करने वालों के बारे में कहा कि "वे मरकर अन्धलोकों में जाते हैं।" (मन्त्र 3) वृहदारण्यक उपनिषद् (ब्राह्मण 4, मन्त्र 10) में भी यह मन्त्र दोहराया गया है। ईशावास्य और वृहदारण्यक के ऋषि अविद्या के उपासकों को 'गहन अन्धकार' में भेजते हैं।

बुद्ध-दर्शन में भी पुनर्जन्म की स्थापना है। बुद्ध ने यही देखा था। उन्होंने निर्वाण को दुःखमय जीवन से मुक्ति का उपाय बताया। कहते हैं "भिक्षुओं! चार सत्यों का बोध न होने से ही मेरा-तुम्हारा संसार में बार-बार जन्म ग्रहण करना हुआ है। वे चार

बातें हैं– आर्यशील, आर्यसमाधि, आर्यप्रज्ञा और आर्यविमुक्ति।" (अंगुत्तरनिकाय, भाग 2) बुद्धदर्शन में पुनर्जन्म का कारण अज्ञान या अविद्या है, उपनिषद् दर्शन में भी अविद्या है। पुनर्जन्म दोनों में है। अविद्या और विद्या की शब्दावली का मूल स्त्रोत उपनिषद् हैं। लेकिन बुद्ध को इसकी सीधी अनुभूति है। उन्होंने शिष्य आनन्द को बताया "आनन्द! क्या जरा और मृत्यु सकारण है?कहना चाहिए–हाँ है। किस कारण से है? कहना चाहिए–'भव' (आवागमन) के कारण। तब भव किस कारण है?कहना चाहिए–उपादान (आसक्ति) के कारण। तो उपादान क्यों है?उत्तर है तृष्णा के कारण।" यहाँ मुख्य बात 'तृष्णा' है। तृष्णा की शून्यता 'निर्वाण' है। उपनिषदों में तृष्णा की जगह इच्छा, कामना या अभिलाषा है। गीता में आसक्ति या इच्छा है। इसीलिए निष्कामता पर ज़ोर है।

बुद्ध और वेद, उपनिषद् पुनर्जन्म पर एकमत है। आवागमन और कार्य-कारण पर भी एक जैसे हैं। फ़र्क़ छोटा-सा है। बुद्ध के लिए यह संसार दुःखमय है लेकिन वैदिक ऋषियों के लिए यह आनन्दमय है। बुद्ध दुःख से निवृत्ति का उपाय 'ज्ञान' अर्थात 'विद्या' बताते हैं। वैदिक ऋषि इस संसार और इसके परे भी आनन्दलोक की चर्चा करते हैं। साँस ारिक सुख अस्थायी हैं, आते हैं, जाते हैं। आवागमन या बार-बार का जन्म दुःखदायी है। वे इससे मुक्ति और स्थायी ब्रह्मलोक अर्थात 'आनन्दलोक' की प्राप्ति के उपाय बताते हैं। पुनर्जन्म रोचक रहस्य है।

भारतीय दर्शन में आत्म-साक्षात्कार की मुख्य भूमिका है। अन्तःकरण के किसी छोर पर पुनर्जन्म की विवरणी सम्भव हो सकती है। ऋग्वेद के ऋषि प्रश्न करते हैं "को ददर्श प्रथमं जायमान–सर्वप्रथम आये हुए (स्वयंभू) को किसने देखा है?पृथ्वी में प्राण, रक्त और आत्म-चेतन कहाँ से आये? पृच्छामि मनसा विजानन्देवानामेना निहिता पदानि–हम पूरे मनोयोग से दिव्यशक्तियों के अज्ञात पदों के बारे में पूछते हैं।" (ऋ0 1.164.4-5) प्रश्न है "अजन्मा प्रजापति (सृष्टिसर्जक) रूपी तत्व कैसा है? जो सूर्य की उत्पत्ति का रहस्य जानते हैं वे बताएँ?" (वही, 6-7) सभी प्रश्न बड़े हैं। रहस्यपूर्ण भी हैं। उत्तर है "माता (पृथ्वी) ने पिता (द्युलोक-सूर्य) का सेवन किया। मिलन के पूर्व मन-सम्पर्क हुआ। धरती माता गर्भरस से परिपूर्ण हुई।" (वही, 8)

सृष्टि-रचना के 'प्रथम तत्व' को 'अजन्मा' बताया गया है। अजन्मा यानी जो सदा से है। जन्मा होता तो काल के भीतर होता, अजन्मा है तो काल से परे हो गया। अथर्ववेद में इस अजन्मा को 'अग्नि' और 'ज्योति-प्रकाश' बताया गया

है– अजो अग्निरजमु ज्योति। (9.5.7) कहते हैं "हे अज! आप अजन्मा और स्वर्गरूप हैं— अजो इस्यज स्वर्गोअसि।" (वही, 15) जैसे अथर्ववेद में अजन्मा अग्नि 'ज्योतिस्वरूप' है वैसे ही ऋग्वेद में अग्नि 'ज्योतिरमृतं', अमर ज्योति है। "वे मरणधर्मा प्राणियों में अमर ज्योति हैं।" (ऋ0 6.9.4) अजन्मा सदा से है। सदा रहता है।

उपनिषदों में भी पुनर्जन्म का विचार फैला हुआ है। कठोपनिषद प्राचीन उपनिषद् है। इसमें यम देवता व युवा नचिकेता के प्रश्नोत्तर हैं। पुनर्जन्म से जुड़ा हुआ एक प्रश्न महत्वपूर्ण है, "मृत मनुष्यों के सम्बन्ध में एक बड़ा संदेह है। कुछ लोग कहते हैं मृत्यु के बाद भी आत्मा का अस्तित्व बना रहता है और कुछ लोग कहते हैं कि अस्तित्व नहीं रहता है। आप सही तथ्य बताइये।" (1.1.20) यम का उत्तर बड़ा रोचक है, "यह आत्मतत्व सूक्ष्म विषय है। देवताओं के मध्य भी इसपर संदेह था। देवों में विचार-विमर्श भी हुआ था लेकिन विषय निर्णीत नहीं है। उपनिषद् के अनुसार यम ने आत्मतत्व का विवेचन किया। पुनर्जन्म को सही बताया।"

पुनर्जन्म हिन्दू अनुभूति है। हिन्दू पुनर्जन्म पर विश्वास करते हैं। प्राचीन भारतीय वाङ्मय पुनर्जन्म-धारणा से भरा-पूरा है। गीता में पुनर्जन्म की स्पष्ट घोषणा है। गीता में कहते हैं, "वासांसि जीर्णानि यथा विहाय नवानि गृह्णाति नरोऽपराणि–जैसे मनुष्य पुराने कपड़ों को छोड़कर नए वस्त्र पहनता है वैसे ही शरीरी आत्मा पुरानी देह त्याग कर नई देह धारण करती है।" (2.22) गीता के एक प्रसंग में श्रीकृष्ण अर्जुन को योग-विद्या भी पढ़ा रहे थे। अर्जुन ने पूछा, "योग के प्रति श्रद्धावान होने के बावजूद मन की चंचलता के कारण योगसिद्धि नहीं होती, तब उसकी क्या गति होती है। वह पथभ्रष्ट होकर फटे बादल की तरह नष्ट तो नहीं हो जाता।" (6.37-38) प्रश्न स्वाभाविक है। योग में सफलता-असफलता भी स्वाभाविक है। श्रीकृष्ण ने उत्तर में कहा, "उसका इस संसार में कोई नुकसान नहीं होता। योग शुभ कर्म है और शुभ कर्म करने वाला कभी दुर्गति को नहीं प्राप्त होता है। इस प्रकार का जन्म विरलों को ही प्राप्त होता है।" (6.40-42) यहाँ पुनर्जन्म की सुस्पष्ट घोषणा है। श्रीकृष्ण कहते हैं, "जैसे इस शरीर में बचपन और बुढ़ापा मिलता है। उसी प्रकार दूसरी देह भी मिलती है।" (2.13)

श्रीकृष्ण ने गीता (4.1) में कहा कि "योग का यह ज्ञान मैंने विवस्वान को बताया था, उन्होंने मनु को और मनु ने इक्ष्वाकु को बताया था।" अर्जुन ने प्रतिप्रश्न किया "आपका जन्म बाद का है और विवस्वान का बहुत प्राचीन है।" (वही 4)

श्रीकृष्ण ने कहा, "अर्जुन! मेरे-तेरे बहुत जन्म हो चुके। मैं जानता हूँ, तू नहीं जानता।" (वही 5) पुनर्जन्म बेशक भारतीय अनुभूति है, लेकिन ईसा ने भी श्रीकृष्ण की ही तर्ज पर कहा था "जब अब्राहम हुआ था मैं उसके भी पहले था।" (जौन, 8.58) श्रीकृष्ण ने स्वयं को पूर्व हुए लोगों के भी पहले विद्यमान बताया, वैसे ही ईसा ने स्वयं को पूर्व हुए अब्राहम के भी पहले विद्यमान बताया। श्रीकृष्ण ने ज्ञान-संन्यास का मर्म समझाते हुए अध्याय 5(17) में कहा, "अपनी सम्पूर्ण चेतना को परमसत्ता की ओर लगाने वाले वहाँ पहुँचते हैं, जहाँ से यहाँ लौटना नहीं होता।" गीता (2.27) में कहा है, "जो जन्म लेता है, उसकी मृत्यु सुनिश्चित है और जिसकी मृत्यु हो चुकी है, उसका पुनर्जन्म सुनिश्चित है।" गीता में अनेक स्थलों पर पुनर्जन्म की स्थापना है। पुनर्जन्म आकर्षक पहेली है।

सृष्टि में बाहर और भीतर एक विराट अदृश्य ऊर्जा है। वह सामान्य इन्द्रियबोध से परे है, इसलिए अप्रत्यक्ष है और अव्यक्त है। यह ऊर्जा तब दिखाई पड़ती है, जब रूप धारण करती है, अव्यक्त तब व्यक्त हो जाता है। ईशावास्योपनिषद् के एक खूबसूरत मन्त्र (8) में इस अमरतत्व का प्यारा वर्णन है "वह सर्वव्यापी है—स पर्यगात्। अशरीरी है—अकायम्। स्नायुरहित है—अस्नाविरम्। निष्पाप है—अपापविद्धम्। शुद्ध है—शुद्धम्। सर्वोपरि है—परिभूः। स्वयंभू है—किसी के द्वारा नहीं जन्मा है। सदा से है।" परमतत्व अर्थात आदितत्व ही बार-बार प्रकट होता है। रूप-धारण करता है, व्यक्त होता है। सभी रूप अस्थायी हैं, सो मरणधर्मा हैं, मर्त्य हैं, नाशवान हैं लेकिन परम ज्योतिर्मय अव्यक्त, अजन्मा और अमर है, अमर्त्य है। जन्म, मृत्यु और फिर जन्म, संसार-चक्र में आते-जाते हैं। उपनिषद्, गीता, ब्रह्मसूत्र, बुद्ध और बाद के ग्रन्थ पुनर्जन्म पर एकमत हैं। पुनर्जन्म का सिद्धान्त सुस्पष्ट है।

पुनर्जन्म पर विचार करते समय 'स्मृति' की भूमिका है। स्मृति महत्वपूर्ण है। पूर्वजन्म की स्मृति नहीं होती। स्मृति हो सके तो पुनर्जन्म की बात सत्य। मनुष्य को अपना इस जन्म का भूतकाल याद रहता है। बहुत पुराना हो तो भूल भी जाता है। पुनर्जन्म की मान्यता के अनुसार प्रत्येक व्यक्ति मृत्यु के बाद नया जीवन धारण करता है। इसी जीवन की स्मृतियाँ भारी मात्रा में होती हैं। हम सब के चित्त में अपनी शिशु-अवस्था के प्रसंगों की स्मृतियाँ रहती हैं। किसी-किसी को अपनी दो-ढाई वर्ष की स्मृतियाँ याद रहती हैं। हम अपनी स्मृति को और पीछे ले जाएँ तो एक वर्ष उम्र की स्मृतियाँ भी ध्यान में आ सकती हैं। कल्पना करते हैं कि जन्म के पहले भी हमारा अस्तित्व था। हम माँ के गर्भ में थे। क्या यह सम्भव है कि हम माँ के गर्भ

की स्मृतियाँ भी स्मरण कर सकें? हमारा अस्तित्व अपनी माँ के गर्भ के समय से ही है। हमारा वास्तविक जन्म माँ के गर्भ में होता है। वहाँ की स्मृतियाँ भी माँ के गर्भ में रहते हुए लगभग 10 माह की स्मृतियाँ होती हैं। महाभारत के एक पात्र अभिमन्यु को माँ के गर्भ में रहते समय युद्ध में चक्रव्यूह तोड़ने की रणनीति का ज्ञान प्राप्त हो गया था। माँ के गर्भ में आने के पहले की भी स्मृतियाँ होनी चाहिए। सम्भव है कि मृत्यु के बाद इस शरीर के न रहने पर भी इकाई रूप में हमारा अस्तित्व शेष बचता हो, तभी हमको पूर्वजन्म की घटनाओं का स्मरण सम्भव है। पूर्वजन्म की स्मृतियों के आधार पर ही पुनर्जन्म की धारणा को मजबूती मिलती है। पुनर्जन्म की मान्यता के लिए पूर्वजन्म की स्मृति महत्वपूर्ण है।

गीता के अन्तिम अध्याय में स्मृति का महत्वपूर्ण उल्लेख आया है। श्रीकृष्ण ने अर्जुन से पूछा, "क्या तुमने मेरे प्रबोधन को ध्यान से सुना है? क्या अज्ञान-जनित मोह दूर हो गया है? अर्जुन ने उत्तर दिया, "हे अच्युत! आप के प्रसाद से मेरा मोह नष्ट हो गया है। मुझे स्मृति प्राप्त हो गयी है।" (18.72-73) अर्जुन के उत्तर में आया 'स्मृति' शब्द महत्वपूर्ण है। गीता में स्मृति प्राप्ति के लिए 'लब्धा' शब्द आया है। स्मृति की जड़ें अतीत में होती हैं। हमारे मस्तिष्क में संरक्षित अतीत का हिस्सा ही स्मृति है। अर्जुन की स्मृति ठीक थी। तब यहाँ 'स्मृति-प्राप्ति' शब्द का अर्थ क्या है?हम सब अस्तित्व का भाग हैं। अव्यक्त से व्यक्त होते रहते हैं। व्यक्त से व्यक्ति होते हैं। सम्पूर्ण व्यक्त से अलग इकाई होने की प्रारंभिक स्थिति स्मृति है। अनन्त से इकाई होने के क्षण की स्मृति महत्वपूर्ण है। अर्जुन को वही स्मृति मिल गयी।

ज्योतिर्विज्ञान में वर्तमान और भविष्य की घटनाओं का अध्ययन किया जाता है। विद्वान ज्योतिषी बताते हैं कि पूर्वजन्म के संस्कार और कर्मों का फल निरन्तरता में बाद के जन्मों तक चलता है। हमारी आशा-निराशा और भविष्य की , ग्रहों की स्थिति के अनुसार पूर्वजन्म का परिणाम बताई जाती हैं। ज्योतिर्विज्ञान का एक आधार पूर्वजन्म भी है। ग्रह-स्थिति के अनुसार भविष्य बताने वाले विद्वान पूर्वजन्म के कर्मों को आधार बताते हैं। जन्मकुण्डली को पुनर्जन्म के कर्मों का बायोडाटा (आत्मवृत्त) माना जाता है। एक विद्यार्थी के रूप में पुनर्जन्म की धारणा का अध्ययन मेरा प्रिय विषय रहा है। प्राचीन दार्शनिक साहित्य में सभी ऋषि और विद्वान पुनर्जन्म के समर्थक हैं। लोकायतवादी पुनर्जन्म नहीं मानते। कर्मफल का सिद्धान्त पुनर्जन्म से जुड़ा हुआ है।

प्राचीन राजनीति

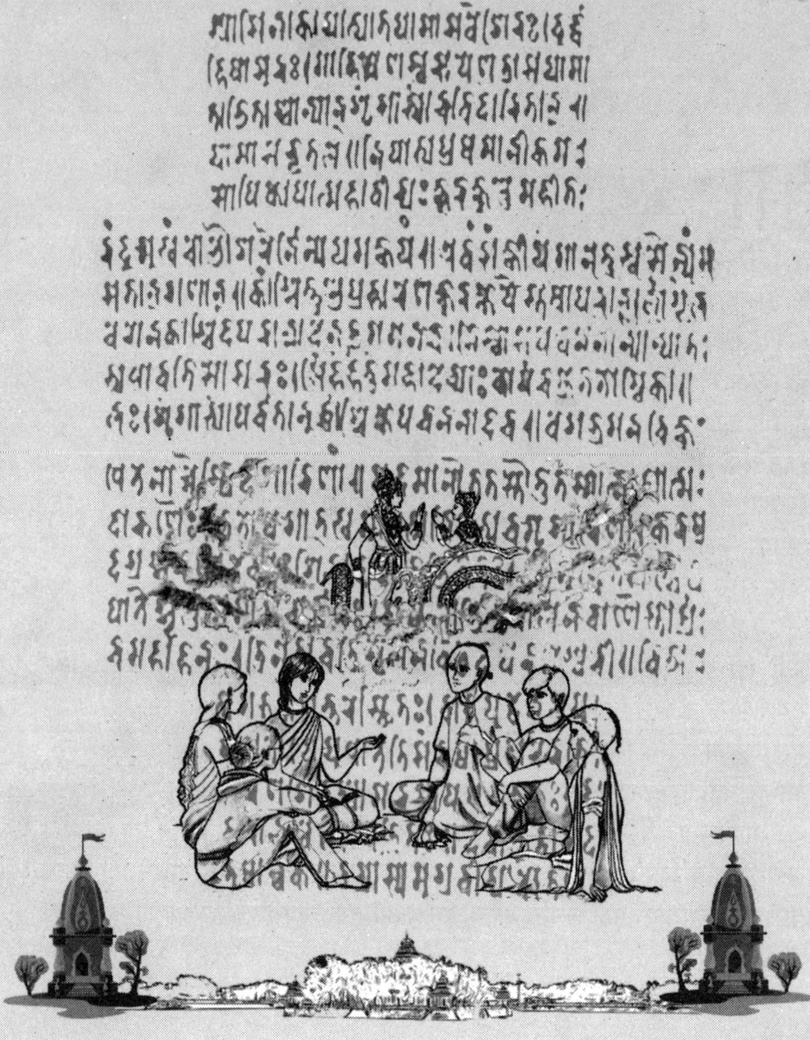

16

प्राचीन राजनीति

भारत विश्व का सबसे बड़ा लोकतन्त्र है। लोकतन्त्र हिन्दू-जीवन-रचना का प्रमुख तत्व है। यहाँ विपरीत विचारों का भी सम्मान होता है। 1949 से यहाँ का अपना संविधान है। संविधान की व्यवस्था के अनुसार यहाँ अनेक संस्थाएँ हैं। संसद, विधानमण्डल, जिला पंचायत, ग्राम-पंचायत, क्षेत्र-पंचायत, नगर-निगम आदि संस्थाओं के लिए करोड़ों भारतवासी चुनाव-प्रक्रिया में हिस्सा लेते हैं। दुनिया के किसी भी देश के जनतन्त्र में मतदाताओं और राजनैतिक दलों की ऐसी भारी संख्या नहीं दिखाई पड़ती। पाकिस्तान 1947 में भारत-विभाजन से अस्तित्व में आया था। इतने वर्षों में पकिस्तान में अनेक तख्तापलट हुए। अनेक बार असहमति को लेकर रक्तपात भी हुआ। पाकिस्तान में भारत जैसी विविधता नहीं है। इस देश के गठन का आधार मज़हब (इस्लाम) था। मूलभूत प्रश्न है कि लगभग डेढ़ अरब की जनसंख्या और सभी मज़हबों-पन्थों के होने के बावजूद भारत का जनतन्त्र सफल क्यों है? और पाकिस्तान छोटा-सा देश होने के बावजूद अपने जनतन्त्र को सुचारु रूप से क्यों नहीं चला पाता? अपनी स्थापना के अल्पकाल में ही 1971 में पाकिस्तान टूट गया। भारत की लोकतन्त्रीय सफलता और पाकिस्तान की लोकतन्त्रीय विफलता के मूल कारण क्या हैं? इसका सीधा उत्तर है कि भारतीय लोकतन्त्र की सफलता का आधार यहाँ हिन्दुओं की बड़ी संख्या का होना है।

पाकिस्तान में गैरइस्लामी जन सुरक्षित नहीं हैं। भारत में लगभग दुनिया के सभी पन्थ-मज़हब मानने वाले आनन्दमय जीवन व्यतीत करते हैं। यहाँ इस्लाम को मानने वाले सभी सरकारी पदों व संवैधानिक संस्थाओं तक पदासीन होते हैं। पाकिस्तान में

ऐसा नहीं है। इस्लामी हमले में ईरान के अधिकांश पारसी मारे गए थे। वह भारत में आनन्द से रहते हैं। बुद्ध मतानुयायी भी यहाँ मजे से रहते हैं। यहाँ यहूदी भी सुखपूर्वक रहते हैं। सिख और जैन भी आदर पाते हैं। यहाँ आस्तिक और नास्तिक साथ-साथ रहते हैं। इसका एकमात्र कारण भारत का हिन्दू बहुमत है। हिन्दुत्व है। स्वाधीनता-संग्राम हिन्दू-मूल्य पर आधारित था। इस राष्ट्रवादी आन्दोलन के प्रेरक तत्व प्राचीन हिन्दू-राजनीति से प्रेरित रहे हैं।

आदिम काल में न राजा था न राज्य-व्यवस्था। महाभारत में इस स्थिति का वर्णन है कि, "तब सब स्वयं ही स्वधर्म पालन करते थे।" राज्य-संस्था का विकास धीरे-धीरे हुआ है। वैदिककाल में राजव्यवस्था का विकास हो रहा था। तब राजा थे। राज्य-व्यवस्था भी थी। राजा के लिए मार्गदर्शी नियम थे। राजनीति लोकमंगल का संधान थी। कुछ-एक आधुनिक विद्वान लोकतन्त्र को यूरोपीय परम्परा की देन मानते हैं। सच यह नहीं है। यूरोपीय जनतन्त्र और संसद की कल्पनाएँ बहुत बाद की हैं। हिन्दुओं में राजधर्म और नीतिशास्त्र का विकास ईसापूर्व 6000-7000 वर्ष पहले ही शुरू हो गया था। कौटिल्य का 'अर्थशास्त्र' राजनीति का प्रमुख ग्रन्थ है। इसका रचनाकाल ईसापूर्व 340 वर्ष माना जाता है। मौर्यकाल का शासन ज्ञात इतिहास का भाग है। कौटिल्य काल्पनिक पात्र नहीं हैं। अर्थशास्त्र के रचनाकाल में अनेक राजनीतिक विचारक प्रतिष्ठित थे। 'अर्थशास्त्र' (वाचस्पति गैरोला का भाष्य) में बृहस्पति शुक्राचार्य, भारद्वाज, पाराशर, चारायण आदि अनेक पूर्व विचारकों के उल्लेख हैं।

शुक्रनीति में राजव्यवस्था का विवरण है। शुक्रनीति के अनुसार राजा को बहुमत के अनुसार कार्य करना चाहिए—कुर्याद बहु सम्मतं। प्राचीन हिन्दू राजनीति में बहुमत की लोकतन्त्री प्रतिष्ठा थी। योग्यता के आधार पर पद मिलते थे। शुक्रनीति में योग्यता को ही राजकाज-संचालन के लिए नियुक्ति का आधार माना गया है, "राजकर्मियों की नियुक्ति, पदोन्नति, योग्यता और काम के आधार पर करनी चाहिए। जाति या कुल के आधार पर नहीं।" आधुनिक काल की राजनीति में जाति महत्वपूर्ण तथ्य है। शुक्रनीति में "सैनिक अधिकारियों के पदनाम भी हैं। प्रधानमन्त्री, मन्त्री, सचिव, अमात्य व पुरोहितों के वेतन अभिलेख सुस्पष्ट रखने के निर्देश हैं।" राजा से अपेक्षा है कि वह वृक्षारोपण पर ध्यान देता रहे। गाँव के लिए उपयोगी वृक्ष ग्रामक्षेत्र और वनों में जंगली वृक्ष लगवाए।

राजा को अपनी दिनचर्या का सही समय-विभाजन करना चाहिए। आय-व्यय

की जाँच प्रतिदिन करनी चाहिए। राजा को स्वस्थ रहने के लिए व्यायाम करना चाहिए। अधिकारियों को एक ही स्थान पर न रखने और स्थानान्तरण करने के भी उल्लेख हैं। 'शुक्रनीति' प्राचीन राजनीति का महत्वपूर्ण ग्रन्थ है। वैसे कुछ विद्वान शुक्राचार्य को इतिहास का पात्र नहीं मानते। शुक्राचार्य भले ही इतिहास के पात्र न हों लेकिन शुक्रनीति ऐतिहासिक रचना है। प्रसिद्ध विद्वान गुस्ताव ओपर्ट ने शुक्रनीति का विवेचन किया है। उनके निष्कर्ष में यह ईसापूर्व की रचना है। कौटिल्य के अर्थशास्त्र में इसका उल्लेख होने से यह ईसापूर्व की रचना मानी जा सकती है। कौटिल्य ने अर्थशास्त्र के प्रारम्भ में ही दो प्रतिष्ठित राजनीतिक विचारकों शुक्राचार्य व बृहस्पति का उल्लेख किया है। उत्तर वैदिककाल में व्यापार का सम्यक विकास हो चुका था। आर्थिक जीवन सम्मुनत था। अनेक व्यवसाय थे। वस्त्र-व्यवसाय प्रतिष्ठित था। वैदिक साहित्य के अनुसार धातु-उद्योग भी सम्मुनत था।

महाभारत में अनेक स्थलों पर सोना, चाँदी, त्रपु (टिन), सीसा और लोहे का उल्लेख है। अस्त्र-शस्त्र व अन्य उपकरणों के निर्माण के लिए धातुओं का उपयोग किया जाता था। सोना-चाँदी जैसी बहुमूल्य धातुएँ आभूषणों के लिए प्रयुक्त होती थीं। आभूषणों में मणि, मुक्ता, वैदूर्य, रत्न आदि का भी प्रयोग होता था। 'राजा' मित्र राजाओं को उपहार देते थे। महाभारत (सभा पर्व) में अन्य राजाओं द्वारा राजा युधिष्ठिर को दिए गए उपहारों की सूची है। उपहारों में पांड्य देशों के महीन कपड़ों, सिंहलद्वीप के गद्दों, दक्षिण की पगड़ियों, उत्तर के रेशम, दुशालों व हिमालय के ऊनी वस्त्रों के उल्लेख हैं। ऋग्वेद में भी उक्त व्यवसायों के विवरण हैं। व्यवसायियों और शिल्पियों की सहायता करना राजा का कर्तव्य है। महाभारत के सभा पर्व में नारद ने राजा युधिष्ठिर से अनेक प्रश्न किए हैं– "क्या तुम दुर्गति को प्राप्त अपने राज्य के वणिकों और शिल्पियों की धन-धान्य द्वारा सहायता करते रहते हो? क्या तुम राज्य के सब शिल्पियों को चार-चार मास बाद उनके लिए नियत किया हुआ धन व उपकरण आदि देते रहते हो? क्या तुम्हारे राज्य के व्यापार सज्जन (साधुजन) लोगों के हाथों में है?" आदर्श अर्थव्यवस्था का संचालन राजा का कर्तव्य था।

महाभारत के समय व्यापार और शिल्प समुन्नत थे। सुन्दर राजसभा का वर्णन पठनीय है। महाभारत के अनुसार इस राजसभा का विस्तार दस हज़ार हाथ था। उसके भवन अग्नि, चन्द्र और सूर्य के समान चमकते थे। ऊँची अट्टालिकाओं ने बादलों के समान प्रकाश को आच्छादित कर लिया था। उसके निर्माण में प्रयुक्त

सामग्री बहुत उत्तम थी। आँगन में एक तालाब बनाया गया था। उसकी नकली बेलों में वैदूर्य मणि के पत्ते लगाए गए थे। बेलों के फूल सुवर्ण द्वारा निर्मित थे। इस तालाब में ति जल भरा हुआ था। इसकी सीढ़ियाँ चित्रित स्फटिक की बनी हुई थीं। यह तालाब जल से भरा हुआ था, पर ऊपर से देखने पर वह एक वाटिका प्रतीत होता था। यह वर्णन काव्य जैसा है लेकिन तथ्यों से परे नहीं है। इसे काल्पनिक ही नहीं कहा जा सकता।

कौटिल्य के अर्थशास्त्र की तुलना मैक्यावली के विश्वविख्यात राजनैतिक विचार के ग्रन्थ 'प्रिंस' से की जाती है। कौटिल्य ने अर्थशास्त्र और राजनीति का मूल तत्व बताते हुए कहा है कि, "आन्वीक्षिकी, त्रयी, वार्ता और दण्डनीति ये चार विद्याएँ हैं। आन्वीक्षिकी विद्या लोक का उपकार करती है। बुद्धि को सुख-दुःख से स्थिर रखती है। सोचने-विचारने, कार्य करने में सक्षम बनाती है। सांख्य, योग और लोकायत आन्वीक्षिकी विद्या के भाग हैं। यह विद्या सभी विद्याओं का प्रदीप व सभी कार्यों का साधन और धर्म का आश्रय मानी गयी है।" सांख्य, योग और लोकायत प्राचीन दर्शन हैं। अर्थशास्त्र और राजनीति भौतिक क्रियाकलाप हैं। उन्होंने दूसरी विद्या का नाम त्रयी बताया है। साम, ऋक और यजु इन तीनों वेदों का सम्मिलित नाम त्रयी है। अथर्ववेद और इतिहास वेद कहे जाते हैं। त्रयी में अपने-अपने कर्तव्य में स्थिर रहने से लोक का उपकार होता है। राजा का कर्तव्य है कि वह प्रजा को धर्म और कर्म-मार्ग से भ्रष्ट न होने दे। वार्ता भी एक विद्या है।

कौटिल्य के अनुसार, "कृषि, पशुपालन और व्यापार वार्ता-विद्या के विषय हैं। यह विद्या धान्य, पशु, हिरण्य, ताम्र आदि खनिज पदार्थ आदि देने वाली परम उपकारणी है। इस विद्या से उत्पादित कोष और सेना के बल पर राजा स्व-पक्ष और पर-पक्ष को वश में कर लेता है।" आगे कहा है कि, "आन्वीक्षिकी, त्रयी और वार्ता इन सभी विद्याओं की सुख-समृद्धि दण्ड पर निर्भर है।" दण्ड को प्रतिपादित करने वाली नीति ही दण्डनीति है। वही अप्राप्त वस्तुओं को प्राप्त कराती है। प्राप्त वस्तुओं की रक्षा करती है। रक्षित वस्तुओं की वृद्धि करती है। वही संवर्धित वस्तुओं को समुचित कार्यों में लगाती है। इसी पर संसार की लोकयात्रा निर्भर है। लोक को समुचित मार्ग पर ले चलने की इच्छा रखने वाला राजा दण्ड देने के लिए प्रस्तुत रहे। प्राचीन आचार्यों का मत है कि, "दण्ड के अतिरिक्त कोई दूसरा उपाय सभी प्राणियों को सहज ही वश में रखने वाला नहीं है।"

कौटिल्य इस मत से सहमत नहीं हैं। उनका कहना है कि, "कठोर दण्ड देने वाले राजा से प्राणी उद्विग्न हो जाते हैं। दण्ड में ढिलाई करने से 'लोक' राजा की

अवहेलना करने लगता है।" कौटिल्य ने कहा है कि, "राजा समुचित दण्ड देने वाला होना चाहिए।" सोच-समझ कर प्रयुक्त दण्ड प्रजा को धर्म, अर्थ और काम में प्रवृत्त करता है। अज्ञानतापूर्वक अनुचित रीति से प्रयुक्त किया गया दण्ड निष्पृह व्यक्तियों को भी कुपित कर देता है। इसके विपरीत यदि दण्ड-व्यवस्था सर्वथा ही तोड़ दी जाए तो उसका कुप्रभाव होगा। छोटी मछली को बड़ी मछली खा जाती है वैसे ही बलवान व्यक्ति निर्बल व्यक्ति का रहना कठिन कर देगा। दण्ड-व्यवस्था के अभाव में अराजकता फैलती है। समुचित दण्ड-व्यवस्था जरूरी है।

विद्याओं के विषय में मतभेद भी थे। आचार्य बृहस्पति के अनुयायी चार की जगह दो विद्याएँ मानते थे– वार्ता और दण्डनीति। बृहस्पति के अनुसार 'त्रयी' दुनियादार लोगों की आजीविका की साधनमात्र है। शुक्राचार्य के अनुयायी विद्वानों ने केवल दण्डनीति को ही विद्या माना है, लेकिन कौटिल्य चारों विद्याओं को मानते हैं। कौटिल्य ने वृद्धजनों की संगति को महत्व दिया है। शिक्षा के सम्बन्ध में कहा है कि यह सुपात्र को योग्य बना देती है, अपात्र को नहीं। वृद्धजनों से ज्ञान प्राप्त होता है। राष्ट-राज्य के संवर्द्धन में अनुभवी वृद्धजनों द्वारा प्राप्त ज्ञान महत्वपूर्ण होता है। ये सूत्र आधुनिक राजनीति के लिए उपयोगी हैं।

वाल्मीकि ने रामायण में दशरथ द्वारा श्रीराम को राजपद सौंपने की घटना का समुचित वर्णन किया है। दशरथ ने मन्त्रि-परिषद बुलाई थी। मन्त्रीगणों ने श्रीराम का नाम सुझाया था। उन्होंने श्रीराम के गुणों का उल्लेख किया था और उन्हें राजपद के लिए सर्वथा योग्य बताया था। यहाँ राजा के गुणों की सूची है। इसी विमर्श में राजविहीन भूक्षेत्र की दुर्दशा का वर्णन है। सुन्दर राजव्यवस्था जरूरी है। इसके अभाव में समाज नहीं चलते।

महाभारत के शान्तिपर्व का राजधर्म भाग तत्कालीन राजनीति का विवेचन करता है। यहाँ राजनीतिशास्त्र के जन्म व राजव्यवस्था के उद्भव का इतिहास है। यहाँ राजा की आवश्यकता, उसके कर्तव्य, मन्त्रियों की परीक्षा और गुण, राष्ट्र-संरक्षण, गणतन्त्र राज्य, दण्डनीति, कराधान और कोष आदि का समुचित विवरण है। शान्तिपर्व का बड़ा भाग भीष्म पितामह का प्रबोधन है। इसके अलावा महाभारत के अन्य पर्वों में भी राजनीतिक विज्ञान के महत्वपूर्ण तत्व हैं। कौटिल्य की तरह भीष्म पितामह ने भी राजनीति ज्ञान के सन्दर्भों में शुक्र, बृहस्पति, मनु आदि पूर्ववर्ती आचार्यों के नाम लिए हैं। शुक्र और बृहस्पति के नाम ऋग्वेद में भी हैं। वैदिक इंडेक्स में भी शुक्र की मान्यता है।

प्राचीन भारत में राजनीतिशास्त्र के अनेक नाम थे। अर्थशास्त्र भी राजनीति का एक नाम था और दण्डनीति भी। इसे राजधर्म व राजशास्त्र भी कहा जाता था। नीतिशास्त्र ज़्यादा प्रचलित नाम था। नीति का अर्थ 'मार्ग' होता है। नीति स्वाभाविक रूप में राजनीति कही जाती है। ऋग्वेद में स्वराज्य, राजधर्म (5-37 व 1-174), राजकर्म (1-25 व 4-42) के उल्लेख हैं। इन्द्र, वरुण आदि की स्तुतियों में राजनीति सम्बन्धी अनेक सूक्त हैं। अग्नि को राजा की तरह नमस्कार किया गया है। आधुनिक राजनीति में सभा और समितियाँ राष्ट्रीय विमर्श के अंग हैं। ऋग्वेद में सभा-समितियों के उल्लेख हैं। यजुर्वेद और अथर्ववेद में भी हैं। यजुर्वेद में सभा-अध्यक्ष का भी उल्लेख है। उत्तर वैदिककाल के प्रमुख ग्रन्थ तैत्तिरीय संहिता में भी विचार-विमर्श की संस्था 'सभा' बताई गयी है।

राजा के अनेक गुण बताए गए हैं, लेकिन प्राचीन हिन्दू राजनीति में राजा का प्रमुख गुण है नेतृत्व। नेतृत्व-गुण धारण करने वाला 'नेता' कहा जाता है। नेता साधारण जनों को प्रेरित करता है। गतिशील बनाता है। गतिशील लोक प्रगतिशील होता है। शुक्रनीति (1-85) में कहते हैं कि, "राजा के सुयोग्य नेता न होने के कारण प्रजा विपत्ति के समुद्र में बिना पतवार वाली नाव की तरह डूब जाती है।" आधुनिक राजनीति में भी नेतृत्व-गुण वाले प्रतिष्ठित होते हैं। हिन्दू-चिन्तन में प्रजा का अर्थ राजा की प्रिय सन्तान होता है। राजा अपनी प्रिय सन्तान 'प्रजा' का पालन-पोषण और संरक्षण करता है। शुक्रनीति (1-67) में कहते हैं, "राजा 'प्रजा' को अधर्म, अत्याचार और अन्याय से बचाता है। धर्म, अर्थ और काम से युक्त करता है।" हिन्दू-चिन्तन में चार पुरुषार्थ हैं— धर्म, अर्थ, काम और मोक्ष। धर्म, अर्थ व काम भौतिक हैं और मोक्ष आध्यात्मिक। शुक्रनीति में राजा को मोक्ष दिलाने का काम नहीं सौंपा गया।

यूरोपीय देशों में राजा और चर्च में लम्बा संघर्ष चला था। तब राजा के भाग को सेकुलर कहा गया था। कह सकते हैं कि हिन्दू-चिन्तन में राजा का काम बहुत पहले से ही सेकुलर (साँस ारिक) है। महाभारत में न्याय और दण्ड-व्यवस्था के सामने सब बराबर हैं। भारतीय संविधान में विधि के समक्ष समता का उल्लेख है। महाभारत में भी न्याय और दण्ड-व्यवस्था के सामने सब बराबर हैं। शान्ति पर्व (65-8) में कहते हैं कि, "धर्म-विधि के विरुद्ध आचरण पर ब्राह्मण भी मृत्युदण्ड के योग्य है और माता-पिता व पुरोहित भी।"

महाभारत के शान्ति पर्व में अनेक कर्तव्यों के साथ राजा पर निराश्रित लोगों के भरण-पोषण का काम भी सौंपा गया है। 'मन्त्रिमण्डल' विशिष्ट संस्था थी।

मन्त्रिमण्डल के सदस्यों की संख्या पर मतभेद रहे हैं। कौटिल्य ने अर्थशास्त्र में कई मत दिए हैं, "मानव संप्रदाय वाले 12, बृहस्पति के अनुयायी वाले 16, और शुक्र उशना के अनुयायी 20 मन्त्रियों के पक्षधर थे। महाभारत में मन्त्रियों की संख्या 37 बताई गयी है।" शुक्रनीति में मन्त्रियों के विभागों के भी उल्लेख हैं। राजकाज से जुड़े पदधारकों का ज्ञानी होना जरूरी है। मन्त्रियों के लिए धर्म, विधि-व्यवस्था व दर्शन-विज्ञान का ज्ञान जरूरी बताया गया है। मन्त्रियों की संख्या को लेकर कौटिल्य का मत भिन्न है। उनके अनुसार मन्त्रियों की संख्या आवश्यकतानुसार होनी चाहिए।

प्राचीन भारतीय राजनीति में राज्य के सात अंग बताए गए हैं। इन्हें सप्तप्रकृति, सप्तांग या सप्त राज्यप्रकृति कहा गया है। महाभारत, शुक्रनीति, कौटिल्य और मनु ने राज्य के सात अंग बताए हैं। महाभारत ने राज्य के प्रथम अंग को आत्मा (राजा) कहा है। बाकी विद्वानों ने स्वामी। राज्य का दूसरा अंग मन्त्रिमण्डल है। तीसरा अंग राजकोष है। महाभारत, कौटिल्य व मनु ने चौथे अंग को दण्ड कहा। शुक्रनीति में चौथा अंग बल है। पाँचवें अंग को महाभारत व कौटिल्य ने 'मित्र' कहा है। राज्य का छठवाँ अंग 'राष्ट्र' है। मनु व शुक्र ने इसे 'राष्ट्र' कहा है। महाभारत व कौटिल्य ने इसे 'जनपद' कहा है। राज्य के अन्तिम सातवें अंग को महाभारत में 'पुर' कहा गया है। शेष सभी विद्वानों ने इसे 'दुर्ग' कहा है। भारत की प्राचीन राजनीति आदर्श-निष्ठा से समृद्ध थी। राष्ट्रसेवा मुख्य ध्येय था। जिस देश के प्राचीन इतिहास में सुव्यवस्थित राजव्यवस्था थी, सभा-समितियाँ थीं, उस देश के लोगों की प्रेरणा के लिए किसी दूसरे देश की ओर देखने की कोई आवश्यकता नहीं है।

राजा के अनेक गुण बताए गए हैं, लेकिन प्राचीन हिन्दू राजनीति में राजा का प्रमुख गुण है नेतृत्व। नेतृत्व-गुण धारण करने वाला 'नेता' कहा जाता है। नेता साधारण जनों को प्रेरित करता है। गतिशील बनाता है। गतिशील लोक प्रगतिशील होता है। शुक्रनीति (1-85) में कहते हैं कि, "राजा के सुयोग्य नेता न होने के कारण प्रजा विपत्ति के समुद्र में बिना पतवार वाली नाव की तरह डूब जाती है।" आधुनिक राजनीति में भी नेतृत्व-गुण वाले प्रतिष्ठित होते हैं। हिन्दू-चिन्तन में प्रजा का अर्थ राजा की प्रिय सन्तान होता है। राजा अपनी प्रिय सन्तान 'प्रजा' का पालन-पोषण और संरक्षण करता है। शुक्रनीति (1-67) में कहते हैं, "राजा 'प्रजा' को अधर्म, अत्याचार और अन्याय से बचाता है। धर्म, अर्थ और काम से युक्त करता है।"

हिन्दू–जीवन–रचना

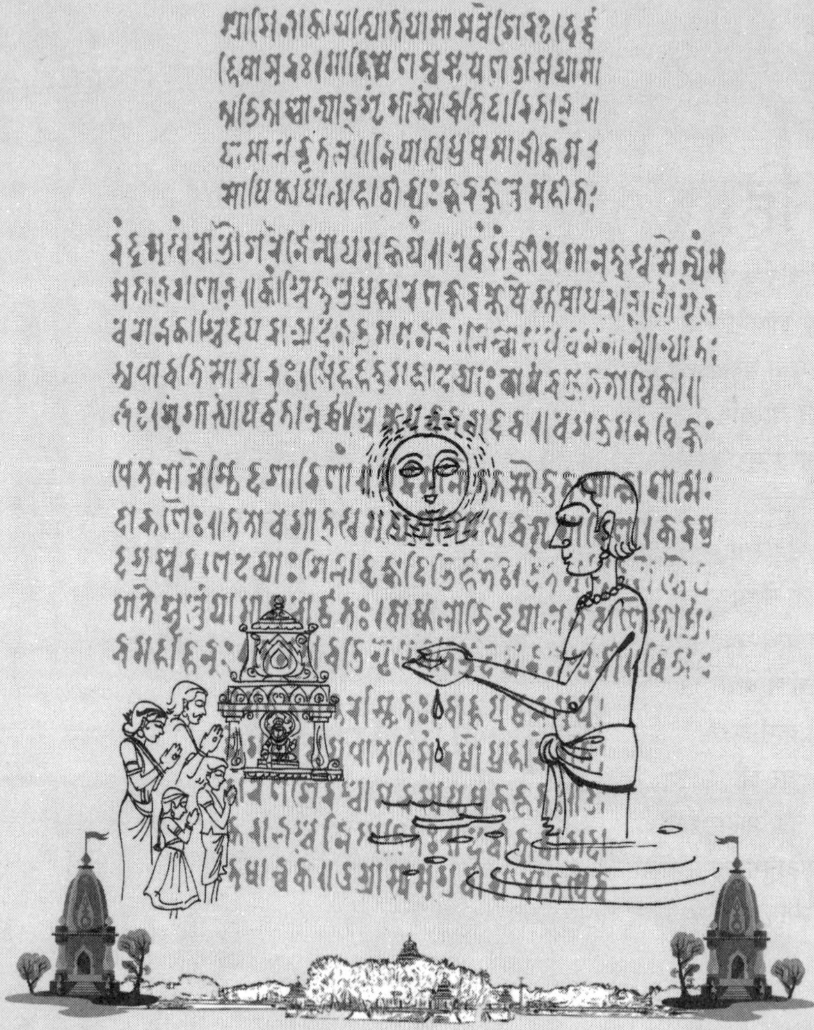

17

हिन्दू-जीवन-रचना

'हिन्दुत्व' एक सम्पूर्ण जीवन-दृष्टि है। हिन्दू जीवन-रचना में व्यक्ति और समष्टि के अन्तर्सम्बन्ध हैं। सम्पूर्ण विश्व को परिवार जानने की निष्ठा प्राचीन काल से ही है। समूची सृष्टि परिवार है। जीवन के प्रत्येक अवसर पर उत्सव हैं, लेकिन कर्तव्य-पालन पर अतिरिक्त ज़ोर दिया गया है। इस जीवन-रचना में समूची प्रकृति के प्रति आदरभाव है। कण-कण में परम सत्ता की अनुभूति है। कर्म को वास्तविक धर्म जाना गया है। कर्म अपने आप में परिपूर्ण है। कर्म-फल की आशा महत्वपूर्ण नहीं है। ईशावास्योपनिषद के प्रारम्भ में ही कहा गया है, "सतत् कर्म करते हुए ही 100 वर्ष के जीवन की अभिलाषा करनी चाहिए। इसके अलावा कोई दूसरा मार्ग नहीं है।" जीवन का हरेक क्षण कर्तव्य-पालन के लिए अर्पित है। गीता में भी कर्तव्य-पालन पर ज़ोर दिया गया है। 'कर्तव्य' सामाजिक दायित्व है। इस दायित्व का निर्वहन हिन्दुत्व का मूल तत्व है। वैदिक साहित्य के अनुसार देवता भी कर्म न करने वाले का साथ नहीं देते। कर्तव्य-पालन का दायित्व सबपर है। देवता भी कर्म करते हैं। इस जीवन-रचना में अनुभूति और वैज्ञानिक दृष्टिकोण साथ-साथ हैं। घर और परिवार स्वाभाविक आकर्षण हैं। ये आनन्ददाता हैं लेकिन नियम-बन्धन में हैं। आहार प्रत्येक जीव की आवश्यकता है। हिन्दू जीवन-रचना में आहार की भी अनुभवजन्य संहिता है। वृद्ध, माननीय, अग्रजों और वरिष्ठों के प्रति आदर और सम्मान का भाव हिन्दू समाज-व्यवस्था का केन्द्र है।

हिन्दू-जीवन का स्त्रोत 'ऋग्वेद'

भारतीय संस्कृति-सभ्यता और दर्शन का आधार ऋग्वेद है। ज्ञान का स्त्रोत और विज्ञान का उद्गम भी ऋग्वेद है। हिन्दू अभिजनों की मेधा और जीवनशैली का पालक-प्रतिपालक ऋग्वेद है और करणीय व अकरणीय कर्मों का निर्णायक भी। विराट ब्रह्माण्ड की गतिविधि और उसके उपयोग-सदुपयोग का ज्ञान कराने वाला भी ऋग्वेद है। ऋग्वेद भारत का मन है, प्रज्ञा है और निश्चयात्मक दर्शन भी है। यह समाज की गतिविधि का दिक्सूचक यन्त्र है। हिन्दू-जीवन की लोकमंगलकारी आदर्श आचार संहिता का नीति निदेशक भी है। ऋग्वेद के रचनाकाल से पहले कोई शब्द-ज्ञान नहीं था। कोई शब्द-साक्ष्य भी नहीं था। दुनिया की किसी भी सभ्यता के मूल्यांकन और अध्ययन का भी कोई स्त्रोत नहीं था, इसीलिए हिन्दू मनीषा में ज्ञान, तप, आत्मबोध व सृष्टिबोध के लिए ऋग्वेद को ही अपना मार्गदर्शी जीवन-आधार बनाया है।

ऋग्वेद विश्व-मानवता का प्रथम शब्द-साक्ष्य है। यह हिन्दू-जीवन की रचना के सूत्रों का आदिस्त्रोत है। अन्तर्राष्ट्रीय संस्था यूनेस्को ने भी ऋग्वेद को प्राचीनतम अन्तर्राष्ट्रीय धरोहर बताया है। ऋग्वेद के रचनाकाल में 'लिपि' नहीं थी। ऋषियों ने गीत गाए। भारतीय हिन्दू-परम्परा इन गीतों को मन्त्र कहती है और इन कवियों को ऋषि। परम्परा के अनुसार ऋषि इन मन्त्रों के द्रष्टा माने जाते हैं। द्रष्टा का अर्थ है 'ठीक से देखने वाला'। 'अस्तित्व' विविधि आयामी रूपवान सत्ता है। अस्तित्व प्राणवान है। चेतन है। पृथ्वी, जल, अग्नि, वायु और आकाश महाभूत हैं। वे प्रत्यक्ष हैं। सूर्य, चन्द्र, ग्रह, उपग्रह और तारामण्डल हैं। करोड़ों जीव व वनस्पतियाँ हैं। इस प्रत्यक्ष के भीतर ढेर सारा प्रपंच अप्रत्यक्ष अव्यक्त भी है। ऋग्वेद में यहसब मन्त्र-रूप में विद्यमान है। तत्कालीन विश्व का काव्यमय वर्णन है ऋग्वेद।

ऋग्वेद का समाज, सामाजिक जीवन के विकास के कई सोपान पार कर चुका था। यह तमाम जनसमूहों में संगठित था। समाज सतत् विकासशील था। कवियों ने प्रकृति के भीतर एक सुसंगत व्यवस्था देखी थी। ऋग्वेद में इस अनुभूति के गीत-मन्त्र हैं। ऋग्वेद में तत्कालीन समाज की अर्थव्यवस्था और ज्ञान-प्राप्ति की समस्याओं का भी विवेचन है। साधारण मनुष्य के राग-द्वेष के भी चित्रण हैं। ऋग्वेद के मन्त्रों में पूर्ववर्ती समाज की स्मृतियों की झलक है। यह दुनिया की अनूठी ज्ञान-सम्पदा है। ऋग्वेद में अस्तित्व के गीत हैं और अस्तित्व शुभ और अशुभ में भेद नहीं करता। इसमें शुभ और अशुभ साथ-साथ हैं।

ऋग्वेद प्राचीनतम है। प्राचीनतम को जानने की रुचि स्वाभाविक है। विश्व के सभी देशों में ऋग्वेद को समझने की रुचि बढ़ी है। भारत में वेदों के प्रति आस्था है। इस आस्था के अनेक कारण हैं। पहला कारण सर्वविदित है। ऋग्वेद भारतीय दर्शन, संस्कृति और सभ्यता का प्राचीनतम शब्द-स्मारक है। तमाम श्रद्धालु वेदों को ईश्वर-वाणी भी मानते हैं लेकिन श्रद्धालुओं का बड़ा वर्ग उन्हें अपने प्राचीन पूर्वजों का इतिहास, कथन, काव्य भी मानता है। ऋग्वेद हज़ारों वर्ष प्राचीन है। माना जाता है कि यह अपने में शुद्ध है। इसमें कोई क्षेपक या मिलावट नहीं है। श्रुति परम्परा में आचार्यों ने शिष्यों को लगातार सुनाया। याद भी कराया। उसे बचाए रखने के तमाम प्रयत्न जारी रहे। ऋग्वेद प्राचीनतम समाज का दर्शन-दिग्दर्शन है। भिन्न-भिन्न विचार हैं। अनेक देवता हैं। सामाजिक संगठन के तमाम रूप हैं। प्रकृति के प्रति अतिरिक्त जिज्ञासा है। ऋग्वेद प्राकृतिक अनुभूति की अद्वितीय काव्य अभिव्यक्ति है। यहाँ तत्कालीन समाज का दर्पण और दर्शन है। ऐसी स्वाभाविक अनुभूति और अभिव्यक्ति श्रुति-परम्परा में लगातार प्रवाहमान रही। हज़ारों वर्ष बीतते गये। ऋषिकुलों ने इसे अपनी स्मृति में संजोए रखा। ऋग्वेद की अभिव्यक्ति-श्रुति किसी एक ऋषि की सम्पदा नहीं है। यह दीर्घकालीन मन्त्ररचना की अभिव्यक्ति है। ऐसे दीर्घकाल के काव्यमन्त्रों का संकलन ऋग्वेद कहलाया। भारत को ऋग्वेद पर गर्व है।

डॉ. राधाकृष्णन् ने 'इंट्रोडक्शन टू दि प्रिंसपल उपनिषद्' में लिखा है "ऋग्वेद के वृहद् कलेवर के बनने में ख़ासा समय लगा होगा। हमें स्मरण रखना चाहिए कि जो कुछ आज बचा है वह लुप्त हो गए का शायद एक लघु भाग है।" उन्होंने मैक्समूलर के ग्रन्थ 'सिक्स सिस्टम ऑफ इण्डियन फिलास्फी' का उद्धरण भी दिया है, "वैदिककाल में विद्यमान धार्मिक और लौकिक काव्य का सौंवा भाग भी आज हमें उपलब्ध है, यह हम दावे के साथ नहीं कह सकते।" मैक्समूलर की अटकल पर माथापच्ची बेकार है। तर्क अकेला नहीं होता। तर्क और प्रतितर्क साथ-साथ चलते हैं। जिज्ञासा इन्हें उकसाती रहती है। प्रश्न ऊर्जा देते हैं तब ज्ञान का जन्म होता है। ऋग्वेद में ज्ञान भी देवता हैं। एक सूक्त (10.71) में ज्ञान का प्रारम्भिक चरण भी बताया गया है। बताते हैं कि प्रारम्भिक स्थिति में पदार्थों के नाम रखे गए। नाम और रूप मिलाकर बोले गए शब्द 'ज्ञान' के प्रथम सोपान बने। इनका दोषरहित शुद्ध ज्ञान अनुभूति-गुहा में छुपा रहता है– तदेषां निहितं गुहावि। (वही 1) महाभारत के यक्ष-प्रश्नों में जीवन-मार्ग पूछने पर युधिष्ठिर ने भी धर्म-तत्व को गुहा में बताया था–धर्मस्य तत्वं निहितं गुहायां।

ऋग्वेद (ज्ञान सूक्त) में आगे बताते हैं–"मेधावी लोग सूप से सत्तू स्वच्छ करने की तरह बुद्धि की सामर्थ्य से भाषा को शुद्ध व परिष्कृत करते हैं तब मित्रजन वास्तविक भाव समझते हैं।" ज्ञान आसान नहीं होता। ज्ञानी होना कठिन है। कहते हैं कि "इनमें कोई-कोई प्रत्यक्ष देखकर भी मूल ज्ञान नहीं पाते, तमाम लोग ज्ञान सुनकर भी नहीं समझ पाते, वाग्देवी सुपात्र के सामने ही प्रकट होती हैं।" (वही) ज्ञान का प्रारम्भ पदार्थ के रूपों से होता है फिर गुणबोध और पदार्थ के सूक्ष्म रहस्यों की जानकारी से ज्ञान-यात्रा की मंजिलें तय की जाती हैं।

ऋग्वेद को लेकर तमाम जिज्ञासाएँ रहती हैं। सबसे बड़ी जिज्ञासा श्रद्धा को लेकर है। श्रद्धालु इसे ईश्वर की वाणी कहते हैं। वेदों को अपौरुषेय कहा जाता है। वेदों का विषय-निरूपण आश्चर्यजनक है। यह असामान्य मेधा का परिणाम जान पड़ता है। सम्भवत: इसीलिए उन्हें अपौरुषेय कहा जाता है। ईश्वर की वाणी कहने का तात्पर्य भी इसी तरह का है। ब्रह्मवादी धारणा में यह संसार ब्रह्म है। इसकी सम्पूर्ण गतिविधि भी ब्रह्म है। अस्तित्व की सम्पूर्ण कार्यवाही यज्ञ है। इस यज्ञ में ब्रह्म द्वारा ही ब्रह्म को आहुति दी जाती है। ब्रह्म ही मन्त्र है। आहुति भी ब्रह्म है। शब्द ब्रह्म है। वाणी ब्रह्म है। इसलिए वेद ब्रह्मवाणी हैं। परम्परा में वेद अनादि कहे जाते हैं। माना जाता है कि ईश्वर या प्रकृति की तरह वेद भी सदा से हैं, नित्य हैं। वे सदा रहते हैं। आस्था के अनुसार काल की सत्ता भी उन्हें नष्ट नहीं कर सकती।

वेदों के प्रति भारत के लोकजीवन में गहन श्रद्धा-भाव है। वेद-वचन वास्तविक प्रमाण कहे जाते हैं। वेदों के प्रति भारतीय जनमानस की श्रद्धा आश्चर्यजनक भी है। डॉ. भगवान सिंह ने (हड़प्पा सभ्यता और वैदिक साहित्य, आमुख) ठीक ही लिखा है "वेद का नैतिक, बौद्धिक, सामाजिक, आर्थिक, सांस्कृतिक आदर्श परवर्ती कालों पर कुछ इस तरह छाया रहा कि वेद को न मानने का अर्थ ही था नास्तिक। वेद ही ब्रह्म और वेद ही अन्तिम प्रमाण। वह अकाट्य था। आखिर वह उपलब्धि का कौन सा शिखरबिन्दु था जिसपर इस दौर में भारतीय समाज या कम से कम इसका स्वामी-वर्ग पहुंचा था कि अपने पराभव के दिनों में भी वह इसी के सुखद स्वप्न देखता जीवित रहा और इसी को हासिल करने के मन्सूबे पालता रहा।" ऋग्वेद स्वयं ही उपलब्धि का शिखर था।

ऋग्वेद के 'ऋषि' भारतवासियों हिन्दू अभिजनों के पूर्वज हैं। वे कवि हैं। संस्कृत के विद्वान डॉ. राधावल्लभ त्रिपाठी ने 'संस्कृत साहित्य का अभिनव इतिहास' लिखा है। इस पुस्तक का एक अध्याय है 'वैदिक साहित्य'। इसी अध्याय में 'ऋग्वेद के

कवियों का सृानि' उपशीर्षक (पृष्ठ 24) से ऋषियों का निवास जांचा गया है। उपशीर्षक में इन्हें 'कवि' कहा गया है। लिखते हैं "ऋग्वेद के कवि सप्तसिन्धु प्रदेश में रहते थे। ऐसा उल्लेख मन्त्रों में मिलता है। सप्तसिन्धु वह प्रदेश है जिसमें सात नदियाँ बहती थीं। ये नदियाँ थीं–सिन्धु, विपाशा (व्यास), शुतुद्रि या शतुद्र (सतलज), वितस्ता (झेलम) असिक्ली (चिनाव), परुष्णी (रावी) और सरस्वती।" भाव-प्रधान जीवन एक सरल, तरल और सरस प्रवाह है लेकिन बुद्धि-प्रधान जीवन जटिल, तर्कपूर्ण, चुनौतीपूर्ण यात्रा है। जीवन में दोनो हैं। कविता और तर्कपूर्ण ज्ञान साथ-साथ है। कविता आनन्दवर्द्धक होती है और बुद्धि सतत् खोजी, स्वयं विश्वासी संघर्षपूर्ण यात्रा। बुद्धि की पराकाष्ठा विज्ञान और दर्शन में प्रकट होती है और भाव की पराकाष्ठा प्रेम में। ऋग्वेद में भाव, अनुभूति और तर्क साथ-साथ हैं।

ऋग्वेद के काव्य 'मन्त्र' कहे जाते हैं। वाणी सरस होना कविता है। कविता का प्राणवान व प्रभावी होना मन्त्र है। सभी मन्त्र कविता हैं लेकिन सभी कविताएं मन्त्र नहीं होतीं। सभी ऋषि 'कवि' हैं लेकिन सभी कवि 'ऋषि' नहीं होते। कवि का ऋषि होना एक चरम सम्भावना है। किसी भी मनुष्य का कवि होना भी एक सम्भावना है। कवित्व अनुभूति की समृद्धि है। ऋग्वेद में अग्नि को भी कवि बताया गया है। अग्नि ऋग्वैदिक कवियों के लाडले देवता हैं। ऋषि जिसे असीम श्रद्धा करते हैं, उसे कवि कहते हैं। ऋग्वेद में कवि की महत्ता है। आनन्द-अभिव्यक्ति के लिए काव्य का कोई विकल्प नहीं। ज्ञान-यात्रा के लिए तर्क, प्रश्न या जिज्ञासा के अलावा दूसरा कोई उपाय नहीं। आधुनिक विज्ञान स्वागत-योग्य है। यह सूक्ष्म का ज्ञान है, लेकिन इसमें कविता नहीं होती। भाव भी नहीं होते। विज्ञान में पदार्थ के सूक्ष्मतम की व्याख्या वाला तरंग-सिद्धान्त तो है लेकिन प्रेम-तरंग या भाव-तरंग नहीं। क्या हम एक साधारण कल्पना कर सकते हैं?कि विज्ञान और कविता में प्यार हो तो कैसा रहेगा? काम चलाऊ प्यार नहीं। लिव-इन भी नहीं। दोनों ठीक से मिलें। विज्ञान भाव-रस से भरे और कविता में ज्ञान-विज्ञान की प्रज्ञा छलके।

वैदिककाल में कविता और विज्ञान का मिथुन है। हिन्दुत्व में भी विज्ञान और काव्य एकसाथ हैं। वैदिक कविता में अस्तित्व का ज्ञान-गान है। ऋग्वेद के रचनाकाल में ज्ञान और काव्य अलग-अलग नहीं हैं। तब सत्य और सौन्दर्य साथ-साथ हैं। ऋग्वेद के अनुसार धरती-आकाश भी तब मिले हुए हैं। दोनों का संयुक्त नाम 'रोदसी' है। पति-पत्नी का साझा नाम 'दंपति' है। अनेक विद्वानों ने लक्ष्य किया है कि पति-पत्नी दंपति जैसा साझा नाम अन्य भाषाओं में नहीं है। ऋग्वेद का

'नासदीय सूक्त' सुन्दर कविता है। उस समय तक उपलब्ध सृष्टि सृजन की धारणा नासदीय सूक्त में है। रात, दिन, जीवन-मृत्यु और वायु सृष्टि के पूर्व नहीं थे। तब सृष्टि का सम्पूर्ण जड़-चेतन एक बिन्दु पर केन्द्रित है। यह विज्ञान है। भाव पक्ष यह है कि 'वह एक' वायुहीनता की स्थिति में स्वयं की क्षमता से स्पन्दित है। फिर वैज्ञानिक दृष्टिकोण वाले प्रश्न हैं कि कौन जानता है कि सृष्टि कैसे अस्तित्व में आई? फिर भाव-पक्ष की शिखर ऊँचाई है कि परम आकाश में बैठा सृष्टि-अध्यक्ष भी यह सब जानता है कि नहीं जानता? कौन जानता है।

कुछेक विद्वान ऋग्वेद के मन्त्रों को चरवाहों का गीत बताते हैं। उनके अनुसार ऋग्वेद के कवि पूर्वज घुमंतू थे। पशुपालक थे। पशुओं को हांकते हुए यहाँ-वहाँ मनमाने स्थान पर रुकते थे। राहुल सांस्कृत्यायन ने 'ऋग्वैदिक आर्य' नामक पुस्तक में लिखा है "मोहनजोदड़ो और हड़प्पा तथा ऐसे ही जाने कितने नगर संहार के बाद सप्तसिन्धु की विजित भूमि को पशुपालक आर्यजनों ने आपस में बांटकर गोचर भूमि में बदल दिया।" (पृष्ठ 17) सही बात यह है कि आर्यों ने कोई नगर नहीं नष्ट किए। कोई भूमि नहीं जीती। वे कृषि-कार्य को महत्व देते थे। ऋग्वेद में कृषि की ज़ोरदार चर्चा है। उन्होंने तमाम उद्योग-धंधों का विकास किया था। खेती के काम आने वाले लोहे व लकड़ी के उपकरण स्वयं बनाते थे। इनसे भिन्न उद्योगों का विकास भी हो चुका था।

ऋग्वेद में मानव समूह के लिए 'आर्य' शब्द आया है। तत्कालीन भारतीय अभिजन स्वयं को आर्य कहते हैं। आर्य नस्ल नहीं है। वे कोरे भाववादी नहीं हैं। वे अस्तित्व को स्वीकार करते हैं। अनेक देवों की उपासना करते हैं। एक सत्य के विश्वासी हैं। अन्य विश्वासों को भी आदर देते हैं। 'आर्य' लोकमंगल से प्रतिबद्ध जातीयता व राष्ट्रीयता है। उनकी महत्वाकांक्षा है कि समूचा विश्व आर्य बने–कृण्वंतो विश्वम् आर्यम्। ऋग्वेद इन्हीं लोकमंगल अभिलाषी आर्यों की वाणी है। ऋग्वेद के पूर्वजों के लिए देव सर्वसुलभ हैं। आर्य इन देवों की स्तुतियाँ करते हैं। मन्त्र-काव्य उत्कृष्ट श्रेणी के संवेदनशील कवियों की अभिव्यक्ति हैं। उनकी जिज्ञासा धरती से परमव्योम तक विस्तृत है। वे सृष्टि के सभी रहस्य जान लेना चाते हैं। वे उपलब्ध ज्ञान से संतुष्ट नहीं हैं, लेकिन उपलब्ध ज्ञान के गीत गा रहे हैं। शेष ज्ञान के शोधार्थी भी हैं। उनका भावबोध गहरा है। उनका सौन्दर्यबोध विश्व साहित्य में भी अद्वितीय है। इन कवियों की रचनाएं बौद्धिक प्रयास का परिणाम मात्र नहीं हैं। कविताएं आकाश के परे देवगांव में रहती हैं। वे जागृत चित्त में उतर जाती हैं। ये कवि उन्हें

देखते हैं और दोहरा देते हैं। मन्त्र-काव्य सुने जा सकते हैं। गाए जा सकते हैं लेकिन देखे नहीं जा सकते। 'ध्वनि' सुनाई ही पड़ती .है। देखी नहीं जा सकती लेकिन ऋग्वेद के कवि-ऋषि मन्त्रद्रष्टा हैं। ऋषि का परिचय भी यही है—ऋषियो मन्त्र द्रष्टारः। जो मन्त्र देखे वही ऋषि। ये ऋषि अनूठे कवि हैं। ऋग्वेद इन्हीं कवियों-ऋषियों का शब्द-प्रसाद है।

21वीं सदी में ऋग्वेद की अंन्तर्राष्ट्रीय प्रतिष्ठा बढ़ी है। मैक्समूलर, विश्वप्रतिष्ठ जर्मन विद्वान ने लगभग 150 वर्ष पहले ही ऋग्वेद को सारी दुनिया में चर्चा का विषय बना दिया था। पं0 जवाहर लाल नेहरू भारतीय स्वतन्त्रता संग्राम के नेता थे। उन्होंने जेल में रहते हुए 'डिस्कवरी ऑफ इण्डिया' लिखी थी। इसका अधिकृत हिन्दी अनुवाद 'हिन्दुस्तान की कहानी' नाम से छपा है। हिन्दुस्तान की कहानी (पृष्ठ-90) का उपशीर्षक है—वेद। लिखते हैं "बहुत से हिन्दू वेदों को श्रुतिगंथ मानते हैं। यह मुझे ख़ासतौर पर एक दुर्भाग्य की बात मालूम पड़ती है क्योंकि इस तरह हम उनके सच्चे महत्व को खो बैठते हैं।" नेहरू जी ने श्रुति का क्या अर्थ लिया?यह स्पष्ट नहीं है। श्रुति का अर्थ है—सुना हुआ। सुना गया। वेद 'श्रुति' ही हैं। वेदों के रचनाकाल में लिपि का ठीक विकास नहीं हुआ था। इसलिए वेदों में सूक्त हैं। सूक्त का अर्थ 'सुन्दर कथन' होता है। 'वेद' ऋषियों द्वारा कहे गये सुन्दर कथन हैं।

नेहरू जी ने आगे लिखा है "वेदों का उद्देश्य उस समय की जानकारी को इकठ्ठा करना था। उनमें बहुत चीज़ें मिली-जुली हुई हैं। स्तुतियाँ हैं। प्रार्थनाएँ हैं, यज्ञ की विधि है। जादू-टोना है और बड़ी ऊंची प्रकृति सम्बन्धी कविता है।" (वही पृष्ठ 90) जादू-टोने वाली बात सही नहीं है। नेहरू जी ने यह बात सम्भवतः विदेशी विद्वानों की पुस्तकों के आधार पर कही है। वेदों में तत्कालीन समाज, दर्शन और वैज्ञानिक दृष्टिकोण से समृद्ध काव्य-प्रवाह है। कविता और विज्ञान की प्रीति से ऐसे ही छन्द उगते हैं। तब कविता 'मन्त्र' बन जाती है। जल सृष्टि-सृजन का मूल है। वैज्ञानिक भी यही बताते हैं। ऋग्वेद में इसी वैज्ञानिक तथ्य को सुन्दर काव्यात्मक शैली में गाया गया है। जल यहाँ विश्व को जन्म देने वालीं माताएँ हैं— मातृतमा विश्वस्य स्थातुर्जगतो जनित्री। (6.50.7) वैज्ञानिक विवेचन में जल 'रस' है, 'पदार्थ' है लेकिन ऋषियों के भावबोध में यह 'माता' है। जल से सभी जीवों का प्रेम-सम्बन्ध है। सृष्टि का उद्भव जल से जुड़ा हुआ है। 'जल माताएँ' भी हैं। इसलिए माताओं से संरक्षण की प्रार्थना है "जल आकाश से आते हैं। नदियों में प्रवाहित हैं। ऋग्वेद में कहते हैं, जो जल भूमि खोदने से प्राप्त होते हैं, ऐसी स्वयं प्रवाहमान जलमाताएँ

हमारी रक्षा करें–आपो देवीरिह मामवंतु। ऋग्वेद में एक पूरा सूक्त (10.9) जल से स्तुति है "हे जल देव! आप सुखों के मूल स्रोत हैं। आप पोषक रस दें। जैसे माताएँ बच्चों को दूध पिलाती हैं, आप हमें वैसे ही रस-पोषण दें।" (वही 1 व 2) यहाँ ज्ञान और कविता साथ-साथ है। आगे कहते हैं "आप संरक्षक औषधियाँ (वनस्पतियाँ) प्रदान करें। हम निरोगी रहें, दीघार्यु प्राप्त करें।" यहाँ जल का विज्ञान है लेकिन आगे सदाचरण की स्तुति है। कहते हैं "आप हमारे अन्त:करण के द्वेषभाव व विकार दूर करें। हमें पवित्र करें। (वही 8) यहाँ लोकमंगल से जुड़ी कविता है।"

ऋग्वेद की प्राचीनता पर कोई संदेह नहीं है, लेकिन नेहरू जी ने इसकी प्राचीनता पर 'शायद' लगाया है। उन्होंने लिखा है, "पहला वेद, ऋग्वेद शायद मनुष्य की पहली पुस्तक है। इसमें हमें इन्सानी दिमाग के सबसे पहले के उद्गार मिलते हैं। काव्य की छटा मिलती है और मिलती है प्रकृति की सुन्दरता व रहस्य पर आनन्द की भावना।" (वही पृष्ठ 91) यहाँ 'शायद' के अलावा सारी बातें ठीक हैं। नेहरू जी ने एक और सही बात लिखी है "लेकिन ख़ुद ऋग्वेद के पीछे विचार और सभ्यता के कई युग रहे हैं।" नेहरू जी के मन में हड़प्पा सभ्यता प्राचीन थी। सम्भवत: वे उसी सभ्यता की बात याद करा रहे हैं, लेकिन हड़प्पा की सभ्यता वैदिक सभ्यता का अंग और विस्तार है। यह बात सही है कि ऋग्वेद के पहले भी विचार और सभ्यता का दीर्घकाल था। ऋग्वेद का दर्शन, वैज्ञानिक दृष्टिकोण और सुन्दर काव्य प्राचीन परम्परा का ही विकास है। पं0 नेहरू ने ऋग्वेद के नासदीय सूक्त का उद्धरण दिया है। इस सूक्त में अनेक प्रश्न हैं "तब न सत था, न असत। न अन्तरिक्ष था। न रात और न दिन। तब क्या था? केवल वह एक था। वह वायुहीन वातावरण में भी साँस ले रहा था। सृष्टि का अध्यक्ष भी सारी बातें जानता है कि नहीं जानता?" नेहरू जी को भी दर्शन के यह तत्व अच्छे लगते हैं। ऋग्वेद में अनेक दार्शनिक विचार हैं लेकिन जिज्ञासाएँ अन्तहीन हैं।

ऋग्वेद पन्थिक आज्ञाओं का संकलन भी नहीं है। ऋग्वेद में कहीं भी आदेशात्मक मन्त्र नहीं है। इसमें सैकड़ों विषय हैं। अनेक ऋषि हैं। संसार और सृष्टि के सम्बन्ध में अनेक प्रश्न हैं। ऐसे प्रश्न स्वयं ऋषि-कवियों ने उठाये हैं। उन्होंने तमाम प्रश्नों के उत्तर भी दिये हैं लेकिन तमाम प्रश्न अनुत्तरित भी हैं। गीता में प्रश्न ही प्रश्न हैं। प्रश्नों के उत्तर भी हैं। ऋग्वेद में सभी प्रश्नों के उत्तर नहीं हैं। इसका कारण है कि ऋग्वैदिक काल की ज्ञान-यात्रा में संदेह, तर्क और जिज्ञासा का वातावरण भी था। संदेह या संशय 'ज्ञान' के उपकरण हैं। ऋग्वेद में दर्शन और विज्ञान की भूमिका है।

वैदिक पूर्वजों का ध्येय अपना मत थोपना नहीं था। यह स्तुतियों से भरापूरा है। इन प्रार्थनाओं के भीतर आनन्दवर्द्धक प्रकृति का जिज्ञासापूर्ण दर्शन हैं। अनेक सार्वभौम जिज्ञासाएँ भी हैं।

सृष्टि-सृजन की जानकारियों पर वैज्ञानिक व ऋग्वेद के ऋषि लगभग एकमत हैं। दोनों के कथन का ढंग स्वाभाविक ही भिन्न-भिन्न है। बिगबैंग सिद्धान्त के अनुसार महाविस्फोट हुआ था। विस्फोट की ऊर्जा से ऊर्जाकण सब तरफ फैल गए थे। ऋग्वेद के अनुसार सृष्टि के पहले देवता नहीं थे। सृष्टि प्रकट हुई तो देवता प्रकट हुए। देवता प्रकृति की सूक्ष्म शक्ति हैं। जैसे वैज्ञानिक सिद्धान्त के अनुसार ऊर्जाकण तीव्र गतिशील हुए वैसे ही ऋग्वेद के अनुसार देवों के नर्तन से तीव्र रेणु प्रकट हुए–"नृत्यभिव तीव्र रेणुर पायत।" (10.72.6) देवता और नृत्य शब्द का प्रयोग काव्यात्मक है। कविता है। शेष तथ्य वैज्ञानिक है। ऋग्वेद दुनिया का पहला ज्ञान-गान है।

ऋग्वेद में बोध और जागरण के गीत हैं। ऋषि कहते हैं "जो जागे हुए हैं, ऋचा-मन्त्र उनकी कामना करते हैं। प्रकृति का संगीत उनके पास आता है। सामगान उन्हें प्यार करते हैं।" वे कविता-ऋचा का निवास 'परम व्योम' बताते हैं। ऋचो अक्षरे परमे व्योमन। वे परम व्योम की निवासिनी ऋचाओं को जागृत बोध से प्राप्त करते हैं—"यो जागार तं ऋच: कामयंते, यो जागार तं हि सामानि यन्ति–जो जागा हुआ है, ऋचाएँ-मन्त्रकाव्य उसकी कामना करते हैं। सामगान उसके पास आते हैं।" यह जागरण सामान्य रूप में जाग जाना नहीं है। यह स्वबोध है। स्वयं को स्वयं द्वारा देखने वाला जागरण है। ऋषि जागने वाले का उदाहरण भी देते हैं "अग्नि जागे हुए हैं। जागृत हैं। ऋचाएँ/मन्त्र उनकी कामना करते हैं। सामगान उनके पास आते हैं। सोम आनन्द उन्हें मिलता है। अन्यत्र कहते हैं " ऋचा-मन्त्र परम व्योम में रहते हैं। वे जागे हुए लोगों के चित्त में प्रवेश करना चाहते हैं। जो यह सब बातें नहीं जानते उनका मन्त्रपाठ बेकार है—किं ऋचां करष्यिति?" मन्त्र क्या कर लेगा?

'प्रकृति के रूप' यथार्थ हैं। ऋग्वेद के ऋषि इनमें सौन्दर्य देखते हैं। सौन्दर्यबोध से काव्य-सृजन का उल्लास बढ़ता है। वे प्रकृति के रूपों में दिव्यता देखते हैं। प्रकृति के गोचर प्रपंचों में उन्हें बहुत कुछ दिव्य दिखाई पड़ता है। पृथ्वी प्रत्यक्ष देव है, आकाश उन्हें आकर्षित करता है, सो ऋग्वेद में पृथ्वी केवल देवता ही नहीं माता भी हैं और आकाश पिता है। यूनानी देवतन्त्र में भी जियस देव आकाश पिता के रूप में पृथ्वी माता से जुड़ा हुआ है। प्राचीन यूनानियों ने भी प्रकृति के तमाम

तत्वों को देवता माना था। ऋग्वेद में अग्नि, सूर्य, वायु, जल, रात्रि और ऊषा आदि प्राकृतिक शक्तियां 'देवता' हैं। इनके अलावा इन्द्र, वरुण, मित्र, रुद्र, अदिति, विष्णु और अश्विनी कुमार द्वय अनुभूतिपरक देवता हैं।

मानव-समाज में नीति-नियम होते हैं। मनुष्य और समाज के बीच आदर्श सम्बन्धों का विकास नैतिकता है। मनुष्य और सम्पूर्ण सृष्टि के मध्य आदर्श आचार संहिता का नाम धर्म है, लेकिन ऋग्वेद में अग्नि और आकाश के भी आत्मीय सम्बन्ध हैं। यह सम्बन्ध देव-देव के मध्य हैं। मनुष्य और अग्नि के मध्य भी आत्मीयता है। यह सम्बन्ध देव और मनुष्य के मध्य है। मनुष्य और पक्षियों के मध्य भी रागात्मक सम्बन्ध हैं। एक ऋषि बाज पक्षी से प्रार्थना करते हैं कि वह सामने बैठी चिड़िया को न मारे। 'समुद्र' पृथ्वी पर चढ़ आता है। पृथ्वी डूब जाती है। ऋषि प्रार्थना करते हैं कि "हे माता पृथ्वी, समुद्र तेरी क्षति न करे।" आनन्दपूर्ण जीवन सबकी मधु अभिलाषा है। प्रकृति के शाश्वत नियमों का नाम ऋग्वेद में ऋत है। जो ऋत है, वही सत्य है। आनन्दपूर्ण जीवन का मूल आत्मीयता है। इस आत्मीयता की धुरी सत्य है। मित्र और वरुण से प्रार्थना है कि "आपके सत्यमार्ग से हम पार हों।" यहाँ ज़ोर सत्यमार्ग पर है मित्र-वरुण को हटा दें तो सत्यमार्ग की बात ही शेष रहती है। सत्य सबको प्रिय है और हिन्दुत्व का अधिष्ठान है।

ऋत और सत्यमार्ग सदा से हैं। प्रकृति सुसंगत है। इसका अपना संविधान है। यही ऋत है। ऋग्वेद के देवता भी ऋत-सत्य के नियम नहीं तोड़ सकते। वे सर्वशक्ति संपन्न नहीं हैं। उनके शक्तिशाली होने का रहस्य दैवी शक्ति नहीं है। उनके शक्तिशाली होने का रहस्य ऋत-सत्य का पालन है। जैसे आधुनिक राजव्यवस्था की सभी संस्थाएँ संविधान से शक्ति पाती हैं वैसे ही सभी देव ऋत-विधान के पालन से ही आदरणीय बने हैं। अग्नि शक्तिशाली देवता हैं, वे भी ऋत-आचरण में बंधे हुए हैं। नदियाँ भी ऋतावरी हैं। वरुण नियम मानते हैं, मनवाते भी हैं।

ऋग्वेद में विश्वामित्र के रचे सूक्त में नदी और ऋषि का संवाद है। नदी से वार्ता को वैज्ञानिक नहीं कहा जा सकता। विश्वामित्र नदी तट पर हैं। नदी उफनाकर बह रही है। विश्वामित्र ने नदी से कहा "आप नीचे होकर बहें। हम उस पार जाना चाहते हैं" उन्होंने नदी की स्तुति की। नदी ने कहा कि आप हमारी प्रशंसा न करें। हम वैसे ही झुककर नीचे जाते हैं जैसे माता स्तनपान कराने के लिए अपने शिशु के ऊपर झुक जाती है। यहाँ काव्य-भाव का चरम् है। नदी-प्रवाह सत्य 'वैज्ञानिक तथ्य' है और नदी का माता की तरह झुकने का आश्वासन है भावप्रवण कविता। विश्वामित्र ऋग्वेद के अनेक मन्त्रों के द्रष्टा कवि हैं। वे वैदिककाल में थे।

ऋग्वेद साक्ष्य है। वे रामकथा में हैं और पुराणों में भी। गायत्री मन्त्र 'तत्सवितुर्वरेण्यं' के द्रष्टा कवि-ऋषि भी वही हैं। भारतीय परम्परा ने विश्वामित्र को अनवरत प्यार दिया। विश्वामित्र ऋग्वैदिक काल में ही संस्था हो गए थे। वे ऋग्वेद में ब्रह्मेदं–तत्ववेत्ता हैं। उनके सूक्त मन्त्र-काव्य भारतजनों के संरक्षक हैं– विश्वामित्रस्य रक्षति ब्रह्मेदं भारतं जनं। (3.53.12) प्रकृति प्रतिपल अभिव्यक्त होती रहती है। सौन्दर्य प्रकृति की सर्वोत्तम अभिव्यक्ति है और सौन्दर्य का सर्वोत्तम सरस कथन कविता है। कविता का उद्भव-केन्द्र भाव है। विचार का केन्द्र बुद्धि है। बुद्धि से तर्क का जन्म होता है। तर्क अकेला नहीं होता। तर्क और प्रतितर्क साथ-साथ चलते हैं। जिज्ञासा इन्हें उकसाती रहती है। प्रश्न ऊर्जा देते हैं तब ज्ञान का जन्म होता है। भाव हमारा प्राकृतिक अन्तस् है। बाह्य जगत् में जो प्राकृतिक है वही अन्तर्जगत में स्वाभाविक है। स्वाभाविक का मूल भाव स्वभाव है।

समाज वरिष्ठों के सम्मान से आनन्द-रस पाते हैं। यूरोपीय सभ्यता में उपयोगितावाद है। ऐसे समाज में माता-पिता और अग्रज 'वरिष्ठ' अनुपयोगी होते हैं। वे वृद्धावस्था में रोते हैं। लेकिन ऋग्वेद के समाज में माता-पिता देवों जैसे सम्माननीय हैं। माता-पिता अपनी सन्तति को पालते हैं। संस्कार देते हैं, शिक्षित भी बनाते हैं। प्रार्थना है कि हे देव! हमको वैसे ही ज्ञान दो जैसे हमें हमारे पिता ज्ञान देते हैं। यहाँ पिता बड़ा है, ज्ञानदाता भी है। पिता-माता के प्रति सम्मान-भाव के कारण ही ऋग्वेद में विशाल पृथ्वी माता हैं और अनन्त आकाश पिता हैं। सामाजिक पारिवारिक सम्बन्धों की आत्मीयता का प्राकृतिक दर्शन ऋग्वेद में है। माता-पिता अति महत्वपूर्ण हैं। वे न होते तो हम भी न होते। ऋग्वेद में पुत्र को पिता का यश बढ़ाने वाला कहा गया है। माता-पिता के साथ यहाँ ऋषियों, वरिष्ठों को भी नमस्कार किया गया है। "इदं नमः ऋषिभ्यः, पूर्वेभ्यः पूर्वजेम्याः–ऋषियों को नमस्कार, वरिष्ठों को नमस्कार, पूर्वजों को नमस्कार।"

'नमस्कार' और 'प्रणाम' आन्तरिक आदर की प्रकट अभिव्यक्ति हैं। इससे सामाजिक व सामूहिक आत्मीयता बढ़ती है। नमस्कार प्रीतिपूर्ण भावना है। मुख से बोला गया विनम्र नमस्कार वातावरण में प्रीतिरस घोलता है। ऋग्वेद में 'नमस्कार' भी देवता है। ऋषियों ने 'नमस्कार' को भी नमस्कार किया है। 'श्रद्धा' भी नमस्कार की तरह आन्तरिक भावानुभूति है। ऋग्वेद में श्रद्धा भी एक देवता हैं। ऋषियों ने श्रद्धा को भी नमस्कार किया है—एक बार नहीं, तीन बार। ऋग्वेद के ऐसे अंश बारंबार अनुकरणीय हैं और समाज को संगीतपूर्ण बनाने वाले हैं।

आधुनिककाल में ऋग्वेद की उपयोगिता है। पहले से भी बहुत ज़्यादा। प्रकृति में बहुत कुछ है। जल हैं, नदियाँ हैं। पशु-पक्षी हैं। कीट-पतिंग हैं। मेंढक हैं। ऋग्वेद में सबकी चर्चा है। ऋषि अपने मन्त्रों-सूक्तों में इन सबकी स्तुतियाँ करते हैं। आकाश हैं, बादल हैं। वे बादलों को देखते हैं, मन्त्र गाते हैं। वायु उन्हें सहलाती हुई बहती है। वे मधु-अच्छादित वायु-प्रवाह चाहते हैं। मधु उनका प्रिय आलम्बन है। वे धरती के प्रत्येक कण में मधु-व्याप्ति की स्तुति करते हैं। वे गो दुग्ध में भी मधुरस के अभिलाषी हैं। वे समाज को मधुमय देखना-बनाना चाहते हैं। ऋग्वेद मधुअभिलाषी ऋषियों द्वारा गाया हुआ मधुमय ज्ञान है। आधुनिक जीवन के लिए उपयोगी है ऋग्वेद का मधुबोध।

ऋग्वेद में ऋग्वेद के उदय के पूर्व का इतिहास-बोध है। काव्य-सृजन अन्य देशों में भी हुआ है। वह भी आदरणीय है लेकिन प्रकृति के अन्तरंग रहस्यों पर काव्य-सृजन का ऋग्वेद जैसा उदाहरण अन्यत्र नहीं है। यह बुद्धि से बुद्धि का संवाद है, जिज्ञासा तब भी बनी रहती है। यह हृदय से हृदय का संवाद भी है। ऐसे संवाद को कविता कहने से बात पूरी नहीं होती। इसीलिए यह ऋचा है और आनन्दवर्द्धक व ज्ञानवर्द्धक मन्त्र भी। कविता का चरम ही मन्त्र है। प्रत्येक 'कविता' मन्त्र नहीं होती, लेकिन प्रत्येक 'मन्त्र' कविता होता है। ऋग्वेद कविता के मन्त्र हो जाने का प्राचीनतम ज्ञान-गान है। इस ज्ञान-गान की प्राचीनता पर तमाम बहसें चलती हैं। वैदिक संस्कृति में निरन्तरता है। ऋग्वेद का प्रवाह यजुर्वेद में है। सामगान में है। अथर्ववेद में वही संस्कृति है। ब्राह्मणग्रन्थ, आरण्यक में भी वही है। उपनिषद्-दर्शन व प्राचीन षट्दर्शन में भी ऋग्वेद के दर्शन का विस्तार है। रामायण, महाभारत में भी इसी दर्शन की उपस्थिति है। आधुनिक भारत में शंकराचार्य, विवेकानन्द, दयानन्द इसी प्रवाह को बढ़ाते हैं। दुनिया की किसी भी सभ्यता का विवेचन ऋग्वेद के बिना असम्भव।

ऋग्वेद का रचनाकाल

भारतीय परम्परा में चार युग हैं। राजा परीक्षित के समय कलियुग का प्रारम्भ हुआ। परीक्षित महाभारत काल के युवा योद्धा अभिमन्यु के पुत्र थे। अभिमन्यु को कई योद्धाओं ने मिलकर मार गिराया था। अनुमान किया जा सकता है कि महाभारत का युद्ध पाँच हज़ार वर्ष पूर्व हुआ है। यह कम से कम ईशा के तीन हज़ार वर्ष पहले की घटना है। रामधारी सिंह दिनकर ने 'संस्कृति के चार अध्याय' (पृष्ठ 53) में

बताया है कि इससे 400 वर्ष पूर्व संहिताएं लिखी गयी थीं। "उससे भी सात सौ वर्ष पूर्व से वेदों की रचना होती आ रही थी। हम कह सकते हैं कि ऋचाएँ ईसा पूर्व 2500 से बनने लगीं और ई.पू 1400 में सम्पूर्ण हो गया।" दिनकर जी ऋग्वेद के रचनाकारों 'आर्यों' को बाहर से भारत आया हुआ मानते थे, इसलिए ऋग्वेद को वे सिन्धु सभ्यता का परवर्ती सोचते हैं।

बुद्ध भारतीय इतिहास में हैं। वे ईसा के लगभग 500 वर्ष पहले हैं। बुद्ध दर्शन के तमाम तत्व उपनिषदों में हैं। उपनिषद् के ऋषियों ने ये तत्व बुद्ध दर्शन से नहीं पाए। उपनिषद् ऋग्वेद के दर्शन का विकास हैं। मुख्य उपनिषद् ऋग्वेद और बुद्ध दर्शन के बीच में रचे गए थे। इस दृष्टिकोण से भी ऋग्वेद के रचनाकाल की प्राचीनता पर प्रश्न नहीं उठाए जा सकते। ऋग्वेद की प्राचीनता असंदिग्ध है लेकिन पुरातात्विक उत्खनन से प्राप्त हड़प्पा सभ्यता के साम्राज्यवादी विवेचन से ऋग्वेद के रचनाकाल को खींचखांच कर परवर्ती बनाने का काम हुआ। इन विद्वानों की मानें तो ऋग्वेद हड़प्पा सभ्यता के बाद की रचना है। सच दूसरा है। हड़प्पा सभ्यता प्राचीन वैदिक सभ्यता का विस्तार है। वैदिक सभ्यता का विस्तार-क्षेत्र बड़ा था और हड़प्पा का सीमित। ऋग्वेद का रचनाकाल हड़प्पा से प्राचीन है।

जर्मन विद्वान जैकोबी ने ऋग्वेद के बाद रचे गए कल्पसूत्रों का रचनाकाल ईसा से 4700 वर्ष पूर्व माना है। उन्होंने ऋग्वेद का रचनाकाल लगभग 6500 वर्ष ईसा पूर्व माना था। भारत के प्रतिष्ठित विद्वान लोकमान्य तिलक ने ब्राह्मण ग्रन्थों का रचनाकाल ईसा से 4500 वर्ष पूर्व बताया था। इस तरह कुछ ऋचाएँ 10 हज़ार वर्षों की, कुछ 8500 वर्ष, और कुछ 7500 वर्ष (ई.पूर्व) प्राचीन हैं। तिलक ने लिखा है कि "सभी प्राचीनतम ऋचाएँ ऋग्वेद की हैं।" वैदिक ऋचाएँ प्राणवान कविता हैं। ऋग्वेद के रचनाकाल का विषय यूरोपीय दृष्टिकोण वाले विद्वानों के कारण बहस का विषय बनता है। मैक्समूलर के अनुसार ऋग्वेद ईसा से 1200-1000 वर्ष पूर्व की रचना है। 'हिस्ट्री ऑफ ऐंशियेन्ट संस्कृत लिटरेचर' (1959) में उन्होंने समूचे वैदिक साहित्य को तीन कालखण्डों में बाँटा। पहला– मन्त्रकाल, इस समय मन्त्र रचे गये। दूसरा– संहिताकाल, इस समय मन्त्रों का संग्रह हुआ और तीसरा ब्राह्मण काल, इस समय बाद का सारा वैदिक साहित्य रचा गया। उन्होंने प्रत्येक काल का समय 200 वर्ष बताया।

मैक्समूलर प्रतिष्ठित विद्वान थे सो अध्ययन, श्रम न करने वाले लेखकों-इतिहासकारों ने उनका यह विचार लपक लिया। प्राचीन भारतीय समाज को बर्बर व

असभ्य सिद्ध करने में संलग्न साम्राज्यवादी विचारकों को भी यह विचार उपयोगी लगा। मैक्समूलर ने कोई प्रमाण नहीं दिये, उनके मत के समर्थकों ने भी कोई प्रमाण नहीं जुटाए। मैक्समूलर ने यह अटकल 19वीं सदी में की थी। इसकी आलोचना हुई। उन्होंने अपना मत संशोधित किया। मैक्समूलर का अनुमान पुरातत्व द्वारा 20वीं सदी की शुरुआत में ही धराशायी हो गया। तुर्की के बोगाजकुई स्थान से उत्खनन में प्राप्त (1907 ई.) एक अभिलेख मित्र, वरुण, इन्द्र और नासत्य (अश्विन देव) आदि वैदिक देवों का उल्लेख एक राजकीय सन्धि की साक्षी में मिला। यह अभिलेख 1400 ई. पूर्व के बताए गये। प्रो० शिवाजी सिंह ने याद दिलाया है कि "इन देवताओं के नाम बोगाजकुई अभिलेख में ठीक उसी क्रम में दिए गये हैं जिस क्रम में वे ऋग्वेद के प्रसिद्ध वागाम्भृणी सूक्त (10.125) में प्राप्त होते हैं।" (वही, पृष्ठ 29) विंटरनिट्ज ने ऋग्वेद का रचनाकाल 2500 ई.पूर्व और जैकोबी ने 4500 वर्ष ई. पूर्व माना ही है।

डॉ. अविनाशचन्द्र दत्त ने पूरी युक्ति के साथ ऋग्वेद को 50 से 75 हज़ार वर्ष प्राचीन बताया है। सिन्धु घाटी के विवरण में भारत में लेखन-कला की जानकारी ईसा से 3000 वर्ष पूर्व अनुमानित है। ईसा पूर्व 3000 वर्ष में यहाँ लेखन-कला थी। आर्य बाद में आए तो उन्हें लेखन-कला का प्रयोग करना चाहिए था। लेखन-कला का सिन्धु सभ्यता के बाद का साक्ष्य सम्राट अशोक के अभिलेख हैं। ऋग्वेद सिन्धु सभ्यता के बहुत पहले की रचना है।

मैक्समूलर का अनुमान निराधार था लेकिन ऋग्वेद के प्रति उनकी अनुभूति सही थी। मैक्समूलर ने 'माई आटोग्राफी' (पृष्ठ 193) में लिखा, "जहाँ तक वेदों के वास्तविक रचनाकाल का सम्बन्ध है, मैंने तत्परता से मान लिया था कि कालक्रम विचार से वह उतना प्राचीन नहीं है जितना कि पिरामिड, परन्तु मान लीजिये कि वह होता, तो क्या हमारे अध्ययन के लिए उसका मूल्य इससे किसी प्रकार बढ़ जाता? यदि हम उसे 5000 ई.पू० स्थिर करें तो कोई इस काल का खण्डन कर सकेगा, इसमें मुझे संदेह है। यदि हम वेद से और पहले जायें, संस्कृत के तथा आर्य भाषा के आदिम रूप के निर्माण के लिए जो समय दरकार था, उसे नापने बैठें, तो मुझे संदेह है कि इसके लिए 5000 वर्षों का समय भी पर्याप्त होगा। भाषा में अथाह गहराई है, एक स्तर के नीचे दूसरा स्तर मिलता चला जाता है इसके बहुत पहले कि हम जड़ों तक पहुँचें और उनके विस्तार के लिए, उनमें व्यक्त किये गये विचारों के विस्तार के लिए कितना समय, कितना प्रयत्न अनिवार्यतः आवश्यक रहा होगा।"

आत्मकथा में अनुभूति है। इस अनुभूति में तमाम तर्क भी हैं। ऋग्वेद की विषय-वस्तु पर उनके मन में आदर है।

ऋग्वेद में सरस्वती प्रत्यक्ष हैं। यह आर्य-अभिजनों की प्रिय नदी है, इसलिए ऋग्वेद में इसका अनेकशः उल्लेख है। यहाँ चर्चित नदी-सूक्त है। सरस्वती का उल्लेख नदी-सूक्त में भी है। ऋग्वेद में सरस्वती जल से भरी-पूरी हैं। हड़प्पा सभ्यता के ह्रासकाल, 1700-1800 ईसापूर्व में सरस्वती सूख गयी थी। सरस्वती भौगोलिक साक्ष्य है। ऋग्वेद और यजुर्वेद में सरस्वती के जलहीन होने की कोई सूचना नहीं है। दोनो वेदों में सरस्वती हहराकर बहती हुई स्तुतियाँ पा रही हैं। ऋग्वेद की रचना सरस्वती के भरे-पूरे बहने के समय की है। यह हड़प्पा सभ्यता के ह्रास के पहले की रचना है। पुरातात्विक उत्खनन से प्राप्त सामग्री का सदुपयोग ऋग्वेद को समझने के लिए सम्भव है। इसी तरह पुरातत्व के साक्ष्यों का विवेचन ऋग्वेद के काव्य-साक्ष्य के आधार पर भी सम्भव हो सकता है। ऋग्वेद की प्राचीनता का सत्य भी इस विवेचन से सम्भव है।

ऋग्वेद में ऋग्वेद से भी पूर्व के वैदिक समाज के विवरण हैं। ऋग्वेद की भाषा व्यवस्थित है। इस स्तर की भाषा के विकास के लिए हज़ार-दो हज़ार वर्ष का समय पर्याप्त नहीं है। प्राचीनकाल में सामाजिक विकास की गति धीमी थी। ब्राह्मण ग्रन्थ और उपनिषद् ऋग्वेद के बाद की रचनाएं हैं। ऋग्वेद और ब्राह्मण ग्रन्थों के रचनाकाल में भी काफ़ी फ़ासला होना चाहिए। ब्राह्मणों के रचनाकाल तक वैदिक मन्त्रों की समझ जटिल हो गयी थी। ऐसे ही ऋग्वेद में उपलब्ध और संकलित मन्त्रों के पहले रचे गये मन्त्रों की अनुपलब्धता की बात भी है। प्रसिद्ध गायत्री मन्त्र ऋग्वेद (ऋ0 3.62.10) में संकलित है। ऐसी दार्शनिक स्तुति की रचना ऋग्वेद के बाकी मन्त्रों की तुलना में अतिप्राचीन भी हो सकती है। ऋग्वेद के रचनाकाल के हज़ारों बरस पहले भी एक विकासमान प्रबुद्ध दार्शनिक संस्कृति थी। ऋग्वेद के ऋषि कवि उसी दार्शनिक काव्यधारा के प्रतिनिधि हैं। ऋग्वेद उसी संस्कृति का अमर काव्य है। अमेरिकी विद्वान ब्लूम फील्ड ने हायकिन यूनिवर्सिटी के 18वें अधिवेशन में ठीक कहा कि "आर्य सभ्यता का वास्तविक प्रारम्भ वैदिक साहित्य से कई हज़ार वर्ष पूर्व होना चाहिए।" यही सही भी है। इस सभ्यता और संस्कृति में निरन्तरता है।

शंकर बालकृष्ण दीक्षित ने ज्योतिर्विज्ञान के माध्यम से शतपथ ब्राह्मण का रचनाकाल 3000 ई.पू. निश्चित किया है। उन्होंने शतपथ ब्राह्मण (2.2.2-3) के हवाले कृतिका नक्षत्र का उदय ठीक पूर्व दिशा में होने का काल 5000 वर्ष पूर्व

बताया है। ऋग्वेद शतपथ ब्राह्मण से बहुत पुराना है। ऋग्वेद की रचना 5000 ई.पूर्व कभी हुई होगी। लोकमान्य बालगंगाधर तिलक विशेष परिश्रमी मेधावी महामना थे। उन्होंने ऋग्वेद के मन्त्रों (10.86 व 1.161 आदि) के तर्क देकर कहा कि उस समय सूर्य के मृगशिरा नक्षत्र में उदय होने पर उत्तरायण और नववर्ष का शुभारम्भ होता था। ज्योतिषीय गणित में ऐसा काल 4580 ई. पूर्व था। तिलक के अनुसार ऋग्वेद की रचना में काफ़ी समय लगा होगा। वे इस समय को चार हिस्सों में बांटते हैं। पहला ईसा से 6000 वर्ष यानी आज से लगभग 8 हज़ार वर्ष पूर्व देवतन्त्र आदि से सम्बन्धित सूक्त आये। दूसरा ईसा से 4000 वर्ष पूर्व अधिकांश मन्त्र आये। तीसरे काल ईसा से 2500 वर्ष पूर्व में तैत्तिरीय जैसी संहिताएँ आयीं। अन्तिम और चौथे काल ईसा से लगभग 1500 वर्ष पूर्व दर्शन और गुह्य सूत्र आये।

ऋग्वेद में भरीपूरी प्रकृति है। इसके अनन्त रहस्यों की जिज्ञासा है। भौतिक सम्पत्ति के प्रति स्वाभाविक मोह है। ऋग्वेद नीति-ग्रन्थ नहीं है। यहाँ विज्ञान और दर्शन के काव्य हैं। यह किसी एक ज्ञानी द्वारा लिखा गया ग्रन्थ नहीं है। सवा चार सौ ज्ञात और अनेक अज्ञात ऋषियों द्वारा समय-समय पर गाए गये मन्त्रों का संकलन ही ऋग्वेद है। डॉ. राधावल्लभ त्रिपाठी ने (संस्कृत साहित्य का अभिनव इतिहास, पृष्ठ 18) बताया है "वेदों को सहस्त्रों वर्षों तक वाचिक परम्परा (कहँना और सुनना) में ही संग्रहीत और सुरक्षित किया जाता रहा। बाद में लिपि का आविष्कार हो जाने पर इन्हें लिपिबद्ध किया गया। दस हज़ार से भी अधिक मन्त्र कुछ हज़ार वर्षों तक केवल मौखिक रूप में स्मरण कर-कर के यथावत् सुरक्षित रखे गये। अन्य किसी देश के इतिहास में प्राचीन वाङ्.मय को इतनी निष्ठा से सहस्त्रों वर्षों तक सुरक्षित रखने का उदाहरण नहीं मिलता। वेद को सहस्त्रों वर्षों तक गुरु-शिष्य-परम्परा में सुन-सुनकर व स्मरण रखकर सुरक्षित रखा गया, इसलिए इन्हें 'श्रुति' भी कहा जाता है। वाचिक परम्परा में मन्त्रों को यथावत् स्मरण और पीढ़ी-दर-पीढ़ी सुरक्षित रखने के लिए पाठ की विशिष्ट विधियाँ अपनायी गयीं।"

ऋग्वेद में तत्कालीन समाज की व्याख्या है। 'वेद' शब्द 'विद्' धातु से 'धातु' प्रत्यय द्वारा बना। इसकी व्युत्पति 'विदन्ति ये सवेद: ' है अर्थात जिससे सही बात जानी जाए उसे वेद कहते हैं। पुरुष सूक्त में विराट से ऋक्, साम और यजुर की उत्पत्ति बताई गयी। (ऋ0 10/90) इनमें ऋग्वेद सर्वाधिक प्राचीन है। यहाँ ढेर सारे देवताओं की स्तुतियाँ हैं। ढेर सारी मानवीय अभिलाषाएं हैं। सारांशत: सत्य-तत्व का दर्शन-दिग्दर्शन है। ऋग्वेद के एक ऋषि दीर्घतमस द्वारा गाया मन्त्र भारतीय दर्शन की

एकात्म अनुभूति का प्रतिनिधि है, "इन्द्र, वरुण, अग्नि, यम और मातारिश्वा अनेक देवता हैं। सत्य एक है, ज्ञानी जन उसे अनेक नाम लेकर बताते हैं।" (ऋ 1.164.46) ऋग्वेद की प्राचीनता भी एक सत्य है। विद्वान प्राचीनता को लेकर अनेक अनुमान लगाते हैं और अनेक तरह से इसकी व्याख्या भी करते हैं, लेकिन हिन्दू प्रज्ञा ऋग्वेद को अपने अन्त:करण में धारण करती है। सर्वसमावेशी हिन्दुत्व की प्रज्ञा है ऋग्वेद।

विवाह, घर और परिवार!

भारतीय समाज-जीवन में 'परिवार' बड़ी रम्य रचना है। सरस-सलिल, लयबद्ध कविता। हिन्दू समाज की प्रथम इकाई है परिवार। हिन्दुओं ने पूरी पृथ्वी को 'वसुधैव कुटुम्बकम्' कहा है। वसुधा अर्थात 'पृथ्वी' बड़ा परिवार है। परिवार में गुरुत्वाकर्षण होता है। परिवार खींचता है। किसी सरल-चित्त से पूछिए कि धरती में सबसे प्रीतिकर स्थान क्या है?वह उत्तर देगा कि हमारा परिवार, घर। रोजगार के लिए घर छोड़कर दूर गए श्रमिक या व्यवसायी मौका पाते ही लौट पड़ते हैं अपने परिवार की ओर। परिवार सबको खींचता है और सबको सींचता है। इस परिवार को सुदृढ़ बनाने का काम करता है 'विवाह'। 'विवाह' इसीलिए मंगल मुहूर्त है, माँगलिक उत्सव है। बिना छन्द जाने ही गाने-बजाने और बिना नृत्य जाने ही मस्त-मस्त नाचने का 'मंगल भवन अमंगलहारी मुहूर्त' है विवाह।

समाज-संगठन की मूल इकाई 'परिवार' थी और है। 'विवाह' ऋग्वेद के पहले से ही सामाजिक संस्कार रहे हैं। ऋग्वेद के रचनाकाल में विवाह संस्था मजबूत थी, लेकिन भारत के एक कम्युनिस्ट विचारक एस0ए0 डांगे ने 'ओरीजिन ऑफ मैरिज' में फ्रेडरिक एंगल्स को आधार बनाकर ऋग्वैदिक काल में विवाहहीनता और अपरिभाषित सम्बन्ध सिद्ध करने का प्रयास किया है। डांगे के अनुसार इनमें रोक लगाने का काम बहुत मन्दगति से हुआ–'दिस प्रोग्रेस वाज मेड मच मोर डिफीकल्ट'। (वही किताब) वे अपनी गलत धारणा को सही सिद्ध करने के लिए ऋग्वेद के यम-यमी सूक्त का उदाहरण देते हैं। डांगे ने ऋग्वेद का यह सूक्त (10.10.1 से 14) पूरा नहीं पढ़ा। पढ़ा होगा तो जानबूझ कर शरारत की है। यम और यमी भाई बहन थे। यमी ने यम से प्रेम-सम्बन्ध की याचना की। यम ने इंकार किया। (वही मन्त्र 2) यमी ने फिर आग्रह किया। यम ने कहा कि ऐसी बकवास व्यर्थ है। यमी ने फिर आग्रह किया। यम ने ऐसे सम्पर्क को अधम बताया। डांगे और उन जैसे मार्क्सवादियों ने वैदिककाल को सिन्धु-सभ्यता के बाद का काल

बताया। उन्होंने आर्यों पर सिन्धु-सभ्यता नष्ट करने का आरोप लगाया। प्रश्न है कि सिन्धु-सभ्यता अगर परिपूर्ण विकसित थी, तो बाद वाली (उनके अनुसार) वैदिक सभ्यता अविकसित और आदिम क्यों होगी? विवाह संस्था ऋग्वैदिक काल में ही पुष्ट थी। सिन्धु-सभ्यता उसी का विकास है। विवाह-व्यवस्था किसी राजाज्ञा से नहीं आई। यह ऋषि-समाज के अध्ययन और सामाजिक विकास का परिणाम थी।

सन्तति-प्रवाह में ही जीवन का अविरल प्रवाह है। 'अमरत्व' मनुष्य की आदिम अभिलाषा है। सन्तान में ही मनुष्य का अमरत्व है। सन्तानें मनुष्य का प्रवाह हैं। वह सन्तानों के माध्यम से स्वयं मर जाने के बाद भी जीवित रहता है। इसके लिए विवाह जरूरी है। ऋग्वेद (5.4.10) में अग्नि से प्रार्थना है "हम आपके अमरतत्व में स्थित रहकर सन्तान पायें।" विवाह बिना यह सम्भव नहीं है, सो वैदिक समाज में विवाह एक सामाजिक उत्तरदायित्व था। कुछ लोग जिम्मेदारी से बचने या अन्य कारणों से विवाह से कतराते हैं। वे पारिवारिक दायित्व भी नहीं निभाते। ऋग्वेद में ऋषिपत्नी लोपामुद्रा और अगस्त्य का रोचक संवाद है। अगस्त्य महान ऋषि थे, अध्ययन-तप के कारण वैवाहिक रिश्तों के निर्वहन में सम्भवतः ढीले थे। लोपामुद्रा ने एक मन्त्र (1.179.2) में कहा, "प्राचीनकाल के सत्यनिष्ठ ऋषियों ने भी विवाह और सन्तानोत्पत्ति का कार्य किया था। वे आजीवन ब्रह्मचारी नहीं रहे।" कहती हैं "हम दोनों अनेक वर्ष श्रमनिष्ठ रहे हैं। समर्थ 'पुरुष' पत्नियों के पास जाएँ।" (वही, 1) अगस्त्य कहते हैं" हमारा परिश्रम (श्रान्त) बेकार नहीं गया। देवता परिश्रमी को संरक्षण देते हैं, हमदोनों अब सन्तान उत्पन्न करें।" (वही, 3)

ऋषिगण भी विवाह और सन्तान को महत्व देते थे। ऋग्वेद में प्रार्थना है कि सभी देवता पत्नियों सहित यज्ञ में आएँ। वैदिककालीन कर्मकाण्डों में अविवाहित पुरुष को यज्ञ का अधिकारी नहीं माना जाता था–अयज्ञो वा ह्येष यो अपत्नीकः। (तैत्तिरीय ब्राह्मण 2.2.2.6)। तैत्तिरीय (6.3.10.5) के अनुसार "मनुष्य तीन ऋण लेकर जन्म लेता है—देवऋण, ऋषिऋण और पितृऋण। पितृऋण उतारने के लिए विवाह और सन्तान आवश्यक हैं। पति-पत्नी का एकात्म 'दम्पति' है। दम्पति दोनों का साझा नाम है। ऋग्वेद में दोनों का मन-मिलाने का काम अग्निदेव करते हैं। अग्नि दोनों का मन मिलाते हैं और अश्विनी दोनों का जोड़ा बनाते हैं। ऋषि कहते हैं, "अग्निदेव पति और पत्नी के मन को मिलाते हैं।" (ऋ0 5.3.2) हिन्दू मान्यता के अनुसार विवाह की मजबूती का आधार अग्नि के सात फेरे हैं। हिन्दू विवाहों में आधुनिक काल में भी अग्नि के सात चक्कर लगाने की 'सप्तपदी' की परम्परा है।

प्राचीन परम्परा के तमाम सांस्कृतिक अवशेष आधुनिक काल में मौजूद हैं। कन्या विवाह के पूर्व तमाम घरों में जाती है। आशीष माँगती है। वह इस घर को छोड़ रही है। अब नया घर मिलेगा। ऋग्वेद के ऋषि कहते हैं, "हे कन्या! तुम्हें हम पितृकुल से मुक्त करते हैं। तुमको पतिकुल से संयुक्त करते हैं। वहाँ आप गृहस्वामिनी बनें, सबको अपने अनुशासन में रखने वाली बनें। आप पशुओं और घर की चिन्ता कीजिएगा।" फिर वर-वधू दोनों से कहते हैं, "आप कभी पृथक न हों। गृहस्थ-धर्म का निर्वहन करते हुए पुत्र, नाती, पोते के साथ आमोद-प्रमोद करें।" हिन्दू परम्परा में विवाह सामाजिक महोत्सव है। ऋग्वेद (10.85) में सूर्या के विवाह का रम्य वर्णन है। कहते हैं "सूर्या के विवाह में 'ऋचाएँ' (वैदिक काव्य-मन्त्र) सखियाँ और सेविकाएँ थीं। 'गाथाएँ' उसके शोभायमान वस्त्र थे। 'मन' उसका रथ था और 'आकाश' इस रथ का चक्र था।" (वही, 6-10) सूर्या और अश्विनी कुमारों के विवाह का अनुमोदन सभी देवों ने किया। (वही 13.14) यहाँ विवाह के समय वरिष्ठों से परामर्श लेने की परम्परा मौजूद है। आगे कहते हैं "हे कन्ये! हम आपको वरुण-बन्धन से मुक्त करते है—प्रत्वा मुंचामि वरुणस्य पाशाद्येन।" (वही 24) 'वरुण' नियमों के राजा हैं। ऋत-नियम के अनुसार अविवाहित पुत्री पितृगृह से युक्त रहती है। कहते हैं "हे कन्या पितृकुल से आपको मुक्त करते हैं, पतिकुल से सम्बद्ध करते हैं।" इन्द्र से प्रार्थना है कि "कन्या पुत्रवती हो, सौभाग्यवती हो।" (वही, 25) वर 'कन्या' से कहता है "हे वधू! सौभाग्यवृद्धि के लिए मैं आपका हाथ ग्रहण करता हूँ—गृभ्णमिते सौभागत्वाय हस्तंमया।" (वही 36) देवशक्तियाँ उसे आशीर्वाद देती हैं "दीर्घायुरस्या यः पतिर्जीवाति शरदः शतम्—इसका पति दीघार्यु हो, सौ शरद् (वर्ष) जिये।" (वही 39) "इस दम्पत्ति को शत्रु या रोग पीड़ित न करें।" (वही, 32)

'विवाह' सामाजिक अनुष्ठान है इसलिए "कन्या को सब देखें। आशीर्वाद दें।" (वही, 33) ऋषिगण मुक्तभाव से आशीर्वाद देते हैं "सम्राज्ञी श्वसुरे भव, सम्राज्ञी श्वश्रवाभव, ननान्दरि सम्राज्ञी भव, सम्राज्ञी अधि देवेषु-श्वसुर, सासु, ननद और देवरों की सम्राज्ञी व शासनकर्त्ता बनो।" (वही, 46) वैदिककाल में सास-ससुर, ननदें और देवर जैसे नेहपूर्ण रिश्तों का विकास हो चुका है। यहाँ नववधू भोग्या और सेविका नहीं 'सम्राज्ञी' है। वैदिक समाज में स्त्री 'आदरणीय' थी। ऋग्वेद के अनेक मन्त्रों की द्रष्टा स्त्रियाँ हैं।

महाभारत के अनुसार विवाह संस्था को वास्तविक रूप देने का काम श्वेतकेतु ने किया। श्वेतकेतु ने वैदिककाल की विवाह-परम्परा को आगे बढ़ाया। आधुनिक विद्वान ऋग्वेद की सूर्या और महाभारत व उपनिषद् में वर्णित श्वेतकेतु से कम

परिचित हैं। दुर्भाग्य है कि हम भारतवासी यूरोपीय वैज्ञानिकों, विद्वानों के नाम याद रखते हैं, पूर्वजों के नाम भूल जाते हैं। ऋग्वेद में विवाह-व्यवस्था लोक-स्वीकृत है। श्वेतकेतु ने इसे सामाजिक मर्यादाओं से जोड़ा। आचार्य वात्स्यायन का 'कामसूत्र' भी श्वेतकेतु द्वारा संशोधित नन्दी के विशाल ग्रन्थ की प्रेरणा है।

महाभारत में कथा है। श्वेतकेतु के पिता उद्दालक प्रख्यात विद्वान थे। श्वेतकेतु के सामने एक व्यक्ति ने उसकी माँ का हाथ पकड़ा। श्वेतकेतु को गुस्सा आया। पिता उद्दालक ने कहा "पुत्र! क्रोध न करो इस भूमण्डल में सभी वर्णों की स्त्रियाँ बिना रोकटोक अपनी इच्छानुसार मिल सकती हैं।" कथा के अनुसार श्वेतकेतु ने नियम बनाया कि "जो स्त्री अपने पति को छोड़ दूसरे से मिलेगी उसे भ्रूणहत्या का पाप लगेगा और जो पुरुष अपनी स्त्री को छोड़ दूसरी से सम्पर्क करेगा उसपर भी वैसा ही कठोर पाप होगा।" पाण्डु ने कुन्ती को यह बात बताई थी कि, "उद्दालक के पुत्र श्वेतकेतु ने धर्मानुसार यह मर्यादा बनाई।" विवाह को सुदृढ़ बनाने का काम श्वेतकेतु जैसे विद्वानों ने किया।

श्वेतकेतु के पास राजसत्ता नहीं थी। हिन्दू लोकजीवन का मौलिक अधिष्ठान सत्ता-केन्द्रित नहीं था। समाज पर प्रभाव डालने वाले लोग तत्वज्ञानी थे। श्वेतकेतु ब्राहमण कुल में जन्मा, लेकिन ब्रह्मवेत्ता नहीं था, सो ब्राह्मण नहीं था। छांदोग्य उपनिषद् के अनुसार उद्दालक ने पुत्र श्वेतकेतु से कहा "श्वेतकेतो! जाओ, ब्रह्मचर्य वास करो। हमारे कुल में ऐसा कोई पुरुष नहीं होता जो बिना वेद पढ़े, ज्ञानी हुए ही ब्राह्मण बन जाये।" श्वेतकेतु 12 वर्ष पढ़कर 24 वर्ष की आयु में घर लौटा। पिता ने पूछा "तुम स्वयं को ब्राह्मण मानने का अभिमान लेकर लौटे हो। क्या तुमने वह जाना है जिससे न जाना हुआ भी जान लिया जाता है और न सुना हुआ भी सुना हुआ हो जाता है।" श्वेतकेतु हक्का-बक्का था। वेद पढ़ा, प्रकृति का अध्ययन किया, तो भी दार्शनिक अनुभूति कच्ची। उसने पिता से ही ज्ञान की प्रार्थना की, "कथं नु भगवः! स आदेशो भवतीति।" पिता ने सामान्य उदाहरणों के माध्यम से पुत्र को ब्रह्मज्ञान समझाया। अन्नमय, प्राणमय, मनोमय, तेजमय वाणी जैसी प्रतीतियाँ जानी। श्वेतकेतु ने प्रश्न-प्रतिप्रश्न किये, उद्दालक ने उत्तर दिये और अन्त में कहा 'तत्वमसि श्वेतकेतो' वह तत्व तू है श्वेतकेतु! तेरे भीतर-बाहर वही तत्व है।

दर्शनशास्त्री होना आसान है। दर्शन को समाज-हित में लागू करना ही असली दृष्टि है। पश्चिम में कोई ऋग्वेद नहीं उगा, कोई सूर्या नहीं हुई। कोई श्वेतकेतु नहीं हुआ। भारत में विवाह संस्था का स्वाभाविक विकास हुआ। यह पति-पत्नी के मध्य

मात्र 'दो प्राणियों' का समझौता नहीं है। आधुनिककाल के विवाह का सूक्ष्म अध्ययन करना चाहिए। अग्नि देवता हैं। अग्निसाक्षी हैं कि सैकड़ों परिजनों ने इन दो का मन मिलाया है। वैदिककाल में ऋषि विवाह कराते थे, उसी परम्परा में अब पुरोहित हैं। वर-पक्ष, कन्या-पक्ष एकत्रित होते हैं। आमन्त्रित लोग 'लोकसाक्ष्य' बनते हैं। विवाह में देवसाक्ष्य, ऋषिसाक्ष्य और लोकसाक्ष्य है। नवग्रह भी साक्षी हैं। धरती, आकाश, सूर्य, चन्द्र जैसी शक्तियाँ भी विवाह का अनुमोदन करती हैं। गणेश प्राचीन गण-समाजों के देवता हैं। 'गण' का मुखिया तब गणपति था और गण-देवता थे 'गणेश', सो विवाह में गणेश-वन्दना भी है, सो विवाह स्थाई है। विवाह दो प्राणों का मिलन है, लेकिन अब 'लिव-इन-रिलेशन' घुस आया है। विवाह भारतीय परिवार, समाज और संस्कृति की मौलिक संस्था है। इसकी पवित्रता बचाकर ही संस्कृति का संवर्द्धन होगा। 'विवाह' जन्म-जन्म का बन्धन है।

वैवाहिक सम्बन्धों का भौगोलिक क्षेत्र बड़ा है। वर्ण-व्यवस्था नहीं है। डॉ. सत्यकेतु ने 'प्राचीन भारतीय इतिहास का वैदिक युग' (पृष्ठ 189) में लिखा है कि "ऋग्वेद के समय में भारतीय आर्य चार वर्णों में विभक्त नहीं हुए थे।" ऋग्वैदिक समाज में 'पाँच जन' सुस्पष्ट हैं। अदिति सम्पूर्णता की पर्यायवाची देवी व देवता हैं। उनकी स्तुति में कहते हैं "विश्वे देवा अदितिः पंचजना अदिति।" (1.89.10) विवाह-मन्त्रों में इसे दोहराने की परम्परा है। डॉ. सत्यकेतु ने लिखा है "ये पंचजन अनु, द्रह्यु, यदु, तुर्वस और पुरु थे। इनके अतिरिक्त भरत, त्रित्सु, सृजय आदि अनेक जनों का उल्लेख वेदों में आया है।" ठीक बात है। ऋग्वेद (1.108.8) में इन्द्र-अग्नि से स्तुति है "यदिन्द्राग्नि यदुषुतुर्वशेषु यद् द्रह्युण्वनुष, पुरूष स्थ–हे इन्द्र, अग्नि! यदि आप यदु, तुर्वस, द्रह्यु, अनु या पुरु में विराजमान हैं तो भी आएँ और सोम पिएँ–सोमस्य पिवतं सुतस्य।" इन्द्र की शक्ति भी इन्हीं पंचसु जनेषु पंचजनों में फैली हुई है। (3.37.9) इस समाज में स्त्री-पुरुष को प्रीति-रिश्तों में बाँधने वाली संस्था का नाम है परिवार।

परिवार भारतीय समाज की प्रीतिपूर्ण इकाई रहा है। सम्पत्ति पर परिवार के अधिकार थे। परिवार मंगल भवन अमंगलहारी था। एंगल्स ने व्यक्तिगत संपत्ति के विकास को सभ्यता के विकास के लिए जरूरी बताया। कहा जाता है कि निजी सम्पत्ति का विकास यूनान में हुआ पर भारत में यूनान से हजारों बरस पहले परिवार-संस्था थी। पिता की सम्पत्ति ज्ञानी पुत्र को मिलती थी। ऋग्वेद (तीसरा मण्डल सूक्त 45) में इन्द्र से प्रार्थना है, "हे इन्द्र जिस प्रकार पिता अपने ज्ञानवान पुत्र को

अपने धन का भाग देता है उसी प्रकार तू हमें धन दे।" भारत में विवाह संस्था पुष्ट थी और परिवार संस्था भी। वेदों में जैसे पृथ्वी-आकाश के जोड़े को माता-पिता कहा गया, लेकिन संयुक्त रूप में 'रोदसी', वैसे ही पति-पत्नी अलग इकाइयाँ थे, लेकिन मिलकर 'दंपति'। 'दंपति' जैसा योजक शब्द दुनिया की अन्य संस्कृतियों या भाषाओं में नहीं मिलता।

'घर' आत्मीयता है और अनेक रिश्तों-नातों का वातायन। ईंट-मौरंग से बना भवन नहीं। जहाँ बार-बार लौटने का मन करे, वही घर। हम सब कर्मक्षेत्र में भागते रहते हैं, कभी यहाँ कभी वहाँ। ऐसी भागमभाग के समय हमारे अस्त-व्यस्त मन के कोने में बैठा रहता है अपना घर। घर छूटता है तो बड़ी व्यथा देता है। अथर्ववेद के ऋषि के मन में भी ऐसे ही संवेदन थे। मन्त्र है "हमारा घर से बाहर जाना मधुर हो और घर लौटना भी।" हमारे साथ रहते पशु भी घर-प्रेमी हो जाते हैं। वे घर से चारागाह या जंगल जाने के लिए उत्साहित नहीं दिखाई पड़ते, लेकिन साँझ-समय घर वापसी के लिए कूदते-चलते हैं। घर का आकर्षण रोम-रोम में बसा है। आधुनिक समाज ने बड़े-बड़े होटल बनाए हैं। इलेक्ट्रॉनिक बटन से दरवाज़ा खुलता है, बटन से पानी के फव्वारे। वातानुकूलन। संगीत। सर्दी में सुखदायी ताप और गर्मी में ठंढी हवाएँ। महँगे होटल के संचालकों का दावा है कि उनके होटल घर जैसे हैं। होटल में घर से ज़्यादा सुविधाएँ हैं, लेकिन अपने घर की बात ही कुछ और है।

'घर' रहस्यपूर्ण ऊर्जा-क्षेत्र है। कर्म-क्षेत्र में थके, टूटे, मुरझाए, शरीर की ऊर्जा का स्तर गिर गया। लौटे घर। रिश्तों में आए, थोड़ा लड़े, थोड़ा हँसे, बतियाए, बतरस में डूबे। ऊर्जा का स्तर फिर से लबालब। घर आश्वस्ति है। मनुष्य श्रम करता है। थकता है, टूटता है। अपमान भी सहता है। घर लौटता है। घर-आश्रय आनन्द है। अपने घर की गन्ध प्यारी होती है। परिजन-प्रीति से हहराती भरीपूरी। आधुनिक सभ्यता ने बहुत बड़े घर बना लिए हैं। ऐसे दैत्याकार घर साधारण जन-मन को आतंकित करते हैं। यहाँ प्रीतिगन्ध नहीं, परिजन एकात्म नहीं। घर के भीतर सबके अपने घर। सब साथ नहीं बैठते, साथ नहीं रमते। घर के भीतर भी राष्ट्रों जैसी सीमाएँ हैं। हिन्दू जीवन-दृष्टि में घर की विशेष महिमा है। जीवन की सभी प्राप्तियों और उपलब्धियों का उल्लास-केन्द्र रहे हैं घर।

घर बनाना 'कला' है। 'स्थापत्य' विज्ञान है लेकिन 'घर बसाना' कला और विज्ञान से भी दूर की बात है। माना जाता है पुर, गाँव या नगर बसाए जाते हैं। आधुनिक नगरीय क्षेत्र की कालोनी बसाई हुई हैं लेकिन प्राचीनकाल के पुर, गाँव

या नगर स्वाभाविक प्रीति में उगे। नदी के किनारे किसी प्रकृतिप्रेमी ने घर बनाया, घर बसाया। प्रीति-प्यार से जुड़े और लोग भी आ गये। घर के बगल में घर बढ़े। ग्राम बसे। बड़े हुए तो पुर। वैदिक साहित्य में शरीर को भी पुर कहा गया है। इसके भीतर रहने वाला प्राण इस पुर को प्यार करता है। 'पुर' और 'चेतन' मिलकर 'पुरुष' हो गये। शरीर भी घर है। शरीर हमारी प्रकट सीमा है। हमारे पुर, नगर-क्षेत्र का बाह्य भाग शरीर है। हम नाते-रिश्तों में शरीर का अतिक्रमण करते हैं। अनेक प्राणियों, वनस्पति, नदी और आकाश से जुड़ते हैं। आकाश में दीपित नक्षत्रावलि और चन्द्रप्रभा से भी जुड़ते हैं।

वैदिक समाज में इन्द्र, अग्नि, वरुण आदि देव भी घर वाले हैं। यहाँ वन-जंगल को भी घर जैसा देखा गया है। जंगल की देवी 'अरण्यानी' है। कहते हैं "सायंकाल लकड़ी-चारा आदि से लदे वाहन जंगल से बाहर जाते हैं, मानो अरण्य देवी इस सामग्री को अपने घर भेज रही हैं।" मित्र और वरुण ऋग्वेद के बड़े देव हैं। स्वाभाविक ही इनका घर भी प्रतिष्ठानुरूप बड़ा होना चाहिए। बताते हैं कि "मित्र और वरुण के घर हज़ार खंभों वाले हैं।" (2.41.5) वरुण का घर सुन्दर और बड़ा है। जान पड़ता है कि उनके एक उपासक का घर मिट्टी का है। स्तुति है "हे वरुण! मैं मिट्टी के घर में नहीं रहना चाहता। मुझे सुन्दर घर चाहिए।" अग्नि के लिए कहते हैं "अग्नि सत्कर्मी है, अपने इस रूप में वे हरेक घर में हैं।" (1.128.4) घर दिव्यता भी है। अग्नि भी अपने घर में शोभायमान हैं। यहाँ अग्नि की कृपा भी 'घर जैसी' है।

बेघर कोई नहीं है। ऋषि 'देवों' को अपने घर बुलाते हैं, "वे अपने घर में हों या बाहर। हमारे घर निमन्त्रण में आएँ।" ऋषि ने इन्द्र को घर बुलाया है। उनसे स्तुति है कि "सोमपान करो और अपने घर जाओ।" ऋषि ने मरुत देवों का आह्वान किया। ऋषि कहते हैं, "हम अपके लिए बड़ा घर तैयार कर चुके हैं।" जो जितना बड़ा, उसका घर भी वैसा ही है। ऋषि अपने घर के आयतन या स्थापत्य को बढ़ा-चढ़ाकर नहीं बताते। वे अपने सामान्य घर में आभा देखते हैं। ऐसे ऋषियों, दार्शनिकों के घर ज्ञानदीप्ति से प्रकाशित हैं। कहते हैं, "हम देवों जैसा प्रकाशमान तेज ज्ञान की आँखों से अपने घर में देखते हैं।"

अविवाहित व्यक्ति को मित्र बहुधा 'घर बसाने' की सलाह देते हैं। भवन अविवाहित के पास भी होते हैं लेकिन भवन 'घर' नहीं होते। घर का अर्थ है—प्रीति, स्नेह-रस से लबालब एक छन्द-काव्य का 'पुर' या 'नगर'। ऐसे घर-नगर में कोई

अपने लिए नहीं जीता। सब दूसरे के स्वस्ति, सुख और आनन्द में डूबते हैं। घर छूटना इसीलिए अखरता है। होटल छोड़ना हमेशा अच्छा लगता है। होटल छोड़ने में घर जाने की ललक है। कर्म-व्यस्तता में दूसरा-तीसरा होटल या अस्थाई रैन बसेरा भी चलता है लेकिन भीतर बैठा घर बार-बार याद दिलाता है—घर की ही।

'कबीर' घर-मोह से भलीभाँति परिचित थे। इसीलिए उन्होंने ज्ञानयात्रा में शामिल होने की अद्‌भुत शर्त रखी "जो घर बारै आपना, चले हमारे साथ।" यह घर सामान्य भवन नहीं हो सकता। कबीर घर-आकर्षण की प्रीति को ही स्वाहा करने का न्यौता दे रहे थे। घर-प्रीति बड़ी है। कबीर बाजार में खड़े थे। तब बाजार 'सम्राट' नहीं था। जरूरी वस्तुओं का ही बाजार था। वे खड़े हो गये ऐसे बाजार में। "कबिरा खड़ा बाजार में लिए लुकाठी हाथ।" अच्छी जगह रही होगी तब बाजार। लेकिन अब बाजार ही घर फूँक रहा है। मोक्ष या मुक्ति के लिए नहीं। बाजार नये घर की अपील कर रहा है—यह रहा आपके सपनों का घर। बड़ी बाउंड्री दीवाल। यहाँ तरणताल। यहाँ अस्पताल। यहाँ गोल्फ-मैदान। 24 घण्टे चाक-चौबन्द सुरक्षा। शानदार फ्लैट। आपका सपना सच। बैंक चापलूसी के अंदाज में हैं, अभी आवेदन, अभी ऋण। आसान किश्तें। हवाई अड्डे से सिर्फ़ इतने किलोमीटर दूर। इतने किलोमीटर रेलवे स्टेशन से। अस्पताल भी निकट है।

बाजार का लक्ष्य 'लाभ' है। बाजार घर नहीं 'भवन' देता है। ऐसा घर रेल या हवाई अड्डे से भले ही निकट हो लेकिन हृदय से बहुत दूर होता है। एक के घर मृत्यु-शोक, पड़ोसी के घर डिस्को। संवेदनहीन बाजार के संवेदनहीन घर। बाजार उपभोक्ता बनाता है और संस्कृति संवेदनशील नागरिक। बाजार डॉक्टर, प्रोफेसर, इंजीनियर भी बना रहा है लेकिन बाजार संवेदनशील मनुष्य नहीं बना सकता। संवेदनशील हृदय और संवेदनरस से भरपूर घर चाहिए।

'वृद्धावस्था' जीवन की साँझ है। साँझ समय सब घर लौटते हैं। वैदिक ऋषियों के लिए वृद्धावस्था भी घर है। शिशु हुए, खेले। तरुणाई आई। जीवन-ऊर्जा खिली। यत्र-तत्र, सर्वत्र घूमे। कुछ दूरी तक तन से, बाकी मन से। चले, गिरे, उठे। जीते, हारे। जीवन-चक्र में नाचे। कालरथ पर गतिशील रहे। यही काल लाया बुढ़ापा। ऋषि स्तुति करते हैं "मैं अधिपति बनूँ। दीर्घजीवी होऊँ। ज्ञान प्राप्त करते हुए अपने घर में प्रवेश करने जैसी वृद्धावस्था पाऊँ।" वृद्धों को अपना घर अच्छा लगता है। अनेक धनाढ्य पुत्र अपने बूढ़े पिता को अमेरिका, इंग्लैण्ड या भारत के महानगरों में अपने साथ रखना चाहते हैं, लेकिन पिताश्री को पुत्रों के वातानुकूलित आधुनिक घर नहीं भाते। घर मानसिक-आत्मिक शान्ति देता है। वैदिक ऋषियों की घर-प्रीति सर्वत्र

छाई हुई है। जहाँ घर है, वहाँ द्वार भी होगा ही। यहाँ घर-द्वार की चिन्ता परिवार की चिन्ता मानी जाती है।

ऋषि समूची सृष्टि को भी घर की तरह देखते हैं। बताते हैं कि "ब्रह्माण्ड के द्वार पूरब दिशा में खुलते हैं, यहाँ प्रातः प्रकाश आ जाता है।" ऋषि-चित्त की घर-चेतना ध्यान देने योग्य है। समाज की घर-प्रीति वेदों में छाई हुई है। 'हड़प्पा सभ्यता' ऋग्वैदिक सभ्यता का विस्तार है। डॉ. भगवान सिंह ने 'हड़प्पा सभ्यता और वैदिक साहित्य' (खण्ड 1) में लिखा है "आवास के विषय में जिन आकांक्षाओं की अभिव्यक्ति हुई है वह बड़ा हो, खुला, लम्बा-चौड़ा हो, अछिद्र, मजबूत हो। उत्तम और सहस्त्र द्वार या हज़ार खंभों वाले घर का उल्लेख हड़प्पा के आवासों से इतना साम्य रखता है कि इससे अधिक की आशा ऋग्वेद से करना दुराग्रहपूर्ण होगा।"

घर का केन्द्रीय तत्व है दम्पति। दम् का शाब्दिक अर्थ है घर और पति का अर्थ स्वामी, लेकिन दम्पति का सामान्य अर्थ पति-पत्नी का जोड़ा है। प्राचीन समाज में पत्नी और पति बराबर थे। बताया है कि "दोनों साथ-साथ उपासना-पूजा करते हैं और मिलकर सोम निचोड़ते हैं।" आनन्द-मगन प्रवृत्ति का कारण व्यवस्थित घर है। ऋषियों के काव्यसृजन, मस्ती और उत्साह को भरपूर बनाने का केन्द्र यही 'घर' करता है। ऋषि इन्द्र के लिए प्रशस्ति काव्य गाते हैं। कैसे गाते हैं? बताते हैं "जैसे कोई पति अपनी पत्नी की प्रशंसा के गीत गाता है।" समाज के घर पति-पत्नी की कलह के केन्द्र नहीं थे।

स्त्री-सम्मान भारत की प्राचीन परम्परा है। वैदिक समाज की स्त्री अपने घर की साम्राज्ञी थी। नीति-निर्णयों में भी भाग लेती थी, लेकिन परम्परा-विरोधी विमर्शकार प्राचीन समाज को रूढ़िवादी बताते हैं। ऐसे लोगों के अनुसार प्राचीनकाल में स्त्री परतन्त्र थी। स्त्रियाँ मन्त्रद्रष्टा भी थीं। वेदों में ऐसी अनेक स्त्रियों द्वारा रचे मन्त्र हैं। सूत्र बाद में रचे गये। आश्वलायन सूत्र में एक मजेदार निर्देश है कि वर नवविवाहिता पत्नी को लेकर घर जाने के रास्ते में पड़ने वाले मुख्य स्थान पर रुके और वधू को ऋग्वेद के मन्त्र सुनाएँ, उसी मन्त्र को दोहराते हुए वधू अपने वर को मुख दिखाए और आशीर्वाद ले।

भारत में चिन्तन-दर्शन के अनेक दृष्टिकोण थे। एक मत था कि स्त्रियों को अकारण भ्रमण नहीं करना चाहिए। वाल्मीकि ने रामायण में टिप्पणी की "युद्धों में, स्वयंवर समारोह में, यज्ञ में और मंगल कार्यों में स्त्रियों का जाना अनुचित नहीं है।" स्त्रियाँ सार्वजनिक समारोहों में जाती थीं। युद्ध में भी वे भाग लेती थीं। ऋग्वेद

की विपश्ला और रामायण की कैकेई युद्ध में थीं ही। पति-पत्नी के एकात्म जोड़े में स्त्री की शक्ति सर्जक थी। मध्यकाल में यूरोप में लाखों स्त्रियों को डायन बताकर मार दिया गया था। यह इतिहास है। भारत की परम्परा में स्त्रियाँ अपने पतियों से बहस करती दिखाई पड़ती हैं। ऋग्वेद में लोपामुद्रा और ऋषि अगस्त्य का संवाद है। शिव-पार्वती के संवादों से पूरा प्राचीन साहित्य रससिक्त है। स्त्री सुप्रतिष्ठित अस्मिता है। अस्मिता के प्रति आस्तिक भाव चाहिए।

स्त्री-पुरुष का मिलन प्रकृति की सृजन-शक्ति का विस्तार है। सृजन अराजक नहीं होता। स्वतन्त्रता में खिलता है और अराजकता में नष्ट हो जाता है। स्त्री परतन्त्र नहीं। स्वयंपूर्ण अस्मिता है। अथर्ववेद के एक प्रीतिपूर्ण संवाद में पति 'पत्नी' से कहता है, "मैं साम (गान) हूँ, तू ऋक् है। मैं द्यौ हूँ, तू पृथ्वी है। मैं ज्ञानी और तू भी ज्ञानी।" अथर्व की ध्वनि में स्त्री स्वतन्त्र इकाई है। वैदिक साहित्य में कहा गया है "कि परमतत्व अकेला था, उसने स्वयं को समविभाजित किया, आधा स्त्री हुआ और आधा पुरुष।" दोनों पहले एक थे। अलग हुए, एक से दो हुए। मन, प्राण, आत्मा मिले, फिर से एक हो गये।

ऋग्वेद (10.27) के ऋषि की घोषणा है कि "जो स्त्री स्वयं अपने मित्र का चयन करती है वह भद्र वधू है।" जो भद्र है वह अभद्र मित्र का चयन नहीं कर सकती। इस 'भद्र मित्र' का अर्थ 'ब्वायफ्रेन्ड' नहीं हो सकता। भद्र वधू का मतलब 'गर्लफ्रेन्ड' नहीं है। हिन्दू अनुभूति में 'ब्वाय' और 'गर्ल' बच्चों के पर्यायवाची हैं।

भारतीय दृष्टि में महिला श्रद्धेय है। जननी है, बहन है, पुत्री है, सैनिक है, अध्यापक है, चिकित्सक है। वह कार्यपालिका व न्यायपालिका में है। राष्ट्रजीवन के सभी क्षेत्रों में उसकी गरिमामय उपस्थिति है। वह आधुनिकता के साथ भी गतिशील है। अच्छा हो कि आधुनिकता की तेज़ रफ़्तार गति में पाँव परम्परा की मूलभूमि में मजबूती से टिकाए जाएँ। परम्परा से जुड़ना जरूरी है। परम्परा 'अनुभव-सागर' है। इस सागर में तमाम रत्न हैं, कुछ अति उपयोगी और अपरिहार्य। अनेक कम उपयोगी भी हो सकते हैं तो कुछेक कालबाह्य भी। समूची परम्परा को कालबाह्य या बेकार नहीं कहा जा सकता।

मध्यकाल को सारी दुनिया में अन्धकार-युग कहा जाता है। इतिहास और समाज के विवेचक काल को सम्पूर्ण इकाई मानते हैं। वे भूखण्ड विशेष की प्रकृति, संस्कृति और सभ्यता को विवेचन का विषय नहीं बनाते। मध्यकाल में समूचे विश्व में एक जैसी स्थिति नहीं है। स्त्री की स्थिति भी मध्यकाल में समूचे विश्व में एक

जैसी नहीं है। यूरोप में मध्यकाल के बाद पुनर्जागरण (रिनेसाँ) है। रिनेसाँ के दौर में भी स्त्री का सम्मान नहीं है। भारत के मध्यकाल में भी स्त्री-सम्मान और स्वातंन्त्र्य की वैदिक परम्परा है। 'रामचरित मानस' मध्यकाल की ही रचना है। इसमें स्त्री के प्रति कुदृष्टि पर भी मृत्युदण्ड की सज़ा है।

विवाह और घर के बिना देवता भी बेकार। सभी समाज अपने सुन्दरतम सपने ही देवों पर आरोपित करते हैं। घर सुन्दर है। इसलिए सभी देवों के पास घर है। पति-पत्नी मिलकर ही घर की सुन्दरता के कारक हैं सो देवों की भी पत्नियाँ हैं। घर का मुख्य घटक है परस्पर प्रेम। मूर्ति न हो तो विशाल और भव्य मन्दिर का क्या अर्थ?घर में दंपति हों, खिलखिलाते बच्चे हों, भोजन हो, गाय-बछड़े हों, प्रीति-रस से भरेपूरे हों सब जन, तभी कोई भवन 'घर' बनता है। आधुनिक समाज के घर सीमेन्ट, लोहा, मौरंग और गिट्टी के कारण मजबूत हैं लेकिन आँगन में आत्मीयता की दीप-गन्ध नहीं। पारिवारिक सदस्यों में शीलगन्ध नहीं। सब अपने भविष्य को लेकर तनाव में हैं। बच्चों में ही अपना भविष्य देखने की दृष्टि नहीं, सो मजबूत घर भी दरक-चिटक गये हैं। बेघर मज़दूर, गरीब किसान अपना घर किसी प्रकार बचाए हुए हैं। ईंट-गारे की गड़बड़ी से भले ही ऐसे घर कमज़ोर हों लेकिन 'घर-घटक' धुरव हैं। भारत में ही घर-परिवार की प्रीति-रीति का जन्म और विकास हुआ।

आहार-संहिता

'हिन्दू' सर्वांगपूर्ण जीवनशैली है। 'आहार' सभी जीवों की मौलिक आवश्यकता है। 'आहार' जीवन का आधार है। विश्व की सभी सभ्यताओं की अपनी आहार-संहिता है। देश-काल के अनुसार यह भिन्न-भिन्न है। आहार से शरीर बनता है। 'शरीर' करोड़ों कोशिकाओं का समुच्चय है। आहार सभी कोषों को शक्ति व पुनर्जीवन देता है, लेकिन हिन्दू-जीवनशैली में आहार की भूमिका बहुत बड़ी है। यहाँ आहार केवल शरीर का ही निर्माता नहीं है। आहार का सम्बन्ध बुद्धि, प्राण, सोच-विचार से भी है। यहाँ आहार पर सम्यक और समग्र विचार हुआ है। वेदों और उपनिषद्‌ों में आहार के स्वर्णसूत्र हैं। सामान्यतया आहार का अर्थ भोजन होता है, लेकिन यह अर्थ संकीर्ण है।

आहार का अर्थ व्यापक है। यह शरीर के इन्द्रिय-द्वारों से भीतर जाने वाले सभी प्रवाह हैं। 'आँख' देखने की इन्द्रिय है। आँख से देखे गए सभी विषय भीतर जाते हैं। इस तरह से देखे गए दृश्य भी आहार हैं। 'कान' सुनने की इन्द्रिय है। सुने गए शब्द वाक्य और सार्थक व निरर्थक ध्वनियाँ भीतर जाती हैं। ध्वनियाँ भी

आहार हैं। इसी तरह 'नाक' से गन्ध या भीतर जाती है। व्यक्ति प्रसन्न या अप्रसन्न होते हैं। मन बदलता है। गन्ध भी एक आहार है और इसी तरह 'स्पर्श' भी। किसी मित्र, पशु या वस्तु को छूते हैं। प्रीतिपूर्ण स्पर्श से मस्तिष्क में प्रसन्नता का हारमोन सिरोटिनीन निकलता है। सभी आहार अन्तःकरण में रासायनिक परिवर्तन लाते हैं। 'अन्न' महत्वपूर्ण आहार है। पूर्वजों ने आहार से जुड़े पदार्थों को दो हिस्सों में बाँटा है, 'खाद्य पदार्थ' और 'अखाद्य पदार्थ'। आयुर्विज्ञान के अनुसार खाया हुआ पदार्थ 'रस' बनता है। फिर मांस, अस्थि, मज्जा, ओज और तेज।

'चरक संहिता' आयुर्विज्ञान का प्रतिष्ठित ग्रन्थ है। इसमें (शरीर स्थानं-श्लोक 118-125) शब्द, स्पर्श, रूप, रस और गन्ध के 'अतियोग' और 'अयोग' का वर्णन है। शब्द के बारे में कहते हैं, "अत्यंत उग्र शब्द सुनने, कम सुनने अथवा हीन शब्दों को सुनने से सुनने की इन्द्रिय जड़ हो जाती है।" इसी तरह कठोर, भयजनक, अपशब्द और अप्रिय शब्दों को 'मिथ्या योग' कहते हैं। स्पर्श के बारे में कहते हैं, "कीटाणु, विषैली वायु आदि का स्पर्श गलत है।" रूप देखे जाते हैं। देखे गए रूप का प्रभाव पड़ता है। रूप के सम्बन्ध में बताते हैं, "अप्रिय दृश्य आँख के लिए कष्टकारी हैं। बहुत दूर से देखना और बहुत निकट से देखना भी गलत है। गन्ध के विषय में कहते हैं, "उग्र गन्ध 'अतियोग' है। कोई गन्ध न सूँघना 'अयोग' है।" फिर रस के बारे में कहते हैं, "किसी रस का ज़्यादा सेवन 'अतियोग' है। शारीरिक रोगों का विवेचन करने के बाद मानसिक और बौद्धिक प्रभावों का भी विवेचन करते हैं। भोजन की दृष्टि से शरीर, मन, बुद्धि, और प्रज्ञा के निर्माण में अन्न की भूमिका है। अन्न प्रत्यक्ष भौतिक वस्तु है, लेकिन अन्न का दर्शन-आधारित वर्णन उपनिषदों में भी है। तैत्तिरीय उपनिषद् की भृगुवल्ली में वरुण ने पुत्र भृगु को उपदेश दिया था। भृगु ने पिता से ब्रह्म की जिज्ञासा की थी। पिता वरुण ने पुत्र भृगु से कहा, "अन्न, प्राण, नेत्र, कान, मन और वाणी ब्रह्म-प्राप्ति के द्वार हैं।" भृगु ने निष्कर्ष निकाला कि अन्न ही ब्रह्म है।

प्राणी अन्न से बढ़ते हैं। मरने के बाद अन्न-क्षेत्र पृथ्वी में समा जाते हैं। अन्न भौतिक पदार्थ है। दार्शनिक अनुभूति में ब्रह्म है। लेकिन अन्न नमस्कारों के योग्य भी हैं। एक प्रेमपूर्ण मन्त्र में कहते हैं, "यह व्रत है कि अन्न की निन्दा न करें–अन्नं न निंदियात।" बताते हैं, "अन्न ही प्राण हैं। प्राण ही अन्न हैं। यह शरीर भी अन्न है। अन्न ही अन्न में प्रतिष्ठित है। जो यह जान लेता है वह महान हो जाता है। यशस्वी होता है—महान भवति, महान कीर्त्या।" उपनिषद् में कहते हैं, "यह व्रत है कि अन्न

का अपमान न करें। जल अन्न है। जल में तेज है। 'तेज' जल में प्रतिष्ठित है। अन्न में अन्न प्रतिष्ठित है। जो यह बात जानते हैं वह महान और कीर्तिवान होते हैं। यह व्रत है कि खूब अन्न पैदा करें।"

उपनिषद् में पृथ्वी भी अन्न है। आकाश अन्न है। आकाश में पृथ्वी है। पृथ्वी में आकाश है। जो यह बात जानते हैं वह अन्नवान होते हैं। ब्रह्म-तेज धारण करते हैं और महान बनते हैं। (नौवाँ अनुवाक) अन्तिम मन्त्र बहुत सुन्दर है। ध्यान देने योग्य है। कहते हैं, "यह व्रत है कि घर पर आए अतिथि की अवहेलना न करें। तमाम तरह से अन्न का प्रबन्ध करें। अतिथि से श्रद्धापूर्वक कहें कि अन्न तैयार है। आप भोजन करें। "इस कार्य को ठीक से करने वाले के घर अन्न रहता है। जो इस काम को मध्यम तरह से करते हैं उनके घर मध्यम कोटि का अन्न रहता है। जो इस काम को साधारण तरह से करते हैं उनके घर साधारण अन्न भण्डार रहता है।"

छान्दोग्य उपनिषद् में भी आहार-सम्बन्धी मन्त्र हैं। उपनिषद् में कहते हैं, "आहार की शुद्धि से सत्व-शुद्धि होती है। सत्व-शुद्धि से स्मृति मिलती है। स्मृति-प्राप्ति से सभी जीवन-ग्रन्थियाँ खुल जाती हैं।" हिन्दू-चिन्तन में समग्र सारभूत को 'सत्व' कहा गया है। सत्व हमारे व्यक्तित्व का सार है। 'गीता' दर्शन-ग्रन्थ है। लेकिन गीता में भी भोजन की महत्ता है। आहार का प्रभाव पूरे व्यक्तित्व पर पड़ता है। श्रीकृष्ण कहते हैं, "सबको प्रिय आहार तीन प्रकार का होता है। आयु, प्राण, शक्ति, बल, निरोगता, स्वास्थ्य व आनन्द को बढ़ाने वाले मधुर स्निग्ध भोजन पोषक और रुचिकर होते हैं। ऐसे भोजन सात्विक लोगों को प्रिय होते हैं। लेकिन तीखे, खट्टे, नमकीन, बहुत गरम, चटपटे, रूखे और दाह-कारक भोजन दुःख, शोक और रोग पैदा करते हैं। वे राजसी लोगों को प्रिय होते हैं। सड़े हुए, बासी, गन्दे, खराब हो गए भोजन तामसी लोगों कि लिए रुचिकर होते हैं।" गीता की यह स्थापना ध्यान देने योग्य है कि दुःख और शोक भी आहार से आते हैं। 'चरक संहिता' में कहते हैं कि आहार जीवों का प्राण है, "वह अन्न प्राण-मन को शक्ति देता है। शरीर की सम्पूर्ण धातुओं, बल-वर्ण और इन्द्रियों को प्रसन्नता देता है।"

'चरक संहिता' में सुख और दुःख की बहुत सुन्दर परिभाषा है, "आरोग्य अवस्था का नाम सुख है और रोगी अवस्था का नाम दुःख है।" आगे कहते हैं, "भोजन से उदर पर प्रभाव न पड़े। हृदय की गति पर अवरोध न हो।" 'गीता' और 'चरक संहिता' में थोड़ा मतभेद भी है। गीता में सत्व, रज और तम के आधार पर भोजन को तीन प्रकार का बताया गया है, लेकिन चरक संहिता के अनुसार सत्व,

रज और तम के प्रभाव में मन तीन प्रकार का दिखाई पड़ता है लेकिन वह एक ही है। चरक बताते हैं, "जब मन और बुद्धि का समान योग रहता है तब मनुष्य स्वस्थ रहता है। जब इनका अतियोग, अयोग और मिथ्या योग होता है तब रोग पैदा होते हैं।" यहाँ स्वास्थ्य और रोग में भोजन के साथ मन और बुद्धि के योग की महत्ता है, लेकिन इसका उल्टा भी हो सकता है। "ओज-क्षय होने से भय बढ़ता है। भय से चिन्ता बढ़ती है। इन्द्रियाँ पीड़ित करती हैं। शरीर का रंग बदल जाता है।"

मन बहुत महत्वपूर्ण है। चरक संहिता में भोजन के स्थान के बारे में भी टिप्पणी है। कहते हैं, "मनोनुकूल स्थान पर भोजन करने के अनेक लाभ हैं। इससे मानसिक विकार नहीं होते। मन के अनुकूल स्थान पर मनोनुकूल भोजन से स्वास्थ्य बढ़ता है।" काम करते हुए कार्यालय में भोजन, चलते-चलते भोजन उचित नहीं।

वैदिक पूर्वजों को मांसाहारी बताने वाले कम नहीं हैं। डॉ. सत्यकेतु ने 'प्राचीन भारतीय इतिहास का वैदिक युग' (पृष्ठ 211-212) में 'भोजन और मांस-भक्षण का प्रश्न' शीर्षक से वैदिक समाज के भोजन पर सारभूत टिप्पणियाँ की हैं। लिखा है कि, "वैदिक काल में आर्यों के मुख्य भोज्य पदार्थ अन्न, कंद, मूल, फल और घृत थे। वैदिक साहित्य में ब्रीह, यव, तिल, उड़द, श्यामक (श्यामा) सरसो और गन्ने का उल्लेख है। ब्रीह का अर्थ धान है। तन्दुल का भी उल्लेख है। यह चावल हो सकता है। भोजन के लिए उबाले गए चावलों को 'ओदन' कहते थे।" उन्होंने ऋग्वेद (8.77.10) के उद्धरण देकर दूध में पकाए गए चावल का भी उल्लेख किया है। सत्यकेतु ने बताया है कि ऋग्वेद में 'जौ' का उल्लेख ठीक से है। लेकिन गेहूँ का उल्लेख नहीं है। आर्यों के भोजन में दूध-दही और घी का प्रमुख स्थान था। दूध को सोमरस में भी मिलाया जाता था। दही से मट्ठा भी बनता था। सत्तू और दूध को मिलाकर भी 'मंथ' बनता था। दही को सोमरस में मिलाने के उल्लेख भी हैं। वैदिक पूर्वजों के मांसाहारी होने पर अनेक विवाद रहे हैं। मैकडनल और कीथ ने वैदिक जनों को मांसाहारी बताया है। उन्होंने इसके पक्ष में ऋग्वेद के मन्त्र (8.43.11) का उल्लेख किया है। ऋग्वेद का यह पूरा सूक्त अग्नि की स्तुति है।

अग्नि को विश्व का सृष्टा कहा गया है। ग्यारहवाँ विवादित मन्त्र है। इसके पहले दसवें मन्त्र में अग्नि 'घृत' की आहुति लेते हैं। सातवलेकर ने ग्यारहवें मन्त्र के अनुवाद में लिखा है, "अन्न को रस से सिंचित करने वाले और अन्न को रमणीय बताने वाले सोम पीठ वाले विधाता अग्नि की उपासना करते हैं।" मैकडनल और कीथ के अनुसार, "अग्नि देव गाय और बैल खाते हैं। मनुष्य जो खाता है वही

देवों को अर्पित करता है।" मांसाहार का यह मत स्वीकार्य नहीं है। डॉ. रामविलास शर्मा ने प्रतिवाद किया है, "कवि अग्नि की वंदना करता है। अग्नि उक्षा अन्नाय, वसाननाय सोम पृष्ठ हैं। वे सोम का रस लेकर देवों के पास जाते हैं, इसलिए सोम पृष्ठ हैं। उक्षाअन्नाय का अर्थ भीगा हुआ अन्न है।" अग्नि रस से सिंचित अन्न लेकर देवों के पास जाते हैं। इसलिए उन्हें उक्षाअन्नाय कहा जाता है। उक्षा का अर्थ बैल भी है और वसा का अर्थ गाय है। उक्षा और वसा दोनों के अन्त में अन्न शब्द जुड़ा हुआ है। अन्न का अर्थ मांस नहीं हो सकता। विशाल भारत में कुछ मांसाहारी भी रहे होंगे। इस आधार पर समूची परम्परा को मांसाहारी कहना न्याय-संगत नहीं है। दुनिया के अनेक क्षेत्रों में कीड़े, बिच्छू, साँप और कुत्ते भी खाए जाते हैं।

'मांसाहार' हिन्दू-जीवन-रचना की केन्द्रीय विचारधारा नहीं है। आधुनिक भारत में भी अनेक लोग मांसाहारी हैं, लेकिन उनके आधार पर पूरे देश के लोगों को मांसाहारी नहीं कहा जा सकता। देश के लोग दूध, दही, अन्न, अन्न में चावल, गेहूँ, ज्वार, बाजरा, मक्का आदि को पसन्द करते हैं। वैदिक काल में अन्न सर्वमान्य भोजन था। ऋग्वेद में अन्न शब्द का प्रयोग सर्वत्र विद्यमान है। ऋग्वेद में अन्न का अर्थ खाद्य पदार्थ भी है। ऋग्वेद (10.69.2) में घी को अग्नि का अन्न बताया गया है। वैदिक ऋषि जौ की खेती करते थे। सम्भवत: तबतक गेहूँ की खोज नहीं हुई होगी। एक ऋषि (10.42.10) कहते हैं, "जौ भूख से तृप्ति देता है।" ऋषि स्वयं जौ खाते हैं। देवताओं को भी खिलाते हैं। जौ को भूनकर 'धाना' बनता था। ऋषि इन्द्र से कहते हैं, "हमारे घर आओ और धाना खाओ। (ऋग्वेद 3.35.3) जो सबको प्रिय होगा उसी से देवताओं को भोग लगेगा।" ऋग्वेद में पुआ का भी उल्लेख है। इसे 'अपूप' कहते थे। 'ऋषि' इन्द्र देवता को न्योता देते हैं, "मरुत देवों के साथ आओ और अपूप खाओ"। हवन-सामग्री में अब भी जौ का प्रयोग होता है। ऋषि अपने बारे में कहते हैं, "अहं यवादा:—मैं जौ खाने वाला हूँ।" उत्तर वैदिक काल और उसके बाद अन्न महत्वपूर्ण था। उत्तर वैदिक काल की प्रश्नोपनिषद में अन्न को प्रजापति बताया गया है। उपनिषद्ों में मनुष्य-शरीर के पाँच कोष बताए गए हैं। पहला अन्न से निर्मित अन्नमय कोष। दूसरा प्राणमय कोष है। तीसरा मनोमय कोष है। चौथा विज्ञानमय कोष है और पाँचवाँ आनन्दमय कोष है। इन सबका आधार अन्न ही है। पूर्वजों ने भोजन को अपने चिन्तन का महत्वपूर्ण विषय बनाया था। प्राचीन काल को आधुनिक काल की संगति से जोड़कर एक आदर्श आहार-शास्त्र बनाया जा सकता है।

उपनिषद् दर्शन-ग्रन्थ हैं। इस दर्शन में भाववाद नहीं है। दर्शन-ग्रन्थों में आहार

का उल्लेख बड़ी बात है। हिन्दुत्व केवल धारणा या विचार नहीं है। यह सर्वांगपूर्ण जीवनशैली है। आहार इस जीवनशैली का प्रमुख घटक है।

वृद्धावस्था

'जीवन की साँझ' भी आती है। संध्या आती है प्रतिदिन। सभी प्राणी घर लौटते हैं। सूर्य अस्त होते हैं। इसी तरह 'वृद्धावस्था' जीवन की साँझ है। यह अचानक नहीं आती। धीरे-धीरे 'जीवन-ऊर्जा' घटती है। शरीर क्षीण होता है। मन और शरीर का संगीत टूटता है। मन कहता है—नाचें। गतिशील रहें। चरेवैति-चरेवैति। चलते रहें। 'गति' ऋषि-आह्वान है। मन करता है कि इसी के अनुसार चलते रहें, लेकिन शरीर शिथिल और लाचार होता है। तब झिलमिल तारों की आकाशगंगा के दर्शन 'आनन्द' नहीं देते। नदियाँ प्रवाहमान हैं, गतिशील हैं। उनके 'नाद' आनन्दित करते हैं। धीरे-धीरे नाद की ध्वनि मद्धिम होती है। श्रवण-शक्ति कम होती है। स्मृति भी क्षीण होती है, इसलिए सभी वृद्ध तरुणाई की स्मृतियों में रस लेते हैं। वर्तमान 'भूत' होता है प्रतिपल। 'भूत-अनुभूत' है सबके भीतर। जरामरण सारभूत हैं। यह जीवन का ध्रुव और अटल सत्य है। महाभारत के यक्षप्रश्न और युधिष्ठिर के उत्तर सामने हैं। 'मृत्यु' सत्य है लेकिन लोग इस सत्य को स्वीकार नहीं करते। 'वृद्ध' होना भी जीवन का पीड़ादायी सत्य है। शरीर भी फल की तरह पकता है। पहले खट्टा होता है फल। फिर धीरे-धीरे रसवान होता है। मधुवान होता है। गन्धवान होता है। 'पक्षी' फलवान-मधुवान वृक्षों पर गीत गाते हैं। पूरा पका फल एक दिन टहनी-डंठल से अलग हो जाता है। ऋग्वेद के ऋषि-कवि ने त्रयम्बकदेव से स्तुति की है, "हम त्रयम्बक रुद्र का ध्यान करते हैं। वे पोषणदाता हैं। वे पककर अलग हो जाने वाले ककड़ी-खीरा की तरह हमको मृत्युबन्धन से अलग करें। मुक्त करें।"

वृद्धावस्था स्वाभाविक है लेकिन हिन्दू-परम्परा के अनुसार 'देवता' वृद्ध नहीं होते। देवताओं पर समय का प्रभाव नहीं पड़ता। ऋग्वेद (6.24.7) में कहते हैं, "संवत्सर 'इन्द्र' को क्षीण नहीं कर सकते। मास भी इन्द्र को क्षीण नहीं कर सकते और दिन भी।" कालचक्र भी क्षीण-जीर्ण नहीं होता। यह अजर-अमर है। ऋग्वेद (1.16.4.11) में कहते हैं, "सूर्य का बारह अरों वाला चक्र द्युलोक के चारों ओर घूमता है और कभी जीर्ण नहीं होता।" वृद्धावस्था दुःख देती है। इसकी कठिनाइयों से वैदिक ऋषि सजग थे। विवाह के समय 'वर' वधू से कहता है, "तू मुझ पति के साथ वृद्धावस्था-पर्यंत साथ रहना।" (10.85.36) वृद्धावस्था कष्टदायी है। शरीर जीर्ण होता है। इन्द्र से स्तुति है, "विद्वानों को धन दीजिए। वे वृद्धावस्था तक

ऐश्वर्यशाली रहें।" सुखद जीवन और सुखद वृद्धावस्था की इच्छा वेदों में प्रकट हुई है, ऋग्वेद में स्तुति है, "हम दीर्घजीवीं रहें। कल्याणमय सुखद जीवन प्राप्त करें। वृद्धत्व सुखमय हो।" (10.37.6) वेदों में 100 शरद की जीवन-अभिलाषा है। इस अभिलाषा में स्वस्थ शरीर की इच्छा भी है। आँख, कान सहित सभी अंगों के पुष्ट रहने की भी स्तुति है। केनोपनिषद् के शान्तिपाठ में कहते हैं, "आप्यायन्तु ममाँगानि वाक्, प्राण, चक्षु (आँखें) श्रोतम। बलम् इन्द्रयाणि च सर्वाणि–मेरे सभी अंग वाणी, प्राण, आँखें, कान, बल-परिपुष्ट हों।"

जीवन का अवसान सत्य है। वृद्धावस्था जीवन-अवसान की तैयारी है। वृद्ध होना शरीर का स्वभाव है। 'स्वभाव' प्राकृतिक है। शरीर निस्सन्देह कमज़ोर होता है लेकिन वृद्धावस्था का अपना सौन्दर्य है। यह नई भूमिका की प्रतीक्षा है। 'मृत्यु' जीवन का अन्त है। अन्तिम सत्य है। इसके पहले वृद्धावस्था है। जीवन-ऊर्जा का अवसान है। प्रश्न अनेक हैं। क्या मृत्यु दुःख देती है या नहीं देती? यह प्रश्न अनुत्तरित है। मृत्यु का अनुभव अज्ञात है लेकिन वृद्धावस्था के कष्ट सर्वविदित हैं। हिन्दू दार्शनिकों ने 'जरा' (वृद्धावस्था) और 'मृत्यु' को दुःखदायी बताया है। बुद्ध की कथा में भी वृद्ध-दर्शन की अनुभूति है। ऋग्वेद में 100 शरद् जीवन की स्तुति है। दीर्घ जीवन पर्याप्त नहीं है। दीर्घ जीवन के साथ स्वस्थ शरीर भी जरूरी है, इसलिए इस स्तुति में 'पश्येम शरदः शतं'–100 वर्ष देखने की भी इच्छा है। दीनहीन न होने की भी स्तुति है। वृद्धावस्था में दृष्टि सहित अधिकांश इन्द्रियाँ काम नहीं करतीं।

बुढ़ापे के कष्टों की ओर वैदिक समाज का ध्यान गहरा है। जीवन अमूल्य है। वृद्ध हमारे समाज का अनुभव-समृद्ध भाग हैं। उनके जीवन को कष्टरहित बनाना समाज का कर्तव्य है। हिन्दू-चिन्तन में वृद्धों की सेवा उनके पुत्रों-पौत्रों का प्रथम वरीयता वाला दायित्व है। यह राष्ट्र-राज्य का भी कर्तव्य है। राष्ट्र-राज्य सतर्क है। इसपर क़ानून भी है लेकिन आधुनिक समाज इस समस्या पर सजग नहीं है। वृद्ध संरक्षक-अभिभावक 'जीवन की साँझ' में दुःखी हैं।

भारतीय चिन्तन में 'विश्व' परिवार है। भारतीय समाज-जीवन संयुक्त परिवारों में विकसित हुआ है। ऐसे परिवारों के सदस्यों के सुख-दुःख एक रहे हैं। 'वृद्ध' अपने बड़े परिवारों के मुखिया रहे हैं। वे अपनी वरिष्ठता में ही आनन्दित रहते हैं, लेकिन अब संयुक्त परिवारों की परम्परा टूट गयी है। परिवार के सदस्य एकाकी रहना चाहते हैं। वृद्ध अकेले हो रहे हैं। परिवार के भीतर उपयोगितावाद है। वृद्ध अशक्त होते हैं। वे परिवार पर आश्रित हैं। उपयोगी नहीं माने जाते। आधुनिक उपयोगितावादी दृष्टि के कारण वृद्धावस्था के शारीरिक

कष्टों में अब मानसिक संताप भी जुड़ गए हैं। एकाकी होने के कारण ज़्यादातर वृद्ध मानसिक अवसाद से व्यथित हैं। उनसे हाल-चाल पूछने वाले लोग घटे हैं। परिजन उपेक्षा करते हैं। भारतीय समाज के लिए यह स्थिति त्रासद है। संवेदनाएँ कुचालक हो रही हैं।

जीवन समय-बन्धन में है। सभी प्राणी काल के भीतर हैं। मनुष्य भी। जन्म और शैशव ऊषाकाल है। बचपन सम्भावनाओं का बीज है। सम्भावना का बीज फूटता है। जीवन-ऊर्जा से भरीपूरी तरुणाई आती है। तरुणाई भी स्थिर नहीं है। मैंने स्वयं को काल-पाशबन्धन में देखा है। सूर्य आए, सूर्य गये। काल का पहिया घूमता रहा। अनेक शरद आए-गए। शरदपूर्णिमा आई-गयी। जीवन का संध्याकाल आया। ऊर्जा घटी, शरीर टूटा। प्राचीन कवि बता गए हैं— शीर्यते इति शरीरं। जो शीर्ण होता रहता है, वह शरीर है। शरीर सतत् क्षरणशील है। 60 वर्ष के आसपास शरीर-क्षीणता के अनुभव और वृद्धावस्था आ जाती है।

आयुर्वेद के महत्वपूर्ण ग्रन्थ 'शारंगधर संहिता' में मनुष्य-शरीर के भाव-क्षरण का सुन्दर उल्लेख है। लिखा है कि "प्रत्येक 10 वर्ष बाद भाव-ह्रास के लाक्षणिक परिवर्तन आते हैं। जीवन के पहले 10 वर्ष में मनमौजी वाल्यावस्था का ह्रास होता है, फिर अगले 10 वर्ष में वृद्धि का ह्रास होता है। शरीर की वृद्धि रुक जाती है। शारीरिक विकास स्थगित हो जाता है, फिर अगले 10 वर्ष में कान्ति या चेहरे की दीप्ति का ह्रास। आगे के 10 वर्ष में धारणा का ह्रास होता है। 5वें दशक में सौन्दर्य का ह्रास और छठे में दृष्टि का ह्रास बताया गया है। 7वें दशक में ऊर्जाबल का ह्रास, फिर पराक्रम और बुद्धि का ह्रास होता है।"

आधुनिक चिकित्सा-विज्ञान ने इस ह्रास को घटाया है लेकिन प्रकृति के नियम अपना काम करते ही हैं। वृद्ध होना सबकी नियति है।

'बुढ़ापा' अभिशाप नहीं है। बीमारियों की बात अलग है। वैसे वृद्धों के पास संसार के जीवन्त अनुभवों का कोष होता है। वे आदरणीय हैं। वैज्ञानिक दृष्टिकोण वाले चिन्तन और निष्कर्ष निस्सन्देह भौतिक रूप में सही होते हैं लेकिन माता-पिता व वरिष्ठों से आत्मीयता की व्याख्या वैज्ञानिक दृष्टिकोण से ही सम्भव नहीं है। वरिष्ठों से हमारे रिश्ते अव्याख्येय हैं। वैदिककाल में इन रिश्तों की अद्वितीय स्थापना है। ऋग्वेद के रचनाकाल से लेकर रामायण-महाभारत होते हुए

आधुनिककाल तक इन रिश्तों की प्रीति-ऊष्मा एक जैसी है। इनका समाज-विज्ञान अनूठा है। वैदिक संस्कृति में माता-पिता 'देवता' हैं। दुनिया के किसी भी देश की संस्कृति व सभ्यता में अदृश्य ईश्वर या मान्य देवों से 'माता' या 'पिता' बड़े

नहीं हैं, लेकिन भारत में माता-पिता सुस्थापित देवों से भी बड़े हैं। आधुनिक समाज में वरिष्ठों के प्रति श्रद्धा का अभाव है।

हिन्दू परम्परा में 'माता-पिता' व 'आचार्य' देवता हैं। तैत्तिरीय उपनिषद् में कहते हैं— मातृ देवोभव, पितृ देवोभव। इस परम्परा का आदिस्रोत 'हिन्दुत्व' है। ऋग्वेद के एक मन्त्र में सभी वरिष्ठों को नमस्कार किया गया है "इदं नमःऋषिभ्यः, पूर्वजेभ्यः पूवेभ्यः पथिकृदभ्यः– ऋषियों को नमस्कार है, पूर्वजों को नमस्कार है, वरिष्ठों व मार्गदर्शकों को नमस्कार है।" (10.14.15) वरिष्ठों का सम्मान प्राचीन परम्परा है। एक मन्त्र (10.15.2) में कहते हैं, "इदं पितृत्यों नमो, अस्त्वद्य ये पूर्वासों–जो वृद्ध अब जीवित नहीं हैं और जो हैं, उन सबको नमस्कार है।" ऋग्वेद का यह नमस्कार ध्यान देने योग्य है। यह वरिष्ठों के प्रति आदर का स्थाई भाव है। ऋग्वेद की इसी परम्परा का प्रवाह महाभारत में है। कहा गया है कि, "वह सभा, सभा नहीं है, जिसमें वृद्ध नहीं हैं, वे वृद्ध वास्तविक वृद्ध नहीं हैं, जो धर्मतत्व नहीं जानते।" रामकथा भी वृद्धों के सम्मान से युक्त है। वृद्ध होना सौभाग्य है। शारीरिक शक्ति की क्षीणता का विचार अर्थहीन है। अनुभव का कोष महत्वपूर्ण है। वृद्धों के पास दिशा की अनुभूति होती है, युवकों के पास गति और ऊर्जा। वृद्धों के दिशा-दर्शन में ही युवकों की गति उपयोगी है। 'गति' पर्याप्त नहीं है। गति के साथ दिशा भी चाहिए।

वृद्ध 'माता-पिता' मार्गदर्शक, पालक व संरक्षक होते हैं। हम सब उनका विस्तार हैं। वे न होते तो हम न होते। ऋग्वेद में 'पृथ्वी' माता है, 'आकाश' पिता है। इस उदाहरण में विराट पृथ्वी और अनन्त आकाश की तुलना 'माता-पिता' से की गयी है। माता-पिता से हमारे अन्तर्सम्बन्ध एकात्म हैं। वे जनक हैं। वे हमारा भविष्य सँवारने में जुटे 'दो देवता' हैं। वे प्रतिपल प्यार और शुभाशंसा उड़ेलने वाले शक्तिकेन्द्र हैं। उनका आदर और सम्मान हमारा कर्त्तव्य है। माता-पिता के प्रति हमारा सम्मान अतकर्‌य है। माता-पिता 'उपास्य' हैं। पूर्वजों-वरिष्ठों की अपेक्षा है कि हम माँ को पृथ्वी जैसी और पिता को आकाश जैसी प्रतिष्ठा दें।

ऋग्वेद (10.22.3) में इन्द्र से कहते हैं "जैसे पिता अपने पुत्र को संरक्षण देता है आप हमें वैसे ही संरक्षण दें– पिता पुत्रमिव प्रियम्।" यहाँ पिता का संरक्षण सबसे बड़ा है। ऋषि की कामना है कि इन्द्र भी उसे पिता जैसा संरक्षण दें। हाथ पकड़े रहें, हम गिरें तो वे तत्काल उठा लें। एक अन्य मन्त्र में इन्द्र से प्रार्थना है कि आप हमें पिता की तरह बुद्धि दें– प्रमतिपितेव। इन्द्र देवता हैं, ज्ञानी हैं। यह हिन्दू समाज की मान्यता है, लेकिन पिता द्वारा दी गयी बुद्धि की बात ही दूसरी है। पिता की बुद्धि श्रेयस्कर है। यही यथार्थवादी बोध है। 'देव' सामाजिक मान्यता व आस्तिकता हैं।

उनके होने या न होने पर प्रश्न उठाए जा सकते हैं, लेकिन माता-पिता यथार्थ हैं। प्रत्यक्ष संरक्षक व सुखदाता हैं। सोम से स्तुति है, "हमें वैसे ही सुखी रखो, जैसे 'पिता' पुत्र को सुखी रखता है।" सुख कई तरह का होता है। प्रिय का मिलन 'सुख' है। प्रकृति की अनुकूलता 'सुख' है। इच्छा का पूरा होना भी 'सुख' है लेकिन ऋषि 'पिता' द्वारा दिए गए सुख से सराबोर है। सोम देवता हैं। आनन्ददाता भी हैं। ऋषि उनसे पिता जैसा सुख माँगते हैं। यह सब हिन्दू आदर्श हैं।

भौतिक यथार्थ है कि 'वृद्ध' और 'शिशु' शारीरिक क्षमता में एक जैसे होते हैं। शिशु चलते हैं, गिर पड़ते हैं। इसी तरह वृद्ध भी चलते हैं, अशक्त होने के कारण गिर पड़ते हैं। दोनों के चलने-गिरने के परिणामों में आधारभूत अन्तर है। शिशु गिरते हैं तो माता-पिता उठा लेते हैं, गले से लगाते हैं। वृद्ध गिरते हैं तब उन्हें वैसा ही प्यार नहीं मिलता। माता-पिता के प्रति भावपरक श्रद्धा का अपना समाज-विज्ञान है। माता-पिता बचपन में पोषण देते हैं, पढ़ाते हैं सिखाते हैं। वे स्वयं की चिन्ता नहीं करते। अपना भविष्य नहीं देखते। हम सबके सुखद भविष्य का तानाबाना बुनते हैं। हम तरुण होते हैं, पिता वृद्ध होते हैं। हम तरुणाई से और परिपक्व होते हैं, पिता और वृद्ध होते हैं। जब हम तेज रफ्तार वाले जीवन की गतिशीलता में होते हैं, तब माता-पिता उठते ही गिर पड़ते हैं। वे बचपन में हमको गिरने से बचाते थे। ऋषि-स्मृति में ऐसे तमाम प्रसंग हैं। एक ऋषि 'अग्नि' से स्तुति करते हैं, "हमें वैसे ही उछालो जैसे हमारे पिता हमको उछालते थे।" बचपन में माता-पिता हमको उछालते थे। हम उनकी गोद में गिरते थे। खिलखिलाते-हँसते थे। प्रसन्न मन। क्या उन्हें हम उनकी वृद्धावस्था में अपनी गोद में बैठा सकते हैं?

भारत विकासशील से विकसित राष्ट्र होने जा रहा है। विकासशील राष्ट्र में वृद्धों की उपेक्षा चिन्तनीय है। क्या विकसित राष्ट्र में यह और बढ़ेगी? वृद्धों का आदर और सम्मान विकसित राष्ट्र की कार्य-सूची में प्रथम वरीयता पर क्यों नहीं है? लेकिन अधिकांश वृद्ध व माता-पिता जीवन की साँझ में निराश हैं। वे प्रसन्न मन से भरे नहीं हैं। 'पुत्र' अपने काम में व्यस्त हैं। माता-पिता अकेले हैं। कुछेक को दवा-भोजन मिलता है लेकिन प्रेम नहीं। वे युवा पुत्रों से वार्ता चाहते हैं। उन्हें वृद्धावस्था में संरक्षण की जरूरत है, लेकिन कमाऊ पुत्र डाँट रहे हैं, वृद्ध व्यथित हैं। सरकारें वृद्धाश्रम बना रही हैं। परिजन अपने गढ़े-रचे परिवार से बाहर वृद्धाश्रमों की ओर जाने को बाध्य हो रहे हैं। यह स्थिति भयावह है। दुःख दुर्निवार है। यह राष्ट्रव्यापी समस्या है। इसका उपचार प्राचीन हिन्दू संस्कृति और वैदिक सभ्यता है।

'आधुनिकता' व्यक्तिवाद लाई है। सामूहिक मधुमयता कालबाह्य हो रही है। सारा प्राचीनकाल बाह्य नहीं है। प्राचीनता में शाश्वत भी होता है। कालबाह्य को काल स्वयं ही छोड़ देता है। कुछ सत्य शाश्वत हैं। माता-पिता का साहचर्य अल्पकालिक है लेकिन उनके साथ का आनन्दतत्व शाश्वत है। वरिष्ठों का आदर पिछड़ापन नहीं है। भारत के अपने इतिहास में माता-पिता व वरिष्ठों के आदर व श्रद्धा वाला संस्कारी समाज था। वैसा ही संस्कारी भविष्योन्मुखी समाज बनाने की आवश्यकता है। माता-पिता का संरक्षण पाना और वृद्धावस्था में उन्हें संरक्षण देना कोई बड़ा काम नहीं है। यह सांस्कृतिक प्रश्न है। सामाजिक प्रश्न है और पारिवारिक वास्तविक आनन्द की प्राप्ति का मार्ग भी है। हिन्दुत्व की संस्कृति ही इस सामाजिक प्रश्न का वास्तविक समाधान है।

जाति-भेद

'परिवार' समाज की छोटी इकाई है। परिवार के सभी सदस्य आत्मीय होते हैं। हिन्दू-चिन्तन में पूरा विश्व एक परिवार है। इस धारणा में परिवार से बड़ी इकाई 'समाज' है लेकिन उदात्त दर्शन के बावजूद परिवार से बड़ी इकाई 'जाति' है। वैसे जातियाँ श्रम-विभाजन का परिणाम हैं लेकिन जन्मना होने के कारण वे मजबूत हैं। जातियाँ सम्मान-अपमान का आधार भी बनीं। अनेक समाज-सुधारकों ने जातियों की निन्दा की, जाति-तोड़क अभियान चलाए। राजनीति के एक धड़े में जातियों को अतिरिक्त महत्व मिला। जाति-आधारित सुविधाओं की माँग चलती रहती है। 'जाति' अप्राकृतिक वर्ग है। इसे विदा करना और जातिविहीन समरस समाज का निर्माण राष्ट्रीय कर्तव्य है। इसके पहले जाति का निर्वचन जरूरी है।

भारतीय समाज की समरसता में सबसे बड़ी बाधा है जाति। जाति औचित्यहीन है। अवैज्ञानिक है। अपमानकारी है। आहत करती है। जाति-दंश से पीड़ित व्यक्ति अपनी प्रतिभा का विकास नहीं कर सकता। वह राष्ट्र के विकास में अपना समुचित योगदान नहीं कर पाता। डॉ. अम्बेडकर सहित अनेक महानुभावों ने जाति को राष्ट्रीय एकता का बाधक तत्व बताया है। जाति-डंक की मार खाए लोग धर्मान्तरण की राह पकड़ते हैं। धर्मान्तरण से राष्ट्र कमज़ोर होता है। वैदिक धर्म अपने मूल रूप में योजक और वैज्ञानिक रहा है। जातीय भेद भारतीय धर्मपरम्परा का भाग नहीं है। इसी धारा के प्रवाह को गति देने की आवश्यकता है। प्रत्यक्षतया 'विज्ञान' और 'दर्शन' नाम के दो मुख्य ज्ञान-उपकरण हैं। अन्ततः दोनो एक हैं। वैज्ञानिक दृष्टिकोण जाति-विरोधी है। 'दर्शन' में जाति, वर्ग या राष्ट्र भी नहीं होते।

डॉ. बी. आर. अम्बेडकर ने जाति-उद्भव पर ईमानदार श्रम किया था। उन्होंने कोलम्बिया विश्वविद्यालय, न्यूयार्क (9 मई, 1916) में नृविज्ञान विषयक गोष्ठी में जाति की उत्पत्ति, संरचना पर एक शोध प्रस्तुत किया। यहाँ इसी शोधपत्र से जातियों के विकास को समझने की कोशिश की गयी है। डॉ. अम्बेडकर कहते हैं, "भारत में जाति-प्रथा की सर्जना और परिरक्षण की रचना-विधि की व्याख्या के दौरान उसके उद्गम के सम्बन्ध में प्रश्न होना स्वाभाविक है। उद्गम का प्रश्न सदैव झुँझलाहट पैदा करने वाला होता है। जाति-समस्या के अध्ययन के दौरान इसकी अवहेलना हुई है, किसी ने इसकी उपेक्षा की है तो अन्य ने इसके साथ छलना की।" (वही शोधपत्र: डॉ. अम्बेडकर लेख एवं भाषण, खण्ड 1, सूचना विभाग, उत्तर प्रदेश, पृष्ठ 19)

'जाति' हिन्दू समाज की एकता का बाधक तत्व है। भारत का धर्म-दर्शन उदात्त है। यहाँ कण-कण में परमात्मा की आस्था है। फिर भी जाति-जाति में भेद है। ऐसी समाज-व्यवस्था के कारण राष्ट्रीय स्वरुप के बोध का संकट है। 'जाति-तत्व' का अध्ययन जरूरी है। इसके बाद ही जाति का अतिक्रमण सम्भव है। हम भारतवासी किसी न किसी जाति में जन्मते हैं। धर्म, आस्था, पन्थ, रिलीजन और मज़हब 'विवके' से प्राप्त करते हैं। किसी जाति का होना हमारी विवशता है।

यह जाति है क्या? फ्रांसीसी विद्वान सेनार्ट के मुताबिक "यह एक निकायवत है, सिद्धान्त रूप में कठोर आनुवांशिकता से आबद्ध है। इसके पारस्परिक और स्वतन्त्र संगठन होते हैं। एक मुखिया होता है और विचार-विमर्श की परिषद भी होती है। इसकी यदाकदा बैठकें होती हैं। कतिपय उत्सवों के अवसर पर सब एकत्र होते हैं। समान धंधों से आपस में जुड़े रहते हैं, इसका सम्बन्ध मुख्यत: विवाह, खान-पान आदि से होता है। अधिकार-क्षेत्र विविध प्रकार का होता है।"

डॉ. केतकर (हिस्ट्री ऑफ कास्ट इन इण्डिया, 1909) लिखते हैं, "यह एक ऐसा सामाजिक समूह होता है जिसके लक्षण होते हैं— (1) इसकी सदस्यता समाज के व्यक्तियों की सन्तति और इस प्रकार जन्मे लोगों तक ही सीमित रहती है, और (2) इसके सदस्यों पर कठोर सामाजिक नियमों के अधीन समाज से बाहर विवाह करने पर सख्त पाबन्दी रहती है।" नेस्फील्ड लिखते हैं, "यह समाज का एक ऐसा वर्ग होता है जो अन्य वर्ग से किसी प्रकार का (सामाजिक) सम्बन्ध स्वीकार नहीं करता और (इसके सदस्य) अपने वर्ग के अलावा किसी अन्य वर्ग के साथ न तो शादी-विवाह का रिश्ता जोड़ते हैं और न खान-पान में भागीदार बनते हैं।" एच. मस्ले के मुताबिक, "जाति परिवारों या कुटुम्ब-दलों का समूह होती है और ऐसे

समान नाम वाली होती है जो प्राय: पेशा-विशेष का सूचक होता है या उससे सम्बद्ध होता है। यह अपने को एक ही पौराणिक पुरुष, चाहे वह मानव हो या देवता, का वंशज मानती है, एक ही व्यवसाय अपनाती है।"

इन विद्वानों की परिभाषाएँ 'जाति' की तरफ मोटे संकेत ही देती हैं। डॉ. अम्बेडकर की परिभाषा ज़्यादा स्पष्ट है। वे कहते हैं, "जाति ऐसी इकाई होती है जो स्वयं को बाड़े में बन्द कर लेती है इसीलिए वह अपने सदस्यों के खान-पान सहित सामाजिक मेल-मिलाप को अपने दायरे तक सीमित कर देती है। फलत: बाहरी लोगों के साथ खान-पान के सम्बन्धों का न होना निश्चयकारी प्रतिबंधों के कारण नहीं वरन जाति-व्यवस्था का स्वाभाविक परिणाम होता है।" (वही, पृष्ठ 9) लेकिन प्रश्न यह है कि यह अस्तित्व में आई कैसे?

डॉ. अम्बेडकर के अनुसार एक ही वर्ण में विवाह करने की प्रथा की शुरुआत सर्वाधिक सम्मान प्राप्त पुरोहित वर्ग द्वारा हुई। वे प्रश्न करते हैं, "जाति-उद्‌भव के अध्ययन से हमें इस प्रश्न का उत्तर मिलना चाहिए कि वह कौन-सा वर्ग था, जिसने अपने लिए बाड़ा खड़ा किया?" (वही पृष्ठ 20) डॉ. अम्बेडकर कहते हैं, "मैं इसका प्रत्यक्ष उत्तर देने में असमर्थ हूँ। मैं इसका अप्रत्यक्ष उत्तर ही दे सकता हूँ। हिन्दू समाज में कुछ प्रथाएँ प्रचलित थीं। ये प्रथाएँ सर्वव्यापी थीं। अपने समस्त प्रतिबंध के साथ ये प्रथाएँ केवल एक जाति में पाई जाती हैं, वह जाति है ब्राह्मणों की, जिसको वर्ण-व्यवस्था में समाज में सर्वोच्च स्थान प्राप्त है, क्योंकि इन्हें गैरब्राह्मण-वर्गों ने ब्राह्मणों से ग्रहण किया था। अत: उनका पालन न तो कड़ाई से होता है और न ही उतनी पूर्णता से। इन प्रथाओं का गैरब्राह्मण-वर्गों में प्रचलन ब्राह्मणों से आया है।" ब्राह्मण-वर्ग ने अपनी स्वयं की घेराबन्दी एक जाति के रूप में क्यों कर ली थी? यह एक भिन्न प्रश्न है। इसके उत्तर का उपयोग बाद में किया जाएगा, लेकिन इन प्रथाओं का कड़ाई से पालन और सभी प्राचीन सभ्यताओं में पुरोहित-वर्ग द्वारा सामाजिक उच्चता का अधिग्रहण यह सिद्ध करने के लिए यथेष्ठ है कि उन्होंने ही इस 'अस्वाभाविक संस्था' को जन्म दिया और 'अस्वाभाविक ढंग' से इसको कायम रखा।' (वही पृष्ठ 20)

डॉ. अम्बेडकर मनु को जाति-वर्ण का जन्मदाता नहीं मानते। वे कहते हैं, "मैं एक बात बताना चाहता हूँ कि जाति-धर्म का नियम मनु द्वारा प्रदत्त नहीं है और न ही वह ऐसा कर ही सकते थे।" (वही पृष्ठ 21) डॉ. अम्बेडकर ब्राह्मण को भी जाति-व्यवस्था का जन्मदाता नहीं मानते। कहते हैं, "ब्राह्मण अनेक गलतियाँ करने

के दोषी रहे हों और मैं कह सकता हूँ कि वे ऐसे थे, लेकिन जाति-व्यवस्था को गैरब्राह्मणों पर लाद सकने की उनमें क्षमता नहीं थी। उन्होंने तर्क-पटुता से भले ही इस प्रक्रिया को सहायता प्रदान की हो, लेकिन अपनी योजना को सीमित क्षेत्र से आगे नहीं बढ़ा सकते थे। समाज को अपने स्वरूप के अनुरूप ढालना कितना गौरवशाली और कितना कठिन कार्य होता है। ऐसा कार्य करने में किसी को आनन्द प्राप्त हो सकता है और वह इसे 'प्रशस्ति कार्य' कह सकता है लेकिन वह इसे बहुत आगे तक नहीं ले जा सकता।"

"कुछ कट्टरपन्थियों में ऐसी आस्था व्याप्त है कि हिन्दू समाज येन-केन-प्रकारेण प्रारम्भ से जाति-व्यवस्था के अधीन रहा, यह ऐसा संगठन है जिसे शास्त्रों से सुचित्त होकर रचा। इस प्रकार की आस्था विद्यमान है कि इसकी रचना शास्त्रों ने की है। यह लाभकारी होने के अतिरिक्त और कुछ हो ही नहीं सकती। शास्त्र गलत हो ही नहीं सकते। मैंने ऐसे दृष्टिकोण के विपरीत यह सब मात्र इसलिए नहीं कहा है कि यह वैज्ञानिक आधार के सामने टिक नहीं सकता। मेरा उद्देश्य तो उस दृष्टिकोण के छद्म रूप को इंगित करना है जिसे धार्मिक अनुज्ञप्तियों की अतिप्रशंसा कर उन्हें वैज्ञानिक अर्थ प्रदान किया गया है।" (वही पृष्ठ 22)

जति-विकास के पहले 'वर्ग' बने। हिन्दुओं ने इन्हें 'वर्ण' कहा। डॉ. अम्बेडकर भी वर्गों से ही जाति का उद्‌भव मानते हैं। वे लिखते हैं, "अन्य समाजों की भाँति हिन्दू समाज भी वर्गों द्वारा गठित हुआ था। प्रारम्भ के सुविदित वर्ग थे–(1.) ब्राह्मण या पुरोहित वर्ग, (2.) क्षत्रिय या सैनिक वर्ग, (3.) वैश्य या व्यवसायी वर्ग और (4.) शूद्र या शिल्पकार अथवा सेवक वर्ग। इस तथ्य की ओर ख़ासतौर पर ध्यान दिया जाना चाहिए कि यह मूलतः वर्ग-व्यवस्था थी। इसमें योग्यता प्राप्त कर लेने पर व्यक्ति अपना वर्ग बदल सकते थे, फलतः वर्गों के कार्मिकों में परिवर्तन हो जाया करता था। हिन्दू इतिहास के किसी अवसर पर पुरोहित वर्ग ने संस्था के अन्य जनों से अपने को सामाजिक रूप में विलय कर लिया और संतृत (घेरे में बन्द रहने की) नीति अपनाकर स्वयं एक 'जाति' बन गया। सामाजिक श्रम-विभाजन की मान्यता के फलस्वरूप विभेदीकरण उत्पन्न हो गया जिससे कुछ बड़े ग्रुप कुछ और छोटे ग्रुपों में बँट गए। वैश्य और शूद्र वर्ग मौलिक रूप में अविकसित जीवाणु जैसे थे जो वर्तमान में पाई जाने वाली विभिन्न जातियों के निर्माता तत्व बने। सैनिक पेशे के लोग अति सरलतापूर्वक छोटे-छोटे उपभागों में विभाजित नहीं हो पाते हैं फलतः वे सैनिकों और प्रशासकों के रूप में बदल गए होंगे।" (वही पृष्ठ 24)

डॉ. अम्बेडकर का विश्लेषण विचारणीय है। वे कहीं भी अपनी ही बात ठीक मानने का दावा नहीं करते। उनकी बात ठीक भी लगती है। जाति अचानक नहीं बनी। यह हिन्दू-समाज-व्यवस्था के दीर्घकालीन विकास का परिणाम है। कोई अच्छी बात भी किसी व्यापक समाज पर अचानक लागू नहीं हो सकती। शक्तिशाली सरकारें भी समाज-सुधार से जुड़े प्रश्नों को क़ानून बनाकर भी फौरन लागू नहीं कर पातीं। दहेज लेना-देना क़ानूनी अपराध है, लेकिन समाज में दहेज जारी है। हिन्दू-समाज में सुधार की अन्दरूनी शक्ति है। इस समाज में तरलता है। ऐसे में जाति जैसी व्यवस्था अचानक कैसे लागू हुई होगी? डॉ. अम्बेडकर लिखते हैं, "जाति को बड़ा हल्का-फुल्का महत्व प्रदान किया गया है, मानो पलक झपकाते ही वह कायम हो गयी हो। इसके विपरीत जैसा कि मैंने बताया कि जाति का चलते रहना लगभग असम्भव कार्य है। ऐसा कार्य भारी दिक्कतों से भरा हुआ है। 'आस्था' जाति की आश्रयदाता है, लेकिन इससे पहले कि आस्था किसी संस्था की आधारशिला बने, संस्था के लिए स्थायित्व और दृढ़ता प्राप्त कर लेने की आवश्यकता होती है।" डॉ. अम्बेडकर कहते हैं, "जाति-व्यवस्था के मेरे अध्ययन के चार बिन्दु प्रमुख हैं: (1.) हिन्दुओं की मिलीजुली आबादी होने पर भी उनकी सांस्कृतिक एकता गहरी है, (2.) जाति का अर्थ है एक वृहत सांस्कृतिक यूनिट को छोटे अंगों में विभाजित कर देना, (3.) प्रारम्भ में एक ही जाति थी और (4.) अनुकरण और जाति-निष्कासन के फलस्वरूप वर्गों ने जातियों का स्वरूप धारण कर लिया।" (वही पृष्ठ 30)

ऋग्वैदिक काल का समाज जातिविहीन था। वर्णविहीन था। लेकिन जाति-विकास के कारण एकात्मकता बाधित हुई। डॉ. अम्बेडकर लिखते हैं, "हिन्दू-समाज-व्यवस्था एक ऐसी व्यवस्था है, जो वर्णों पर आधारित है, न कि व्यक्तियों पर। इसमें वर्णों को एक-दूसरे के ऊपर श्रेणीबद्ध किया गया है। इस व्यवस्था में वर्णों की प्रतिष्ठा तथा कार्य-निर्धारण निश्चित है। इस बात से उसे कोई लेना-देना नहीं कि किसी व्यक्ति के पद और प्रतिष्ठा में अपेक्षाकृत परिवर्तन हो, लेकिन वह जिस वर्ण में पैदा हुआ है, उस वर्ण के सदस्य के रूप में उसकी सामाजिक स्थिति दूसरे वर्ण के दूसरे व्यक्ति के सन्दर्भ में किसी भी तरह से प्रभावित नहीं होगी। उच्च वर्ण में जन्मे और निम्न वर्ण में जन्मे व्यक्ति की नियति उसका जन्मजात वर्ण ही है।" (बाबा साहब डॉ. अम्बेडकर सम्पूर्ण वाड्मय, खण्ड 6)

सोपानक्रम-त्रासद जाति-प्रथा राष्ट्र की एकता में बाधक तत्व है। मानवीय समता ही परस्पर सम्बन्धों की कारक होती है। यहाँ जातियाँ स्थायी संगठन हैं।

जातिवादी राजनीतिक अभियानों ने जातियों की लामबन्दी बढ़ाई है। जातियाँ आमने-सामने हैं। व्यक्ति की गरिमा-महिमा लापता है। जाति-चेतना भारी है। जाति-प्रथा का विश्लेषण समाजवादी डॉ. राममनोहर लोहिया ने भी किया। उन्होंने जातिप्रथा को 'भारत की उदासी' माना। 'जातिप्रथा' नामक किताब में डॉ. लोहिया कहते हैं, "दुनिया में सबसे उदास हैं हिन्दुस्तानी लोग। वे उदास हैं, क्योंकि वे ही सबसे ज़्यादा गरीब और बीमार भी हैं, परन्तु उतना ही बड़ा एक और कारण यह भी है कि उनकी प्रकृति में एक विचित्र झुकाव आ गया है, ख़ास करके उनके इधर के इतिहासकाल में। बात तो निर्लिप्तता के दर्शन की करते हैं, जो तर्क में और विशेषत: अन्तर्दृष्टि में निर्मल है पर व्यवहार में वे भद्दे ढंग से लिप्त रहते हैं।" (डॉ. राममनोहर लोहिया, जातिप्रथा 1) लोहिया लिखते हैं कि, "आत्मा के इस पतन के लिए मुझे यकीन है, जाति और दौलत के दोनों कटघरे मुख्यत: जिम्मेदार हैं। इन कटघरों में इतनी शक्ति है कि साहसिकता और आनन्द की समूची क्षमता को यह खत्म कर देते हैं। जो लोग यह सोचते हैं कि आधुनिक अर्थतन्त्र के द्वारा गरीबी मिटने के साथ ही साथ ये कटघरे अपने आप ही खत्म हो जाएँगे, बड़ी भारी भूल करते हैं।" (वही)

महाभारत (शान्तिपर्व) में युग-व्यवस्था का वर्णन है। सतयुग में सभी लोग बलवान, धनवान और प्रियदर्शन होते हैं। उस समय परिपूर्ण समानता है। ऋग्वैदिक काल की व्यवस्था यहाँ फिर याद की जा सकती है। पृथ्वी बिना बोए ही अन्न, फल, फूल देती है। त्रेता में बदलाव आता है। सबसे पहले क्षत्रिय वर्ण आता है। बाकी वर्ण नहीं हैं। शान्तिपर्व बताता है कि द्वापर में सभी वर्ण हैं। 'युग' असल में भारतीय सामाजिक-आर्थिक विकास की यात्रा का संकेत देते हैं। 'सतयुग' जाति-वर्ण-भेदहीन है। लोग बहुत परिश्रम नहीं करते। धरती की स्वाभाविक शक्तियों पर निर्भर हैं। त्रेता में क्षत्रिय आते हैं। त्रेता में सम्पत्ति पैदा होती है। शक्तिशाली वर्ण का विकास होता है। द्वापर में श्रम-विभाजन आकार लेता है। द्वापर प्रश्नों का युग है। द्वापर अर्थव्यवस्था और समाज-व्यवस्था के विकास का कालखण्ड है।

महाभारत के भीष्म पर्व के अनुसार पहले क्षत्रियवर्ण बना। संजय ने धृतराष्ट्र से कहा कि, "आरम्भ में कोई वर्ण नहीं था। त्रेता में क्षत्रिय पैदा हुए और द्वापर में बाकी वर्ण।" (भीष्मपर्व, अध्याय 10) लेकिन भृगु ने इसी महाभारत में दूसरी बात बताई, "पहले केवल ब्राह्मण थे। ब्रह्मा से उत्पन्न होने के कारण यह सारा जगत् ब्राह्मण था। भिन्न-भिन्न कर्मों के कारण वर्ण बने।" (शान्तिपर्व, 18.8.10) यही बात अथर्ववेद में भी है।

संप्रति ब्राह्मण 'जाति' है। पहले वे समूहवाची वर्ग थे। फिर जन्म से भी ब्राह्मण होने लगे। ब्राह्मण पिता के पुत्र भी ब्राह्मण होने लगे। वर्ण-जाति के ऊँच-नीच को बढ़ाने का आरोप ब्राह्मणों पर है। ब्राह्मण शब्द पीछले सौ, सवा-सौ वर्ष से बड़े विवाद का विषय है। वेदों के बाद लिखे गए उपासना और विनियोग-सम्बन्धी साहित्य को ही सबसे पहले ब्राह्मण कहा गया। इतिहास के हिसाब से इसे उत्तर वैदिक काल कहा जाता है। 'ब्रह्म' शब्द इसी समय सृष्टि-सम्पूर्णता या टोटैलिटी का पर्यायवाची बना। ऋग्वैदिक काल में ब्रह्म या ब्रह्मन का अर्थ अभूतपूर्व स्तोत्र-ऋचा का द्रष्टा भी था। सम्भवतः अथर्ववेद के रचनाकाल में ब्राह्मण समूहवाची भी हो गया था। अथर्ववेद में आत्मदर्शन के साधक को ब्रह्मचारी बताया गया है। अथर्ववेद के समय तक ब्राह्मण होना एक श्रमसाध्य उपलब्धि था। तब जन्म-आधारित वर्ण-व्यवस्था का नाम-ओ-निशान भी नहीं था। छान्दोग्य उपनिषद् में ब्राहमण उद्दालक ने अपने वेद-विद्वान पुत्र श्वेतकेतु को भी पहले ब्राह्मण नहीं माना, कठोर तप-साधना के बाद ही वह ब्राह्मण हो पाया।

ब्राह्मण होना आसान नहीं था। ब्राह्मण होने के लिए प्रकृति के रस, छन्द, ऋत में ढलना होता था। अथर्ववेद के (11वें अध्याय सूक्त 7) में ब्राह्मण बनने की रोचक विधि है—"ब्रह्मचारी अर्थात् समूची प्रकृति (ब्रह्म) के अनुसार चलने वाला व्यक्ति द्युलोक और भूलोक को अनुकूल बनाता है। तब प्रकृति की दिव्य शक्तियाँ–देवगण उसके अन्तःकरण में स्थित (देवाः संमनसौ भवन्ति) हो जाती हैं।" (मन्त्र 1) यह प्रबोधन आचार्य के मार्गदर्शन में ही सम्पन्न होता है। बताते हैं, "आचार्य उसे तीन रात तक अपने ज्ञानगर्भ में धारण करते हैं। जब वह बाहर आता है, दिव्यशक्तियाँ (देवगण) उसका अभिनन्दन करती हैं।" (मन्त्र 2) यहाँ 'तीन रात्रि' का उल्लेख ध्यान देने योग्य है। आखिरकार तीन दिन क्यों नहीं कहा गया?

रात्रि अन्धकार है, अन्धकार अज्ञान है, दिवस प्रकाश है, प्रकाश ज्ञान है। साधक ब्रह्मचारी के लिए ज्ञान-गर्भ का प्रतीक रात्रि है। ज्ञान की दीप्ति परम दिव्यता है। दिव्यता की प्राप्ति के बाद देव-शक्तियाँ स्वाभाविक ही अभिनन्दन करती हैं। फिर कहते हैं, "ब्राह्मण होने से पूर्व साधक-विद्यार्थी ब्राह्मी-अनुशासन का अभ्यास करता है। वह ऊर्जा प्राप्त करता है, ऊर्ध्वमुखी होता है फिर ब्राह्मण बनता है तो ज्येष्ठ ब्रह्म के निकट हो जाता है।" (वही मन्त्र 5) यहाँ ज्येष्ठ ब्रह्म सर्वोच्च सत्ता है। ऊर्जा प्राप्त करना और ऊर्ध्वमुखी होना आसान नहीं है। ब्राह्मण होने के लिए आन्तरिक ऊर्जा को ऊर्ध्वगामी बनाना होता है।

ब्रह्मचारी का ज्ञान-गर्भ में परिपूर्ण रूपान्तरण होता है। ऋषि बताते हैं "आचार्य ज्ञान-गर्भ में ब्रह्मचारी के लिए पृथ्वी और द्युलोक का सृजन करते हैं।" (वही मन्त्र 8) यहाँ प्रश्न है कि पृथ्वी और द्युलोक पहले से ही है। तब ज्ञान-गर्भ में क्या नये पृथ्वी और द्युलोक के सृजन की बात कही गयी है? शरीर पृथ्वी का अंश है और चेतना द्युलोक का हिस्सा है। ज्ञान-गर्भ में ब्रह्मचारी का पृथ्वी-अंश सामान्य पृथ्वी-अंश से परिष्कृत होता है। चेतन अंश भी परिशुद्ध निर्मल होता है। अथर्ववेद के ऋषि इसे ज्ञान-गर्भ की घटना बताते हैं। आगे कहते हैं "ब्रह्मचारी अपनी तपसाधना से उनकी (नये पृथ्वी व द्युलोक) रक्षा करता है।" (वही) ब्रह्मचारी अपनी ज्ञान-यात्रा में अपनी काया और चेतना का नया रूप विकसित करता है और इसी नये रूप की रक्षा करता है। सम्पदा साधन है।

ब्राह्मण की सम्पदा के बारे में बताते हैं, "ब्राह्मण की सम्पदा निकटवर्त्ती गुफा (गुहा-अनुभूति) में रहती है और द्यु-लोक के आधार से परे होती है।" (वही मन्त्र 10) ब्राह्मण हो गया व्यक्ति आन्तरिक रूप में समृद्ध हो जाता है। भौतिक सम्पदा का आधार पृथ्वी है। इससे भी परे कोई सम्पदा हो तो द्युलोक आधार है लेकिन इस मन्त्र की सम्पदा 'द्युलोक से भी परे' है। ब्रह्मचर्या में बड़ी शक्ति है। ब्रह्मचर्या में कोई आरक्षण नहीं। अवसर बहुत हैं। कहते हैं "ब्रह्मचारी ही आचार्य बनता है। शासक भी इसी तप से राष्ट्र की रक्षा करते हैं— ब्रह्मचर्येण तपसा राजा राष्ट्रं वि रक्षति।" (वही मन्त्र 16-17) योग और आन्तरिक अनुभूति से मनुष्य ब्रह्मविद् (सम्पूर्णता का जानकार) हो जाता है। 'गीता' बताती है कि ब्रह्मविद् 'ब्रह्म' हो जाते हैं। 'इकाई' सम्पूर्ण हो जाती है। 'बूँद' सागर हो जाती है। आगे कहते हैं "इसी तप-साधना से देवों ने मृत्यु पर विजय पायी। इन्द्र भी इसी से शक्तिशाली हुए।" (वही मन्त्र 19)

उत्तरवैदिक काल के बाद धारणा बनी कि जन्म से सब सामान्य होते हैं। संस्कार से ब्राह्मण बनते हैं लेकिन अथर्ववेद के अनुसार जन्म से कोई भी प्राणी गैरब्राह्मण नहीं होता। जन्म से सम्पूर्ण प्राणिजगत् ब्रह्मचर्या वाला ही होता है। कहते हैं "औषधयो भूत भव्यमहोरात्रे वनस्पतिः, संवत्सरः सहुर्तभिस्ते जाता ब्रह्मचारिणः–औषधियाँ, वनस्पतियाँ, भूत-भविष्य, अहोरात्र, संवत्सर ये सभी जन्मजात ब्रह्मचारी हैं। पृथ्वी के सभी प्राणी, आकाश में विचरने वाले जीव, वन्यजीव, ग्रामीण पशु, बिना पंखवाले और पंखवाले पक्षी जन्मजात ब्रह्मचारी होते हैं।" (वही मन्त्र 20-21)

अथर्ववेद की दृष्टि में कीट-पतिंग, पशु-पक्षी और सभी मनुष्य ब्रह्मचारी हैं। ब्राह्मण होने की सम्भावना सबमें है। यह बात स्मृतिकाल से बिल्कुल अलग है। स्मृतियों के अनुसार जन्म से सभी शूद्र हैं, ज्ञानार्जन-संस्कार से ब्राह्मण हो जाते हैं। अथर्ववेद का मत सही है कि जन्म से सभी ब्रह्मचारी हैं, कर्मक्षेत्र में जाकर श्रम-विभाजन के फलस्वरूप वर्ण, वर्ग बनते हैं। फिर कोई बिरले लोग ही अपनी 'प्राण-ऊर्जा' को ऊर्ध्वमुखी बनाते हैं और आत्मबोध को प्राप्त होते हैं।

ऋग्वेद में सृष्टि के विकास का बड़ा प्यारा चित्र है। अति आकर्षक। रोमांचक और मजेदार। यहाँ पुरुष सूक्त में पूरे ब्रह्माण्ड (टोटल) को एक पुरुष कहा गया है। इस पुरुष के हज़ारों सिर, हज़ारों आँखें, हज़ारों पैर हैं। अतीत, वर्तमान और भविष्य से युक्त यह पुरुष दिव्य है। यहाँ एक पुरुष और भी है। पहले वाला पुरुष यह विश्व है, इससे बड़े दूसरे पुरुष के तीन चरण दिव्यलोक में हैं। इस पुरुष का एक भाग विश्व में बार-बार प्रकट होता है। यही विराट पुरुष है। गीता में भी कृष्ण अर्जुन को अपना दिव्य-विराट रूप दिखाते हैं। सृष्टि यज्ञ-रूप है। यज्ञ सत्कर्म है। यज्ञ से पक्षी आए। पशु आए। फिर वेद, साम, यजु आए। विराट पुरुष के मुख से इन्द्र और अग्नि आए। मन से चन्द्रमा आया। प्राणों से वायु आई। अन्तरिक्ष उसकी नाभि है। कान दिशाएँ हैं। (ऋग्वेद 10.90)

डॉ. रामविलास शर्मा लिखते हैं, "विकास-सम्बन्धी धारणाएँ ऋग्वेद के अनेक मन्त्रों में भी हैं। उन्हीं का विस्तार दिखाई देता है। वैश्य और शूद्र का प्रयोग यहाँ पहली और अन्तिम बार हुआ। वर्ण के अर्थ में ऋग्वेद में ब्राह्मण या क्षत्रिय का प्रयोग नहीं हुआ।" (डॉ. रामविलास शर्मा : गाँधी, अम्बेडकर, लोहिया और इतिहास की समस्याएँ, पृष्ठ 671)

ऋग्वैदिक काल में वर्ण-जाति नहीं थे। लेकिन एक विकासमान संस्कृति थी। पूर्वकालीन वैदिक संस्कृति में वर्ण-विभाजन होते, तो ऋग्वेद में उनका उल्लेख होता। ऋग्वेद में जन्मना जाति या वर्ण नहीं है। 'ब्राह्मण' शब्द का अर्थ 'स्तुति' या 'स्तोत्र' ही आया है। ऋग्वेद का 'पुरुष' सम्पूर्णता का पर्याय है। यह सम्पूर्णता को घेरता है, भीतर भी रहता है और बाहर से भी आच्छादित करता है। पुरुष सूक्त (10वाँ मण्डल) में ब्राह्मण, राजन्य, वैश्य, शूद्र के उल्लेख हैं, लेकिन ये वर्ण या जाति समूह नहीं हैं। इस सूक्त में भी 'ब्राह्मण' का अर्थ स्तोत्र-स्तोता ही है। पुरुष सूक्त दार्शनिक है। ऋषि कहते हैं "पुरुष एवेदं सर्वं यद्भूतं यच्च भत्यं–यह पुरुष ही सबकुछ है, जो हो गया, जो होगा सब पुरुष है।" (ऋ० 10.90.2) बात पूरी

हो गयी। भूत, वर्तमान और भविष्य 'पुरुष' ही है। ऋषि आगे कहते हैं, "पुरुष का विभाजन होने लगा, भूमि आदि पिण्डों और प्राणियों की उत्पत्ति हुई।" (वही 5) पुरुष सूक्त का मन्त्र 11

ध्यान देने योग्य है "यत्पुरुषं व्यदधु कतिधा व्यकल्पयन–ज्ञानी जन इस पुरुष की कितने प्रकार से कल्पना करते हैं? कि उसका मुख क्या है? बाहु और पाद क्या है?" 'कतिधा कल्पयन' विचारणीय है।

पुरुष विराट है तो कल्पनाएँ भी तमाम होंगी। ब्राह्मण, राजन्य, वैश्य, शूद्र वाला मन्त्र 12 इसी कल्पना का विस्तार है। यहाँ पुरुष का मुख 'ब्राह्मण' है। सबका मुख ब्राह्मण ही होता है। मुख से ही वाणी निकलती है। क्षत्रिय, वैश्य, शूद्र आदि सभी परवर्ती वर्णों का मुख ब्राह्मण ही है। फिर बताते हैं, 'बाहु राजन्य हैं।' पुरुष, एक विराट 'पुर' (नगर) है। पुर की रक्षा का काम बाहु अर्थात हाथ करते हैं। इस कल्पना में जन्मना ब्राह्मण के हाथ भी राजन्य हैं। इसी तरह पुरुष का पेट वैश्य है। वैश्य संग्रही वृत्ति का प्रतीक है। सभी वर्णों का पेट वैश्य है, संग्रही है। पैर आधार हैं। शूद्र भी आधार हैं। आधार पर ही संग्रह, सुरक्षा और शीर्ष का ढाँचा खड़ा होता है। ऋग्वेद में ब्राह्मण, क्षत्रिय, वैश्य, शूद्र का अर्थ वर्ण नहीं है। प्रत्येक मनुष्य का मुख वाक्-केन्द्र है, प्रत्येक मनुष्य के बाहु सुरक्षा हैं, प्रत्येक मनुष्य का पेट संग्रह-केन्द्र है और प्रत्येक मनुष्य के पैर आधार हैं, गति-प्रगति के उपकरण हैं। ऋग्वेद का दसवाँ मण्डल बाकी ऋग्वेद से नया है। इस सूक्त के उदय तक सम्भव है कि ब्राह्मण, क्षत्रिय, वैश्य और शूद्र वर्गों का विकास हो रहा हो, लेकिन ऋग्वैदिक समाज में वर्ण-जाति नहीं है। भारत के सुदूर अतीत में एक वर्णहीन, जातिविहीन, समतामूलक समरस समाज था। वैसा ही वर्णहीन जातिहीन समाज बनाना राष्ट्र की अपरिहार्यता है।

राजनीति में 'ब्राह्मणवाद' का प्रयोग बहुत हुआ। मार्क्सवाद, पूँजीवाद, समाजवाद से भी ज़्यादा हुआ। मनुवाद भी इसी तरह का शब्द है। डॉ. लोहिया भी ब्राह्मणवाद की बात करते थे। फिर वे 'द्विज' शब्द चलाने लगे। राजनीति में इस किस्म के शब्द-प्रयोग 'ख़ास सन्देश और ख़ास संकेत' के प्रतीक बन जाते हैं। यों द्विज का मतलब 'दुबारा जन्मा' (ट्वाइस बोर्न) होता है। एक जन्म जैविक है। माँ देती है। दूसरा जन्म अनुभव देता है। अन्तश्चेतना की ज्योति ऊपर जाती है। वह दीपशिखा बनती है। अन्तर्मन, दिव्य प्रकाश से भर जाता है। महावीर, बुद्ध, रामकृष्ण परमहंस और योगी अरविन्द इसके उदाहरण हैं। प्राचीन ऋषियों में महीधर, ऐतरेय,

कवच, ऐलूष और वाल्मीकि तथा संतों में कबीर और रविदास आदि। ये सब द्विज हैं। इन्होंने बोध पाया। इसी शरीर में नया जन्म पाया।

डॉ. लोहिया हिन्दू विचार में उदार और कट्टरपन नाम की दो धाराएँ देखते थे। वे लिखते हैं, "हिन्दू धर्म में उदारता और कट्टरता के महान युद्ध को देश की एकता और बिखराव की शक्तियों का संघर्ष भी कहा जा सकता है।" जबकि सच बात यह है कि हिन्दू विचार में ऐसी दो धाराएँ कभी नहीं रहीं। बेशक दो धाराएँ थीं, पर उन्हें कट्टर और उदार के बजाय यथास्थितिवादी और परिवर्तनकामी विवेकशील धाराएँ कहना ज़्यादा ठीक होगा। पहली के प्रतिनिधि कुछ पुरोहित थे। दूसरी के प्रतिनिधि ऋषि, तार्किक और विवेकशील परिवर्तनकामी आत्मज्ञानी जन। यहाँ लोहिया की बात का मतलब जाति-वर्ण की कट्टरता और हिन्दू धर्म की स्वाभाविक उदारता भी हो सकता है। एक धारा जाति, वर्ण और रूढ़िवाद के प्रति आग्रही थी, दूसरी धारा मनुष्य की गरिमा की समर्थक थी।

डॉ. लोहिया जाति-वर्ण के ख़िलाफ़ हैं पर हिन्दू धर्म के पक्षधर। वे लिखते हैं, "मैं जो थोड़ा बहुत हिन्दू धर्म को समझ पाया हूँ, उसमें यही एक विशेषता है। बाकी और धर्म वाले तो आसानी से अपने मुँह में ले आया करते हैं कि वे सबसे अच्छे हैं। सही हिन्दू ज़्यादा से ज़्यादा कभी अपने पुरखों के बड़प्पन को बताएगा तो वह कह देगा कि बड़प्पन की उस ऊँचाई तक हम लोग पहुँचे जिससे ज़्यादा ऊँचे और कोई नहीं पहुँच सके। मतलब दूसरों को भी मौका दो कि शायद वे लोग पहुँचे हों।" (वही पृष्ठ 259)

डॉ. लोहिया सहित भारत के सभी महापुरुषों को हिन्दू-दर्शन ने सम्मोहित किया है, लेकिन उदात्त हिन्दू-दर्शन के बावजूद विचार और व्यवहार का सम्बन्ध टूटा। यही बात गाँधी को भी अखरी। डॉ. लोहिया को भी, पर डॉ. अम्बेडकर को ज़्यादा अखरी, क्योंकि वे इसके भुक्तभोगी विद्वान थे। डॉ. लोहिया आत्मज्ञान और व्यवहार का फ़र्क समझते हुए लिखते हैं, "एक आत्मज्ञान वह है जिसमें घण्टे-आधे घण्टे के लिए तप करने या ध्यान करके या साधना लगा करके ब्रह्म को प्राप्त करने की कोशिश की जाती है। बाकी 23 घण्टे में उसका कुछ पता नहीं रहता। ऐसा ब्रह्मज्ञान किसी काम का नहीं होता। एक घण्टे के लिए तो ब्रह्म का खूब दर्शन कर लिया, बाकी 23 घण्टे में अपनी जिन्दगी, अपना व्यापार, अपना कामकाज ठीक उसी ढंग से चलाया कि जैसे कोई ब्रह्म हो ही नहीं। यह एक नकली जिन्दगी हो जाती है।" (धर्म पर एक दृष्टि, लोहिया, पृष्ठ 22-23) डॉ. लोहिया हिन्दू समाज

की जड़ता को लेकर हलकान हैं, "एक बात बिल्कुल समझ रखनी चाहिए कि इतना ज़्यादा जम जाना, एक तालाब के पानी की तरह है जिसमें काई आ जाती है, गन्दा हो जाना, किसी भी देश और धर्म के लिए खतरनाक हुआ करता है।" (वही पृष्ठ 25-26)

डॉ. लोहिया हिन्दू धर्म की शक्ति से भलीभाँति परिचित हैं। डॉ लोहिया भारतीय सत्य, शिव और सुन्दर का श्रेय धर्म और संस्कृति को देते हैं और जड़ता के अपश्रेय की तोहमत भी इसी पर लगाते हैं। वे लिखते हैं, "क्या बात है कि और देशों में जहाँ समझो इस्लाम या ईसाई धर्म है या बुद्ध धर्म, जो कि एक मायने में हिन्दू धर्म का ही एक रूप हैं, वहाँ तब्दीली हो जाती है, जल्दी-जल्दी राज व समाज बदलते हैं। यह एक बड़ा सवाल है।" (वही पृष्ठ 23) यहाँ डॉ. लोहिया का मन राजनीतिक दिखाई पड़ता है।

डॉ. लोहिया और डॉ. अम्बेडकर की सामाजिक और सांस्कृतिक दृष्टि में बुनियादी अन्तर है। डॉ. अम्बेडकर पुराण-कथाओं, राम और कृष्ण को महत्त्व नहीं देते। लेकिन डॉ. लोहिया इनमें आनन्द खोजते हैं। डॉ. लोहिया राम, कृष्ण और शिव को भारत की त्रिमूर्ति मानते हैं। वे लिखते हैं, "राम की पूर्णता मर्यादित व्यक्तित्व में है, कृष्ण की उन्मुक्तता या सम्पूर्ण व्यक्तित्व में और शिव की असीमित व्यक्तित्व में। लेकिन हर एक पूर्ण है। किसी एक का या एक-दूसरे से अधिक या कम पूर्ण होने का कोई सवाल नहीं उठता।" (वही पृष्ठ 4) वे राम और कृष्ण को इतिहास में खोजने से बचते हैं, "इनको इतिहास के परदे पर उतारने की कोशिश करना हास्यास्पद चीज़ होगी।" (वही पृष्ठ 1) डॉ. लोहिया राम और कृष्ण की ऐतिहासिकता से बचते हैं। लेकिन रावण को इतिहास मानते हैं। वे लिखते हैं, "निस्सन्देह वह अपने समय का श्रेष्ठ विद्वान था।" (वही पृष्ठ 8) यहाँ तर्क यह है कि रावण था तो राम भी रहे ही होंगे। वे श्रीकृष्ण की तमाम कथाएँ बताते हैं। श्रीकृष्ण भी इतिहास का हिस्सा हैं।

हिन्दू धर्म में जाति को लेकर बेशक व्यवहार और आदर्श का फ़र्क़ है पर आदर्श के सपने ही व्यवहार बनते हैं। 'हिन्दुत्व' एक आदर्श अभीप्सा है। व्यवहार को विवेक की कसौटी पर कसते हुए और श्रेष्ठतम तक परिमार्जित करते हुए हम भारत के लोग एक महान राष्ट्र की संरचना करते हैं। धर्म और ईश्वर बुरे नहीं हैं। डॉ. लोहिया ने ईश्वर को सबसे बड़ा आकर्षण बताया है। लोहिया के मुताबिक उसे पाना बड़ा मजेदार काम है। डॉ. लोहिया कहते हैं, "धर्म और राजनीति, ईश्वर और राष्ट्र, हर जमाने में हर जगह मिलकर चलते हैं।" (राम, कृष्ण और शिव, लोहिया,

पृष्ठ 1) लोहिया खुल्लम-खुल्ला कहते हैं, "आत्मसमर्पण की जो क्षति होती है उसको खत्म करना सीखें। यह तभी होगा जब हिन्दू धर्म में आप तेजस्विता लाने की कोशिश करेंगे जो इस समय नहीं है।" (धर्म पर एक दृष्टि, पृष्ठ 27)

क्या है डॉ. लोहिया वाली धर्म की तेजस्विता? और डॉ. अम्बेडकर की शक्तिशाली राष्ट्र और गतिशील समाज की परिकल्पना? जन-जन की समता, एकता और राष्ट्र के रूप में जन-जन की एकात्मता ही इनका और राष्ट्र के जन-जन का लक्ष्य है। भारत के जन की अभीप्सा का यह मार्ग हिन्दू धर्म की तेजस्विता से होकर गुजरता है, लेकिन इसमें सबसे बड़ी बाधा है जाति। राष्ट्र का खतरनाक रोग। सांस्कृतिक अधिष्ठान के रास्ते चलते हुए जाति का समूल नाश करना चाहिए। इसी भारत में एक युग (कालखण्ड) जाति-वर्णहीन था तो जाति-वर्णहीन एक भावी प्रियदर्शन युग अपने कर्म से बनाने का अधिष्ठान लेकर चलना ही हम सबका प्राथमिक राष्ट्रीय लक्ष्य होना चाहिए।

डॉ. लोहिया और डॉ. अम्बेडकर की सामाजिक और सांस्कृतिक दृष्टि में बुनियादी अन्तर है। डॉ. अम्बेडकर पुराण-कथाओं, राम और कृष्ण को महत्त्व नहीं देते। लेकिन डॉ. लोहिया इनमें आनन्द खोजते हैं। डॉ. लोहिया राम, कृष्ण और शिव को भारत की त्रिमूर्ति मानते हैं। वे लिखते हैं, "राम की पूर्णता मर्यादित व्यक्तित्व में है, कृष्ण की उन्मुक्तता या सम्पूर्ण व्यक्तित्व में और शिव की असीमित व्यक्तित्व में। लेकिन हर एक पूर्ण है। किसी एक का या एक-दूसरे से अधिक या कम पूर्ण होने का कोई सवाल नहीं उठता।"

मनुस्मृति

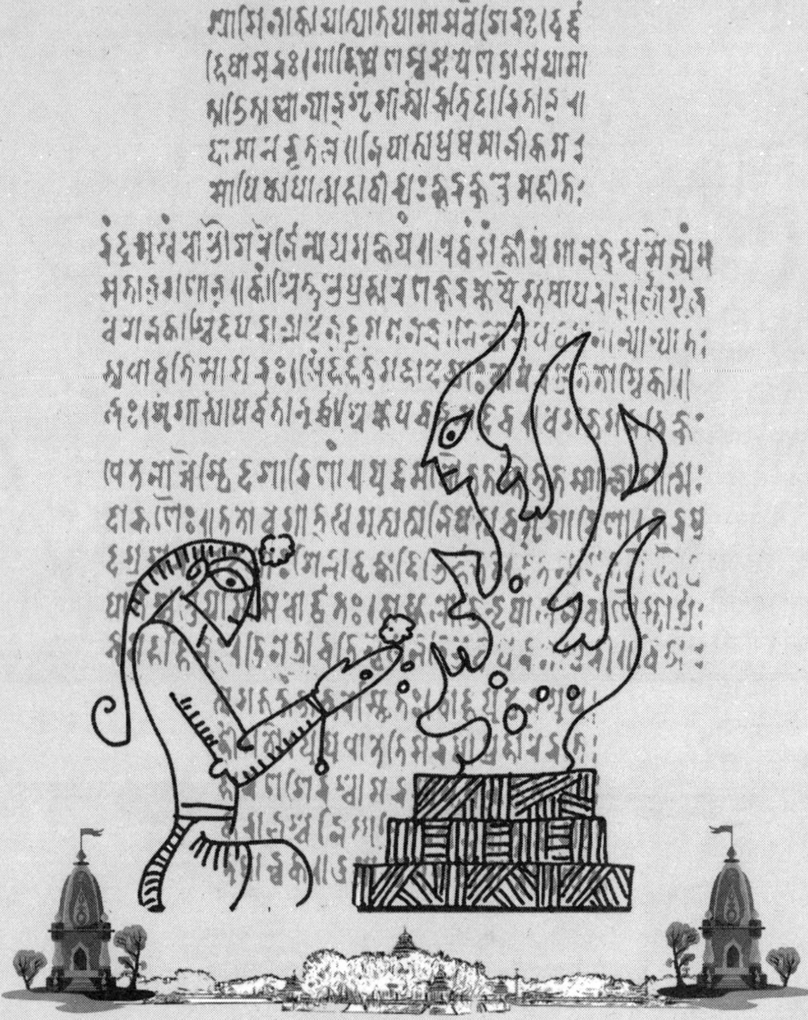

18

मनु और मनुस्मृति

'मनु' बड़ी किंवदन्ती हैं। राजनीति उन्हें गाली देती है। उन्हें वर्णव्यवस्था या जातिव्यवस्था का जन्मदाता बताती है। उनके नाम पर 'मनुवाद' की चर्चा चलाती है। उनकी तरफ से कोई नहीं बोलता। उनका कोई प्रचारक भी नहीं है। वे एक जीवित नायक की तरह प्रशंसा और निन्दा पाते हैं। हिन्दू-संस्कृति के विवेचन में मनु को समझना जरूरी है, लेकिन यहाँ कुछ आधारभूत प्रश्न उठाते हैं—मनु कब हुए? क्या वे काल्पनिक पात्र हैं? क्या वे इतिहास के पात्र थे? या काल्पनिक पात्र? मनु कौन थे? क्या 'मनुस्मृति' नाम की पुस्तक उन्होंने ही लिखी थी? मनुस्मृति की भाषा, वर्णव्यवस्था, अच्छाइयाँ-बुराइयाँ किस कालखण्ड-विशेष की ख़बर देती हैं? क्या वे वर्ण या जाति-व्यवस्था के जन्मदाता थे? आदि-आदि।

मनुस्मृति में वर्णव्यवस्था है। बहुतकुछ अच्छा है तो बहुतकुछ अस्वीकार्य है। वैदिककाल में वर्णव्यवस्था नहीं थी। मनुस्मृति की भाषा परिष्कृत है। यह भाषा ऋग्वेद की भाषा से भिन्न है। एक 'मनु' ऋग्वेद के पात्र हैं। ऋषि समकालीन ऋषियों की तुलना में मनु को प्राचीन बताते हैं। मनु ऋग्वेद से भी प्राचीन हैं। ऋग्वेद (1.80.16) में ऋषि इन्द्र की स्तुति करते हुए कहते हैं, "पिता मनु, ऋषि अथर्वा और दध्यंग ने पहले भी इन्द्रदेव की स्तुतियाँ गायी थीं।" वैदिक ऋषि मनु को पिता के रूप में याद करते हैं। (ऋ. 1.80.16, 1.114.2 व 2.33.13)

मनु वैदिककाल के पहले से ही सम्मानित हैं। ऋग्वेद में कृषितन्त्र की चर्चा है। ऋषि के अनुसार, "अश्विनी देव सबसे पहले हल चलाते हैं।" क्यों चलाते हैं? ऋषि बताते हैं, "अश्विनी देवों ने मनु की समृद्धि के लिए पहले सर्वप्रथम

हल चलाया और फसल उगाई।" (8.22.6) यहाँ 'मनु' मनुष्यता के पर्याय हैं। देवता भी अवकाशभोगी नहीं थे। ऋषि उन्हें भी हल चलाते हुए देख रहे हैं। प्रकृति की गति यज्ञ है, वैसे ही मनुष्य के सत्कर्म भी यज्ञ हैं। अग्नि के अभाव में जीवन कठिन है। अग्नि की खोज से विश्व-सभ्यता में क्रान्तिकारी परिवर्तन हुए। अग्नि की खोज ऐतिहासिक है। ऋग्वेद के अनुसार अग्नि खोजने का काम भी मनु ने किया, 'मनुना समिद्धम'–मनु ने अग्नि प्रज्वलित की। (7.2.3) अग्नि-स्तुति में इससे भी बड़ी बात कही गयी—"हे प्रकाशरूपा अग्नि, मनु ने लोककल्याण के हितार्थ सदा के लिए आपकी स्थापना की।" (1.36.19) आगे कहा, "मनु की सन्तानों के मध्य अग्नि होता के रूप में प्रतिष्ठित है।" (1.68.4) मनु द्वारा अग्नि-प्रज्ज्वलित करने की बात 10वें मण्डल (सूक्त 63.7) में भी दोहरायी गयी, "मनु ने अग्नि प्रज्ज्वलित की और सात ऋत्विजगणों के साथ यज्ञ किया।" मनु असाधारण व्यक्तित्व हैं। उन्होंने ही औषधियों की भी खोज की। (2.33.13) तैत्तिरीय संहिता में मनु के कथनों को दिव्य औषधि बताया गया। ऐतरेय ब्राह्मण के अनुसार मनु ने अपनी सम्पत्ति पुत्रों में बाँटी। 'निरुक्त' (800-500 ई.पू.) में भी मनु के कथनों का उल्लेख है। गौतम, वशिष्ठ और आपस्तम्ब ने मनु का उल्लेख किया।

मनुष्य का अर्थ है 'मनु के' या 'मनु का'। मानव का अर्थ भी यही है—मनोः अपत्यम मानवः। संस्कृत विद्वान डॉ. सूर्यकान्त बाली ने ऐसे तमाम उद्धरण देकर मनुज को मनु की सन्तान बताया है। मनुज, मनुष्य या मानव 'मनु' के ही विस्तार हैं। कालगणना की बहुत बड़ी इकाई है 'मन्वन्तर'। इसके पहले छोटी इकाई है युग। सत्युग, त्रेता, द्वापर और कलयुग चार युगों को जोड़कर महायुग बनता है। 31 महायुग का जोड़ मन्वन्तर है। हरेक मन्वन्तर में एक मनु हैं। मन्वन्तर दो मनुओं के बीच का अन्तर-काल है। अनेक मनु हो चुके हैं। ऋग्वेद वाले मनु हरेक मंगल कार्य में आगे-आगे चलते हैं। शतपथ ब्राह्मण में वर्णित मनु जलप्रलय में मछली की सहायता से अकेले ही बच निकले थे। मान्यता है कि मनु ने ही सृष्टि-बीजों की रक्षा की थी। मनु अथर्ववेद में भी हैं। मत्स्यपुराण वाले मनु भी ध्यान देने योग्य हैं। जयशंकर प्रसाद की 'कामायनी' में भी मनु का काव्य-वर्णन है।

'मनुस्मृति' दीर्घकाल से चर्चित पुस्तक है। भारतरत्न डॉ. पाण्डुरंग वामन काणे ने 'धर्मशास्त्र का इतिहास' (खण्ड 1, पृ. 42) में बताया है, "भारतवर्ष में मनुस्मृति का प्रथम मुद्रण सन् 1813 ई. में हुआ। मनुस्मृति का प्रणयन किसने किया? मानव के आदि पूर्वज 'मनु' ने इसका प्रणयन नहीं किया।" काणे ने मनुस्मृति की सामग्री का

गहन विश्लेषण किया है। वे कहते हैं, "इसका व्याकरण पाणिनिसम्मत है।" स्पष्ट है कि यह ग्रन्थ पाणिनि के बहुत बाद का है। काणे कहते हैं, "मनुस्मृति की प्राचीनतम टीका मेधा तिथि (900 ई.) की है। वेदान्तसूत्र के भाष्य में शंकराचार्य ने भी मनु को उद्धृत किया है। कुमारिल के 'तन्त्रावार्तिक' में मनुस्मृति को सभी स्मृतियों में प्राचीनतम बताया गया है। प्राचीन संस्कृत नाटक 'मृच्छकटिक' में भी मनु के हवाले से पापी ब्राह्मण को दिए जाने वाले दण्ड का उल्लेख है।" वलभीराज धारसेन के अभिलेख के अनुसार 570 ई. में मनुस्मृति थी। काणे ने ऐसे कई उल्लेखों के माध्यम से मनुस्मृति को प्राचीन बताया है। वे कहते हैं, "मनुस्मृति की रचना ईसापूर्व दूसरी शताब्दी या ईसा के बाद दूसरी शताब्दी के बीच हुई होगी।" उन्होंने मनुस्मृति के संशोधनों की तरफ भी ध्यान दिलाया है। मनु के बहुत से उद्धरण जो अन्य पुस्तकों में मिलते हैं, आज की मनुस्मृति में नहीं मिलते। (वही, पृ. 47)

भारतीय काव्य, पुराण और वैदिक मन्त्रों में विस्तृत 'मनु' रहस्यपूर्ण प्रतीक हैं। सम्भवतः मनु की स्मृति में लगभग 2000 वर्ष पहले 'मनुस्मृति' की रचना हुई थी। मनुस्मृति की भाषा वैदिक संस्कृत छन्दस में नहीं है। मनुस्मृति के श्लोक व्याकरण के अनुशासन में हैं। व्याकरण का अनुशासन पाणिनि की देन है। मनुस्मृति की संस्कृत 'शतपथ ब्राह्मण', 'ऋग्वेद', 'अथर्ववेद' के बाद की है। श्लोकों की रचना में भाषा का आधुनिक प्रवाह है। 2000 वर्ष पहले का इतिहास बहुत प्राचीन नहीं है। 'मनुस्मृति' मनु की रचना नहीं है। यह मनु की स्मृति में लिखी गयी किसी अन्य विद्वान की कृति है। वैसी ही, जैसी गांधी जी की स्मृति में लिखी कोई पुस्तक। गांधी का लिखा साहित्य उपलब्ध है, इसलिए गांधी जी की स्मृति में लिखे गए ग्रन्थों व गांधी द्वारा लिखे गए साहित्य में फ़र्क़ कर लेते हैं। मनु ने 'मनुस्मृति' नहीं लिखी।

सत्यकेतु विद्यालंकर ने 'प्राचीन भारतीय इतिहास का वैदिक युग' (पृ.148) में बताया, "पौराणिक अनुश्रुति के अनुसार पहला आर्य राजा वैवस्वत मनु था। इसके पहले अराजक दशा थी।" अराजकता से पीड़ित लोगों ने मनु को अपना राजा बनाया। मनु के सबसे बड़े पुत्र का नाम इक्ष्वाकु था। वह मध्य देश का राजा बना। राजधानी अयोध्या थी। इसी वंश में आगे दिलीप, रघु, दशरथ और श्रीराम हुए। मनुस्मृति की भाषा और वर्णव्यवस्था की कठोरता आदि विषय मनु के लिखे नहीं हो सकते। उसके अनेक विषय पूर्ववर्ती मनुवचनों से प्रेरित भी हो सकते हैं लेकिन विषमतामूलक सामग्री बाद की है। मनुस्मृति में संशोधन हुए। अन्य धर्मग्रन्थों की

तरह इसमें भी बहुत कुछ जोड़ा और घटाया गया होगा। चम्पा के एक अभिलेख में मनु के श्लोक मिलते हैं। बरमा का धम्मथट् मनु-आधारित है। बालिद्वीप का क़ानून मनु-आधारित था। यूनानी परम्परा के अनुसार क्रीट की प्राचीन सभ्यता को 'मिनोअन सभ्यता' कहा जाता है। विशेषज्ञ लघु एशिया के प्रवासियों को मिनोअन सभ्यता का संस्थापक बताते हैं। ई.पू. 16वीं सदी मिनोअन सभ्यता का समृद्धिकाल है। इसी समय में यह सभ्यता सारे ईजियन क्षेत्र में थी। इसी तरह मिस्र के प्रथम राजा मेनेस थे। क्रीट में मिनोस। भारत में मनु। तीन देशों में मनु, मेनेस, मिनोस सभ्यता के आदि प्रतिष्ठाता हैं। भारत में ही अनेक मनु हुए हैं। सम्भव है कि प्रवासी आर्य अपने साथ यह नाम बाहर ले गए हों। मनु, मेनेस, मिनोस तीनों एक भी हो सकते हैं।

ऋग्वेद में भी मनु-सम्बन्धी विवरण ऋषियों के हैं और शतपथ ब्राह्मण या पुराणों के मनु-विषयक उल्लेख अन्य रचनाकारों के हैं। जल-प्रलय कवि-कल्पना नहीं। जल-प्रलय छोटी घटना थी नहीं। इसका उल्लेख बाईबिल में है, कुरान में भी है। चीन की कथाओं में है। यूनान के भी कथासूत्रों में है। जल-प्रलय में अकेले बचे मनु ने कोई ग्रन्थ लिखा नहीं। वे मनुस्मृति के लेखक नहीं जान पड़ते। मनुस्मृति के कतिपय अंश जाति-वर्ण के विभेदक हैं। इसी आधार पर मनुस्मृति की निन्दा होती है। किताब को लेकर मनु को गालियाँ दी जाती हैं। मनु पर जाति-व्यवस्था को जन्म देने के आरोप लगाए जाते हैं। मनु इस आरोप का उत्तर या स्पष्टीकरण देने के लिए उपलब्ध नहीं हैं। वे तब भी उपलब्ध नहीं थे, जब मनुस्मृति की रचना हुई, लेकिन इस विषय पर कुछ भी बोलने वाले मनुवादी कहे जाते हैं।

मनु जैसे प्रतीक पर बिना सोचे-समझे बोलना उचित नहीं। देखना यह चाहिए कि क्या कोई भी एक व्यक्ति वृहत्तर भारतीय समाज को जाति-पाँति में विभाजित करने की शक्ति से लैस हो सकता है? क्या समाज उसके आदेशानुसार जातियों में बँट जाने को तैयार था? क्या उसके आदेशों के सामने पूरा समाज विवश था? वह मनु हों या कोई भी शक्तिशाली सम्राट?क्या एक व्यक्ति ऐसा कार्य करने में सक्षम हो सकता था?क्या आधुनिक इतिहास के शक्ति सम्पन्न तानाशाह, राजा या बादशाह ऐसी व्यवस्था लागू करने में सक्षम हैं? ऐसे प्रश्नों का उत्तर है नहीं।

ऋग्वेद में जलप्रलय का उल्लेख नहीं है। अथर्ववेद में है। ऋग्वेद के मनु पिता हैं, प्राचीनतम हैं। ऋग्वेद में सरस्वती जल से भरी-पूरी है। अथर्ववेद में सूखी नदी है। जलप्रलय ऋग्वेद के बाद लेकिन अथर्ववेद के पहले की घटना है। अथर्ववेद के विराट सूक्त (8.13.10) में विवस्वान-पुत्र मनु को विराट का पुत्र-रूप बताया

गया। शतपथ ब्राह्मण के अनुसार एक दिन प्रातः मनु हाथ धो रहे थे, उनके हाथ में मछली आ गयी। उसने कहा कि आप मुझे संरक्षण दें, मैं आपको संरक्षण दूँगी। मनु ने पूछा, 'सो कैसे?' उसने कहा कि मैं छोटी हूँ, बड़ी मछली मुझे खा सकती है, मुझे घड़े में पालो, बड़ी होने पर समुद्र में डाल देना। भविष्य में प्रलय आएगा, तुम नाव बनाना। वैसा ही हुआ। तूफ़ान आने पर वे नाव में बैठे। मछली अब बड़ा मत्स्य थी, उसने सींग से नाव खींची। वे उत्तरी पहाड़ पर गए, उतरे। प्रलय में सबकुछ नष्ट हो गया। मनु बच गए।

वैदिक साहित्य में मनु का अनेकशः उल्लेख है। महाभारत में भी है। 'वन पर्व' में मार्कण्डेय ने युधिष्ठिर को मनु की कथा सुनाई, "विवस्वान के प्रतापी पुत्र मनु नदी तट पर तपस्या कर रहे थे।" यहाँ भी छोटी मछली से लेकर आगे की कथा ज्यों की त्यों है। थोड़ा-सा फ़र्क़ है। मछली ने कहा कि नाव में सप्त ऋषियों को बैठाओ, सृष्टि में पाए जाने वाले सारे बीज रखो। मनु सारे बीज व सप्त ऋषियों को साथ लेकर नाव में बैठे। द्युलोक आकाशलोक जलमय था। मत्स्य सींग से नाव को खींचकर हिमालय की चोटी तक ले गया। उसने मनु को अपना परिचय दिया और कहा, "मैं प्रजापति हूँ। अब तुम्हें चाहिए देवता, असुर और मनुष्य सहित समस्त प्रजा की सृष्टि करें।" (संक्षिप्त महाभारत, खण्ड 1, गीता प्रेस, पृ. 300)

महाभारत के शान्तिपर्व में मनु और बृहस्पति की बातचीत है। महाभारत के अनुसार, "एक समय देवता और ऋषियों में प्रधान महर्षि बृहस्पति ने मनु को प्रणाम करके पूछा कि जो इस जगत का कारण (तत्त्वज्ञान) और वैदिक कर्मों का अधिष्ठान है, मन्त्रों द्वारा जिसका ज्ञान नहीं हो, वही तत्व बताइए।" बृहस्पति ने मनु को अपने अध्ययन की सीमा बताई, "मैंने ऋग्वेद, साम, यजुर्वेद, छन्द, ज्योतिष, निरुक्त, व्याकरण और कल्प आदि का अध्ययन किया है तो भी मुझे मूलतत्व का ज्ञान नहीं है।" (वही, खण्ड 2, पृ. 352) यहाँ विद्वान बृहस्पति मनु को प्रणाम करते हैं, वेद सहित सभी उपलब्ध ज्ञान होने के बावजूद तत्वज्ञान न होने की अकिंचनता बताते हैं। मनु तत्वज्ञान में भी बहुत बड़े हैं।

मनु ने बृहस्पति से कहा, "प्रिय विषय सुख है, अप्रिय दुःख है। इष्ट की प्राप्ति और अनिष्ट के निवारण के लिए कर्म है।" यहाँ कर्म पर ज़ोर है, इष्ट दिलाने और अनिष्ट से छुटकारा दिलाने वाला कोई ईश्वर नहीं है। आगे कहते हैं, "मन और कर्म से संसार की सृष्टि हुई है। वेदविहित कर्म अक्षयफल (मुक्ति) भी देता है और नश्वर फल भी। फलेच्छा के त्याग से अक्षय की प्राप्ति होती है।" फिर सृष्टि-रचना

के बारे में कहते हैं, "अक्षर से आकाश, आकाश से वायु, वायु से अग्नि, अग्नि से जल और जल से पृथ्वी और पृथ्वी से पार्थिव जगत की उत्पत्ति हुई है।" फिर सत्य-तत्व, ब्रह्म-तत्व की व्याख्या भी करते हैं। मनु काल्पनिक नहीं हैं। वे भारत के जन-जन की स्मृति में सुरक्षित भी हैं।

मनु को जाति-व्यवस्था का संस्थापक कहा जाता है और जाति-व्यवस्था को मनुवाद। ऋग्वेद में जन्मना और कर्मणा जाति-विभाजन का उल्लेख नहीं मिलता, जबकि मनु ऋग्वेद में भी हैं। ऋग्वेद में मनु के नाम और कार्यों का उल्लेख बार-बार हुआ है, परन्तु जलप्रलय का उल्लेख नहीं है। ऋग्वेद के मनु पुराण की कथाओं के मनु से अलग हैं। यानी मनु भारत, भारतीय इतिहास, पुराण और संस्कृति में एक अविच्छिन्न परम्परा के वाहक हैं। वे बार-बार प्रकट होते हैं।

मनुस्मृति के रचनाकार ने अपनी इच्छानुसार पुस्तक लिखी। उसे मानना, या न मानना बाध्यकारी नहीं। किसी राजा या राज्य-व्यवस्था ने उसे संविधान या क़ानून का दर्जा नहीं दिया। मनुस्मृति वाली राज-व्यवस्था, समाज-व्यवस्था इतिहास में नहीं मिलती। याज्ञवल्क्य स्मृति वाली भी नहीं। याज्ञवल्क्य वृहदारण्यक उपनिषद् में दार्शनिक नायक जैसे हैं। उपनिषद् में उनके अनेक वक्तव्य हैं। उपनिषद् विश्वदर्शन का हिरण्यगर्भ है। भारतीय समाज, धर्म और दर्शन सतत् गतिशील रहे हैं। हम हज़ारों बरस प्राचीन साहित्य से श्रेय और प्रेय ही ग्रहण करते हैं। हिन्दुत्व में पुनर्नवा चेतना है। हरेक ऊषा नई। हरेक प्रभात सुप्रभात। सतत् प्रवाही है यहाँ का राष्ट्रजीवन।

पुस्तक में प्रयुक्त अन्य विद्वानों व पुस्तकों के सन्दर्भ

1. ऋग्वेद संहिता
2. यजुर्वेद संहिता
3. अथर्ववेद संहिता
4. ऐतरेय ब्राह्मण
5. गोपथ ब्राह्मण
6. शतपथ ब्राह्मण
7. ईशावास्योपनिषद्
8. कठोपनिषद्
9. प्रश्नोपनिषद्
10. तैत्तिरीय उपनिषद्
11. ऐतरेय उपनिषद्
12. छान्दोग्य उपनिषद्
13. हंसोपनिषद्
14. केन उपनिषद
15. मुण्डकोपनिषद्
16. वृहदारण्यक उपनिषद्
17. श्वेताश्वतर उपनिषद्
18. ईशावास्योपनिषद् का भाष्य-शंकराचार्य
19. तैत्तिरीय उपनिषद् भाष्य-शंकराचार्य
20. वृहदारण्यक उपनिषद्-शंकर भाष्य-गीता प्रेस
21. ब्रह्मसूत्र: गीता प्रेस
22. रामायण-वाल्मीकि
23. रामचरितमानस-तुलसीदास
24. महाभारत

25. रघुवंश-कालिदास
26. योगसूत्र-पतंजलि
27. नाट्यशास्त्र-भरतमुनि
28. चरक संहिता
29. निरुक्त-यास्क
30. वृहत संहिता-वराहमिहिर
31. बादरायण ब्रह्मसूत्र
32. मनुस्मृति
33. वेदान्तसूत्र का भाष्य-शंकराचार्य
34. तिरूगमन-रामायण-चक्रवर्ती राजगोपालाचार्य
35. गीता रहस्य-लोकमान्य तिलक
36. कुमार सम्भव-कालिदास
37. संक्षिप्त महाभारत, खण्ड 1, गीता प्रेस
38. अर्थशास्त्र-कौटिल्य
39. 'अर्थशास्त्र' (वाचस्पति गैरोला का भाष्य)
40. 'शुक्रनीति' बृहस्पति शुक्राचार्य
41. ऋग्वेद-डॉ. गंगासहाय शर्मा, संस्कृत साहित्य प्रकाशन नई दिल्ली
42. भारतीय राष्ट्रवाद की सामाजिक पृष्ठभूमि-ए0आर0 देसाई
43. प्राचीन भारत की संस्कृति और सभ्यता (ह्निन्दी अनुवाद-गुणाकर मुले)-दामोदर धर्मानंद कोसम्वी
44. भारतीय नवजागरण और यूरोप-डॉ. रामविलास शर्मा
45. गाँधी, आम्बेडकर, लोहिया और इतिहास की समस्याएं-डॉ. रामविलास शर्मा
46. भारतीय संस्कृति और हिन्दी प्रदेश-डॉ. रामविलास शर्मा
47. इमेजिन्ड कम्युनिटीज-बेनडिक्ट ऐडरसन
48. भारत का संविधान
49. संविधान सभा कार्यवाही
50. वैदिक दर्शन-डॉ. कपिल देव द्विवेदी
51. वैदिक देवताओं के आध्यात्मिक और वैज्ञानिक स्वरुप-डॉ. कपिल देव द्विवेदी
52. वैदिक साहित्य का इतिहास-आचार्य बलदेव उपाध्याय

53. धर्म और समाज-डॉ. राधाकृष्णन
54. भगवद्गीता-डॉ. राधाकृष्णन
55. कार्ल सागन-कोस्मोस
56. संस्कृति के चार अध्याय-रामधारी सिंह दिनकर
57. विश्व की प्राचीन सभ्यताएँ-श्रीराम गोयल
58. धर्मशास्त्र का इतिहास-पी.वी. काणे
59. एन्सिएण्ट इण्डियन हिस्टोरिकल ट्रेडिशन-पार्जिटर
60. दि वण्डर दैट वाज इण्डिया-एल. बाशम
61. एनसाइक्लोपीडिया ब्रिटानिका
62. गणित का विकास-एस. एन. मेन
63. इण्डियन एस्थेटिक्स-के. एस. रामास्वामी
64. वैदिक देवता उद्भव और विकास-डॉ. गया चरण त्रिपाठी
65. इंट्रोडक्शन टू दि प्रिंसपल उपनिषदस-डॉ. राधाकृष्णन्
66. सिक्स सिस्टम ऑफ इण्डियन फिलास्फी-मैक्समूलर
67. हड़प्पा सभ्यता और वैदिक साहित्य-डॉ. भगवान सिंह
68. संस्कृत साहित्य का अभिनव इतिहास-डॉ. राधावल्लभ त्रिपाठी
69. ऋग्वैदिक आर्य-राहुल सांकृतायन
70. डिस्कवरी ऑफ इण्डिया-पं0 जवाहर लाल नेहरू
71. हिन्दुस्तान की कहानी हिन्दी अनुवाद
72. संस्कृति के चार अध्याय-रामधारी सिंह दिनकर
73. हिस्ट्री आफ ऐंशियेन्ट संस्कृत लिटरेचर-मैक्समुलर
74. ओरीजिन आफ मैरिज-एस0ए0 डांगे
75. प्राचीन भारतीय इतिहास का वैदिक युग-डॉ. सत्यकेतु
76. शारंगधर संहिता
77. शोधपत्र: डॉ. आम्बेडकर लेख एवं भाषण, खण्ड 1, सूचना विभाग उत्तर प्रदेश
78. हिस्ट्री ऑफ कास्ट इन इण्डिया-डॉ. केतकर
79. बाबा साहब डॉ. आम्बेडकर सम्पूर्ण वाड्मय, खण्ड 6
80. जातिप्रथा-डॉ. राममनोहर लोहिया
81. धर्म पर एक दृष्टि-डॉ. राममनोहर लोहिया

82. राम, कृष्ण और शिव-डॉ. राममनोहर लोहिया
83. अवधूत लोहिया-राजेन्द्रमोहन भट्नागर
84. भारत सावित्री-प्रो. वासुदेव शरण अग्रवाल
85. कालिदास मेघदूत
86. धर्मशास्त्र का इतिहास-डॉ. पाण्डुरंग वामन काणे
87. फिलास्फी आफ फाइन आर्ट-हीगल
88. कंट्रिब्यूशंस टू एनालिटिकल साइकोलोजी-हीगल
89. कैपिटल-कार्ल मार्क्स
90. गणतन्त्र-प्लेटो
91. बाइबिल
92. दि सुमेरियंस-क्रेमर
93. ब्रीफ हिस्ट्री ऑफ टाइम-स्टीफेन हाकिंग
94. ताओ ते चिंग-लाओत्सु
95. मोहनजोदड़ो एण्ड दि इंडस सिविलाइजेशन-मार्शल
96. विवेकानन्द साहित्य-खण्ड 5
97. मेरी कहानी-पं. जवाहरलाल नेहरू
98. साधना-रवीन्द्रनाथ टैगोर